Harald Volkmar Schlieder

Kommando zurück!

Kommando zurück!

Erinnerungen an Kindheit und Jugend
von 1944 – 1963
in Deutschland und Frankreich
sowie an 41 Jahre Bundeswehr
von 1963 – 2004
in Deutschland und Europa

Harald Volkmar Schlieder

2012

Carola Hartmann Miles – Verlag Berlin

CIP-Kurztitelaufnahme der Deutschen Bibliothek: Harald Volkmar Schlieder, Kommando zurück! Erinnerungen an Kindheit und Jugend von 1944 – 1963 in Deutschland und Frankreich sowie an 41 Jahre Bundeswehr von 1963 – 2004 in Deutschland und Europa

Herstellung und Verlag: Books on Demand GmbH, Norderstedt

© Carola Hartmann Miles – Verlag,
(www.miles-verlag.jimdo.com; email: UHWHartmann@aol.com)

Alle Rechte, insbesondere das Recht der Vervielfältigung und Verbreitung sowie der Übersetzung, vorbehalten. Kein Teil des Werkes darf in irgendeiner Form (durch Fotokopie, Mikrofilm oder ein anderes Verfahren) ohne schriftliche Genehmigung des Verlages reproduziert oder unter Verwendung elektronischer Systeme gespeichert, verarbeitet, vervielfältigt oder verbreitet werden.
Printed in Germany

ISBN 978-3-937885-49-0

Inhalt

Seite

1.	Kapitel Miltenberg am Main (1945 – 1957)	9
2.	Kapitel Im Allgäu (1958 – 1960)	21
3.	Kapitel Paris (1960 – 1963 / 64)	30
4.	Kapitel Ausbildung zum Offizier in Buxtehude, Maxhof und Feldafing Bei Starnberg sowie in München und Bremen (1963 – 1966)	44
5.	Kapitel Erste Offizierverwendung: Leutnant in Essen (1966 – 1967)	58
6.	Kapitel Erste Auslandsverwendung: Adjutant beim Commander JOINT COMMUNICATIONS AGENCY im NATO- Hauptquartier Europa Mitte in Brunssum / Niederlande (1967 – 1969)	62
7.	Kapitel Hörsaaloffizier an der Heeres-Offizierschule I in Hannover (1969 – 1971)	72
8.	Kapitel Kompaniechef in Münchweiler in der Pfalz (1971 – 1973)	84
9.	Kapitel Zweite Auslandsverwendung: Fernmeldeoffizier im Obersten Hauptquartier der Alliierten Streitkräfte in Europa in Mons / Belgien (1973 – 1976)	96
10.	Kapitel Fernmeldestabsoffizier bei der Panzerbrigade 8 in Lüneburg (1976 – 1977)	114

11.	Kapitel Dritte Auslandsverwendung: Ausbildungsplanung an der NATO-Fernmeldeschule in Latina / Italien (1977 – 1981)	121
12.	Kapitel Stellvertretender Bataillonskommandeur in Diez / Lahn (1981 – 1986)	156
13.	Kapitel Lehrgangsteilnehmer am Generalstabslehrgang für ausländische Offiziere an der Führungsakademie in Hamburg (1986 – 1987)	169
14.	Kapitel Bataillonskommandeur in Kastellaun / Hunsrück (1987 – 1991)	181
15.	Kapitel Dezernent im Heeresführungskommandos Ost in Potsdam (1990 – 1991), dabei: der realisierte Traum der Deutschen Einheit	201
16.	Kapitel Referent im Bundesministerium der Verteidigung in Bonn (1991 – 1992), dabei: Erste Reise nach Schlesien	209
17.	Kapitel Vierte Auslandsverwendung: Generalstabsoffizier im EUROKORPS in Straßburg / Frankreich (1992 – 1996), dabei: Erste Reise an die Ostküste Amerikas	220
18.	Kapitel Commander LANDCENT SIGNAL GROUP in Heidelberg (1996 – 1999), dabei: Zweite und dritte Reise an die Ostküste Amerikas sowie Abenteuer in den Schluchten des Balkan	242
19.	Kapitel Fünfte Auslandsverwendung: Commander NORTHERN REGION SIGNAL GROUP in Brunssum / Niederlande (1999 – 2004), dabei: - Immer wieder Amerika und weitere Abenteuer auf dem Balkan - Zweite und dritte Reise nach Schlesien sowie viele weitere Reisen	275
20.	Kapitel Epilog in Miltenberg am Main (2004 – 2012)	333

Dieses Buch ist meinen Eltern gewidmet, die sich, so lange sie konnten, um mich gekümmert und mir zeitlebens geholfen haben

Helene Agnes Schlieder, geb. Elis (geb. 1919 in Cosel / Oberschlesien, gest. 1978 in Miltenberg / Main) und Manfred William Schlieder (geb. 1918 in Dresden, gest. 1998 in Miltenberg / Main) am Tag ihrer Hochzeit 1944 in Dresden

Am 5. August 2008 hatte *Wolf*, wie jedes Jahr und genau einen Monat vor mir, Geburtstag und den feierten wir, wie in den letzten Jahren immer, im Biergarten von *Fausts Bräustüble*; idyllisch gelegen, direkt unter einer alten Kastanie, mit Blick auf den Main und am Rande des uralten, schattigen Schwarzviertels – ideal also für alte Knaben …

Natürlich spricht man bei so einer Gelegenheit über alte Zeiten und wie herrlich es damals war, ganz ohne Fernsehen, Kühlschrank, Telefon, ja gar (fast) ganz ohne Autos, dafür mit Karl May, viel Fantasie und Zeit ohne Ende. Dabei meinte Wolf, dass man das alles aufschreiben müsse, für die Nachwelt gewissermaßen, denn sonst ginge die Erinnerung an diese Urzustände menschlichen Miteinanders wohl eines Tages ganz verloren – und da wir darüber schon oft gesprochen hatten, ich für dieses Jahr zumindest die Masse der Gartenprojekte abgeschlossen hatte und auch für mich die Tage kürzer und die Erinnerungen märchenhafter werden, habe ich mich kurzerhand entschlossen, dies alles aufzuschreiben; nicht unbedingt immer chronologisch, auch nicht lückenlos, Dichtung nur, wenn's allzu peinlich würde, Wahrheit auf jeden Fall, eben ganz 67-jährige Erinnerung …

Für
meine Familie,
Freunde, Bekannte und alle,
die sich unserer Heimat, Deutschland,
in einem vereinten Europa,
verbunden fühlen

1. Kapitel
Miltenberg am Main (1945 – 1957)

Meine früheste Erinnerung reicht bis Ende August 1947 zurück; knapp dreijährig also, stand ich an der Pflasterstraße oberhalb unseres Krankenhauses – und bekam von meiner Großmutter ein knuspriges Brötchen in die Hand, als Stärkung gewissermaßen nach dem ersten Besuch bei meiner soeben geborenen Schwester Claudia, die ich – wiewohl im Bett mit meiner Mutter – nur recht oberflächlich und verschämt, unwillig auf jeden Fall, wahrgenommen hatte, denn mein erster Kommentar zur Ankunft meiner Schwester soll gewesen sein, wie mir heute noch berichtet wird: „… der ess' ich aber alles weg …" Dafür war ich von dem Storch fasziniert, der an der Wand, direkt neben dem Wochenbett mit breiten Schwingen angeflogen kam, ein Wickelkind im Schnabel (das Wort „*Baby*" war uns damals unbekannt) und offensichtlich allein verantwortlich für die Ankunft meiner Schwester. Ich habe lange über den Storch nachgedacht damals und mich immer wieder gefragt, warum und wie er denn meine Mutter ins Bein gebissen haben sollte, wenn er doch das Kind im Schnabel trug und einen Verband um Mutters Bein hatte ich auch nicht bemerkt. Eine Antwort auf diese Frage habe ich allerdings nie bekommen und auch eine Frage an meine Mutter – Jahre später – wo denn die Kinder nun eigentlich herkommen (denn auch von Seerosen war da die Rede, auf denen die Kinder in einem märchenhaft schönen Teich schwammen) blieb unbeantwortet. Nur an die nebulöse, höchst unbefriedigende Auskunft meiner Mutter: „… das erzähl' ich dir mal, wenn du groß bist", erinnere ich mich sehr deutlich; das Thema wurde natürlich nie weiter erörtert, was auch nicht nötig war, denn aufgeklärt hat uns – wir müssen etwa 10 Jahre alt gewesen sein – Thomas, damals schon um die 14, aus der unmittelbaren Nachbarschaft und mit zwei Schwestern, Sybille und Steffi versehen: Sybille, damals wohl etwa 17, hatte schon einen Busen, was uns durchaus anregte. Auch dass sie etwas später ein Kind von einem Amerikaner bekam und es „*Pittypot*" nannte, hat unsere Phantasie beflügelt, ohne dass wir freilich die Zusammenhänge gänzlich durchschauten.

    Die Aufklärung hatte allerdings durchaus ihren Preis: Thomas wollte unbedingt das Paar Schulterstücke, das Wolf – offensichtlich von seinem Vater aus dessen Zeit bei der Wehrmacht – besaß; an meinen eigenen Beitrag kann ich mich nicht erinnern; im Zuge der Verhandlung um den Preis für die Thomas'sche Aufklärung kamen mir freilich die Leutnants-Schulterstücke äußerst kostbar vor und der Preis folglich sehr hoch, zumal das zu erwartende Wissen ja ohnehin geheim zu halten war und wenig praktischen Nutzen zu haben schien.

    Von praktischem Nutzen für uns waren in diesen Zeiten ganz andere Dinge: die vielen Äpfel zum Beispiel, die es ab Mitte August überall gab, denn unser Berg stand damals voller Apfelbäume, die – uns zumindest – herrenlos erschienen: herrliche, säuerliche Bossköpfe, riesige Ontarios, knackig gelbe „Zitronenäpfel", wie wir sie nannten, oder Tausende von kleinen, roten Mostäpfeln, die damals – bis weit in die 60er Jahre – an beiden Seiten der Oberen Walldürner Straße wuchsen. Oder die Unmengen von Mirabellen, Kirschen und Pflaumen zuvor: allein auf unserem Grundstück wuchsen mindestens sechs Bäume mit Kirschen aller Art: knackige gelb-rote, dunkelrote, ja fast schwarze Süßkirschen, denen wir – als Kletterkünstler – bis in die Kronen kraxelnd zu Leibe rückten; ja selbst die Sauerkirschen aus der Nachbarschaft waren vor unserem Zugriff nicht sicher.

Dazu kamen Massen von Brombeeren aus dem „*Stillen Frieden*", einem weitläufigen Wald-und Buschgelände am Waldrand, hinter unserem Haus; später im Jahr Walnüsse, Pilze aller Art und zuvor schon massenweise Heidelbeeren. Meine erste Uhr habe ich mir denn auch von „Heidelbeergeld" gekauft: 25.- DM sollte sie kosten; die fehlenden fünf Mark hat mir damals mein Vater dazugelegt, denn es sollte ja eine Markenuhr sein, eine „*Junghans*", die übrigens heute noch, 55 Jahre später, funktioniert.

Eine der „Apfelgeschichten" ist mir in besonders schauriger Erinnerung: Wolf und ich versuchten, uns gegenseitig darin zu übertreffen, wer wohl die meisten unreifen Äpfel vom Apfelbaum seiner Eltern, der direkt neben dem Haus stand, abreißen und gegen die Hauswand knallen konnte: wunderschön, wie die meisten zerplatzten! Das ging so lange gut, bis sein Vater kam … Ich bekam die schallendste und schmerzhafteste Ohrfeige, die ich wohl je in meinem Leben bekommen habe und musste nach Hause, Wolf auf sein Zimmer. Natürlich habe ich das zu Hause nicht erzählt, schon weil da wahrscheinlich eine weitere Ohrfeige fällig geworden wäre.

So waren denn diese „fruchtbaren" Zeiten mitunter sehr schmerzhaft …

Jahre zuvor, wohl zu Ende der 40er, hatten meine Eltern entlang der außen gelegenen Kellertreppe ein Beet angelegt, auf dem großer, roter Mohn wuchs; von diesem sollte natürlich Mohnkuchen gebacken werden – wie denn alles, was bei uns angebaut wurde, dem Zwecke der Ernährung diente. Eines Tages nun ergab es sich, dass wir Kinder mit Haselnussgerten spielten und dass mich im Zuge dieses unsäglichen Spiels der schon ein paar Jahre ältere Sohn des damaligen Landrats (*Pinickiewicz* hieß er wohl, der Name war sagenhaft genug, den Vornamen habe ich vergessen) aufforderte, die prallen Mohnköpfe mit der Haselnussgerte abzuschlagen, das würde bestimmt Spaß machen …

Mein Vater fand das allerdings überhaupt nicht spaßig und ich erinnere mich mit Schaudern daran, wie er seinen Ledergürtel aus der Hose zog und mich nach allen Regeln der damaligen Erziehungskunst verwamste. Ich habe nie in meinem Leben Mohnkuchen gegessen, ohne an diese Episode denken zu müssen. Was mit dem Sohn des Landrats geschah, weiß ich nicht: vermutlich war dessen Strafe sanfter, denn er war ja der Sohn des Landrats. Der Landrat aber war eine Respektsperson. Mein Vater hat mir indes später einmal erzählt, wie er mit unserem Nachbarn, Klaus Bertram, eines Tages in der Küche sitzend selbst gebrannten Trester-Schnaps trank, als der Landrat, der ja gleich in der Nachbarschaft wohnte, zu Besuch kam und mittrank, während die verbotene Destille auf dem Küchenschrank unverhüllt im Einsatz war …

Wir hatten auch Hühner damals, der Eier wegen, aber auch, um hin und wieder ein Huhn im Topf zu haben; deshalb musste die Hühnerschar, zu der auch ein bunter Hahn gehörte, tagsüber in ihrem Gehege mit Maschendraht von oben geschützt werden, denn sonst holte sie der Habicht, der hin und wieder – durchaus bedrohlich – seine immer tiefer werdenden Kreise zog. Abends mussten die Hühner in den Keller, in dem mein Großvater eine „Hühnerbühne" gebaut hatte. Heute ist es mir ein Rätsel, wie in diesem relativ kleinen Keller, der uns nunmehr als Weinkeller dient, eine Hühnerbühne untergebracht war, eine Kohlenhalde, Briketts, Kartoffeln und ein mir damals riesig erscheinendes Regal, auf dem alle Köstlichkeiten der Welt gelagert schienen: Kürbisse, eingemachte Gurken, Bohnen, Erbsen, irdene Töpfe mit Sauerkraut, eingeweckte Kirschen, Heidelbeeren, Pflaumen, Äpfel, Birnen, Pilze, kurz: alles, was Wald, Wiese und Garten hergaben.

Eines Tages haben wir spät abends eine unserer jungen Katzen gesucht und inmitten der Hühner auf der Hühnerleiter – durchaus friedlich – wieder gefunden.

Hühner hatten damals auch unsere Nachbarn, Klaus und Gudrun Bertram: allerdings in größerem Stil, denn sie hatten einen hölzernen Brutkasten, in dem Küken ausgebrütet und später großgezogen wurden. Eines Nachts, es muss im Frühjahr 1949 gewesen sein, fing der Brutkasten nun, nach einem Windstoß, Feuer und die meisten Küken verbrannten … Ich erinnere mich heute noch an den Feuerschein in der Nacht und den Lärm; auch daran, dass Vater über den Balkon nach draußen sprang, um beim Löschen zu helfen.

Später gab es vor dem Kellereingang sogar noch einen Hasenstall, in dem mein Großvater Stallhasen hielt; diese wurden an hohen Festtagen wie Ostern, Pfingsten oder zu Weihnachten geschlachtet – Opas Aufgabe, der auch den Hasen das Fell abziehen musste –, danach wurden sie in Milch eingelegt und später in der Bratröhre des Holzofens geschmurgelt. Eine Gans freilich, die mein Vater eines Tages – wohl kurz vor Weihnachten – im Rucksack und lebend auf dem Motorrad heimbrachte, versuchte sich ihrem Schicksal zu entziehen und rannte und flog laut schnatternd davon; freilich kam sie nicht weit, denn meine Eltern waren schneller. Das Tier wurde gefangen und wir aßen Gans wie vorgesehen; dabei ging es streng hierarchisch zu: Opa und Vater bekamen eine Keule, Oma und Mutter je einen Flügel und wir Kinder bekamen fein säuberlich abgeklaubtes Brustfleisch. Später aßen wir tagelang Brot mit Gänsefett und Salz: eine Köstlichkeit, die ich erst jüngst wieder, mit besonderer Andacht und in memoriam in einer Brauerei am Marktplatz in Breslau gegessen habe.

Wenn es kein Schmalz mehr gab – Butter war ohnehin rar und wurde, wenn überhaupt, Achtelweise gekauft – gab es „Bratschnitten", die wir Kinder besonders gerne aßen: in Margarine geröstetes Graubrot mit Salz. Auch *„Arme Ritter"* gehörten zu unseren Leibspeisen. Dazu erzählte Oma stets die Geschichte, wie diese einfache, aber leckere Speise zu ihrem Namen gekommen war: so sei der Kaiser auf einem Ritt über Land bei armen Landadeligen abgestiegen und habe um einen Imbiss gebeten; da jedoch weder Fisch noch Fleisch zur Verfügung stand, weichte die Frau des Ritters kurzerhand Weißbrot in Eier-Milch auf und briet dies in Fett in einer Pfanne. Dies soll die Frau des Landadeligen dann dem Kaiser mit den Worten präsentiert haben: „Majestät, wir sind eben nur arme Ritter …" Dem Kaiser soll die Speise indes köstlich geschmeckt haben; seither bezeichne man sie aber als *„Arme Ritter"*.

Zur Suppe gab es Nudeln, die meine Mutter natürlich selbst machte: dazu wurde die Decke auf dem Küchentisch abgenommen, das darunter liegende Holz mit Mehl eingerieben, dann der Teig ausgerollt und mit Omas Stoffschneide-Rolle in Streifen geschnitten. Wir Kinder durften manchmal „helfen". Mutters Nudeln waren köstlich!

Hin und wieder gab es auch Hefeklöße mit Mirabellen-, Heidelbeer- oder Pflaumenfüllung; auf Hefeklöße waren wir Kinder besonders scharf, wenn wir sie in der Pfanne aufgewärmt und kross angebacken, mit Zimt und Zucker serviert bekamen.

Nur Spinat mochten wir Kinder damals nicht und den gab's jeden Donnerstag! Aber welches Kind mag schon Spinat! Ich habe es insofern verstanden, wenn unsere eigenen Kinder später spuckten, wenn es Spinat gab. Damals aber gehörte Spinat zum Donnerstag wie Fisch zum Freitag – und wie später Fleisch zum Sonntag: insbesondere Rouladen gab es häufig, fein säuberlich mit einem Holzspießchen zusammengehalten, dazu Rot- oder Sauerkraut, auch Schnitzel oder Gulasch, dazu Salzkartoffeln (natürlich von eigenen Kartoffeln!) oder selbst gemachte Kartoffelklöße oder grüne Klöße, stets mit dicker, brauner Sauce …

Und immer gab es Nachtisch: sei es selbst gemachten Apfelmus, Kompott aus eigenen Früchten, getrocknete Apfelscheiben, Heidelbeeren oder – als besondere Leckerei – sauer eingelegten Kürbis …

Am Sonntag-Nachmittag gab es meist selbstgebackenen Kuchen: im Sommer vor allem Obstkuchen aller Art, aber auch „Sahnetorten" („*Klantsch*", wie mein Opa sagte), gefüllte Windbeutel und „*Baisers*"; im Advent und zu Weihnachten vorwiegend im Fleischwolf durchgedrehtes Spritzgebäck und Pfefferkuchen … Mutters Gebäck war berühmt!

Pizza, Flammkuchen, Spaghetti, Schaschlik, Mais, Baguette, Steaks, chinesisches, türkisches oder anderes „ausländisches" Essen aller Art war damals völlig unbekannt – oder zu teuer; vermutlich aber beides.

Einen Luxus freilich konnten wir uns – mindestens ab Beginn der 50er Jahre – leisten: frische, knusprige Frühstücksbrötchen, die jeden Morgen um 07.00 Uhr in einer Tüte an der Haustürklinke hingen, gebracht von Brigitte, der Tochter des Bäckers. Zustellgebühren fielen nicht an. Und ein Brötchen kostete damals vier Pfennige. Teuer, wie Oma befand, denn in Dresden sollen sie vor dem Krieg nur zwei Pfennige gekostet haben.

Bevor Mutter ein Brot anschnitt, wurden auf der Rückseite mit einem Messer drei Kreuze eingeritzt, ein schlesischer Brauch, den meine Mutter von ihrer streng katholischen Mutter übernommen hatte und bis zu ihrem Tod beibehielt. In Not- oder sonstigen drastischen Lagen des täglichen Lebens rief Mutter daher auch stets die *„Heilige Mutter Anna"* an, was nichts daran änderte, dass sowohl Mutter als auch Schlieder-Oma, beide selbst evangelisch, uns anlässlich des Reformationstages ein Kreuz mit Asche (aus dem Ofen) auf die Stirn malten.

Natürlich mussten wir jeden Sonntag zur Kirche gehen; anfangs zum Kindergottesdienst, später bei Pfarrer Breyvogel zum Präparandenunterricht, der uns auch im Fach „Religion" auf dem Gymnasium unterrichtete, wenngleich das Wort „eintrichterte" in diesem Fall wohl eher zutraf. Einmal prügelte er einen Mitschüler mit Ohrfeigen und den Worten „… du Hund, du miserabliger, dich will ich lehren …" durch die Klasse; mich zog er an den Ohren aus der Bank, und das kurz nach meiner Ohrenoperation. Konfirmiert wurde ich indes nicht mehr in Miltenberg sondern bei dem weit feinsinnigeren, wenngleich nicht weniger strengen Pfarrer v. Bressensdorf, kurz nach unserem Umzug nach Sonthofen im Allgäu, Anfang 1958. Wir Konfirmanden mussten jeden Sonntag zum Gottesdienst erscheinen und darüber wurde Buch geführt; vor der „Konfirmanden-Prüfung" hatten wir regelrecht Angst: dass das Unternehmen dann tatsächlich eher als freundliches Gespräch vor der Gemeinde ablief, konnten wir vorher freilich nicht wissen.

Mein Vater hat sich in unseren frühen Miltenberger Jahren sehr um uns gekümmert; das wird auch daran gelegen haben, dass er zunächst im Ort arbeitete: anfangs als des Englischen mächtiger Angestellter bei der amerikanischen Militärregierung, später als freier Musiker, der trotz intensiver Arbeit und seines Tatendrangs über relativ viel „Freizeit" verfügte.

So veranstaltete er eines Tages mit mir eine „Schnitzeljagd" im Wald, wobei er voraus lief, eine Fährte legte und sich versteckte. Ich muss damals fünf oder sechs Jahre alt gewesen sein und mir war durchaus mulmig, denn im Wald wohnte ja womöglich die Knusperhexe; Rotkäppchen war immerhin vom Wolf gefressen worden und wer weiß, vielleicht gab es da auch Füchse, Zwerge oder Riesen … „Grimms Märchen" waren meiner Schwester und mir – teilweise im Wortlaut – sehr wohl bekannt! In der nahe gelegenen Scheune wohnte außerdem das *„Hölzerne Bengele"*, auf das meine Großmutter stets hinwies, wenn wir mal nicht alles aufessen wollten, was auf dem Teller war … Das habe eine lange, hölzerne Nase und wir wollten doch nicht etwa auch eines Tages eine lange, hölzerne Nase bekommen …

Später wurde mit allen Nachbarskindern und -Vätern Fußball auf der großen Wiese oder hinter der Gilbertschen Baracke (Julius Gilbert war Mieter von Frau Geisow) gespielt; dann kam Badminton hinzu: dabei gab es regelrechte Meisterschaften, sowohl im Einzel als auch im Doppel. Als Netzersatz diente zunächst eine dicke Schnur; als wir besser und die Bälle schärfer gespielt wurden, musste eine alte Gardine herhalten.

Mit von der Partie waren regelmäßig: Vater und Klaus Bertram (der Ende der 40er / Anfang der 50er ebenfalls bei den Amerikanern arbeitete), Erich Kuby (der mit seiner Familie das zweite Behelfsheim auf dem Grundstück von Frau Geisow bewohnte), Wolf Zöller, Alexander Hett und ich (in etwa gleichaltrig) sowie, wenn verfügbar, auch Julius Gilbert (Vater von sieben Kindern: den Zwillingen Liesel und Karin, die zusammen mit mir in die evangelische Volksschule gingen, Gerhard, Bärbel, Roland, Jürgen und später das *„Bobbelsche"*). Was sind wir gerannt, gesprungen und gestürzt!

Das Gilbertsche hölzerne Behelfsheim bestand lediglich aus einer kleinen Küche und einem Schlafzimmer; im Garten gab es ein Plumpsklo. Am Sonntag-Nachmittag war es den Kindern bei Strafe verboten, das Haus zu betreten – und Julius Gilbert führte eine lockere Hand. Es muss hart gewesen sein für sie damals. Ich erinnere mich daran, dass sich die Zwillinge Anfang der 50er zu einem Geburtstag ein Achtel Butter zum Geburtstag wünschten …

So war es denn auch ein besonderer Tag für alle, als unsere Nachbarin, Gudrun Bertram, unter ihrer Eiche einen Tisch aufstellte und für alle Kinder der Nachbarschaft – das war mindestens ein gutes Dutzend – Butterbrot mit Marmelade ausgab … Eine Szene, an die ich mich heute noch jeden Tag erinnere, wenn ich an der Bertram'schen Eiche vorbeifahre.

Vater gab mir regelmäßig, etwa seit meinem sechsten Lebensjahr, Klavierunterricht. Er selbst spielte sehr virtuos Klavier, denn er hatte noch während des Krieges sein Musikstudium abgeschlossen; nach dem Krieg war es freilich schwierig, als Kapellmeister Fuß zu fassen. Dennoch versuchte er sich anfangs regelmäßig damit, in Miltenberg Konzerte aufzuführen, in denen er teils aus eigenen Kompositionen vorspielte (wie Szenen aus seiner Märchenoper „Schlaraffenland" oder Lieder aus dem Zyklus „Mainlandschaften" mit seinen Melodien und Leni Wüsts Texten sowie Klaus Bertram und Dr. Karl Lörges als Conférenciers), teils Opern- oder Operettenauszüge inszenierte. Geprobt wurde bei uns zu Haus; dazu stand ihm Leni Wüsts wunderschönes Klavier zur Verfügung, aus eingelegtem Wurzelholz, mit Elfenbeintasten und Messingleuchtern … Als wir in den 70er Jahren in Belgien lebten, hat es Vater leider an einen Amerikaner verkauft.

Aus dieser Zeit sind mir so manche Opern- oder Operettenarien aus der „Zauberflöte", dem „Freischütz", dem „Zigeunerbaron", dem „Vogelhändler" und vielen anderen mehr in Erinnerung, die mein Vater mit verschiedenen Sängern und Sängerinnen wie Toni Nicolas Schreiber, Lieselotte Jupe, Maria Rudolph, Elisabeth Schwinn, Wilma Zöller, u.a. einstudierte. Natürlich habe ich die diversen Libretti, die zuhauf auf dem Klavier lagen, geradezu verschlungen …

Obwohl ich heute noch gelegentlich gerne Klavier spiele, waren die Klavier-Stunden bei Vater ein Graus und immer gefürchtet, denn mein Vater war ungeduldig – und wohl durch seine eigene Erziehung geprägt – äußerst autoritär; Widerspruch gab es nicht, auf Faulheit, Nachlässigkeit oder Schlamperei standen Strafen wie Kopfnüsse, Ohrfeigen oder Hausarrest … Dennoch habe ich ihm viel zu verdanken, denn ohne seine harte Schule und seine Hartnäckigkeit hätte ich das Klavierspielen wohl nie gelernt. Auch vierhändig hat er mit mir gespielt, ja selbst auf der Violine hat er mich begleitet: dabei erinnere ich mich heute u.a. noch gerne an die Romanze in F-Dur von Beethoven.

Als er später in Frankfurt arbeitete und mich selbst nicht mehr unterrichten konnte, schickte er mich zu Lore Müller, einer seiner ehemaligen Schülerinnen; zu ihr ging ich gerne, denn sie wirkte auf mich – sie war damals etwa 17 Jahre alt – wie eine feenhafte Lichtgestalt, man könnte auch sagen wie Schneewittchen: groß, schön, mit langem schwarzem Haar, zudem spielte sie wirklich gut Klavier. Das Erste, das sie mir beibrachte, war, die „Erste Invention" von J.S. Bach richtig zu spielen. Sie leitete das mit den Worten ein: „Nun wollen wir das mal richtig spielen; momentan spielst du ja, wie wenn ein Fohlen über die Wiese hüpft …" Das war plastisch, das konnte ich einsehen und so nahm ich mir vor, die richtigen Fingersätze zu lernen. Noch heute denke ich an Lore, wenn ich – eher zufällig – die „Erste Invention" spiele (immer noch nicht überall mit den richtigen Fingersätzen …)

Ich erinnere mich daran, dass ich sie – schon als Vierjähriger – 1948 während eines der Vaterschen Konzerte im großen Saal des Alten Rathauses in der ersten Reihe neben Mutter sitzend förmlich anhimmelte, als sie in einem langen, blauen Kleid für Vater die Noten umblätterte.

Später musste ich bei Lore zusätzlich Mathematik-Nachhilfeunterricht nehmen. Das hat weniger gefruchtet, obwohl Lore ihr Bestes gab …

Kein Wunder, dass wir bei all diesen Aktivitäten kein Fernsehen brauchten. Anfangs gab es ja auch kein Fernsehen, später hatten wir keins, denn es wäre teuer gewesen; Geld war aber zu jener Zeit, bei uns zumindest, rar.

Dennoch fand Fernsehen – in Maßen – statt: das erste Mal, das ich überhaupt davon hörte, war 1954, anlässlich der Krönung von Elizabeth II., der Königin von England. Zu diesem Anlass war bei Radio-Miller in der Hauptstraße im Schaufenster ein Fernseher installiert (schwarz-weiß natürlich, Farbe kam erst später!), vor dem sich dann alle Interessierten die Nase platt drückten: meine Mutter war auch dabei, denn die Krönung war natürlich d a s Ereignis! Sie berichtete davon auch ganz begeistert.

In der Nachbarschaft gab es auch Fernsehen: zuerst bei den Eltern von Alexander Hett, die sogar einen eigenen Fernsehraum hatten: aber da gab's ja sogar einen (weißen!) Flügel, auf dem ich manchmal spielen durfte. Und das tat ich lieber als Fernsehen.

Später bekam Frau Bertram, die Mutter von Klaus, Vaters Freund, einen: da konnte man, wenn man eingeladen war, das Erste und das Zweite Programm sehen, mehr gab es nicht, und das, wie gesagt, schwarz-weiß. Manchmal durfte man eine Unterhaltungssendung sehen, musste dann sehr brav auf dem Sofa sitzen und durfte nichts sagen. Man hätte sich auch nicht getraut, was zu sagen, denn Fernsehen war fast schon eine heilige Handlung.

Viel später erst, die Eltern wohnten damals schon in Belgien, bekamen die Eltern ein Fernsehgerät, das muss etwa 1970 gewesen sein. Immer noch schwarz-weiß und damals nur für belgische Programme.

Als ich von 1973 – 1976 selbst in Belgien lebte, hatte ich keinen Fernsehapparat. Meinen tragbaren Schwarz-Weiß-Apparat, den ich mir kurz zuvor in Pirmasens gekauft hatte, hatte ich damals bei meiner Freundin gelassen, weil er in Belgien ohnehin nicht funktionieren würde …

Erst nach meiner „belgischen" Zeit, im Sommer 1976 in Lüneburg, habe ich mir einen „Bunt"-Fernseher gekauft, manuell einzustellen und riesig; damals mit 1.500.- DM recht teuer, und das bei Neckermann. Immerhin konnte man mehrere Programme damit sehen und so war ich in der Lage, die damalige Olympiade mit zu verfolgen.

Der Apparat arbeitete später sogar während unserer Zeit in Italien (1977 – 1981); allerdings waren wir damals auf die italienischen Programme angewiesen, denn Satelliten-

Fernsehen gab es nicht, zu jener Zeit. Immerhin waren wir auf diese Weise gezwungen, u.a. auf Italienisch „*Derrick*" zu sehen, was nicht unerheblich dazu beigetragen hat, auch diese Sprache (annähernd) zu erlernen.

Heute gehören Fernsehgeräte zu den nicht-pfändbaren Einrichtungsgegenständen und Viele, vor allem Jüngere, empfangen Fernsehen bereits über ihr Mobiltelefon.

Das hatten wir natürlich auch nicht damals, als wir jung waren. Weder stationär noch mobil. Ersteres weil zu teuer und Letzteres, weil es das nicht gab. Und waren doch informiert und ungeheuer mobil!

Eines Tages – war es im Sommer 1948? – erschien Vaters Kriegskamerad Lahl mit seiner kleinen Familie bei uns – die Gründe sind mir unklar geblieben; ich habe jedoch heute noch Vater Lahl vor mir, wie er in seinen Offiziersstiefeln, die mir damals sehr imponierten, in der Küchen-Spüle seine Morgentoilette verrichtete, d.h. sich umständlich nass rasierte. Was mich hingegen äußerst störte, war, dass sein Sohn *Karsten* in meinem Bett schlief und ich in irgendein Notquartier ausweichen musste. Meine Beschwerde: „… der *Kasten* liegt in meinem Bett…" half da nicht weiter. Heute ist der „Kasten" Generalleutnant a.D. Ob zu dieser steilen Karriere mein Kinderbett wohl grundlegende Weichen gestellt hat?

Auch in dieser Zeit, möglicherweise auch früher, muss es sich zugetragen haben, dass ich auf die Aufforderung meiner Mutter, einem Bekannten „Guten Tag" zu sagen, die Hände auf den Rücken legte, antwortete: „Kind keine Lust hat!" und mich in eine Pfütze schmiss. Welche Folgen das für mich hatte, habe ich – Gott sei Dank – vergessen.

Am 3. September 1950 wurde ich in der evangelischen Volksschule in Miltenberg eingeschult: zunächst fand der Unterricht im jetzigen Gemeindehaus der evangelischen Kirche statt; vermutlich waren daselbst mehrere Klassen unter dem freundlichen, milden Fräulein Lydia Weinreich vereint. An der Wand hing ein Bild von Jesus, wie er mit seinen Jüngern durch ein Kornfeld schritt, die Pause fand anfangs im Hof vor dem Gemeindehaus statt, bis wir auch im Park des Mütterheims auf der anderen Seite der Straße, direkt gegenüber unserer Schule, Völkerball und „Wer hat Angst vorm Schwarzen Mann?" spielen durften. Als wir dieses Spiel zum ersten Mal spielten, schrieen alle Kinder auf die entsprechende Frage: „Niemand!" – dennoch erinnere ich mich, dass ich mich vorsichtshalber erst einmal umgeschaut habe, ob da nicht etwa doch ein schwarzer Mann käme … Ich war sehr ängstlich damals, vorsichtig, gewissenhaft, fleißig und beflissen, es dem Fräulein Recht zu machen. So lautete denn auch der Kommentar in meinem ersten Schulzeugnis: „H. erfreute durch sein wohlanständiges Betragen und seinen Eifer im Unterricht. Seine Leistungen sind trotz seines Fehlens sehr gut bis gut. Haralds Lerneifer verdient Lob!" Gefehlt hatte ich in der Tat allein im ersten Halbjahr an 43 Tagen und an 14 Tagen im 2. Halbjahr: sowohl Claudia als auch ich hatten Keuchhusten und verbrachten deshalb einige Zeit bei Mutters Eltern, unseren schlesischen Großeltern (Elis-Oma und Elis-Opa, wie wir sagten), in Westerhof im Harz, der guten Luft wegen.

Es folgte ein 2. Jahr Volksschule in einem Behelfsheim im Mütterpark; Unterricht gab Fräulein Münich. Sie trug Dauerwellen und – in meiner Erinnerung – meistens ein grünes, weites Kleid mit weißem Kragen, manchmal auch ein graues Kostüm, war sanft und gab Fleißkärtchen aus.

Da der Schulraum, schon wegen der vielen Flüchtlinge, und dazu gehörten wir auch, deutlich zu knapp war, mussten wir in der 3. Volksschulklasse in die oberen Räume des Alten Rathauses ziehen: eine dunkle, lange Holztreppe führte hinauf und oben unterrichtete Herr Kupka in einem der beiden viel zu kleinen Klassenzimmer die Kleinen, Fräulein Münich, später Herr Pampuch, und Herr Sixt im anderen Raum die Großen, das waren wir.

Gut, dass wir nicht der Klasse von Herrn Kupka angehörten, denn Kupka regierte mit dem „*Blauholz*": einem hölzernen Tafelwischer, dessen Gummi in Tinte getaucht worden war und daher blaue Striemen auf den Händen hinterließ, wenn er einen Delinquenten züchtigte und das kam oft vor.

Dagmar Wagerängel und ich konnten indes in unserer Klasse mit Abstand am besten lesen (das lag bei mir mit Sicherheit daran, dass ich alle Libretti, Grimms Märchen und alles Andere, halbwegs Lesbare dessen ich habhaft werden konnte, geradezu verschlungen hatte); Günter hingegen hatte Probleme mit dem Lesen und so mussten Dagmar und ich jeden Tag vor Unterrichtsbeginn 5 Minuten lang mit ihm lesen …

Andere Schüler, an die ich mich erinnere, waren der quirlige und intelligente Michael Fleischmann, die schon angesprochenen Gilbert-Zwillinge Karin und Liesel aus unserer Nachbarschaft, als Einzige in unserer Klasse berechtigt, amerikanische *Care-Pakete* zu empfangen, Reinhard Teichmann, auf den noch zurückzukommen sein wird, der ruhige Uwe Meister, der stets aktive Peter Thümmler, leider viel zu früh, mit nur 55 Jahren verstorben, die niedliche, kleine Wilma Killich, Angelika Driess mit ihren langen Zöpfen und dem traurigen Blick, der kleine blonde, auch längst verstorbene Horst Honacker, die fleißige Waltraud Neike, die kleine Tochter des Stromzähler-Ablesers, Elfriede Krieger, ein Heinz, der unsere Phantasie damit beflügelte, dass er eines Tages *Johnson* hieß und nach Texas auswanderte … Die Jungs im Sommer mit Lederhosen, im Winter mit langen Strümpfen, die Mädchen alle im Kleid oder im Rock; die meisten trugen Zöpfe.

Anfangs schleppten wir in unseren ledernen Schulranzen Schiefertafeln, Griffel, Schwämmchen und Läppchen mit uns herum, später wurden Tafel und Griffel durch linierte Hefte ersetzt, in die wir mit Federhalter und Tinte schreiben mussten; dazu war vor jedem Schüler in der zweisitzigen Schulbank ein Tintenfass eingelassen, das mitunter durch den Schuldiener gefüllt wurde. An der Wand hingen Dierkes Schulwandkarten und die Tafel musste zu Ende jeder Stunde durch den Tafeldienst mit einem Schwamm abgewischt und einem Gummiwischer trocken gezogen werden. Eines Tages hörten wir kurz nach Schulbeginn um 14.00 Uhr (wir hatten Unterricht im Schichtdienst) an oder in der Wand ein Klopfen: das Fräulein schaute nach und siehe da, im verschlossenen Geräteraum unter der Schulwandkarte saß ein „Nachsitzer", den der Lehrer am Vormittag dort wohl vergessen hatte …

So ging das in etwa weiter, bis ich 1954 – ohne größere Anstrengungen – die Prüfung zum Wechseln in die Oberrealschule bestand; dann freilich war es zunächst aus mit der ganzen Herrlichkeit: gleich in der ersten Deutscharbeit gab mir Studienrat Stapf eine „6": ich hatte gar nicht mitbekommen, dass man diese seltsamen Begriffe wie „Plusquamperfekt", „Futur", „Verb" und „Adjektiv" auswendig zu lernen hatte … Dann half mir mein Vater mit Kopfnüssen und dergleichen auf die Sprünge, und siehe, es ging. Noch heute freue ich mich, wenn mir der Kommentar in meinem Buchpreis „Bester der Klasse in Deutsch" aus dem Jahre 1961 / 62 von Herrn Böttinger in die Hände fällt …

Ähnliches drei Jahre später in Französisch bei Frau Fattler: in der ersten Arbeit „6". Kommentar der Lehrerin gegenüber meinen durchaus besorgten Eltern: „Ach wissen Sie, er ist ja so ein nettes Bübchen, aber manche Schüler sind einfach unbegabt für Sprachen …" Das war einer der Gründe, weshalb ich an derselben Schule, 50 Jahre danach und nach meiner Pensionierung, Französisch-Unterricht geben sollte und wollte … Nichtsdestotrotz: anlässlich eines Klassentreffens mehr als ein halbes Jahrhundert nach dieser Episode haben wir ihr – d.h. die noch verbliebenen Schüler aus der damaligen Zeit – ein Ständchen an ihrem Grab gebracht: nicht auf Französisch zwar, aber auf Englisch: *„Sweet Molly Malone …",* das sie uns in einem ihrer früheren Englisch-Unterrichte beigebracht und vorgesungen hatte.

Was fehlte, waren nach meinem anfänglichen Französisch-Desaster wohl Vaters Kopfnüsse! Über Weihnachten hat er sich dann mit mir hingesetzt und Französisch gepaukt; seitdem ging es auch in diesem Fach bergauf.

Alle Lehrer waren mit „Herr (bzw. Frau) Professor" anzusprechen, gleich ob Studienassessor, Studien- oder Oberstudienrat. Uns war das egal: wir fürchteten sie alle, außer Herrn Molitor bei dem wir später Englisch hatten und der uns regelmäßig auftrug, beim amerikanischen Soldatensender „*AFN (American Forces Network) Frankfurt*" amerikanische Schlager zu bestellen: diese nahm er dann mit seinem „*tape recorder*" (Tonbandgerät) auf und spielte sie uns vor; die Texte schrieb er mit Kreide an die Tafel und ließ sie uns singen. Ich habe einmal, etwa 1955, für meine Großmutter *„Oh my island in the sun"* von Harry Belafonte bestellt, habe es morgens um 07.00 Uhr, während ich „Kaba den Plantagentrank" schlürfte, tatsächlich wenige Tage später bei *AFN Frankfurt* gehört und danach bei „Molli" den Text gelernt und gesungen. Das Lied mag ich noch heute.

Im Musikunterricht fragte mich anfangs Herr Lang, unser Musiklehrer, ob ich das absolute Gehör habe, weil ich ein paar Mal auf Anhieb sagen konnte, welchen Ton er gerade anschlug. Das gab sich aber nach einigen Versuchen. Klar, dass Vaters Klavierunterricht hier durchschlug. Geige spielen konnte ich allerdings nicht lernen, obwohl Herr Lang das anbot: unsere Geige war für mich zu groß und eine Dreiviertel Geige konnten wir uns nicht leisten. Mich hat das nicht sonderlich gestört damals; heute bedauere ich es, dass ich Vaters Instrumente nicht spielen kann. Ich habe seine Violine gleichwohl restaurieren lassen und auch seine Viola hat einen würdigen Platz in Claudias Wohnzimmer gefunden.

Auf Reinhard Teichmann wollte ich noch zurückkommen und das aus gutem, wenngleich für mich peinlichem Grund: Reinhard besuchte mich eines Tages, wohl im Frühjahr 1954, und wir gingen gemeinsam auf Pirsch, d.h. wir bewaffneten uns mit Pfeil und Bogen und schossen aufeinander … Er am unteren Rand der großen Wiese, ich oben; er mit einem kleineren Bogen, ich mit einem recht ansehnlichen Hickory-Gerät, denn Bogenschießen, sogar auf Scheiben, war eine beliebte Freizeitbeschäftigung, die mir mein Vater beigebracht hatte. Wir hatten also auch richtige Pfeile, d.h. solche mit Metallspitzen.

Es kam, wie es kommen musste: ich traf Reinhard mitten auf die Stirn … Blut, Geschrei, indes kein größeres Malheur, denn der Schuss traf aus gut 50 m Entfernung und hatte keinen nennenswerten Effet mehr. Allerdings hätte das auch ins Auge gehen können …

Als ich am nächsten Morgen in die Klasse kam, hatte sich das schon herumgesprochen und ich wurde als Meisterschütze gefeiert … Natürlich hat auch Vater das erfahren; der Bogen wurde jedenfalls hinter dem Wohnzimmerschrank versteckt (was ich alsbald herausfand), war hinfort für mich tabu und durfte nur noch unter Aufsicht Erwachsener verwendet werden.

Im Sommer 1954 fand im Miltenberger Krankenhaus ein besonderes Experiment statt: mir wurden „die Ohren angelegt". Ich hatte, in der Tat, wie alle meine väterlichen Vorfahren, von denen man wusste, abstehende Ohren und sah denn auch aus, wie Dumbo, der fliegende Elefant – wenn man das so ausdrücken wollte. Einige Mitschüler wollten das und so versuchten meine Eltern, unter Hinweis auf die vermeintliche Seelenpein ihres Sohnes, die Krankenkasse zu überreden, diese „Schönheitsoperation" (wie das hieß) zu bezahlen: diese aber wollte nicht. Es ging damals um 150.- DM!

Tante Martel hat das dann, großzügig wie sie war, bezahlt und Dr. Krüger, Chirurg am städtischen Krankenhaus, versuchte seine Kunst an mir. Ambulante Operation bei örtlicher Betäubung! Nach einer mir endlos erscheinenden Zeit war endlich der Knorpel hinter meinem linken Ohr gekürzt und das Ohr wieder vernäht. Gleiche Prozedur am rechten Ohr. Der Vergleich ergab, das linke Ohr stand immer noch weiter ab als das rechte! Also Entschluss: linkes Ohr wieder ab, Knorpel weiter kürzen, erneut annähen. Ich muss geheult haben wie ein Schlosshund aber letzten Endes kam ich mit großem, weißem Kopfverband, von Vater eskortiert, heldenhaft zu Hause an. Meiner Mutter hatte man von dem ganzen Vorhaben gar nicht erst erzählt, denn sie wäre wohl vor Schreck und Mitleid gestorben.

Dr. Krüger muss aus diesem Experiment gelernt haben, denn Barbara Zöller, Wolfs Schwester, die auch abstehende Ohren hatte und als Nächste unters Messer musste, bekam immerhin eine Vollnarkose …

Ich soll nach wenigen Tagen schon wieder Federball gespielt haben.

Das erste Jahr am Gymnasium lief – wie schon erläutert – nicht unbedingt gut an und um meine Versetzung war durchaus zu bangen. Dies wiederum bewog meinen Vater, mir zu versprechen, dass er mit mir nach Heidelberg führe, wenn ich versetzt würde. Heidelberg habe ein Schloss mit einem riesigen Fass und überhaupt sei das Ganze eine ungeheure Attraktion.

Er muss wohl selbst nicht geglaubt haben, dass das mit der Versetzung klappen würde, aber der Trick half: ich wurde versetzt! Also setzte er mich auf den Rücksitz seiner *Lambretta* und knatterte durch den Odenwald mit mir zum Heidelberger Schloss. Mein Vater reiste selbst sehr gerne und so waren alle zufrieden. Auch als ich im Sommer 1963 in Paris das Baccalauréat bestanden hatte, nahm er mich auf eine Dienstreise zur britischen Admiralität mit nach London. Das hat angesteckt, denn meine eigenen Dienstreisen haben mich später in die halbe Welt geführt – aber davon später.

Sportunterricht gab Dr. Beutert: eine der Disziplinen der Bundesjugendspiele 1954 war Weitsprung. Das war an sich kein Problem für die Meisten; ein etwas dicklicher Mitschüler indes kam beim Anlauf nicht so recht auf Touren. Zur Strafe fand ein Spießrutenlaufen statt.

Kein Wunder, dass man sich anstrengte und glänzen wollte, wo irgend möglich. Das muss ich mir eines Tages wohl auch gesagt haben, als ich bei einem Kopfstand – ohne Not – die Arme wegzog, weil ich sehen wollte, ob ich auch ohne Unterstützung auf dem Kopf stehen könnte. Die Folge: der Schlingentisch bei Dr. Krüger …

Im Frühjahr des folgenden Jahres ergab es sich, dass ich mit einigen anderen Jungen Räuber und Gendarm spielte, vielleicht auch Indianer und Trapper. Frank-Dieter Kotter, deutlich älter und mit einem Luftgewehr „bewaffnet", führte das Wort und wollte, dass ich mit einem anderen Jungen, ich weiß nicht mehr mit welchem, „kämpfte". Das Luftgewehr im Nacken, blieb uns nichts weiter übrig als aufeinander einzudreschen: bis ich stürzte und meinen rechten Arm nicht mehr bewegen konnte.

Die Diagnose im Krankenhaus bei Dr. Krüger ergab, dass der Arm knapp oberhalb des Gelenks gebrochen war; also: eingipsen!

Als Folge haben mir Michael Fleischmann und Hartmut Nottebohm im Wechsel die Aktentasche sechs Wochen lang nach Hause getragen. Ich habe das genossen und war, in gewisser Weise, ein Star. Zwar nicht in Mathematik, aber ich hatte mich im Zweikampf verletzt!

Als weitere Folge, allerdings nicht für mich, sondern für Frank-Dieter, kam Thomas, der stets für uns Jüngere Partei ergriff, auf die Idee, diesen für seine Untaten zu bestrafen: dazu packte er sich an einem schönen, warmen Juli-Tag einen Haufen Steine vor Brust und Bauch und wartete, bis Frank-Dieter von der Schule kam; dann hat er ihn regelrecht gesteinigt … Frank-Dieter jedenfalls ließ uns künftig in Ruhe. Ich allerdings bekam eine Ohrfeige von Thomas: als Ausgleich für die ihm zugefügten Prügel, wie er sagte.

All diese Blessuren haben uns von unseren „Dauer-Karl-May-Festspielen" unter freiem Himmel nicht abgehalten: ich war meist Winnetou und hatte ein selbst gemachtes Holzgewehr mit Dachpappenägeln beschlagen, denn das war die „*Silberbüchse*", mit der ich in meiner Einbildung immer traf. Mein Großvater hatte mir auch aus der „Glanzstoff", wo er arbeitete, eine lange Leine mitgebracht, die ich sofort zum Lasso umfunktionierte und fortan fingen wir Mustangs und Bösewichter aller Art. Mein Tretroller war wohl „*Iltschi*", Winnetous Rappe oder dessen Bruder, „*Hatatitla*", Old Shatterhands Pferd.

Alexander war dann Old Shatterhand oder umgekehrt; jedenfalls redeten wir uns eine Zeitlang gegenseitig mit „*Sir*" an, denn diese Anrede hatten wir im „*Schatz im Silbersee*" oder bei „*Winnetou I – III*" bzw. anderen Karl May-Klassikern gelesen. Wir sagten auch „Uff" als Ausdruck des Erstaunens und „Howgh" zur Bestätigung einer Abmachung. Dann bauten wir Zelte aus Decken aller Art, gingen als Späher auf Erkundung und lieferten uns mit Michael Fleischmanns Bande wilde Verfolgungsjagden.

Als ich in „Winnetou III" las, wie der Häuptling der Apatschen starb, erschossen von einem Ogellallah-Indianer, habe ich geheult, wie alle kleinen Jungen damals und Santer gehasst, der Intschu tschuna und seine wunderschöne Tochter Nscho-tschi, Winnetous Schwester, erschoss.

Die Winter waren deutlich strenger als heute und schneereich, auch in unserer Gegend, so dass wir ausgiebig Schlitten fahren konnten: die *Obere Walldürner Straße* war auf ihren ganzen gut zwei km eine einzige Rodelbahn; das war auch relativ ungefährlich, denn es gab ja kaum Autos.

Wir fuhren auch Ski und bauten Schanzen aus Schnee, auf denen wir dann unsere eigenen Schanzenrekorde aufstellten und regelrechte „Olympiaden" durchführten, bei denen wir uns Gold-, Silber- und Bronzemedaillen verliehen. Bei einem Sprung hat sich Wolf allerdings so verletzt, dass er an der Lippe genäht werden musste. Ich nehme an, auch das war Dr. Krügers Werk.

Kurz darauf setzten wir unsere Olympiade fort. Dennoch: unser Traum waren die Alpen, doch die waren weit!

Nicht zu weit, wie ich bald feststellen konnte, denn Anfang 1958 verzogen wir nach Altstädten, bei Sonthofen im Allgäu. Als ich am 8. Januar in Oberstdorf mit dem Schulzug auf dem Bahnhof ankam und mit all den unbekannten neuen Mitschülern zur Schule pilgerte, konnte ich es gar nicht fassen, wie viel Schnee da lag: einige Schüler kamen dementsprechend per Ski im Schlittschuhschritt zur Schule. Gut, dass wir da in Miltenberg wenigstens auf unserem Hügel schon Ski gefahren waren …

2. Kapitel
Im Allgäu (1958 – 1960)

Vater hatte sich 1956 bei der Bundeswehr gemeldet und war zunächst als Oberleutnant bei einem Fernmeldeverband in Köln eingestellt worden. Obwohl im Kriege „nur" Reserveoffizier – noch nach Einsätzen in Polen und im Westfeldzug hatte man ihn zum Abschluss seines Musikstudiums freigestellt – und durchaus ernsthaften Ambitionen auf dem Gebiet der Musik, hatte sich seine „private Lage" seitdem grundlegend geändert: aus dem jungen „*Drahtamselkönig*" (wie er sich auf Grund eines Einsatzes als Leiter einer Heeresgruppennachrichtenzentrale, die u.a. aus jungen Nachrichtenhelferinnen bestand, nannte) war mittlerweile ein Familienvater mit Frau und zwei Kindern geworden, die versorgt werden mussten. Trotz seines starken Engagements auf musikalischem Gebiet in Miltenberg und seines Einsatzes bei der US-Militärverwaltung zunächst in Miltenberg, später in Frankfurt, konnte mit diesen Behelfen keine Familie dauerhaft ernährt werden, trotz aller Bemühungen um weitgehende Eigenversorgung im Miltenberger Garten. Zudem wohnten Vaters Eltern mit uns im Haus; sie hatten zwar, wie die übrige Großfamilie, dabei auch ich – das Dresdner Bombeninferno überlebt – sich aber kurz danach in Richtung Westen „abgesetzt" und waren in Miltenberg zu uns gestoßen, wo wir fürderhin als traditionelle Großfamilie, anfangs in der Fleischerei Zöller einquartiert, später im eigenen Häuschen auf dem Lande, lebten.

Vater ergriff denn ohne zu zögern die Gelegenheit, sich eine neue berufliche Grundlage zu schaffen, die 1956 mehr Aussicht auf ein regelmäßiges Einkommen und eine gewisse Karriere zu bieten schien, als „die Musik", für die verständlicherweise im zerstörten Deutschland, anfangs zumindest, kaum großes Interesse bestand.

Der Einsatz in Köln dauerte jedoch nicht lange und so wurde Vater schon Anfang 1957 an die Fernmeldeschule des Heeres in Sonthofen im Allgäu versetzt; dort hatte er Offizier- und Unteroffizieranwärter im militärischen Fernschreibwesen auszubilden (wobei er, wie er mir später erzählte, seinen Schülern stets lediglich ein Kapitel in den entsprechenden US-Vorschriften voraus war: die entsprechenden Kapitel wurden jeweils in der Nacht vor dem jeweiligen Unterricht aus dem Amerikanischen übersetzt).

Doch auch das dauerte nicht lange, Vater wurde in den Schulstab berufen und zum Hauptmann befördert: damit war eine immerhin recht solide Grundlage für den wirtschaftlichen Wiederaufstieg der Familie gelegt.

Wohnungen in Sonthofen und Umgebung waren jedoch rar und das „Preußensilo" – wie die Sonthofener Einheimischen die neue Bundeswehrsiedlung bezeichneten – stand erst im Rohbau. Da aber wurde das „Küklo" frei: eine Wohnung (mit Balkon, Garten und Garage – denn wir hatten seit neuestem einen gebrauchten, blauen VW-Käfer: SF P-111!) in Altstädten, einem idyllischen Dörflein, in einem Zweifamilienhaus an einer Nebenstraße zwischen Sonthofen und Oberstdorf gelegen. In der Tat: das Klo war in der Küche, diese ging wiederum nahtlos ins Wohnzimmer über, und daneben lagen Eltern- und Kinderschlafzimmer: natürlich bewohnten meine Schwester und ich ein gemeinsames Gemach …

Doch das alles zählte wenig, denn die Aussicht direkt auf die Oberstdorfer Bergkette aus dem Wohnzimmer und vom Balkon war einmalig. Links neben der Bergkette der *„Sonnenköpfe"* das schroff abfallende *„Rubi-Horn"*, der *„Große Daumen"*, dahinter der *„Hochvogel"*, in der Mitte der *„Kratzer"* und die Doppelspitze der *„Mädelegabel"*, das *„Hohe Licht"*, der *„Widderstein"* und rechts, schon im *„Kleinen Walsertal"*, das lang gezogene Hochplateau des *„Hohen Ifen"*; die meisten dieser Berge gut zweieinhalbtausend Meter hoch und die Bergspitzen bis in den Sommer hinein von Schnee bedeckt. Im Mittelgrund vor diesem grandiosen Bild das Altstädter Dorfkirchlein mit einem Zwiebelturm und davor, direkt vor dem Haus eine riesige Wiese, ein Schneefeld im Winter wie zu unserer

Ankunft, im Frühjahr in sattem Grün mit Unmengen von Löwenzahn, im Sommer weideten darauf Kühe mit ihren Glocken. All das war für uns neu und traumhaft schön.

Aufgrund der Nähe zum Bahnhof war für mich auch die tägliche Bahnfahrt nach Oberstdorf, etwa 10 km entfernt und für Claudia anfangs nach Sonthofen, später zur Klosterschule nach Immenstadt – noch etwas näher – kein Problem, sondern eher ein tagtägliches, interessantes Abenteuer. Allerdings war der Schulzug (mit Dampflok und Holzklasse) meist völlig überfüllt. Viele Schüler, die noch einen Sitzplatz ergattert hatten, machten während der Fahrt zur Schule noch ihre Hausaufgaben oder schrieben voneinander ab. Nicht so die Gruppe Halbwüchsiger aus unserem Ort: diese spielten regelmäßig „Schafkopf" und unterhielten sich in einer – wie mir anfangs schien – teilweise völlig unverständlichen Sprache.

So auch Roland Schwanz, mein Banknachbar, der mich natürlich sofort als „Neuen", noch dazu Nicht-Allgäuer entlarvte und fragte: „Woher kommst nachhert?" Das sollte wohl heißen „Woher kommst Du" dachte ich scharfsinnig (das „nachhert" ließ ich einfach weg) und gab bereitwillig Auskunft: „Aus Miltenberg!" – „Wo hernach is des?" insistierte Roland Schwanz. „Am Main", gab ich bekannt, doch mein neuer Nachbar ließ nicht locker und fragte weiter: „Links oder rechts vom Main?" Darauf ich wahrheitsgemäß: „Miltenberg liegt auf beiden Seiten des Mains".

„Wo hernach wohnst du?" fragte Roland nach; darauf ich, ohne so recht den Sinn dieser Frage zu verstehen, denn was konnte es schon ausmachen, auf welcher Seite des Mains ich wohnte: „Wir wohnen auf der linken Seite des Mains".

„Do host a Glick g'hobt" meinte Schwanz. Ich, immer noch nicht verstehend: „Warum Glück?"

„Weil des is der *Weisswurschtäquator* und wannst rechts vom Main g'wohnt hattst, warst a Preiß..." wurde mir nunmehr beschieden... doch: ich w a r doch „a Preiß", denn trotz meiner Miltenberger Herkunft war ich doch auch kein Bayer! „A Preiß" sollte ich denn auch für die Dauer meines Aufenthalts am Oberstdorfer Gymnasium bleiben, wie alle Söhne und Töchter der meisten Bundeswehrsoldaten, die indes einen erheblichen und stetig steigenden Anteil der Schüler ausmachten, denn die Bundeswehr war, auch in Sonthofen, im Aufbau.

So wurden wir denn auch kaum integriert, anfangs zumindest, denn erstens sprachen wir anders, wo auch immer wir „Preußen" herkamen, zweitens konnten wir lange nicht so gut Ski fahren wie die Einheimischen und drittens waren wir ja neu und Neue stören immer.

Das wurde nur allmählich besser: als ich im Schulabfahrtslauf auf dem „*Karatsbichel*" in meinem Jahrgang sechster wurde, beispielsweise und das auf meinen einfachen Holzbrettern mit Backenbindung, ohne Stahlkanten und Riemen, wie sie natürlich bei unseren Alteingesessenen selbstverständlich waren. Oder als ich mit einigen anderen am „*Imberger Horn*" eine recht steile Abfahrt im Schuss hinunter fuhr, eine der Allgäuer Mitschülerinnen sich nicht traute und im Treppenschritt abstieg...

Natürlich war Constanze Röhrs aus unserer Klasse ein Star, denn sie hatte damals schon, ging das Gerücht, irgendwelche nationalen Ski-Jugendmeisterschaften gewonnen und gehörte danach auch zum deutschen Olympiaaufgebot.

Im Winter wurde im Sportunterricht entweder am „*Karatsbichel*" Ski gefahren; dabei versuchte uns „Muli", so nannten wir den braun gebrannten Sport- und Skilehrer, das Wedeln beizubringen (d.h. den Preußen, denn die anderen konnten das ja längst, sagten die Bayern zumindest), oder in der Turnhalle an Geräten wie Böcken, Kästen, Barren, Reck oder Ringen zu drillen, „foltern" könnte man auch sagen. Dazu mussten wir zunächst in Linie zu drei Gliedern antreten, durchzählen, uns ausrichten und ihm mit Blickwendung melden, ganz wie später beim Militär. Doch halt: waren nicht w i r die Preußen? Nicht, dass uns das etwas ausgemacht hätte, damals; auch nicht, dass wir danach riegenweise, „marsch, marsch!" vor den Geräten Aufstellung zu nehmen hatten und mehr über die Marter-Instrumente geworfen wurden, als dass man uns erklärte, wie man es am Besten anstellte, um beispielsweise aufs Reck zu kommen … Ein Wunder, dass wir uns nicht alle Knochen brachen damals oder den Hals, als wir Jungen zumindest beim Skifahren eines Tages die Jugendschanze herunter springen mussten: mit Stöcken! Ich habe mich jedenfalls mit Todesverachtung in den Abgrund gestürzt, als 13-Jähriger damals und bin auch irgendwie wieder aus dem Schneehaufen herausgezogen worden, in dem ich in hohem Bogen, wild mit meinen Stöcken gestikulierend, gelandet war. Das muss dennoch irgendwie beeindruckt haben, denn ein ehemaliger Mitschüler hat mich gut 50 Jahre später noch auf meinen „Hechtsprung" von der Schanze angesprochen …

Solcherlei Unfug hörte erst auf, als Muli versetzt oder entlassen wurde, denn er hatte eine Abiturientin geschwängert, wie man sich hinter vorgehaltener Hand erzählte.

Auch der Mathematikunterricht war, zeitweise zumindest, abenteuerlich. Schon in Klasse 4a, also etwa 14-jährig, bekamen wir „Zinko", wie wir ihn nannten, als Mathematik-Lehrer zugeteilt. „Zinko", so die tonangebenden Allgäuer in der Klasse, weil er einen „Zinken" im Gesicht trug: das war seine Nase. Außerdem hatte er einen golden schimmernden Zahn, den man sah und so hieß Studienrat Auernhammer eben „*Zinko Blechzahn*"… Der Arme! Offensichtlich Spätheimkehrer und unverheiratet, denn er trug stets den selben, braunen, ausgebeulten Anzug, lediglich zum Hemd trug er wechselnde Kragen, gelang es ihm nie, auch nur annähernd Ordnung in die Klasse zu bringen, geschweige denn, uns in die Geheimnisse der Gleichungen mit zwei Unbekannten oder der Geometrie einzuführen … So schrie die Klasse, wenn er eintrat, regelmäßig – geradezu entfesselt – : „Zinko, Zinko, hauts en, hauts en, immer auf die Schnauzen …" oder „Ist das nicht ein Auernhammer, trägt im Maul 'ne Wäscheklammer …" Chaotisch! Oder einer der Altstädter Schafkopfer, Günter Ubl, sprang mitten im Unterricht aus dem Hohlraum der Doppeltafel in die Klasse; auf die Frage, was er da mache kam die Erklärung: „I hob mi verlafa …"; später wurden nasse Schwämme an Auernhammers Kopf vorbei an die Tafel geworfen, so dass der Arme, völlig entnervt, den Direktor, Oberstudiendirektor Dr. Beßler, holte.

Dieser, dem Direktor im Film „Die Feuerzangenbowle" nicht unähnlich, wohnte nun dem Unterricht etwa eine Viertelstunde bei und ging dann mit den Worten: „… Die Klasse ist doch ganz brav, ich weiß nicht, was Sie haben, Herr Kollege …" Kurze Zeit darauf bekamen wir dann endlich einen anderen Mathematik-Lehrer: den freundlichen, dabei strengen Studienrat Glocker, der freilich zunächst die Aufgabe hatte, uns viel Versäumtes, in viel zu knapper Zeit, beizubringen. Das gelang ihm ebenso wenig wie seinem Nachfolger, Studienrat Thomae, so dass meine Allgäuer Mathematik-Grundlagen immer schwammiger wurden.

Ich erinnere mich indes gern an Studienassessor Bachhuber, unseren Klassenleiter, bei uns zuständig für Englisch, Geschichte und Deutsch, der eine natürliche Autorität ausstrahlte, so jung er auch damals war. *„Pole Poppenspäler"* haben wir damals bei ihm gelesen, *„Kleider machen Leute"*, *„Die Schwarze Spinne"*, *„Das Fräulein von Scuderi"*, *„Wilhelm Tell"* und *„Maria Stuart"* in verteilten Rollen.

Als wir bei ihm den Investiturstreit durchnahmen, hatte ich Glück: ich war so von *Heinrichs IV.* Gang nach Canossa fasziniert (und stellte mir dabei bildlich vor, welche Strapaze es gewesen sein musste, im Winter bei Schnee und barfuß – wie ich mir einbildete – über die Alpen zu pilgern …), dass ich das alles zu Hause nachlas, nur um am nächsten Tag genau dazu abgefragt zu werden. Ich bekam dafür eine Eins und die hatte ich seitdem immer in Geschichte – ebenso wie in Musik, wo es mir gelang, trotz einsetzenden Stimmbruchs „Die Gedanken sind frei…" halbwegs korrekt zu singen (vor der Klasse, wie peinlich!); vermutlich lag das aber daran, dass ich dieses Lied schon zu Hause auf dem Klavier gespielt und im Familienchor gesungen hatte.

Auch bei Studienprofessorin Seidenspinner (sie hatte streng nach hinten gekämmtes, silberfarbenes Haar, einen Knoten, sah sehr elegant aus, war Anfang 60, sprach sehr gewähltes Hochdeutsch und gab in den Klassen 5 und 6 Französisch) hatte ich einen Stein im Brett, denn Dank der Vater'schen Intervention zu Beginn meiner Miltenberger Fremdsprachen-Karriere waren meine Französisch-Grundlagen nunmehr gefestigt und ich beherrschte die meisten Formen des *Subjonctif*; zudem waren wir auch in Miltenberg deutlich weiter in diesem Fach, so dass es mir nicht zu schwer fiel, diesen Vorsprung zu halten und auszubauen. Doch auch bei dem ebenfalls schon älteren Oberstudienrat Müller in der nächsten Klasse hat mich Französisch fasziniert, zumal er einige Fabeln von *La Fontaine* mit uns durchnahm und auswendig lernen ließ. *„La cigale et la fourmi"*[1], *„Le corbeau et le renard"*[2], *„Les animaux malades de la peste"*[3] u.a. erfreuen mich noch heute.

Gut, dass ich auch das eine, verbleibende Jahr bis 1960 Wahl-Latein bei ihm belegte, doch dazu später.

An den Kunstgeschichts-Unterricht in Klasse 6A, war es bei Fräulein Sonja Henkel?, erinnere ich mich mit Freude: sie brachte uns die Impressionisten und die Expressi-

---

[1] „Die Grille und die Ameise"
[2] „Der Fuchs und der Rabe"
[3] „Die an der Pest erkrankten Tiere"

onisten näher und ließ Ausarbeitungen anfertigen, die wir mit Kunstdrucken von Malern der jeweiligen Epoche ergänzten; dabei war ich insbesondere von Claude Monet, aber auch von Auguste Renoir sowie von Paul Gauguin fasziniert. Das Heft, das ich eigens hierfür angelegt und mit besonderer Akribie geführt habe, habe ich lange Jahre immer wieder hervorgeholt und mich daran ergötzt. Kein Wunder, dass mein erster Gang später in Paris ins Impressionisten-Museum, damals im „*Jeu de paume*", in den *Tuilerien*, führte wo all die wunderschönen Bilder, von denen wir in Oberstdorf zum ersten Mal gehört hatten, im Original hingen.

Auch im Allgäu haben unsere Eltern viel mit uns gemeinsam unternommen: das hob gleich nach unserem Eintreffen im tief verschneiten Allgäu an, als wir regelmäßig an den Wochenenden aufs *Oberjoch* oder ins *Kleine Walsertal* fuhren, um dort Ski zu fahren. Für meine Mutter war das anfangs eher eine Qual, meine Schwester fühlte sich meist pudelwohl im Schnee, und ich war bald schneller als mein Vater; außerdem kam ich schnell vom Stemmbogen ab und versuchte mich im Wedeln.

Vater wäre an den Sonntagen am liebsten gleich nach dem Frühstück mit uns aufgebrochen, aber das ging nicht, denn da musste ich regelmäßig – bei strenger Anwesenheitskontrolle – zum Gottesdienst, denn ich sollte ja konfirmiert werden. Dann aber ging es verzugslos ab in die weiße Pracht und abends kamen wir braungebrannt und ermattet, jedoch immer froh, wenngleich manchmal leicht lädiert, nach Hause.

Einmal kam eine solche Fahrt zum Skivergnügen freilich nicht zustande, obwohl der VW bepackt und die Skier aufgeschnallt waren: Claudia kam an diesem Samstag nicht wie vorgesehen gegen Mittag nach Hause und niemand wusste, wo sie war. Der Zug war längst angekommen und auch die folgenden Züge aus Immenstadt kamen ohne meine Schwester. Wie sich später herausstellte, hatte sie in irgendeinem Fach eine schlechte Note geschrieben und traute sich nun nicht nach Hause; stattdessen versteckte sie sich in einer Scheune und blieb da, bis man sie am Nachmittag fand. Großes Trara natürlich als das Kind, 10-jährig damals, wieder daheim ankam. Ob wir danach noch zum Skifahren aufgebrochen sind, weiß ich nicht mehr, glaube es aber eher nicht, denn diese Affäre hatte meiner Mutter für diesen Tag zumindest den letzten Nerv gekostet, Vater war stocksauer und Claudia heulte.

Ich habe mich vermutlich in mein Zimmer zurückgezogen und an meiner elektrischen Eisenbahn gebastelt, für die ich eine ganze Berglandschaft und ein Viadukt aus Pappmaschee und Gips modelliert hatte. Eine ganze Sperrholzplatte voller Geleise, elektrisch stellbare Weichen, Signale und drei elektrische Loks hatte ich damals: deutlich mehr, als anfangs – etwa 1953 muss es gewesen sein –, als mich die Eltern zu Weihnachten mit einem ersten Schienen-Kreis mit einer kleinen Märklin-Lokomotive und drei Personenwagen überrascht hatten. Sogar einen kleinen Bahnhof habe ich mir später, in Sonthofen, gebaut: aus einer Zigarrenkiste, mit Gips überzogen und angemalt. Als Vorbild hatte unser kleiner Bahnhof in Altstädten gedient, genannt habe ich ihn allerdings „*Entenhausen*" und ein entsprechendes „Ortsschild" darauf angebracht.

Meine Großeltern schenkten mir zur Konfirmation, neben einem Gesangbuch mit Widmung und Goldschnitt, ein Fahrrad mit Dreigang-Nabenschaltung: mein Traum! Opa selbst hat mich auf diesem Fahrrad nie fahren sehen, denn er ist am Tag vor meiner Konfirmation, gerade 66-jährig, ohne Dresden jemals wieder gesehen zu haben, gestorben. Mit Rücksicht auf die Konfirmationsfeier hat Vater das uns Kindern erst auf der Fahrt nach Miltenberg, gleich nach der Konfirmation, gesagt. Wir waren sehr traurig.

Mein Konfirmationsspruch lautete: „Wer aber beharret bis ans Ende, der wird selig." (Matth. 24,13)

Oma ist zwei Jahre darauf aus lauter Gram, während einer Reise nach Radebeul bei Dresden, wo ihre Schwester Lyddi lebte, ebenfalls gestorben.

Mit meinem ersten Fahrrad: ein Geschenk meiner Großeltern zur Konfirmation

Im Sommer und im Herbst unternahmen wir regelmäßig ausgedehnte Bergwanderungen: meistens mit der ganzen Familie, hin und wieder jedoch, wenn es für Mutter und Claudia zu anstrengend zu werden drohte, ging Vater mit mir alleine los oder mit Major Wagner, ebenso wie Vater aus Dresden, und dessen Tochter Eva-Maria, die etwa in meinem Alter war, wenngleich einen Kopf größer.

Die erste dieser Bergtouren führte denn im Frühjahr 1957 auf den „*Grünten*", mit 1.738 m Höhe für uns Flachlandtiroler schon recht imposant. Dabei schärfte Vater meinen Blick für die vielen Bergblumen, wie die zarten, lila *Soldanellen*, die vielen Sorten blauen *Enzians*, die knallgelben *Trollblumen, Günsel, Ehrenpreis*, die verschiedensten Arten von

Teufelskralle, den *Frauenschuh*, die *Küchenschelle* und viele andere Blumen und Kräuter, die wir aus unseren Breiten nicht kannten. Dazu hatte sich Vater einen „Alpenblumen-Führer" zugelegt, den er auf all diesen Touren mit sich trug und so jede für uns neue Art bestimmen konnte.

Irgendwann hat mir dann Vater seine „*Agfa Clack*" überlassen, einen einfachen, kastenförmigen, jedoch durchaus zuverlässigen Fotoapparat, mit dem man Schwarz-Weiß-Aufnahmen machen konnte. Natürlich habe ich diesen Apparat überall mit hin geschleppt und Bilder geknipst, soweit das mein beschränktes Taschengeld zuließ. Er selbst hatte sich eine „*Voigtländer*" zugelegt, die ihn lange Jahre begleitet und gute Bilder geliefert hat.

Später folgte die eher gemächliche, dennoch ganztägige Bergwanderung über die „*Sonnenköpfe*" mit ihren weiten Bergmatten oder, ausgehend von Ossi Reicherts „*Allgäuer Berghof*" (Ossi Reichert hatte 1956 in *Cortina d'Ampezzo* die Goldmedaille im Abfahrtslauf gewonnen, was uns beeindruckte), die schon ausgedehntere „*Hörner*"-Tour oder, im Sommer 1958 mit der sportlichen Tante Leonie, die uns überall besuchte, die Tour zum „*Himmeleck*" mit einem grandiosen Blick auf den „*Hochvogel*".

Auch diesem rückten wir im Rahmen einer Zwei-Tages-Tour mit Übernachtung auf der *Prinz-Luitpold-Hütte* zu Leibe: für mich ein grandioses Erlebnis denn wir sahen Gämsen, ja sogar Murmeltiere in freier Natur und mussten über ein weites steil abfallendes, teilweise vereistes Schneefeld kraxeln, uns an Seilen entlang hangeln, die an z.T. schroffen Felswänden angebracht waren und dabei dem Tod ins Auge sehen, wie mir heldenhaft erschien. Mit seinen 2.594 Höhenmetern auf nacktem Fels ist dieser Berg schon recht imposant und bietet darüber hinaus einen phantastischen, weiten Blick über die gesamte Allgäuer Bergwelt bis hinein in die Lechtaler Alpen.

Es folgte, dieses Mal im Verbund der Klasse, eine Bergtour zum „*Hohen Ifen*" (2.229 m) im *Kleinen Walsertal* mit Vikar Mrusek, unserem jungen, sympathischen evangelischen Religionslehrer. Auch dies war eine Zwei-Tages-Wanderung, mit Übernachtung auf der *Schwarzwasserhütte* und abendlichem, indes harmlosem, Hüttenzauber, der freilich sehr dazu beitrug, dass sich so etwas wie „Klassenkameradschaft", die auch uns „Preußen" einschloss, bildete.

Claudia besuchte mittlerweile die Klosterschule „*Maria Stern*" in Immenstadt und muss dort eine besondere Neigung für das Auswendiglernen Schiller'scher Balladen entwickelt haben: jedenfalls konnte sie u.a. „*Die Bürgschaft*" oder „*Die Kraniche des Ibikus*" wie im übrigen „*Die Glocke*" fehlerfrei und mit dramatischer Betonung auswendig rezitieren. Dazu begleitete ich sie auf dem Klavier, indem ich improvisierte. Fraglos ein dilettantisches Unternehmen, das aber Spaß gemacht hat und das wir noch Jahre später zu unserer Erbauung praktiziert haben.

Meine Leistungen in Mathematik waren und blieben dürftig, dafür lagen mir Sprachen und das sprach sich herum, so dass ich eines Tages gebeten wurde, Ulla, ein Jahr unter mir jedoch etwa gleichaltrig, Nachhilfeunterricht in Englisch zu geben. Ich tat das gern, zumal ich so mein Taschengeld aufbessern konnte und Ulla im selben Häuserblock wohnte. Außerdem war mir Ulla durchaus sympathisch und so wurden Ulla und mir diese Nachhilfeunterrichte immer lieber.

An einem Sonntag im Juni 1958 durfte uns Ulla jedenfalls zum *Vilsalpsee*, unweit Oberjoch auf der österreichischen Seite, begleiten; dabei paddelten Ulla und ich auf zwei Luftmatratzen auf dem See. Irgendwie müssen wir dann wohl zu sehr an den Luftmatratzen (oder an uns?) gezogen haben, denn die Luft entwich und wir mussten schwimmenderweise das Ufer ansteuern. Gut, dass ich kurz zuvor meinen Fahrtenschwimmer-Schein erworben hatte, denn die Strecke war recht weit (und das Wasser kalt) …

Vater war zu dieser Zeit bereits zum Obersten Hauptquartier der Alliierten (NATO-) Streitkräfte nach Roquencourt bei Paris versetzt worden und kam daher lediglich sporadisch zu Besuch; dafür schrieb er fast täglich. Wir freuten uns immer ungemein auf seine Briefe, nicht zuletzt weil stets andere, z. T. wunderschöne Briefmarken darauf klebten.

Mitte Juli, nach Ende des Schuljahrs, sollten wir umziehen. Plötzlich stand ich im Zentrum des Interesses, denn das sprach sich herum. Eine Mitschülerin – war es Constanze? war es Gisela? – versuchte sich denn auch gleich mit zwei französischen Sätzen, die sie wohl irgendwann einmal aufgeschnappt haben musste, ohne sie zu verstehen: „*Voulez-vous coucher avec moi?*"[1] und „*Deshabillez-vous!*"[2] Das verstand ich zunächst nicht und dann, als ich nachdachte, auch nur halbwegs, denn wieso sollte ich mit ihr schlafen? Ich hatte doch selbst ein Bett und ausziehen wollte ich mich auch nicht, denn es war kühl.

Ich musste jedoch von Ulla Abschied nehmen und das fiel, trotz aller Freude auf Paris, unerwartet schwer, zumal wir wenige Tage zuvor noch an einer Klassen-Abschlussfeier gemeinsam (bei Coca-Cola und im Angesicht des Klassenlehrers freilich) getanzt hatten. Erst am letzten Abend vor unserem Umzug tanzten wir bei ihr zu Hause, denn die Eltern waren eingeladen, zu Melodien von *Bing Crosby*, *Harry Belafonte*, *Frank Sinatra* und anderen Englisch-sprachigen Sängern *cheek-to-cheek* (denn es ging ja um Englisch-Nachhilfe), ein Ausdruck den ich übrigens erst bei dieser Gelegenheit gelernt habe.

Andertags schenkte mir Ulla zum Abschied das Büchlein „Bei uns im Allgäu" und ein Bild, das sie zuvor von sich hatte anfertigen lassen; von mir bekam sie eine Bürste für ihr güldenes Haar und ein Spieglein für die Hand, etwas Besseres fiel mir damals nicht ein.

---

[1] „Wollen Sie mit mir schlafen?"
[2] „Ziehen Sie sich aus!"

3. Kapitel
Paris (1960 – 1963 / 64)

Die Fahrt ging zunächst nach Miltenberg, wo wir in unserem leer stehenden Haus übernachteten, dann anderntags über die Grenze bei Saarbrücken nach Frankreich. Dabei war es Vaters Absicht, am nächsten Morgen um 07.00 Uhr, zeitgleich mit dem Umzugswagen, am Zielort einzutreffen. Daher fuhr Vater am späten Nachmittag los und in den Abend hinein, so dass wir irgendwo unterwegs an der Nationalstraße 4 zwischen Nancy und Bar-Le-Duc in einem Gasthaus zu Abend essen mussten. Bei der Bestellung wurde dabei alsbald mein Französisch getestet, das natürlich zuvor solcherlei Praxis-Tests nie ausgesetzt worden war und daher relativ kläglich versagte. Was nützen schon die Fabeln von *La Fontaine* und der *Subjonctif,* wenn es darum geht, ein Schnitzel zu bestellen? Irgendwie gelang es indes, annähernd das zu bekommen was wir wollten, und es war für unsere Begriffe wirklich köstlich, wenngleich deutlich anders als die uns bislang bekannte deutsche Hausmannskost. Claudia, damals knapp 13, war während der Weiterfahrt zunächst förmlich „high", denn sie hatte (zum ersten Mal in ihrem Leben) ein Glas Wein trinken dürfen … Später schlief sie, wie wohl auch der Rest der Familie bis auf Vater, denn der musste uns ja über die Nationalstraße 4 in Richtung Paris schippern.

Als wir um 07.00 Uhr in Marly-Le-Roi, einem Vorort westlich von Paris, in der Nähe von Versailles, ankamen stand der Umzugswagen schon da. Tante *Leonie*, die uns begleitet hatte, half beim Einräumen und so lief alles wie am Schnürchen.

Vater hatte ein Appartement in der neu gebauten Wohnsiedlung „*Les Grandes Terres*" angemietet, mit grandiosem Blick über Paris, das sich direkt unter uns, soweit das Auge reichte, im diffusen Licht der *Ile de France* erstreckte.

Da wir zu Beginn der Ferien eingezogen waren, hatten wir nun den ganzen Sommer zum Eingewöhnen vor uns, und natürlich, um Paris zu erkunden. Das taten wir denn auch intensiv und zumeist „*en famille*": dabei erlaubte es die Verkehrslage damals durchaus, mit dem Auto ins Zentrum zu fahren, den Wagen an der *Avenue Foch* oder gar an der *Place de la Concorde* zu parken um von dort per pedes oder mit der *Métro* immer weitere Kreise zu ziehen. Das ganze Touristenprogramm zunächst: den *Arc de triomphe*, wo mich die vielen, aus dem Geschichtsunterricht wohl bekannten Namen napoleonischer Schlachten beeindruckten, die unvorstellbar breiten *Champs Elysées*, deren Prachtauslagen Mutter faszinierten, den *Invalidendom* mit dem Grabmal *Napoléons*, natürlich *Notre Dame*, bei der wir unwillkürlich beim Aufstieg auf die Türme stets damit rechneten, dass irgendwo im Gebälk der bucklige Glöckner *Quasimodo* auftauchen würde, *Pigalle* und *Montmartre* mit seiner weithin weiß leuchtenden Kirche *Sacré Coeur*: natürlich nahmen wir dabei die engen Steilstufen zu Fuß und Vater erklärte uns dabei, dass es sich hierbei sicherlich um die „*Rue de l'Echelle au Ciel*", die „Himmelsleiter", handeln müsse, die der Hochstapler Felix Krull seinerzeit erklommen haben musste um seinen gestohlenen Schmuck beim *Horloger Pierre Jean-Pierre* abzusetzen … (Klar, dass ich die „*Memoiren des Hochstaplers …*"

schon deswegen kurz darauf in Angriff nahm. Dass ich dabei entdeckte, dass die „*Rue de l'Echelle au Ciel*" zwar auch in *Montmartre*, jedoch durchaus einige Straßen weiter lag, tat unserer Einbildung keinen Abbruch: wir nennen die steilen Treppen, die parallel zum *funiculaire* zu *Sacré Coeur* führen, heute noch so. Schließlich war die Treppe wirklich steil und in Richtung Himmel führte sie auch).

Vaters eigentlicher Beruf und seine wahre Neigung brachten es mit sich, dass wir schon nach kurzer Zeit Tschaikowskis Ballett „Schwanensee" in der *Opéra Garnier* besuchten; wir waren durchweg beeindruckt und erbaut. Es folgten Aufführungen des „*Rosenkavalier*", der „*Indes Galantes*" von *Rameaux* mit einem Vulkanausbruch, Pferden und Elefanten auf der Bühne, „*Carmen*" und viele andere bekannte und unbekanntere Werke, die uns Vater alle zuvor erläuterte. Er hat durch seine eigene musikalische Bildung und Ausbildung sowie sein Engagement damals erheblich zur unserer musischen und musikalischen Entwicklung beigetragen.

Da er sich auch ausgesprochen gut in der klassischen Literatur auskannte und weiterhin viel las, fand regelmäßig – zumeist beim sonntäglichen gemeinsamen Frühstück – ein familiäres literarisches Ratespiel statt, stets eingeleitet durch Vaters Frage: „Wer sprach was zu wem im welchem Akt?" Es ging dabei vorwiegend um die deutschen Klassiker, Goethe, Schiller, Kleist und Lessing, aber auch um modernere Autoren und natürlich um Musik. Auch in deutscher, römischer, griechischer und französischer, speziell napoleonischer Geschichte hat uns Vater ganz nebenbei „gedrillt". Ich empfand das alles interessant und lehrreich; ich habe jedenfalls, dadurch angeregt, in dieser Zeit viel Klassisches und auch weniger Klassisches gelesen, Stefan Zweigs „*Joseph Fouché*" z.B., den „*Grafen von Monte Christo*" von Dumas, Thomas Manns „*Königliche Hoheit*", aber auch Trivialeres (dabei eher Verbotenes) wie Balzacs „*Tolldreiste Geschichten*" (die im Bücherschrank ganz weit oben standen) und eine ganze Reihe Shakespeare'scher Dramen im Original, das ließ mein Englisch allmählich zu.

Claudia hielt sich dagegen die Ohren zu, wenn es für ihre Begriffe zu viel wurde. Mutter fügte sich in ihr Schicksal und sprach lieber über alte Zeiten in Cosel / Oberschlesien, wo sie auf dem Landgestüt auf der Oderinsel aufgewachsen war. Das war auch höchst interessant, lehrreich zudem und weniger anstrengend. Dabei ging es um so interessante Dinge wie Hengstparaden, Dressur-Einlagen bei denen Tante Martel voltigierte, den „*Klapperteich*" auf den die Enten getrieben wurden oder das „*Karolus-Stift*", in dem Mutter ein Jahr lang Hauswirtschaft und (offensichtlich vorzüglich) Kochen gelernt hatte. Kein Wunder daher, dass ihr der Weihnachtskarpfen immer gelang und dass sie die besten Kuchen der Welt buk, wie uns schien. Vom „Landjahr" war auch hin und wieder die Rede und wie sie es hasste, zusammen mit allen anderen Mädchen unter Aufsicht ihrer „Führerin" (die natürlich blond war und eine Frisur aus eng anliegenden „Schnecken" trug) nackt kalt zu duschen und wie das gemeinsame Mittagessen mit Sprüchen wie „Jeder esse was er kann – ran!" eingeleitet wurde …

Da Vater einen ausgesprochenen Hang zu gutem, speziell exotischem Essen hatte, wurden wir schnell in die Geheimnisse der kulinarischen Köstlichkeiten in Paris eingeführt; so gingen wir besonders gern und oft in ein vietnamesisches Restaurant in der *„Rue de Monsieur le Prince"* im *Quartier Latin*, nicht ohne zuvor von Vater über *„Monsieur le Prince"* und Vietnam aufgeklärt worden zu sein, zwischen denen natürlich kein Zusammenhang bestand; indes, das französische Engagement in Vietnam war noch nicht so lange her und es gab damals viele vietnamesische Flüchtlinge, speziell aus Saigon, in Paris. Klar, dass wir mit Stäbchen aßen, selbst wenn das anfangs ungewohnt war und nicht immer einfach, aber Spaß machte es, vor allem, da wir Kinder natürlich erheblichen Eifer dabei entwickelten, diese für uns neue Kunst besser zu beherrschen als die Eltern.

Schnell wurden auch die verschiedensten französischen „Spanifanteln", wie es bei uns hieß, ausprobiert: Artischocken etwa, die Vater auf unterschiedlichste Art zubereitete oder Austern, die wir in dieser Zeit stets zu Weihnachten und an anderen Festtagen schlürfen durften, jede Menge Schalentiere, von deren Existenz wir zuvor noch nie gehört hatten, Käse aus allen Provinzen Frankreichs und Weine, die selbst ich hin und wieder durchaus probieren durfte.

Mutter entwickelte hingegen schnell ein faible für den Blumenmarkt oder den wunderschönen *„Parc de Bagatelle"* mit seiner Rosenpracht und seinen kleinen, feinen Stühlchen, auf denen man sich wohlig genießend ausruhen konnte; doch auch das Impressionisten-Museum hat sie begeistert, wie auch Tante Leonie, die uns wiederholt besuchte und sich speziell an den Ballettszenen von Edgar Dégas sowie den *„Coquelicots"* von Claude Monet ergötzte.

In den *„Grandes Terres"* gelang es, uns Jugendlichen speziell, schnell Anschluss zu finden, auch weil dort viele ausländische Familien wohnten; viele davon hatten Kinder in unserem Alter. So sprachen wir denn anfangs zumeist Englisch, denn das war einfacher für uns als Französisch, ja selbst Françoise, eine junge Französin in unserem Alter versuchte sich – *nolens volens* – in dieser Sprache mit uns. Wir lernten dabei auch viele Amerikaner kennen, dabei auch Linda, eine ausgesprochen hübsche, fein ziselierte Afroamerikanerin, deren weiches Amerikanisch durchaus anregend wirkte, Rosemary eine weitere Amerikanerin, die mich „*Harry*" nannte, was sie wie „*Heerî*" aussprach und mich unbedingt küssen wollte (wozu ich keine Lust hatte, denn ich hieß schließlich nicht „*Heerî*" sondern *Harald*), die Britin Wendy, deren Name mir ungemein imponierte (irgendwie dachte ich dabei immer an Wind, besser: Sturm, ja Orkan) und deren Vater aussah, wie ich mir einen englischen Gentleman immer schon vorgestellt hatte, mit Schnurrbart, Bowler und Regenschirm, sowie einige andere Deutsche mit ihren Familien. Bei einigen habe ich damals durch Babysitten mein Taschengeld deutlich aufbessern können. Dabei war mein Taschengeld ohnehin schon erheblich aufgestockt worden: ich bekam nun 20.- NF (Nouveaux Francs), d.h. umgerechnet ungefähr 16.- DM pro Monat; das war gegenüber den 2.- DM pro Woche in Sonthofen – oder gar den 50 Pfennigen pro Woche zuvor in Miltenberg – ohnehin natürlich eine drastische Verbesserung. Dazu konnte man sich mindestens zwei Mal im Monat je 10.- NF fürs Autowaschen verdienen. Zusätzlich bekam ich von Mutter 10.- NF pro Woche für die Teilnahme am Mittagessen in der Schule. Nach einigen Probeessen habe ich mich dann allerdings dazu entschlossen, dem „Schlangenfraß", wie wir das Essen nannten, zu entsagen und stattdessen mit anderen zu Mittag Pausenbrote in den Büschen auf dem weitläufigen Schulgelände zu essen. Mutter wunderte sich anfangs, welche Mengen Pausenbrote ich da jeden Tag mitschleppte und führte das auf meine Jugend und das Wachstum zurück, aber irgendwann muss sie wohl geahnt haben, dass da etwas nicht ganz stimmte. Trotzdem hat sie mir mein „Essengeld", zusätzlich zu den vielen Pausenbroten, regelmäßig und gerne gegeben.

Da ich andererseits kaum Ausgaben hatte, denn die Eltern sorgten für alles, konnte ich doch eine ganze Menge sparen. Das Geld habe ich indes zu Weihnachten und zu Ostern zumeist wieder ausgegeben, denn ich brauchte ja Geschenke für die Familie, die Großeltern und die Tanten.

Anfang September begann dann der Ernst des Lebens, denn wir mussten wieder zur Schule. Die Eltern hatte uns in der Internationalen Schule in Saint Germain-en-Laye angemeldet, Claudia in der *Cinquième*, ich in der *Seconde*. Der Direktor, *Monsieur Tallard*, zerstreute unsere Bedenken der Sprache wegen schnell und meinte, die Sprache sei hier so unabdingbar wie das tägliche Brot, keine Angst, die Anderen haben das auch, zumeist sehr schnell, gelernt, warum also nicht auch wir?

An der Schule wurde nach dem französischen Schulsystem und natürlich auf Französisch unterrichtet; zusätzlich hatten Ausländer sechs Stunden pro Woche in ihrer jeweiligen Nationalsprache und in Geschichte. Religionsunterricht gab uns der deutsche Militärpfarrer für Frankreich, Pfarrer von Seggern, sporadisch; lediglich für die Konfirmanden hielt er regelmäßigen (zusätzlichen) Unterricht. An einigen Sonntagen fand in der Schulkapelle Konfirmandengottesdienst statt; Vater spielte dazu mitunter, wie auch zu Claudias Konfirmation, selbst die Orgel.

Anfangs nahmen alle Ausländer an einem Intensiv-Französisch-Kurs auf Französisch bei *Monsieur Dumont* statt; der dauerte drei Monate und wurde nur von gelegentlichen Besuchen in der eigentlichen Klasse, in die wir allmählich hineinwuchsen, unterbrochen.

Mit von der Partie war anfangs auch Robert Lanius, dessen Eltern schon seit Jahren in Paris wohnten und der folglich ausgezeichnet Französisch sprach; jedenfalls habe ich von ihm schnell die wichtigsten „*gros mots*" – Schimpfwörter und Flüche – gelernt. Im Übrigen ergaben sich Bekanntschaften recht schnell; allerdings zunächst eher unter den Deutschen und anderen Ausländern an der Schule, als unter den Franzosen, die für unsere Begriffe doch sehr angepasst und strebsam waren. Das wurde natürlich durch das streng hierarchische, stark reglementierte, sehr disziplinierte, französische Schulsystem hervorgerufen, an das wir Deutschen speziell uns erst gewöhnen mussten.

Auf irgendwelche Vorbehalte uns Deutschen gegenüber sind wir dabei nie gestoßen; sowohl die Mitschüler als auch die Lehrer haben uns grundsätzlich freundlich-wohlwollend behandelt.

Der Leiter unserer Deutschen Abteilung, Studienrat Böttinger – mit einer Französin verheiratet – und für Deutsch und deutsche Geschichte zuständig, ist mir in besonders angenehmer Erinnerung, wenngleich ein Teil seiner Stunden am Samstag gegeben wurde, aber da war bis Mittag ohnehin Unterricht vorgesehen.

Natürlich hat er die Klassiker „*Faust I*" und „*Faust II*" mit uns gelesen, die „*Iphigenie*" geradezu zelebriert, Kleists „*Zerbrochenen Krug*", Schillers „*Minna von Barnhelm*" und den „*Prinzen von Homburg*" u.a.; aber auch den Zugang zur Romantik hat er uns durch die Lektüre von E.T.A. Hoffmanns „*Goldenen Topf*" geschaffen, mit seinem Studenten Anselmus, den Schlänglein und der ganzen augenzwinkernden Gratwanderung zwischen Schein und Wirklichkeit …

Auch Eichendorffs, Hölderlins und Rilkes Gedichte hat er uns näher gebracht, ja selbst frühmittelalterliche Poesie. Das wunderschöne, wehmütige Gedicht des Kürenbergers vom „*Falken*" kann ich noch heute auswendig. Als wir irgendwann auch die alte deutsche Sütterlin-Schrift bei ihm durchnahmen, spielte ich Herrn Böttinger – wie ich dachte – einen Streich, denn ich schrieb einen ganzen Aufsatz in dieser, für meine Begriffe faszinierenden, ästhetischen Schrift, die ich gut kannte, denn meine Großeltern und auch meine Mutter schrieben Sütterlin, wenngleich aus Mutters Schrift später eher ein Gemisch aus Sütterlin und Latein wurde.

Herrn Böttinger hat das allerdings wenig gerührt: er korrigierte den Aufsatz kommentarlos – cool würden unsere Kinder heute sagen – in Sütterlin. Wenig später bekam ich Kleists *Gesammelte Werke* als Buchpreis mit der Inschrift „*Bester der Klasse in Deutsch*". Ob das auf den Sütterlin-„Streich" zurückzuführen war, auf einen Essay über den „*Goldenen Topf*" oder meine Begeisterung für deutsche Dichtung ganz allgemein habe ich allerdings nie erfahren.

Als *Monsieur Tallard*, unser Direktor, eines Tages, wohl noch 1960, das Bundesverdienstkreuz Erster Klasse verliehen bekam, durfte ich als Vertreter der deutschen Schüler an der Zeremonie teilnehmen. Ich war beeindruckt, und zugleich stolz: sowohl auf unseren sympathischen Direktor, der nun einen deutschen Orden trug, als auch auf unser eigenes Land, dessen Vertreter in Frankreich hier ja ganz offensichtlich das Richtige – und noch dazu in würdiger Form – veranlasst hatten.

Monsieur Tallard ist im übrigen der einzige Mensch den ich jemals kennen gelernt habe, dem es gelang – während einer Vertretungsstunde für *Mademoiselle Pelmont*, unsere Englischlehrerin – eine geschlagene Stunde lang zu sprechen, ohne dabei seine Zigarette aus dem Mund zu nehmen; irgendwie klebte sie ihm förmlich an den Lippen. Uns hat das noch mehr beeindruckt als der im Übrigen hervorragende, lebendige Unterricht.

Außerdem spielte *Monsieur Tallard* im Orchester des Hauptquartiers die erste Violine, mein Vater spielte die Bratsche. Später dirigierte Vater das Orchester, das sich schnell großer Beliebtheit erfreute, auch und besonders wegen seiner öffentlichen Auftritte, so z.B. im „*Camp de Voluceau*" in Roquencourt, später im „*Théâtre Montansier*" in Versailles, wo Auszüge aus „*Rigoletto*", dem „*Fliegenden Holländer*", der „*Tosca*", der „*Fledermaus*" u.a. aufgeführt wurden; dabei fügte es sich, dass *Mademoiselle Annie Tallard,* eine von *Monsieur Tallards* Töchtern, Gesang studiert und Frau Isolde Aldinger, deren Mann Generalstabsoffizier im Hauptquartier war, eine Ausbildung zur Opernsängerin absolviert hatte.

Geprobt wurde vor allem – wie schon zuvor in Miltenberg – bei uns zu Hause und wieder musste unser altes Klavier herhalten. Mein Vater instrumentierte das alles und Claudia kopierte die Noten (handschriftlich, denn Kopiermaschinen gab es noch nicht damals …) Bei einer Aufführung von Auszügen aus Haydns *Symphonie Nr. 100* musste Claudia gar die Pauke schlagen; geübt hat sie das nach Vaters Einsatzvorgaben auf einem Kochtopf.

Zu Weihnachten leitete Vater den deutschen Weihnachts-Chor, für den Vater natürlich die Noten schrieb; es war dann bei den Aufführungen aller Weihnachts-Chöre am Heiligen Abend immer besonders festlich und viele, auch Nicht-Deutsche, sangen mit. Später ist Vater für diese kulturelle und integrierende Leistung, die er später in Belgien fortsetzte und teilweise verfeinerte, mit dem Bundesverdienstkreuz am Bande ausgezeichnet worden.

Trotz all dieser kultureller Einsätze war in der Schule ein umfangreiches Pensum zu absolvieren, zumal wir ganztags Unterricht hatten; dazu kamen Hausaufgaben, die uns oft bis in die Nacht hinein ernsthaft beschäftigten.

Da meine Leistungen in Mathematik nach wie vor sehr dürftig blieben, habe ich relativ schnell die Klasse (vom mathematischen in den sprachlichen Zweig der Seconde) gewechselt; der Haken dabei war, dass ich dabei innerhalb von zwei Jahren drei Jahre Latein auf Französisch nachzuholen hatte. Mit Hilfe eines Nachhilfelehrers, der an der Schule als „*Pion*" wie wir sagten, d.h. als Aufseher, angestellt war, gelang das auch einigermaßen. Ohne das Jahr Wahllatein bei Oberstudienrat Müller in Oberstdorf als Grundlage wäre das indes wohl kaum möglich gewesen.

Allerdings hatte ich in Latein auch Glück: anlässlich des mündlichen Teils im *Ersten Baccalauréat* (eine Art Vorabitur nach der Unterprima) im *Maison des Examens*[1] in Paris wurde ich just in d e m Stück, einer Rede *Ciceros*, in der er sich vor der Volksversammlung brüstete, durch die Aufdeckung der Verschwörung *Catilinas* einen Bürgerkrieg verhindert zu haben, geprüft – und auch nur in d e m Absatz – den ich tags zuvor mit meinem deutschen Mitschüler Jürgen Werner zu Hause geübt hatte; also bekam ich in Latein eine 10 (von 20 möglichen Punkten), was ausreichend war, mir das Latinum einbrachte und im übrigen meine wahren Leistungen in Latein in keiner Weise reflektierte.

Mit Jürgen verband mich auch so manch anderer „Streich", so folgender, an den ich mich hin und wieder, jedes Jahr zur Kirschenzeit, wenngleich durchaus mit Kopfschütteln, erinnere:

In einer Mittagspause, in der wir wieder einmal (verbotenerweise) nicht an der Schulspeisung teilnahmen, saßen wir auf einem Kirschbaum unweit des „*Nouveau Bâtiment*", des Hauptschulgebäudes für die höheren Klassen auf dem Campus, und taten uns an den leckeren, dunkelroten Kirschen gütlich, als der Eigentümer auftauchte und uns

---

[1] Haus (in Paris), in dem Examen aller Art abgehalten werden

mit den Worten „*… toujours les Américains, foutez le camp!*" („… Immer die Amerikaner, haut ab!") in die Flucht schlug. Wir haben ihn natürlich über diesen Irrtum nicht aufgeklärt.

Ein anderer Ausflug führte Jürgen und mich nach Paris: zum Impressionistenmuseum, wie wir zu Hause angaben. Natürlich fuhren wir da nicht hin, sondern schnurstracks nach *Pigalle*, wo wir uns in einer eher drittklassigen, dafür mit 5.- NF Eintritt unseren Verhältnissen angemessenen, bezahlbaren, Striptease-Show mit roten Köpfen zum ersten Mal anschauten, wie sich einige Damen gelangweilt ihrer Dessous entledigten …

Im nächsten Frühjahr, 1961 – Vater war mittlerweile zum Major befördert worden – zogen wir nach Louveciennes, einem weiteren Vorort, wenige Kilometer weiter, um. Robert Lanius' Vater war nach Deutschland versetzt worden, und so übernahmen wir die „*Villa Le Val Murget*", wie das dreistöckige, aus porösem Bruchstein gebaute, in einer weitläufigen Obstplantage gelegene Anwesen hieß, zusammen mit der Haushälterin, *Madame Rossi* und dem Gärtner, *Monsieur Robinaud* – das war Bestandteil des Mietvertrags.

Einmal im Monat fuhren Vater und ich gemeinsam nach Paris zu *Madame Lamarche*, der Eigentümerin, die dort in einem vornehmen Haus in der Nähe des *Arc de Triomphe* residierte. Der Mietpreis war lächerlich gering; *Madame Lamarche* ging es im Grunde auch nur darum, „seriöse" Menschen, wie sie sagte, in ihrem Haus zu wissen und sicherzustellen, dass Haushälterin und Gärtner weiter beschäftigt blieben.

Das war für Vater selbstverständlich und so bewohnten wir nun ein riesiges Haus, etwas altmodisch zwar aber mit viel Platz, einem Wohnzimmer-Erker, einer mit Efeu, Glyzinien und wildem Wein bewachsenen Terrasse, einer kleinen Lindenallee und zwei im Stil französischer Gärten angelegten Rasenflächen mit kreisrunden Blumenbeeten und prachtvollen Rosenstöcken rings herum. Dahinter eine Buschecke um einen riesigen Birnbaum, in einer anderen Ecke, unter exotischen Büschen und Bäumen genügend Platz zum Sitzen, Sonnen, Schmökern oder Lernen unter freiem Himmel.

Ein geräumiges Wohnzimmer mit Fenstern im Jugendstil, daneben ein Esszimmer mit Zugang zur Terrasse sowie ein Gästezimmer mit Kamin in dem ich mit meinem kleinen Transistorradio oft die französische Hitparade hörte; weitere Zimmer lagen auf den übrigen Etagen, so dass wir uns nach Belieben ausbreiten konnten.

Auch die Küche war riesig: hier herrschte *Madame Rossi*, wenn sie nicht gerade irgendwo mit dem Putzeimer zugange war. „*Monsieur Harald, voulez-vous que je vous fasse vos chaussures?*" fragte sie mich z. B., wenn ich abends von der Schule nach Hause kam: „Aha, angewandter *Subjonctif*, sehr praktisch …", schloss ich schnell und übergab ihr meine Schuhe, die sie alsbald polierte.

Mutter saß abends oft in dieser Küche und lernte Englisch und Französisch gleichzeitig; dabei fragte sie mich oft – zu meinem Erstaunen – nach Dingen, von denen ich, da in Küchendingen unbeleckt, keinerlei Ahnung hatte. Klar, Mutter wollte auf dem nahe gelegenen Wochenmarkt einkaufen gehen, denn in Louveciennes gab es, im Gegensatz zu den Grandes Terres in Marly-Le-Roi, keinen Supermarkt. Um „100 g Hefe" ging es dabei z.B., eine Flasche Olivenöl, ein Pfund ungesalzene Land-Butter oder einen Laib

Schwarzbrot, einen Becher Schlagsahne, Quark ganz allgemein, Blumenkohl oder einen Kopf Salat ... Wir haben alle eine Menge gelernt damals: vor allem „praktisches" Französisch, Reden mit den Marktfrauen, dem Friseur, am Fahrkartenschalter (denn es gab damals noch Schalterbeamte, keine Automaten), dem Heizöllieferanten oder dem Gärtner, dem Schulbusfahrer und – sehr schnell – den verschiedensten Nachbarn, nunmehr vor allem Franzosen.

Marcel Baron d'Aste-Surcouf, ehemaliger Kumpan von Robert Lanius und etwa gleichaltrig, ebenfalls aus Louveciennes, verkehrte auch hin und wieder bei uns, was anfangs dazu führte, dass meine Flüche auf Französisch drastischer wurden und mein Interesse an den Mädchen der Umgebung, von denen er einige kannte, allmählich wuchs. Die Eltern haben dem auch durchaus, vorsichtig lenkend, Rechnung getragen und mir beispielsweise erlaubt, zusammen mit meiner Schwester an einem Tanzkurs teilzunehmen sowie recht bald im neuen Umfeld ein Fest zu veranstalten, zu dem Mitschüler und Jugendliche aus dem Ort die wir kennen gelernt hatten, eingeladen waren. Alles sehr manierlich, die Mädchen wurden von den Eltern gebracht und wieder abgeholt, etwas Tanz, kaltes Buffet, alle bedankten sich artig. Dabei war auch *Anne-Sonia,* ebenfalls aus Louveciennes, gleichfalls Schülerin in Saint-Germain, allerdings in einem französischen Lycée. Da ich sie sehr „*mignonne*" – niedlich – fand, fuhr sie bald in unserem Schulbus mit und wir freundeten uns vorsichtig-distanziert an. Obwohl sie Deutsch auf der Schule lernte, sprachen wir in der Regel Französisch miteinander; das kam mir natürlich sehr zu Gute, denn ihr Französisch war erlesen. Mittlerweile ist sie Konferenzdolmetscherin für Deutsch und mit einem Deutschen verheiratet. Heute sprechen wir in der Regel miteinander Deutsch. Auch ihrer Mutter schicke ich regelmäßig zu Weihnachten Glückwünsche, die sie freundlich auf Französisch erwidert.

Da Vater sehr gesellig war – wogegen Mutter häufig protestierte, denn sie hatte in der Regel damit die Arbeit – hatten wir häufig Gäste, vor allem Amerikaner und Briten. Das kam natürlich unserem Englisch zugute, vor allem aber der Fähigkeit, Konversation in mehreren Sprachen zu führen und dabei im internationalen Umfeld zunehmend sicherer aufzutreten.

Zu Sylvester 1962 / 63 fand denn auch ein Fest bei uns im Hause statt; wir hatten alles bunt dekoriert und Vater und ich hatten Tanzmusik auf dem riesigen, unförmigen Tonbandgerät aufgenommen; es gab Bowle, Punsch und Schnittchen, zu Gast waren deutsche und britische Bekannte, z.T. mit deren Kindern in unserem Alter. Kurz nach Mitternacht fand dann die „Invasion" statt: einige französische Nachbarn (mit ihren Gäste) „stürmten" das Haus, so dass wir Kinder gut 40 Mäntel auf Garderoben und Betten zu verteilen hatten. Vater war für solche Fälle stets gerüstet, d.h. er hatte genügend Sekt im Keller, und bester Laune, meine Mutter einer Ohnmacht nahe und wir Kinder fanden das ganze Tohuwabohu herrlich ... Wir müssen lange gefeiert haben in dieser Nacht, denn andertags kamen wir alle wohl erst gegen Mittag aus den Betten.

Monsieur Lhombreaud, anfangs unser Lehrer für französische Literatur, las Auszüge aus François Rabelais' phantastisch-skurrilem, satirischem, mit lateinischen Floskeln durchsetzten Prosawerk „*Gargantua et Pentagruel*" vor, als ich zum ersten Mal in der „echten" französischen Klasse saß: ich habe nichts verstanden und mich ernsthaft gefragt, ob ich das je schaffen würde. Allein, das gab sich recht schnell, speziell nachdem er anregte, dass wir Theaterstücke klassischer Autoren des 17. Jahrhunderts, die wir später lasen, auch sehen sollten; dazu wurden gemeinsame Fahrten nach Paris ins *TNP* (*Théâtre National Populaire*) oder ins *Odéon* organisiert. Ich erinnere mich gerne an Aufführungen von Molières „*Avare*" („*Der Geizige*") oder „*Amphitryon*"; zur Abwechslung gab es auch bisweilen modernere Kost, so etwa Garcia Lorcas „*Noces de sang*" („*Bluthochzeit*") im *Théâtre du Vieux Colombier* oder, als Ausgleich, auch englische Klassik wie Shakespeares „*Marchand de Venise*" („*Der Kaufmann von Venedig*"), ebenfalls im *Odéon*, und sicherlich das eine oder andere weitere Werk.

In der Abiturklasse führten wir Anfang 1963 dann bei Herrn Böttinger selbst ein Theaterstück auf: Sophokles' „*Antigone*" in einer moderneren Fassung von Anouilh. Wenngleich in einer ohnehin lernintensiven Phase kurz vor dem Abitur hat uns die Aufführung großen Spaß gemacht und das Theater in Saint-Germain war brechend voll, nicht „nur" mit Eltern. Anlässlich eines Klassentreffens 44 Jahre später haben wir die alten Rollen noch einmal gelesen: die meisten nicht ohne wehmütige Erinnerung an diese bildungsintensive, unbeschwerte Zeit.

Aufgrund seiner dienstlichen Tätigkeit musste Vater viel reisen, zumeist nach Dänemark, Norwegen, Großbritannien und nach Italien, aber auch mitunter in die Türkei und nach Malta. Natürlich brachte er uns jedes Mal irgendwelche Mitbringsel mit, dabei auch jede Menge Dias, die ich dann rahmen und nach seinen Anweisungen ordnen und beschriften durfte. Mir haben seine Dia-Vorführungen immer gut gefallen; zusätzlich haben sie in mir den sehr deutlichen Wunsch geweckt, all diese Länder später selbst einmal zu bereisen, denn das war alles ja schon sehr verlockend, zumal Vater die Gabe hatte, von seinen Reisen blumig zu berichten und stets auf Literatur hinzuweisen, die irgendwie mit seinen Reisezielen in Zusammenhang stand: natürlich las ich daraufhin beispielsweise „*Das Haus von San Michele*" von Axel Munthe, denn Vater zeigte uns die phantastischsten Bilder seiner Villa auf *Capri*. Kein Wunder, dass mich meine Hochzeitsreise später nach Capri führte … Natürlich wollte ich eines Tages Thor Heyerdals Floß *Kon-Tiki* sehen, das in Oslo zu bewundern war und natürlich würde ich selbst Big Ben in London in Augenschein nehmen, die farbenfrohe Geburtstagsparade der Queen „*Trooping the Colour*" miterleben und womöglich noch weiter, noch intensiver reisen als Vater.

Doch zunächst ging es im Urlaub gemeinsam an die Costa Brava, wo wir in Caldetas einen Bungalow gemietet hatten, begleitet von Tante Martel, einer von Mutters Schwestern. Wieder ein neuer Kulturkreis, starke Eindrücke, *Calamares*[1], *Sangria*[2], *Vino tinto*[3], Melonen, Früchte des Affenbrotbaums, *Gazpacho Andaluz*[1], *Paella*[2], *Thunfisch* … kurz: für

---

[1] Tintenfische
[2] Bowlegetränk
[3] Rotwein

Vater ein kulinarisches Paradies, für Mutter nicht unbedingt erstrebenswert denn es gab keinen deutschen Kaffee und keinen Kuchen … Auch eine *Corrida* haben wir in Barcelona gesehen, zu blutrünstig für unsere Begriffe; die *Picadores* haben wir wegen der Ungleichheit der Waffen abgelehnt, doch die *Toreros* kamen besser weg in unserer Gunst, denn schließlich traten sie dem Stier Auge in Auge entgegen.

Im nächsten Sommer die Steigerung: wir wollten weiter südlich einen Bungalow „finden", doch das gelang erst nach einer schier endlosen, heißen Reise über Madrid, Granada und Almeria, an der Küste bei Alicante, wo wir urplötzlich den Hinweis auf ein Bungalow-Dorf direkt am Meer entdeckten. Leider war alles besetzt, wie uns das Hausmädchen auf Spanisch bedeutete; schon im Abfahren, rief uns plötzlich eine ältere Dame, die Besitzerin, auf Französisch nach – denn auf Grund unseres Nummernschildes konnten wir nur Franzosen sein – „*Attendez, Monsieur, attendez…!*"

Cherry Fredersdorf hatte die Bungalows dort, gemeinsam mit ihrem Mann gebaut; beide waren jüdische Deutsche und noch vor Ausbruch des Krieges nach Spanien ausgewandert. Eine blühende, gepflegte Oase exotischer Büsche und Blumen war dort an der *Playa* entstanden, mit herrlichem Blick auf die Bucht von San Juan, keine 10km von Alicante entfernt, jedoch in jungfräulicher Landschaft und knapp einen Kilometer vom Meer.

Eine Infrastruktur an der Bucht war allenfalls in Ansätzen vorhanden: es gab einige Umzieh-Kabinen, eine Dusche und eine Bude mit Sitzgelegenheiten, wo man die eine oder andere Kleinigkeit essen oder trinken konnte. Im Übrigen gab es herrliche Wellen und einen weiten Sandstrand.

An einem Abend hatte Cherry Fredersdorf einen lokalen Sänger gemietet, der bei Vollmond, in samtener Nacht zur Gitarre sein „*Cucurucucu*" sang und selbst Mutter verzückte.

Wir Jugendlichen haben mittlerweile ausprobiert wie es ist, wenn man sich küsst, ich mit Gabi aus Pforzheim, Claudia mit Uwe, ihrem Bruder, aber das haben unsere Eltern nicht gemerkt damals.

Wir haben dort drei Wochen erholsamsten, kulinarisch wie kulturell abwechslungsreichen Urlaubs verbracht. An einem Abend, besser: in einer Nacht, denn die Vorstellung begann um „*once de la noche*", haben wir sogar in der Stierkampfarena von Alicante eine Aufführung von Verdis „*Rigoletto*" miterlebt.

Die Eltern sind noch jahrelang danach regelmäßig im Urlaub nach San Juan gefahren und waren mit Fredersdorfs befreundet; ich selbst habe Jahre später mehrfach Mitarbeiter zu Cherry Fredersdorf geschickt und alle waren begeistert.

Zu Beginn des letzten Schuljahrs saß plötzlich Judy neben mir, eine blonde, zarte Amerikanerin, die ebenfalls an unserer Schule das Baccalauréat ablegen sollte; wir sprachen aber nur kurz Französisch miteinander, dann schrieb ich ihr auf Englisch auf ein

---

[1] Andalusische, kalte Gemüsesuppe (spanisches Nationalgericht)
[2] Reisgericht mit Hühnerfleisch und Meeresfrüchten

Löschblatt, dass sie das schönste Mädchen sei, das ich je gesehen habe und ihr blondes Haar sei engelsgleich. Das muss ihr gefallen haben, denn seitdem „gingen" wir miteinander, anfangs nur so, später Händchen haltend. Irgendwann habe ich ihr dann einen Ring aus Draht selbst gebastelt, den sie auch trug, so unfassbar primitiv dieses „Geschenk" wohl auch war. Warum ich ihr nicht wenigstens einen, wenn auch günstigen, richtigen Ring g e k a u f t habe, kann ich mir bis heute nicht erklären; das Geld dazu hätte ich schließlich gehabt. Immerhin: wir schrieben uns viele Zettel und Briefchen, natürlich auch zu Weihnachten, denn da war keine Schule. Als sie auf einer Weihnachtskarte mit „*Love – Judy*" unterschrieb, wandelte ich tagelang wie im Traum durch Haus und Garten und konnte es kaum erwarten, wieder zur Schule zu gehen.

Es ging auf und ab mit meiner Beziehung zu Judy, aber durch unsere ständige Kommunikation in ihrer Sprache habe ich mein englisches Vokabular der Umgangssprache, wohl auch meine Aussprache, deutlich verbessert: das habe ich ihr zu verdanken, weit mehr, als dem Englisch-Unterricht der damaligen Zeit, zumal unsere Englischlehrer keinen sonderlichen Ehrgeiz darin entwickelten, Englisch wesentlich anders als Französisch auszusprechen.

Dennoch: in der „*Philo*", so hieß unsere Abiturklasse (in der wir als eindeutigen Schwerpunkt in die Anfangsgründe der Philosophie Descartes, Kants und Nietzsches eingewiesen wurden), war ich stets in der Spitzengruppe der Klasse in Englisch; an unsere Lektüre von Bernard Shaws „*My Fair Lady*" oder die verschiedensten Kurzgeschichten von Emily Brontë denke ich mit Freude zurück. Da mir Sprachen offensichtlich lagen, habe ich kurzerhand als Wahlsprache Russisch zusätzlich belegt. Das lag nahe, denn ich hatte mir schon in den Sommerferien zuvor die kyrillische Schrift und die Anfangsgründe dieser Sprache selbst beigebracht. In Mathematik tendierten meine Leistungen indes gen Null, was nicht nur am Mathematiklehrer lag.

Derweil fand im Roten Salon des „*Château*", so hieß das im *Neo-Tudorstil* gebaute Hauptgebäude der Schule, ein Faschingsfest statt und Judy erschien als „Charleston Lady" der 20er Jahre. Natürlich tanzten wir *Charleston*, was das Zeug hielt und dann: ein zarter Kuss um Mitternacht, der mir allerdings noch Monate lang das Gehirn vernebelte, so war ich in Judy verknallt und sie in mich, denn wir schrieben uns fünf Jahre lang Briefe, bis wir uns im Sommer 1968 „*right under the Marble Arch*", wie wir vereinbart hatten, in London wieder trafen.

Von Mitte Juni bis Anfang Juli dann die verschiedenen „*épreuves*"[1] des *Baccalauréat*; zusätzlich mussten wir Deutschen vor einem Beauftragten der deutschen Kultusministerkonferenz einen Abituraufsatz schreiben und wurden in deutscher Geschichte geprüft. Der Abituraufsatz hieß sinngemäß: „ ‚Kann mir zum Vaterland die Fremde werden?' Wie beurteilen Sie diesen Ausspruch Iphigenies vor dem Hintergrund eines zusammenwachsenden Europa?"

---

[1] Prüfungsfächer

*Classe de Philosophie 1962 / 1963.
In der Mitte Monsieur Trottignon, unser Philosophielehrer, rechts neben ihm Judy Snow.
Ich selbst Letzter rechts in der hinteren Reihe mit Norweger-Pullover.
Zwei weiter: Jürgen Werner, meine Rettung in Latein.*

Ich habe diese Frage aus Goethes „*Iphigenie*" positiv beantwortet: sehr zum anfänglichen Entsetzen meines Vaters, dem ich das natürlich sofort erzählte. Dennoch muss ich die damalige politische Grundstimmung getroffen haben (kurz zuvor war Bundeskanzler Adenauer in Paris und traf sich danach mit dem französischen Staatspräsidenten *De Gaulle* in Reims zur deutsch-französischen Aussöhnung), denn ich bekam auf die Arbeit eine Eins und konnte, u.a. auch damit, meine miserable Note in Mathematik mehr als wettmachen.

Mit dem „*Internationalen Baccalauréat*", wie sich unser Abschluss nannte, war man nun berechtigt, in Frankreich und Deutschland zu studieren, doch das wollte ich nicht: ich wollte Offizier werden wie Vater, die Welt sehen und eines Tages wieder in Frankreich wohnen, am besten in Paris.

Ich hatte mich deshalb schon vor Abschluss des „*Bac*" bei der Offizierbewerber-Prüfzentrale in Köln beworben und musste mich nun dort drei Tage lang auf meine Eignung als Offizierbewerber prüfen lassen; mir hat das Spaß gemacht, vor allem das Tauklettern im Sport, denn das war das einzige, das wir im Sportunterricht in Frankreich jemals richtig gelernt hatten. Der Grund war einfach: es gab sonst keine anderen Geräte.

Natürlich wurde ich angenommen und sollte nun zum 1. Oktober 1963 Rekrut werden. Doch bis dahin war noch viel Zeit und so lag ein weiterer, herrlicher Sommer in Paris und Spanien vor uns.

Ende Juli hatte Vater dienstlich in London zu tun; da Mutter nicht mit wollte, nahm Vater kurzerhand Claudia und mich mit: und so flogen wir, zum ersten Mal in unserem Leben, mit einer Propellermaschine von *British European Airways* nach London. Natürlich lag die Reise so, dass sie ein Wochenende einschloss, so dass uns Vater einen ersten Überblick über die Stadt geben konnte. Was haben wir nicht alles gesehen: *Trafalgar Square, Piccadilly Circus*, die *Westminster Abbey, Big Ben* und die *Houses of Parliament, St. Paul's Cathedral*, den *Hyde Park* mit der *Speakers' Corner*, die *Tower Bridge, Greenwich*, wo wir natürlich auf dem Längengrad „0" stehen mussten; nur eines haben wir nicht gesehen: den damals sprichwörtlichen Londoner Nebel. Wir waren fast schon enttäuscht, wurden jedoch schnell durch feinen Nieselregen entschädigt, dem wir durch Plastiküberröcke trotzten, die man damals an jeder Ecke für ein paar Pennies kaufen konnte…

Abends ging Vater in Soho mit uns indisch essen, andertags sahen wir im *Royal Haymarket Theatre* Bernard Shaws „The Doctor's Dilemma" und am nächsten Abend als Krönung unseres London-Aufenthalts im *Theatre Royal Drury Lane* „My Fair Lady".

Wir alle waren *„thrilled to pieces"*[1], ich betrachtete diesen wunderschönen Kurzaufenthalt in London als Lohn fürs Pauken und meiner Schwester sollte er Ansporn sein für ihre weite schulische Karriere.

Vater hat's genossen, wie alle seine Reisen, bis ins hohe Alter.

Natürlich gab mir Mutter gute Ratschläge mit für meinen neuen Lebensabschnitt. „Dass Du Dich ja nicht mit fremden Weibern einlässt!" sagte sie und schaute mich dabei bedeutungsvoll an. „Weibern" sagte sie. Hoffentlich wird das jetzt keine Aufklärung, dachte ich im Stillen, aber das war's auch schon. Sie hat mich dann noch mit allerlei nützlichen Utensilien ausgestattet, dabei zwei Teller, zwei robuste Gläser, zwei Tassen und zwei Essbestecke aus Cromargan. Wieso eigentlich zwei, dachte ich, aber zwei waren letzten Endes ja besser als eines.

Am 1. Oktober 1963 bin ich dann vom *Gare de l'Est* aus mit der Eisenbahn nach Hamburg gefahren; von dort nach Buxtehude. Dass sich dort Hase und Igel einen Wettlauf geliefert hätten, hatte ich gelesen und dass dort die Hunde mit dem Schwanz bellen, hatte ich gehört, mehr nicht.

Zweifellos war damit das dritte und vorerst letzte Kapitel meiner ersten Jugend beendet und ich hätte auf der langen Bahnfahrt die Muße gehabt, dies alles Revue passieren zu lassen; auf solcherlei Gedanken kam ich aber nicht, denn ich war voller Spannung auf das, was mich erwarten würde.

---

[1] Englischer Ausdruck für „entzückt sein"

Im Abstand von nunmehr 49 Jahren und reiflicher Reflektion bewerte ich dies alles heute, trotz mancher Unzulänglichkeiten und mitunter schmerzhafter Erfahrungen, als durchweg positiv. Positiv, weil ich eine behütete Kindheit und Jugend erleben durfte, in der sich meine Eltern intensiv um meine Erziehung und die meiner Schwester gekümmert haben, ohne uns dabei zu sehr zu gängeln: wir wuchsen relativ frei auf und konnten uns – unserem jeweiligen Entwicklungsstand entsprechend und im Einklang mit den damaligen Erziehungsvorstellungen – relativ frei entfalten. Dabei haben sie uns in jeder Phase den Halt und die notwendige Führung gegeben, die für eine grundsätzlich positive Lebenseinstellung und Aufgeschlossenheit gegenüber Staat, Gesellschaft, Kultur und Geschichte in Deutschland und der Welt unabdingbar sind.

Bei all den materiellen Unzulänglichkeiten der ersten Jahre in Miltenberg wurde dort durch die Umstände Phantasie und Eigenständigkeit, auch ein starkes Gefühl für die Natur gefördert; zusätzlich legte Vater die Grundlagen für mein musikalisches, sprachliches und literarisches Interesse.

Im Allgäu wurde dies vertieft und weiterentwickelt; die unmittelbare Nähe zu den Alpen hat meine Verbundenheit mit der Natur vertieft und weiterentwickelt.

Die Zeit in Frankreich war bildungsintensiv, schon weil ich in den drei Jahren, die ich auf dem Lycée International in Saint Germain-en-Laye verbringen durfte, die einmalige Gelegenheit hatte, zwei Kulturen zugleich zu erleben; dies wurde durch engagierte Lehrer und die Umstände begünstigt. Dass dies mit z.T. enormem Zeit – und Arbeitsaufwand verbunden war, hat mich damals nicht gestört und auch nicht übermäßig belastet; im Gegenteil: ich war stolz auf meine Leistungen, wie unzulänglich im Einzelnen sie auch immer gewesen sein mögen.

Dass ich in dieser Zeit sowohl Französisch als auch Englisch weit intensiver gelernt habe, als dies in Deutschland der Fall gewesen wäre, hat mir später weitere Horizonte geöffnet und mein gesamtes weiteres Leben positiv beeinflusst. Dass dies so kommen würde, konnte ich freilich anlässlich meiner Eisenbahnfahrt von Paris nach Buxtehude am 1. 10. 1963 nicht erahnen.

Tatsache bleibt, dass ich meinen Eltern und meinen Großeltern viel zu verdanken habe, die sich – jeder auf seine besondere Weise – um mich g e k ü m m e r t und viel Zeit in meine Erziehung und Entwicklung investiert haben.

4. Kapitel
Ausbildung zum Offizier in Buxtehude, Maxhof und Feldafing bei Starnberg, München und Bremen (1963 – 1966)

Am Bahnhof in Buxtehude wurde ich – mit anderen Rekruten – von einigen laut brüllenden Unteroffizieren der Fernmelde-Ausbildungskompanie 1 / 3 empfangen, die uns anwiesen, unser Gepäck auf einen Lastwagen zu verfrachten; wir aber mussten, noch in Zivil, in Marschordnung vor dem Bahnhof antreten und zur *Estetal-Kaserne* marschieren. Wieso brüllen die so, fragte ich mich – und war gespannt, was das Leben nunmehr zu bieten hätte.

Brüllen, ganz offensichtlich. Und das ein knappes viertel Jahr lang, so lange dauerte die Grundausbildung. Dabei hat mich das nicht sonderlich beeindruckt, zumal ein großer Teil dieser Brüller nicht sonderlich intelligent war; andererseits beherrschten sie ihr Metier, so erschien uns das zumindest damals, denn was sie hätten können sollen und wie es richtig gewesen wäre, wussten wir ja nicht. Ich jedenfalls nahm's sportlich und war im Sport denn auch besser als die allermeisten. Auch die Dienstgradabzeichen kannte ich (natürlich!) und die Organisation der NATO und welche Staatsformen es gab: also wurde ich recht schnell dazu herangezogen, Unterrichte im Zugrahmen zu halten, denn das lag unserem Feldwebel nicht so recht. Mir war das recht, denn mir machte es Spaß.

Doch zurück zum ersten Tag: kaum waren wir in der Kaserne angelangt, mussten wir in den Kompanielehrsaal einrücken. Prompt schrie schon wieder jemand: „Atomalarm!", worauf sich alle auf den Boden schmissen und unter den Stühlen Deckung nahmen. Das wurde ein paar Mal geübt, bis es schneller ging und damit klar war, wer hier die Befehls- und Kommandogewalt hatte: der Spieß, wie wir bald hörten, die „Mutter der Kompanie".

Ich wurde mit elf Anderen der 12. Gruppe zugeteilt: das waren die „NATO-Zwerge", wie es hieß: wir waren die Kleinsten in der Kompanie und standen folglich ganz hinten oder links außen, je nachdem, wie die Kompanie antrat. Das galt auch für den Marsch ins Gelände, was zur Folge hatte, dass wir immer zwei Schritte machen mussten statt einen, um im Tempo mitzuhalten.

Auf den Stuben lag jeweils eine Gruppe; das heißt, dass wir zu zwölft auf der Bude lagen, denn anders konnte man die Unterkunft kaum nennen, und so wurden die Unterkünfte auch von unseren Ausbilden genannt (manchmal sprachen sie auch von Höhlen). Wir mussten indes beim Eintritt eines Vorgesetzten, und das waren außer uns Rekruten alle, „Achtung!" schreien und melden: „Stube 310 mit zwölf Mann belegt, Stube gereinigt und gelüftet, alle Mann in den Betten" bzw. „… alle Mann auf und gesund" oder „… ein Mann im Revier" (so hieß der Sanitätsbereich) oder dergleichen.

Noch beim Beziehen der „Bude", d.h. beim Einrichten der Spinde flog die Tür auf und ein Leutnant mit blanken Stiefeln und Schiffchen auf dem Kopf stand im Zimmer, begleitet von mehreren Unteroffizieren: „Wer ist hier der Funker Schlieder?" – „Ich, Herr

Leutnant!" schrie ich, so laut ich konnte, nur um zu hören: „Wieso flüstern Sie eigentlich, Mann? Sie sind Offizieranwärter und müssen sich daher besonders anstrengen! Wir werden Sie genauestens beobachten!" Na, als Willkommensgruß war das nicht sonderlich freundlich, dachte ich, aber was soll's, natürlich werde ich mich anstrengen, deshalb war ich ja hier. Schließlich wollte ich Offizier werden.

Die anderen elf Mann auf meiner Bude wussten jedenfalls nun, dass ich Offizieranwärter war und das war in ihren Augen natürlich etwas Besonderes. Dieses „Anderssein" wurde denn auch deutlich, als ich mich umzog: ich war braun gebrannt, denn kurz zuvor war ich noch im Urlaub in Spanien gewesen. „Wohl Sohn reicher Eltern?" meinte Funker Schwarz aus dem Ruhrgebiet durchaus wohlwollend, „bis wohl Aburent, wa?"

So allmählich dämmerte mir, dass ich als Abiturient eine Art Paradiesvogel sein musste in der neuen Umgebung und dass es wohl auch Leute gab, die einen prinzipiell anderen Werdegang hinter sich hatten als ich. Da war ich nun zum ersten Mal mit einem A & E-Schweißer zusammen, mit einem Stahlkocher, einem Landarbeiter, einem Kfz-Mechaniker, einem Einzelhandel-Kaufmann, ja sogar mit einem „Beamten", Funker Klün aus Bremen, der Mittlere Reife hatte …; kurz: mit Leuten aus einem Teil der Bevölkerung, die ich bis dahin nicht wahrgenommen hatte, wie denn auch. Allerdings entwickelte sich zwischen uns sehr schnell eine enge Kameradschaft, und das im wahrsten Sinne des Wortes: denn wenn die Kammer nicht sauber war – und die Definition des Begriffs „sauber" lag durchaus im Belieben des jeweiligen Ausbilders – wurde so lange geschrubbt, Staub gewischt, Fenster geputzt, gebohnert, bis wir kirre waren, denn nur darum ging es ja ganz offensichtlich.

In der Nachbarstube gab es indes gar eine Attraktion: ein kleines Kerlchen, stets gut gelaunt und sportlich, war Weltmeister im Trampolinspringen. Das imponierte sogar den Ausbildern, die ihm deshalb schon einmal das Eine oder das Andere durchgehen ließen. Bei ähnlichen Nachlässigkeiten Anderer schrie der Ausbilder dann: „Sind Sie etwa Weltmeister? Ich glaub' mein Schwein pfeift, Mann …" Na ja. Ein pfeifendes Schwein, das musste komisch sein. Es gab allerdings auch drastischere Ausdrücke.

Wir waren etwa 150 Rekruten in der Kompanie, dabei zwei weitere Offizieranwärter, wie wir schnell herausfanden: Norbert Krafft und Reinhold Pense, mit denen ich denn auch einen guten Teil meiner weiteren Ausbildung gemeinsam absolvierte. Pense erzählte in diesem Kreis schnell von einem bedauernswerten „Mitbudenbewohner", dem Funker Stüwe, der nicht lesen und außer seinem Namen auch nicht schreiben konnte. Pense, hilfsbereit doch intelligent, erfand schnell einen Deal: er fertigte für Stüwe die Ausarbeitungen an, dieser wiederum musste ihm die Stiefel putzen, die Socken flicken und das Gewehr reinigen. Da ich auf solche Hilfsdienste nicht zurückgreifen konnte, habe ich das alles erstaunlich schnell gelernt. Gut, dass mir Mutter kurz zuvor noch beigebracht hatte, wie man Socken stopft …

Einen Großteil unserer Zeit verbrachten wir im Gelände, unweit der Kaserne; dabei sahen wir innerhalb kurzer Zeit zumeist aus, wie die Kanalarbeiter, denn meist goss es in Strömen. Den Ausbildern machte es offensichtlich Freude, immer dann „MG-Feuer von rechts"! oder „Atomblitz"! zu brüllen, wenn das ganz offensichtlich bedeutete, dass man in einer Pfütze Deckung zu nehmen hatte. Ich ging einmal mitten auf einem riesigen Pilz in Stellung, was meinen Drillich so verdreckte, dass ich tagelang brauchte, um ihn halbwegs zu säubern.

„Infanteriegefechtsausbildung" hieß das Ganze, „Entfernungsschätzen", „Zielübungen" oder „Marsch mit Waffen und Gepäck", „Orientierungsübung bei Nacht", „Gangarten im Gelände", „Feldposten", „Spähtrupp" u. dgl. Hin und wieder wurde auch mit dem vollautomatischen G 3-Gewehr auf der Standort-Schießanlage in Agathenburg geschossen. Dabei wurde mir in einer unbeobachteten Minute der Mündungsfeuerdämpfer geklaut; das kostete 5.- DM, die ich auch willig bezahlte. Später habe ich erfahren, dass ich natürlich nicht hätte zahlen müssen, wenn ich den Verlust nur als Diebstahl gemeldet hätte. Das aber sagte mir niemand, auch nicht der Rechnungsführer, denn eine „Schadensbearbeitung" hätte ja, wie es der Begriff schon nahe legt, Arbeit gemacht.

Nicht, dass mich die Ausbildung sonderlich begeistert hätte; gestört hat sie mich aber auch nicht. Einige Rekruten hatten indes durchaus Probleme, strengten sich aber an, da ständig gemunkelt wurde, man müsse die gesamte Grundausbildung wiederholen, wenn man die Rekrutenprüfung nicht bestehe. Also marschierten alle, robbten durchs Gelände, nahmen Gewehre und MGs auseinander und setzten sie wieder zusammen, meldeten und schrieen, dass es eine grausame Freude war. Zu alle dem wurde gesungen, zumindest bei den Märschen, was das Zeug hielt. Da unsere Kompanie zur 3. Panzerdivision gehörte, sangen wir natürlich zu allererst das „Panzerlied":

> „Ob's stürmt oder schneit
> Ob die Sonne uns lacht,
> Der Tag glühend heiß
> Oder eiskalt die Nacht …
> Verstaubt sind die Gesichter
> Doch froh ist unser Sinn …
> Es braust unser Panzer
> Im Sturmwind dahin …"

Nachdenklich wurde man allenfalls bei der 4. Strophe, als es hieß:

> „Und lässt uns im Stich
> Einst das treulose Glück
> Und kehren wir nicht mehr
> Zur Heimat zurück …
> Trifft uns die Todeskugel
> Ruft uns das Schicksal ab
> Dann ist unser Panzer
> Ein ehernes Grab."

Einen Panzer haben wir während unserer Grundausbildung allerdings nie gesehen; dabei wäre es ein Leichtes gewesen, während einer unserer vielen Märsche zu einer Panzereinheit zu marschieren. Wahrscheinlich hätte uns das mehr motiviert, als die drohende Aussicht, die Grundausbildung wiederholen zu müssen …

Es gab auch schöne Lieder, die wir gerne sangen:

„Mädel, draußen ist es schön,
Heller Sonnenschein.
Wollen wir spazieren geh'n,
Mädel sag nicht nein.
Lustig weht ein frischer Wind
Keck in deinem Haar (dem blonden);
Deine Augen, liebes Kind
Sind so sonnenklar."

Dabei dachte ich immer an Judy, die mir regelmäßig, manchmal täglich, aus Amerika schrieb, denn sie war auch blond und hatte sonnenklare Augen; manchmal schrieb auch Anne-Sonia aus Louveciennes und natürlich schrieben die Eltern, vor allem meine Mutter.

Auch ich schrieb viel; so viel Zeit fand ich immer, vor allem am Samstagnachmittag und am Sonntag, denn da hatten wir frei, durften aber die Kaserne nicht verlassen. Dazu mussten wir erst die „Grußabnahme" (vor dem Bataillonskommandeur hieß es drohend!) erfolgreich absolviert haben; das war aber erst gegen Mitte der Grundausbildung vorgesehen. Wir fügten uns in unser Schicksal und sehnten diesen wichtigen Tag herbei wie im übrigen die Rekrutenprüfung, denn nach dem Ende der Grundausbildung, kurz vor Weihnachten, sollten wir zwei Wochen Urlaub bekommen.

An einem Samstagnachmittag hatte ich „Bereitschaft", ohne recht zu wissen, was das war; jedenfalls hatte ich mich in meiner „Bude" aufzuhalten. Da schrie der UvD, der sonst unser Gruppenführer war: „Funker Schlieder, Halbkreis!" Das hieß, dass ich mich drei Etagen tiefer bei ihm zu melden hatte, dabei war Laufschritt angesagt. Mir schwante Übles, doch er händigte mir nur einen Brief aus. Kaum auf der Bude angelangt, das gleiche Spiel, das sich, da ich zehn Briefe bekam, noch neun Mal wiederholte …

Ich nahm das sportlich; für einen Brief wäre ich damals auch 10 km marschiert.

Auch zum Mittagessen wurde im Kompanierahmen marschiert; in der Regel wurden diese „Märsche" freilich zur Formalausbildung umfunktioniert, nachdem es denn endlich losging, denn zuvor wurden die Fingernägel kontrolliert und das konnte, einschließlich zusätzlichem Händewaschen, dauern. Einmal wurden wir bei einem dieser Mittagsmärsche im Gleichschritt auf eine Kohlenhalde dirigiert; auf halber Höhe schrie dann der UvD: „Achtung!", wobei wir natürlich die Halde hinunterrutschten und, unten angekommen, voller Kohlenstaub, erneut Aufstellung nehmen mussten. Beim anschließenden Essenfassen bekamen wir unter solchen Umständen zwangsläufig nur noch, was übrig geblieben war. Höhere Chargen, die – im Rahmen ihrer Dienstaufsicht etwa – solchem Unfug Einhalt geboten hätten, habe ich dabei nie bemerkt. Wir aber schoben Kohldampf.

Unseren Kompaniechef, Hauptmann von Bülow, sah ich während der ganzen Zeit nur drei Mal: das erste Mal gemeinsam mit den beiden anderen Offizieranwärtern der Kompanie, als wir den Auftrag bekamen, jeder jeweils für eine Woche, einen Fernsehfilm herauszusuchen, den wir dann noch nach dem Zapfenstreich um 22.00 Uhr im Kompanielehrsaal sehen durften. Wir haben von diesem Angebot übrigens keinen Gebrauch gemacht, da wir regelmäßig abends so fertig waren, dass wir förmlich in die Betten fielen.

Das zweite Mal ließ er mich kommen, um mir zu befehlen, seine Stiefel zu putzen: das durfte er, ließ mich das aber offensichtlich tun, um mir beizubringen, wie es ist, niedrige Arbeit für andere zu leisten. Ich habe diese „Fronarbeit" zwar gehasst, zumal die Stiefel stanken, ihm aber den wahrscheinlich besten Stiefelputz verpasst, den er je hatte.

Das dritte Mal kommandierte er die Kompanie auf dem Weg zum Exerzierplatz, um uns dort dem Bataillonskommandeur zur Grußabnahme zu melden. Dabei gab er ein falsches Kommando: „Kompanie – halt!", statt „Abteilung – halt!" Mir fiel das auf damals und ich nahm mir vor, später immer richtige Kommandos zu geben, denn einer solchen Peinlichkeit wollte ich mich einmal nie aussetzen.

Auch den Bataillonskommandeur, Oberstleutnant Birg, habe ich nur drei Mal gesehen damals: einmal, als er uns Offizieranwärter nach einigen Wochen zu sich befahl und uns fragte, wie es uns hier gefalle. Als ich sagte: „Gut, Herr Oberstleutnant", schaute er mich streng an und befand: „Das kann ich mir nicht vorstellen! Mir hat es damals in der Grundausbildung nicht gut gefallen!" Na gut, dachte ich mir, das muss dann wohl noch drastischer zugegangen sein, damals in der Wehrmacht.

Was er sonst noch gesagt hat, weiß ich nicht mehr; wahrscheinlich war es aber wichtig. Er hatte eine tiefe Stimme und wirkte sehr bedeutungsvoll. Ein fern entrückter Kriegsgott, zu dem wir ehrfurchtsvoll aufschauten.

Später sah ich ihn bei der Grußabnahme, als wir alle mit „kurzen schnellen Schritten", wie es hieß, einzeln an ihm vorbei marschieren und ihn grüßen mussten; natürlich hat er dabei keinen Einzelnen erkennen können. Das dritte Mal bei Eid und feierlichem Gelöbnis, aber da war er so weit weg, dass man ihn nur ahnen konnte; auch seine Rede habe ich nicht wirklich gehört. Den Handschlag des Bataillonskommandeurs unter der Fahne, wie heute üblich, muss es damals noch nicht gegeben haben; vielleicht hatte er auch nur keine Lust dazu.

Mit kurzen, schnellen Schritten bin ich später auch nie an irgendwelchen Vorgesetzten, grüßender Weise, vorbeimarschiert.

Nachdem wir nun – an Wochenenden und jeweils nur bis 22.00 Uhr – die Kaserne verlassen durften, bekam ich an einem Samstagnachmittag Besuch von Major Borchert, einem guten Bekannten unserer Familie aus Sonthofener Zeiten, der nun in Hamburg wohnte und an der dortigen Offizierschule unterrichtete. Ein Major in unserer Bude! Das war neu! Er wiederum war entsetzt über unsere Unterbringung, denn die Betten standen vier-stöckig und unter den Heizungsrohren an den Wänden hing nasse Uniformkluft zum Trocknen.

Er lud mich denn auch prompt zu einem Besuch in Hamburg ein; ich leistete dem Folge, in Uniform natürlich, und so wurde ich denn auch gehörig bestaunt, ja fotografiert und nach allen Regeln hausfraulicher Kunst von Frau Borchert mit Kaffee und Kuchen, danach mit einem leckeren Abendessen verwöhnt.

Diese Ausflüge wiederholten sich ein paar Mal; einmal fuhren wir dabei auf einem Ausflugsdampfer durch den Hamburger Hafen und gingen zu Fuß durch den alten Elbtunnel an den Landungsbrücken, was mich beeindruckte.

Mit von der Partie waren Sohn Ingo (15) und Tochter Maren (17), die ich zwar noch aus unserer gemeinsamen Zeit in Sonthofen kannte, damals aber nicht sonderlich wahrgenommen hatte.

An einem weiteren Wochenende wurde ich zur Wache eingeteilt: ich sollte von Samstagnacht auf Sonntagmorgen das Gebäude des Verteidigungskreiskommandos (VKK), mitten in Buxtehude, bewachen. Dazu wurde ich mit einer Pistole ausgestattet und instruiert, dass ich um 20.00 Uhr die Türen zu verschließen hätte; am nächsten Morgen würde ich wieder abgeholt werden. Weitere Instruktionen erhielt ich nicht.

Da saß ich nun allein in meinem VKK und wusste nicht, was ich machen sollte. In der Absicht, irgendetwas Vernünftiges zu tun, las ich sämtliche Papiere, die herumlagen, durch; eine Wachanweisung, Telefonnummern für den Notfall oder dergleichen fand ich jedoch nicht. Später überlegte ich mir, was ich wohl tun würde, wenn da ein Unbefugter käme. Ein Einsatz der Pistole schied aus, da ich keine Munition hatte, außerdem waren wir auch noch nicht an der Pistole ausgebildet worden, das war später vorgesehen. Auf jeden Fall wollte ich wach bleiben, das nahm ich mir fest vor, denn ich war ja auf Wache! Und „Wache" hieß, das war mir klar, wach bleiben und nicht schlafen.

So saß ich nun auf meinem Stuhl, ließ die Nacht an mir vorüber ziehen und strengte mich krampfhaft an, nicht einzuschlafen, was auch, schlecht und recht, gelang. Als ich am nächsten Morgen, natürlich nach dem Frühstück, wieder abgeholt wurde, fragte ich mich immer noch im Stillen, was ich wohl getan hätte, wenn man mich überfallen hätte.

Gleichwohl war diese Episode lehrreich: ich habe später stets dafür Sorge getragen, dass die Wache, für die ich zuständig war, genaueste Wachanweisungen hatte und diese auch beherrschte. Immer wenn ich festgestellt habe, dass Soldaten mit Waffen ausgerüstet wurden, an denen sie nicht richtig oder gar nicht ausgebildet waren, bin ich fuchtig geworden. Allerdings habe ich später auch regelmäßig, oft auch nachts, Dienstaufsicht geführt.

Zu Ende der Grundausbildung fand dann die Rekrutenprüfung statt, die natürlich jeder bestand. Am Abend fand ein „Gruppenabend" mit unseren Ausbildern statt; dazu durften wir – selbstredend in Uniform – gemeinsam in eine örtliche Kneipe marschieren, ein Schnitzel essen und ein Bier trinken. Um 22.00 Uhr war wieder Zapfenstreich.

Dann hatten wir Urlaub! Als sich herumsprach, dass ich über Weihnachten nach *Paris* führe, beneideten mich alle und sprachen wirres Zeug, wieder von „Weibern" und dergleichen. Das hatte ich doch schon einmal gehört, dachte ich und freute mich dessen ungeachtet darauf, vierzehn Tag lang zu Hause sein zu können: ohne Gebrüll, mit Mutters herrlichem Essen und in meinem eigenen Bett.

Die zwei Wochen Heimaturlaub waren denn auch ein Genuss: natürlich musste ich im Detail erzählen, wie es mir ergangen war, obwohl ich ja schon zuvor brieflich alles beschrieben hatte. Jedenfalls betrachteten mich alle mit Wohlwollen und befanden, dass ich gut aussah. Dann gab es „Spanifanteln" en masse, wie Vaters eigene Création: „*Crêpes Suzettes à la Val Murget*", das waren mehrere Lagen hauchdünner Pfannenkuchen, jeweils auf einer Schicht Bananen-Honig-Masse, mit *Grand Marnier* flambiert … und natürlich gingen wir zum Vietnamesen in die *Rue de Monsieur le Prince*. Zu Weihnachten gab es Karpfen auf schlesische Art wie immer und zu Sylvester Austern auf Eis, dazu einen trockenen, *weißen Chablis*, später *Champagner* …

Nach diesem Ausflug in elysische Gefilde fand ich mich wieder in den profanen Niederungen meiner Kompanie ein: zum Erwerb des Führerscheins, wie es hieß. Dazu legte man uns Offizieranwärter auf eine „Ausbilderstube", von wo wir, nunmehr im Status gestiegen, jeden Morgen zur Fahrschule gingen. Da ich noch keinen zivilen Führerschein hatte, war das für mich durchaus neu: doch unser kompetenter und gutmütiger Fahrlehrer, ein Stabsunteroffizier, brachte mir schnell bei, wie ich den 0,25-Tonner, wie wir sagten (ein geländegängiger Zwei-Takter von NSU mit Allradantrieb), im Gelände, später auch auf Straßen, zu fahren hatte. Zusätzlich lernten wir eine Menge Theorie, dazu alle möglichen praktischen Handgriffe, wie die „Maßnahmen vor, während und nach der Fahrt", Ölwechseln, Abschleppen, Auflegen von „Gleitschutzketten" (auf Zivildeutsch: „Schneeketten") usw. Nach den Fahrten war das Fahrzeug zu säubern und ordentlich ausgerichtet wieder abzustellen. So ging das bis zur Fahrprüfung nach sechs Wochen: dann war ich stolzer Besitzer des Führerscheins Klasse „B"; das entsprach der damaligen zivilen Führerscheinklasse III. Natürlich habe ich den Führerschein alsbald umschreiben lassen, wenngleich ich an ein eigenes Fahrzeug zu diesem Zeitpunkt noch lange nicht dachte.

So fuhren wir denn, gemeinsam mit Reinhold Pense, denn der hatte ein Auto, Anfang Februar voll bepackt nach Maxhof bei Starnberg zum Fahnenjunkerlehrgang. Dort empfing uns Hauptfeldwebel Füllbier, der Inspektionsfeldwebel. Nie wieder habe ich einen Menschen kennen gelernt, der so laut brüllen konnte, wie Füllbier! Wenn er uns dem Inspektionschef meldete, war es wie Donnerhall und zum Stuben- und Spindappell schrie er uns an: „In dieser Inspektion herrschen Zucht und Ordnung, meine Herren! Für den Innendienst bin i c h zuständig. Und merken Sie sich: es wird gepunktet!" Der Hauptfeldwebel war auch sportlich: zumindest hatte er ungeheure Kraft. Beim Kugelstoßen kam er – aus dem Stand – auf gute zwölf Meter. Da ich, selbst mit Anlauf und den verschiedensten Techniken, nur knapp die geforderten acht Meter schaffte, hat mich das noch lange danach beeindruckt. Allerdings war ich auf der Kurzstrecke mit 12,3 Sekunden auf 100 Metern der Schnellste und konnte insofern auch bei Hauptfeldwebel Füllbier punkten.

Doch Füllbiers Anspruch auf Gefolgschaft im Innendienst half und fürderhin falteten wir unsere Hemden auf Papier, der Funker Galinski, der auf unserer Stube lag, sogar auf Pappe, putzten unsere Stiefel, dass sie nur so glänzten und Volker Neeb bügelte, im Gegensatz zum Rest der Truppe, denn das war wirklich übertrieben, sogar seine Arbeitshosen. Dafür stieg er auch schnell zum Inspektions-Besten auf, doch wahrscheinlich gab es hierfür auch noch andere Gründe, denn Neeb war wirklich in allem gut.

Auf diesem Lehrgang haben wir zunächst die Grundlagen des Handwerks eines „Fernmeldesoldaten" erlernt; das hieß zunächst Feld- und Feldfernkabelbau, Tastfunk (das uns Leutnant Röpke, unser sympathischer Zugführer beibrachte), die Bedienung der damaligen (amerikanischen) Funkgeräte wie der GRC- und der VRC-Serie sowie des PRC-6, was uns Oberfeldwebel Firl, ein Meister seines Faches, zu erklären versuchte, den Einsatz der verschiedensten Trägerfrequenzgeräte sowie den Gebrauch der Tarntafel und der damals üblichen manuellen Schlüsselgeräte. Dazu kam viel Formalausbildung, nur mit dem Unterschied, dass wir nun v o r der Front zu stehen und selbst zu kommandieren hatten. Dabei hat man uns vor allem lautes, deutliche Sprechen, eine klare Kommandosprache wie es hieß, beigebracht; ein Umstand, der noch heute dazu führt, dass sich meine Familie fragt, warum ich so laut spreche.

Das Programm wurde durch Infanteriegefechtsausbildung auf dem nahen Standortübungsplatz ergänzt; dabei kam es nunmehr darauf an, eine Gruppe zu f ü h r e n und selbst Befehle zu geben.

Und wieder Märsche: stets mit Gesang. Das brachte uns, teils mehrstimmig, der schneidige Oberleutnant Schmücker, Röpkes Nachfolger, bei; dabei haben wir Lieder gelernt wie „Wir lagen vor Madagaskar und hatten die Pest an Bord …", „Steig ich den Berg hinauf, das macht mir Freude, zu meinem Mägdelein, das macht mir Spaß …", „Schwer mit den Schätzen des Orients beladen, ziehen zwei Schifflein am Horizont dahin …", „Schwarz- braun ist die Haselnuss …", „Die blauen Dragoner sie reiten …" und viele andere. Wir kannten sie alle auswendig und hatten unseren Spaß dabei, selbst wenn wir mitunter durchaus fluchten, wenn wir bergauf und mit Waffen und Gepäck, ohnehin keuchend, wohl intoniert zu singen hatten. Es war schaurig schön; geschadet hat es uns nicht, im Gegenteil: durch das gemeinsame Singen entstand das Gemeinschaftsgefühl, das erforderlich war um so manches Vorhaben nachts und im Gelände erfolgreich zu bewältigen.

Die Beförderung zum Gefreiten (OA)[1] am 1. April 1964 war denn auch eine erste, sichtbare Ermutigung auf dem Weg durch unsere Ausbildung und wir hoben alsbald an, uns die damals noch vorgesehenen Gefreiten-Streifen und die OA-Sterne an die Uniform zu nähen, denn so schnell kam die Schneiderei in der Standortverwaltung nicht nach.

---

[1] **O**ffizier-**A**nwärter

Den Lehrgruppenkommandeur haben wir gehasst. Als er zur Dienstaufsicht kam wurde ihm die Inspektion mit Blickwendung gemeldet: darauf stellte er sich vor die Front und verbesserte die Richtung. Dies etwa mit den Worten: „Rechter Fuß vor, … mehr, mehr, linke Schulter tiefer, mehr, mehr …!" Natürlich hieß Oberstleutnant Spindler alsbald nur noch „Mehr, mehr" bei uns und wir äfften ihn, bei der Formalausbildung etwa, nach wo wir nur konnten.

Dass er unseren beliebten Leutnant eines Tages während einer Funktastübung „anschiss", wie wir sagten, weil wir ihm bei seinem Erscheinen nicht mit „Achtung!" meldeten, haben wir ihm noch viel weniger verziehen, denn wir hatten zuvor die Anweisung erhalten, mit umgelegtem „Funkgeschirr" (Kopfhörer und Taste) lediglich zu melden, im übrigen aber sitzen zu bleiben, was ja auch Sinn machte, denn es konnte ja nicht darum gehen, wegen einer bloßen Formalie die ganze Verkabelung herunterzureißen. Solcherlei Unsinn hat uns indes die Freude am Lehrgang insgesamt nicht verdorben und so zogen wir, Mitte Juli, zu Lehrgangs-Ende zunächst einmal ab in einen, wie wir meinten, wohlverdienten Urlaub und danach zurück zu unserem jeweiligen Stammtruppenteil, wo wir bis Ende September erste Erfahrungen beim Führen einer Rekrutengruppe sammeln sollten.

Wieder lag ich mit Norbert Krafft und Reinhold Pense auf einer Stube. Doch nun waren w i r die Ausbilder! Ich führte die 7. Gruppe, nur sechs Mann dieses Mal, wie Krafft und Pense auch: vermutlich wollte man uns auf mehr Rekruten noch nicht loslassen … Doch es hat Spaß gemacht und wohl auch im Großen und Ganzen geklappt.

An unsere Aufgabe anlässlich der Rekrutenprüfung kann ich mich gut erinnern: „Wir haben als letzte Gruppe unseres Zuges den Auftrag, die 3 m tiefe *Este* zu überqueren." Das bedeutete, dass ein Schleusseil an beiden Ufern anzubringen war über das wir uns zu hangeln hatten. Gott sei Dank sind alle trockenen Fußes am jenseitigen Ufer angekommen, wenngleich ich bezweifle, dass die Este an dieser Stelle tatsächlich drei Meter tief war …

Unterdessen nahm sich Familie Borchert an den Wochenenden wieder meiner an, und so unternahmen wir wunderschöne Ausflüge nach Hamburg zum Hirschpark, zur Willkomm Höft mit seiner Schiffsbegrüßungsanlage, zum Ostseebad Travemünde, zum Picknick oder nach Lübeck, wo Maren und ich im Partnerlook mit blauen Blazern posierten. Dass es bei all diesen Anbahnungsveranstaltungen nie gefunkt hat, lag ausschließlich an mir, denn ich kapierte gar nichts.

Nach diesem neuerlichen Buxtehuder Intermezzo fuhren wir erneut mit Reinhold Pense gen Süden: nicht ohne am Tag zuvor, am 1. Oktober 1964, zum Fahnenjunker befördert worden zu sein. Fahnenjunker! Das klang schon fast wie Leutnant und war die Motivation, die wir brauchten um den nun folgenden Fähnrichlehrgang an der Fernmeldeschule des Heeres in Feldafing, ebenfalls bei Starnberg, anzugehen.

Dort ging das mit unserer Professionalisierung zielstrebig weiter: als Hörsaal 12 in der II. Inspektion der Lehrgruppe A waren wir Oberleutnant Messner zugeteilt, der uns hart aber gerecht und nicht unfreundlich behandelte. Sein Steckenpferd war die Formalausbildung.

Als nächstes großes Ziel wurde uns allerdings gleich zu Lehrgangsbeginn der „Kleine Einzelkämpferlehrgang" an der Infanterieschule in Hammelburg avisiert: auf diesen sollten wir uns durch mancherlei körperliche Ertüchtigung vorbereiten. Dazu mussten wir über eine beträchtliche Fitness verfügen, wozu uns, außer unserem Hörsaalleiter, Sportlehrer Rehm verhalf, der uns regelmäßiges „6 BX" (*Six Basic Exercises*-[1])Training angedeihen ließ und Waldläufe mit uns veranstaltete. Dazu kam erneut praktische Fernmeldegerätelehre, aber auch die Theorie des Fernmeldeeinsatzes sowie Grundlagenunterricht der verschiedenen anderen Truppengattungen, ein Truppenübungsplatzaufenthalt auf dem Heuberg sowie „*Military English*", was mir besonderen Spaß machte.

Der Einzelkämpferlehrgang war denn auch das härteste, das ich bislang beim Militär mitgemacht hatte: In einem Gehöft auf dem *Sodenberg* bei Hammelburg, unweit eines Basaltsteinbruchs untergebracht, ging es, kaum vom Bus abgesessen, gleich zu Beginn im Laufschritt zum Steinbruch, in dem eine gut 30 m tiefe Schlucht per Seil zu überqueren war; es folgten Fall- und Nahkampfausbildung, eine Ausbildung zum Überleben im Felde (dabei war das selbstgebackene Buchenrindenbrot besonders schmackhaft, fand ich) sowie ausgedehnte Orientierungsmärsche im Schnee; der längste ging über 80 km im Rahmen einer Dreitages-Übung. Auf die letzten Kilometer, bis kurz vor dem Ziel hat mir ein stämmiger Kamerad, Fahnenjunker Aimiller, das Sturmgepäck getragen, so fertig war ich. Doch das waren wir alle, denn es ging auch darum, unsere körperlichen Grenzen kennen zu lernen. Wir, das waren – in meiner Gruppe – außer mir die Fahnenjunker Jacimowitsch, Manz, Neeb, Pense und Rupprecht, eine verschworene Gemeinschaft, die denn auch stolz über den gemeinsam erzielten Erfolg, wieder zurück in Feldafing, weiterhin eisern zusammen hielt.

Der Rest des Lehrgangs war im Vergleich zu diesem „Höhepunkt" unseres bisherigen militärischen Lebens kaum der Rede wert; wohl aber, dass wir den Rest des Winters unter Anleitung von Fahnenjunker Seiffert aus Herrmannstadt Florett fechten lernten und im übrigen an jedem Wochenende Ski fuhren wie die Wilden – tagsüber. Nachts wurde „geschwoft", anfangs in Garmisch, wo Detlef und ich bei einem Kameraden wohnten, dessen Tante die Mutter von *Jürgen Bäumler*, einem damals bekannten Eiskunstläufer, Partner von *Marika Kilius*, war. Wir erledigten dort die Fan-Post, die mitunter säckeweise durch die Bundespost angeliefert wurde und ließen uns dafür ausführen.

---

[1] Englisch für „ Sechs Grundübungen"

Die Fahnenjunker Neeb, Manz, Jacimowitsch, Pense, Schlieder und Rupprecht auf dem Einzelkämpferlehrgang in Hammelburg im Februar 1965

Später, in Begleitung von Ingrid und Renate, gingen wir mitunter nächtelang, teils in unseren schweren Skistiefeln, zum Après-Ski in Mittenwald, Garmisch oder Seefeld tanzen und trieben sonstige, bemerkenswerten Scherze. Wir haben viel dabei gelernt. Mit unserem Lehrgang hatte das allerdings weniger zu tun.

Am 1. April 1964 frisch zum Fähnrich befördert, meldete ich mich zum folgenden Offizierlehrgang Teil I, nunmehr an der Offizierschule des Heeres III in München. Andere hatten sich an die Offizierschulen I nach Hannover oder II nach Hamburg kommandieren lassen, so dass sich unsere bisherige Gemeinschaft auflöste; dafür gab es neue Kameraden, dieses Mal von allen Truppengattungen des Heeres, denn wir sollten im nun folgenden Ausbildungsabschnitt eine einheitliche Ausbildung in den Grundlagen des Offizierberufs erhalten. Schwerpunkt war dabei die Taktikausbildung, in der uns die Grundsätze des Einsatzes eines verstärkten Panzergrenadierbataillons („*Marder B 3*"[1]) bei Marsch, Verteidigung, hinhaltendem Kampf und im Angriff beigebracht wurden. Gleich nach der ersten Taktikarbeit, bei der ich, zusammen mit Holger Weitenhagen mit einer 2 die beste Arbeit schrieb, eröffnete uns Major Witthauer, unser Hörsaalleiter und Taktiklehrer, dass wir – da bei den Besten – im Rahmen eines Austauschprogramms mit Kadetten der US-Armee in Kürze für ein paar Wochen ins amerikanische *West Point*[2] kommandiert würden. Das gab uns Auftrieb, doch in der nächsten Arbeit – da völlig unvorbereitet – schrieb ich eine 4 und ein Anderer nahm meinen Platz in West Point ein; also konnte ich mich weiter ungetrübt zuerst meiner Tanzstundenbekanntschaft (denn ein Tanzkurs

---

[1] Der „Marder" war damals der neue Schützenpanzer des Heeres. B3: 3. Modell der Brigade
[2] Offizierschule der US-Armee

in der renommierten Tanzschule *Valenzi* gehörte zum Ausbildungsprogramm) und wenig später Sieglinde, die in München Pädagogik studierte, widmen.

Sieglinde war 19 und die Tochter des „*Pfeffer-Bauern*" aus dem Bayerischen Wald, dem auch eine Hütte in Ottmannszell, in der Nähe von Lam gehörte, in der das Offizierkorps des Fernmeldebataillons 4 aus Regensburg bisweilen feierte: Kommandeur des Fernmeldebataillons 4 war mittlerweile mein Vater, der an dieser Bekanntschaft nicht ganz unbeteiligt war und auch meine Mutter fand Sieglinde durchaus passabel. Ich fand das auch und so gingen wir bald regelmäßig im Hotel „Regina" am Stachus – ich ganz stolz in Uniform! – tanzen und machten die verschiedensten Schwabinger Kneipen unsicher, mitunter in Begleitung von Detlef Rupprecht und seiner Tanzstunden-Dame Birgit, die er denn auch später heiratete. Sieglinde jedoch muss irgendwann andere Interessen entwickelt haben und so versiegte meine Beziehung zu Sieglinde, sobald ich – nach dem folgenden Offizierlehrgang II, der ebenfalls in München stattfand – zum Kfz-technischen Lehrgang nach Bremen kommandiert wurde. Ich habe nie wieder etwas von ihr gehört.

Zunächst aber lag ein ganzes Jahr München vor uns: Schwabing, die Oper, die Residenz, das Deutsche und das Cuvillié-Theater, die verschiedensten Museen wobei es mir das Lenbach-Museum mit seinen Impressionisten und die Alte Pinakothek wegen der vielen Alten Meister besonders angetan hatten, herrliche Ausflüge zu den umliegenden Schlössern und Seen, auf die *Zugspitze* und ins Werdenfelser Land, nach Garmisch, Mittenwald, Seefeld, Innsbruck, ja bis hin nach St. Moritz, wo Detlef und ich einmal ein verlängertes Wochenende zum Bergsteigen und Wandern verbrachten. Übernachtet haben wir im Schlafsack auf einer Bergwiese: am nächsten Morgen wurden wir von den dort weidenden Kühen geweckt. Rasiert haben wir uns, nass natürlich, an einem Bergbach.

Ein Ausflug auf eine Bergmatte bei Innsbruck, in Sichtweite des Andreas-Hofer-Denkmals, ist mir in besonders übler Erinnerung: mit Detlef und zwei weiteren Autoladungen voller Fähnriche erstanden wir mehrere Kästen Bier und ließen uns, an einem Lagerfeuer direkt neben einer Berghütte, damit so vollaufen, dass wir dem Delirium nahe waren. Mir war irgendwann in der Nacht so schlecht, dass ich den Herrgott frevlerisch gebeten habe, mich sterben zu lassen, dermaßen musste ich mein Innerstes nach Außen kehren. Ich habe danach geschworen, nie wieder Bier zu trinken. Lange hat dieser Vorsatz allerdings nicht gehalten.

In Ermangelung eines Französisch-Lehrers durfte ich den Lehrgangsteilnehmern, die – außer Englisch oder Russisch – eine weitere Fremdsprache belegt hatten, Unterricht in Militär-Französisch geben; dabei hat mir meine französische Bekannte aus Louveciennes, Anne-Sonia, sehr geholfen, die mir brav seitenlang militärische Ausdrücke und Redewendungen, die ich nicht kannte, ins Französische übersetzte und dann per Post zuschickte. Dafür bekam ich in Französisch eine Eins.

Da ich auch in Englisch eine Eins hatte, meldete ich mich in beiden Sprachen zu einer Sprachenprüfung an, die ich mit dem höchstmöglichen Grad, der „Leistungsstufe II" bestand; weitere Konsequenz war, dass ich künftig – und im übrigen Jahre lang – bei derlei Prüfungen als militärischer Beisitzer in die Prüfungskommissionen berufen wurde.

Auch Russisch habe ich damals belegt, nachdem ich mir die kyrillische Schrift und Russisch-Grundlagen zuvor selbst beigebracht hatte; mangels entsprechender Übung bin ich über die Anfangsgründe dieser Sprache allerdings nie hinausgekommen.

Den Sommerurlaub verbrachte ich in Miltenberg; dabei lernte ich Roselyne kennen, 17-jährig und französische Austausch-Schülerin bei den Töchtern unseres Nachbarn. Klar, dass wir Französisch miteinander sprachen und da mein Französisch besser war als das der Nachbars-Töchter, war ich alsbald Favorit. „*Tu peux faire avec moi, ce que tu veux*"[1], flüsterte sie mir eines Nachts ins Ohr, hinter einem Brombeerbusch.

Sie hat drei Tage lang geweint, erzählte mir später meine Mutter, nachdem ich wieder zurückgefahren war zu meinem Lehrgang.

Am 1. Oktober 1965 wurden wir – durch den damaligen Verteidigungsminister, Kai-Uwe von Hassel persönlich – zum Leutnant ernannt. Wir waren stolz wie die Schneekönige und hatten unser erstes Laufbahnziel erreicht: noch dazu in einer der schönsten Gegenden Deutschlands, bei bester Laune, im Vollbesitz unserer Kräfte, optimistisch in die Zukunft schauend, ich nach wie vor unschuldig und naiv, dabei überzeugt von der Richtigkeit all dessen, was wir da gelernt hatten.

Die Eltern waren stolz auf mich und die Elis-Großeltern schenkten mir den Band „Deutschland" zur Beförderung.

Anfang 1966 wurde ich zur Betreuung der tunesischen Militär-Box-Mannschaft, die sich im Rahmen der *CISM*[2]-Boxmeisterschaften in München aufhielten, abgestellt; offensichtlich hatten sich meine Französisch-Kenntnisse herumgesprochen und so kümmerte ich mich um die tunesischen Boxer unter Leitung ihres durchaus sympathischen, allerdings selbst nicht boxenden Leutnants und ihres grimmigen Hauptfeldwebels. Unter anderen Umständen hätte ich allerdings keinem meiner neuen Schützlinge allein begegnen mögen und schon gar nicht bei Nacht.

Leutnant *Hasssine* hingegen fragte mich, wo er denn die „Pille" kaufen könnte, denn hier in Deutschland sei das ja wohl kein Problem. Erst als er mir von seiner Freundin erzählte, *Khedija*, fing ich an zu verstehen, was er wollte. Die Pille hat er allerdings nicht bekommen, denn ich hatte keinen Schimmer, wie man das hätte anstellen sollen.

Auch ein Auto habe ich mir in dieser Zeit zugelegt: einen alten, gebrauchten, grünen VW, noch mit kleiner Heckscheibe und Seilzugbremsen. Beim Herunterschalten musste man Zwischengas geben, aber das hatte ich ja zuvor, anlässlich meiner Fahrschulausbildung in Buxtehude, gelernt.

24 PS hatte das Fahrzeug, und wenn ich auf der ersten Steigung auf der Autobahn bei Erding, auf dem Weg nach Regensburg, Lastkraftwagen überholte konnte es passieren, dass ich den Überholvorgang abbrechen musste, was den Vorsatz in mir keimen ließ, eines Tages ein „richtiges" Auto zu kaufen. Aber schließlich hatte dieses Fahrzeug ja auch

---

[1] Unübersetzbar
[2] **C**onseil **I**nternational du **S**port **M**ilitaire: Internationaler Rat für Militärsport

nur 500.- DM gekostet und als erstes Fahrzeug – so sagte ich mir in durchaus weiser Selbsteinschätzung meiner Fahrkünste – reichte das allemal.

Bei einer dieser Fahrten nach Regensburg ging denn auch der Ventilator zu Bruch; kaum zum Stehen gekommen, kam auch schon ein junger Mann herbei, der direkt neben der Autobahn Kühe hütete und mich interessiert und hilfsbereit fragte, was das Problem sei. „An so an Ventilator hob i", sagte er, und in der Tat, auf seinem Hof – kaum 300 m weiter – stand ein alter, ausgedienter VW, der dort still vor sich hin rostete … Keine 15 Minuten später war der Ventilator ausgebaut und in meinem Auto wieder betriebsbereit. Was das denn kostet, wollte ich wissen. „Gibst mir 5 Markel, halt", meinte mein spontaner Retter …

Vor meiner Fahrt nach Bremen zum folgenden Lehrgang habe ich mir dann allerdings einen „neueren" VW gekauft; der kostete immerhin schon 1.000.- DM, obwohl auch dieses Gefährt mit Seilzugbremsen ausgerüstet war und über keine nennenswerte Heizung verfügte. „Sommerlaube" hat meine Mutter meinen fahrbaren Untersatz denn auch genannt. Ganz wohl war ihr bei dem Gedanken nicht, dass ich jetzt auch noch Auto fahren sollte, allein und ohne Ratschläge.

Detlef und ich fanden uns indes im gleichen Lehrgang an der Schule der Technischen Truppen II in Bremen-Grohn wieder; dort versuchte man sich wieder mal mit Grundlagen an uns: Grundlagen der Kfz-Technik. Außerdem mussten wir den Führerschein Klasse C erwerben: das entsprach der zivilen Klasse 1 und berechtigte zum Führen von Lastkraftwagen bis 7,5 Tonnen.

Dies alles war die Voraussetzung für einen Fahrlehrerlehrgang, an dem wir in einem weiteren Jahr, nach genügend Fahrpraxis auf Lastkraftwagen, teilnehmen sollten. In der Tat: der damalige Inspekteur des Heeres hatte befohlen, dass alle jungen Offiziere entweder das Fallschirmspringer-Abzeichen, das Einzelkämpfer-Abzeichen oder den Fahrlehrerschein erwerben sollten; letzteren mit dem Ziel, dass man als junger Offizier in einer zunehmend motorisierten Armee in der Lage sein sollte, seine „eigenen" Fahrschüler auszubilden. Dem sollte später der Militär-Fahrprüferschein folgen, damit jeder Kompaniechef „seine" Fahrer selbst prüfen könnte.

Mir hat diese Befehlslage damals in der Tat alle Rad-Führerscheine sowie den kleinsten Panzerführerschein eingebracht und auch den militärischen Fahrlehrerschein habe ich wie vorgesehen erworben. Ausgebildet habe ich allerdings keinen einzigen Fahrschüler, dazu war die Zeit zu knapp, der Ausbildungsstand denn wohl doch zu dürftig – und im Übrigen muss sich irgendwann auch auf ministerieller Ebene die Einsicht durchgesetzt haben, dass man als junger Offizier anderes zu tun hat, als Fahrschüler auszubilden.

Als verlorene Zeit habe ich diese Kfz-technische Episode gleichwohl nicht betrachtet, denn ich habe damals wirklich Auto fahren gelernt, vor allem defensives und deutliches, vorausschauendes Autofahren, gleich ob auf der Autobahn, auf der Landstraße oder im Gelände.

5. Kapitel
Erste Offizierverwendung: Leutnant in Essen (1966 – 1967)

Mitte Mai 1966 habe ich mich sodann im Fernmeldeverbindungsbataillon 71 in Essen-Kray gemeldet. Kommandeur war Oberstleutnant Heinz Schulze, mir aus unserer Zeit in Frankreich bekannt, denn er war im NATO-Hauptquartier Europa-Mitte, AFCENT, damals in Fontainebleau, stationiert, als mein Vater bei SHAPE[1] Dienst tat.

Daher wurde ich freundlich begrüßt und, wie früher auch, geduzt, zumindest wenn es nicht förmlich zuging. Nach einer Kurzeinweisung an den Richtfunk-Geräten wurde ich der 3. Kompanie unter Oberleutnant Beenders zugeteilt; dort sollte ich den III. Zug führen, etwa 50 Mann, deren Auftrag es war, im Bataillonsrahmen Richtfunkverbindungen im Bereich der NORTHAG[2] herzustellen und zu halten. Das klappte denn auch in der Regel ganz vorzüglich und machte allen Beteiligten Spaß, denn immerhin handelte es sich um Richtfunk-„Linien", mit mehreren Relais, die z.T. einige Hundert Kilometer, mit Masse in den norddeutschen Raum, überbrückten. Das hieß für die beteiligten Soldaten, dass sie vor Dienstaufsicht führenden Vorgesetzten relativ sicher waren, wenn sie ihren Richtfunktrupp z.T. tagelang auf einsamen Höhen zu betreiben hatten. Außerdem war es deutlich interessanter, im Gelände zu campieren als in der Kaserne beim Technischen Dienst Fahrzeuge zu warten. Die Soldaten, jeweils vier – fünf Mann, waren in der Regel ganz auf sich gestellt: das hieß auch, dass sie sich selbst zu verpflegen hatten. Von Zeit zu Zeit brachte der „Spieß" Nachschub in Form von Frischverpflegung und Wasser; in der Zwischenzeit kümmerten sich die Soldaten selbst um das Notwendige.

Mir wiederum machte es Spaß, nach vollbrachter Aufbauarbeit einschließlich Verkabelung des Endstellenbereichs die Richtfunklinie „abzufahren", d.h. die einzelnen Trupps auf ihren Aufbauplätzen aufzusuchen und nach dem Rechten zu schauen; dabei machte es mir natürlich besonders Freude, meine Jungs auch nachts, wenn sie nicht damit rechneten, aufzustöbern und im Übrigen sicherzustellen, dass es bei der Einteilung der Schichtdienste gerecht zuging und sich die Trupps selbst rund um die Uhr bewachten: bei der z.T. geringen Mannschaftsstärke und in unübersichtlichem Gelände nicht immer einfach, oft auch gefährlich.

Im Kasernendienst ging es vorwiegend um Geräteausbildung, Antennenaufbauübungen und Technischen Dienst; zusätzlich wurde mit den Soldaten viel Sport, aber auch Waffen- und Formalausbildung betrieben. Gut, dass mir in dieser Anfangszeit der erfahrene Hauptfeldwebel Broszonn zur Verfügung stand, ein alter Ostpreuße, wie er im Buch stand, und der bei den Soldaten wegen seiner fürsorglichen Art – und seines fachlichen Könnens – durchweg beliebt war. „Na, Jungchen was is?" fragte er besorgt, wenn

---

[1] **S**upreme **H**eadquarters **A**llied **P**owers **E**urope – Oberstes Hauptquartier Alliierte Streitkräfte Europa
[2] **North**ern **A**rmy **G**roup – Armeegruppe Nord (Gruppierung alliierter Großverbände mit Hauptquartier in Mönchengladbach)

etwas schief gegangen war, legte dem „Jungchen" den Arm auf die Schulter und half. Natürlich duzte er seine Jungs, was ihm aber auch keiner übel nahm. „*Opa Broszonn*" nannten sie ihn alle und gingen für ihn durchs Feuer.

Dafür durfte Opa Broszonn zu Hause bleiben, wenn ich mit dem Zug zur Winterkampfausbildung für zwei Wochen in die Bundeswehrhütte auf den *Kahlen Asten* fuhr; für mich war das indes wie Urlaub, zumal ich ohnehin gern Ski fuhr – und um eine Art „Skigrundausbildung" ging es natürlich vor allem, denn für die meisten unserer Wehrpflichtigen aus dem Ruhrgebiet war dieser Aufenthalt im Schnee in der Regel die erste Erfahrung in diesem Element.

Mein Fahrer war der 26-jährige Obergefreite Remde, mit dem ich in jeder Lage gut auskam; als er mich allerdings eines Tages in seinem Ruhrgebiets-Dialekt fragte: „Herr Leutnant, könn' Se mich mal'n Rat geben: wat soll ich bloß tun? Meine Frau kricht jedes Jahr en Kind und mir ham doch schon vier …", wusste ich nicht, was ich sagen sollte, denn mit derlei Problemen hatte ich mich noch nie auseinander gesetzt. Gut, dass es mir in dieser Situation einfiel, dass wir ja einen Militärpfarrer hatten … Ich bin sicher, dass ihm unser Pfarrer einen angemessenen Rat gegeben hat, denn von weiteren Schwangerschaften in der Familie meines damaligen Fahrers habe ich – in unserer gemeinsamen Zeit in Essen zumindest – nichts gehört.

Auch Elis-Opa, der Vater meiner Mutter, ist damals, im März 1967, 80-jährig, plötzlich gestorben; er hatte wohl keine Lust mehr zu leben. Als ich hörte, dass er kränklich war, habe ich ihn besucht, und ihn – vor Schwäche im Bett liegend – noch einmal rasiert; er muss sich darüber gefreut haben, denn er lächelte und hob, wie zum letzten Gruß, die Hand. Eine Woche später musste ich zu seiner Beerdigung erneut nach Northeim fahren.

Heute noch bin ich froh, dass ich die Northeimer Großeltern nicht allzu lang zuvor besucht und speziell mit Opa ein langes Gespräch geführt hatte; dabei erzählte er aus seiner Jugend in Kunersdorf bei Breslau in Schlesien sowie seiner Militärzeit noch vor dem I. Weltkrieg bei den Dragonern in *Oels* (heute *Olesnica*). Dabei hat er mir erzählt, wie er eines Abends mit einem Kameraden – wohl nach einigen Bierchen in einem nahe gelegenen Gasthaus – den Zapfenstreich verpasst hatte und daher in einem Kornfeld übernachten musste; als sie sich dann am nächsten Morgen beim „Etatmäßigen" (das war der „Spieß", wie ich dabei erfuhr), meldeten, stellte dieser fest, dass er seinen Säbel im Kornfeld vergessen hatte … Sie mussten dann zurück marschieren und den Säbel suchen; sie haben ihn dann auch gefunden. 35 Jahre nach dieser Erzählung und 85 Jahre nach diesem „Ereignis" habe ich dann tatsächlich die Ruine dieser, früher wohl einmal prächtigen, Kaserne aus rotem Backstein in Oels entdeckt und mir vorgestellt, wie Opa wohl mit all den anderen Dragonern vor dem Kommandeur auf dem Exerzierplatz auf seinem Pferd und mit Lanze paradierte; selbst die Pferdeboxen rund um den Exerzierplatz waren noch zu sehen. Auch, wie er einen General eines Tages zweispännig vom Bahnhof abholen musste, hat er mir damals erzählt, und wie er der leutseligen Exzellenz auf ihre Frage nach seinem Namen mit „Halten zu Gnaden, Exzellenz, ich bin der Gefreite Elis" antwortete; die Exzellenz muss wohl von seinen Fahrkünsten angetan gewesen sein, denn sie gab ihm als Anerkennung immerhin 5.- Mark: damals ein üppiges Trinkgeld.

Auch von den vielen anderen kleinen Episoden aus seinem Reiter-Leben hat er mir erzählt damals; und gelenkig war er sein ganzes Leben lang geblieben. Noch in seinem 80. Lebensjahr schwang er, wie beim Aufsitzen damals, scheinbar mühelos sein rechtes Bein über die Stuhllehne.

Kurz vor Kriegsende sind sie mit den Trakehner-Hengsten des Landgestüts in Cosel / Oberschlesien vor den Russen geflohen; zunächst in Richtung Riesengebirge, dann ins Sudetenland. Nach dem Krieg sind die Großeltern in Westerhof im Harz auf einem Bauernhof gelandet, bevor sie nach Northeim zogen, wo sie – zusammen mit Tante Martel, der ältesten der drei jüngeren Schwestern meiner Mutter – bis zuletzt wohnten. Ihre schlesische Heimat haben sie nie wieder gesehen.

Da es zu dieser Zeit noch unverheiratete Leutnante in der Truppe gab – und wir wohnten allesamt in der Kaserne – fand zu jener Zeit ein intensives Kasino-Leben statt: Herrenabende, Tanzveranstaltungen und leider auch unsägliche „Brüllsaufen", die z.T. den Grad des Zulässigen deutlich überschritten. Während einer solchen Übermutsveranstaltung tranken wir – an die zehn Leutnante – nach einem ausgiebigen Abendessen mit viel Ölsardinen zunächst Sekt „bis zum Anschlag", führten dann mit den leeren Flaschen ein „Handgranaten-Zielwerfen" auf sämtliche Fensterscheiben im Kasino durch und verwüsteten danach unter unsäglichem Gebrüll die gesamte Einrichtung.

Unser Kommandeur, nunmehr Major Klauck, blieb indes gelassen und befahl, dass wir diesen Scherbenhaufen binnen zweier Tage wieder in den Zustand zu versetzen hatten, in dem das Offizierheim vorher war. Das geschah denn auch; was uns diese Episode gekostet hat, weiß ich nicht mehr genau, aber billig war es nicht.

Irgendwann freundete ich mich mit Peter Rodens an, schon Oberleutnant damals und als Personaloffizier im Bataillonsstab rechte Hand und Adjutant des Bataillonskommandeurs. Diesen musste ich eines Tages für zwei Wochen vertreten und bekam dabei zum ersten Mal Einblick in die Arbeit in einem Stab; fachlich war ich indes völlig auf Stabsfeldwebel Henke angewiesen, der auf dem Gebiet der Personalbearbeitung einen Namen hatte und einfach weiterhin das tat, was gemacht werden musste. Ich indes begleitete den Bataillonskommandeur bei seinen Gängen durch die Kompanien, führte Protokoll bei diversen Besprechungen und trug seine Aktentasche, wie sich das für einen Adjutanten gehörte, kümmerte mich um Einladungslisten, hielt die Damenreden beim Bataillonsball und entzückte die Damenwelt dadurch, dass ich sie mit „Gnädige Frau" ansprach und Handküsse verteilte. Bei Feierlichen Gelöbnissen oder sonstigen Bataillons-Appellen wurde ich regelmäßig als Fahnenbegleitoffizier eingeteilt, musste der Frau des Regimentskommandeurs Blumen zum Umzug überbringen und durfte sogar einmal den Chef der 1. Kompanie vertreten.

Ganz offensichtlich wollte mich der Bataillonskommandeur aus der „Saufzone" herausholen und dazu beitragen, dass nicht auch meine Karriere ein abruptes Ende fand, noch bevor sie überhaupt angefangen hatte. Ich bin meinem damaligen Kommandeur für dieses fürsorgliche Verhalten heute noch verbunden.

Im Sommer fuhren wir dafür zusammen in Richtung Nordsee in Urlaub, ohne genauere Vorstellungen über Urlaubsziel und voraussichtliche Kosten zu haben; auf jeden Fall wollten wir ans Meer und uns erholen. So landeten wir in St. Peter-Ording; dort gefiel uns vor allem der weite Sandstrand und das gute Wetter. Bei Frau Wiese fanden wir denn auch eine bezahlbare Pension und so tigerten wir allmorgendlich mit einer Zeltbahn, in die wir unsere Strandutensilien packten, zum Strand, bauten eine riesige Burg, gingen schwimmen, wandern, dösten vor uns hin und erholten uns prächtig. Als Frau Wieses Pensions-Domizil nach zwei Wochen anderweitig vermietet wurde, durften wir ein paar Tage gratis in ihrem Garten zelten, was uns zu pass kam, denn langsam ging uns das Geld aus … Auf unsere diesbezüglichen Bettelbriefe nach Hause schickte mir meine Mutter ein riesiges Paket mit Lebensmitteln, dabei „Brüox", eine Fertigsuppe, die man nur mit heißem Wasser aufzugießen brauchte und die uns wunderbar schmeckte.

Peter hingegen erhielt 20.- DM und so konnten wir zu Ende unseres Urlaubs genügend Benzin kaufen, um wenigstens bis Northeim zu kommen. Dort half mir Oma aus der Patsche und gab mir weitere 20.- DM, was ihr schwer gefallen sein muss damals, denn ihre Witwenrente war karg, aber Oma war gütig und stolz auf ihren Enkel.

Ich fuhr indessen weiter und gerne auf Übung, besonders wenn es darum ging, Richtfunkverbindungen zum Hauptquartier „unseres" I. britischen Korps herzustellen, denn da konnte ich mit meinem Englisch glänzen. Dass muss sich bis nach Bonn herumgesprochen haben, denn nach nur knapp 1 ½ -jährigem Einsatz im Fernmeldeverbindungsbataillon 71 wurde ich Mitte September 1967 als Ordonnanzoffizier zum britischen Kommandeur der JOINT COMMUNICATIONS AGENCY (JCA)[1] ins NATO-Hauptquartier AFCENT nach Brunssum in den Niederlanden versetzt.

---

1 Gemeinsame, Teilstreitkraft-übergreifende Fernmeldeagentur der 6 damals bei AFCENT vertretenen NATO- Nationen

6. Kapitel
Erste Auslandsverwendung: Adjutant beim Commander der JOINT COMMUNICATIONS AGENCY im NATO-Hauptquartier Europa Mitte in Brunssum / Niederlande (1967 – 1969)

Der „Umzug" nach Brunssum war unproblematisch: denn alles, was ich hatte, passte problemlos in meinen alten VW; das alte, elektrische Klavier, das ich kurz zuvor gekauft hatte (und dessen Automatik-Anteil ich zugunsten einer kleinen Hausbar ausgebaut hatte), hinterließ ich der 3. Kompanie.

Die JOINT COMMUNICATIONS AGENCY (JCA) war im Verwaltungsgebäude der einen der beiden ehemaligen Kohlen-Minen untergebracht, in denen sich das HQ AFCENT nach seinem Umzug aus Frankreich etabliert hatte: während sich das eigentliche Hauptquartier in der *„Prins-Hendrik-Mijn"* eingerichtet hatte, lagen das Hauptquartier von JCA, die „Deutsche Delegation AFCENT" und der Stab des „Stabsbataillons AFCENT" in der *„Emma-Mijn"* in Hoensbroek, wenige Kilometer weiter.

Mein Vorgänger war Oberleutnant Hasso von Samson-Himmelstjerna, bei dem mir – außer seinem klangvollen Namen – sein in jeder Beziehung perfektes Amerikanisch auffiel; in krassem Gegensatz dazu stand das näselnde Oxford-Englisch meines neuen Kommandeurs, des *Group Captains J. A. Theophilus*. Dieser, wiewohl zweifellos Spross griechischer Vorfahren, war durch und durch Brite, Oberst der *RAF*[1] und im Zweiten Weltkrieg nach einem Luftkampf beim Absprung aus einem angeschossenen Kampfflugzeug so am Rücken verletzt, dass er auch mehr als 20 Jahre nach diesem Ereignis mitunter solch starke Schmerzen hatte, dass er kaum sitzen, stehen oder liegen konnte. Die Folge davon war, dass er nur äußerst unregelmäßig zum Dienst erschien, mitunter deutlich nach 09.00 Uhr, dafür aber am Abend oft umso länger arbeitete. Ich aber wollte abends nach Hause! Dieser Interessenkonflikt – nie offen ausgetragen, wie auch! – war aber auch das Einzige, das unsere Zusammenarbeit trübte; der Group Captain war mir gegenüber gleich bleibend freundlich und ich war korrekt und bemüht, meine Arbeit so zu machen, wie sich das gehörte. Der Group Captain, nur unwesentlich länger in seiner Position als ich, stellte anlässlich einer seiner ersten Dienstbesprechungen klar, dass er hier der Chef war und dass er im übrigen, als Zeichen seines Wohlwollens, alle Offiziere mit ihrem Vornamen anreden werde, er indes sei mit *„Sir"* anzusprechen, und so war es denn auch, alter britischer militärischer Tradition folgend. Mich sprach er demzufolge mit *„Harald"* – an, mitunter auch mit *„Adj"*, einer Kurzform von *„Adjutant"* also. Mir war's recht, denn anfangs zumindest, war mir der ganze Dienstbetrieb nicht so ganz geheuer, zumal ich neben meinen Aufgaben als Ordonnanzoffizier die Registratur, den *„Typing*

---

[1] **R**oyal **Ai**r **F**orce: britische Bezeichnung für die Luftwaffe des Vereinigten Königreichs

Pool"[1], den Technischen Zeichner und die Sekretärin des Kommandeurs zu „überwachen" hatte, wie es in der Stellenbeschreibung hieß.

Seine Frau *Penelope*, von ihm kurz „*Penny*" genannt, indes ganz Lady, reichte mir anlässlich meiner ersten „Meldung" bei ihr zu Hause wie selbstverständlich die Hand zum Handkuss – schließlich war ich deutscher Offizier … Anderen als deutschen Offizieren reichte sie nie die Hand zum Handkuss; vermutlich hätte auch kein anderer gewusst, dass und wie er den zu applizieren hätte. Gut, dass mir mein Vater das beizeiten beigebracht hatte und dass es in Essen Gelegenheit gegeben hatte – neben den angesprochenen Ausschweifungen – auch den Handkuss zu üben.

Der Stab von JCA bestand zu dieser Zeit aus etwa 30 Fernmelde-Offizieren der sechs damals bei AFCENT vertretenen alliierten Nationen: Briten, Belgier, Deutsche, Kanadier, Niederländer und Amerikaner; dabei gaben die Briten, gefolgt von den Amerikanern, zweifelsfrei den Ton an. Umgangssprache war Englisch, wobei ich schnell herausfand, dass Niederländer in der Regel mit uns Deutschen Deutsch sprachen, zumindest, solange kein anderer dabei war.

Ansonsten war ich angenehm überrascht zu sehen, dass die Allermeisten recht freundlich zu mir waren; das lag natürlich an meiner Nähe zum Kommandeur, so viel war offensichtlich.

Das Vorzimmer teilte ich mit seiner Sekretärin, *Mevrouw Dols*; doch diese wurde bald schwanger und durch eine jüngere Dame, *Mini Smeets* – etwa 23 Jahre alt – ersetzt. Da wir beide neu waren und etwa gleichaltrig, kamen wir gut miteinander aus, schrieben gemeinsam die Protokolle der Besprechungen und sprachen im Übrigen meist Deutsch miteinander, bis auf die wenigen Versuche, es auf Holländisch miteinander zu versuchen. Natürlich war ihr Deutsch wesentlich besser als mein Holländisch und so blieb es auch, trotz mancher, z. T. hartnäckiger Versuche, in die Geheimnisse dieser dem Deutschen doch eigentlich so artverwandten Sprache einzudringen. Selbst ein Sprachkurs half da wenig weiter und auch nicht die abends und an den Wochenenden auf Holländisch gegebenen Reitstunden in der Manege bei *Mijnheer van der Weide*.

Der „*AFCENT Riding Club*" wurde indes schnell mein bevorzugter außerdienstlicher Aufenthaltsort; außer mir tummelten sich auch die meisten übrigen jüngeren Offiziere des Hauptquartiers in der Manege und, sobald wir dazu in der Lage waren, beim Ausritt in der Brunssumer Heide. Ob und inwieweit auch die vielen jungen holländischen Sekretärinnen des Hauptquartiers ursächlich an diesen, unseren Aktivitäten beteiligt waren, mag einmal dahin gestellt bleiben; ich erinnere mich indes deutlich an *Cockie van Heijst*, *Anne-Marie*, das „*Indianermädchen*" (von mir so genannt ob ihres dunklen, höchst aparten, langen Zopfes) oder die kleine, niedliche Amazone aus dem Vorzimmer des Oberbefehlshabers und so manch andere, biegsame Reiterin, die unsere Phantasie durchaus beflügelte.

---

[1] „Schreibstube" mit dort konzentrierten Schreibkräften

Eine Zeitlang war ich Mitglied im „*AFCENT Toastmasters' Club*"; ein Ableger der weltweiten „*Toastmasters' International*", deren Ziel es war, durch regelmäßiges Üben freier Rede innerhalb einer gewissen Zeitbegrenzung diese Kunst stetig zu verbessern und Sicherheit dabei zu gewinnen. Anfangs haben mir diese Übungen durchaus Spaß gemacht, nach einigen Monaten wurde mir das Ganze langweilig, wohl auch weil ich der bei Weitem Jüngste im Club war.

Gleichwohl hatte diese Übung auch ihr Gutes: einer der teilnehmenden älteren, deutschen Offiziere bat mich, seinem 18-jährigen Sohn Englisch-Nachhilfeunterricht zu geben. Ich kam dieser Bitte gerne nach, zumal ich so meinen Etat aufbessern konnte. Leider versiegte diese zusätzliche Einnahmequelle nach ein paar Monaten, da der Jüngling von zu Hause türmte und die Schule abbrach. Monate später erst tauchte er in Aachen wieder auf, als „*Dressman*" in der Mode-Szene: dafür brauchte er kein Englisch, wie er meinte.

Dafür wurden meine Nachhilfekünste bald durch die halbwüchsigen Kinder eines weiteren, älteren Offiziers in Anspruch genommen. Diesen durfte ich in Französisch auf die Sprünge helfen. So konnte ich meinen Ausgeh-Etat ein paar Monate lang doch wieder aufstocken und alle Beteiligten waren zufrieden.

Im Übrigen bot das Hauptquartier mannigfache Möglichkeiten, sich sportlich zu betätigen, wenn man nur wollte. Und ich wollte! So war regelmäßig Tennis spielen angesagt und – zu meiner Begeisterung – Badminton, das ich seit meinen Miltenberger Kindheitstagen kaum mehr gespielt hatte. Hier aber waren die Bedingungen optimal, denn in der Turnhalle des Hauptquartiers gab es die erforderlichen Plätze und sogar einen Badminton-Club. Da ein britischer Offizier aus unserem Stab, *Squadron Leader*[1] *Stanley Hone* – Junggeselle und hervorragender Badminton-Spieler – ebenfalls in diesem Club spielte, entwickelte sich bald eine sportliche Freundschaft zwischen uns beiden, zumal es *Stan* binnen Kurzem gelang, mein ungestümes, aber wenig koordiniertes und zielgerichtetes Spiel, durch intensives und gekonntes Training deutlich zu verbessern. So spielten wir denn Einzel und Doppel, was das Zeug hielt und bis wir keinen trockenen Faden mehr am Leibe hatten.

Später hat mich Stan auch zu diversen britischen Sporteinrichtungen in der Umgebung mitgenommen, wie zum Badminton-Club des damaligen britischen Fliegerhorsts Wildenrath, kurz hinter der deutschen Grenze.

Schon im Januar des folgenden Jahres durfte ich zu meiner ersten Dienstreise aufbrechen: es ging um meine Teilnahme an einem 14-tägigen Einweisungslehrgang an der NATO-Schule in Oberammergau. So interessant der Lehrgang war, so unerfreulich war die Reise dorthin, denn statt mit der Eisenbahn zu fahren, nahm ich meinen alten, grauen VW, der zwar immer noch fuhr, allerdings ohne nennenswerte Heizung und das war im Winter unangenehm. Dazu kam, dass auf dieser Fahrt auch noch die Scheibenwischer ausfielen und das war, angesichts zunehmender Schneefälle, durchaus gefährlich.

---

[1] Major (bei der britischen Luftwaffe)

Mitunter musste ich alle zwei, drei Kilometer anhalten, die Windschutzscheibe säubern und dann hoffen, dass es aufhören würde, zu schneien. Mutter hatte wohl doch Recht, als sie das Auto als „Sommerlaube" bezeichnete …; für eine Reise nach Oberammergau im Winter war es nun wirklich nicht geeignet.

Kurz darauf habe ich mir daher einen neuen Ford 15 M gekauft; einen mit „Fließheck", versteht sich, denn der sah sportlicher aus, als das „normale" Modell.

Auch am ersten Wohltätigkeitsball des Hauptquartiers in der „*Stadschouwburg*"[1] in Heerlen nahm ich teil, wenngleich anfangs gegen meinen Willen, denn trotz aller holländischen Sekretärinnen fehlte mir die passende Begleitung. Da rief mich der Stellvertretende Chef der Deutschen Delegation an und fragte mich, warum ich nicht auf der Teilnehmerliste stehe; das sei schade, denn seine Tochter, Studentin in Aachen, ginge eigentlich auch ganz gerne zu dem Ball, nur habe sie keine Begleitung … Das war ein Wink mit dem Zaunpfahl: natürlich ging ich nun zum Ball und holte seine Tochter, wie sich das gehörte, bei ihm zu Hause ab. Am meisten hat mich dabei das Ritterkreuz fasziniert, das Vater Greve um den Hals trug; die 20.- Gulden, die er mir für seine Tochter mit gab, haben mich allerdings, stolz wie ich war, eher gestört. Ich habe sie daher allesamt in Lose für die Tombola umgesetzt, ohne indes auch nur den geringsten Gewinn zu erzielen.

Dennoch war es ein rauschendes Fest und wir Jüngeren tanzten die ganze Nacht hindurch. Gegen Morgen, es wurde schon hell, landeten wir alle zum Frühstück im Hause des Adjutanten des Oberbefehlshabers … An die Riesen-Pfanne Rühreier mit Zwiebeln und Speck erinnere ich mich durchaus mit Genuss; das Fräulein indes war spröde, ich wohl zu blöde und so blieb es bei diesem einen Tanzvergnügen.

Wenig später wurde unser Oberbefehlshaber, *General Graf Kielmansegg*, mit einer Parade in den Ruhestand verabschiedet. Sein Nachfolger wurde *General Bennecke*.

Zuvor jedoch gaben die deutschen Offiziere des Hauptquartiers ihrem scheidenden Oberbefehlshaber ein Abendessen. Dabei hatte ich die Ehre – und das eher gequälte Vergnügen – als jüngster Offizier des Hauptquartiers nicht nur am Tisch des Oberbefehlshabers, sondern ihm gegenüber zu sitzen. Vor lauter Aufregung sprach ich ihn denn im Lauf des Abends irgendwann mit „Herr Oberst …" an; der General quittierte das jovial mit der Bemerkung „… na, ja, offensichtlich habe ich mich gut gehalten …" Mir war das äußerst peinlich; die Lacher indes waren auf seiner Seite.

Mitte April 1968 dann war es endlich so weit: ich wollte wieder nach Paris zurück und natürlich zu Anne-Sonia, an die ich mich irgendwie undeutlich erinnerte; hatte sie nicht sogar geschrieben, ich solle i m m e r an sie denken, selbst wenn mein Feldwebel mich anbrüllt? Und auf Deutsch hatte sie das geschrieben! So brach ich denn auf an den Ort meiner schulischen und sonstigen pubertären Erinnerungen und ging mit Anne-Sonia mehrfach in verschiedene Theater in Paris.

Das war es dann aber auch, denn irgendwann erzählte sie mir von ihrem Freund, der sie hin und wieder von weit her besuche: ein Student der Geologie aus Berlin, wie ich

---

[1] Niederländisch für „Stadthalle"

später erfuhr und den sie dann auch geheiratet hat. Schade, dachte ich, doch Europa und die Welt hatten sicherlich noch mehr zu bieten und so fuhr ich von dannen, über *Compiègne*, wo ich mir den Wagon anschaute, in dem 1918 der Waffenstillstand zwischen Frankreich und Deutschland vereinbart wurde und zu einer ersten Erkundung nach *Brüssel*, das mir sehr gefiel, denn da gab es seit Neuestem das Atomium zu bestaunen und natürlich eine wunderschöne, geschichtsträchtige Innenstadt. Die vielen, verführerischen Restaurants in der „Fressgasse" waren mir jedoch deutlich zu teuer. Es sollte viele Jahre dauern, bis ich mir das leisten konnte.

Es folgte eine Wochenendreise zu den herrlichen Tulpenfeldern des *Keukenhof* sowie nach *Amsterdam* mit seinen Grachten, Klapp-Brücken und dem *Rijksmuseum*; kurz darauf, zusammen mit Oberleutnant Klaus Haffelder, zum Abschlussdeich am *Ijsselmeer*, zum Käsemarkt nach *Alkmaar*, zu den malerischen Mühlen in *Kinderdijk* und nach *Haarlem*, wo mich die Bilder von Frans Hals, dabei insbesondere die kunstvollen Spitzenkrägen auf seinen Porträts, beeindruckten. Bis zum Fischereihafen nach *Vlissingen* auf Zeeland ging unsere Erkundung und von dort in einem gewaltigen Ritt über *Roosendaal – Tilburg – Eindhoven* zurück in unser Domizil nach Heerlen bzw. Maastricht.

Im übrigen bestand für mich das gesellschaftliche Leben bei AFCENT zu dieser Zeit vorwiegend aus Einladungen aller Art, zumeist zu „*Drinks*" oder „*Cocktail-Parties*", im Frühjahr auch zu Matjes-Essen … Dazu kamen Einladungen zu Empfängen und Paraden anlässlich der Geburtstage der niederländischen und der britischen Königin, kurz: ich ließ keine Gelegenheit aus, mich an den kulinarischen (und alkoholischen) Köstlichkeiten der verschiedenen hier vertretenen Nationen zu delektieren.

Anfang Juni 1968 wurde ich zum Oberleutnant befördert. Ich war stolz wie ein Schneekönig. Meine weitere, steile Karriere stand unmittelbar bevor, wie mir schien und das Leben war aufregend und schön.

Trotz aller Unternehmungen und sportlichen Vergnügungen war mein Tatendrang bei weitem nicht gestillt und so schloss ich mich dem internationalen Marsch-Team des Hauptquartiers an: Ziel war es, Mitte Juli am „*Vierdaagse*"-Marsch in *Nijmegen* teilzunehmen. Zivile Marschteilnehmer hatten 4 x 50 km zu marschieren, militärische Marschgruppen, allerdings mit Waffen und Gepäck, 4 x 40 km. Dafür winkte ein Orden: das vergoldete Bronzekreuz des „Königlich Niederländischen Bundes für Leibeserziehung (KNBLO) am Bande". Das war Motivation genug und so nahm ich an allen Trainings-Märschen, die in unserer Reichweite lagen teil, so an einem 40 km-Marsch in *Rheindahlen*, am 80 km-Marsch in *Amersfoort* und am 2 x 40 km-Marsch in *Diekirch* in Luxemburg; zusätzlich ging ich mindestens einmal pro Woche mit Marschstiefeln und Gepäck allein zum Training in die nähere Umgebung.

Die „*Vierdaagse*" in Nijmegen waren denn auch ein überwältigendes Erlebnis. Ich zumindest hatte noch nie ein Volksfest mit 16.000 Teilnehmern erlebt; keine Frage, dass alle Teilnehmer unserer 30-köpfigen, internationalen Marschgruppe das Ziel erreichten, und so konnten wir am Ende des vierten Tages, mit Blasen an den Füßen zwar aber stolz und glücklich wie nie zuvor, unseren Orden in Empfang nehmen.

Der *Group Captain* gratulierte allen Teilnehmern von JCA schriftlich und wir deutschen Teilnehmer erhielten die förmliche Genehmigung des Bundespräsidenten, die niederländische Auszeichnung an der Uniform zu tragen.

Mich hat dies alles sehr motiviert, zunächst jedoch stand fest, dass ich im folgenden Jahr erneut teilnehmen würde, denn für die zweimalige erfolgreiche Teilnahme gab es eine Krone zu unserem Orden; und welcher bundesrepublikanische junge Offizier wollte nicht eine Krone an seiner Uniform tragen …?

Zunächst jedoch wollte ich Judy wieder treffen: und in der Tat, wir hatten uns seit dem Ende unserer gemeinsamen Schulzeit in Saint Germain im Juli 1963 fünf Jahre lang geschrieben. Als Treffpunkt hatten wir „*right under the Marble Arch*" in London ausgemacht, und so geschah es denn auch. Doch schon in der ersten Minute war mir klar, dass sich da etwas verändert hatte. Was das war, hat sich mir allerdings erst allmählich erschlossen …

Judy hatte an der *University of California in Los Angeles (UCLA)* studiert und war dort insbesondere in die amerikanische, studentische Anti-Vietnamkriegs-Bewegung hineingeraten; ich hingegen war mittlerweile Offizier mit Leib und Seele, unkritisch und begeisterungsfähig, vorbehaltlos auf der Seite der Krieg führenden Amerikaner, antikommunistisch bis unter die Haarwurzeln und ohne jegliches Verständnis für Andersdenkende, zumal nicht für anders denkende Frauen. Dazu kam, doch das fand ich erst im Laufe der Zeit heraus, dass Judy – gelinde gesagt – nicht unbedingt Wert auf Sauberkeit und Ordnung legte; bei einem Blick in ihren Koffer, schon im gemeinsamen Zelt in Schottland, verschlug es mir einmal fast den Atem. Für mich hingegen – Mutters unbedingte Sauberkeit gewohnt und durch meine Ausbildung beim Militär weiter in Sachen Ordnungsliebe gedrillt – war Unordnung geradezu ein Gräuel …

So kam es, wie es kommen musste: zwischen uns lief außer anfänglicher, harmloser Knutscherei rein gar nichts und so reifte in mir schnell der Entschluss, diese Episode zu beenden, und zwar je schneller, desto besser. Indes, wir campierten erst am Ufer des *Loch Ness* und wollten, nach unserem Abstecher bei „*Nessie*", noch die *Highlands* durchqueren: Ziel unserer „*ultimate pilgrimage*" war *John o' Groats*, die nördlichste Spitze Schottlands, wo ich meinen Regenschirm mit einem „*Union Jack*" zu hissen gedachte. Und so reisten wir mutig und zunehmend schweigend weiter, durch die raue, fast menschenleere, teilweise steinige Landschaft mit ihren „*Lochs*", der Alpen-Flora und den dunklen, hohen Bergen. Dies alles war höchst faszinierend und bei den gelegentlichen Kontakten mit der einheimischen Bevölkerung lernten wir einheimische, sinnige Begriffe wie „*Rose Bay Willow Herb*" (für „Weidenröschen") oder „*Black Face*" (für die zotteligen Schafe mit ihren schwarzen Gesichtern).

„*High Tea*" in einem einsamen Bauernhof in den Bergen, „*Bed and Breakfast*" daselbst und dann waren wir tatsächlich auf der lang gestreckten Hochebene von *John o' Groats* mit seinen steil abfallenden Klippen und dem Blick auf die *Orkney Islands*, so weit oben im Norden wie nur möglich, am Ende der Welt, wie mir erschien.

Dann ging die Reise zurück über *Fort Williams*, zum felsigen *Ben Nevis*, der mich durchaus an die Alpen erinnerte – bis auf die dicken Seemöwen, die seinen Gipfel umkreisten. Diese Bergtour führte ich allerdings alleine durch; Judy blieb derweil auf unserem Zeltplatz und wusch Teile ihrer kärglichen Bekleidung in einem Bergbach. Als ich am Abend zurückkam, goss es unaufhörlich, die ganze Nacht durch, und am nächsten Morgen musste ich das Zelt in strömendem Regen abbauen. Völlig durchnässt setzten wir unsere Fahrt weiter fort, streckenweise entlang der Irischen See mit ihrem überraschend milden Klima und den völlig unerwarteten Palmen am Strand.

Vom Lake District haben wir wenig gesehen, denn es goss unaufhörlich; auch durch *Stratford-on-Avon* sind wir lediglich gehuscht, statt uns an den alten Fachwerkhäusern aus der Tudor-Zeit zu erfreuen oder ein Shakespeare'sches Theaterstück zu genießen. Endlich erreichten wir – spät nachts – die Fähre in *Dover*, müde und abgebrannt: ich hatte noch 5 *Pennies* in der Tasche und Gott sei Dank einen vollen Tank, so dass ich wohl bis Heerlen kommen würde …

So war es denn auch; dort hob ich Geld von meiner Bank ab und fuhr anderntags, nach einem reichlichen Frühstück bei meiner Hauswirtin, der gutmütigen, mütterlichen *Mevrouw Kengen*, mit Judy nach *Feldafing*, am Starnberger See, wo meine Eltern mittlerweile wohnten.

Diese und Claudia waren gespannt, versteht sich, denn die allgemeine Meinung in unserem Hause war, dass ich Judy heiraten würde, wenn ich mit ihr nach Hause käme. Dass dem keineswegs so war, wurde allerdings schnell klar, und dann fuhr ich Judy – zwei oder drei Tage später – nach München, setzte sie in einer Jugendherberge ab und verschwand ohne weiteren Kommentar.

Diese völlig inakzeptable „Tat" war unentschuldbar, ist mir bis heute unerklärlich und lässt mich immer noch schaudern; je öfter ich im Laufe der Zeit über diese Ungeheuerlichkeit nachgedacht habe, desto deutlicher ist mir geworden, dass ich zu diesem Zeitpunkt wohl noch so unreif gewesen sein musste, wie man es als 24-Jähriger damals wohl leider war. Natürlich habe ich von Judy nie wieder etwas gehört – und ich wüsste auch heute noch nicht, was ich zu meiner Entschuldigung vorzutragen hätte.

Im folgenden Herbst und im Winter wurde ich erneut mit Einladungen aller Art förmlich überschüttet: zu Cocktailparties im Offizierclub, Gartenfesten, „*Drinks*", „*Promotion-Parties*", „*Farewell Receptions*", „*Dinner Parties*", dem „*Herbstbiwak*" des Oberbefehlshabers, zu Abendessen aller Art – bei Briten vorwiegend zum „*Curry Supper*" –, zu Weinproben, in der Regel bei Deutschen. In der Tat: man musste trinkfest sein und hätte eigentlich immer mit dem Taxi fahren müssen. Dass sich in dieser Zeit keine Unfälle ereignet haben, grenzt an ein Wunder.

Auch Sabine habe ich bei einer solchen Feier kennen gelernt: soeben 19 Jahre alt, war sie mit ihren Eltern aus Frankreich gekommen und hatte – wie ich fünf Jahre zuvor – dort ihr Baccalauréat abgelegt: das waren Berührungspunkte genug, um uns auch sonst mannigfach zu berühren.

Wenig später begann sie dann jedoch ihr Berufsleben als „Rotkäppchen" beim Bodenpersonal der Lufthansa in Frankfurt; von dort schickte sie mir eines Tages eine Karte: wohl in Ermangelung eines anderen Schreibgeräts mit Bleistift geschrieben. Das hättest Du nicht tun sollen, Sabine, denn ich war auch arrogant damals: wie konnte ich jemanden akzeptieren, der m i r mit Bleistift (!) schrieb!? So blieb ich weiter „*single*" und musste mich anderweitig beschäftigen, doch das fiel mir nicht schwer.

Erstaunlich im Grunde, dass ich mir in dieser Phase relativ ungezügelter Freizeitgestaltung eines Tages gesagt haben muss, dass das so nicht weiter geht und ich mich sinnvolleren Beschäftigungen widmen müsse. Da las ich in einer Militärzeitschrift, dass der Generalinspekteur der Bundeswehr, wie jedes Jahr, für junge Offiziere den Wettbewerb „Winterarbeiten" ausgeschrieben hatte: dabei galt es, einen Aufsatz – von Qualität und Umfang einer mittleren Seminararbeit entsprechend – zu schreiben; hierzu hatte man ein halbes Jahr Zeit. Man konnte unter mehreren Themen wählen; die Arbeiten wurden von einer Kommission im Truppenamt bewertet. Als Preise waren Flugreisen zu Truppenteilen und Einrichtungen im Ausland ausgeschrieben: so konnte man 14-tägige Kommandierungen an die Raketenschule der Luftwaffe in *Fort Bliss / Texas*, zum NATO-Raketenschließplatz in der *Suda-Bucht auf Kreta* und zum Luftwaffenschießplatz nach *Decimomannu auf Sardinien* gewinnen; zusätzlich waren Geld- und Buchpreise ausgesetzt. Im Übrigen musste die erfolgreiche Teilnahme am Wettbewerb in der Beurteilung vermerkt werden.

Ich entschloss mich also, am Wettbewerb teilzunehmen und wählte das Thema: „Der 20. Juli 1944 und die Frage des Widerstandsrechts für junge Offiziere heute." Da ich mich schon immer für Geschichte interessiert hatte – seit ich beim Militär war, auch zunehmend für Militärgeschichte – fand ich die Auseinandersetzung mit dem Thema interessant, lehrreich allemal, und lieferte die Arbeit innerhalb der vorgesehenen Frist, auf meiner Reiseschreibmaschine geschrieben, ab. Da die Vorlage auf dem Dienstweg zu erfolgen hatte, sprach mich auch alsbald der Chef der Deutschen Delegation, durchaus wohlwollend, auf mein „Werk" an und entwickelte dabei die Idee, dass sich die Arbeit sicherlich auch für einen Vortrag vor allen Offizieren der Deutschen Delegation eignen könnte, wenn sie in Vortragsform abgeändert würde … Und in der Tat, wenige Monate später, am 20. Juli 1969, 25 Jahre nach Stauffenbergs Attentat, durfte ich den Vortrag halten: vor allen deutschen Offizieren des Hauptquartiers, zwei Brigadegenerälen und im Beisein von General Bennecke, dem neuen Oberbefehlshaber, der sogar ein Co-Referat aus dem Stehgreif dazu hielt, des Inhalts etwa, dass sich das Problem des Widerstands heute – aufgrund anderer Rahmenbedingungen als 1944 – praktisch nicht stelle.

Mir war's recht, denn etwas anderes konnte auch ich mir nicht vorstellen – wenngleich ich nicht mehr weiß, ob ich das auch in dieser Klarheit geschrieben habe.

Eine Reise habe ich indes in diesem Jahr nicht gewonnen, wohl aber einen Buchpreis und ein Anerkennungsschreiben des Generalinspekteurs; beides wurde mir anderntags durch den Chef der Deutschen Delegation überreicht. Wenig später wurde ich mit „gut" beurteilt.

Beides hat mich motiviert; von da an habe ich alljährlich am Wettbewerb teilgenommen und im Laufe der Zeit, neben vielen schönen Buchpreisen, auch die drei angesprochenen Auslandsreisen gewonnen.

Im April habe ich mir sodann eine weitere Frankreich-Reise gegönnt: dieses Mal entlang der Kanalküste, über *Le Havre* zum landschaftlich wunderschön gelegenen *Mont Saint Michel*; da ich in der Nähe ein Hinweisschild der Deutschen Kriegsgräberfürsorge entdeckte, bin ich diesem Schild gefolgt und habe so den vorzüglich gepflegten, riesigen Soldatenfriedhof von *Avranches* „entdeckt". Allein dort liegen 60.000 deutsche Soldaten. Ich war erschüttert, auch und vor allem über die unvorstellbar hohe Zahl Jugendlicher unter den Gefallenen. Meiner festen Überzeugung, als Soldat für die richtige Sache zu stehen und notfalls auch mein Leben dafür einzusetzen, hat dieses denkwürdige Erlebnis allerdings nichts anhaben können.

Natürlich folgte im Juli wieder die Teilnahme an den „*Vierdaagse*" in Nijmegen: vom 15. – 18. Juli 1969 marschierten wir, wie schon im Vorjahr, jeden Tag unsere 40 km; dieses Mal bei brütender Hitze. Allerdings war dieses Jahr sogar der Stellvertretende Chef des Stabes, der belgische *Generalmajor Dutoy*, angereist, um uns unsere Auszeichnungen zu überreichen. Dieses Mal die Krone! Als weitere Anerkennung erhielten wir später einen Sonderurlaub von zwei Tagen.

Indes welch Anachronismus: während wir, wie vor 2.000 Jahren schon die römischen Legionäre, per pedes durch die Lande marschierten, schickte sich *Apollo 11*, die erste amerikanische Mondfähre, an, auf dem Mond zu landen … Der 21. Juli 1969 wurde denn auch – zur Feier des Tages – für alle amerikanischen Soldaten im Hauptquartier zum Feiertag erklärt. Wir haben alle mitgefeiert. Auf den Desserts im Offizierclub steckten amerikanische Fähnchen, wie schon seit 03.16 Uhr auf dem Mond.

Kurz danach ergab es sich nun, dass ich meine Schwester Claudia – anlässlich eines Kurzurlaubs bei meinen Eltern in Regensburg – nach Brunssum mitnahm; sie wollte dort ein paar Tage bei mir wohnen und mich dann auf eine Rundreise durch die Bretagne begleiten. Daher nahm ich sie während dieser „Wartezeit" eines Abends mit in die Manege und da sie auf dem Pferd eine recht ordentliche Figur machte, ging es alsbald im Galopp, im Kreise aller übrigen deutschen Leutnante des Hauptquartiers, in die Heide. Es kam natürlich, wie es kommen musste: Claudia muss mehr auf die stark flirtenden Leutnante geachtet haben als auf ihr Pferd – und so stürzte sie kopfüber in die Heide … Das Pferd wurde schnell wieder eingefangen, doch Claudia wusste nicht mehr, wo sie war, konnte sich an nichts erinnern, reagierte nur sehr langsam und war offensichtlich reif fürs Krankenhaus.

Gut dass ich wusste, wo in Brunssum das „*Ziekenhuis*"[1] war, und da lieferte ich denn meine Schwester ab, nachdem ich zuvor mit zwei Pferden am Zügel und Claudia an der Hand, die gut zwei Kilometer zurück zum Stall gefunden hatte.

---

[1] Niederländisch für „Krankenhaus"

Bei der Ankunft in Nijmegen am 18. Juli 1969.
Drei Tage später landeten die Amerikaner auf dem Mond.

Claudia hatte eine schwere Gehirnerschütterung, wie sich bald herausstellte und würde gut 14 Tage still und in abgedunkeltem Zimmer liegen müssen. Am nächsten Tag kaufte ich ihr ein Nachthemd und einen BH; da ich nicht wusste, wie man das macht, taxierte ich kurzerhand die Verkäuferin und bat um einen BH, etwa in ihrer Größe. Natürlich war mir das peinlich, doch es funktionierte, denn die Verkäuferin kannte zumindest ihre eigene Größe, und siehe da, der BH passte.

Am nächsten Werktag, vier Tage nach dem Sturz, rief ich von meiner Dienststelle aus endlich meinen Vater an, denn ich hatten kein Telefon zu Hause – und der informierte meine Mutter; am folgenden Samstag fuhren sie nach Holland; an der Grenze holte ich sie ab. Helle Aufregung natürlich! Indes, Claudia ging es schon wieder besser: sie hatte soeben in ihrem Krankenzimmer mit einem Pfirsich Brüderschaft mit einem „ihrer" Leutnante „gegessen", denn etwas anderes war ihr natürlich untersagt. Mutter zog sofort in unser Appartement ein, übernahm dort die Regie und pflegte Claudia, sobald sie aus dem Krankenhaus entlassen war. Natürlich pflegte sie mich und meinen Mitbewohner Manfred gleich mit; wir müssen wohl zwei alkoholfreie Wochen erlebt haben in dieser Zeit.

Ich allerdings schrieb Georg, Claudias Freund einen Brief und regte an, dass er kommen sollte: die Konkurrenz sei groß … Wenig später war Georg, ebenfalls Leutnant, allerdings bei der Flugabwehrtruppe und zufällig im Urlaub zu Hause, ebenfalls bei uns und die Brunssumer Leutnante hatten das Nachsehen.

Unserer „Reitwut" hat das alles indes kaum geschadet, denn kaum war Claudia mit den Eltern abgefahren, ging es wieder im Galopp durch die Heide und abends wurde, oft im *Officers' Club* in *Hoensbroek*, mitunter in der Bar „*La Perla*" in *Heerlerheide* oder im Reitclub in Brunssum, häufig auch in unserem „sturmfreien" Appartement in Heerlen, gefeiert. Einmal waren wir so betrunken, dass wir um Mitternacht auf den völlig verrückten Einfall kamen, unsere sämtlichen Gläser aus dem Wohnzimmer-Fenster (im 10. Stock!) zu werfen … Singenderweise und im Stechschritt (!), versteht sich. Kurz danach kam eine Streife der „*Marechaussée*"[1] und schaute nach dem Rechten. Ich wurde zur Verhandlung vorgeschickt, wohl weil am wenigsten betrunken, ließ mich ermahnen und gelobte Besserung. Die *Marechaussée-Streife* muss wohl ein Einsehen gehabt haben, denn sie hat uns nicht gemeldet. Hätte sie das getan, wäre das wohl das (verdiente) Ende unserer Auslandsverwendung gewesen.

Statt wie geplant in die Bretagne zu fahren, besuchte ich nun meinen Freund Detlef, der etwa im gleichen Zeitraum wie ich in den Niederlanden, bei SHAPE in Belgien Dienst tat; wir sollten uns auch später noch, in den verschiedensten Verwendungen im Inland wie im Ausland treffen. Detlef war jedoch, im Gegensatz zu mir, schon verheiratet. Der Besuch verlief daher eher sittsam und auch an einen Vollrausch kann ich mich nicht erinnern.

Im September bekamen wir einen neuen *Commander: Group Captain Harold Fishwick, RAF*, ein jovialer, freundlicher, älterer Herr, den ich allerdings nur kurz kennen gelernt habe, denn zum 1. Oktober 1969 wurde ich als Hörsaaloffizier nach Hannover versetzt.

Kurz zuvor war *JCA* noch in „*REGIONAL SIGNAL SUPPORT GROUP*" umbenannt worden. Dass ich diese, wenn auch erneut unter anderem Namen, einmal selbst führen wurde, konnte ich damals allerdings noch nicht ahnen.

7. Kapitel
Hörsaaloffizier an der Heeres-Offizierschule I in Hannover (1969 – 1971)

Als ich mich am Nachmittag des 1. Oktober 1969 an der Heeres-Offizierschule (HOS) I in *Hannover-Langenhagen* meldete, forderte man mich auf, am selben Abend an einem Herrenabend der Lehrgruppe B teilzunehmen: dabei würde ich gleich die meisten Stamm-Offiziere kennen lernen.

Da saß ich nun am untersten Ende der langen Tafel im Offizierspeiseraum in meiner Ausgehuniform mit weißem Hemd, schwarzen Socken und schwarzem Schlips

---
[1] Niederländische (Militär-) Polizei

und konnte es kaum fassen: fast ausschließlich ältere Herren weit und breit, mit extrem kurzem Haarschnitt, geröteten Gesichtern, einige ganz offensichtlich kriegsversehrt, nur wenige Jüngere in meinem Alter. Dann wurden Trinksprüche ausgebracht, auf die Bundesrepublik Deutschland, unser deutsches Vaterland, unsere Armee und sicherlich noch vieles andere von Bedeutung; das Wort führte ein älterer Oberstleutnant oder Oberst, wohl der Lehrgruppenkommandeur: auf jeden Fall Furcht erregend, mit knarrender Stimme … nur das Monokel fehlte, dachte ich mir und dass die jetzt irgendwem den Krieg erklären. Das war ja entsetzlich! Und hier sollte ich Dienst tun?

Das wurde auch am nächsten Tag nicht besser, als ich mich bei meinem Inspektions-Chef meldete; erst mein Hörsaalleiter, ein ergrauter Infanterie-Major mit Eisernem Kreuz und deutlich schlesischem Tonfall, begrüßte mich freundlich und schien umgänglicher zu sein, als all die übrigen Kriegs-Veteranen, die ich bislang gesehen hatte. Gut, dass ich kurz darauf zwei weitere Hörsaaloffiziere unserer Inspektion in meinem Alter kennen lernte: Oberleutnant Kunz, Artillerist, verheiratet, freundlich-distanziert und mit guten Manieren sowie Oberleutnant Hotop, Junggeselle zwar wie ich, doch durchtrainierter Infanterist, Fallschirmjäger und Einzelkämpfer mit eiskaltem Blick, der militärischen Fünfkampf betrieb und mir anfangs erschien wie ein Raubvogel, der nur darauf wartete, auf seine Beute herab zu stürzen und diese zu erwürgen.

Gut, dass dieser erste Eindruck dann doch nicht ganz den Tatsachen entsprach, denn im Grund war Hotop – auf seine raubtierhafte Art freilich – ganz freundlich und auch bei den anderen, insgesamt 18 Hörsaaloffizieren, dabei gleich mir einige Neue, überwogen die Umgänglichen, Sympathischen bei Weitem. Da war der Oberleutnant von Beust, beispielsweise, mit Gabi von Beust verwandt, die in St. Germain mit mir in die Schule gegangen war, oder Uli Salzmann, Klaus Paprotka oder Oberleutnant Kohlhaas, bei dem ich immer an den Kleist'schen *Michael Kohlhaas* denken musste, natürlich.

Als Hörsaaloffizier war man, wiewohl „Gehilfe" des Hörsaalleiters, der zugleich Taktiklehrer war, eine Art Tutor der Lehrgangsteilnehmer, in der Regel etwa 20 Fähnriche, Oberfähnriche oder Leutnante, die an der Schule ihre Offizierlehrgänge absolvierten. Als *„Spiritus Rector"* und älterer Kamerad musste man sich um die vielen kleinen Dinge des täglichen Dienstbetriebs kümmern, bei der Korrektur der vielen Arbeiten helfen, Dienstaufsicht führen, bei der Sportausbildung dabei sein und auf der Hindernisbahn vorangehen …, kurz: man war „Mädchen für alles" und das möglichst rund um die Uhr. Man hatte allerdings die einmalige Gelegenheit, sich die Unterrichte anzuhören, die man wollte und auch bei den Arbeiten mitzuschreiben, außer Konkurrenz sozusagen. Eine einmalige Möglichkeit zu kostenloser Weiterbildung.

In der Lehrgruppe B, der ich angehörte, fanden Kurzlehrgänge statt, zumeist für „Umschüler," Zeitsoldaten also, die Berufssoldaten werden wollten und daher bestimmte Ausbildungsabschnitte nachholen mussten; später wurden hier auch Offizierlehrgänge für höhere und damit ältere Portepée[1]-Unteroffiziere durchgeführt, die zum Fachoffizier, einem neuen Berufszweig den es bis dahin nicht gegeben hatte, ausgebildet werden sollten. Das war nun wirklich nicht erfreulich für uns Hörsaaloffiziere, denn jeder dieser Lehrgangsteilnehmer hätte unser Vater sein können; zudem waren die Meisten – zumindest anfangs – doch sehr verunsichert, denn weder wir noch sie selbst wussten, wie dieses, durch das Verteidigungsministerium verordnete Experiment, ausgehen würde. Zu meinem Entsetzen erschien in meinem Hörsaal dann auch „mein" alter Oberstabsfeldwebel Henke aus meinem ehemaligen Bataillon in Essen, der nun ebenfalls Fachoffizier werden sollte.

Irgendwie hat das dann alles auch geklappt, doch motivierend wirkten diese Lehrgänge nicht unbedingt, weder für die z.T. deutlich überforderten Lehrgangsteilnehmer, noch für uns, die das alles zu organisieren und durchzuführen hatten.

Aber auch in Hannover fand ein gesellschaftliches Leben statt, wenngleich deutlich anders, weit weniger lässig, als im internationalen Umfeld zuvor. So fand kurz nach meinem Eintreffen der Herbstball des Wehrbereichskommandos II im Kuppelsaal der Stadthalle Hannover statt: als Junggeselle brauchte ich zwar keinen Eintritt zu bezahlen, bekam dafür aber eine „Tochter" zugeteilt, die ich zu „betanzen" hatte.

Auch die Lehrgangsteilnehmer organisierten Abschlussabende, Empfänge und gar Bälle, auf denen es jedoch zumeist recht steif zuging.

Die erste, wirklich interessante Abwechslung fand statt, als – noch Ende 1969 – ein Großteil der französischen Offizierschule aus Saint Cyr angereist kam um unsere Schule, im Rahmen eines Austauschprogramms, zu besuchen. Da sich meine Französisch-Kenntnisse herumgesprochen hatten, durfte ich denn auch die Menu-Karte für das große Abschlussessen übersetzen und, gemeinsam mit unserem französischen Verbindungsoffizier, Dolmetscherdienste aller Art leisten. Der Gegenbesuch war im nächsten Jahr vorgesehen. Die dortige Menu-Karte war übrigens nicht ins Deutsche übersetzt, wie wir dabei feststellten.

Bis dahin war jedoch noch viel Zeit, und da galt es zunächst, wieder einmal am Wettbewerb „Winterarbeiten" teilzunehmen. Dieses Mal beschäftigte ich mich mit dem Thema „Verteidigung von Freiheit und Recht als Wehrmotiv" und wieder „durfte" ich den Aufsatz, zum Vortrag umgearbeitet, im Rahmen einer Weiterbildungsveranstaltung vortragen.

Im Übrigen gab es in Hannover ein reichhaltiges Musik- und Theaterleben; so besuchte ich eine Aufführung der Moskauer Philharmoniker unter Kirill Kondraschin und war häufig zu Gast im Neuen Theater unter James von Berlepsch. Im Übrigen gab es Museen, Klein-Theater und Kabaretts in Hülle und Fülle sowie eine Oper; einmal

---

[1] Portepée-Unteroffiziere: höhere Unteroffiziers-Dienstgrade, ab Feldwebel aufwärts; trugen bis 1945, wie die Offiziere, ein „Portepée" (frz. wörtlich: „Schwert-Träger"). Das Portepée war ursprünglich eine Griffschlaufe, die im Kampf das Herunterfallen des Degens, des Schwerts oder des Säbels verhindern sollte. In Österreich tragen Offiziere und Feldwebel das Portepée zur Paradeuniform noch heute.

stand ich – in Uniform – an der Abendkasse um noch eine Karte zu ergattern, als ein älterer Herr auf mich zukam und mir eine Karte (bester Güte!) schenkte.

Einer meiner Hörsaaloffizier-Kameraden war Klaus Paprotka, der sich vornehmlich für Militärgeschichte, mit einer besonderen Vorliebe für die friderizianische Zeit, interessierte; allerdings war er auch in anderen Epochen mehr als bewandert. Außerdem hatte er Unmengen von Zinnsoldaten, die er selbst nach historischen Vorlagen anmalte und mit denen er ganze Schlachtszenen nachbildete.

Da sich ganz in der Nähe, in *Sievershausen*, zwischen Burgdorf und Peine, am 9. 7. 1553 eine der blutigsten Schlachten der Renaissance-Zeit ereignet hatte und in einer unserer Taktik-Lagen darauf Bezug genommen wurde, lag es nahe, sich dieses Schlachtfeld einmal etwas näher anzusehen, zumal ganz in der Nähe ein riesiges Diorama, das diese Schlacht darstellte, zu sehen war. Also fuhren Klaus Paprotka, Uli Salzmann, deren Frauen und ich an einem Samstag Nachmittag los und begingen das Schlachtfeld; Paprotka erwies sich hierbei als fachkundiger Führer, denn er konnte die schematische Darstellung der Schlacht, die wir von unserer „Lage" kannten, mühelos ins Gelände übertragen, so dass wir uns noch über 400 Jahre nach der Schlacht plastisch vorstellen konnten, wo die Stellungen der Verteidiger am Ortsrand von Sievershausen lagen, wo der Einbruch stattfand, wo und wie die Artillerie eingesetzt war und wie die Kaiserlichen unter *Moritz von Sachsen* den *Markgrafen Albrecht Alcibiades von Brandenburg-Kulmbach* mit seinen Truppen in die Flucht schlugen und ihnen nachsetzten.

Kurz darauf haben wir die Eindrücke dieser Schlachtfeld-Begehung als Dia-Reihe, von Tageslichtfolien und Renaissance-Musik auf Tonband unterstützt, zu einem Vortrag zusammengestellt und mehrfach gemeinsam in verschiedenen Hörsälen gehalten. Uns hat das Spaß gemacht, gelernt haben wir auch dabei und unsere Vorgesetzten, ebenso wie die Lehrgangsteilnehmer, waren für die Abwechslung dankbar.

Auch einen Dia-Vortrag zum Leben Friedrichs des Großen, mit den bekannten Bildern von Chodowiecki und Knötel haben wir damals zusammengestellt; selbstredend mit Auszügen aus den gesammelten Werken des Königs und Ausschnitten aus einigen seiner Kompositionen, gespielt auf zeitgenössischen Musikinstrumenten. Den Vortrag habe ich mehrfach gehalten, auch später noch, selbst einmal im Rahmen einer Öffentlichkeits-Veranstaltung als Bataillonskommandeur. Ohne Klaus Paprotka wäre ich ganz sicherlich nicht auf diesen Gedanken gekommen. Schade, dass der Kontakt zu diesem interessierten, dabei zurückhaltenden und gebildeten Offizier abgerissen ist.

Eines Tages, Anfang Mai, nun klingelte mein Telefon und meine Mutter verkündete mir, dass sich Claudia mit Georg verloben wolle: ich möchte doch in 14 Tagen nach Feldafing zu einer kleinen Feier kommen. Wunderbar, dachte ich mir, denn Georg war ein netter Kerl und Claudia wirklich sehr verliebt.

Wenig später klingelte das Telefon erneut und Mutter gab bekannt, dass aus der Verlobungsfeier eine Hochzeit werde. Noch viel besser, dachte ich; wenn schon, denn schon und heiraten wollten sie ja sowieso, warum also nicht gleich?

Vater indes war „auf 80", denn die Hochzeit war nicht eingeplant; stattdessen sollte unser Haus in Miltenberg im Juli erweitert werden und das war teuer genug … Den Grund für diese plötzliche Änderung der Pläne habe ich erst später erfahren, Vater wohl entsprechend früher und das von Mutter, denn Claudia traute sich nicht. Da es nur noch 14 Tage waren bis zum nunmehr stattfindenden Familienfest muss die Planungs-Maschinerie der Eltern wohl heißgelaufen sein in diesen Tagen.

Das tat jedoch dem erfolgreichen Verlauf der Hochzeit meiner Schwester keinerlei Abbruch. Elis-Oma kam angereist, alle Tanten, unser Neffe Bernd, die Nachbarn aus Miltenberg mit Töchtern Marion und Ursula sowie deren Freund Michael, natürlich Elke, Claudias patente Freundin aus Regensburger Zeiten und einige von Georgs Freunden mit ihren Frauen sowie Georgs Eltern, die Claudia überhaupt erst am Tag vor ihrer Hochzeit kennen gelernt hat; auch Nachbarn aus Feldafing, einige Offiziere des Stabes der Fernmeldeschule, dessen Leiter Vater damals war, waren mit von der Partie und die Witwe von Vaters ehemaligem, leider verstorbenen General, Frau Grunwald mit ihren Kindern, Erhard und Christine.

Die ökumenische Trauung fand in der Kirche in Feldafing statt; die Durchführenden waren der katholische Pfarrer Völk, Militärpfarrer seines Zeichens und Jesuit, den ich schon aus meiner Zeit als Offizieranwärter in München kannte sowie der evangelische Pfarrer Dr. Valeske: eine würdige Feier und ganz im Zeichen des Konzils. Claudia war eine entzückende Braut. Die ebenfalls entzückenden Menu- und Platzkarten hat sie selbst gemalt.

Pfarrer Völks Portrait fand sich kurz danach auf der Innenseite der FAZ wieder, nachdem er sich unter Lebensgefahr in München einem wilden Haufen chaotischer Demonstranten entgegen gestellt und dadurch noch größeres Chaos verhütet hatte.

Als Claudia einige Tage später mit Georg nach Lorch am Rhein abfuhr, denn da tat Georg beim Flugabwehr-Bataillon 5 Dienst, hat Vater aufgeatmet; hörbar, wie ich später erfuhr. Ich jedoch fuhr zurück nach Hannover, nur um 14 Tage danach wieder zurück zu kehren, denn ich sollte am Kompaniechef-Lehrgang an der Fernmeldeschule des Heeres teilnehmen. Dieser dauerte einen Monat und sollte angehende Kompaniechefs in allen möglichen Fragen der Führung einer Kompanie „fit" machen; das war zwar interessant, wie wir alle fanden – den Anforderungen der Wirklichkeit war der Lehrgang jedoch nur marginal gewachsen, wie ich ein dreiviertel Jahr später am eigenen Leibe erfahren sollte.

Immerhin: der Lehrgang hatte auch mehrere gute Seiten: zum einen konnte ich zu Hause wohnen, was speziell Mutter sehr erfreute, zum anderen konnte ich erneut die Voralpen, dabei das Kloster Andechs und München erkunden, sprich in altbekannten Gefilden grasen und schließlich brachte mich die Teilnahme an diesem Lehrgang schon auf halbem Wege nach Italien, denn nach dorthin wollte ich, direkt nach dem Lehrgang, für drei Wochen reisen.

Den ganzen „Stiefel" hatte ich mir vorgenommen, einschließlich Rom, Neapel und Sizilien, und so paukte ich fleißig italienische Redewendungen und Zahlen, denn diese erschienen mir angesichts der astronomisch wirkenden Preise und Aufdrucke auf den Banknoten, nun wirklich unabdingbar.

So fuhr ich am 1. Juli mit Sack und Pack, dabei ein Zelt, über den Brenner und campierte irgendwo auf einem Zeltplatz 30 km vor *Florenz*, mein Portemonnaie am Mann, ein Klappmesser im Schlafsack und hoffte, dass mir nichts passieren würde.

Florenz im Schnelldurchgang, in *Pisa* der schiefe Turm, *Tarquinia* in Tuskien, mangels gründlicher Vorbereitung freilich, ohne damals zu erahnen, dass dies einmal die Hauptstadt der Etrusker war: auch das wunderschöne Fresko der „*Cavalli alleati*"[1], habe ich erst Jahre später gesehen.

Wenig später landete ich in Rom und fuhr schnurstracks zum *Petersdom*: hier also wurde Karl der Große gekrönt, dachte ich und konnte mich kaum von dem roten Porphyrstein lösen auf dem das stattgefunden hatte, danach zum *Forum Romanum*, mir wohlbekannt aus Felix Dahns „*Kampf um Rom*" und nicht zuletzt aus manchem Latein-Unterricht sowie natürlich meiner Latein-Prüfung im Baccalauréat, denn da hatte Cicero seine Rede gehalten, die ich damals ins Französische übersetzen musste.

Neben mir ein alter Amerikaner, der sichtlich erschüttert auf das Trümmerfeld herabblickte und, zu mir gerichtet sprach: „*Gee, are these the remainders of World War II?*"[2] Ich war fassungslos, noch fassungsloser aber, als er fortfuhr: „*You know, I am travelling on the traces of history, through Europe ...*"[3]

Das schlägt ja nun dem Fass den Boden aus, dachte ich, aber um Schlimmeres zu verhindern, half ich ihm danach, den Weg zur *Via Appia Antica* zu finden, wo er hoffentlich nicht in den Katakomben der ersten Christen, im Glauben dies sei etwa eine Weinkellerei, verloren gegangen ist ...

So wichtig ist also Bildung, fuhr es mir durch den Sinn und freute mich schon vorab auf *Pompeji*, das ich wenige Tage später zu erkunden gedachte.

Und in der Tat, es war ein inniger, wiewohl schauriger Genuss: das riesige Schwimmbecken am Eingang, unweit davon die Abdrücke der sich windenden Leiber im Angesicht des Aschen-Todes, die weiten, wunderschön gepflasterten Foren, die Kolonnaden, die Tempel und Thermen, der tanzende Faun, die gemauerten „Zebrastreifen", die Küchen, die reich verzierten Wohnhäuser, das „*Cave Canem*"[4] in der Villa des tragischen Poeten, die wunderschönen Wandfresken allenthalben, die „*Alexanderschlacht*": wie hätte Latein schön sein können, wenn man das alles 10 Jahre früher gesehen hätte ...

In der Villa der *Vettii* die obszöne Abbildung des *Priapus*, die freilich nur den männlichen Mitgliedern unserer Gruppe gezeigt wird, danach wird sie wieder verhüllt; eine ältere Amerikanerin empört sich: „*I am a married woman – there is nothing I can't see ...*"[5], doch der Führer bleibt hart und die Amerikanerin unverdorben.

---

[1] Italienisch für „Geflügelte Pferde"
[2] Amerikanisch für „Mann, sind das die Überreste des II. Weltkriegs"?
[3] Amerikanisch für „Weißt Du, ich reise auf den Spuren der Geschichte durch Europa"
[4] Lateinisch für „Achtung, bissiger Hund" (wörtlich: „Vorsicht vor dem Hund")
[5] Amerikanisch für „Ich bin eine verheiratete Frau – es gibt nichts, was ich nicht sehen kann ..."

Es folgen, selbstredend, eine Erkundung des *Vesuvs* und seines Kraters, *Sorrento*, eine Überfahrt nach *Capri* – dort sehe ich nun endlich das wirklich beeindruckend-schöne *Haus von San Michele* in natura, die *Blaue Grotte* – sowie die pittoreske Steil-Küste von *Amalfi* und *Positano*.

Tags darauf ein letztes Camping bei *Gallico Marina*, direkt an der *Straße von Messina*, dann setze ich mit der Fähre nach Sizilien über und suche mir einen Campingplatz bei *Catania*; doch dann glaube ich, es herrscht Krieg: mehrere Wagenladungen *Carabinieri*, mit vorgehaltener Maschinenpistole, schwärmen aus und durchkämmen das Gelände.

Ob das mit der Mafia zu tun hat, muss ich mich kurz gefragt haben, doch dazu war die Landschaft viel zu schön und die Luft zu seidig.

Anderntags der Versuch, den *Ätna* zu besteigen: bis zur Bergstation des von Lava verschütteten Sessellifts schaffe ich es per Auto, dann gehe ich weiter zu Fuß. Mit jedem Schritt fast wird es, bei glasklarer, blauer Luft, kälter und unwegsamer; weit voraus ist der Gipfel des Vulkans mehr zu ahnen als zu sehen, doch von Zeit zu Zeit grummelt es und kleine Wölkchen werden aus dem Schlund gestoßen, aus dem noch vor Kurzem glühende Lava entwichen sein muss, denn man sieht deutlich, wie sich die erkalteten, tiefschwarzen Reste als breite Spur talwärts vom übrigen, hellgrauen, älteren Lavagestein abheben.

Gut 1.000 m unterhalb des Gipfels muss ich den Versuch, dem Monstrum zu Leibe zu rücken aufgeben, denn meine Zeitberechnung macht deutlich, dass ich umdrehen muss, wenn ich nicht in die Dunkelheit geraten will und das erscheint angesichts des unwegsamen Geländes denn doch zu frivol.

Auf dem Campingplatz heute keine Maschinenpistolen, und wieder ist die Luft warm und weich wie Samt.

Auch das Amphitheater in *Syracus* hat mich fasziniert, mit seinem tiefen Halbrund, der nahezu perfekten Sicht von allen Seiten und der einmaligen Akustik … Da also herrschte einst Dionys, der Tyrann, zu dem Dämon schlich, den Dolch im Gewande, sagte ich mir und deklamierte leise Schillers Ballade … Es war beeindruckend: klassische Kultur pur, jeder Zoll Geschichte.

Weiter geht es, auf der Strandstraße und irgendwo lasse ich mich mit einer Melone und meinem Messer auf einem Lava-Felsen am Meer nieder; das Auto keine 50 m hinter mir geparkt. Als ich nach 10 Minuten zurück komme, will ich zuerst meinen Augen nicht trauen, denn eine meiner Seitenscheiben ist eingeschlagen, drinnen liegt ein kopfgroßer Stein und mein Blazer, den ich – wie konnte man nur so dumm sein – am Innenhaken hatte hängen lassen, fehlte, das sah ich sofort. Da kommt ein Mann auf mich zu, spricht auf Italienisch auf mich ein – bis wir merken, dass das auf Französisch besser geht: in sein Auto war auch eingebrochen worden. Doch da liegt, keine 20 Meter weiter, mein Blazer, in der Außentasche steckt noch meine Taschenuhr, an einer langen, silbernen Kette; nur das Glas ist angeknackst.

Dies alles geben wir bei der nächsten Carabinieri-Station zu Protokoll; dort ist man sehr freundlich, hämmert ein Protokoll in die Schreibmaschine und gibt uns Cola zu trinken. Da kommt ein Mann in Badehose in die Station, hält sich den Bauch, blutet, spricht Italienisch auf die Carabinieri ein … mein französisch-sprechender Leidensgenosse übersetzt: der Verletzte war ebenfalls Polizist, jedoch im Urlaub, kam dazu, wie in unsere Autos eingebrochen wurde und stürzte sich auf den Dieb. Der zog ein Messer und stach zu … nur eine Fleischwunde, Gott sei Dank, auch sein Ausweis wurde am Tatort gefunden … Der wenige Monate danach in Hannover erhaltenden Aufforderung italienischer Behörden, als Zeuge zu einer Gerichtsverhandlung zu erscheinen, bin ich jedoch nicht gefolgt, denn erstens war mir das zu weit und zweitens hatte ich mir geschworen: nie wieder Italien! Dass ich später vier Jahre lang dort arbeiten und wohnen würde, konnte ich damals freilich nicht ahnen.

Da das Ganze an einem Samstagnachmittag passierte, stand mein Entschluss fest, noch ehe ich die Glaskrümel an meinem Auto weitgehend beseitigt hatte: zurück nach Deutschland und zwar sofort, denn an eine neue Scheibe war – angesichts des Wochenendes – vor zwei bis drei Tagen nicht zu denken. Den Wagen aber ohne Fensterscheibe parken wollte ich nicht, das war mir denn doch, angesichts dieser Erfahrung, zu gefährlich. Da ich kein nennenswertes Bargeld mehr am Mann hatte, wohl aber Benzingutscheine und Traveller-Schecks (doch wie sollte ich die angesichts geschlossener Banken umtauschen?) war mir klar, dass ich meinen Plan, den Stiefel zu umrunden, aufgeben und stattdessen über Rom zurückfahren musste: die Bank am dortigen Flughafen war rund um die Uhr geöffnet und so würde ich zu Bargeld kommen, das ich für Übernachtungen, Verpflegung und sonstiges Unvorhergesehenes brauchte.

Gedacht, getan: in Rom bekam ich mein Bargeld und weiter ging es, Richtung *Germania*. Doch nirgendwo ein Zimmer, schon gar nicht für nur eine Nacht.

So fuhr ich weiter, immer auf der Suche nach einer Bleibe, denn allmählich wurde ich müde. Schließlich hielt ich, spät in der Nacht, auf einem Autobahnparkplatz und dämmerte ein paar Stunden vor mich hin, bis ich – unausgeschlafen, unrasiert und ohne Frühstück – weiterfuhr. 2.000 km und 38 Stunden dauerte diese Horror-Fahrt, dann kam ich, erneut spät am Abend, in Feldafing an. Gut, dass ich wusste, wo der Schlüssel lag, denn die Eltern waren in Miltenberg. Es dauerte lange, bis ich in einen tiefen Schlaf fiel, aus dem ich erst am nächsten Mittag wieder erwachte.

Dann ging es weiter nach Miltenberg, wo meine Eltern glaubten, ich sei ein Geist, denn noch tags zuvor war eine Karte von mir aus Italien angekommen.

Es folgten schöne Sommertage in Miltenberg mit Kirschenernte, Baugrube am Haus und ganz „*en famille*". Auch Claudia und Georg kamen angereist. Claudia war schwanger.

Doch irgendwann sind auch die schönsten Tage von Aranjuez vorüber und so fuhr ich am 20. Juli wieder nach Hannover zurück; ich war mittlerweile zur Lehrgruppe A versetzt, und andertags begann für mich erneut ein Offizierlehrgang I für angehende, länger dienende Zeit- und Berufsoffiziere, wie schon vor wenigen Jahren mein „eigener" Lehrgang in München. Doch dieses Mal war ich Hörsaaloffizier und für die vielen Dinge des täglichen Dienstbetriebs zuständig die nur funktionieren, wenn man sich um sie kümmert. Also kümmerte ich mich um so manches, so auch um die Organisation des Tanzkurses für die Fähnriche bei *Frau von Witzlow*. Dieser sollte in den Wintermonaten stattfinden, in die Standard-Tänze einführen und mit einem Abschlussball enden.

Noch aber war das nur zu organisieren; zunächst galt es, den Lehrgang „in den Griff" zu bekommen und ein erneut ausgiebiges, kulturelles Programm in Hannover und Umgebung zu genießen. Dabei erinnere ich mich mit Freude an ein Gastspiel des Neuen Theaters Hannover im Gartentheater „Herrenhausen" mit einer Aufführung der „*Galanten Königin*" von André Castelot, eine Aufführung von „*My Fair Lady*" des Niedersächsischen Staatstheaters Hannover, ein Konzert der *Wiener Symphoniker* unter Eugen Jochum mit Schuberts „*Unvollendeter*" und Bruckners „*Romantischer*" Symphonie sowie an ein Gastspiel von David Oistrach begleitet vom Rundfunkorchester Hannover des NDR mit Werken von Schubert, Mozart und Tschaikowsky. Einen Kontrast dazu bildete ein Liederabend mit Grace Bumbry, die Lieder von Schumann und Brahms vortrug: mit ihrem einmaligen Timbre erneut ein unvergessliches Ereignis. Bis ins Schloss-Theater Celle erstreckte sich mein kulturelles Interesse und das lag nur zum Teil an der dort ansässigen jungen Dame, die ich bat, mich zu diversen Schauspielen zu begleiten.

Eine Hörsaaloffizier-Rallye in der näheren Umgebung ist mir ebenfalls in Erinnerung, auch ein Wander-Wochenende im Deister, eine Fahrt nach Lübeck, ja sogar eine kurze Flugreise nach West-Berlin, die ich mir zu meinem 26. Geburtstag gönnte. Dabei war ich weniger begeistert von einer gewollt „modernistischen" Aufführung des „*Torquato Tasso*" in einer Aufführung von Peter Stein, in der ich eher eine Vergewaltigung Goethes zu erkennen glaubte, als eine gelungene Interpretation dieser anspruchsvollen Tragödie. Dafür hat mich die Büste der *Nofretete*, damals im ägyptischen Museum am Schloss Charlottenburg umso mehr fasziniert, ebenso wie der Blick auf die Stadt von der Aussichtsplattform des Euro-Centers, der *Checkpoint Charly* sowie der Blick auf den Reichstag und aufs Brandenburger Tor. Dass die Grenze durch diese pulsierende Stadt – unsere Hauptstadt! – eines Tages fallen würde, habe ich mir damals nicht nur sehnlichst gewünscht, mir war das glasklar, denn die Trennung der Stadt war nicht nur unmenschlich, sie war widernatürlich.

Vom 27. bis zum 30. Oktober fuhr unsere Schule dann endlich in einem Sonderzug zur französischen Offizierschule *Saint Cyr* nach *Coëtquidan*, bei *Rennes* in der Bretagne. Als Ordonnanz-Offizier und Dolmetscher von *General Kerschkamp* hatte ich dabei den Vorzug, an allen Besichtigungsreisen, Veranstaltungen und Essen der beiden Schulkommandeure teilzunehmen. Dabei begann schon das erste Gespräch der beiden Generale, die sich im Übrigen blendend amüsierten, eher makaber: unser General hatte, als Ergebnis einer Kriegsverletzung im Frankreichfeldzug, nur ein Auge – *Général Richard*, der französische Schulkommandeur, nur einen Arm. Natürlich wurde das sofort zum Thema, das die Beiden allerdings – bei Austern und Champagner – dadurch „entschärften", dass sie trocken meinten, da habe wohl der eine dem anderen das Auge und dieser dem anderen den Arm abgeschossen …

Nun begann sich ein Programm abzuspulen, das in seiner minutiösen Planung, genauen Abstimmung und Vielfalt seinesgleichen suchte. Während den Stammoffizieren und Lehrgangsteilnehmern der Mont Saint Michel am *Golf von Saint Malo,* an der „Grenze zwischen Frankreich und der Bretagne" gezeigt wurde, besichtigte die Kommandeurgruppe die „*Menhire*" von Carnac, lange, parallel angeordnete Reihen z.T. mannshoher und größerer Kult-Steine aus der Zeit von ca. 3.000 bis 1.500 v. Chr., aufgestellt von den Ureinwohnern der Bretagne.

Es folgte eine Führung durch die Höhlen von Carnac mit den „*Dolmen*", Grabkammern aus prähistorischer Zeit. Diesem Ausflug in die Vorgeschichte schloss sich eine Exkursion in die derzeitigen lukullischen Spezialitäten der Bretagne an: Austern und Flundern, dazu den trockenen, bretonischen *Muscadet.*

Nach einem unvergesslichen Blick auf den Sandstrand der *Halbinsel von Quibéron* und den glatt und ruhig daliegenden, von leuchtenden Herbstfarben umrahmten *Golf von Morbihan* ging die Fahrt am Märchenwald von *Brocéliande bei Ploërmel* vorbei (der Sage nach einstmals bewohnt von *Zauberer Merlin* und der *Fee Morgane*) und durch eine auf beiden Seiten von Statuen französischer Generale gesäumte Allee in die Schule von Saint Cyr.

Wenn man bisher von der Schönheit der Landschaft und dem herrlichen Herbstwetter angetan war, so verschlug es nun in der Schule, einem Jeden förmlich den Atem. Vor dem Eingang wehte die deutsche Dienstflagge neben der Trikolore. Unmittelbar dahinter der Paradeplatz vor dem Stabsgebäude mit dem Denkmal des 21-jährigen Reitergenerals Marceau. Vor dem Musée du Souvenir, einem Traditionsgebäude aus hellem Stein, Stahl und Glas, eine Ehrenwache mit gezogenem Säbel sowie je eine Kompanie der „*Ecole Spéciale Militaire (ESM)*" und der „*Ecole Militaire Interarmes (EMIA)*" in ihren Paradeuniformen.

Es folgte der Einmarsch der deutschen Lehrgangsteilnehmer, das Abschreiten der Fronten durch die beiden Kommandeure und eine Kranzniederlegung am *Musée du Souvenir*. Bereits diese kurze militärische Zeremonie ließ Rückschlüsse auf den Geist, der die französischen Offizierschüler ganz offensichtlich beflügelte, zu. Aus dem Blick jedes einzelnen der jungen Kadetten sprach Selbstbewusstsein und Stolz auf sein Land, seine Armee, seine Schule. Offenbar war hier hervorragende Disziplin, auch im formalen Bereich, trotz allen Vorrangs der geistigen Arbeit, selbstverständlich.

Unsere Lehrgangsteilnehmer hingegen trugen noch nicht einmal einheitliche Handschuhe; auch darum hätte sich wohl jemand – beizeiten – kümmern müssen.

Die Wahlsprüche der beiden, hier vereint angetretenen, Offizierschulen von Saint Cyr / Coëtquidan sprachen förmlich aus der Haltung der französischen Offizieranwärter:

„Ils s'instruisent pour vaincre"[1]
und
„Le travail pour guide, l'honneur pour loi".[2]

---

[1] Französisch für: „Sie bilden sich um zu siegen" oder „Ausbildung für den Sieg"
[2] Französisch für: „ Arbeit als Motiv, Ehre als Gesetz"

Die Tradition der Offizierschulen von Saint Cyr geht auf Napoleon zurück, wie man uns stolz erzählte, der noch als Konsul, 1801 die Gründung einer Offizierschule verfügte. Seit der 1804 erfolgten, tatsächlichen Gründung der Schule in Saint Cyr, einem Vorort von Paris in der Nähe von Versailles, hatten bis dato rund 45.000 Kadetten die Schule durchlaufen und davon rund 10.000 auf einem der zahlreichen Schlachtfelder den Tod gefunden.

Als 1945 die Schule in Schutt und Asche lag, wurde sie in die damalige einzige freie Kaserne, in Coëtquidan in der Bretagne, verlegt. Dabei wurde der traditionelle Name „Saint Cyr" beibehalten, die Schule freilich nach modernsten Gesichtspunkten großzügig aufgebaut. Erst 1967 wurde sie fertig gestellt und zu dem was sie in den Augen der meisten Franzosen heute noch ist: „*La meilleure école militaire du monde*" – die beste Militärschule der Welt, so damals der *Lieutenant de Villoutrey*, einer der jungen Offiziere in einem zwanglosen Gespräch, aber mit blitzenden Augen.

In der Tat, es fehlte der Schule an nichts. So verfügte sie über modernste Unterrichts- und Unterkunftsgebäude, drei Sportplätze – davon einer mit porösem Hartbelag – eine Mehrzwecksporthalle, ein hochmodernes Schwimmbad, eine Fechthalle, rund 100 Reitpferde mit Reithalle und Reitbahnen, ein im Schulbereich liegendes Übungsgelände mit diversen Schießplätzen sowie eine Bibliothek in der neben Büchern, die einst *Madame de Maintenon* gehörten, auch deutsche Militärzeitschriften wie die „TRUPPENPRAXIS" und das neueste deutsche „Weißbuch zur Sicherheit der Bundesrepublik Deutschland und zur Lage der Bundeswehr 1970" auslagen.

Die Schule verfügte ferner über eine Aula mit über 1.000 Sitzplätzen sowie mehrere „*Amphithéâtres*", kleinere, Arena-artig angelegte, für den Unterricht im Kompanierahmen konzipierte Unterrichtsräume. Für den Fremdsprachenunterricht – man konnte unter anderem Englisch, Deutsch und Russisch lernen – standen moderne Sprachlabors zur Verfügung; für die praktischen Übungen in Physik, elektronischer Datenverarbeitung, Elektrotechnik usw. waren modern ausgestattete Labors vorhanden.

Insgesamt umfasste die Schule, einschließlich des Lehrkörpers und deren Familien, rund 4.000 Menschen; dementsprechend gab es auch eine eigene Schule, Wohnungen, Geschäfte und je eine katholische und eine evangelische Kapelle. Freilich lag der gesamte Komplex auch etwas abseits der übrigen Zivilisation: nach Rennes, der nächstgelegenen größeren Stadt, sind es etwa 50 km.

Jedes Jahr „produzierte" die Schule rund 200 Leutnante; die Zahl entsprach fast stets der Anzahl der Schüler im Ersten Bataillon, denn es war selten, dass ein Offizierschüler das Lehrgangsziel aufgrund mangelnden Leistungswillens oder wegen charakterlicher Mängel nicht erreichte. Allenfalls grobe Verstöße gegen die Disziplin hatten eine Entfernung aus der Schule zur Folge. Der Grund dieser allgemein äußerst niedrigen Durchfallquote lag im Auswahlverfahren der Offizierbewerber v o r ihrer Zulassung zur Schule von *Saint Cyr*: nach dem Baccalauréat besucht der potentielle Offizieranwärter eine der „*Ecoles préparatoires à Saint Cyr*", das sind Vorbereitungsschulen, die das Niveau der Abiturienten bis zum ersten Universitätsgrad heben und mit einer Prüfung mit Wettbewerbscharakter abschließen. Solche „*Corniches*" gab es in *Aix-en-Provence, Autan, La Flèche, Morvan, Paris* und *Versailles*. Von den 800 Prüflingen bestehen nur rund 200, d.h. nur diesen 200 „Besten" öffnen sich die Pforten von Saint Cyr.

Nach einem Jahr im „*Deuxième Bataillon*" und einem weiteren Jahr im „*Premier Bataillon*" erfolgt die Beförderung zum Leutnant. Erst danach wählt der junge Offizier – je nach Abschneiden an der Schule – seine künftige Waffengattung. Während der Lehrgangsbeste in jedem Fall seine eigene Wahl treffen kann, werden die zu Ende der Liste stehenden Kandidaten den Waffengattungen nach Bedarf zugeteilt. Das allein ist für den Offizieranwärter Motivation genug.

Frankreich hatte das Problem des Offiziernachwuchses, so erschien es uns, nachhaltig auf seine Weise gelöst: durch hohe Anforderungen an den Offizierberuf genoss dieser hohe Attraktivität und Ansehen. Von Problemen bei der Nachwuchsgewinnung hatte man in Saint Cyr noch nie etwas gehört.

Der weitere Aufenthalt in der Bretagne sah eine gemeinsame deutsch-französische Tag-und-Nacht-Übung vor, die im Wesentlichen aus einer Sicherungs- und einer Spähtruppaufgabe bestand. Danach fand ein Vergleichsschießen der gemischten deutsch-französischen Züge untereinander statt: hierbei waren die Leistungen ausgeglichen.

Es folgten Schwimmwettkämpfe und ein Handball- sowie ein Basketball-Turnier. Dabei zeigten sich die Franzosen, auf heimatlicher Erde, leicht überlegen. Der Aufenthalt wurde mit einem Gala-Essen abgeschlossen: hier manifestierte sich abermals die französische Küche auf lukullischste Weise.

In den Reden beider Schulkommandeure wurde betont, dass es der eigentliche Sinn dieser alljährlich sich wiederholenden Besuche sei, menschlich zueinander zu finden, Freundschaften zu schließen und zu pflegen. Bei *Muscadet, Côtes-du-Rhône, Champagner* und Gesang war dies denn auch nicht schwer. Manch einer war nachdenklich auf der Rückreise nach Hannover.

Anlässlich eines Jahre später an „meiner" HOS I stattfindenden Lehrgangs fiel mir auf, dass auch „unsere" Schule nun über ultra-moderne Lehrsaalgebäude verfügte. Gegenüber dem Eingang stand allerdings nicht die Statue eines verdienten deutschen Reiter-Generals, sondern eine Art Bordell.

Anfang Februar 1971, also kurz vor Ende „meines" Offizierlehrgangs Teil I fand nun der Abschlussball unseres Tanzkurses statt, allein, ich hatte immer noch keine adäquate Tanzpartnerin. Woher nehmen und nicht stehlen, war da die Frage, denn allein wollte ich auch nicht erscheinen. Da fiel mir „*Eliza*" auf, wie ich sie insgeheim nannte, ein hübsches, blondes Mädchen um die 20, in einem Blumenladen in Langenhagen. Gedacht, getan: ich fragte sie, ob sie mit mir auf einen Ball gehen wolle, und sie wollte. Und so holte ich sie zum Ball abends ab von ihren Eltern. Sie sah entzückend aus, mit langem, grünlichem Seidenkleid, passend zu ihren grünen Augen und der hochgesteckten, blonden Frisur. Wir machten zweifellos eine gute Figur auf dem Ball und tanzen konnte sie vorzüglich, auch ohne unseren Tanzkurs. Mein Inspektionschef und seine Frau, an deren

Tisch wir saßen, waren offensichtlich angetan. Warum ich diese „Blitzbekanntschaft" nicht weitergepflegt habe, ist mir immer noch ein Rätsel.

Kurz danach erhielt ich den Auftrag, einen Ausbildungsplan für die „Ausbildung an der Heeresoffizierschule in Krisenzeiten", ausgelegt für einen Schnelldurchgang von vier Wochen, zu entwerfen. Nach wenigen Tagen Nachtarbeit war das Werk fertig und dem Schulstab vorgelegt. Dort war man wohl von dem Epos angetan, denn wenig später erteilte mir mein Inspektions-Chef eine Förmliche Anerkennung, verbunden mit einem Sonderurlaub von zwei Tagen.

Ende März 1971, nach nur 1 ½ Jahren als Hörsaaloffizier an der HOS I wurde ich nach *Münchweiler an der Rodalb* in der Pfalz versetzt: ich sollte dort als Kompaniechef die Fernmeldeverbindungskompanie 76 übernehmen. Das machte mich stolz und tatendurstig; allerdings wusste ich anfangs nicht, wo Münchweiler lag, viel weniger was mich da erwarten sollte.

8. Kapitel
Kompaniechef in Münchweiler in der Pfalz (1971 – 1973)

Die Kompanie unterstand der *CENTAG*[1], war für den Betrieb eines Richtfunksystems rings um den Bereich des Hauptquartiers dieser alliierten Armeegruppe zuständig sowie für die Fernmeldeverbindungen zu einigen unterstellten Großverbänden in ihrem Bereich. Die Kompanie mit ihren weit über 200 Soldaten war „selbstständig", d.h. (noch) nicht in ein Bataillon integriert, denn dieses sollte erst aufgebaut werden. Folglich gab es auch keinen Bataillonskommandeur, dafür jedoch – Gott sei Dank – wie ich bald sagen würde, Oberstleutnant Otto Spitz mit Dienstsitz in Mannheim, der das entsprechende „Fernmeldebataillon 890" aufbauen sollte und daher bald für uns zuständig wurde.

Mein Vorgänger war Hauptmann Weber, soeben für die Teilnahme am Generalstabslehrgang qualifiziert, intelligent und froh, nun an dieser interessanten und Karriereversprechenden Ausbildung teilnehmen zu dürfen.

Nach einer knappen Woche Einweisung vor Ort eine völlig formlose Übergabe der Kompanie; danach blieb mir nur noch mein einziger Leutnant – und auch der wurde nach 14 Tagen versetzt. Auch der „Spieß", Hauptfeldwebel Schäfer, wurde wenig später abgezogen und so hörte ich bald Phrasen wir „die Ratten verlassen das sinkende Schiff…" und ähnliche defaitistische Parolen.

In der Tat, die Lage war mehr als prekär: ich verfügte über keinen einzigen weiteren Offizier, ein neuer Kompaniefeldwebel war lediglich angekündigt, aber nicht ausgebildet, das Bataillon, dem die Kompanie nach kurzer Zeit als „4. / 890" unterstellt wer-

---

[1] **Cent**ral **A**rmy **G**roup – Armeegruppe Mitte (Gruppierung alliierter Streitkräfte), damals mit Sitz in Mannheim

den sollte, lag gute 1 ½ bis 2 Autostunden entfernt, die Personalstärke wuchs binnen Kurzem auf 269 Soldaten an, die Unterkünfte platzten aus allen Nähten und weder Fernmeldegerät noch Fahrzeuge waren „Bundeswehr-eigentümlich". Das bedeutete unter anderem, dass es keine soliden Ausbildungsunterlagen oder Vorschriften gab und auch die Fahrzeug-Wartung und Instandsetzung erwies sich, mangels hierfür erforderlicher Infrastruktur und ausgebildeten Personals, als problematisch. Das Fernmeldegerät, durch die NATO beschafft, uneinheitlich und ohne funktionierende Versorgungs- oder Instandsetzungskette – immerhin im Wert von einigen Millionen DM – war in der sog. „Funkmeisterei" gelagert; in diese war im Laufe der Zeit wiederholt eingebrochen worden.

Immerhin gab es einige Feldwebel, die ihr Bestes gaben, um trotz dieser denkbar ungünstigen Umstände in ihrem jeweiligen Bereich Disziplin und Ordnung zu halten sowie trotz fehlender Unterlagen und immer wieder auftretender Materialengpässe intensiv auszubilden. So erinnere ich mich gerne und mit Hochachtung an Hauptfeldwebel Imkeit, einen blonden, hoch gewachsenen Ostpreußen mit gezwirbeltem Schnurrbart, der mit Donnerstimme, loyal und nie versiegendem Optimismus seinen Zug führte, wie man sich das nicht besser hätte wünschen können. Auch einige andere Unteroffiziere haben sich redlich bemüht. Insgesamt war die Führung dieser Kompanie jedoch eine Sisyphus-Arbeit, denn kaum glaubte man, dass der Ausbildungsbetrieb einigermaßen lief, schon kamen Schauermeldungen aus dem „System", d.h. den ortsfesten Richtfunkstationen, die die Kompanie auf einigen der höchsten Erhebungen der Pfalz, des Schwarzwalds und der Schwäbischen Alb, bis hin nach Ulm, zusätzlich zu ihren mobilen Anteilen, zu betreiben hatte.

Ich habe aufgeatmet, als sich endlich ein weiterer Offizier bei mir meldete: Oberleutnant Reinhold Walisch, ebenfalls Berufssoldat, Fallschirmspringer und versierter Fernmelder. Zu zweit ging es nun natürlich besser, zumal wir in den knapp zwei einhalb Jahren unserer gemeinsamen Anstrengungen, diese Kompanie zu führen, insgesamt v i e r Kompaniefeldwebel erlebt haben … Hauptfeldwebel Schäfer, der Kompaniefeldwebel, war schon versetzt; der Nachfolger, Oberfeldwebel Götz nicht ausgebildet und zudem nach nur einem Jahr mit einem Teil der Kompanie, aus der die aufzustellende 5. Kompanie werden sollte, nach Mannheim versetzt. Dessen Nachfolger, Hauptfeldwebel Gebhard, ein schneidiger Mann aus SHAPE und viel versprechend, nach wenigen Wochen zur Fachoffizierausbildung abkommandiert und durch den fleißigen, genauen, kleinen Oberfeldwebel Wittmann, „meinen" Rechnungsführer, ersetzt. Sogar seinen Jahresurlaub hat er geopfert, um am erforderlichen Lehrgang teilnehmen zu können. Natürlich war das eigentlich nicht zulässig, doch andere Möglichkeiten haben sich uns damals nicht erschlossen.

Doch es gab auch Lichtblicke: am 5. September 1971, meinem 27. Geburtstag, wurde ich zum damals frühest möglichen Zeitpunkt, zum Hauptmann befördert. Mein Kommandeur hat diesen hoheitlichen Akt feierlich, zugleich locker und freundlich, bei sich zu Hause vollzogen und dazu seine ganze Familie, der Größe nach „antreten" lassen; danach gab es Kaffee und Kuchen. Ich war stolz und nun erst recht entschlossen, meine Kompanie mit Erfolg und Anstand zu führen.

Kurz zuvor hatte ich mir einen 14-tägigen Urlaub in Frankreich geleistet, der eigentlich in die Dolomiten führen sollte. Ich war zum Skifahren, Mitte Juli, auf die *Marmolata* gefahren, hatte mir dort aber nach wenigen Tagen den Fuß verstaucht, so dass ich mein sommerliches Skivergnügen abbrechen musste. Ich fuhr daher zunächst nach Tutzing zurück, wo meine Eltern mittlerweile wohnten, kühlte dort meinen Knöchel und fuhr dann über *Straßburg* und *Orléans* an die Loire, um mich dort kulturell und lukullisch für den Frust in meiner Kompanie zu entschädigen. In den Schlössern von *Chambord*, *Chenonceaux* und *Amboise* habe ich mich denn, zum Teil bei der gekonnt inszenierten Licht-und Tonschau „*Son et Lumière*" in die Geschichte dieses Teils Frankreichs versetzen lassen; die sicher ebenso interessanten und geschichtsträchtigen Schlösser *Menars* (*Madame de Pompadours* „Landhaus"), *Blois* und *Chéverny* dagegen, wiewohl in Reichweite, sind mir mangels besserer Vorbereitung leider damals entgangen. Dafür hat mich, weiter südlich, die wunderschönen Landschaft entlang der *Dordogne* samt ihrer vorgeschichtlichen Funde im Raum um *Lascaux* und in der dortigen Höhle, ebenso begeistert. Auch den ausgezeichneten Weinen und der Gänseleberpastete des *Périgord* und des *Languedoc* habe ich in angemessener Weise zugesprochen; nur, dass ich das alles   a l l e i n e   genießen musste, hat mich zunehmend irritiert.

Dass ich mich daher, wieder zurück in meiner Kompanie, alsbald für *Judy 2*, amerikanische Lehrerin und als Junggesellin meine Nachbarin im *BOQ*[1], interessierte, war geradezu zwangsläufig; durch diese Bekanntschaft hat sich mein Englisch erneut deutlich verbessert, wobei ich mich gerne an manchen gemeinsamen Ausflug zu den kulinarischen Köstlichkeiten des nördlichen Elsass, wie zum „*Cheval Blanc*" im elsässischen *Niedersteinbach* bei Schnecken, Frosch-Schenkeln und „*Kaefferkopf*", erinnere.

„*Will you marry me?*"[2] fragte sie mich eines Tages, für meine Begriffe doch recht direkt. „*No way*"[3], antwortete ich, ebenso direkt, was unserer freundschaftlichen Beziehung indes keinen Abbruch tat. Judy wurde jedoch kurze Zeit später zurück nach Oregon in die USA versetzt, und ich widmete meine Aufmerksamkeit zunächst der niedlichen, frankophilen Studentin Ute, später jedoch Christine, genannt Chris, einer Engländerin, die bei einem amerikanischen Augenarzt im *US Army Hospital* arbeitete.

Anfang Oktober wurde mein Vater, mittlerweile zum Oberst befördert, erneut nach SHAPE, nunmehr bei *Mons* in Belgien, versetzt und so luden mich denn meine Eltern zu einem *Buffet Dinner* ein, bei dem ich – zu meinem Erstaunen und meiner Freude – auch meinen „alten" Freund und Co-Kompaniechef Detlef mit seiner Frau entdeckte; sie waren vom Vorgänger meines Vaters, Oberst Block, ihrem väterlichen Freund aus Detlefs Zeit bei SHAPE, eingeladen worden.

---

[1] **B**achelor **O**fficers' **Q**uarters: Junggesellenwohnheim
[2] Amerikanisch für: „Willst Du mich heiraten?"
[3] Familiäres Amerikanisch für: „Kein Stück" bzw. „auf keinen Fall"

Wenig später wurde ich zur Preisverleihung der diesjährigen „Winter-Preisträger" durch den Generalinspekteur der Bundeswehr, *General de Maizière*, nach Bonn befohlen und kurz darauf zu einer 14-tägigen Bildungsreise zum Luftwaffen-Übungsplatz *Decimomannu* auf Sardinien kommandiert. Dort hat man sich, in Form eines eigens dazu abgestellten Kommandoführers und eines Wissenschaftlichen Oberrats, redlich angestrengt, uns nicht nur den Einsatz von Kampfflugzeugen der Luftwaffe mit den verschiedensten Waffen und beim Bombenzielwurf vorzuführen, sondern Geschichte und Kultur dieser schönen Insel nahe zu bringen. Dabei hat mich besonders die Geschichte der *Nuragen* fasziniert, die sich im Zeitraum zwischen dem 8. und 6. vorchristlichen Jahrhundert, letztlich erfolglos, durch den Bau von Befestigungsanlagen, speziell denen von *Barumini*, vor den Karthagern zu schützen versuchten; Anlagen, die später, anlässlich der Eroberung der Insel durch die Römer, durch die sardo-karthagischen Bevölkerung so mit Erde bedeckt wurden, dass sie als Hügel erschienen, aus deren versteckten Eingängen so mancher Angriff in den Rücken der neuen Eroberer geführt wurde … Erst 1949 – 1954 wurden die Anlagen wieder freigelegt. Die bronzene Kopie eines nuragischen Stammeshäuptlings, mit Umhang und Schwert als Zeichen seiner Würde, steht heute noch auf meinem Schreibtisch und erinnert an diese interessante Bildungs-Reise.

Kurz nach der feierlichen Begründung einer Patenstadt zwischen Grünstadt und unserem Bataillon, im Frühjahr 1972, bekamen wir einen neuen Bataillonskommandeur, jung, dynamisch und Absolvent eines Management-Lehrgangs. Nun würde alles schlagartig besser werden, dachten wir alle. Ein simpler Vortrag zur Unterrichtung wäre indes durchaus geeignet gewesen, die Voraussetzungen für eine Bestandsaufnahme und dringend erforderliche Abhilfemaßnahmen, zu schaffen.

Derweil hatte sich an der materiellen Lage meiner Kompanie immer noch nichts geändert, allerdings hatte sich die Personallage drastisch verschlimmert: die etwa 80 Soldaten eines aufgelösten Depots aus der Pfalz waren in meine Kompanie zu integrieren: „Versorger" wohlgemerkt, keine „Fernmelder" und das in einer integrierten Fernmeldekompanie. Das half nun wirklich nicht weiter und mich befielen erste Zweifel am klaren Denkvermögen „derer da oben".

Ich habe damals mehr als einmal ernsthaft erwogen, meinen Beruf aufzugeben und mich vermeintlich sinnvolleren Aufgaben zu widmen; ja gar die australische Botschaft habe ich angeschrieben und um Zusendung von Informationsmaterial bezüglich einer Auswanderung nach „down under" gebeten. Schafe auf *Kangaroo Island* zu hüten erschien mir zeitweise sinnvoller als das, woran ich mich da tagtäglich versuchte. Selbst die ersten 40 Seiten eines Buchs habe ich mir damals, nachts zumeist, von der Seele geschrieben: „Eine Woche im Leben des Hauptmanns S. oder: Die Frustration des Kompaniechefs"… Indes: letztlich erschien mir dies Vorhaben als Fahnenflucht und so „kämpfte" ich weiter.

Die Soldaten, zumeist Wehrpflichtige, waren wahrscheinlich genauso frustriert und machten ihrem Frust dadurch Luft, dass sie sich die Haare lang wachsen ließen: das aber war, nach einem Erlass des damaligen Verteidigungsministers, erlaubt. Es komme nicht darauf an, was einer a u f dem Kopf habe, sondern auf das, was i n seinem Kopf sei, ließ Minister Schmidt verkünden und so mühte ich mich ab, genügend Haarnetze zu besorgen, um sie den „Langhaarigen" zu verpassen. Als keine Haarnetze mehr zu bekommen waren, ließ ich die Tarnnetze verteilen, die für die Stahlhelme vorgesehen waren; es wurde von Tag zu Tag grotesker. Dieser Unfug wurde erst abgestellt, nachdem sich weit über 100 Disziplinarvorgesetzte, dabei auch ich, mit Eingaben an den Wehrbeauftragten des Deutschen Bundestages gewandt hatten.

Die sattsam bekannten Mängel bei Infrastruktur, Fahrzeugen und Gerät bestanden unterdessen ebenfalls fort; lediglich die Handwaffen entsprachen dem Bundeswehr-Standard. Dafür stellte ich bald darauf fest, dass die Gitter an der Waffenkammer ohne größere Anstrengungen heraus zu brechen waren, auch Decke und Boden waren brüchig, ja selbst das Schloss zum Sicherheitsgitter vor dem Eingang dieses hoch sensitiven Bereichs ließ sich, wenn man nur wollte, mit einfachen Mitteln entfernen. Auch ein „Militärischer Sicherheitsbereich" war immer noch nicht eingerichtet: kein Wunder, denn die Kompaniegebäude befanden sich im Bereich eines weitläufigen, „*US-Army (Reserve-) Hospitals*" und dort galten andere Infrastruktur- und Sicherheits-Bestimmungen als in der Bundeswehr.

Dies alles meldete ich dem Bataillon schriftlich, doch ohne Erfolg. Natürlich hätte ich mich beim Bataillonskommandeur persönlich melden können, wie mein Regimentskommandeur, den ich im übrigen nur einmal während meiner ganzen Kompaniechef-Zeit sah, mir einmal vorwurfsvoll sagte, aber schließlich handelte es sich hier um „meine" Kompanie und dafür war i c h zuständig. Da wurden, kurz nachdem mir klar geworden war, in welcher potentiellen Gefahr sich meine Kompanie befand, im saarländischen Lebach, nicht allzu weit entfernt, mehrere Soldaten in ihrem Wachlokal ermordet. Das war nun wirklich zuviel und so schrieb ich eine Eingabe an den Wehrbeauftragten.

Die Reaktion ließ denn auch nicht lange auf sich warten: kurze Zeit später erschienen Offiziere der schleunigst eingerichteten „Absicherungsgruppe im Wehrbereich" zu einer Bestandsaufnahme. Auf einmal ging alles förmlich über Nacht: die Waffenkammer wurde niet- und nagelfest abgesichert und ein militärischer Sicherheitsbereich wurde auch eingerichtet … Die Soldaten auf unseren „Tiger-Stationen" wurden mit Munition ausgestattet und auf einmal stand Sicherheit hoch oben auf der Tagesordnung.

So war es mir nun zwar gelungen, wenigstens die Sicherheitslage der Kompanie deutlich zu verbessern, dafür schoss sich die Bataillonsführung auf mich ein; das wurde noch schlimmer, als ich eines Tages meldete, dass vermutlich sämtliche Antennentürme meiner Richtfunktrupps schadhaft waren. Beim Besteigen eines etwa 30 m hohen Antennenturms hatte sich ein Soldat nicht unerheblich verletzt, denn ein Antennensegment, durch einen schadhaften Metallbolzen gesichert, war zusammengebrochen; nun wurden alle Antennen überprüft und durch eine zivile Werkstatt instand gesetzt. Das dauerte seine Zeit und war zudem teuer. Andererseits wollte auch niemand die Verantwortung für einen Weiterbetrieb der Antennentürme übernehmen – so aber waren Teile der Kompanie und damit des Fernmeldesystems der Armeegruppe, nicht einsatzbereit: eine missliche Lage.

Dies war indes nicht zu ändern, und so fuhr ich Anfang Juli 1972 mit Christine für drei Wochen in den Urlaub nach Skandinavien. Fast 9.000 km sind wir gefahren, in meinem brandneuen Ford 6-Zylinder GXL, silber-metallic mit Fließheck und Dach aus schwarzem Vinyl. Ein Traum, ebenso wie die Reise zum Nordkap, bis hin zur russischen Grenze bei Kirkenes und über Finnland und Schweden wieder zurück in die Pfalz.

Dabei haben wir diverse Übernachtungsmöglichkeiten erprobt: in größeren Städten, wie Kopenhagen, Oslo oder Stockholm (durchweg teuere) Hotels, in den Bergen und der Tundra – trotz der Myriaden von Mücken – mein Zelt, bed and breakfast in Hammerfest, auch eine Blockhütte für umgerechnet zwei Mark irgendwo im Wald und an einem klaren Gebirgsbach. Ganze Herden von Rentieren kamen uns nördlich des Polarkreises entgegen und auch ein Elch kreuzte gemächlich unseren Weg. Unheimlich fast, das diffuse Licht, spät Abends in den Bergen, bei dem man dennoch um Mitternacht die Zeitung lesen konnte, grandios die Fjorde mit ihrem glasklaren Wasser, unwirklich fast, die Mitternachtssonne und die nächtlichen Wolken über dem Nordkap; abenteuerlich die bunt gekleideten Lappen mit ihren Zelten …

In *Helsinki* haben wir das *Mannerheim-Museum* besucht, wo wir von zwei perfekt Deutsch sprechenden Finninnen geführt wurden, sichtlich stolz auf ihren immer noch hoch verehrten „Marschall von Finnland", der vormals in seinem Zimmer spartanisch auf einem Feldbett schlief; an der Treppe ein Paar Skier, die dem Marschall zum Andenken an seinen im Winterkrieg gefallenen Sohn geschenkt worden waren … Auch das Großkreuz zum Ritterkreuz des Eisernen Kreuzes samt Verleihungsurkunde wurde damals dort ausgestellt.

Natürlich haben wir auch das Denkmal des Meisterkomponisten *Jean Sibelius* im gleichnamigen Park aufgesucht, in dem sich ringsherum auf eigenartige Weise seine unwirkliche Sphären-Musik erahnen lässt.

Auf der Nachtfähre von *Turku* nach *Stockholm* Unmengen leckeres *Smørrebrød* und unter uns die spiegelglatte, silbrige Ostsee; von Zeit zu Zeit eine Insel und andere, hell erleuchtete Schiffe. Vollmond.

In *Schloss Gripsholm* die Urkunde zum *Westfälischen Frieden* … und war da nicht bei Tucholsky von Igeln die Rede, die still nach ihren Mäusen gehen?

Nicht lange danach musste ich erneut nach Bonn zur Winter-Preisverleihung durch den neuen Generalinspekteur: nunmehr Admiral Zimmermann. Meinen Buchpreis hat er mir auch signiert. Eine Überraschung – und damit hatte ich nun wirklich nicht gerechnet – war jedoch ein weiterer Preisträger: Jürgen Werner, der mit mir gemeinsam in Frankreich die Schulbank gedrückt hatte, meine damalige „Rettung in Latein", mittlerweile wie ich, Hauptmann.

Und so flogen wir wenig später gemeinsam in einer *Boeing 707* der Flugbereitschaft des Bundesverteidigungsministeriums von Köln aus Ende September 1972 für zwei Wochen zur Raketenschule der Luftwaffe nach *El Paso / Texas* in die USA.

Was haben wir nicht alles gesehen, gehört und erlebt … Das begann mit einem äußerst informativen Vortrag über die prä-Columbianischen Kulturen der Indianer Nord- und Mittelamerikas, über die spanische Kolonisation, die Konflikte zwischen Spanien und Mexiko, den Unabhängigkeitskrieg der Texaner, bis hin zu den Kriegen zwischen Mexiko und den USA, umfasste wissenswerte Informationen über die hier lebenden indianischen Ureinwohner und deren Kulturgeschichte, über das aufstrebende El Paso und seine mexikanische Schwesterstadt *Ciudad Juarez*[1] sowie natürlich über die Aufgaben der Raketenschule der Luftwaffe, die hier nicht nur über hervorragende infrastrukturelle Voraussetzungen für ihre Ausbildung verfügte sondern insbesondere auch, nicht zuletzt aufgrund der ausgezeichneten klimatischen Bedingungen, praktisch jederzeit, unbeeinträchtigt von Witterungseinflüssen, an den verschiedenen Flugabwehrraketen ausbilden und damit schießen konnte.

So konnten wir denn auch ein Schießen mit praktisch allen Typen der gängigen Flugabwehrraketen und -Kanonen auf dem Schießplatz „*White Sands*" – an dem auch der damalige Verteidigungsminister Leber aktiv teilnahm – beobachten: jeder Schuss ein Treffer, versteht sich!

Natürlich haben wir jeden Abend Ciudad Juarez erkundet, eine Stadt, die fast ausschließlich vom amerikanischen Tourismus lebte, in der man sich für 10 Cents die Schuhe spiegelblank putzen lassen konnte und in der an jeder Ecke die kleinen Jungs versuchten, einen zu ihrer „Schwester", wie sie sagten, abzuschleppen… „*Mamacita*", eine Bar mit schwarz-rot-goldenem Türanstrich, war fest in deutscher Hand, und natürlich haben Jürgen und ich gemeinsam einen Abstecher in die eigentlich verbotene Altstadt unternommen. Einen Polizisten sollte man sich „mieten" hieß es, sonst komme man da nicht ungeschoren wieder heraus, es sei denn man zahle 10.- Dollar Auslösegebühren aus dem Gefängnis … Natürlich haben wir gelernt zu handeln: für eine lederne Bullenpeitsche habe ich, statt 25.- Dollar nur 10.- Dollar bezahlt, ein Aztekenkalender aus gepresstem Jadestaub wechselte für 5.- Dollar den Eigentümer statt für die geforderten 12.- Dollar; und stets schworen die Verkäufer, nun seien sie völlig ruiniert.

Die Grenze, auf der Mitte der Brücke über den *Rio Grande*, konnte man mit dem Truppenausweis und dem NATO-Marschbefehl, ohne Pass und Visum, in beiden Richtungen überqueren, da die Zollgrenze erst einige Meilen innerhalb des mexikanischen Gebiets lag. Daher durfte man kaufen, was man wollte, den amerikanischen Zoll hat das nicht gestört. Nur Kernobst durfte man nicht in die USA einführen: meine Papaya durfte ich indes noch essen, den Kern haben die amerikanischen Grenzer allerdings in einem eigens dafür vorgesehenen Behälter entsorgt.

---

[1] Ursprünglich „El Paso del Norte", mexikanische Grenzstadt am Rio Grande (del Norte), später benannt nach Benito Juarez Garcia, 1806 – 1872, mexikanischer Politiker, Präsident und Diktator, ließ 1867 Kaiser Maximilian erschießen. Nachdem der Name „El Paso" nun frei geworden war, benannten die Amerikaner ihren Teil der Schwesterstadt, bis dahin „Franklin", ebenfalls um und nannten ihn nun ihrerseits El Paso.

Eines Tages, Jürgen und ich waren soeben in der *PX*[1] der Garnison, klopfte mir jemand auf die Schulter: „*Hey Captain Schlieder, haven't we met before?*"[2] – kaum zu glauben: die Frau meines amerikanischen „*Base Commanders*"[3] aus Münchweiler, der etwa sechs Wochen zuvor – mit für uns unbekanntem Ziel – in die USA zurückversetzt worden war. Nun arbeitete er in einem unterirdischen bombensicheren Armee-Hospital in der Nähe von *White Sands,* in dem die amerikanischen Verletzten, vorwiegend aus Vietnam, behandelt wurden.

50 Meilen durch die Wüste – hier explodierte 1945 die erste Atombombe – ist sie an diesem Abend mit uns gefahren, damit wir bei ihnen zu Abend essen konnten; danach fuhr uns der Colonel die 50 Meilen in seinem Straßenkreuzer zurück, durch die gespenstische, nur vom Vollmond fahl beleuchtete Wüste; andertags wollte seine Frau nach Juarez fahren, „*to get a hair do*"[4], wie sie sagte. Da sie auf der Rückreise hinter mir saß, hat sie mir, für mich sehr angenehm, dabei den Nacken sanft massiert … Jahre später wurde ihr Sohn, der damals schon in *Münchweiler,* als Halbwüchsiger, die Einwohner der „Base" tyrannisiert hatte, als Mörder verurteilt. Wenn ich heute an diese Episode denke, gruselt es mich durchaus.

Das konnte ich allerdings nicht ahnen, damals in Texas und so haben *Jürgen* und ich so schnell wie möglich an einer Einweisung in amerikanische Verkehrsregeln teilgenommen, an deren Ende wir einen Test zu absolvieren hatten, der uns berechtigte, unseren Bundeswehr-Führerschein in eine amerikanische „*Driving License*" umzuschreiben. Diese aber brauchten wir, um ans am Wochenende einen Straßenkreuzer, ein *Chevrolet Impala,* zu mieten, mit dem wir, einschließlich der anderen deutschen Offiziere, fünf Mann hoch, in Richtung Norden aufbrachen: *Truth or Consequences, Albuquerque* und *Santa Fe* hießen die Stationen, doch der Weg schon war das Ziel: zwei Indianerreservate haben wir gesehen, in denen – wohl wegen der unbeschreiblichen Armut der Einwohner – das Fotografieren verboten war. Zu den Mescalero-Apatschen, von Karl May in *Winnetou I* beschrieben, sind wir zwar nicht gekommen aber genau so wie in *Taos-Pueblo*, nördlich Santa Fe, muss das aus Lehmziegeln gebaute Pueblo der Mescaleros ausgesehen haben. Dort fand das jährliche Tanzfest statt: das ganze Dorf war auf den Beinen, in seinem Federschmuck, den *Mokassins*[5], bunten *Mantillo*[6]- Decken und Fellen. In der Mitte des Dorfplatzes offensichtlich die Dorfältesten, die zu einer dumpfen Trommel rhythmisch umtanzt wurden. Die Indianer traten dabei ganz leichtfüßig mit den Zehen zuerst auf und man konnte sich förmlich vorstellen, wie sie, nur 100 Jahre früher (!), zu Zeiten von *Gero-*

---

[1] **P**ost **Ex**change: Amerikanische Verkaufseinrichtung für Soldaten
[2] Amerikanisch für: „Hallo, Hauptmann Schlieder, kennen wir uns nicht?"
[3] Englisch / amerikanisch für: „Kasernen-Kommandant"
[4] „für einen Haarschnitt"
[5] Weiche Lederschuhe der Indianer
[6] Spanisch / Mexikanisch für: „Mantel- …"

nimo[1], mit ihren *Tomahawks*[2] an die Bleichgesichter herangeschlichen waren. Wunderhübsche, junge *Squaws* mit blauschwarzem Haar, so wie wohl damals *Nscho-tschi*! Auch uralte *Squaws*, einsam, in Decken gehüllt, an Bäume gelehnt, am Rande des Tanzplatzes.

Abends in Santa Fe. Die spanische Vergangenheit nicht nur auf Grund des Baustils unverkennbar: auch heute noch wird fast ausschließlich spanisch dort gesprochen. Als der Auspuff unseres *Impala* den Geist aufgab, Nothalt an einer Kfz-Werkstatt: mit Englisch kamen wir da nicht weiter. Gut, dass ich einmal ein paar Monate Spanisch gelernt hatte. Von einer Navajo[3]-Indianerin habe ich ein Türkis-Herzchen gekauft und für meine Frau reserviert, die ich denn eines Tages einmal hätte …

In einem Restaurant, in dem man die riesigsten, zugleich zartesten *T-Bone-Steaks* servierte, die wir wohl jemals gegessen hatten, hielt man uns, ohne irgendwelche Berührungsängste, zunächst für Russen, bis wir uns als Deutsche vorstellten, nicht dass das irgend jemanden auf die eine oder andere Weise beeindruckt hätte. Liebliche Bedienungen gleichwohl allenthalben mit blauschwarzem Haar und Pfirsich-Teint: wir wollten eigentlich nicht weiter.

Es war verlockend, *Las Vegas* und selbst *San Francisco* und *Los Angeles* in erreichbarer Entfernung zu wissen, doch die Zeit- und Raum-Berechnung verbot das, selbstredend. So fuhren wir an einem märchenhaften „*Indian-Summer-Day*" mit all seiner Farbenpracht durch den *Santa Fe National Forest* an beeindruckend riesigen Bäumen vorbei, über verwegene Pass-Straßen hinweg, zurück in Richtung *Alamogordo* und über *Las Cru*ces zurück in unsere Kaserne.

Wenig später ein Ausflug zu den *Carlsbad-Caverns*, den größten Tropfsteinhöhlen der Welt, natürlich; am Eingang Myriaden von Fledermäusen, dann ein Labyrinth von Stalagmiten, Stalagtiten, Höhlen, Wasserläufen und Seen, unwirklich beleuchtet und eben riesig.

Abends gingen einige aus unserer Gruppe, dabei Jürgen und ich – die anderen waren wohl zu müde – zu einer nun wirklich einmaligen Show: es sprach der pensionierte Colonel der amerikanischen Luftwaffe, *J. Irvin*, Astronaut und Mondfahrer von *Apollo 15*. Mittlerweile aus dem aktiven Dienst ausgeschieden, hatte er die Gesellschaft „*High Flight*" gegründet und war mit 35 Jahren (!) Wanderprediger geworden. Von außergewöhnlicher Religiosität erfüllt, verkündete er Gott und wie er ihn auf seinem Flug zum Mond erlebt hat – dabei sprach er etwa zwei Stunden lang druckreif: kein einziger Versprecher, kein Räuspern, kein „äh", kein Zögern. Erst sprach er von seiner Karriere, die ein einziger Erfolg gewesen sein muss: Testpilot, mehrfacher Doktor, sechs Jahre lang Ausbildung zum Astronauten, Flug zum Mond, zum Oberst befördert, Abschied von der *Air Force*, weil er nun andere Ziele sah. Ich sprach nach der Veranstaltung mehrere Minuten lang

---

[1] Letzter Häuptling der Apatschen, der sich gegen die Landnahme durch die Weißen zur Wehr setzte und zwischen 1860 und 1870 z.T. blutigen Widerstand leistete
[2] Wurfbeil der Indianer
[3] Größter Indianerstamm Nordamerikas, lebt heute in Reservaten und ist wegen seiner handwerklichen Geschicklichkeit (vorwiegend Silber- und Türkisschmuck) bekannt

mit ihm und wollte mir, nach einem Handschlag, eigentlich nie mehr die Hände waschen, denn daran haftete nun Mondstaub.

Abflug in El Paso bei etwa 30° C im kurzen Hemd. In Köln erwarteten uns am nächsten Morgen 6° C. Die gleiche Zeit wie über den Atlantik brauchte ich dann von Köln nach Kaiserslautern, wo man mich abholte.

Kurz vor meiner Reise nach Skandinavien hatte ich die Nachricht erhalten, dass ich an der nächsten sog. „Heeresauswahlprüfung (HAP)" teilzunehmen hätte; das war ein Jahr zu früh, doch offensichtlich hatte man im Zuge der Umstellung des Ausbildungssystems im Heer Eile und wollte das neue System schnell einführen. Das bedeutete für mich, dass ich – weitgehend ohne Vorbereitung – denn damit wollte ich gezielt im nächsten Jahr beginnen, an einer Prüfung teilzunehmen hatte, die für meine Beförderung zum Major und die ganze weitere Karriere von entscheidender Bedeutung war. Die einzige Konsequenz für mich war jedoch, dass mein Bataillonskommandeur mir verbot, sich in diesem Winter am Wettbewerb „Winterarbeiten" zu beteiligen. Mich hat das geärgert damals, doch letztlich machte dieser Befehl Sinn. Mir kam es freilich so vor, als wollte er mir nun auch noch die Möglichkeit nehmen, eine „Winterreise" zu gewinnen, den einzigen Lichtblick in meiner ganzen Misere.

Ich habe daher Privatunterricht in Spanisch genommen, ein halbes Jahr lang, denn irgendwie wollte ich mich schon weiterbilden, und zwar auf einem Gebiet, das mir lag und das mir Spaß machte. Außerdem würde ich so in einer dritten Fremdsprache geprüft werden und so zusätzliche Punkte erhalten, sagte ich mir.

Ende November fand die erste „Zusammenziehung" im Bereich der 1. Luftlandedivision statt, der ich zum Zwecke der „Vorbereitung" zugeordnet wurde; dabei ging es weniger um Wissensvermittlung als vielmehr um das Abfragen von Wissen und die Benotung von Kurzreferaten, die zu Themen aus allen Bereichen der militärischen Führungslehre zu halten waren; dies alles ergab eine Vorschlagsnote, mit der man in die eigentliche Prüfung an der Führungsakademie der Bundeswehr ging.

Die wenigen Fernaufgaben, die man mir nach meinem Urlaub und den Winter über zuschickte, kamen allerdings in der Regel zu spät, da – aufgrund unserer eigenartigen US-Adresse – entweder nicht oder nur mit erheblicher Verspätung auf dem langwierigen Kurierweg über mehrere Instanzen zustellbar; oft war unsere „Zusammenziehung" schon vorbei, bevor die Aufgaben zu deren Vorbereitung eintrafen. Auch hier hätte sich jemand kümmern müssen, aber es gab niemanden, der sich kümmerte, denn das hätte Arbeit gemacht.

Ich habe die Prüfung Anfang 1973 dennoch bestanden: zwar nicht so, dass ich damals zur Generalstabsausbildung zugelassen worden wäre, was eigentlich mein Ziel war, „aber brav, und als Soldat". Zusätzliche Punkte für meine dritte Fremdsprache habe ich übrigens auch bekommen.

Die Generalstabsspiegel habe ich später dennoch getragen, aber darum habe ich mich auch selbst gekümmert.

Wenn schon keine „Winterreise", denn schon eine auf eigene Kosten, muss ich mir im Juni desselben Jahres gesagt haben, als ich eine Kurzreise nach Mexiko buchte; wahrscheinlich aber haben mich anlässlich der Reise in die USA im Jahr zuvor die Ausflüge über den Rio Grande nach Ciudad Juarez dazu motiviert. Und so flog ich am 29. Juni 1973 für eine Woche, zunächst über *Acapulco* nach *Mexico City*, dann erneut nach Acapulco: eine Reise der Superlative.

Obwohl sich die gut 10-stündige Verspätung schon am Abflug in Frankfurt natürlich auf den Weiterflug von Acapulco nach Mexico City auswirkte und auch dort zunächst zu einem schier endlosen Warten führte, konnte das meinen Taten- und Entdeckungsdrang nicht trüben und so habe ich mich, nach einem verwegenen „Gaucho-Flug" (wie ich ihn nannte) mit *Aero Mexico* quer durch die Gebirge der *Sierra Madre del Sur* und wenig höher als die Wolkenkratzer der Hauptstadt, nach nur wenigen Stunden der Regeneration in meinem unverschließbaren Hotelzimmer aufgemacht, Mexico City zu erkunden. Drei Kulturen lebten hier mehr oder weniger einträchtig zusammen: die der aztekischen Ureinwohner, die der Nachfahren der spanischen Eroberer und die Mestizen oder die heutigen Mexikaner: stolz, arm und gelassen. Die überdimensionalen Bilder *Diego Riveras* an offiziellen Gebäuden, wie der Bibliothek der Universität, beeindruckten ob ihrer Farben und plakativen Darstellung markanter Szenen zur Geschichte Mexikos; der *churrigureske*[1] Baustil vieler Kolonialgebäude und Kirchen überschwänglich und mir bis dato unbekannt, schmerzhaft fast die Indio-Frauen, die auf dem riesigen Platz vor der Kirche von *Guadalupe* auf den Knien zur *Schwarzen Madonna* pilgerten, überwältigend die unüberschaubare Masse der Gläubigen im Inneren der Kathedrale, schockierend die Zustände, in denen die Armen am Rande der Stadt, in Apfelsinenkisten und Pappkartons hausend, ohne Kanalisation und fließendem Wasser, ihr kärgliches Dasein fristeten. Welch Kontrast dann zu den verwegenen Gestalten der *Mariachi-Kapellen* mit ihren überdimensionalen Sombreros, die überall wo sich Touristen tummelten, für wenige Münzen aufspielten; welch Farbenpracht auf den schwimmenden Gärten von *Xochimilco*, auf denen ganze Großfamilien auf von Girlanden geschmückten Kähnen, den *„Trajineras"*, bei Musik, Gesang, Speisen und Getränken fröhlich feierten …

In meiner kleinen Reisegruppe war ich bald der informelle Führer, denn – wiewohl der Landessprache nur recht oberflächlich mächtig – reichten meine Spanischkenntnisse dazu aus, in „*Tlaque Paque*" *Mariachi-Musik* und Getränke zu bestellen sowie per Taxi zum „*Torre Latino-Americano*", zum *Zocalo*,[2] zum Denkmal von *Cuitlahuac*[3] oder zum Platz der drei Kulturen zu gelangen. Natürlich bin ich zu den Pyramiden von *Teotihuacan* mit seinen Pyramiden des Sonnen- und des Mondgottes gefahren, habe dort die überdimensionalen,

---

[1] Ursprünglich iberischer Baustil, benannt nach José Churriguera (1650 – 1723), span. Architekt u. Bildhauer, der eine bizarre Abart des Barockstils entwickelte

[2] Das ehemalige Zentrum Tenochtitlans, der Hauptstadt des Aztekenreiches. Hier befindet sich u.a. der Nationalpalast mit überlebensgroßen Monumentalbildern zur mexikanischen Geschichte

[3] Seit 1520, nach dem Einrücken des spanischen Eroberers Cortès in Tenochtitlan, Nachfolger Montezumas II. Ihm folgte als letzter aztekischer Herrscher Cuauthemoc, der 1521 ermordet wurde

steinernen Darstellungen des gefiederten Schlangengottes *Quetzalcoatl*[1] bestaunt und dabei den weit am Horizont liegenden *Popocatepetl* mehr geahnt als gesehen zwar, gleichwohl als permanente Bedrohung empfunden, denn wer wusste schon, ob sich *Montezumas Rache* sich da nicht etwa doch zusammenbraute …

Am letzten Tag ein Gang in eines der schönsten Museen der Welt: das anthropologische Museum, davor der steinerne Regengott *Tlaloc*, der es dereinst, als er hier aufgestellt wurde, zum Zeichen seiner andauernden Herrschaft, in Mexico City regnen ließ. Im Museum wird die Geschichte der indianischen Bevölkerungsstämme Mexikos auf einem großzügigen Areal anschaulich dargestellt. Überreste der Baukunst der *Azteken, Chichimeken*, der *Olmeken, Tolteken* und *Zapoteken* sind dort zu sehen: ein beeindruckender Gang durch die Geschichte hoch entwickelter Kulturen, die freilich einer technisch überlegenen Kultur weichen mussten.

Am Eingang das mexikanische Staatswappen: der Adler, der auf einem Kaktus sitzend, eine Schlange frisst. Überall trifft man ihn an in Mexiko, ein allgegenwärtiges Symbol dieses Staates, dessen Wurzeln sich in der Sage verlieren. Wo man dies „Bild" anträfe, würde man sich niederlassen, hatte *Huitzlipochtli* geweissagt, als der Stamm der Azteken auf seiner Wanderung in Richtung Süden vorstieß. Und so war es denn auch: auf einer Insel, mitten in einem riesigen See, saß der Adler auf einem Kaktus und fraß die Schlange, also ließ man sich dort nieder. *Tenochtitlan* nannte man die Stadt auf der Insel im See, den man allmählich regelrecht zubaute, so dass nur noch die heutigen Kanäle von ihm blieben. Indio-Frauen backen und verkaufen an seinem Ufer heute *Tortillas*[2], „carne al carbon"[3] und eisgekühlte, bunte Säfte. Das Eis dazu wird in langen Stangen an eisernen Haken von verwegenen Gestalten in der Gosse herangeschleift. Wer das trinkt ist entweder gegen Krankheitskeime aller Art immun oder er wird unweigerlich Opfer der *Rache des Montezumas*.

Erneut ein „Gaucho-Flug" mit *Aero Mexico*, quer durch die Berge der Sierra Madre, immer hart über die Gipfel hinweg, nach Acapulco, der Stadt der Schönen, Reichen und Schillernden, an mehreren traumhaften, subtropischen Buchten gelegen und das *Non plus ultra* für „Badewütige" und aktiv Erholung Suchende. Erneut führe ich unsere kleine Reisegruppe, die dieselbe Reise gebucht hat, wie ich, sich aber sprachlich ziemlich hilflos zeigt.

Die Fallschirmflieger, hinter Motorbooten an einem etwa 30 m langen Seil durch die Bucht gezogen, faszinieren mich; das will ich auch versuchen und tatsächlich war dieser etwa eine viertel Stunde dauernde Rundflug unter dem Fallschirm ein grandioses Erlebnis. Ganz still ist es „da oben" und mich interessiert kurz vor der Landung nur noch, an welchen Seilen ich ziehen muss, um möglichst sanft im Sand zu landen. Kein

---

[1] Der gefiederte Schlangengott, Gott des Himmels (mit den symbolhaften Federn) und der Erde (mit dem Symbol der Schlange), ehedem der Priestergott der Tolteken
[2] Große, flache, dünne, schmackhafte Maisfladen, mitunter mit Fleisch gefüllt
[3] Auf Holzkohle gegrilltes Fleisch oder Fleisch-Spießchen

Problem indes, die Erde hat mich wieder und wir feiern diese Tat mit einem „*Cocoloco*", am Strand sitzend zunächst, doch dann wieder tatendurstig: ich miete einen offenen VW-Geländewagen und erkunde die traumhafte Umgebung, „meine" Gruppe im Schlepptau.

Eine Fahrt durch die *Puerto Marques Bay* auf einem Segelschiff haben wir uns noch gegönnt, eine Stunde Wasserski inbegriffen. Ein erster Versuch für mich, doch es funktionierte auf Anhieb. Zuletzt lag ich doch im Wasser, denn wie ich die Wellen hätte schneiden sollen, war mir denn doch nicht gleich auf Anhieb klar. Doch noch nie habe ich ein solch glasklares, bisweilen smaragdgrünes Wasser gesehen. Am Strand Hyazinthen, Kokospalmen, Opuntien[1], über uns strahlend-blauer Himmel und Sonne pur; es ist paradiesisch.

Es folgt ein Ausflug nach *Caleta*, wo sich die weltbekannten Klippenspringer todesmutig in die Tiefe stürzen, doch dann ist dieses Feuerwerk der Superlative vorbei und wir fliegen wieder zurück in die Normalität Mitteleuropas.

Anfang Oktober wurde ich nach SHAPE versetzt; das ließ mich jubeln, denn da würde es wieder international zugehen, im belgischen Umfeld bei *Mons* sprach man Französisch und außerdem wohnten da meine Eltern, nunmehr schon seit drei Jahren.

Zuvor wurde ich für eine Woche zu meiner neuen Dienststelle kommandiert, zur Einweisung durch meinen Vorgänger; die Woche darauf fuhren wir gemeinsam nach Münchweiler zur dortigen Einweisung und Übernahme meiner Kompanie. Der Bataillonskommandeur, der für die entsprechende Zeremonie zuständig war, ließ sich nicht blicken: also führten wir die Übergabe vor der angetretenen Kompanie selbst durch.

Das würde ich eines Tages anders machen, habe ich mir damals gesagt; ich würde mich um meine Leute kümmern und schon gar um meine Kompaniechefs, und ganz sicher bei der Übergabe einer Kompanie.

9. Kapitel
Zweite Auslandsverwendung: Fernmeldeoffizier im Obersten Hauptquartier der Alliierten Streitkräfte in Europa in Mons / Belgien (1973 – 1976)

Für alle weit über 2.600 Telefone, 23 Vorzimmeranlagen und die automatische Telefon-Selbstwählanlage der deutschen Firma „TELEFONBAU UND NORMALZEIT (T&N)" war ich im dortigen Hauptquartier zuständig und hatte dazu die international besetzte, etwa 30 Mann starke „*Wire Section*"[2] zur Verfügung. Das war eine Aufgabe, die mir gefiel, aber auch Fingerspitzengefühl erforderte und viel Organisationstalent, wie sich herausstellen sollte. Bei der Führung dieses „bunten" Zuges, der aus Soldaten und Zivilisten

---

[1] Kakteenart mit essbaren Früchten
[2] Englisch für: „Draht-Zug" (auch: „Telefon-Zug")

aller NATO-Staaten bestand, wurde ich von einem kanadischen *Warrant Officer*[1], *Bob Shupe*, unterstützt: ein Muster an technischer Kompetenz, Loyalität und kaum zu bremsender Arbeitswut.

Zunächst aber suchte ich mir eine Wohnung; das wurde dadurch erleichtert, dass ich vorübergehend bei meinen Eltern wohnen konnte und insofern keinem Zeitdruck ausgesetzt war. Dann aber fand ich ein wunderschönes, neues Drei-Zimmer-Appartement an der Peripherie von Mons, keine 5 km vom Hauptquartier entfernt; sogar einen offenen Kamin hatte ich in meinem neuen Domizil an der *Avenue du Général de Gaulle, Résidence Château Housez*. Das habe ich mir zunächst einmal möbliert: dazu fuhr ich in die belgische „Möbel-Stadt" *Malines (Mechelen)* und bestellte alles, was ich zum gemütlichen Wohnen brauchte – die Möbel waren solide und haben mich z.T. über 30 Jahre lang begleitet.

Natürlich habe ich erst einmal Mons und die nähere Umgebung erkundet. Das war angenehm, denn die Belgier brauen gutes Bier und die Trappisten-Mönche ganz besonders gutes, auch die belgischen Muscheln auf mancherlei Art sind weltberühmt, und so habe ich mich denn zuerst einmal in den verschiedenen Bier-Bars und Muschelrestaurants von Mons und Brüssel umgesehen. Es ging aber auch vornehmer: die Umgebung von Mons wimmelt geradezu von erstklassigen Restaurants, die zum Teil in kleineren Schlössern auf dem Lande untergebracht sind. Dabei hat mich mitunter *Virginia (Ginny)* begleitet, amerikanische Operationsschwester am Krankenhaus des Hauptquartiers, im Dienstgrad *Captain* und ledig wie ich. Auch *Suzanna*, mehrsprachige Belgierin und ebenfalls in meiner Abteilung, war mitunter mit von der Partie; und auch bei der Übersetzung des deutschen Märchens „*Der Froschkönig*" ins Französische, worum mich eines Tages der internationale Damenclub des Hauptquartiers bat, hat sie mir geholfen.

„*Il était une fois un roi, dont les filles étaient toutes belles ...*"[2] – und binnen Kurzem fühlte ich mich wahrlich fast wie dieser König, denn die Mädchen rings um mich herum waren alle schön ... Daher ging ich eines Tages mit d r e i der Schönen gleichzeitig zu einem Ball, doch das ist mir schlecht bekommen, denn jede muss wohl angenommen haben, sie sei das Ziel meiner Wünsche und sah sich nun enttäuscht, denn am Ende des Abends hatte ich das Nachsehen und ging allein nach Hause.

Dennoch fuhr ich mit Suzanna, Sue wie wir sagten, über ein Wochenende im Frühjahr zu deutschen Bekannten, die in der Nähe von *Oostende* ein Ferienhaus gemietet hatten und verbrachte, quasi „*en famille*" ein wunderschönes Wochenende an einem breiten Sandstrand voller Strandsegler und mit herrlichen Restaurants direkt am Meer, wo wir uns an Muscheln, sonstigem Meeresgetier und den unvergleichlich zart-knusprigen belgischen „*Frites*" labten. Ob mir nicht kalt sei, fragte mich am Abend Sue aus ihrem Bett, neben meinem. Ja, ziemlich, sagte ich und blieb dennoch unterkühlt und allein in meinem

---

[1] Englisch / amerikanische Bezeichnung für Stabsfeldwebel-Dienstgrade / Fachoffiziere
[2] Französisch für: „Es war einmal ein König, dessen Töchter waren alle schön …"

Bett, obwohl ich's auch wärmer hätte haben können. Irgendwas war da immer noch nicht so, wie ich's gerne gehabt hätte, und für halbe Sachen war ich nun mal nicht zu haben.

So stürzte ich mich wieder in eine „Winterarbeit"; dieses Mal ging es um die Beurteilung des neuesten Werkes von Erich Däniken: „*Aussaat und Kosmos*". Leider musste ich mich mit einem Buchpreis begnügen, und auch im nächsten Winter, als ich mich mit dem „*Club of Rome*" und seinen „*Grenzen des Wachstums*" beschäftigte, gab es „nur" ein Buch und einen Eintrag in die Beurteilung. Erst in der „Winterarbeit" 1975 / 76, in der die Chancen der „KSZE"[1] zu untersuchen waren, gewann ich wieder eine Reise: dieses Mal ging es zur Suda-Bucht auf Kreta, doch davon später.

So habe ich zwei einhalb wunderschöne Jahre in Belgien erlebt, immer weitere Kreise um Mons gezogen, häufig Abende mit meinen Eltern verbracht und im übrigen ausgiebig am gesellschaftlichen Leben in diesem riesigen, internationalen Hauptquartier teilgenommen. Mein Kommandeur war anfangs ein afroamerikanischer *Lieutenant Colonel*[2] mit einer französischen Frau und sprach, für amerikanische Offiziere äußerst selten, ein ausgezeichnetes Französisch. Ich kam schon insofern mit den beiden sehr gut aus; möglich, dass das auch damit zu tun hatte, dass mein Vater, damals Oberst, in der vorgesetzten Stabs-Abteilung tätig war. Das kümmerte mich aber nicht und so verkehrte ich bei ihnen zu Hause ebenso wie in manch anderem Haus alliierter Offiziere; nur zu den Belgiern, in deren Land wir ja waren, gab es kaum nennenswerte Kontakte.

Nur wenige Monate nach meinem Dienstantritt und gleich nach der ersten Sylvesterfeier im Hotel „*Amigo*" am Rande der Stadt hatte ich Gelegenheit, diese guten Kontakte zu testen. Frau Grunwald war zu Besuch bei meinen Eltern, dabei auch Sohn Erhard und Tochter Christine, die wir aus unserer früheren, gemeinsamen Zeit in Altstädten, Sonthofen und Feldafing kannten; schon in Paris hatten sie uns besucht. Ihr Mann, Brigadegeneral und vormals Kommandeur der Heeres-Fernmeldeschule in Feldafing, war mittlerweile leider verstorben.

Im Verlauf der Sylvester-Party nun und sicherlich nach einigen Gläsern Champagner, habe ich im Überschwang der Gefühle Christine versprochen, für sie zu tun, was immer sie wolle: und siehe, das Töchterlein, damals Anfang 20, sagte: „Fahr mich nach *Paris* …" Das hieß, ins Praktische übersetzt: „Fahr mich *morgen* nach *Paris* …", denn übermorgen wollten sie wieder abreisen; *morgen* aber, am Neujahrstag, hatte ich Bereitschaftsdienst: ich war „*on call*"[3] und musste jederzeit erreichbar sein. Von *Paris* aus wäre das ganz sicherlich nicht möglich gewesen – andererseits: mein Wort galt. Ich fasste mir daher ein Herz und fuhr zu meinem Kommandeur, *Lieutenant Colonel Alan Jones*. Der wiederum zeigte Verständnis und trug mir auf, die Rufbereitschaft meinem Stellvertreter zu übertragen; ich aber solle auf jeden Fall nach Paris fahren, denn das sei wichtiger als die ganze Bereitschaft. *Bob Shupe* war natürlich bereit, mir aus der Klemme zu helfen und so

---

[1] **K**onferenz für **S**icherheit und **Z**usammenarbeit in **E**uropa
[2] Englisch / amerikanische Bezeichnung für Oberstleutnant
[3] in Rufbereitschaft

fuhr ich mit Christine nach Paris, auf die Champs Elysées zum Kaffee, danach zum Eiffelturm – und wieder zurück, denn so hatte ich's versprochen.

LtColonel Alan Jones bei der Eröffnung einer Fernmeldeeinrichtung, die unsere Wire Section gebaut hatte. Links Monsieur Duchesne, in der Mitte Master Sergeant[1] Wells, daneben ich.

So feierte ich die Feste wie sie fielen und sie fielen häufig; *Cocktail Parties*, *Dinners*, *House-Warming-Parties*, Wohltätigkeitsbälle, nationale Empfänge und Paraden … Dabei waren die dienstlichen Aufgaben durchaus fordernd, allerdings immer erfolgreich. Dabei haben die allermeisten Mitarbeiter stets fachliche Kompetenz bewiesen – und den unbedingten Willen, es besser zu machen als die Angehörigen anderer Nationen. Bob Shupe war dabei der Allerbeste: mit seiner freundlichen, dabei konzentrierten Art zuzuhören, Probleme aufzunehmen, sie zu analysieren und Maßnahmen vorzuschlagen, war er stets *„on top of the situation"*[2] und es gab keinen Auftrag, der nicht in kürzest möglicher Zeit umfassend und professionell ausgeführt wurde, selbst wenn unsere Männer (dabei auch damals schon einige – amerikanische – Frauen) oft rund um die Uhr schuften mussten. Als wir immer mehr Aufträge bekamen, gliederten wir den Zug kurzerhand um, nicht zuletzt um eine manuelle Datenbank, die bald zu einem kleinen Dokumentationszentrum wurde, zu bilden. Mit bunten Klebepunkten haben wir damals gearbeitet, mit Karten, Lageplänen und

---

[1] Amerikanisch für Oberfeldwebel
[2] Englisch / amerikanisch für: „ die Lage im Griff haben"

Plastik-Reitern, um Telefonnummern zuzuordnen, Kabelverläufe zu dokumentieren und Maßnahmen der „*preventive maintenance*"[1] zeitgerecht und kräftesparend planen und durchführen zu können. Auch Weiterbildungslehrgänge für die Pflege und Wartung unserer Selbstwählanlage, die noch mit der mechanischen Heb-Dreh-Wähler-Technik arbeitete, haben wir organisiert und bei TELEFONBAU UND NORMALZEIT (T&N) in Frankfurt am Main durchgeführt: auf Englisch wohlgemerkt und mit dem Erfolg, dass die technischen Ausfälle gegen Null tendierten. Herrn Clauss von T&N gebührt Dank und Anerkennung für die professionelle, sprachlich und technisch perfekte Durchführung dieser anspruchsvollen Lehrgänge. Bob Shupe hat einen Orden damals bekommen, für seine ausgezeichnete Arbeit.

Selbst ein Motto haben wir uns damals gegeben: „*We can cope*"[2], und so kam es, dass es nichts gab, was wir in den 2 ½ Jahren, in denen ich für den Bereich der Telefonie bei SHAPE zuständig war, nicht geschafft hätten: gemeinsam freilich, in freundlichem Umgangston und bei gleichzeitiger, intensiver Pflege gesellschaftlicher Kontakte. Unsere Vorgesetzten haben sich auch um uns gekümmert damals, ließen sich vortragen, kamen auf ein Wort vorbei oder tranken ganz einfach mit uns eine Tasse Kaffee, luden nach Hause zu einem Drink ein und nach Dienst spielten wir miteinander Tennis, auch Badminton übrigens, denn auch bei SHAPE gab es einen Badminton-Club.

Auch zu *Lieutenant Colonel Williams*, Jones' Nachfolger, hatte ich ein ausgezeichnetes Verhältnis, schon weil es uns, kurz nach seinem Dienstantritt, gelungen war ein neues, recht anspruchsvolles Fernsprechsystem bei SHAPE zu installieren und in Betrieb zu nehmen; wir haben viel Lob, auch seitens der zuständigen Generalität, dafür erhalten, Lob das natürlich zu allererst unserem Commander zukam, denn er war nun einmal für das gesamte „Fernmeldewesen" vor Ort zuständig.

So war ich kurz vor Weihnachten bei *Williams* zu einem Advents-Empfang zu Hause; dabei wurde u.a. „*Christmas Egg-Nog*"[3] gereicht. Seiner Frau, *Hallie* aus Texas, überreichte ich bei dieser Gelegenheit wunderschöne, gelbe Rosen mit den Worten: „*yellow roses for the most beautiful rose of Texas …*"[4] Das hatte sie wohl noch nie gehört und es muss ihr gefallen haben, denn sie bedankte sich anderntags – handschriftlich! – für die wunderschönen Rosen; dabei war auch ihr Rezept für den „*Christmas Egg-Nog*", um das ich gebeten hatte; hier die Übersetzung:

<u>Zutaten</u>: 1 Tasse Zucker, 1 Quart[5]„Half & Half" (US Milch, bestehend aus 50% Milch und 50% Sahne), 8 separierte Eier, 1 – 1 ½ Tassen Rum, Cognac oder Bourbon Whisky.

---

[1] Englisch / amerikanisch für: Vorbeugende Materialerhaltung
[2] Englisch / amerikanisch für: „Wir schaffen es"
[3] Weihnachts-Eier-Punsch (in USA / Kanada / Großbritannien und im Bereich des britischen Commonwealth verbreitetes, alkoholhaltiges Milchgetränk)
[4] „Gelbe Rosen für die schönste Rose aus Texas"
[5] ¼ US-Gallone, entspricht etwa 1 (reichlichem) Liter

Zubereitung: Die Milch mit dem Zucker vermischen; das Eiweiß schlagen und dem Milch-Zucker-Gemisch beigeben, so lange verrühren, bis das Eiweiß nicht mehr sichtbar ist.
Geschlagene Ei-Dotter hinzugeben und gut mischen.
Langsam Rum, Cognac oder Bourbon dazu geben.
In Tassen füllen, je eine Prise „Nut-Meg"[1] (falls vorhanden) darauf streuen und einen Löffel Vanille-Eis in jede Tasse geben.
Reicht für 15 – 20 Portionen.

An einem Wochenende im folgenden Frühjahr fuhr ich mit der Masse meiner Leute nach *Oostende* zu einer „*Deep Sea Fishing Tour*"[2]: Makrelen wollten wir fangen; diese wollten wir bei einem Grillfest in einer Freizeiteinrichtung gemeinsam vertilgen. Die See ging hoch, das Boot ächzte in allen Fugen und wir mussten nur deshalb Neptun nicht opfern, weil ich vorsorglich und rechtzeitig Pillen gegen Seekrankheit ausgegeben hatte. Dafür wurden wir alle so müde, dass wir mehr schlafend als wachend an unseren Angeln hingen. Es kam wie es kommen musste: wir fingen – wiewohl fast 30 Mann hoch und gut zwei Stunden unterwegs – keine einzige Makrele. Also mussten wir Makrelen k a u f e n ; dennoch, ein unvergessliches Erlebnis, eines vor allem, das die Gemeinschaftsbildung ganz ungemein förderte und sich erneut positiv auf die Leistungsbereitschaft der ganzen Truppe auswirkte.

Auch ein gemeinsames „Ritter-Essen" aller Offiziere der *SIGNAL GROUP*[3] in Brüssel, ein gemeinsamer Ausflug per „*Hovercraft*"[4] zu einem Fernmelderegiment der britischen Territorialverteidigung in London mit feierlichem Abendessen und Besichtigungsprogramm, ein Familien-Nachmittag mit Sportveranstaltungen und Kinder-Belustigung und viele andere außerdienstliche Veranstaltungen dieser Art dienten letztlich diesem Ziel. Alle haben gerne mitgemacht und die Stimmung war „bombig".

Eines Tages bekam die Deutsche Abteilung der Internatonalen Schule, ebenfalls auf dem SHAPE-Campus, einen neuen Direktor; ich traute meinen Augen nicht, als ich ihn sah: Herr Böttinger, „mein alter" Lehrer aus Paris, mittlerweile Oberstudiendirektor und um ein paar Jahre ergraut, doch ansonsten wie damals: von lockerem, lässigem Charme, freundlich, gebildet, das Muster eines Pädagogen, zweisprachig, weltgewandt, dabei wohltuend zurückhaltend ... der richtige Mann am richtigen Ort, sagten wir uns alle und freuten uns, ihn wieder zu sehen. Natürlich haben wir ihn mit seiner Frau einge-

---

[1] Gewürz
[2] Englisch / amerikanisch für: „Hochsee-Angel-Partie"
[3] „Fernmeldegruppe" : entsprach etwa einem Fernmelderegiment; lange Zeit (bis 2004) – in unterschiedlicher Größe und Organisationsform – d i e (integrierten) Fernmeldeverbände der NATO-Hauptquartiere in Europa
[4] Luftkissenboot (erlaubt bei glatter See ein Überqueren des Ärmelkanals zwischen Dover und Calais in ca. ½ Stunde)

laden, zu uns nach Hause, sowohl die Eltern als auch ich, in meine Junggesellen-Wohnung.

An einem Abend im Herbst war ich bei ihm zu Hause, zu einem Imbiss, wie er sagte. Vor dem Eingang seines Hauses brannte eine Fackel; im Wohnzimmer auf einer Staffelei das großformatige Bild Friedrichs des Großen, beidseitig illuminiert, dazu friderizianische Musik – ein Tribut an meinen Berufsstand ganz offensichtlich und an meinen Hang zur Geschichte des Alten Fritz; dabei: Herr Böttinger war *Bayer*!

Seine Frau, eine Korsin, servierte unterdes eine Köstlichkeit nach der anderen. Artischocken zunächst, dann Schnecken, eine *Bouillabaisse*[1], dazu erlesene Weine; an den Rest kann ich mich nicht erinnern, denn wir schwelgten in alten Zeiten: die Erinnerung an unsere gelungene Aufführung der *Antigone* war auch dabei. Absolut zweisprachig ging es zu im Hause Böttinger damals: eine Avantgarde eines zukünftigen Europa, wie ich mir das wünschte, ohne jeden Zweifel.

Solchermaßen kulinarisch geprägt lud ich Ginny und andere eines Tages im November zu einem Abendessen, das fast ausschließlich aus Vorspeisen bestand, ein. Die Menukarte habe ich noch heute:

Light Dinner „Chez Harald"
20 November 1974
For Virginia and Other Distinguished Guests

Les huîtres à la Mons
Artichauts à la Château Housez
Escargots de Bourgogne
Cuisses de grenouille
Composition à la tomate
Fromages européens
Fruits divers
Glace aux bananes flambées

Café ou Café d'Irlande

Dazu gab es folgende Weine:

1969er Château La Nauve
Saint Emilion

---

[1] Südfranzösische Fischsuppe

1971er Winkeler Hasensprung
Riesling, Spätlese
Rheingau, Bereich Johannisberg
(à déguster, en fermant les yeux)

Champagne, La Veuve Cliquot
(à déguster à la rose)

Von 20.00 Uhr bis 02.00 Uhr am nächsten Morgen haben wir bei prasselndem Kaminfeuer und Vivaldis Kompositionen ununterbrochen geschmaust; anderntags kamen mittags ungefragt die Mädchen und wuschen ab.

Im September 1975 habe ich mir eine halbe Weltreise gegönnt: ich flog im Urlaub nach *Bangkok, Hongkong* und nach *Bali*.

Dazu fuhr ich zunächst nach Miltenberg, denn das Flugzeug sollte in Frankfurt starten. Zunächst verbrachte ich eine Nacht in unserem Haus und frühstückte anderntags gemütlich im Garten, da kam Ursula, die Tochter unserer Nachbarn und brachte mir – an einem Bindfaden und an ihrem langen Rock befestigt – eine ganze Reihe kleiner Päckchen: alle zu meinem 31. Geburtstag …

Welch schöne Überraschung! Bestimmt ein gutes Omen für meine Reise, dachte ich mir, und so sollte es dann auch werden.

Nachts um 02.00 Uhr ging die Sonne am Horizont auf, unter uns die arabischen Emirate, später Persien, weiter entlang der indischen Küste, Zwischenlandung auf Ceylon; abends Landung in Bangkok bei schwüler Hitze; Transport zum *Narai-Hotel*, mitten in der Stadt. Zur Begrüßung gab es einen Rum-Cocktail aus einer Kokos-Nuss. Zum Abendessen sollte ich in den 7. Stock fahren, riet mir der Portier. Dort traute ich meinen Augen nicht: ein bayerisches Oktoberfest: Thai-Mädchen in Lederhosen als Bedienung … Das war nun wirklich nicht, was ich wollte, und so nahm ich ein Taxi und fuhr selbständig auf Erkundung. Anfangs versuchte ich noch, mich anhand eines Stadtplans zu orientieren, gab das aber bald auf, denn d i e s e Schrift konnte ich nun wirklich nicht lesen.

Was habe ich – auch ohne die Schrift lesen zu können – nicht alles gesehen und erlebt!

Den Tempelbezirk von *Wat Phra Keo* zunächst mit seinem goldenen Buddha; ein Mönch sprach phantastisch Deutsch, ganz ohne Akzent. Selbst beigebracht habe er sich das, sagte er mit einem Lächeln …

Eine Bootsfahrt durch die Klongs des *Menam* zu einer Farm, auf der man uns zeigte, wie die Dorfbevölkerung früher wohnte und auf dem Land wohl auch heute noch wohnt, wie man früher Elefanten zum Arbeitseinsatz brachte, rituelle Säbel-Tänze, den „*Fingernail-Dance*", bei dem ganze Reihen in Seide gekleidete, grazile Tänzerinnen ihre mit langen Goldspitzen versehenen Finger fast bis zum Anschlag nach rückwärts verbogen…

Ein Ausflug zu einer Orchideenfarm, wo man Orchideengebinde kaufen konnte – sie wären ganz bestimmt auf dem Rückflug im richtigen Flugzeug über dem gebuchten Sitz – und tatsächlich, so war es denn auch fast drei Wochen später.

Eine ganztägige Reise nach *Ayudhaya*, der ehemaligen Hauptstadt von Siam, und ihre Tempelruinen, deren Goldschicht von den burmesischen Eroberern durch gewaltige Feuer abgeschmolzen worden sind; ein goldener Buddha, schier endlose Reisfelder auf dem Weg zurück und Wasserbüffel, die ihre Pflugscharen zogen, Frauen, bis zur Hüfte im Wasser beim Setzen der Reispflanzen …

Natürlich habe ich mir auch einige Thai-Massagen gegönnt; dabei trippelten die Mädchen, nach einem Schaumbad, leicht wie eine Feder, über den Rücken, die Arme, die Beine und wieder zurück. Als ich das beim gemeinsamen Frühstück einem mitreisenden Arzt aus Köln erzählte, wurde der ganz kribbelig und seine Frau meinte, scheinbar gefasst: „Das kannst Du Dir doch auch mal gönnen; ich warte so lange draußen …" Als ich ihn am nächsten Morgen fragte, wie denn die Massage war, gestand er mir – sichtlich geknickt – dass er das Vergnügen denn doch nicht gehabt habe, denn seine Frau, „… Sie wissen schon …" Er hat mir richtig Leid getan, der Arme, Unmassierte …

Auch ein Abendessen in einem „armlosen Lokal" habe ich durchaus genossen: dabei wurde ich im Eingangsbereich dieses schönen Restaurants von einigen Boys begrüßt, die sich artig tief verbeugten und mich baten, ihnen in die erste Etage zu folgen. In einem Foyer standen bestimmt 30 junge Damen, alle in traditioneller Kleidung, lächelnd, feenhaft grazil, Nummern am Kimono und warteten offensichtlich, dass ich meine Wahl träfe. Bei so viel Lächeln und leisem Gezwitscher wahrlich kein einfaches Unterfangen – doch *Nummer 28* sprach mich auf Englisch an und fragte, ob sie mich begleiten dürfe … Natürlich durfte sie und so geleitete sie mich in einen kleinen Raum, man zog die Schuhe aus und nahm an einem flachen Tisch Platz; sie mir gegenüber und half, die Speisen zusammenzustellen. Nicht zu viel, meinte sie, nur leichte Kost, Haifischflossen-Suppe, ein paar Krabben, ein Fisch, mit dem sie mich – knusprig wie er war und ohne Gräten – in kleinen Häppchen mit ihren Stäbchen fütterte; dann tupfte sie mir, ganz vorsichtig, die Lippen ab, gab mir Reiswein aus kleinen, zerbrechlichen Schalen zu trinken, nur kleine Schlückchen, meinte sie, „*… you must be strong …!*" Zwischendurch ein Tanz; biegsam war sie, grazil, leise, sehr dezent, und formte seltsame, doch eindeutige Gebilde aus den Servietten, so dass mir schnell dämmerte, wie sich das entwickeln würde. 100 Baht für jede Stunde vor Mitternacht, danach könnte sie gehen, doch die Nacht sei kurz … Und so fuhren wir ohne weiteren Verzug per Taxi in ein Hotel mit großen, leuchtenden, grünen Nummern, „59" hieß es, wenn meine Erinnerung nicht trügt, und hinter dem Taxi ging ein Bambusvorhang nieder. Diskret geht es hier schon zu, dachte ich und stand im Nu, von Nr. 28 geleitet, in einem kreisrunden Zimmer, mit rundem, riesigem Bett, davor eine kreisrunde, gleichermaßen riesige Badelandschaft (denn „Wanne" wäre deutlich untertrieben), an der Decke und den Wänden nichts als Spiegel; und schon erschien ein dienstbarer Geist und brachte Sekt, mit einer diskreten Verbeugung … „Langsam …" sagte Nr. 28 auf Deutsch und bremste meine Leidenschaft, doch nicht zu sehr und „langsam" entwickelte sich dieses vormitternächtliche Abenteuer zu einem (Sekt-) prickelnden, sich vielfach spiegelnden, lächelnden, seidigen Prélude, das Bolero-haft zum Crescendo aufwuchs und im Largo verhielt …; „*da capo al fine*", bedeutete mir wenig später Nr. 28 und obwohl sie das auf Thai sagte, flüsterte, nein: zwitscherte, war diese Sprache leicht verständlich und im Halbdunkel dieser Arena als Regieanweisung zwingend … „*Ooi*" hieß sie, hat sie mir noch verraten, bevor sie mich in ein Taxi setzte, das mich in mein Hotel zurück bringen sollte. Dass der Taxi-Fahrer dabei einen Motorradfahrer mit gut 80 km/h einfach überfuhr, habe ich zwar mitbekommen, doch mit meiner Aufforderung zu halten keine Resonanz erzielt. Ein Schulterzucken und weiter ging's im Galopp durch die am frühen Morgen noch fast menschenleere Stadt.

Einen sandfarbenen Tropenanzug und ein paar Seidenhemden habe ich mir auch noch anmessen lassen, eines Abends; zum Frühstück wurde alles gebracht und passte, wie angegossen.

Nach einer Woche flogen wir weiter, um Kambodscha und Vietnam herum – denn da herrschte Krieg – und über das Südchinesische Meer nach *Hongkong*. Direkt ins Meer hinein ist der Flughafen *Kai Tak* gebaut und der Anflug erfolgt direkt aus den Bergen, steil hinab, direkt ins Meer, hat es den Anschein. Auf der Gangway spanne ich meinen Regenschirm aus Reispapier auf, den ich mir zum Abschied von Bangkok gekauft habe, denn es regnet sanft.

Im „*Hyatt Regency*"-Hotel hatte ich mein Zimmer gebucht, mitten in *Kowloon*, und als ich aus dem Hotel auf die Straße trat, rings um mich herum nur chinesische Schriftzüge, so dass ich zuerst einmal etwa 50 m nach links, dann 50 m nach rechts auf der *Nathan Road* gegangen bin, mich langsam in beide Richtungen und zurück zum Hotel vortastend … doch kurz darauf entdeckte ich auch englische Straßennamen und fühlte mich gleich wohler, denn so ganz ohne Orientierung wäre mir das Ganze doch zu mulmig geworden, trotz Stadtplan und Hotelführer am Mann. Und langsam zog ich meine Kreise immer weiter, anfangs in einer Rikscha, für fünf Hongkong-Dollar, das war wenig genug, zog mich ein alter Mann, barfuss und inmitten des tosenden Verkehrs, gut einen Kilometer weit, hinab zum Hafen. Unwohl habe ich mich dabei gefühlt, trotz aller gespannter Neugier, wie das wohl wäre, in einer Rikscha, denn dass da ein M e n s c h einen anderen Menschen ziehen würde, wie ein Tier, war mir zuvor so direkt nicht bewusst gewesen.

Eine Rundfahrt durch die eigentliche Insel von Hongkong, hoch zum *Victoria-Peak* mit einem weiten Blick über die Insel und *Kowloon*, zum weitläufigen *Tiger-Balm-Garten* mit seinen Pagoden, Buddhas und Tao-Tempeln, zur malerischen *Deep Water Bay* und weiter zum Dschunken-Hafen *Aberdeen*: dort Mittagessen auf dem schwimmenden Dschunken-Restaurant *Tai Pak*. Ein Deutscher nebenan monierte, dass er jeden Tag Reis essen müsse, nie gäbe es Kartoffeln … Mann, dachte ich, was bist du für ein Trottel, und erfreute mich an all den Spanifanteln, wie Vater sagen würde …

Am Abend ins „*Bottoms Up*" mit seinen *Topless* Waben, in denen barbusige Mädchen sitzen, die geheiratet werden wollten; nur so würden sie einen Pass bekommen und den brauchten sie, um endlich hier heraus zu kommen …

Die Partner-Bar ganz in der Nähe war weit interessanter; nach einem *Whiskey Sour* fiel mein Blick auf eine junge Dame im Kimono, die exzellentes Englisch sprach und anschmiegsam tanzte; später ging *Ay Wee* – mittlerweile in Jeans und ganz westlich – mit in die Polaris-Bar im 16. Stock meines Hotels; ein grandioser Blick über die erleuchtete Stadt, eine funkelnde Schatztruhe, ein Traum. Auch *Ay Wee* hatte wohl ihren Traum und wollte unbedingt meinen Regenschirm, einen Knirps, dessen Mechanismus sie fasziniert haben muss. Auch ihre Telefonnummer hat sie mir gegeben: ich sollte sie am nächsten Tag anrufen; sie würde für mich kochen und mir zeigen, was ich wollte.

Am nächsten Morgen ohne *Ay Wee*, dafür mit einem vorzüglich Deutsch sprechenden chinesischen Reiseführer im Bus zu den *New Territories* an die rotchinesische Grenze, Reisfelder zu beiden Seiten der Straße. Zurück über das 800 Jahre alte „Wehrdorf" *Lok Ma Chau*, wie man uns erklärte, voller „*Haka*-Frauen" mit ihren faltigen Gesichtern und großen, breitkrempigen Strohhüten mit den schwarzen Fransen; alle rauchten lange Pfeifen: Opium, wie es hieß, das sei normal hier. Gebratene Hunde konnte man auf dem Wochenmarkt kaufen, Hühner, Enten, Fisch aller Art, Obst in Mengen, Gewürze, Reis in vier Farben, Tongeschirr, Pflanzen, Gemälde: zwei chinesische Landschaftsbilder habe ich erstanden mit Dschunken im Vordergrund. Das muss mich motiviert haben, an einem 8-Gang-Menü auf einer Dschunke teilzunehmen, die am Abend die eigentliche Insel umrundete. Am Dschunken-Hafen *Aberdeen* ein Halt; andere Passagiere wurden mit *Sampans*, kleinen Booten („Wassertaxis"), an Bord gebracht, andere gingen an Land. Ein babylonisches Sprachgewirr, wie mir schien; ich verstand kein Wort und fühlte mich doch wohl: doch das lag am Reiswein, an den köstlichen Speisen und daran, dass ich weit ab der Heimat war, am Ende der Welt, wie mir erschien.

.   Doch meine Reise in den Fernen Osten ging noch weiter: am nächsten Nachmittag Weiterflug mit einer halb leeren *DC-10* von „*Thai International*", zunächst noch einmal um Vietnam und Kambodscha herum, für zwei Tage nach Bangkok; von dort würden wir dann nach *Bali* weiterfliegen.

Ich bin wieder im *Narai-Hotel* untergebracht; gönne mir nach der langen Reise eine Massage. Am nächsten Morgen fehlt die „Instamatic", Mutters kleiner Fotoapparat, den sie mir geliehen hatte. Am meisten ärgert mich, dass damit auch ein ganzer Film weg ist, mit Bildern aus Hongkong. Für den Reiseleiter ist das Routine, denn das passiert hier täglich.

Ich erkunde einen riesigen Markt mit irrem Gewühl: ein Wunder, dass mir nicht noch mehr fehlt, als ich am Nachmittag zurückkehre und mich am *Swimming Pool* erhole. Abends unterhalte ich mich in der Partner-Bar „Suzie Wong" zwei Stunden lang mit der gebildeten, eloquenten *June* aus Formosa / Taipeh; dabei habe ich so viel über die Insel und ihre Beziehungen zu Rotchina gehört, wie in meinem ganzen Leben nicht zuvor. Angst hatte sie, dass die Rotchinesen eines Tages kommen und die Amerikaner sie alleine lassen …

In der Bar des Grand Hotel lungern so viele Mädchen, wie ich das noch nie gesehen habe, herum; viele Deutsche, die dort an der Bar sitzen, haben zwei Mädchen auf den

Knien, obwohl sie jetzt schon blau sind; das ist nichts für mich und ich gehe um Mitternacht ins Bett, denn am nächsten Morgen heißt es um 04.30 Uhr aufstehen.

Dafür sind wir schon kurz nach 08.00 Uhr in der Luft; wieder begeistert mich *„Thai International"* mit seinem ausgezeichneten *„Royal Orchid Service"*, den wunderschönen, in Seide gekleideten Stewardessen mit der Orchidee im Haar, dem exquisiten Mahl mit Champagner und Cognac nach dem Dessert.

In *Singapur* werden selbst Transit-Passagiere mit dem Metalldetektor überprüft, doch das gibt mir zumindest die „gefühlte Sicherheit", die gut tut, um sich in den letzten Abschnitt dieses fernöstlichen Abenteuers zu stürzen.

Auch auf dem Flug nach *Jakarta* und erneut auf der letzten Strecke nach *Denpasar* auf Bali werden wir kulinarisch verwöhnt; fast möchte man mit dieser paradiesisch anmutenden Fluggesellschaft weiterfliegen.

Doch dann landen wir bei flirrender Hitze auf *Bali* und sind wenig später im *Bali-Hyatt-Hotel*, einer weitläufigen Bungalow-Anlage mit allen Annehmlichkeiten, die man sich wünschen kann, direkt am Strand von *Sanur*, in einer subtropischen Parklandschaft. Am Eingang sitzt eine *Gamelan*-Musikkapelle mit Xylophon, Gong, Glockenspiel, Flöte, Fell-Trommel und erfüllt die gesamte Lobby mit einem für europäische Ohren ungewohnten, dabei aber nicht unangenehmen Fünfton-Klang.

Nach einem Drink an der Bar im Swimming Pool und der Buchung verschiedener Ausflüge für die nächste Woche ist es auch schon Zeit für das abendliche Buffet Dinner; dabei führen biegsame, grazile Tanzmädchen bei Gamelan-Musik ihre anmutige Kunst vor. Mittlerweile ist auch die Nacht, fast ohne Dämmerung, schon kurz nach 18.00 Uhr, hereingebrochen. Über uns das Kreuz des Südens und ein prachtvoller, hell funkelnder Sternenhimmel mit ganz anderen Sternen als hierzulande.

Das Ausflugsprogramm beginnt mit einer Fahrt nach *Besakih*, dem Muttertempel am Fuße des majestätischen, über 3.000 m hohen Vulkans *Gunung Agung*, der Gerichtshalle in *Klungkung*, in der früher der König persönlich Recht sprach, nach *Goa Lawah*, der Fledermausgrotte und zum Dorf *Tenganan*, einem alten *Bali Aga* Dorf, in dem noch die Ureinwohner wohnen, wie es hieß, auch jede Menge Hühner und viele dünne, schwarze Schweine.

Beim *Barong*-Tanz andertags in einem fahnengeschmückten Theater in freier Natur erleben wir den ewigen Tanz zwischen Gut und Böse mit seinen pittoresken Masken, dem „Langhaar-Monster" und dem „Löwen" in seinem Schilf-Kostüm, und gewöhnen uns allmählich an die allenthalben präsente Gamelan-Musik, die anscheinend überall auf der Insel mitschwingt, und sei es als leiser, nur vom Wind bewegter Gong … Neben der Mauer kleine Ahnen-Schreine auf Holz-Stelzen; Frauen bringen Bambus-Schmuck und Hibiskus-Blüten.

Im Wald der heiligen Affen sitzt auf einmal ein grauer Rhesus-Affe auf meinem Kopf; es ist gar nicht so leicht, ihn wieder los zu werden.

Am Nachmittag höre ich, dass eine Priesterverbrennung stattfinden soll; natürlich will ich mir das ansehen. Das ganze Dorf scheint auf den Beinen: eine bunte Prozession mit langen Bambusstangen, an denen bunte Fahnen wehen, viele tragen eine Art langstieliger Sonnenschirme und in der Mitte ein turmartiges Bambus-Gerüst mit den hölzernen Schwingen des *Garuda*, darauf ein Holzstier, auf dem die Leiche, in weiße Tücher gewickelt, festgebunden ist. Dies alles kommt auf einem Platz, gesäumt von riesigen, uralten *Bodhi*-Bäumen mit ihren Luftwurzeln und kleinen, steinernen Tempelchen, zum Halt und unter dem Stier wird ein Scheiterhaufen aufgetürmt; dabei scheint jeder Angehörige der Prozession ein Scheit mit aufzulegen, alle bei offensichtlich guter Laune, von Gamelan-Musik begleitet. Dann wird der Scheiterhaufen entzündet und kurz bevor auch die Leiche verbrennt, steigt ein kleiner Vogel, der darauf gesessen hatte, in die Luft und schwirrt davon: die Menge applaudiert. Das sei die Seele des Verstorbenen, wird uns erklärt, die nun in den Himmel geflogen sei.

Anderntags fahren wir nach *Kintamani*, im Norden der Insel und besuchen die Künstlerdörfer *Ubud* und *Mas* mit ihren kunstvollen Holzschnitzereien; meist werden Figuren der *Ramayana-Sage* hergestellt, des Göttervogels *Garuda*, der Prinzessin *Sita* und anderer anmutiger Tänzerinnen.

Weiter zur Elefantengrotte von *Tampak Siring*; rings herum eine traumhaft schöne Landschaft: gepflegte, gut bewässerte Reisterrassen, soweit das Auge reicht, dazwischen Kokospalmen und Hibiskushecken. Beeindruckend auch die Königsgräber beim fein ziselierten Tempel von *Bangli*. Dort wird ein Tempelfest vorbereitet, denn die Frauen schmücken die Altäre mit Opfergaben: geflochtener Schmuck aus Schilf, Bambusholz und Hibiskusblüten, dabei auch geröstete Schweine und Hühner, gelbe, weiße, rote und schwarze Reiskuchen, denn es gibt Reis in all diesen Farben, wie wir später lernten; der Götterbote *Garuda* hatte die vier Reissorten den Menschen einst von den Göttern gebracht; um aber auf dem langen Weg zu den Menschen nicht vor Entkräftung ins Meer zu stürzen, aß er den gelben Reis selbst – und seitdem gibt es gelben Reis nur noch, wenn er mit Safran gefärbt wird.

In *Batur* genießen wir den beeindruckend schönen Blick auf den ebenmäßigen, gleichnamigen Vulkan, auf dem die Götter wohnen.

Auf dem Weg zurück ins Hotel sehen wir kleine Kinder, allesamt nackt und Frauen, oben ohne, nur im *Sarong*, die auf dem Kopf Behälter tragen: gefüllt mit Steinen, zum Straßenbau ganz offensichtlich; die Männer sitzen derweil vor ihrem Haus, wird uns erklärt, massieren ihre Kampfhähne und warten auf ihre Frauen.

Abends genieße ich eine Reistafel, dazu wird der *Ramayana-Tanz* aufgeführt, mit dem guten Königssohn *Rama*, dem bösen *Rawana* und der anmutigen Prinzessin *Sita* aus der märchenhaften Sage, die offensichtlich die gesamte Götter-Insel durchzieht.

Danach gehe ich noch kurz am Strand spazieren; ein paar Kinder bieten Muschelketten an: „*You no buy, Mister, I give you present …*"[1], und kleine *Sitas* aus Ebenholz, wie sie

---

[1] „Sie brauchen das nicht zu kaufen, ich schenke es Ihnen …"

betonen. *"Sir, you want beautiful Balinese dance girl for tonight?"*¹ fragt mich ein alter Mann, doch ich genieße lieber den nächtlichen Himmel mit seinen ungewohnten Sternenbildern.

Welch Kontrast zwischen der Gesellschaft in dieser Hotelanlage und den Menschen da draußen, denke ich, doch helfen kann ich ihnen auch nicht, denn ich habe nur noch 14.- $ und wenige Tausend Rupien am Mann; entgegen der Aussage der Reiseleitung in Bangkok kann ich weder im Hotel noch in einer Bank auf Bali einen Euroscheck einlösen und so bin ich vorerst pleite. Gut, dass die weiteren Ausflüge schon bezahlt sind und dass das Frühstück jeden Morgen so reichhaltig ist, dass es in „Notzeiten" auch für den ganzen Tag reicht. Frisches Trinkwasser steht auch jeden Tag in meinem Zimmer und eine große Schale exotischer Früchte.

Und so rette ich mich fürderhin zum Nulltarif über die Runden; eine Woche lang, bis ich der Reiseleiterin meine missliche Situation erkläre. Für sie ist das nun allerdings überhaupt kein Problem: sie gibt mir Bargeld und ich ihr einen Euroscheck, den sie in wenigen Tagen anlässlich ihrer vierteljährlichen Reise nach Thailand in Bangkok einlösen würde.

Am Strand von *Kuta*, im Süden der Insel, erleben wir einen einmaligen Sonnenuntergang vor der gewaltigen Kulisse ausgewaschener, schwarzer Felsen und bewegter See; nur eine kleine Pagode zeigt an, dass dies hier bewohntes Gebiet ist und nicht ausschließlich den Göttern gehört.

Die nächsten Tage verbringe ich am Hotelstrand, sonne mich, lese Krimis, wandere durch seichtes Wasser, teils auf einer Algenwiese, in Richtung auf ein Korallenriff. Dort finde ich einen überdimensionalen, roten Seestern und ein Korallengebilde; ich schleppe beides mit und sehe Balinesinnen, die in großen Körben Seeigel sammeln. Zurück am Sandstrand kleine Mädchen, die riesige Muscheln und Muschelketten verkaufen. Ein kleines Mädchen will mir seine Muschelkette schenken: *"No pay"* sagt es in seinem unvollkommenen, doch anmutigen Englisch und *"Welcome to Bali, did you come with a group? How many people? Do you like brown colour? Is very hot here! I like white colour! What is your name? – I like your name …"*²

Ich versuche, ihm „Hänschen klein…" und „Kommt ein Vogel geflogen …" beizubringen und „Deutschland ist schön". *"You are nice, Mister. I'll see you tomorrow …"*³ sagt es und winkt.

Abends fahren wir zum *Ketchak*-Tanz; nur 15 Minuten mit dem Bus, aber die Nacht bricht herein und der Fahrer fährt in halsbrecherischer Weise immer hart am Abgrund entlang, bei Gegenverkehr weichen beide „Kontrahenten" ungebremst auf die Bankette aus; nur als eine Ente die Straße überquert, bremst der Fahrer ab. Enten und

---

[1] „Möchten Sie ein hübsches balinesisches Tanz-Mädchen für heute Nacht?"
[2] „Willkommen auf Bali! Sind Sie mit einer Reisegruppe gekommen? Mit wie vielen? Mögen Sie braune (Haut-) Farbe? Es ist sehr warm hier! Ich mag weiße (Haut-) Farbe. Wie heißen Sie? Ich mag Ihren Namen …"
[3] „Sie sind nett, Herr … Bis morgen."

Katzen zu überfahren, bringt Unglück, heißt es, denn beide Tiere werden den Göttern *Rahma* und *Schiwa* zugeordnet.

Als wir ankommen, ein unüberhörbares, schnatterndes Hintergrundgeräusch: Tausende von Fröschen quaken miteinander um die Wette, als wüssten sie, dass sie ohnehin nicht mehr lange zu leben hatten. „Gute Ware", sagten uns die Organisatoren, „… man reißt ihnen die Schenkel ab und isst sie …" Dass die Froschschenkel, die ich gerne aß, ja auch irgendwo herkommen mussten, hatte ich allerdings bis dato nicht bedacht.

Auf einer gemauerten Fläche sind im Halbrund zwei Stuhlreihen aufgebaut; davor die Tanzfläche, begrenzt von einer Mauer; davor lange, gebogene Bambusstangen mit weißen und schwarzen Fahnen, die Symbole für Gut und Böse. In der Mitte der Tanzfläche ein metallener Leuchter, an dem Öllampen flackern.

Mit affenartigem, rhythmischem „*Ketchak-Ketchak*"-Geschrei springen etwa 80 Männer mit nacktem Oberkörper, schwarz-weißem Sarong und Hibiskusblüten hinter dem Ohr auf die Tanzfläche; sie setzen sich im Halbkreis auf den Boden und sind mit ihrem dumpfen „*Ketchak-Ketchak, Chak-chak-chak*" und rhythmischen Bewegungen ihrer Oberkörper und Arme die einzige Begleitung zum Tanz der *Ramayana-Sage*, des „urersten" Gedichts Indonesiens, das – so sagen es alte Quellen – um 880.000 v. Chr. (!) entstanden sein soll …

Rama, Prinz aus *Ayudhaya*, zu Unrecht für 14 Jahre verstoßen, lebt mit *Sita* im Wald; da erscheint der Dämonenkönig *Rawana* und entführt *Sita,* die er für sich begehrt. Nach vielem Hin und Her besiegt der Affengeneral *Hanuman* sämtliche Dämonen samt *Rawana* und bringt *Sita* zurück zu *Rama*, Inkarnation des *Vishnu*.

Während der Dämonenkönig und seine Dämonen sowie *Hanuman* Masken mit fürchterlichen Fratzen tragen, grunzen, schnalzen und sich eckig bewegen, sind *Rama* und vor allem *Sita* höchst anmutig anzusehen. Man atmet förmlich auf, als die Beiden wieder vereint sind. Eine perfekte Inszenierung in urwüchsiger Umgebung; vollendet orchestriert und kunstvoll getanzt.

Ein Trance-Tanz kurz vor dem Rückflug, eigentlich nur als Opfertanz im Zusammenhang mit einem Tempelfest erlaubt, wie uns der gut Deutsch sprechende indonesische Führer erklärt, macht uns alle nachdenklich: zwei junge zehn bis zwölf-jährige Mädchen werden in Trance versetzt und tanzen mit geschlossenen Augen, zwei Fächer in der Hand, grazil und anmutig, aber wie fremd gesteuert …; dann fallen sie wie vom Blitz getroffen um, werden von weiß gekleideten Frauen aufgerichtet und tanzen weiter, wie im Traum, hat es den Anschein.

Es folgt der Tanz eines älteren Mannes auf glühenden Kokosnuss-Schalen, anschließend können wir uns seine Fußsohlen ansehen und stellen weder Verbrennungen noch sonstige Verletzungen fest. Die verschiedensten Erklärungen werden diskutiert, als wir im Bus zurück ins Hotel fahren, aber so ganz ist keiner davon überzeugt, dass da nicht doch die Götter ihre Hand mit im Spiele hatten …

Meinen roten Seestern und das Korallengebilde nehme ich, mittlerweile getrocknet doch immer noch von bestialischem Gestank, mit auf die Reise zurück nach Europa; dass das eigentlich verboten war, habe ich erst viel später gelesen.

Eine lange Reise: von *Denpasar* über *Jakarta*, wo wir das Flugzeug nicht verlassen dürfen, mit Zwischenstopps in *Singapur, Bangkok* und *Kalkutta*, dann fliegen wir hoch über *Delhi* und quer über Persien und die Türkei zurück nach Europa: 17 Stunden Flug, doch mir kommt es vor, als sei dies wie die Reise von einem anderen, märchenhaften Stern. In Frankfurt hat mich die Realität wieder, ich muss nichts verzollen und wenig später bin ich in Miltenberg, tags darauf in Mons.

Kurze Zeit später fand ein Oktoberfest statt, das durch den Deutschen Anteil des Hauptquartiers ausgerichtet war: zünftig, mit bayerischer Musik, Löwenbräu-Bier, Schweinshaxen, Leberkäse und anderen traditionellen Schmankerln. Ich saß, Zufall oder nicht, neben der Tochter des Stellvertretenden *NMR*[1] und Chefs des Stabes des Deutschen Anteils, einer Studentin aus Würzburg, Mitte zwanzig, die zufällig bei ihren Eltern weilte. Später, als das Fest sich seinem Ende näherte, setzten wir die Party, zusammen mit einigen weiteren jüngeren Offizieren und ihren Ehefrauen, bei mir zu Hause fort und amüsierten uns bei prasselndem Kaminfeuer und Rotwein ganz prächtig, als gegen 03.00 Uhr morgens das Telefon klingelte: am Apparat der Vater der jungen Dame … Diesem war das so peinlich wie auch mir, denn er fragte mich, ob etwa seine Tochter bei mir sei, er mache sich Sorgen, denn sie sei immer noch nicht zu Hause und draußen liege Schnee … Das hatte allerdings noch keiner von uns bemerkt, denn als die „Nachfeier" begann, war es zwar kalt gewesen, doch von Schnee keine Spur. Gut, dass ich den hohen Herrn beruhigen konnte; vollends beruhigt war er wohl, als ich ihm berichten konnte, dass diese Party nicht zu Zweit stattfand, sondern mit den anderen Jüngeren, im „Sechserpack". Er hat sich noch ein paar Mal bei mir entschuldigt für diesen späten Anruf; heute, selbst Vater von zwei Töchtern in diesem Alter, kann ich seine nächtlichen Sorgen gut nachvollziehen.

Dafür durfte ich wenig später einen Vortrag vor amerikanischen Studenten der „*University of Maryland*" halten: „*German Landwarfare from 1939 to 1945*"[2]; mir hat das Spaß gemacht und eine Ehre war es auch, denn den Vortrag zur „*German Maritime Warfare …*"[3] hielt unser Admiral.

An das letzte gemeinsame Weihnachtsfest in Belgien 1975 mit meinen Eltern erinnere ich mich besonders gerne: am 24. Dezember Mittags gab es bei den Eltern, wie jedes Jahr, Hühnersuppe mit selbst gemachten Nudeln; Nachmittags fuhren wir gemeinsam in die Kirche nach Mons, in der das gemeinsame, alljährliche Weihnachtsliedersingen der Nationen stattfand: Vater dirigierte den deutschen Chor. Schon der disziplinierte „Einmarsch" des Chors, in Reihe und nach Stimmlage sortiert, schwarz-weiß gekleidet, die

---

[1] NMR: **N**ational **M**ilitary **R**epresentative (Nationaler Militärischer Vertreter)
[2] Englisch für „Deutsche Landkriegsführung von 1939 bis 1945"
[3] Englisch für „Deutsche Seekriegsführung …"

Notenblätter in der gleichen Hand, war mustergültig: so etwa müssen die Chöre beim Sängerwettstreit auf der Wartburg Aufstellung genommen haben, dachte ich mir und war stolz auf meinen alten Herrn. Der ließ den Chor denn all die schönen, alten deutschen Weihnachtslieder singen, samt den nur noch selten gehörten Liedern aus Schlesien wie *„Auf dem Berge, da wehet der Wind"*, *„Maria durch den Dornwald ging"* und eine eigene Komposition. Alles klappte vorzüglich, die Einsätze passten, die einzelnen Stimmlagen wohl intoniert, die Schlussakkorde präzise. Viele im Publikum sangen mit, wann immer möglich.

Danach kam Pfarrer Stein noch auf ein Glas Sekt zur gelungenen Veranstaltung zu den Eltern nach Hause, dann die Bescherung: wobei Mutter, wie schon seit Anbeginn, betonte dieses Jahr komme aber das „Zündler"-Christkind wirklich, wahrscheinlich sogar das „Oberzündler": das war schlesisch und bedeutete, dass es nichts gäbe, dieses Jahr, vermutlich sogar gar nichts.

Das war natürlich nie so und das war allgemein bekannt; dennoch gehörte der Hinweis auf das „Zündler" in jedem Jahr dazu, wie das Amen in der Kirche. Dann klingelte Vater dem Christkind, die Kerzen wurden angezündet und wir sangen ein paar Weihnachtslieder vor dem Christbaum; Vater begleitete, wie immer, auf dem Klavier. Bei mir zumindest haperte es dann schon zumeist bei der zweiten Strophe: dann hieß es (immer): im nächsten Jahr müssen wir das aber besser können, dabei wäre es ein Leichtes gewesen, einfach die Noten vom Weihnachtsliedersingen zuvor zu nehmen und auf die Texte zu schauen.

Nach diesem – einerseits feierlichen, andererseits zuletzt oft eher schrägen – Introitus wünschten wir uns alle ein schönes Weihnachtsfest und tranken ein Glas (oder zwei) Champagner: Vater bevorzugte die *„Veuve Cliquot"*, die *„Witwe"*, wie sie bei uns hieß.

Dann trat Mutter in Aktion und brachte nacheinander Tannenzweige herein, mit brennenden Kerzen (wir hatten auch auf dem Weihnachtsbaum *immer* richtige Kerzen) und Lametta geschmückt: daran hingen Päckchen nur mit ein paar Kleinigkeiten, wie sie sagte, denn die größeren Geschenke lagen unter dem Weihnachtsbaum. Vater brachte Mutters Geschenk immer zum Schluss, denn das war der Höhepunkt: Schmuck natürlich, obwohl Mutter immer sagte, sie habe doch schon alles und brauche nichts mehr. Gefreut hat sie sich aber doch.

Zum Abendessen gab es, wie alljährlich, nach der Bescherung Kasseler mit Kartoffelsalat, das war schlesische Tradition sowie Heringssala*t*, das war sächsischer Brauch. (Als mein Großvater noch lebte, gab es dazu außerdem *„Schillerlocken"*, denn die aß er besonders gerne). Die knusprig gebratene Gans, später auch durchaus eine Pute und als die Eltern allein waren, eine Ente, gab es stets am ersten Weihnachtstag; zuvor – und das war eine Neuerung seit unserer Zeit in Paris – wurden Austern serviert, dazu ein trockener *Chablis*, danach *Champagner*.

So auch in diesem Jahr: die Gans war, da in Mons eher unbekannt zu Weihnachten, durch einen Truthahn ersetzt und die Austern hatten Vater und ich schon Tage zuvor beim Fischhändler bestellt, denn buchstäblich Jeder aß in Belgien Austern zu Weihnachten, wie im übrigen auch zu Sylvester und überhaupt häufig in den Monaten mit „r". Mutter servierte denn die Austern auch auf Eis, mit Zitronenstückchen und Graubrot; wer weiß, wo sie das aufgetrieben hatte. Sie selbst machte sich nicht viel daraus, doch für Vater und mich waren Austern eine Delikatesse.

Einmal lud er mich zu einem Austernessen ganz besonderer Art ein, ganz in der Nähe: „*Huîtres au four*"[1], ein Gaumenschmaus, dazu Champagner, es muss ein besonderer Anlass gewesen sein, allerdings gab es damals immer irgendetwas zu feiern.

Drei Monate danach wurde ich – zusammen mit etwa 10 weiteren deutschen Offizieren – wieder in das Inland versetzt. Aus diesem Anlass fand ein Herrenabend statt. Redner war unser Admiral, brilliant wie immer. So beendete er seine launigen Bemerkungen über jeden Einzelnen mit (z.T. verballhornten) Zitaten aus Theaterstücken, Opern oder Operetten. Bei mir hieß das, nachdem er bekannt gegeben hatte, dass ich nach *Lüneburg* versetzt würde: „*Lortzing, Zar und Zimmermann: Nun ade mein flandrisch Mädchen, ich such mal nach 'nem Heidegretchen …*". Offensichtlich waren meine diversen Eskapaden nicht ganz unbemerkt geblieben.

Schallender Applaus natürlich; anderntags, am 20. April 1976, fuhr ich nach *Lüneburg*. Ich sollte dort für eine Dauer von drei Jahren Fernmeldestabsoffizier bei der Panzerbrigade 8 werden. So sehr mich einerseits die um ein halbes Jahr vorgezogene Versetzung irritierte (und auch besorgte, denn von der avisierten Tätigkeit war ich nicht uneingeschränkt begeistert), so erfreulich war es doch, denn der neue Dienstposten war eine Stabsoffiziersstelle, also über Kurz oder Lang mit einer Beförderung verbunden.

---

[1] „Austern im Backofen". Später erhielt ich das Rezept:
<u>Zutaten</u>: Für 6 Personen 3 Dutzend Austern, 60 g geschmolzene Butter, 4 Zehen Knoblauch, fein geschnitten, 12 cl Chablis, 4 Suppenlöffel frische, gehackte Petersilie, 2 Prisen milder Nelkenpfeffer, einige Tropfen Tabasco, Salz, Pfeffer, 2 unbehandelte Zitronen.
<u>Zubereitung</u>: Den Backofen bei 250 ° C vorheizen, die Austern öffnen und in der Schale auf ein Backblech geben.
In einem irdenen Schälchen die geschmolzene Butter, den fein geschnittenen Knoblauch, den Wein, die gehackte Petersilie, den Nelkenpfeffer und den Tabasco vermischen; salzen und pfeffern.
Diese Sauce gut verrühren und auf die Austern verteilen (etwa ein Esslöffel Sauce pro Auster). 6 – 8 min, je nach Größe der Austern, in der Röhre backen.
Sofort servieren; dabei Zitronen zum Würzen der Austern anbieten.
<u>Dauer der Zubereitung</u>: 30 Minuten.

10. Kapitel
Fernmeldestabsoffizier bei der Panzerbrigade 8 in Lüneburg (1976 – 1977)

Die Aufnahme im Stab der Panzerbrigade 8 war durchaus freundlich; auch der Brigadekommandeur, von altem Adel und durch und durch Patriarch, verhielt sich wohlwollend; mit dem S2[1] und dem ALO[2] verband mich bald ein kameradschaftliches, fast freundschaftliches Verhältnis. Dabei blieb ich doch stets eine Art „bunter Hund", denn erstens kam ich aus dem Ausland, noch dazu von SHAPE, zweitens konnte ich Englisch, was sich schnell herumsprach und drittens war ich Fernmelder – ein Gebiet, das den Meisten ohnehin ein Geheimnis mit sieben Siegeln bleibt und an das sich Viele nur mit Widerwillen, auf jeden Fall aber ohne Sachverstand wagen, wenn überhaupt.

Dabei war alles recht einfach, wie ich schnell herausfand, denn die „Fernmelderei" lag bei dieser – immerhin grenznahen – Brigade dermaßen im Argen, dass es an ein Wunder grenzte, dass dort überhaupt bei Übungen, geschweige denn im Gefecht, geführt werden konnte. Die Lösung war daher nahe liegend: es galt, eine Fernmeldeübung auszuarbeiten, die – möglichst standardisiert – so häufig wie irgend möglich mit allen Fernmeldeteileinheiten der Brigade im freien Gelände stattfand und zugleich die Gefechtsstände der Brigade und aller Truppenteile mit einband, denn nur so konnte das technische Gesamtsystem der Führungselemente miteinander üben, was es im Einsatz können musste.

Dass das mit der bislang praktizierten technischen Fernmeldeübung auf dem Kasernenhof nicht erfolgen konnte, leuchtete eigentlich Jedem, mit dem ich darüber sprach, ein und so bekam ich sofort grünes Licht, meine Übung auszuarbeiten. Wenige Wochen später war die Übung, samt der erforderlichen Befehle, Einsatzskizzen und Ablaufpläne fertig und (umständlich) hektographiert: der erste „*Gelbe Blitz*", wie wir ihn nannten, konnte starten. Nicht alles klappte, aber alles klappte immer besser: der verzugslose Aufbau der Gefechtsstände der Brigade bei Tag und bei Nacht, die Integration der Fernmeldemittel in die Gefechtsstände, die Abläufe in der Fernmeldezentrale, der Fernmeldeverkehr zwischen den Gefechtsständen der Brigade und der Truppenteile, die Gefechtsstandwechsel … mit dem Ergebnis, dass sich die technische Führungsfähigkeit der Brigade in kürzester Zeit deutlich verbesserte. Das wiederum führte dazu, dass sich die Brigade bei den diversen Divisions- und Korps-Rahmenübungen immer besser schlug und dass das theoretisch hervorragende Führungssystem auch bald praktisch funktionierte.

Bald nach der ersten Übung haben wir – mittels meines Kameraden, des ALO – dann auch *Phantom*-Aufklärungsflugzeuge auf unsere Gefechtsstände und die eingesetzten Fernmeldetrupps angesetzt, mit dem Ergebnis, dass wir anhand von Luftbildern dokumentieren konnten, wo die Tarnung zu verbessern war, wo Spuren im Gelände hinterlas-

---

[1] S 2 : Stabsoffizier für Sicherheit und Aufklärung
[2] ALO: **A**ir **L**iaison **O**fficer (Verbindungsoffizier zur Luftwaffe)

sen wurden und wo einzelne Fernmeldestellen im Ernstfall durch gegnerische Waffenwirkung ausgeschaltet worden wären.

Das alles konnte nur klappen, weil ich in allen meinen Aktivitäten durch einen überaus fähigen, willigen, fleißigen und loyalen Funkfeldwebel unterstützt wurde – Hauptfeldwebel Schwaans – und ein leistungsfähiger Brigadefernmeldezug zur Verfügung stand. Auch die Fernmeldeoffiziere und Unteroffiziere der Fernmeldezüge und Gruppen der Truppenteile, allen voran die Artilleristen, aber auch die Panzeraufklärer, Panzerjäger, Panzergrenadiere, Panzer, Pioniere, und Logistiker leisteten gute, solide Arbeit und waren allesamt bemüht, das Fernmeldesystem – und damit das Führungssystem – zu verbessern. Sie mussten hart arbeiten, die Fernmelder, damals, aber es hat sich gelohnt: eines Tages marschierte unsere gesamte Brigade bei Nacht – und ohne Funk (d.h. elektronisch unhörbar) – in den „Dannenberger Zipfel", bis wenige Kilometer vor die innerdeutsche Grenze und zurück; eine (auch) technische Führungsleistung, die bis dahin kaum möglich gewesen wäre.

Im Übrigen war ich bei allen möglichen Anlässen als Dolmetscher des Brigadekommandeurs eingesetzt; sei es nun, dass einem britischen *Brigadier*[1] unsere Gefechtsstandtechnik oder dem Oberbefehlshaber des malaysischen Heeres das Pioniermaterial der Brigade vorzuführen war.

Die Sommerferien habe ich in Miltenberg verbracht; dabei bin ich den ganzen Main entlang gefahren, über Bamberg, Vierzehnheiligen, Kulmbach bis hin zur Weißmainquelle auf dem Ochsenkopf. Wunderschöne Landschaften haben wir in Deutschland, und der Frankenwein gehört ganz sicher zu den Besten.

Allerdings habe ich mich auch in unserem Garten wohl gefühlt, denn da gab es immer etwas zu tun: sei es, dass eine umgestürzte Fichte in ofengerechte Holzscheite zu zerlegen war, sei es, dass gemäht werden musste. Außerdem waren ab Mitte Juli Unmengen herrliche Kirschen zu ernten …

Kurze Zeit später, im September 1976 – wieder als Preisträger einer Winterarbeit – wurde ich zu einer Bildungsreise zum Luftwaffenübungsplatz in der Suda-Bucht nach *Chania* auf Kreta kommandiert.

Vierzehn Tage lang Kreta, das hieß Einweisung in Geographie und Geschichte dieser (wahrlich geschichtsträchtigen) Insel; sogar einen Professor von der Hochschule der Bundeswehr in München hat man zu unserer Einweisung vor Ort aufgeboten. Vierzehn Tage Kreta pur, das hieß natürlich auch Besichtigungen diverser Sehenswürdigkeiten, wie den *Palast von Knossos*, das wunderschöne anthropologische Museum in *Heraklion*, auch ein Marsch durch die 18 km lange *Samaria-Schlucht*, die die Insel vom Norden bis zum Libyschen Meer im Süden durchzieht; das hieß natürlich auch Zuschauen beim nahezu stets perfekten Flugabwehrschießen mit Waffen aller Art – aber vor allem viel *Retsina*[2], Abends und Nachts am Hafen von *Chania* oder während der vielen Ausflüge nach

---

[1] Britisch für „Brigadegeneral"
[2] geharzter, griechischer Wein

Maleme, Rethimnon, Heraklion, Agios Nikolaos, Kastelli, Omalos oder *Chora Sfakion*. Natürlich waren wir auch im *Arcadi-Kloster* und beeindruckt von dieser nationalen Gedenkstätte, in der 1866 der kretische Schlachtruf „Freiheit oder Tod!" noch einmal Geschichte machte, als sich die rund 1.000 Belagerten mit dem Kloster in die Luft sprengten, um nicht den Türken in die Hände zu fallen … Auch einen Kranz haben wir niedergelegt auf der deutschen Kriegsgräberstätte in *Maleme*, zur Erinnerung an die gefallenen Fallschirmjäger bei der Eroberung der Insel während des „*Unternehmens Merkur*" im Mai 1941.

Auf einer unserer Rundreisen war *Irini* an Bord unseres Busses, Reiseleiterin, Griechin mit niedlichem Deutsch und hübsch anzuschauen. Da ich nicht wusste, was „*Baklavas*"[1] war, wovon sie erzählte, fragte ich nach und lud sie natürlich dazu ein: sie sagte zu und wir verbrachten einen interessanten deutsch-griechischen Abend zusammen; der Rest der Gruppe bekam Stielaugen.

Auch bei dieser „Winterreise" traf ich wieder auf einen alten Bekannten: Jochen Becker, mit dem ich schon gemeinsam an der Reise nach Sardinien teilgenommen hatte, war wieder mit von der Partie. Da ich wenige Jahre danach, als ich in Italien stationiert war, mit ihm auch noch einmal auf Capri war, habe ich ihn später „*Insel-Becker*" genannt, zur Unterscheidung von meinem Vorgänger in diversen Verwendungen, gleichen Namens.

Wir haben uns richtig gefreut damals, als wir uns wieder trafen und mehrere Privat-Ausflüge gemeinsam unternommen; auch einigen Flaschen *Retsina* sind wir gemeinsam zu Leibe gerückt. Später, als wir gemeinsam in Straßburg stationiert waren, wurde aus dem Retsina natürlich „*Gewurztraminer*", „*Pinot Noir*" oder „*Crémant*", aber das konnten wir damals noch nicht wissen.

Zurück in Lüneburg hoben unsere diversen militärischen Aktivitäten wieder an und wir übten zwischen Elbe und Lüneburger Heide, was das Zeug hielt. Dabei funktionierte unser Fernmeldesystem immer besser, trotz mancher gerätebedingter Mängel und knapper Personalausstattung. Selbst die Europameisterschaften der Vielseitigkeitsreiter – genannt „Military" – in *Luhmühlen* musste ich mit 150 Mann durch ein Draht- und ein Funknetz unterstützen; dafür klappte auch alles bestens und ich durfte, wie *Prinzessin Anne*, dabei sein als *Captain Mark Philipps*, auf einem wunderschönen Apfelschimmel (allerdings nur) den 14. Platz belegte.

Ein „Großer Zapfenstreich" fand auch statt, auf dem Marktplatz vor dem Rathaus, mitten in Lüneburg, dabei ein Feierliches Gelöbnis von Rekruten der Brigade; dabei hielt der Wehrbeauftragte des Deutschen Bundestages, Berkhan, die Festrede. Kämpfen können sei die beste Vorsorge, um nicht kämpfen zu müssen, war seine Kernaussage. Das hat uns gefallen.

Doch es gab auch Zeiten der Entspannung: beim Schiffer-Fasching der Brigade, bei dem ich für die Dekoration zuständig war, ging es recht ausgelassen zu; die Bälle der verschiedenen Truppenteile und der vorgesetzten 3. Panzerdivision (in Buxtehude, wo

---

[1] süßes Mandel-Blätterteiggebäck, vor allem in der Türkei und in Griechenland

ich vor 13 Jahren noch als Rekrut zu Fuß die Heide durchmessen hatte) waren indes stets recht festlich, mit Fackeln, historischen Uniformen und viel Prominenz. Mit „Frau Gemahlin" war ich mitunter eingeladen, doch die fehlte mir noch immer.

Einmal war mir eine ledige, promovierte Stadtarchivarin als Tischdame „zugeteilt". Das garantierte zwar eine geschichtlich anregende Unterhaltung – natürlich war ihr selbst Sievershausen ein Begriff – ja sogar ein sonntäglicher Ausflug schloss sich an. Die Dame war wahrlich freundlich und gebildet, doch es „prickelte" nicht und das sollte es, und zwar in jeder Beziehung.

Die Beziehung hieß *„Angelika"*; sie war von blauem Blut und ich lernte sie bei einem Empfang im Hause ihrer Eltern kennen. Sie spielte wie ich Tennis, ja sogar Badminton was mich besonders erfreute, studierte Pädagogik, ging ganz tief unter die Haut und es „prickelte", erst in ihrer „Bude", später in meiner Wohnung, die ich mir in Volkstorf, auf dem Lande, eingerichtet hatte. Ja sogar bis nach Norderney sind wir an einem Wochenende „geprickelt"; ich nannte sie *„Frettchen"*, wir sahen uns nicht nur täglich – und dann war die Liaison auf einmal vorbei, ein halbes Jahr hat sie nur gedauert. Ich konnte es nicht fassen und war am Boden zerstört, so zerstört, dass ich mich umbringen wollte; doch dann hat mich der heilige Zorn gepackt: gemach, habe ich mir gesagt, eine Kugel in den Kopf löst das Problem ganz sicher nicht … Versuchs doch zur Abwechslung mal mit „kühlem Kopf", z.B. mit dem militärischen Führungsvorgang, den wir so oft untersucht und geübt haben … Der beginnt bekanntlich mit dem Eingehen eines „Auftrags", es folgt die „Beurteilung der Lage", im weiteren Verlauf kommt dann der „Entschluss" hinzu, es folgen „Befehle und Maßnahmen" sowie die „Befehlsgebung"; zur Umsetzung gehörte dann Organisationstalent und Ausdauer – und beides hatte ich nun wirklich, das hatten mir meine Vorgesetzten immer wieder bescheinigt.

Ganz offensichtlich galt es, all das Gelernte und bislang ausschließlich dienstlich Verwendete nun auch einmal privat, für m i c h   s e l b s t also, einzusetzen …

Der Auftrag war klar: „Finde deine Frau"! Die Beurteilung der Lage auch: hier gab es keine (mehr) und es war auch nicht so recht erkennbar, wo denn aus dem Nichts eine herkommen sollte. Marion, die Tochter unserer Nachbarn aus Miltenberg, hatte mich einmal besucht, doch es „prickelte" nicht.

Suzanna aus Belgien hätte es vermutlich gern gesehen, wenn ich zu ihr gefahren wäre; das wollte ich aber nicht und da sie nicht zu mir kam, schied auch sie aus. Christine wäre zwar gekommen, das wollte aber ich nicht – denn nun ging es ums Ganze: sanft sollte sie sein, niedlich, verführerisch, schön anzusehen und gebildet, häuslich doch auch weit gereist, Fremdsprachen sollte sie beherrschen und konservativ sollte sie sein, ledig natürlich und überhaupt, später Mutter meiner Kinder … Dezent und anschmiegsam zugleich, eine Fee, wie sie im Märchen steht.

Das war viel verlangt – und doch musste es sie geben, da war ich sicher; die Frage war nur wo und wie ich sie treffen würde; wollen würde sie mich schon, nahm ich zumindest an.

In diesem Zustand schrieb ich ein Gedicht, nur so für mich, doch auch schon an sie:

Du bist wie Tau auf weicher Wiese,
Wie ein Nebelschleier auf dem Wald –
Du gleichst der Fee, die sanft,
Von Peter Pan gesandt, den Mai durchwebt …

Polyhymna singt Dir leise
In der Samt-Nacht;
Kobolde, die Dir nahen, halten entzückt ein und sinken
Gebannt ins Schilf

Denn leicht schwebst Du, wie Wolken,
Wie Wunder,
Über Gräsern, Moos und Welt.

Doch Deine Augen strahlen Liebe
Und wie im Märchen winkt Dein Arm
Dem Kobold,
Welcher keck in seinen Baum
Dich zu entführen sich erdreistet,

Des Glaubens, dass Du ihm dorthin auch folgtest,
Ja, gar Dein Feenleben einzutauschen Du erwogen,
Um als Kobold-Frau auf Bäumen tags,
Des Nachts im Schilf mit ihm zu wohnen.

Da musste ich mich, eines Tages im Juli – ohne Verzug – im Bundespräsidialamt melden: der Bundespräsident brauchte einen neuen „Haushofmeister", eine Art Adjutant, der sich um die Organisation der *Villa Hammerschmidt* in Bonn zu kümmern hatte, um das Packen seiner Koffer bei diversen Reisen, der Knöpfe annähen musste, wenn erforderlich, der ihn auf Reisen zu begleiten hatte, kurz: ein „Mädchen für alles" war gefragt. Junggeselle sollte er sein, Fremdsprachen sprechen, sich benehmen können, rund um die Uhr einsatzbereit sein … Jede Teilstreitkraft (Heer, Luftwaffe, Marine) hatte einen Kandidaten zu benennen; ich war der Kandidat des Heeres.

Hohe Ehre also, sicherlich interessant und welche Adresse …!

Indes: der Marine-Offizier kam zum Zuge; er war wohl besser geeignet, vielleicht hatte er auch bessere Manieren.

Immerhin; ich war als Kandidat für einen Posten benannt worden, der nun wirklich nicht alltäglich war, und da ich nicht zum Zuge gekommen war, suchte man mir nun einen anderen Posten, ähnlich attraktiv, das war zumindest e i n e Erklärung für die Kompensation, die sich – zunächst ohne mein Wissen – anbahnte.

Ende August schon wurde mir mitgeteilt, dass ich in Kürze nach Italien versetzt werden würde, zur NATO-Fernmeldeschule nach *Latina*, südlich von Rom, und dass meine Auslandsverwendungsfähigkeit zu melden sei.

Das klang interessant, bedeutete aber auch, dass meine soeben erst eingerichtete wunderschöne Wohnung aufzulösen war; dabei tat es mir besonders leid, mich von meiner funkelnagelneuen Küche trennen zu müssen und von meinem schönen Garten, mit all seinen Sonnenblumen, Dahlien, Gladiolen und dem weiten Blick aufs freie Land rings umher. Gerade einmal 1 ½ Jahre hatte ich hier gewohnt.

Mein privates Problem war auch noch nicht gelöst: ich war noch immer „unbeweibt" und meine Italienisch-Kenntnisse waren auch eher marginal. Dies alles war anzupacken und zwar schnell. So gab ich denn eine Annonce in der Frankfurter Allgemeinen Zeitung auf:

> „Junggeselle, 33, gesicherte Position, weitgereist, mehrsprachig, sportlich, dynamisch, romantisch, konservativ, ist des Alleinseins müde und sucht sanfte, zarte Fee zum Verwöhnen und Liebhaben. Ziel: Heirat."

Gleichzeitig erkundigte ich mich, wo ich in Lüneburg privat Italienisch lernen könnte, da das dienstlich damals nicht vorgesehen war, denn die Sprache an der Schule war Englisch.

Tatsächlich gelang es innerhalb kürzester Zeit, eine Italienisch-Lehrerin zu finden: Frau *Carteglieri*, die schon ältere, sehr gebildete Witwe eines Italieners, erklärte sich bereit, mich ab sofort drei Mal in der Woche in die Anfangsgründe dieser schönen Sprache einzuführen, allerdings nur für eine Woche. Dann übergab sie an Fräulein *Marlis*, die jahrelang in Italien gelebt hatte und nun in Lüneburg studierte; diese übernahm gewissenhaft und stets aufs Beste vorbereitet meinen kurzen „*Crash-Kurs*".

Dabei habe ich sie gebeten, ein „*Anfangs-Statement*" mit mir zu üben, wer ich bin, woher ich komme usw. Das habe ich auch bei passender Gelegenheit meinem Brigadekommandeur vorgetragen, auf Italienisch, natürlich. Dabei hieß es, unter anderem: „*Vengo della brigata corrazata numero otto a Lüneburgo*"[1], worauf mich der Brigadekommandeur verbesserte und sagte, das heiße: „*Vengo della brigata corrazata divina* …"[2]

Ob ich das auch so gesagt habe, wenige Wochen später, weiß ich nicht mehr; als *Bonmot* war es aber sicherlich geeignet.

Mitte Oktober sollte ich mich in Latina melden, erfuhr ich wenig später, und zuvor für eine Woche an der Fernmeldeschule des Heeres in Feldafing eine Einweisung in

---

[1] „Ich komme von der Panzerbrigade 8 in Lüneburg"
[2] „Ich komme von der *göttlichen* Brigade …"

„Lehrgangsplanung" erhalten, denn darum sollte ich mich an der NATO-Fernmeldeschule kümmern.

Das klang zweifellos interessant; noch interessanter war natürlich für mich, dass ich wusste, dass ich nun mit meiner Beförderung rechnen konnte, denn auf Auslandsdienstposten hatte man mit dem Dienstgrad zu erscheinen, für den sie ausgeschrieben waren.

Am 1. Oktober war es dann soweit: während mein Brigadekommandeur zum Brigadegeneral befördert wurde, erhielt ich meine Ernennungsurkunde zum Major; danach mussten wir gemeinsam einen dicken Holzbalken vor dem Tor des Stabsgebäudes zersägen. Er konnte das tatsächlich besser als ich, denn während seiner Kriegsgefangenschaft war das wohl sein tägliches Brot gewesen.

Ich aber war stolz wie ein Schneekönig und freute mich auf alles, was da kommen würde. Da bekam ich Post auf meine Anzeige: erstaunlich, wie viele Mädchen diesen Teil der FAZ lesen, dachte ich, doch der Inhalt aller dieser Briefe war dann doch eher dürftig.

Bis s i e mir schrieb, mit Bild.

Wie kann es sein, durchfuhr es mich, dass eine s o schöne, elegante junge Dame, zweifellos die Fee die ich mir vorgestellt hatte, unverheiratet ist und keinen Freund hat? Da sie in ihrem Brief auch ihre Telefonnummer angegeben hatte, rief ich sie prompt an; es war kaum glaublich: auch das Telefongespräch war viel versprechend. Eine schöne Stimme hatte sie, war freundlich-distanziert und erzählte mir, dass sie viel unterwegs sei in Deutschland …; sie wohne momentan in Martinsthal im Rheingau.

Da ich mittlerweile wusste, dass ich in den nächsten Tagen in Richtung Süden fahren und dabei in Miltenberg bei meinen Eltern, die dort seit der Pensionierung meines Vaters wieder wohnten, Station machen würde, war ein Treffen im Martinsthal leicht zu bewerkstelligen; und so vereinbarten wir es denn auch.

Als ich zu Hause erklärte, warum ich einen Tag eher als eigentlich notwendig, abzufahren gedachte, witterten meine Eltern natürlich Morgenluft – und Vater gab mir einen ganzen Strauß roter Rosen aus dem Garten mit: eigentlich erstaunlich, denn mit seinen Rosen ging er sparsam um, normalerweise.

Wie ist sie schön und niedlich, dachte ich mir, als sie mich in Martinsthal in ihrer Wohnung begrüßte; dann lud sie mich zu Kaffee und Kuchen ein, vor einem gemeinsamen Spaziergang durch die Weinberge, unweit ihrer Wohnung. Abends revanchierte ich mich mit einem Abendessen und *„Martinsthaler Wildsau"* in einem Restaurant ganz in der Nähe: jeder hat dabei den Anderen auf Tischsitten überprüft, wie wir später voneinander erfuhren. Der Test muss positiv ausgefallen sein, auf beiden Seiten, und andertags fuhr ich mit dem Vorsatz von dannen, meine Fee wieder zu sehen. *Bärbel* hieß sie, hat sie mir verraten, nicht *Barbara*, denn so stand es in ihrer Geburtsurkunde. *Rotkäppchen* habe ich sie alsbald genannt, denn an ihrem Bademantel war eine rote Kapuze angebracht.

Die folgenden Tage in Feldafing waren durchaus interessant; genutzt haben sie nichts, wie ich bald erfahren sollte.

11. Kapitel
Dritte Auslandsverwendung: Ausbildungsplanung an der NATO-Fernmeldeschule in Latina / Italien (1977 – 1981)

So fuhr ich denn am 19. Oktober 1977 nach *Latina,* Hauptstadt des *Lazio,* etwa 70 km südlich von Rom, an der *Via Mediana,* 150 km nördlich von Neapel und übernachtete im Hotel „*Europa*", mitten in der Stadt, um mich am 20. Oktober bei *Colonel*[1] *Hickman,* dem Kommandanten der NATO-Fernmeldeschule, in *Borgo Piave,* wenige Kilometer von Latina entfernt, zu melden. Den aber kannte ich von meiner Zeit bei AFCENT in Brunssum; damals war er Major, Chef der britischen *227 Signal Squadron*, und arrogant bis in die Knochen.

Das kann heiter werden, dachte ich mir, als ich sah, wer nun mein neuer Boss war; meinen Brief, den ich vor etwa 14 Tagen an ihn geschickt hatte und in dem ich mein Erscheinen ankündigte, war immer noch nicht bei ihm angekommen. Das lag freilich am italienischen Postsystem, doch damit hatte ich bis dato keinerlei Erfahrung.

Indes, der *Colonel* war recht freundlich, vor allem wohl, weil er froh war, dass endlich jemand gekommen war, ihn zu unterstützen, denn ich war der erste Offizier, der überhaupt bei ihm erschienen war. Außer mir gab es noch zwei weitere Deutsche: Hauptfeldwebel Kunz und Oberfeldwebel Wolff, die schon vor einigen Monaten angekommen waren. Im übrigen bestand die Schule, die offensichtlich im Aufbau war, bislang lediglich aus zivilen Lehrkräften und zivilem und militärischem Regiepersonal, zumeist Italiener, im Stab der Schule; diese wiederum war in allen Fragen logistischer Unterstützung auf das „*Centro Tecnico Addestrativo – Difesa Aerea (CTA-DA)*"[2] angewiesen, verfügte lediglich über einige Baracken-ähnliche, ältliche Gebäude und eine gewisse Anzahl von NATO-Fernmeldegeräten, an denen vorwiegend militärisches Bedien- und Instandsetzungspersonal, das in NATO-Fernmeldeeinrichtungen eingesetzt war, ausgebildet werden sollte.

Natürlich war niemand darauf eingestellt, dass ich kommen würde; dementsprechend gab es auch weder Stuhl, noch Tisch, noch Schreibtisch und auch kein Telefon für mich, doch zumindest in der italienischen Offiziermesse würde ich wohnen können, vorübergehend zumindest, hieß es.

Mein Auto würde in Neapel, beim dortigen NATO-Hauptquartier AFSOUTH[3] zugelassen werden müssen und mit einem Sonderkennzeichen versehen werden; auch unsere monatlichen Benzin- und Alkohol-Rationen würde man dort beziehen können. Einmal im Monat gab es einen „Neapel-Tag", an dem man nach Neapel fahren konnte, um sich in den dortigen militärischen (amerikanischen und britischen) Verkaufseinrichtungen mit dem Erforderlichen einzudecken.

---

[1] Englisch / amerikanisch für Oberst
[2] Technisch-Administratives Zentrum der Luftverteidigung (Bestandteil der italienischen Flugabwehrschule)
[3] **A**llied **F**orces **South**ern Europe: Alliierte Streitkräfte Südeuropa

National freilich war ich zunächst dem deutschen Heeresattaché in Rom unterstellt, den ich in meiner Lüneburger Zeit kennen gelernt hatte, als er noch Kommandeur des Panzeraufklärungsbataillons 3 war.

So fuhr ich denn anderntags per Eisenbahn zunächst nach Rom, um mich bei meinem neuen nationalen Vorgesetzten in der Deutschen Botschaft zu melden; da das an einem Freitag stattfinden sollte, wollte ich gleich das Wochenende über in Rom bleiben, um mich umzusehen, wie ich dachte. Das ging auch einen ganzen Tag lang gut, bis ich überall das Wort „sciopero"[1] hörte: am Sonntag würde überall gestreikt und auch alle Bahnlinien wären betroffen. Also fuhr ich schon am Samstag zurück, nur um anderntags festzustellen, dass dennoch einige Züge fuhren, dafür streikten einige Tankstellen, vor anderen standen lange Schlangen. Das kann heiter werden, dachte ich mir und wollte meinem ersten Frust mit einem Telefongespräch mit meinen Eltern Luft machen – nur um festzustellen, dass auch das nicht so ohne Weiteres ging, denn dazu musste man sich zur italienischen Telefongesellschaft *SIP* begeben, das Gespräch anmelden und etwa zwei Stunden auf ein Ferngespräch nach Deutschland warten. Freilich ging das nur während der Woche. Wenn man dann Glück hatte, bekam man die richtige Nummer, wenn nicht, versuchte man es erneut, vorausgesetzt, man wollte noch einmal zwei Stunden warten.

Man konnte dies alles auch auf eigene Faust versuchen: dann musste man in die Provinz Rom fahren, von Latina etwa 30 km in nördlicher Richtung, dort mit 100- oder 50-Lire-Münzen an einem Automaten *Gettoni*[2] kaufen (für ein Ferngespräch mit Deutschland waren mindestens 18 Gettoni erforderlich), dann konnte man aus einer Telefonkabine selbst wählen … Soweit die Theorie: in der Praxis war es jedoch schwierig, manchmal unmöglich, genügend passende Münzen aufzutreiben, denn deren Metallwert war damals höher als der Nennwert, mit dem Resultat, dass Kleingeld massenweise ins Ausland ausgeführt und dort eingeschmolzen wurde. Kleingeld war demzufolge rar und Geschäfte gaben regelmäßig Bonbons, ja selbstgedruckte Kleingeldscheine heraus, die sie freilich später als Zahlungsmittel nicht wieder annahmen.

Da nun meine Mutter, etwa zum Zeitpunkt meiner Versetzung nach Italien, schwer erkrankt war, wollte ich natürlich schon deswegen häufig mit zu Hause telefonieren und sann auf Abhilfe. Wenn ich eine Wohnung hätte, könnte ich auch ein Telefon beantragen, war mein Plan; daher kam es zu allererst darauf an, eine Wohnung anzumieten.

Hierbei waren mir die italienischen Angestellten der Schule durchaus behilflich: binnen drei Wochen hatte ich eine wunderschöne Dachgartenwohnung mitten in Latina angemietet, „*signorile*"[3], d.h. halbwegs sicher, im „*Magnolia Park*", doch leer natürlich und ohne Strom, Gas, Wasser, versteht sich, auch ohne Warm-Wasser Boiler und ohne Küche: dies alles war zu beantragen bzw. zu kaufen, auf italienisch natürlich. Dabei nun kam

---

[1] Streik
[2] Telefonmünzen
[3] „herrschaftlich", d.h. in einem eingefassten, bewachten Wohngebiet

mir mein Latein zu Gute, und auch ohne meine Französisch-Kenntnisse hätte ich nur halb so viel verstanden. Indes: der Tag kam, an dem all dies beantragt (und bis auf die Küche und neue Gardinen), bezahlt und geliefert war; nun fehlten meine Möbel und ein Telefon. Also ging ich zur *SIP* und beantragte ein Telefon. Das sei kein Problem, sagte man mir, allerdings habe man keine Nummern mehr, aber in drei Jahren gäbe es wieder welche, so lange müsse ich warten. Das klang nicht sehr verheißungsvoll, denn ich war ja nur für drei Jahre versetzt. Drei Jahre ohne Telefon? Ich war perplex.

Derweil strich mir *Signor Mercadante*, ein Riesenkerl, halb Italiener, halb Slowene, sicher auch mit deutschen Vorfahren, meine neue Wohnung; „… alles Mist, was gemacht, Farbe muss nei, hier alles slecht …" sagte er, und in einem Tag war alles fertig. *Picobello*. Seine Frau besorgte uns regelmäßig Wohnungen für unsere Lehrgangsteilnehmer, am Strand von Latina, auch kurzfristig wenn nötig und zu bezahlbaren Preisen, denn militärische Unterkünfte gab es nicht, damals.

Mittlerweile hatte ich die Umzugsfirma in Deutschland angeschrieben – telefonieren wäre leichter gewesen – und darum gebeten, dass man nun meine Möbel aus Lüneburg bringen sollte; und das ging schnell: am 15. November schon sollten sie kommen; ich müsse nur noch eine Bescheinigung beibringen, dass ich offiziell nach Italien versetzt sei und dass für die Einfuhr der Möbel kein Zoll zu zahlen sei. Auf Italienisch natürlich, meine Versetzungsverfügung half da nicht weiter.

Da die Botschaft hierfür nicht zuständig war (hie Diplomatenstatus, da NATO-Truppenstatut), fuhr ich nach Neapel, in der Hoffnung, dort jemanden zu finden, der mir die gewünschte Bestätigung ausstellte; den Tagesbefehl vom 1. Oktober gab man mir, darauf stand auch mein Name, als in den Bereich des Hauptquartiers versetzt … Mehrere Telefongespräche ergaben indes, dass das nicht ausreiche und so ging ich erneut auf Suche. Da traf ich die Sekretärin der Stabsabteilung für Personal und Verwaltung, die mich wegen meiner deutschen Uniform ansprach, denn auch sie war, rein zufällig, Deutsche; gemeinsam setzten wir sodann eine Bescheinigung auf, in Englisch und Italienisch, ließen sie unterschreiben und setzten einen dicken Stempel neben die Unterschrift. Das sah sehr offiziell aus und würde helfen, wie wir dachten.

Von dort nach Rom; schon das dauerte fast einen halben Tag, zum Zollhof nördlich Rom, zwei weitere Stunden – und da stand auch schon mein Möbelwagen! Gemeinsam mit dem Chef der Möbelpacker zum italienischen Zoll: der Zollbeamte winkte ab, das Papier wurde nicht gebraucht, die Uniform genügte …

Auch die Bescheinigung, aus der hervorging, dass ich den Fernseher angemeldet und dafür Gebühren bezahlt hatte, wollte keiner sehen, obwohl man mir, drohend fast, geraten hatte, das entsprechende Papier ja dabei zu haben, sonst werde der Fernsehapparat beschlagnahmt.

Ein Sack Kartoffeln war auch in meinem Umzugswagen, den hatte mir mein Vermieter aus Volkstorf mitgeschickt, denn er war Kartoffelbauer und wusste, dass in Italien Kartoffeln eher rar waren.

Tags darauf erzählte ich Signor *Napolitano*, dem freundlichen italienischen „*Amministratore*"[1] der Schule, dass ich drei Jahre auf meine Telefonnummer warten müsse. „*Non ci sono problemi, Maggiore*"[2], sagte er, „*non si preoccupi, lo facio io …*"[3] Kurze Zeit darauf kam er wieder und sagte: „*Conosco il direttore, mangiamo ensieme, e poi vedremo …*"[4] Napolitano kannte sich mit Problemstellungen aller Art aus und war Spezialist auf dem Gebiet der Lösung zwischenmenschlicher Probleme, denn bevor er seine derzeitige Stelle antrat, war er jahrelang Priester in einer brasilianischen Missionsstation.

Gesagt, getan; ich lud den Direktor mitsamt Napolitano zum Mittagessen ein und wenig später klingelte im Dienst das Telefon: heute Nachmittag würde mein Telefon angeschlossen … Ich musste das auf den nächsten Morgen verschieben; fast war mir das peinlich.

Wie herrlich: nun hatte ich ein Telefon und konnte angerufen werden; für abgehende Ferngespräche nach Deutschland musste ich allerdings immer noch das Fernamt anwählen. Immerhin war es angenehmer, zu Hause auf ein Gespräch zu warten, als bei der *SIP*. Zwei Jahre später war auch das Problem gelöst und ich konnte auch Telefonnummern in Deutschland von zu Hause aus anwählen, doch da war ich längst verheiratet und meine Mutter gestorben, so dass ich nur noch sporadisch in Deutschland anrufen musste.

Bis meine Wohnung eingerichtet war – und speziell so lange ich noch keine Küche hatte – ging ich mehr oder weniger regelmäßig abends bei „*Dante*" in Latina essen. „Dante" war ein freundlicher Mittfünfziger aus Sizilien, der ein kleines Restaurant in der Nähe der *Piazza del Popolo* betrieb; im Fenster ein ausgestopfter Esel mit einem Bündel Holz auf dem Rücken, nicht mehr als acht, zehn Tischen und allen Speisen, die man sich wünschen konnte, dazu gab es stets guten Wein jedweder Herkunft. Ein „*Duca di Salaparuta*" aus Sizilien hatte es mir dabei besonders angetan.

So saß ich nun abends bei Dante und schrieb *Bärbel* lange Briefe, während ich auf die diversen „*piatti*"[5] wartete, unterhielt mich mit Dante und verbesserte so mein Italienisch. Eines Abends ergab es sich, dass ein älterer Herr an meinem Tisch Platz nahm, nicht ohne formvollendet zu fragen, ob das erlaubt sei. Natürlich habe ich das bejaht, indes entschuldigend hinzugefügt: „*Mi scusi, scrivo una lettera d'amore alla mia fidanzata*"[6], worauf er mir verständnisvoll und mit Grandezza bedeutete, ich möge doch weiter schreiben, denn das sei das Wichtigste auf der Welt.

Später haben wir sogar das erste „Oktoberfest" in Latina bei Dante gefeiert: mit Sauerkraut und Schweinshaxen aus Dantes Küche: die Vorbereitung des Sauerkrauts hat allerdings dann Bärbel überwacht, denn Dante wollte das nur dämpfen.

---

[1] Verwaltungsangestellter
[2] „Keine Probleme, Major"
[3] „Machen Sie sich keine Sorgen, ich mach' das schon …"
[4] „Ich kenne den Direktor, wir essen zusammen und dann sehen wir mal …"
[5] Gänge (im Sinne von „Speisefolgen")
[6] „Entschuldigung, ich schreibe gerade einen Liebesbrief an meine Verlobte"

Doch zunächst ging es jetzt darum, meinen Wagen in *Neapel* anzumelden; dazu brauchte ich eine Bescheinigung, aus der hervorging, dass das Auto technisch in Ordnung war; dafür gab es ein Formular und die *Carabinieri*-Station in unserer Kaserne war auch bereit, dieses Papier auszustellen. Wann ich denn das Auto vorfahren solle, fragte ich Signor Napolitano. „Überhaupt nicht", meinte dieser erstaunt, „… die wollen nur eine Stange Zigaretten …" und, das kannte ich schon: „*non si preoccupi, lo facio io …*"

Also gab ich ihm eine Stange Zigaretten und in der Tat, wenig später bekam ich mein Papier, ausgefüllt, unterschrieben und gestempelt, mit den erstaunlichsten Eintragungen: „*… la macchina è in un buon stato di uso*"[1] hieß es da und ähnliche Dinge mehr. Das war zweifellos richtig, denn das Auto war fast fabrikneu. Dennoch hat es eine Zeit lang gedauert, bis ich mich an derlei Verfahren gewöhnt habe.

Da erreichte mich im November auf Umwegen ein Anruf meines Vaters: ich möge sofort kommen; Mutter gehe es sehr schlecht und man müsse mit dem Schlimmsten rechnen. Natürlich bin ich sofort nach Frankfurt geflogen und von dort per Eisenbahn nach Miltenberg gefahren. Mutter lag im Krankenhaus; sie hatte Krebs. An eine Heilung war nicht zu denken; dennoch haben wir gehofft, dass noch ein Wunder geschieht. Sie selbst wusste wohl nicht, wie es um sie stand. Die Ärzte meinten allerdings, momentan habe sich ihre Lage stabilisiert und eine akute Gefahr bestehe nicht mehr.

Nach zwei Tagen brach ich daher meine Zelte wieder ab und flog zurück – allerdings über München, denn da hatte Bärbel beruflich zu tun. Da auch Claudia und Georg zu dieser Zeit in München wohnten, war es nahe liegend, dass wir uns gemeinsam trafen, und so vereinbarten wir ein gemeinsames Abendessen bei *Mövenpick* am Stachus. Natürlich habe ich die Beiden gefragt, was sie von meiner neuen „Flamme" hielten; Claudias Antwort war klar und präzise: „Die nimm!" sagte sie und auch Georg vertrat diese Ansicht.

Bärbel wohnte ganz in der Nähe in einem wunderschönen Hotel in Germering: dort haben wir später die Nacht verbracht. Als ich am nächsten Morgen aufwachte, war sie weg – denn sie musste früh mit ihrem Dienst beginnen und wollte mich nicht wecken. Als ich das Zimmer bezahlen wollte, ging das nicht, denn Bärbel hatte schon gezahlt.

Wenig später, kurz vor Weihnachten, schickte mich mein *Colonel* nach Mons zu SHAPE und nach Brüssel zum Internationalen Militärstab sowie zu *NACOSA*[2]: ich sollte dort Grundlagendokumente und sonstige Unterlagen über unsere neuen NATO-Fernmeldesysteme *IVSN*[3], *TARE*[4], und *TCF / NNCS*[5] besorgen, denn all diese Systeme sollten im Rahmen des *NICS*[6] in die NATO eingeführt werden und unsere Schule sollte

---

[1] „Das Auto ist in einem guten Gebrauchszustand"
[2] **NATO C**ommunications **S**ystems **A**gency: NATO-Agentur für Fernmeldesysteme
[3] **I**nterim **V**oice **S**witched **N**etwork: Vorläufiges Netzwerk für Telefonie
[4] **T**eletype **A**utomated **R**elay **E**quipment: Automatisierte Fernschreibvermittlung
[5] **T**echnical **C**ontrol **F**acility / **N**ATO **N**etwork **C**ontrol **S**ystem: Technische Kontroll- (Führungs-) Einrichtung / NATO-Netzwerk-Führungs-System
[6] **N**ATO **I**ntegrated **C**ommunications **S**ystem: Integriertes Fernmeldesystem der NATO

daran ausbilden. Zweifellos ein interessanter Auftrag, noch dazu einer, der mich zurück in ehemals „heimische" Gefilde führen sollte. Da ich an all diesen NATO-Dienststellen nach wie vor Offiziere kannte die mir bei der Erledigung meines Auftrags behilflich sein konnten, war diese Dienstreise geradezu ein Vergnügen, bei dem ich noch dazu viel gelernt habe.

So meldete ich mich im Internationalen Militärstab bei *Generalmajor Harry Schneider*, der damals die Stabsabteilung für Fernmeldewesen und Elektronik führte; diesen hatte ich schon 1957 in Sonthofen kennen gelernt, als er noch, ebenso wie Vater damals, Oberleutnant war. Sein Adjutant war Hauptmann Walisch – ehedem Offizier in meiner Kompanie in Münchweiler. Entsprechend freundlich wurde ich auch empfangen und die erforderlichen Dokumente waren schnell identifiziert und auf dem Kurierweg nach Latina geschickt.

Ähnliches widerfuhr mir bei NACOSA, wo mich Major i.G.[1] Gudewill und andere in ihre bestehenden Planungen zur Einführung der Systeme einwiesen und die Zusendung der entsprechenden Unterlagen zusagten.

So konnte ich nach getaner Arbeit beruhigt zunächst nach Frankfurt fliegen, denn über Weihnachten wollte ich bei den Eltern in Miltenberg sein. Es würde wohl das letzte Weihnachten mit Mutter werden, soviel war mir klar.

Tatsächlich war Mutter zu Hause als ich ankam; ich habe mich erschreckt, als ich sie so sah, abgemagert, verfallen, schwach … Sie, die sie immer die Tatkraft in Person war, konnte nun kaum, an meinem Arm, einmal ums Haus gehen, dann musste sie sich hinlegen, um sich auszuruhen. Es war niederschmetternd; wir haben dennoch ein schönes Weihnachtsfest miteinander verbracht, mit einem Weihnachtsbaum und Weihnachtsliedern, zu denen Vater am Klavier, wie immer, begleitete. Vater und ich wussten, dass es das letzte Mal wäre, mit Mutter. Sie selbst hat es wohl auch geahnt, aber nicht darüber gesprochen. Sie war erst 58 Jahre alt.

Am 29. Dezember flog ich wieder zurück nach Rom, denn am Tag darauf sollte Bärbel in *Ciampino*, dem Charterflughafen von Rom, eintreffen. Gut, dass schon Anfang Dezember der „*tendaio*"[2] meine neuen, zauberhaften (und sündhaft teuren) Gardinen aufgehängt hatte, samt komplizierter, italienischer Zug-Technik und Gardinenstangen, freilich erst nach vielem Hin und Her, meinem dringenden Hinweis auf die Ankunft meiner „*fidanzata*", dann aber unter Einsatz seiner ganzen Familie.

Auch Teile meiner neuen Küche waren schon da, wiewohl erst z.T. angeschlossen; so war es mir z.B. noch nicht gelungen, einen „*plombaio*"[3] zu finden, der auch wirklich einen Ablauf unter dem Spülbecken installierte. „*Vengo domani*"[4] hatte er schon mehrfach versprochen, dabei war es aber auch geblieben. Indes, es gab ja auch Wassereimer …

---

[1] Im Generalstabsdienst
[2] etwa: Gardinen-Mann (von ital. „tende": „Gardinen")
[3] Italienisch für „Klempner"
[4] „Ich komme morgen"

So konnte ich denn eine im Großen und Ganzen voll eingerichtete Wohnung präsentieren, nur in den Blumenkästen rings um die Brüstung des riesigen Dachgartens sah es – durch die Jahreszeit bedingt – noch recht kahl aus, dafür hatte ich, selbst Ende Dezember, strahlend blauen Himmel zu bieten und angenehme Temperaturen.

Bärbel gefiel meine Wohnung sofort, auch die Küche, trotz der bestehenden, installationsbedingten Mängel. Sogar mit dem Herd freundete sie sich schnell an, wiewohl ein Unikum: eigentlich mit Strom betrieben hatte er auch eine Gasplatte, wohl um sicherzustellen, dass man selbst bei einem der vielen Streiks – auch die Energiebetriebe waren davon betroffen – mit Propangas weiterkochen konnte. Und in der Tat: der Ansatz hat sich, in meinen vier Jahren in Italien zumindest, immer wieder bewährt.

Natürlich hatte ich einen Imbiss vorbereitet, im Rahmen meiner Fähigkeiten als des Kochens ungeübter Junggeselle freilich: luftgetrocknete Wurstscheiben als Appetitanreger zum Apéritif gab es, dann Krabbensalat in Avocado-Hälften serviert, frisch vom Markt, dazu einen halbtrockenen *Spumante rosé*. Als musikalische Begleitung die Romanze in F-Dur von Beethoven, zu der ich eine ganz besondere Affinität hatte, denn schon als Junge hatte ich sie, zusammen mit Vater, gespielt: er auf der Violine, ich begleitete auf dem Klavier. Eine wunderschöne Melodie und besonders für Bärbels ersten Abend in Latina geeignet, wie mir schien.

An die weiteren Speisefolgen kann ich mich nicht erinnern, wohl aber an all die angenehmen, prickelnden Ereignisse danach. Es war eine heiße Nacht, der Mond war groß und rund, und draußen quakten Hunderte von Fröschen. Morgens, gegen 05.00 Uhr, wurde ich vom Gebell streunender Hunde geweckt, die sich über Essensreste in einem riesigen Haufen damals schon nicht abgeholten Mülls in blauen Plastiktüten hermachten …

Am nächsten Abend hatten *Björn* und *Vesla Strand* zur Sylvesterparty eingeladen, beide Norweger und seit geraumer Zeit in Latina. Bärbel trug ein langes, schwarzes Kleid, dezent aber sexy: oben schräg geschnitten, so dass eine Schulter frei war, darüber nur ihr blondes, langes Haar. Sie war unbestreitbar d i e Attraktion an diesem Abend. So sagte mir denn auch Vesla später: „*You m u s t take her, Harald, there is no doubt!*"[1]

Schade, dass sie nur ein paar Tage bleiben konnte; aber wir vereinbarten, dass sie zu Ostern wieder kommen würde. Ihre blau-weiße Schürze ließ sie ohnehin in der Küche hängen …

Ende Januar habe ich jedoch zunächst einmal in der näheren Umgebung Ausschau nach einem Ferienhaus für meine Eltern gehalten; wenn es Mutter wieder besser ginge, meinte Vater, würden sie demnächst für ein paar Wochen zu Besuch kommen, Mutter würde die Abwechslung gut tun. Nun ist es schon schwierig, Ende Januar im Raum um Latina ein Feriendomizil zu mieten, denn es gibt kaum Ansprechpartner: kein Wunder, denn die Feriensaison ist im Sommer; zudem sind die Häuser, wie auch die Strände, im Januar oft in einem wenig anziehenden Zustand. Bis ich – begleitet von meinem neuen

---

[1] „Du musst sie nehmen, Harald, ganz ohne Zweifel!"

britischen Kameraden, *David Maxted* und seiner Frau *Alice* – d i e Villa oberhalb des Strandes von Terracina fand, gleich in der Nachbarschaft der Villa von *de Gasperi*: die Witwe eines britischen Industriellen, der das gehörte, war sehr freundlich und zeigte uns ihr Anwesen, einschließlich Weinkeller, Hubschrauberlandeplatz und Privatstrand … Der Weg zu ihrem Haus werde von Zeit zu Zeit durch die Gemeinde repariert, wegen der Schlaglöcher, sagte sie, das sei aber nicht weiter schlimm, denn sie finde immer jemanden, der den Weg mit Hacke und Pickel wieder in den gleichen, desolaten Zustand versetzt, wie zuvor, denn dann sei das alles für die „*ladri*"[1] – zumindest von außen – wenig attraktiv … Da es indes wenig wahrscheinlich war, dass meine Eltern mit dem Hubschrauber einschweben würden, haben wir es dann bei der Besichtigung belassen.

Wenig später musste ich nach London fliegen; von dort fuhr ich per Eisenbahn zunächst zur *RAF School of Education* nach Newton, wo man mich in die Geheimnisse des dort entwickelten und in allen Schulen der britischen Streitkräfte praktizierten „*Systems Approach to Training*"[2] einwies; weiter ging es nach *Catterick*, nahe der schottischen „Grenze", an die britische Fernmeldeschule für Unteroffiziere, wo man mir freundlich und umfassend die dortige Methode der Ausbildungsplanung vorstellte. Unser Colonel war dort zuvor zuständig für Ausbildungsplanung gewesen und wollte nun seine dort erworbenen Fähigkeiten indirekt weitergeben.

Danach musste ich mich vor der Kulisse eines mächtigen „*Jimmy*"[3] in das dortige Gästebuch eintragen. Dabei fehlte nicht der dezente Hinweis, dass die Unterschrift auf der Seite davor – zufällig – von Ihrer Majestät selbst war, und in der Tat, dort stand, quer über die ganze Seite mit blauer Tinte geschrieben: „*Elizabeth II., Regina*". Ich war sehr beeindruckt. Das war wohl auch das Ziel dieser Übung.

Natürlich versuchte unser Colonel, die Schule britisch zu prägen; das war offensichtlich. Als einziger deutscher Offizier an der Schule musste ich das zunächst hinnehmen, gedachte aber durchaus, hier auch eigene Akzente zu setzen. Wie, das war natürlich schon die Frage, denn mir fehlte ja anfangs alles, was ich zur Durchführung meines Auftrags gebraucht hätte; so hatte ich meine komplette Korrespondenz selbst zu erledigen, selbst die Briefmarken für die Briefe nach Deutschland musste ich selbst kaufen (wenn die Post oder die „*tabacchi*"[4]-Läden nicht gerade streikten), anlecken, aufkleben, zur Post bringen und einmal im Quartal mit der Botschaft abrechnen. Die schickte mir dann einen Scheck, ausgestellt auf die *Banco di Spirito Santo*, die es allerdings in Latina nicht gab … Später habe ich die Schecks Bärbel gegeben, die dafür beim Metzger einkaufte und von ihm das Restgeld bar bekam.

Doch zu allererst brauchte ich eine Schreibmaschine, denn die wenigen Schreibmaschinen im Stabe waren in der Regel belegt und zudem nicht mit deutschen Typen

---

[1] Räuber, Diebe
[2] Etwa: „Lernzielorientierte Ausbildung"
[3] „Jimmy" ist der Spitzname des römischen Götterboten Merkur, des Schutzheiligen der Fernmeldetruppe des britischen Heeres
[4] In „tabacchi"-Läden kann man u.a. Briefmarken kaufen

versehen. Also schrieb ich einen handschriftlichen Brief an den Führungsstab der Streitkräfte im Verteidigungsministerium in Bonn und bat um Zuweisung einer Dienst-Schreibmaschine. Die kam auch relativ schnell an, in der Botschaft in Rom natürlich, denn bis dahin ging der Kurierweg. Dann fuhr ich mit meinem Privatwagen, denn Dienstfahrzeuge hatten wir nicht, nach Rom, parkte den Wagen auf dem Parkplatz der *Villa Borghese* und gab dem Parkwächter ein üppiges Trinkgeld. Und in der Tat: als ich wenig später mit einem Fahrzeug der Botschaft und meiner neuen Schreibmaschine wieder eintraf, stand mein Wagen unversehrt, wo ich ihn geparkt hatte und der Parkwächter lächelte freundlich und zog seinen Hut mit Grandezza.

Fast vier Jahre lang habe ich diese Maschine sodann im Zwei-Finger-System bedient – natürlich mit einem Schild „*Property of the German Army*"[1] versehen – bis kurz vor meiner Versetzung 1981 ein Unteroffizier erschien, der für solcherlei Arbeiten zuständig war.

Selbst den desolaten Postweg haben wir im Laufe der Zeit verbessert: mit Hilfe des „Schulkuriers". Thomas, Sohn des Hauptfeldwebels Kunz, besuchte die Deutsche Schule in Rom; zusammen mit ihm auf der Schule war der Sohn des deutschen Heeresattachés. Post nach und von Deutschland wurde nun durch die beiden Söhne – über deren Väter – an die Botschaft bzw. unsere Schule weitergeleitet und schon funktionierte unser Zubringerservice. Teilweise wurde so die Postlaufzeit von mehreren Wochen auf wenige Tage reduziert.

Auch im außerdienstlichen Bereich tat sich einiges: so beschlossen David und ich eines Tages, uns von einer Reiseagentur in Latina im Rahmen eines abendlichen Vortrags einen Überblick über die Sehenswürdigkeiten rund um Latina geben zu lassen: und so lernten wir *Gina* kennen, polyglotte, freundliche Mitarbeiterin von „*Panitalia*", die uns allen einen Lichtbildervortrag hielt. „*Where to go and what to see*"[2]; natürlich haben wir das in unserer Freizeit ausprobiert!

Sermoneta etwa, ein kleines Dörfchen auf einem Bergkegel ganz in der Nähe, an der damaligen Grenze zwischen dem Kirchenstaat und dem *Königreich der zwei Sizilien*, mit einer Burg, in der schon *Lucrezia Borgia* gefangen gehalten worden war und einem phantastischen Blick über den ganzen „*agro pontino*"[3]; im Juli findet dort und in Fossanova im Wechsel das sog. „Pontinische Musikfestival" statt.

Oder die Insel „Ponza", am besten von Nettuno oder Terracina zu erreichen: mit wild zerklüfteten Felsen, „blauen Grotten" und einsamen Stränden, weit weniger vom Tourismus heimgesucht als Capri oder Ischia. Nur das Trinkwasser kann dort knapp werden, denn es muss mit eigenen Tankschiffen vom Festland herbeigebracht werden.

---

[1] „Eigentum des deutschen Heeres"
[2] Etwa: „Wohin gehen was zu sehen?"
[3] „Pontinischer Acker" (ehemals „Pontinische Sümpfe": unter Mussolini trockengelegt und als fruchtbares Ackerland genutzt; heute ausgedehnte Blumen- und Gemüseplantagen)

Auch *Sperlonga* hat sie uns empfohlen, das ehemalige Piratennest an einer steilen Klippe, mit seinen engen, pittoresken Gässchen und der schäumenden Brandung, und natürlich *San Felice Circeo*, wo schon *Odysseus* durch die schöne *Circe* „bezirzt" worden war, während seine Gefährten zu Schweinen verwandelt wurden.

Mit Gina haben wir uns noch viele Jahre lang getroffen, selbst Vater trank mit ihr einen Kaffee, wenn er uns hin und wieder besuchte; ja sogar Sylvia, unsere Jüngste, hat sich mit ihr getroffen und wurde von ihr, gut 27 Jahre später, anlässlich einer kunstgeschichtlichen Exkursion, in die Sehenswürdigkeiten rund um Latina und in Rom eingewiesen.

Wenig später eine weitere, unerwartete Erfahrung: ich war beim Heeresattaché zu einer Abendveranstaltung eingeladen und fuhr mit dem Wagen dorthin: besser gesagt, ich versuchte, dorthin zu fahren, kam aber über die *Piazza Venezia*, mitten in Rom, nicht hinaus, denn in die Richtung, in die ich wollte, führten nur Einbahnstraßen, aber nicht in „meine" Richtung … Irgendwann war ich das Herumkurven Leid, zumal die Zeit drängte, und so schilderte ich einem Carabiniere, der dort den Verkehr regelte, mein Problem; der wies mich an, entgegen der Einbahnstraße, auf der Spur für Busse, in „meine Richtung" zu fahren; und so fuhr ich, etwa drei Kilometer lang auf der Busspur, entgegen der Einbahnstraße – in der Hauptverkehrszeit – auf dem „*Corso*"[1] bis hin zu meinem Ziel …; freilich gab es dort dann keinen Parkplatz, doch frech geworden und durch mein Einbahnstraßenabenteuer abgehärtet, parkte ich mein Auto halb auf dem Gehsteig, in einer Kurve, eingekeilt von -zig anderen Fahrzeugen, die alle das gleiche Problem hatten und alle gleich absurd parkten. Wie ich später hörte, war das mit den *Carabinieri* abgesprochen, doch das wussten nur Eingeweihte. Als ich später wieder abfahren wollte, klappte das übrigens problemlos, wenngleich nicht unbedingt so, wie wir das in der Fahrschule gelernt hatten, Stoßstangen-Rempler inbegriffen.

Bei den vielen Einladungen, den üppigen Mahlzeiten und dem ungewohnten Essen blieb es nicht aus, dass ich recht bald einen Arzt konsultieren musste, denn mein Körper streikte heftig. „*Il fegato*"[2] meinte der Militärarzt achselzuckend. Also wurde mir eine „*cura in bianca*"[3] verordnet: dabei musste man eine Zeitlang auf alles Gebratene, Gesottene und auf Öl verzichten und dafür leichte Kost zu sich nehmen, vor allem Reis oder Nudeln; dabei lernte ich auch *Mozarella*-Käse mit Tomaten kennen, eine äußerst schmackhafte, bekömmliche Vorspeise, die mir bis dato unbekannt war. Nun wurde „*Mozarella di bufala*"[4] quasi in der Nachbarschaft, d.h. auf den Bauernhöfen rings um Terracina, produziert und auf den dortigen Wiesen weideten die dazu erforderlichen Büffelherden. Kein Wunder, dass sich „*Mozarella di bufala*" zu einer unserer bevorzugten Spei-

---

[1] Eine der Haupteinkaufsstraßen in Rom
[2] Die Leber
[3] Diät, während der nur „weiße", d.h. „leichte" Nahrungsmittel zu sich genommen werden
[4] Mozarella aus Büffelmilch

sen entwickelte, denn auf den Märkten rings umher wurde die *Mozarella*-„Kugeln" in Salzlake geradezu massenhaft, im übrigen taufrisch und preisgünstig, feilgeboten.

Letztendlich habe ich mich aber relativ schnell an die italienische Küche gewöhnt, die ja ohnehin sehr bekömmlich ist und im Übrigen viel Abwechslung bietet. Dabei machte mir schon das Einkaufen in den diversen „offenen" und „geschlossenen" Märkten in und um Latina viel Freude, denn überall gab es ein Überangebot von köstlichstem Gemüse, frischestem Fisch, schmackhaftestem Käse, dass es eine Wonne war. Nur die Köchin fehlte, dies alles zuzubereiten.

Stattdessen besuchte mich zunächst Detlef, mein „alter" Kamerad und Mitstreiter, soeben von einem einjährigen Pakistan-Aufenthalt zurückgekehrt und nunmehr auf einer Rundreise durch Italien; doch noch während seines Besuchs, kurz vor Ostern, traf auch Bärbel ein, was Detlef – dezent wie er war – zur baldigen Abreise bewog. Allerdings haben wir zuvor gemeinsam die nähere Umgebung gemeinsam erkundet und hervorragend miteinander gespeist.

Hier die Speisefolge für das

„Abendmahl
am 24. März 1978,
auf dass sich die kleine Bärbel erfreue und der Detlef sich labe, auch Harald":

Artischocken mit Mayonnaise d'Hélène [1]
Spießbraten, gegrillt mit gerösteten Kartoffeln
Austernpilze mit Speck, Zwiebeln, Petersilie ed amore

Auswahl italienischer Käse

Frische Ananas mit Schlagsahne und Preiselbeeren

---

[1] Mutters Mayonnaise war ein Gedicht; kurz vor meiner Versetzung nach Lüneburg, 1976, hat sie es mir verraten. Während sie es zubereitete, habe ich – ständig nachfragend – mitgeschrieben:
Zutaten: Knapp 1/8 l Öl, 2 – 3 Eigelb, Saft von weniger als ¼ Zitrone, Pfeffer, Salz, Zucker, Tabasco, 2 EL saure Sahne, etwas fertige Mayonnaise zum Abschmecken.
Zubereitung: Eigelb sauber vom Eiweiß trennen, Eigelb in einem irdenen Schälchen langsam mit Holzquirl bzw. Gabel verrühren, danach tropfenweise Öl hinzufügen (darf nicht kalt sein!), später, wenn bereits sämig, allmählich mehr Öl hinzufügen. Zuletzt mit Pfeffer, Salz, Zucker, Tabasco, Zitrone (zunächst nur 5 – 6 Tropfen!) abschmecken.
Will man die Mayonnaise als Sauce, z. B. für Artischocken, als Salatsauce oder zum Fondue verwenden, rührt man in einem Schüsselchen erst 2 – 3 Esslöffel saure Sahne glatt, fügt 2 Esslöffel gekaufte Mayonnaise hinzu (mit Gabel verkleppern, damit es keine Klümpchen gibt), danach löffelweise die selbst gemachte Mayonnaise unterheben und alles verrühren. Nochmals abschmecken; je nach Geschmack Salz, Pfeffer, Zucker, Tabasco, evtl. Fondor, beigeben. Evtl. auch Petersilie oder andere, fein gehackte Kräuter unterheben.

Kaffee

Dazu folgende Weine:

1975er Vino fuoco di Sicilia
Champagne Rothschild

Cognac
Courvoisier

Dazu hörten wir Mozarts „*Kleine Nachtmusik*", Beethovens „*Mondscheinsonate*" sowie Debussy's „*Clair de lune*"; all das hatte ich in jüngeren Jahren immer wieder gerne auf dem Klavier gespielt. Heute musste der Plattenspieler herhalten; dafür war denn auch nicht nur das Klangerlebnis ein besonderes Vergnügen.

Doch schon nach wenigen Tagen fand die Osterherrlichkeit ein jähes Ende. Mutter ging es so schlecht, dass mich Vater bat, sofort nach Miltenberg zu kommen. Also brachen wir unsere Zelte jäh ab, Bärbel verzichtete auf ihren Rückflug und fuhr mit mir im Auto über den Brenner und München nach Miltenberg.

Vater hatte Bärbel noch nie gesehen, und offensichtlich gefiel sie ihm auf Anhieb: nachdem ich sie ihm vorgestellt hatte, nahm er mich beiseite und sagte in anerkennendem Sächsisch: „Nu, da haste ja mal 'ne Richt'che mitgebracht …"

Auch Mutter, mittlerweile wieder im Krankenhaus und am Tropf, mochte sie sofort und fand anerkennende Worte für ihr schönes Kostüm. Wenig später muss sie ihr, eingedenk entsprechender Unarten in der näheren Verwandtschaft, gesagt haben: „Dass Du dem Jungen ja nicht etwa die Schuhe putzt …" Dabei war von Heirat noch gar nicht die Rede gewesen. Mutter wusste aber wohl, dass sie mit derlei Ratschlägen nicht mehr lange würde warten können. Dann ging es Mutter wieder etwas besser und wir fuhren – jeder für sich – nach Hause. Kaum angekommen, habe ich Bärbel per Telefon gefragt, ob sie mich heiraten wolle, und sie wollte. So haben wir beschlossen, uns am 5. Mai (ein Datum, das ich mir würde merken können …) zu verloben und zwar in Hemer, denn Bärbels Eltern hatte ich noch nicht kennen gelernt. Dort habe ich Bärbels Vater formvollendet um die Hand seiner Tochter gebeten – und er war sofort einverstanden, ihre Mutter ebenso. Abends: eine kleine Verlobungsfeier „*en famille*", d.h. mit Ingrid, ihrer Schwester und Dieter, deren Mann. Bärbel trug ein dazu sehr angemessenes, duftiges, langes, zartes, blaues Kleid.

Das wurde wenige Tage später in Miltenberg noch einmal wiederholt, nun mit den Nachbarn und ihren beiden Töchtern. Vater war erbaut, Mutter entzückt und stolz, und wir haben uns gefreut – wohl wissend, dass wir nun bald heiraten „mussten", denn lange würde Mutter nicht mehr durchhalten können.

Daher haben wir den Hochzeitstermin auf den 1. Juli 1978 festgesetzt (auch ein Termin, an den ich mich, da leicht zu merken, immer erinnern könnte), in der Hoffnung, dass Mutter dann noch leben würde.

Wenig später kam meine ehemalige Lüneburger Italienisch-Lehrerin, Marlis, zu Besuch ihrer Bekannten nach Anzio gereist: warum soll ich sie nicht treffen, habe ich mir gesagt und so fuhren wir gemeinsam nach Rom: sie spielte den Fremdenführer und zeigte mir all die Sehenswürdigkeiten, die man als „*Insider*" kennt und als Tourist nur selten, wenn überhaupt, sieht und erlebt, wie den wunderschönen Blick durchs Schlüsselloch der Villa des *Malteser Priorats* auf dem *Aventin*[1], die „*Bocca della Verità*"[2] unweit des *Teatro di Marcello*, das Café mit dem „besten Schokoladeneis der Welt" an der *Piazza Navona*, das *jüdische Viertel*, in dem wir „*carciofi alla giudia*"[3] probierten. Später fuhren wir auf einen Drink zu mir nach Hause; von dort wollte ich sie zurück nach Anzio bringen. Als ich davon sprach, dass ich am 1. Juli heiraten würde, muss für sie eine Traumwelt zusammengebrochen sein, die freilich auf nichts mehr, als auf reiner Vorstellung beruhte: indes, sie fing an zu weinen … Sie wird das alles aber verstanden haben und nachtragend war sie auch nicht, denn im Jahr darauf hat sie uns Beide – mich erneut, Bärbel zum ersten Mal – besucht und uns gemeinsam durch Rom geführt.

Mitte Juni fuhr ich sodann per Auto nach Hemer, lernte dort allerlei Verwandtschaft, einschließlich Bärbels über 90-jähriger Großmutter, kennen und dann ging es zu zweit nach Miltenberg um unsere Hochzeit vorzubereiten. Alles lief wie am Schnürchen und am 29. Juni ging es zum Miltenberger Standesamt. Unsere beiden Väter waren Trauzeugen; Bärbels Mutter hielt Krankenwache. Bärbel sah sehr gediegen aus mit ihrem dunkelblauen Wickelrock und ihrem schönen, schwingenden, beigen Mantel.

Am nächsten Abend dann der Polterabend, ohne Poltern freilich, denn auf Krach mussten wir, wegen Mutters Zustand, verzichten; dennoch hat sich die ganze Gesellschaft, Eltern, Geschwister, Onkel, Tanten, Cousin, Neffen, Nichten, Freunde und Nachbarn, in unserer umfunktionierten Garage bei Lampions, Gegrilltem und dem einen oder anderen Bier köstlich amüsiert; sogar Mutter kam unter Aufbietung aller ihrer Kräfte auf einen Augenblick vorbei.

Claudia und Georg überraschten uns übrigens mit einem originellen Geschenk: zwei selbst gebastelte Hampelmänner, Braut und Bräutigam und ein dazu passendes Gedicht …

---

[1] Einer der sieben Hügel Roms; beim Blick durch das Schlüsselloch sieht man den Petersdom
[2] „Mund der Wahrheit": man hält seine Hand in einen steinernen Mund, und wenn man gelogen hat, beißt der Tritone zu, heißt es … Geht auf einen mittelalterlichen Glauben zurück, nach dem die Römer die rechte Hand beim Schwur in den Mund des Tritonen gelegt hätten
[3] Artischocken auf jüdische Art (junge, kleine Artischocken werden, wie sie sind, in Öl gesotten und ganz, d.h. mit Blättern, Boden und „Innenleben" verspeist)

> „Heut kommt Ihr froh vom Traualtar,
> Wir schenken Euch dies Hampelpaar.
> Sie sind empfindlich zart gebaut,
> Der Bräutigam und auch die Braut.
>
> Drum seid stets liebevoll bemüht,
> Dass keiner arg am Strickchen zieht!
> Dann bleiben beide Püppchen fein
> Und werden nie zerrissen sein."

Wir müssen das trotz manchem ehelichem Pulverdampf im Laufe der Jahre doch im Großen und Ganzen beherzigt haben, denn anlässlich unseres 30. Hochzeitstages funktionierten sie noch immer.

Leiser Nieselregen am nächsten Morgen. Doch dann klarte es auf und die Sonne schien, dass es eine Pracht war. Dann holte ich meine Braut ab: direkt am Hoteleingang der Brauerei Keller, wo Bärbels Eltern untergebracht waren. Dort hatte Bärbels Mutter letzte Hand an Bärbels Brautkleid angelegt. Ein weißer Traum mit dazu passendem weißem Kopfschmuck mit weißen Blüten … Ich überreichte ihr den Brautstrauß: rosa Rosen und weiße Freesien. Heute scheint es die nirgendwo mehr zu geben.

Nur wenige Schritte zur Klosterkirche nebenan und dann traute uns Pater Saturnin, Guardian der Kirche; auch Pastor Henkel, der evangelische Pfarrer, gab seinen Segen.

Selbst die Trauringe hatte ich parat, denn die Geschichte mit den vergessenen Trauringen, die ich von den Elis-Großeltern gehört hatte, wollte ich nicht unbedingt wiederholen. Auch das Altartuch hat nicht gebrannt, dafür trug der Pater ungeputzte Schuhe, das fiel aber nur mir auf.

Der Trautext aber lautete:

> „Sprichst du, so sprich aus Liebe,
> schweigst du, so schweige aus Liebe,
> tadelst du, so tadle aus Liebe,
> schonst du, so schone aus Liebe!
> Lass die Liebe in deinem Herzen wurzeln,
> und es kann nur Gutes daraus hervorgehen." (St. Augustin)

Als Orgelmusik zu Ende der Trauung hatte ich mir „Ein feste Burg ist unser Gott" gewünscht: mit viel Phantasie und gutem Willen konnte man das sogar erkennen! Immerhin, habe ich mir gesagt, im erzkatholischen Miltenberg, in der Klosterkirche, im Beisein eines Franziskaner-Paters das wohl protestantischste Kirchenlied, das man sich denken kann, noch dazu von Martin Luther, das wollte schon etwas heißen! Am Ausgang viel Glückwünsche, und auch Frau Zöller, ebenfalls katholisch, mit ihren Enkeln, die uns Blumen, Brot und Salz überreichten.

Dann unsere Kutsche … Von zwei Apfelschimmeln gezogen, mit roten Rosen bekränzt, der Kutscher im Zylinder, seine Frau im festlichen Kleid. (Dass sie noch Minuten zuvor an der falschen Kirche gewartet haben, erfuhren wir Gott sei Dank erst später).

Alle Kinder, Michael, Frank, Susanne, Andreas und auch Alexandra, die Tochter meines Jugendfreundes Alexander, durften mit einsteigen und Blumen streuen, was das Zeug hielt und so lang der Vorrat reichte. Auch mein altes Weidenkörbchen, in dem ich als Junge Pilze und Heidelbeeren gesammelt hatte, kam so noch einmal zum Einsatz. Dann ging die Fahrt durchs Würzburger Tor, die Obere Walldürner Straße hinauf; die armen Rösser mussten zwischendurch verschnaufen und sich an je einem Eimer Wasser laben. Bis zum Schützenhaus, oben im Wald, haben sie uns gezogen; für die Kinder war das ein Abenteuer und auch wir haben diese Fahrt genossen.

Im Innern des Schützenhauses hatten Bertrams Töchter die Dekoration übernommen: fliederfarbene Vorhänge hingen an den Fenstern und zwei Bilder in Poster-Größe, die wir zuvor von uns hatten anfertigen lassen, hingen an der Wand. Claudia hatte, wie schon bei ihrer eigenen Hochzeit, die Menü- und die Platzkarten kunstvoll selbst gefertigt und dann delektierten wir uns an einem köstlichen Mahl, das wir – unsere erste gemeinsame Organisationsleistung – gemeinsam zusammengestellt hatten:

Vermählungsfeier
Harald und Bärbel Schlieder, geb. Hallbauer

Honigmelone mit Portwein
und westfälischem Schinken

Rehrücken
„Odenwälder Art"
in Wacholderrahmsauce
Williams Christ-Birne
gefüllt mit Preiselbeeren

Pfifferlinge, Rotkraut
hausgem. Spätzle, Kartoffelkroketten
Apfelkompott

Vanille-Eis
mit heißen Waldhimbeeren

Feines Gebäck

Dazu als Getränke:

Sherry Dry Sack
Medium Dry

1977er Laudaer Altenberg
Müller-Thurgau
Weinkellerei Lauda a.d. Tauber

1976er Endinger Vulkanfelsen
Spätburgunder
Kaiserstuhl-Tuniberg

Henkell trocken

Mokka

Odenwälder Zwetschgenwässerli

Es war ein rauschendes Fest; dazu Musik durch eine Vater / Töchter-Kapelle aus *Breitendiehl*: so, dass sowohl Jüngere als auch weniger Junge auf ihre Kosten kamen … Selbst mein Schwiegervater tanzte.

Um die Entführung der Braut von vornherein auszuschließen, habe ich sie dann, irgendwann des Nachts, selbst entführt: ins Hotel „*Riesen*", das älteste Gasthaus Deutschlands, in das Zimmer mit dem Erker, im zweiten Stock. In Miltenberg hatte man derweil die Gehsteige hochgeklappt, das war, für mich zumindest, Italien-erfahren wie ich war, erstaunlich, denn eigentlich war es eine heiße Nacht.

Vier Tage später sind wir dann wieder nach Latina abgefahren und alle haben uns ob unserer „dreijährigen Hochzeitsreise nach Italien" beneidet. Daraus wurde allerdings zunächst nur ein „Hochzeitswochenende", eine Woche später, auf Capri; *Gina* hat das für uns arrangiert.

Als wir im Hotel auf Annacapri ankamen, standen im Zimmer z w e i Betten; doch mein Italienisch war schon ausgeprägt genug, angesichts unserer „*viaggio di nozze*"[1] auf einem „*letto matrimoniale*"[2] zu bestehen. Der Hotelier hatte dafür sofort Verständnis.

---

[1] Hochzeitsreise
[2] Ehebett

Unser „offizielles" Hochzeitsfoto am 1. 7. 1978

Eine Woche später sind wir dann gemeinsam nach Deutschland geflogen; tags darauf, am 23. Juli 1978 ist Mutter, noch nicht ganz 59-jährig, gestorben. Ihre schlesische Heimat hat sie nie wieder gesehen.

Drei Tage später haben wir sie auf dem Miltenberger Friedhof begraben. Obwohl Vater schon pensioniert war, trug er Uniform. Er sagte, das gehöre sich so. Schließlich habe er auch Uniform getragen, als er sie 1944 geheiratet hatte.

Am 30. Juli flogen wir wieder nach Rom zurück. Vater versprach, uns zu besuchen, wenn er wieder zu sich gekommen sei.

Kurz danach ist auch Elis-Oma, 80-jährig in Northeim gestorben. Tante Martel hatte sie in den letzten Jahren, in denen sie zunehmend verwirrt und hilflos war, trotz ihrer eigenen beruflichen Belastung aufopfernd gepflegt.

Sie hat ihren Mann um 11 Jahre, Mutter um wenige Wochen überlebt. Auch sie hat ihre schlesische Heimat nicht wieder gesehen.

Unterdes erkundeten Bärbel und ich die nähere Umgebung, erfreuten uns an unserer schönen Wohnung, Bärbel fand Gefallen an Rom, an *Mozarella*, wie überhaupt an der italienischen Küche und dem intensiven gesellschaftlichen Leben an unserer Schule und in deren Umkreis.

Erst luden uns Signor und Signora Napolitano ein, in ihr rustikales Haus unter den riesigen Maronen-Bäumen in den Bergen, dann waren wir bei Giulio und Romilde Melini im Hause; dabei führte uns der stolze Familien-Vater seine Kinder vor, die allesamt ein Instrument spielten: natürlich gab es Hausmusik … Dann gaben uns Marcello und Rossana Barbato die Ehre; sie war eine Enkelin von *Puccini* und deswegen floss wohl in ihren Adern Künstler-Blut, denn sie malte ganz vorzüglich. Später hat Bärbel eine Marktszene von ihr erstanden und mir zu Weihnachten geschenkt. Ein Bild, das die ganze Marktatmosphäre einfach und bunt wiedergibt; es erinnert uns in besonderer Weise an Italien, seine Märkte und die Gastfreundschaft, die uns in Latina widerfahren ist.

Auch beim Militärattaché in *Rom* waren wir zu Gast: Oberst i.G. Weiss lud Ende September zu einem Abschiedsempfang ins Hotel *Columbus* in der *Via della Conciliazione* ein; es lag daher nahe, dort auch zu übernachten, denn nach einem längeren Abend wollten wir nicht mehr mit dem Auto quer durch Rom und nach Latina zurück fahren. Es war ein interessanter Abend, auf dem wir auch den Militärattaché der DDR, einen Oberst, kennen lernten. Er war nur mit seiner Frau in Rom; die Kinder waren in Berlin untergebracht. Warum wohl, haben wir uns gefragt, denn auch in Rom gab es ja eine deutsche Schule … und was ist schon für die Persönlichkeitsentwicklung besser als einige Jahre im Ausland? Als ich mich vorstellte, sagte er: „Sie kennen wir schon, wir sind bestens informiert …" Na ja, dachte ich, da haben sie wohl diverse Militärzeitschriften ausgewertet; in einer hatte ich kurz zuvor über unsere Schule in Latina berichtet.

Nach dem Empfang, es war eine wunderschöne, laue Nacht, gingen wir noch ein wenig spazieren und landeten so in Trastevere[1]; Bärbel trug einen langen Rock und auch ich muss recht proper gekleidet gewesen sein, gut genug jedenfalls, um als lohnendes Objekt für einen Vespa-Fahrer und seinen Sozius zu gelten. Es ging so schnell, dass ich den Zugriff zunächst nicht einmal merkte: im Vorbeifahren versuchten die „*ladri*", *Bärbel* die Handtasche zu entreißen … Dabei hatten sie allerdings nicht mit Bärbel gerechnet, denn die hielt fest, so dass sich lediglich der Trageriemen öffnete; indes: das Vespa-Gespann brauste schon um die nächste Ecke, wohl um es ein paar Hundert Meter weiter erneut zu versuchen.

Uns hat dieses Erlebnis gelehrt, in Rom nicht gut gekleidet auszugehen, und schon gar nicht in *Trastevere*. Auch unser Geld war stets abgezählt und absichtlich knapp bemessen; Dokumente wie Pässe usw. führten wir ab dato nur noch als Fotokopien mit.

Natürlich lud uns auch mein ziviler „Boss", unser „*Chief Instructor*", *Elio Chiavetta* und seine Frau zum Essen ein; er, halb italienischen, halb amerikanisch-mexikanischen Ursprungs, sie die Tochter eines Senators, sehr dezent, sehr elegant, sehr selbstbewusst, sehr wohlhabend, das sollte man auch sehen. Zunächst freilich kamen sie zum Antrittsbesuch, um Bärbel zu begutachten, das war offensichtlich. Die Signora trug helle, durchbrochene Sommerstiefel und war auch sonst sehr modisch gekleidet. Da sie Vater kannten, denn unsere Schule gehörte zu seinem Aufgabenbereich, war sie natürlich besonders

---

[1] Wörtlich: „Jenseits des Tiber" (römisches Vergnügungsviertel)

huldvoll. Das wurde noch gesteigert, als ich beiläufig erwähnte, dass meine Frau – aufgrund einer Affäre einer ihrer Urgroßmütter mit dem *Großherzog von Hildburghausen* – auch weitläufig mit dem *König von Sachsen* verwandt war. Fortan stellte sie Bärbel als „*una figlia del Re di Sassonia*"[1] vor und konnte so ihren eigenen gesellschaftlichen Stellenwert vermeintlich weiter erhöhen.

Wenig später nun die Einladung der Signora in ihrem neuen Hause, in *signoriler* Lage natürlich, eingezäunt, davor Palmen: Das Hausmädchen, in Spitzenhäubchen und Schürze, ließ uns herein. Nachdem etwa eine halbe Stunde nach Beginn des Festes alle Gäste eingetrudelt waren, e r s c h i e n die *Signora*, auf ihrer Treppe herabschwebend, mit Nerz und strahlend … Ihr Auftritt …! Viel Silber, alte Möbel, duftige Gardinen, Personal … Zu guter Letzt hat sie uns noch ihr handgeschnitztes, wie sie betonte, „*letto matrimoniale*"[2] gezeigt, mit Damastspitzen bedeckt, und die Sammlung kolorierter Kupferstiche mit Szenen aus dem Leben von Napoleon: nur zwei Sätze gebe es davon auf der Welt. Zum Abschied reichte sie mir huldvoll die Hand zum Handkuss. Viele Jahre später habe ich sie, anlässlich einer Reise nach Istanbul über Rom, Latina und Neapel, wieder gesehen. Sie war geistig verwirrt, hat sich aber dennoch, immer noch ganz Dame, über meine belgischen Pralinen gefreut und mir versichert, dass sie sich gern an die alten Zeiten erinnert. Ihr Mann betrieb zu diesem Zeitpunkt, neben seiner Tätigkeit bei der NATO, bereits ein eher dubioses mexikanisches Tanz-Establissement und fuhr einen überdimensionalen amerikanischen Straßenkreuzer, unangemeldet, wie er mir stolz erzählte. Während unserer Zeit in Latina hat er ganz offensichtlich seine Hand schützend über uns gehalten. Dafür spendete ich eine Summe anlässlich eines Wohltätigkeitsballs; dessen Schirmherrin war, zumindest offiziell, die Signora.

Auch bei einem der türkischen, zivilen Lehrer waren wir mehrfach eingeladen: *Dschinghis Pamukçu* und seine Frau, beide aus Istanbul, bewohnten ein geräumiges Wohnhaus in Latina und bemühten sich nach Kräften, uns alle Köstlichkeiten ihrer türkischen Heimat angedeihen zu lassen; das war auch alles erlesen, doch beim kalten Schaftshirn musste ich mich schon zusammennehmen, noch einmal nachzufordern, doch Pamukçu meinte, dies sei eine besondere türkische Spezialität, zwirbelte seinen Schnurrbart und blitzte mit den Augen. So aß ich denn zwei Portionen kaltes Schafshirn für Deutschland. Bärbel hielt sich da bedeckter, doch Damen können ja in solchen Fällen leichter die Sorge um ihre schlanke Linie vorschieben … Im Laufe der Zeit hatten wir wiederholt mit Dschinghis Pamukçu zu tun, denn ihm gehörte ein Ferien-Appartement am Meer in Nettuno, das wir hin und wieder für Gäste, einmal auch für Vater, anmieteten.

Der zweite türkische Lehrer, *Ekrem Ustunol* und seine Frau *Birsen*, warteten mit ihrer Einladung bis Vater wieder einmal zu Besuch kam und fuhren dann mit uns nach Trastevere zu „*Meo Patacca*", einem urigen Restaurant mit einer Auswahl italienischen Essens und Stimmungsmusik; irgendwann muss ich den Namen des Restaurants einmal

---

[1] „Eine Tochter des Königs von Sachsen"
[2] Ehebett

erwähnt haben, denn Vater hatte anlässlich seiner früheren Reisen nach Rom mehrfach davon gesprochen – und schon waren wir dort Ustunols Gäste …

Mittlerweile nahmen die neuen Lehrgänge, die wir vorzubereiten hatten, Gestalt an; dabei kümmerte ich mich ganz besonders um den „*NATO Officers' Orientation Course*"[1], dessen Ziel es war, Fernmeldeoffiziere, die in NATO-Stäben Dienst taten, in die diversen existierenden und künftigen NATO-Fernmeldesysteme einzuweisen. Da ich dabei nicht nur die Lehrgangspläne schrieb, sondern mich auch um die – anfangs erstmalige – Entwicklung der Unterrichtseinheiten kümmerte, blieb es nicht aus, dass ich, speziell beim ersten Lehrgang dieser Art, eine Reihe von grundlegenden Unterrichten selbst hielt; andere Lektionen waren aufeinander abzustimmen, das Ganze zuvor zu üben und letztlich mussten Abholung, Unterbringung und Transport der Offiziere zu und in den verschiedensten Hotels in Latina und im Offizierclub unserer italienischen „*Base*" geregelt werden. Das war anfangs nicht ohne Reiz, denn dies alles war „Neuland", noch dazu bei denkbar dürftiger Infrastruktur, ohne Fahrzeuge und sonstigen Hilfsmitteln, über die man sich in etablierten nationalen Ausbildungs- und Bildungseinrichtungen kaum Gedanken macht.

So bin ich, anlässlich unseres ersten Orientierungslehrgangs überhaupt und mangels anderer Möglichkeiten, mit meinem eigenen Auto zum Bahnhof gefahren, um dort zwei mir bekannte deutsche Offiziere abzuholen – nur um dort einen ganzen Pulk weiterer Offiziere, z.T. aus den USA, Kanada, Portugal und Großbritannien mit ihrem umfangreichen Gepäck vorzufinden. Natürlich stürzten sich alle auf mich und alle wollten mit … Eine peinliche Situation, die weiter eskalierte, als einige Offiziere, die in ihren Ländern besseren Service gewohnt waren, keine Handtücher in ihren Unterkünften im Offizierclub vorfanden; Bärbel hat dann alle unsere Handtücher zusammengesucht und unter die Lehrgangsteilnehmer verteilt.

Anderntags begann der Lehrgang: als „*Course Director*"[2] habe ich zunächst alle begrüßt, denn der Colonel ließ sich nicht sehen, die Situation so diplomatisch wie irgend möglich erklärt und dann meine ersten Unterrichte über die NATO und ihre Fernmeldesysteme gehalten. Dabei war mir anfangs nicht sonderlich wohl zumute, speziell, als ich Oberstleutnant Litta in der ersten Reihe sitzen saß, mit grimmiger Miene, ein Kerl von gut 1,90 m, durchtrainiert, Fallschirmspringer, mit Bordeaux-rotem Barett, und noch dazu aus SHAPE, dem obersten NATO-Hauptquartier, aus unserer vorgesetzten Dienststelle.

Doch das gab sich schnell, speziell als ich merkte, dass mein Wissensvorsprung deutlich war und mein Englisch besser; das erkannte er, auch mir gegenüber, sofort an und auch sonst war er recht verträglich. Im Laufe der Zeit haben wir ein durchaus freundschaftliches Verhältnis miteinander aufgebaut; das ging so weit, dass er mir bei der Auswertung am letzten Tag des Lehrgangs half, und dass ich ihn während meiner gesam-

---

[1] Orientierungs-Lehrgang für NATO-Offiziere
[2] Lehrgangsleiter

ten Zeit in Latina für jeden Orientierungslehrgang als „*Guest Speaker*" zu einem Thema über Fernmeldelogistik in der NATO gewinnen konnte.

Als ich anbot, die gesamte Gruppe, etwa 20 Lehrgangsteilnehmer, am Wochenende durch Rom zu führen, war das Eis ohnehin gebrochen, und nach der Rom-Führung hatte ich den Lehrgang vollends in der Hand.

Zu späteren Lehrgängen kam Asko Litta häufig in Begleitung seiner edlen Frau Renate, wohnte manchmal in unserem Appartement, wenn auch behelfsmäßig, später regelmäßig im Appartement von Pamukçu; aus dieser Bekanntschaft hat sich eine lang andauernde Freundschaft entwickelt. Leider ist Asko Litta viel zu früh gestorben. Später haben wir uns immer wieder mit seiner Witwe, *Renate*, getroffen. Sogar zu Weihnachten war sie einmal bei uns zu Hause.

Der Lehrgang entwickelte sich schnell zu einem „Renner" und erfreute sich großer Beliebtheit; schon im nächsten Jahr fanden sieben Durchgänge statt. Dabei wurden Zug um Zug auch die anfänglichen organisatorischen Mängel abgestellt; später gelang es uns sogar, eine Bank dazu zu bewegen, für einige Stunden einen Geldwechseldienst an der Schule einzurichten. Außerdem fuhren wir mit dem ganzen Lehrgang, einschließlich Colonel und allen Instruktoren, an einem Abend, etwa zur Halbzeit, nach Sermoneta zu einem Lehrgangsabend mit Damen; dazu kam eine ganztägige Besichtigung zweier NATO- Fernmeldeeinrichtungen: der *ACE High*[1]-Station in *Tolfa* und der *SATCOM*[2]-Station in *Civitavecchia*. Danach fand regelmäßig ein Essen in einem urigen Restaurant in *Tarquinia* statt, das Giulio Melini mit Hingabe organisierte: dabei gab es Unmengen kleiner Portionen aller möglichen italienischen Speisen, dazu Wein bis zum Abwinken und danach „Feuerwasser". Für die allermeisten Lehrgangsteilnehmer war das natürlich d e r Höhepunkt des Lehrgangs, und auch Giulio Melini freute sich jedes Mal, wenn es ihm wieder einmal gelungen war, die ganze Busladung zum Absingen unzüchtiger Lieder (in vielen Sprachen!) zu bringen. Ich hingegen freute mich, wenn der Lehrgang am nächsten Morgen wieder lief und keiner fehlte.

Schon gleich zu Beginn meiner Zeit in Latina hatte ich mich darum bemüht, deutsche Spielfilme – im Rahmen der Truppenbetreuung – zu erhalten, schon um „meine" Leute, dabei auch die vielen Lehrgangsteilnehmer der Techniker-Kurse, Abends bei Laune und von den Bars fernzuhalten. Das gelang auch relativ schnell: nach einigen Monaten, kurz nach Bärbels Eintreffen, bekamen wir den Kriminal-Film „*Arabeske*" zugesandt; da einer unserer Stamm-Unteroffiziere „Filmvorführer" war, stand einem Filmabend nichts mehr im Wege. Natürlich haben wir auch das Personal aller übrigen Nationen an unserer Schule dazu eingeladen; viele kamen, zumindest diejenigen, die Deutsch verstanden, selbst der Colonel.

---

[1] **A**llied **C**ommand **E**urope, High (Command and Control) System: damaliges (Troposphärisches Scatter-) Fernmeldesystem des Alliierten Kommandobereichs Europa (der NATO)
[2] damalige Satelliten-Boden-Station (des Satelliten-gestützten Fernmeldesystems der NATO)

Am Morgen der ersten Filmvorführung nun war ich in einer Bank in Latina, um Geld einzutauschen; dazu benötigte man damals seinen Pass. So stand ich nun mit meinem Pass und wartete, bis ich an die Reihe kam; da entdeckte ich hinter mir einen Herrn, der ebenfalls einen deutschen Pass zückte – so kamen wir ins Gespräch. *Herr Sedelmayer* wohnte mit seiner Frau in *Sezze*, in den Bergen ganz in der Nähe. Sie hatten sich aus gesundheitlichen Gründen dort niedergelassen, sprachen aber nur schlecht Italienisch – und kamen daher natürlich sofort, als ich ihnen von unserem ersten deutschen Filmabend erzählte und sie dazu einlud. Auf diese Weise entwickelte sich ein freundschaftliches Verhältnis zwischen Sedelmayers und uns; bald darauf haben sie uns in Latina zu Hause besucht, wenig später wir sie in Sezze. Wir haben dort, in ihrem Freisitz, mit herrlichem Blick auf das Meer, umrahmt von Mittelmeer-Flora, wunderschöne Abende bei *Bruschetta* und Landwein verbracht und in ihrem Schwimmbad gebadet; ja selbst Barbara, unsere „Große", hat dort im September 1981 ihre ersten Schritte getan.

Natürlich ließen auch die diversen Besucher nicht lange auf sich warten: zuerst kamen Bärbels Eltern, denn sie wollten ja sehen, wo ihre Tochter nun wohnte, das war nur verständlich. Sie waren wohl zufrieden, denn mittlerweile funktionierte alles, es wurde nicht gestreikt und Italien zeigte sich von seiner sonnigsten Seite. Auch bei unserem ersten Oktoberfest bei Dante waren sie dabei und Mutti hat feste mitgeholfen. Einen Apfelkuchen hat sie uns gebacken, denn das konnte Bärbel damals noch nicht. Bärbel indes kochte für 40 Personen Sauerkraut; da wir nicht genügend Töpfe hatten, musste sie sich dafür noch einen weiteren großen Topf ausleihen. *Gerda Wegmann,* die Frau eines weiteren deutschen, zivilen Fernmeldelehrers unserer Schule, hat ihr ausgeholfen.

Dann, Ende September, kam auch Vater per Bahn angereist und wir haben alles unternommen, dass er auf andere Gedanken kam. Doch als er kam, hatte er Zahnschmerzen. Also ging ich mit ihm zum Zahnarzt, einem Griechen, den ich zuvor schon kennen gelernt hatte. In einem Großraum standen an die zehn Zahnarztstühle und an jedem ein Gehilfe – oder Arzt? – er jedenfalls ging nur von Stuhl zu Stuhl und gab hier und da kurze Anweisungen. Vater aber behandelte er selbst! Als ich ihn zu guter Letzt fragte, was ich ihm schuldig sei, meinte er nur mit großer Geste: *„Maggiore, è stato un' onore…"*[1] Am nächsten Tag habe ich ihm ein Flasche Whisky gebracht; darüber hat er sich gefreut; Bargeld hätte er nie von mir genommen und mit internationalen Überweisungen funktionierte das damals noch nicht so recht – zumindest würde es endlos dauern.

Dann fügte es sich trefflich, dass wir Vaters 60. Geburtstag bei uns feiern konnten; Bärbel buk dazu einen Kuchen und steckte 60 kleine Kerzchen hinein. Immerhin ist es Vater gelungen, alle auf einmal auszupusten. Und wieder lud uns Giulio Melini zu sich ein; natürlich gab es dabei wieder Hausmusik. Dann aber spielte Vater: Liszts „*Liebestraum*", „*Römische Brunnen*" (eine eigene Komposition, gut, dass wir sie noch auf Band haben) und vieles mehr – alle lauschten andächtig und waren begeistert. Ich aber nahm mir vor, mir eines Tages auch so einen schönen Flügel (einen *Steinway*) zu kaufen, wie

---

[1] „Major, es war mir eine Ehre …"

Giulio Melini ihn hatte. Als wir 30 Jahre später die Melinis auf ihrem Weinberg in *La Spezia* besuchten, spielte ich ihm eines von Vaters Stücken vor und schickte ihm anschließend die Noten. Sein Sohn Roberto wollte es mit seinen Schülern am Konservatorium von *Milan* einüben.

Mitte März 1979 fuhren wir mit vielen Interessierten der Schule nach Rom, um an einer Papst-Audienz teilzunehmen, und trotz eines enormen Andrangs bekamen wir günstige Plätze zugeteilt. Auch Vater, erneut für ein paar Wochen zu Besuch, war mit von der Partie. Die Audienz-Halle, die immerhin etwa 7.000 Menschen fasste (noch von *Paul VI.* gebaut), war brechend voll und es dauerte geraume Zeit, bis sich der Papst, *Johannes Paul II.,* ständig Segen spendend und Hände drückend, durch die Menge nach vorn, auf seinen Sessel vor einer überdimensionalen, modernen Christus-Figur „vorgearbeitet" hatte. Huldigungen der verschiedensten Pilgergruppen, Jubelschreie begeisterter Gläubiger, dann seine Ansprache zum Thema „Herr lehre uns beten!", erst auf Italienisch, dann eine Zusammenfassung auf Englisch, Französisch, Deutsch, Spanisch und Polnisch. Zum Abschluss der Audienz wurde das Vaterunser gesungen und der Papst segnete die Menge. Sichtlich nachhaltig unter dem Eindruck des Erlebten stehend, strömte das Volk nach etwa 1 ½ Stunden wieder hinaus. Ein beeindruckendes Ereignis.

Wir aber gingen zunächst ins Informationsbüro, um den *Osservatore Romano*, die Wochenausgabe der Vatikan-Zeitung, in deutscher Sprache zu bestellen, da wir gerne den Text der Ansprache gehabt hätten. Anschließend gingen wir in den Petersdom, um noch kurz einen Blick auf die einzigartig schöne Pietà von Michelangelo zu werfen. Wir haben keine Gelegenheit ausgelassen, dieses Meisterwerk zu sehen. Michelangelo hat es 24-jährig, 1499 geschaffen.

Kurz darauf, ebenfalls im März, kamen Tante Martel und Tante Loni, Mutters Schwestern: auch sie waren angetan, speziell von den vielen Blumen, die mittlerweile auf unserer Dachterrasse gediehen; im übrigen pflegeleicht und immer bedacht, Bärbel zu helfen.

Da wir am 4. April erneut zu einer Generalaudienz zum Papst in den Vatikan fahren wollten, nahmen wir die Tanten mit; das war von besonderem Reiz, denn als „*sposi novelli*" [1] (was waren angesichts der Ewigkeit schon 9 Monate?) hatten wir Karten für einen Sitzplatz ganz vorn, und auch die Tanten durften bei uns sitzen. So erlebten wir den Papst ganz nahe; wieder ein Ereignis, das uns beeindruckt hat und auch die Tanten waren ergriffen. Man musste nicht katholisch sein, um zu fühlen, dass hier ein großer Papst zu uns gesprochen hatte, ein echter Christ und ein ganz bedeutender Mensch.

Zu Ostern gingen wir in die Kirche in Sermoneta; dabei lernten wir den (deutschen) Freund des dortigen Pfarrers kennen: *Monsignore Johannes Becker*, genannt „*Don Giovanni*". Dieser war Repräsentant verschiedener süd-brasilianischer Bischöfe am Heiligen Stuhl und der Idee nicht abgeneigt, sich um die seelsorgerische Betreuung der deut-

---

[1] Neuverheiratete

schen Soldaten in Latina zu kümmern: für Gottes Lohn, verstand sich, doch das würde die eine oder andere Einladung nach sich ziehen.

Natürlich habe ich zugleich versucht, die offizielle Militärseelsorge für Latina anzukurbeln, doch dieses Vorhaben hatte – wohl auch wegen des geringen Umfangs unseres Kontingents – bei den dafür zuständigen Stellen in Deutschland sicherlich keine hohe Priorität, und so war ich froh, dass wir auf diesem unkonventionellen Weg einen Seelsorger gefunden hatten. Natürlich war Don Giovanni bereit, das Ganze auch ökumenisch zu betreiben. Die erste Probe aufs Exempel kam denn auch ziemlich schnell, als wir beschlossen, einen „Lebenskundlichen Unterricht", wie das bei der Bundeswehr hieß, abzuhalten; im Anschluss gingen wir alle gemeinsam essen, natürlich bei „Dante" und Don Giovanni war eingeladen.

Wir haben uns oft getroffen mit Don Giovanni und er hielt uns lange die Treue – auch, nachdem die offizielle Militärseelsorge für unser Kontingent längst etabliert war und funktionierte. Noch viele meiner Nachfolger haben von Don Giovanni gesprochen.

Im Juli waren wir beim Pontinischen Musikfestival in Sermoneta. Es standen Werke von Gabrielli, Boccherini, Rossini und Bottesini auf dem Programm: allesamt lediglich für Violoncello und Kontrabass, eine für unsere Begriffe nicht alltägliche Zusammenstellung.

Es spielten *Rocco Filippini* (Violoncello) und *Francesco Petracchi* (Basso Continuo): beide ganz ausgezeichnete Virtuosen. Laut Angabe im Programmheft sollen die Beiden bei allen größeren Musikfestspielen wie in Edinburgh, Wien, Luzern, Mailand, Paris, London, Berlin, München, New York usw. geradezu zu Hause zu sein. Große *Maestri*! So spielte der Violoncellist denn auch auf einer *Stradivari,* die im Jahre 1770 gebaut worden sein soll.

Das Ganze fing, wie anders, daher mit einer Welturaufführung an. Vor etwa einem Monat sollen die Noten für ein „*Canzone a due voci*"[1] von Gabrielli gefunden worden sein; da die Instrumente nicht angegeben waren, habe man das Violoncello und den Kontrabass gewählt.

Es war geradezu erstaunlich, welche Töne beide Maestri – insbesondere beim Duett von *Bottesini* (seinerzeit erster Dirigent der „*Aida*" in Kairo) – ihren Instrumenten entlockten! So gab es zu Ende der Veranstaltung auch ein entsprechendes Klatsch-Konzert und es wurden mehrere Zugaben verlangt.

Das Interessanteste war indes für uns, wie immer, das „Drumherum": angefangen vom „*Pollo alla Lucrezia Borgia*"[2] im malerischen Ristorante „*Al Mulino*", wie immer ein kulinarischer Genuss!, bis hin zur Park-Groteske beim Hinausfahren am Ende der Veran-

---

[1] Lied für zwei Stimmen
[2] Hühnchen nach Art der Lucrezia Borgia. Trotz mehrfachen Nachfragens ist es uns nicht gelungen, den Wirt des „Al Mulino" dazu zu bewegen, uns das Rezept seiner Sahne-Sauce, die er zu dem gebratenen Hühnchen servierte, zu verraten. Sie war gleichwohl himmlisch, wenngleich teuflisch gepfeffert, zugleich jedoch irgendwie milde. Wahrscheinlich spiegelte die Sauce den Charakter der Lucrezia Borgia trefflich wider, mit dem Unterschied allerdings, dass u n s zumindest, d i e s e s „Gift" immer sehr gut bekam …

staltung; natürlich war der Wagen wieder eingekeilt, so dass wir nur unter den verwegensten Verrenkungen und nach mancher Kurbelei wieder gen Latina fahren konnten.

Noch vor dem Beginn der abendlichen Erbauung nahmen wir jedoch zunächst unseren *Digestivo* – „*un amaro e un cafè, per favore*"[1] – auf dem Marktplatz ein; auf zwei wackeligen Stühlen, unter einem Orangebäumchen und in pittoresker Nachbarschaft einiger Dorfbewohner, die – nur mit Unterhemd und undefinierbaren Hosen bekleidet – ihren *Vino* einnahmen und sich im übrigen in stummer Betrachtung des Weltgeschehens ergingen. Gegen 21.00 Uhr schwoll der Besucherstrom an; man pilgerte, *con tutta la famiglia, solo o in due*[2], braungebrannt, teils in Phantasievolles, Modisches gehüllt, in weißem Anzug aber auch in *Jeans* oder *Shorts*, je nach Lust und Laune, durch die engen Gässchen zum Castello. Kurz davor, am Hauptquartier der lokalen *PCI*[3], einige Mamas mit ihren bambini auf den steinernen Stufen ihrer Häuser; ein paar Meter weiter das malerische Schauspiel einer ganzen Großfamilie beim einträchtigen Abendessen an einem überdimensionalen Tisch inmitten eines prachtvollen Rittersaals … Türen und Fenster weit geöffnet.

Man zahlt seinen lächerlich geringen Obolus – etwa 500 Lire, damals ca. 1,20 DM –, schreitet über die Zugbrücke und betritt, cum tempore, denn man hat sich akklimatisiert, den Innenhof der Burg der *Caetani*, der *Borgia*. Da herrscht bereits munteres Treiben und alles scheint besetzt. Allein, unter einer riesigen Platane entdecke ich noch zwei Klappstühle und so lassen wir uns in günstiger Position nieder.

Gleich neben mir ein korinthisches Kapitell: *una bellezza*[4]! Doch gleich lässt sich eine andere Schönheit, weitaus jünger, darauf nieder und harrt dort, in lange, weiche, weiße Gewänder gehüllt, der weiteren Entwicklung.

Die springt jetzt, in Gestalt eines bärtigen Jüngers der *Polyhymna*[5], auf die Bühne, wild entschlossen, mit flatterndem Hemd, und nun erfahren wir, von theatralischer Gestik begleitet, wie sich das Ganze entwickeln soll, dass man einer Welt-Uraufführung beiwohnen könne, die Musik welch erhabener Meister man nun hören werde und welche Künstler sich nun die Ehre geben werden.

Über die Gestik allein könnte man ein Buch schreiben! Jeder Gedankengang wird zunächst sinnfällig, mit einer grandiosen Handbewegung gleichsam, vor den Redner gestellt: da steht er, fest und barock, unumstößlich! Doch dann kommt die Fingerarbeit; mit Daumen, Zeige-und Mittelfinger werden die einzelnen Worte herausgezogen, mit der ganzen Hand im Halbkreis durch die Luft gewirbelt und dann aus dem Handgelenk, mit gespreizten Fingern, mit den feinsten Verästelungen der Fingerspitzen!, wie Sterne eines Feuerwerks!, mit Grandezza verteilt.

Dann legt er die Hände vor der Brust zusammen, ringt sie wie beim in brünstigen Gebet und stößt sie halbschräg nach unten um sie sofort wieder – jetzt nach innen zei-

---

[1] „Ein Bitter(er) und ein Kaffee, bitte"
[2] Mit der ganzen Familie, allein oder zu Zweit
[3] **P**artito **C**omunista **I**taliano (Italienische Kommunistische Partei)
[4] Eine Schönheit
[5] Muse der Musik

gend – mit dem Anschwellen seiner Stimme zu heben. Dann die Namen der beiden Virtuosen: zwei Hände voll Filippini und Petracchi in die Luft geschleudert! Ihr kennt sie alle: wie noch weitere Worte? Eine vage Geste mit der lockeren rechten Hand in Form einer auslaufenden Wellenlinie …

Auch wenn man kein einziges Wort verstünde, die Gestik ist Dolmetscher genug. Man ist ohnehin so von ihr fasziniert, dass man unwillkürlich in Versuchung gerät, sie nachzuvollziehen. Wir haben schon große Fortschritte erzielt! Ihr glaubt es nicht? Wie?? Zorn spricht aus den starr nach innen zeigenden drei Zeigefingern meiner linken Hand! Drei!!! Jeder Finger wird hier zum Zeigefinger, spricht, rollt das „*rrrrr*", doch dann zerfließt er gleichsam, wenn sich die Hand wieder öffnet, krallenhaft, dann wegwerfend zum „*mo*…"[1] , dann eben nicht, was soll's …

Applaus für den Bärtigen. Er springt von der Bühne und abermals Applaus: die Meister erscheinen. Verbeugen sich artig, stimmen ihre Instrumente, ein Sich-Zunicken und die Melodien schweben in den blauschwarzen Himmel, die jahrhundertealten Mauern im Hintergrund, die zarte Säule, von Wein und Feigenlaub umrankt, entrücken …

Doch da brüllt das erste Baby und erschreckt seine Mama, die es im Brusttuch trägt, so klein ist es noch. Der Schnuller ist unter die Sitze gefallen und ein eifriges Suchen hebt an.

Das Duett von Rossini ist zu Ende. Pause: der Schnuller wird mit Taschenlampen weiter gesucht. Das *bimbo*[2] sei sieben Wochen alt und man wohne nur um die Ecke, wie uns der stolze Vater erklärt. Vermutlich soll hier ein zweiter Rossini entstehen: je früher man ihn an Musik gewöhnt, desto besser.

Die Musici spielen längst wieder, da kommt ein weiterer Schwarm Musikwütiger über die Zugbrücke gestolpert, laut diskutierend. Der Junge schräg vor uns fängt an, eine Flasche Sprudelwasser zu entkorken, warum auch nicht, fragen wir uns, heiß genug ist es ja. Doch da wird's dem Kleinen rechts vorne schlecht; seine Mutter packt ihn, zerrt ihn an die Schlossmauer und dort dreht er sein Innerstes nach außen; derweil spielen Filippini und Petracchi jetzt das *Adagio* de*r Sonata No. 3 in Sol Maggiore* [3] von Luigi Boccherini.

Applaus will anheben – doch Petracchi schilt die Menge mit unwirscher Miene: doch jetzt noch keinen Applaus! Um die Banausen zu strafen, gleichermaßen, wird neu gestimmt …

Das Menuett versöhnt die *Musici* wieder mit ihrer Umwelt und das Rülpsen von Signor Malotti in der zweiten Reihe, wir trafen ihn kurz zuvor beim Abendessen, geht unter im einsetzenden Crescendo.

Da bekommt meine Kapitell-Schönheit Besuch: sie soll nach Hause kommen. Der Kies spritzt beim elegant-lässigen Abgang vom Kapitell; überhaupt passt Kies gut zu

---

[1] „na dann …", auch: „was soll's …" u.dgl.
[2] Kindchen (männlich)
[3] G-Dur

Bottesini! Das ist wohl die einhellige Meinung einer Schar Halbwüchsiger, die sich im Hintergrund gegenseitig damit bewerfen.

Applaus, grenzenloser Applaus … das Spektakel ist vorüber.

Auch im nächsten Jahr und das Jahr darauf haben wir das Pontinische Musikfestival besucht. Es war jedes Mal ein ganz besonderes Erlebnis.

Ich frage mich heute noch, wie es uns gelungen ist, trotz diverser dienstlicher und gesellschaftlicher Aktivitäten noch unser Heftchen „*Party-Talk* …"[1] herauszugeben; die Idee hierbei war, Interessierten an unserer Schule einen kleinen Sprachführer an die Hand zu geben, in dem man „nützliche Redewendungen" bei Einladungen und in verschiedenen Situationen des täglichen Lebens in den acht Sprachen, die von den Angehörigen der Schule gesprochen wurden, nachschlagen konnte; dabei konnten die gesuchten Redewendungen anhand einer einheitlichen Nummerierung leicht aufgefunden werden. Viele haben daran mitgearbeitet, auch *Nanda Ceuna*, Bärbels Italienisch-Lehrerin, die natürlich den Text ins Italienische übersetzte.

Selbst einen Artikel über unsere Schule und einen weiteren über unser Ausbildungssystem habe ich in dieser Zeit geschrieben; das war auch erforderlich, denn es galt, unsere Schule bekannt zu machen, auch und gerade in Deutschland.

Im August besuchten uns auch Claudia und Georg, samt Michael und Frank; dabei allerdings begleitete Vater Claudia und die beiden Jungen in der Eisenbahn, Georg kam später per Auto nach, denn so viel Urlaub hatte er nicht.

Für die Kinder war natürlich der Strand d i e Attraktion und *Spaghetti* in jedweder Erscheinungsform mochten sie auch. Rom stand auf dem Programm, Pompeji und der Vesuv, Sermoneta, Sperlonga, Nettuno, kurz: alles, was schön und gut war. *Mozarella di buffala, Vino rosso, Vino bianco, Spumante* und jede Menge *Gelato* für die Kinder.

Es folgten Ingrid und Dieter, Bärbels Schwester mit Mann und den Kindern, Andreas und Susanne; das Ganze noch einmal – und Dieters Auto, der neue große Ford, wurde nicht geklaut in Latina, wie zuvor befürchtet, dafür zwei Wochen später in Iserlohn, trotz eigens für Italien besorgter Alarmanlage … Er ist nie wieder aufgetaucht.

Unter diesen Umständen war es vorteilhaft, Pamukçus Appartement in Nettuno anmieten zu können; Claudia & Co. wohnten indes sogar in seinem Hause, als er wochenlang in Istanbul weilte.

Peter Rodens und Frau Edelgard mit Söhnchen wohnten freilich, kurz zuvor, bei uns; das wurde eng, war aber machbar. Klar, dass wir mit ihnen zu allererst im Petersdom waren, denn Peters Vater war Korrespondent im Vatikan gewesen und hatte sogar einen päpstlichen Orden. Bei dieser Gelegenheit habe ich zum letzten Mal mit Edelgards Vater, Oberst Klauck, meinem „alten Kommandeur" aus Essen, telefonisch gesprochen; er wollte natürlich wissen, ob seine Tochter gut angekommen war.

---

[1] „Party Talk …", hrsg. vom Dienstältesten Deutschen Offizier bei NATO Communications School; 4. Ausgabe am 1. 8. 1979: Nützliche Redewendungen bei Einladungen und sonstigen Anlässen des täglichen Lebens in acht Sprachen

Dann kam *Stan*, mein alter britischer Freund, den ich in Holland kennen gelernt hatte, angereist; er war von Bärbel geradezu begeistert und meinte, wenn er sie früher kennen gelernt hätte, hätte e r sie geheiratet. Ich habe das bezweifelt, denn einen eingefleischteren Junggesellen als Stan konnte ich mir nicht vorstellen. Natürlich haben wir ihm eine Menge gezeigt: Sermoneta unter anderem, das ihn außerordentlich entzückte – vor allem als sich Bärbel im langen Rock mit ihm vor altem Gemäuer fotografieren ließ – und verschiedene Aspekte von Rom.

Zum Abschied hat er uns seinen „*Coq au vin*" zelebriert; mit seinem „*wooden spoon*", den er eigens aus England mitgebracht hatte, hat er dabei gewerkelt; zum Abschluss gab es „*fresh fruit salad*"[1], gefolgt von „*Cheddar cheese,*" dem besten Käse der Welt, wie er sagte: auch den hatte er im Gepäck.

Stan hat uns auch in den folgenden Jahren in Latina besucht; dabei ging er besonders gerne mit zum pontinischen Musikfestival: 1979 erneut in Sermoneta (dieses Mal spielte das Londoner Gabrielli-Quartett (Fackeln auf den Zinnen, über allem ein runder, silbriger Vollmond) Werke von Haydn, Caetani und Smetana) und 1980 in der Abtei von *Fossa Nova*, dabei Mozarts „*Kleine Nachtmusik*" und, für Stan ein besonderer Leckerbissen, Stücke von Benjamin Britten und Elgar … „*That takes some beating* …"[2] sagte er und versprach, dass er wieder kommen werde.

Später haben wir uns mit Bärbels Eltern in Südtirol getroffen; auch das war Italien, aber welch andere Welt! Wir haben gemeinsam in *Lana* (unweit *Meran*) gewohnt, damals, und in einer Apfelplantage ganz in der Nähe die besten Schweinshaxen unseres Lebens gegessen: kross gebraten und innen so zart, dass das rosa Fleisch auf der Zunge zerging. Auch der Südtiroler Speck war eine Gaumenfreude und natürlich auch der dazu passende trockene Rote. Später haben wir das wiederholt, mit den Kindern, als wir einmal im *Puster-Tal* Urlaub gemacht haben. Nur der kross-zarten Schweinshaxen wegen sind wir an einem Tag zwei Mal 80 km gefahren.

Über Weihnachten waren wir in Zermatt: Bärbel hatte dort vor Jahren im Hotel „*Zermatter Hof*" und auf der *Riffelberg-Alp* gearbeitet und außerdem wollten wir ein Weihnachtsfest im Schnee erleben. Und tatsächlich, es war traumhaft schön. Am Bahnhof wurden wir mit einem Schlitten abgeholt; um unser *Chalet* lag hoher Schnee und auf den Bergen rings herum erleuchtete Weihnachtsbäume, so weit man sehen konnte. Die Hauptstraße durch den Ort der reinste „*Cat-Walk*"[3], auf dem Männlein wie Weiblein die elegantesten Pelze ausführten. Abends Schweizer Fondue.

---

[1] Salat aus frischen Früchten. (Stan mochte besonders gerne saftige Nektarinen und kernlose grüne und rote Weintrauben. Da es damals keine kernlosen Weintrauben gab, zerschnitt er jede einzelne Traube und entfernte die Kerne. Dazu gab er klein geschnittene Apfelscheiben hinzu, am liebsten von „Coxes orange pippins", zur Not allerdings auch von anderen Äpfeln, nur weich mussten sie sein). Stan servierte dazu stets selbst geschlagene Schlagsahne. Sprüh-Sahne aus der Flasche etwa hätte er mit den Worten „how disgusting" („wie abscheulich") abgelehnt.
[2] „Das ist schwer zu überbieten …"
[3] Laufsteg bei Modeschauen

Evangelischer Gottesdienst zu Heilig Abend, danach ein traumhaftes Essen, kleine aber feine Bescherung im *Chalet*. Anderntags Ski Langlauf. Auch das *Matterhorn* war nun zu sehen, in seiner ganzen bizarren Schönheit. Blauer Himmel, Sonne, klare Luft: ein Traum.

Am selben Abend hörten wir in den Nachrichten, dass die Rote Armee in Afghanistan einmarschiert war.

Doch kurz darauf gab es auch erfreuliche Neuigkeiten: Bärbel war schwanger. Daraufhin haben wir sofort das Skifahren – selbst den Langlauf! – eingestellt und sind nur noch spazieren gegangen.

Dennoch haben wir im nächsten Frühjahr, zusammen mit Vater, eine Rundreise durch Mittel- und Oberitalien unternommen: nach *Tarquinia* zunächst, der alten Hauptstadt der Etrusker, einschließlich der „*Cavalli alleati*"[1] im *Museo Nazionale*, der Nekropole[2] in *Norchia*: überall blühen kleine, wilde Alpenveilchen und es duftet nach Salbei, Lorbeer und Rosmarin; weiter zu den 2.700 Jahre alten Resten einer etruskischen Burg aus riesigen Quadern, von ebenso riesigen Fenchel-Stauden überwuchert. Weiter ging die Reise über *Viterbo* nach *Città di Bagnoreggio*, der sterbenden Stadt: auf einem abgebröckelten Bergkegel stehen die Reste eines mittelalterlichen Städtchens, das nur noch mittels einer in jüngster Zeit gespannten Betonbrücke mit dem umgebenden „Festland" verbunden ist. Es weht ein scharfer Wind und wir stellen uns vor, wie eines Tages, durch Wind, Regen und jahrhundertelange Erosion hervorgerufen, anlässlich eines Unwetters ein Teil des Berges abbrach und Häuser, Mauern, Gärten und Menschen in die Tiefe riss … Seitdem stirbt die Stadt; nur noch etwa dreißig Leute wohnten in den alten Mauern.

In *Orvieto* hat uns der prachtvolle Dom beeindruckt; der größte und schönste Bau der Gotik in Italien. Aus schwarzem und weißem Basalt erbaut, bunt und mit viel Gold die Fassade, völlig anders als in Deutschland oder Frankreich. *Papst Urban IV.* hat 1263 – nach dem Wunder von Bolsena[3] – den Bau veranlasst und das Fest „Fronleichnam" unter die kirchlichen Feiertage aufgenommen. Unmengen von Menschen in dem durch Alabaster-Scheiben gelblich schimmernden Innenraum; auch eine *Pietà* von Michelangelo ist zu bewundern und das „*Corporale*", das Tuch, auf das die Blutstropfen Christi von der Hostie gefallen waren.

In *Florenz* finden wir nach einer Irrfahrt im Nieselregen tatsächlich die Villa der grauen schlesischen Schwestern aus Neiße die nach dem II. Weltkrieg ihr Ordenshaus dorthin verlegt hatten; Don Giovanni hatte es uns als zwar einfache, jedoch saubere und

---

[1] „Geflügelte Pferde"
[2] Wörtlich: Totenstadt (Begräbnis-Stätte der Etrusker mit Grabhöhlen, in die lange, steile Treppen nach unten führen; die meisten sind mittlerweile leider ausgeplündert. Viele Grabbeigaben sind jedoch im National-Museum in Tarquinia zu sehen)
[3] Im Jahre 1263 zelebrierte der böhmische Priester Peter von Prag in der Kirche St. Christina in Bolsena eine Messe, glaubte aber nicht so recht an die Verwandlung von Hostie und Wein in den Leib Christi; da sollen einige Tropfen Blut von der Hostie auf das Corporale, das Tuch, worauf Hostienschale und Weinkelch stehen, gefallen sein. Dies habe den Priester von der „Transsubstantiation" überzeugt.

deutschsprachige Unterkunft empfohlen. Sie ist freundlich, die Frau Oberin, aber um 22.00 Uhr ist Zapfenstreich. Für alle Fälle gibt sie uns einen riesigen Schlüssel mit, damit wir auch nach diesem zeitlichen Limit noch in unsere Betten finden könnten … Auf jeden Fall: das Auto war innerhalb des eisernen Zauns sicher abgestellt und so zogen wir zu Fuß los, zwanzig Minuten den Berg hinan, bis wir ein vorzügliches Restaurant fanden. Der Kellner war hochnäsig, das Essen teuer aber gut: *fegato con salva*[1], dazu grüner Spargel mit Butter und Parmesankäse, eine bis dato uns unbekannte Zusammenstellung.

Um 21.59 Uhr trafen wir bei den *suore*[2] ein. Die Nacht war grausam. Zuletzt ging das Toilettenpapier zur Neige. Irgendetwas muss nicht koscher gewesen sein mit dem *fegato,* vielleicht war es aber auch das knusprige, indes undefinierbare Fleisch in der Kneipe am Mittag, der mit den vielen Lastwagen davor und dem 12-jährigen, unkindlich-ernsten *Mauro*, der uns in der Rumpelkammer, die man noch schnell für uns frei gemacht hatte, bediente …

Die Brötchen am Morgen waren knusprig frisch und haben uns die Grundlage für die weitere Besichtigung dieser von Kunstgenüssen überbordenden Stadt gelegt. Zu Fuß über den *Ponte Vecchio*[3], zum *Palazzo Pitti*, den *Uffizien* … ganz sicherlich zu viel für den Tag; wir nehmen uns vor, zurück zu kommen, mit viel, viel Zeit, spätestens wenn wir nicht mehr schwanger sind.

Auf dem Weg zurück ein Halt in Bolsena, denn wir wollen sehen, wo sich das Wunder zugetragen hat.

Ein freundlicher *Maresciallo*[4] der *Carabinieri* empfiehlt uns die *Trattoria* seines Schwagers, ein Garten wie im Paradies: Glyzinien überall, dann gibt es Aal, frisch aus dem See. Die *Heilige Christina* wurde dort zu Anfang des 4. Jahrhunderts gefoltert, auf einer Basaltplatte in den See geworfen um sie zu ertränken, erneut gefoltert und danach erschossen; auch *Amalaswintha*, die letzte Gotenkönigin wurde hier, auf einer Insel auf dem See, im Bade ertränkt.

Trotzdem schmeckt uns der Aal, aber vor allem „*Est! Est! Est!*", ein köstlicher, leichter, weißer Muskateller mit einem Geschichtchen: ein deutscher Prälat sei um 1111 auf der Reise gewesen, um an der Kaiserkrönung *Heinrichs V.* teilzunehmen; als Kenner und Liebhaber guter Weine habe er stets einen Vorkoster voraus geschickt um zu erkunden, wo der Wein gut schmecke. An die Tür des entsprechenden Gasthauses malte dieser dann mit Kreide das lateinische Wort „*Est*" („hier ist es"); wenn der Wein sehr gut war, schrieb er „*Est! Est!*" In *Montefiascone*, ganz in der Nähe, indes fand er den Muskateller so gut, dass er gleich drei Mal „*Est*" an die Tür der *Trattoria* schrieb … worauf der Prälat seine Reise nicht fortsetzte, später dort begraben wurde, zuvor aber verfügte, dass alljähr-

---

[1] Leber mit Salbeiblättern
[2] Schwestern
[3] Die „Alte Brücke" über den Arno, überdacht und mit allerlei Boutiquen versehen, unweit des Zentrums
[4] Feldwebel-Dienstgrad; bei der Polizei etwa Hauptwachtmeister

lich an seinem Todestage ein Fässchen von dem guten Rebensaft auf seinem Grab ausgegossen werde.

Eingedenk dieser Verfügung und Vaters Hang zu gutem Wein haben wir auch schon ein Fläschchen Wein auf seinem Grabe geleert; ich bin sicher, er hat's genossen!

Sechs Wochen vor der Niederkunft, Anfang Juli 1980, ist Bärbel dann nach Deutschland geflogen, denn die Krankenhäuser in Latina oder Rom erschienen uns schon deutlich weniger vertrauenserweckend, als beispielsweise das Krankenhaus in Hemer, wo Bärbels Eltern wohnten – das zumindest war unser Eindruck nach dem Besuch bei einigen Ärzten und in einem Krankenhaus in Latina. Gut zwanzig Leute hatten sich da in einem Zimmer getummelt, als ich mich anlässlich des Abschlusses von Verträgen zur bargeldlosen Behandlung unserer Soldaten auch in den umliegenden Krankenhäusern umsehen musste. Die Patienten selber hatte man kaum gesehen vor lauter Angehörigen, die sich da „kümmerten", d.h. ihren Angehörigen Essen brachten; auch ein amputiertes Bein hatte man in einem Kühlschrank vorgefunden, der eigentlich der Aufbewahrung von Speisen diente ... Auch die Arztpraxen waren nicht unbedingt dazu angetan, Vertrauen zu erwecken: noch im August des Vorjahrs – zu „*Ferragosto*"[1] – hatte ich eine Zahnfüllung verloren und suchte dringend einen Zahnarzt; erst der sechste Versuch war halbwegs erfolgreich. Der Zahnarzt, der mich dann behandelte, trug eine blutbeschmierte, weiße Plastik-Schürze; im Spucknapf lag noch ein wohl soeben gezogener Backenzahn und zur Desinfizierung meines reparaturbedürftigen Zahns tränkte er einen Wattebausch in Alkohol, der in einer offenen Weinflasche neben dem angerosteten Behandlungsstuhl stand ... Zwei Stunden, nachdem er mir eine Füllung appliziert hatte, fiel diese wieder heraus. Als ich ihn fragte, was ich ihm schulde, fragte er zurück: „Mit oder ohne Rechnung?" Ich wollte eine Rechnung; dafür kostete das Ganze doppelt so viel, Bargeld natürlich.

Fünf Wochen später würde ich nachkommen, denn bei der Geburt wollte ich dabei sein.

So flog Bärbel von dannen und ich musste wohl oder übel mein Leben wieder als Junggeselle fristen, doch Bärbel hatte mich in den Gebrauch der Waschmaschine und anderer Höllenmaschinen minutiös eingewiesen. Da wir im Sommer Nachmittags – wegen der großen Hitze und mangels funktionierender Klimaanlagen – nicht arbeiteten, widmete ich mich in dieser Zeit der Erarbeitung unseres Stammbaums und der Zusammenstellung unserer Familienchronik sowie der Chronik meiner Dienststelle; außerdem fand ein Tennisturnier auf dem Tennisplatz im *Magnolia Park* statt, an dem ich, als einziger Ausländer, ebenfalls teilnahm: sogar interviewt wurde ich dabei von zwei freundlichen Mitbewohnern, die anlässlich dieses alljährlichen Sport-Ereignisses eigens eine „Turnier-Zeitung" für die Bewohner der Wohnanlage herausgaben. Abschließend ein Straßenfest: ich steuerte eine Flasche Whisky bei, andere sorgten für Essbares und *Vino*, und so habe

---

[1] Maria Himmelfahrt (15. August): Feiertag in Italien mitten im allgemeinen Urlaub, an dem fast jeder in Italien am Strand liegt, auf keinen Fall aber arbeitet ...

ich ein italienisches Abendessen mit Nachbarn unter freiem Himmel miterlebt, das mit zu den urigsten und intensivsten Erinnerungen meiner ganzen Zeit in Latina zählt. Alle waren bester Laune und überboten sich in Freundlichkeiten: ganz offensichtlich das unausgesprochene, aber häufig praktizierte italienische „Gesellschaftsspiel", das *Nino Erné* in seinem Buch „Italien – wie ich es sehe"[1] so anschaulich beschreibt.

Am 11. August kam Barbara zur Welt; etwas mehr Zeit, als vorgesehen hat sie sich gelassen … Mutter und Kind waren wohlauf, der Papa gestresst. Eine große Girlande haben wir an *Asches* Tür gehängt, als sie drei Tage später Im Langeloh 47, bei Onkel Dieter, Tante Ingrid, Andreas, Susanne und den Großeltern Einzug hielt.

Natürlich kam auch fast die ganze übrige Verwandtschaft zur Taufe am 24. August: Opa Manfred, Tante Martel, Tante Loni, Claudia, Georg und die Kinder. Und so sangen alle feste „Lobe den Herren, den mächtigen König der Ehren …"; Barbara aber schlief selig und sah sehr niedlich und zufrieden aus in ihrem noch von Oma Leni handgearbeiteten, langen, weißen Taufkleidchen mit den rosa Schleifchen.

Vater aber hielt bei der sich anschließenden Kaffeetafel zu Hause eine Rede:

„Vorbemerkung: Also meine eigene Idee war's nicht, aber ich wurde durch meinen hoch zu verehrenden Sohn aufgefordert, einige unpassende Worte zu sagen. Ich würde so anfangen:

>Meine Lieben und Geliebten!
>Wie schön, jetzt ist sie da,
>die liebe, kleine Barbara.
>Sie nahm sich zwar ein wenig Zeit,
>doch von Latina (bis nach) Hemer ist's ja ziemlich weit.
>
>Sie liegt so süß und hilflos da,
>sie braucht Mama, sie braucht Papa.
>Bald wird sie krabbeln, stehen, geh'n,
>das kann man schon sehr deutlich seh'n.
>Und dann wird die Mama laufen
>und dem Kind viel schöne Dinge kaufen.
>Und der Papa, der darf nicht ruh'n, nicht rasten,
>der haut dann kräftig in die Tasten.
>
>Er wird nicht schlafen, nicht erschlaffen,
>er muss ja nun das Geld 'ranschaffen.
>Und auf der Beförd'rungsleiter
>Da steigt er weiter, immer weiter.

---

[1] Nino Erné: „Italien wie ich es sehe", Lizenzausgabe mit Genehmigung des Limes-Verlages, Wiesbaden für Bertelsmann Reinhard Mohn OHG, Gütersloh, 1977

Wir werden es dann seh'n:
Das Kind wird in die Schule geh'n.
Vor den Lehrern steh'n die Eltern Schlange …
und dem Vater ist's sehr bange,
dass das Kind auch tüchtig lerne,
eine „Prima" hätt' er gerne!
Sie wird dann in die Tanzschul' geh'n
damit sie lerne, sich zu dreh'n.
Sie braucht dann Kleider, Schmücke, Hüte
und alles sei von erster Güte!

Sie wird dann geh'n und selber kaufen
und nach den schönsten Dingen laufen.
Mama Bärbel darf ein wenig näh'n
und sich das schöne Kind beseh'n.

Doch der Vater darf nicht rasten,
der haut kräftig in die Tasten,
darf nicht schlafen, nicht erschlaffen,
er muss ja stets das Geld 'ranschaffen;
und auf der Karriereleiter
steigt er weiter, immer weiter.

Und nächstens kommt ein junger Mann
der dann alles besser weiß und besser kann,
als die Mama, als der Papa –
dafür sind ja auch die jungen Männer da.

Und – parbleu – ist er der Wahre,
steht sie flugs vor dem Altare.
Wie wird da die Mama laufen
und dem Kind die schönsten Dinge kaufen …

Und der Papa, der wird nicht rasten,
der haut kräftig in die Tasten.
Er wird nicht schlafen, nicht erschlaffen,
er muss ja nun das Geld 'ranschaffen.

Ich bin aber froh und heiter,
denn fröhlich geht das Leben weiter …"

Mit „*vivat, crescat, floreat*"[1] wurde dann auf das Kind angestoßen; es aber ließ sich davon nicht aus dem Gleichgewicht bringen und schlief weiter.

Das tat es auch im wesentlichen, als es – als Handgepäck der Frau Mama – zwei Wochen später auf dem Flughafen von Rom ankam; von dort habe ich die Beiden abgeholt, sogar ein *VIP*-Ticket hatte ich, um sie, gleich nach der Passkontrolle, im Innern des Flughafens zu begrüßen und die Tragetasche mit dem Kind abzunehmen. Mein NATO-Ausweis und die Uniform haben ausgereicht, den Zuständigen davon zu überzeugen, dass ich da hinein müsse.

Dann aber fing das Kind an zu brüllen, bis Latina, denn es wurde zunehmend heißer im Auto und das Kühl-Gebläse wollte ich nicht anstellen, damit es sich nicht erkälte. Eine Klimaanlage aber gab es nicht damals, nicht einmal in unserem schicken Mercedes.

Die Mama muss auch genervt gewesen sein; doch nach kurzer Zeit war das Kind trocken gelegt, gebadet, gesalbt, geföhnt und dann schlief es wieder. Wir aber waren nun zu Dritt in unserem Appartement.

Im Magnolia Park indes nahmen alle Anteil an der neuen Mitbewohnerin, und da Barbara blaue Augen und blondes Haar hatte, liefen bald die Kinder zusammen, sobald sich Bärbel mit dem Kinderwagen zum Spaziergang sehen ließ. „*Venite* …" riefen sie, „… *vedete! Una principessa tedesca, con gli occhi azzurri ed i capelli biondi!*"[2] Sogar die Verkäuferin im Gemüseladen gratulierte und die *Signora* an der Tankstelle brach in Begeisterung aus: „*Che bella bambola, il frutto del Vostro amore* …"[3] rief sie und holte ihren Mann, damit auch er sehe, was sich da zugetragen hatte …

Barbara war d i e Attraktion, wohin wir auch kamen, und Viele, vor allem aus unserer Schule natürlich, schickten Blumen und Geschenke. Der Stellvertretende Kommandant unserer Schule, *Tenente Colonnello*[4] *Proietti*, umarmte mich, als ich mich zurück meldete und führte einen wahren Tanz mit mir auf, so freute er sich (mit mir), dass ich nun Vater war und Barbara ihr erstes Lebensjahr in Italien verbringen würde.

Nach kurzer Zeit nahmen wir das Kind sogar zu abendlichen Essen mit in Restaurants; das taten alle, und Barbara hat es auch nicht geschadet. Gemerkt hat sie es meistens ohnehin nicht, denn sie schlief. Selbst als wir bei Marcello und Rossanna Barbato zu Sylvester waren und um Mitternacht die Böller krachten (obwohl das eigentlich in Italien verboten ist): das Kind lag in seiner Tragetasche im elterlichen Schlafzimmer und schlief tief und selig ins Neue Jahr: 1981.

Kurz zuvor, am 6. Dezember 1980, hatte Vater erneut geheiratet: Lilo Mengler aus Iserlohn; doch eigentlich war sie, wie Vater, aus Dresden. Bei Ingrids 40. Geburtstagsfeier hatten sie sich in Hemer kennen gelernt. Eine große Feier natürlich mit viel Verwandt-

---

[1] „(Sie) lebe, wachse (und) gedeihe!"
[2] „Kommt …, schaut! Eine deutsche Prinzessin mit blauen Augen und blondem Haar!"
[3] „Welch schönes Püppchen! Die Frucht Euerer Liebe …"
[4] Oberstleutnant

schaft, Kindern und Enkeln. Wir konnten nicht teilnehmen, denn so lange hätte selbst Barbara nicht schlafen können.

Dafür haben wir sie im Frühjahr in Miltenberg besucht, und sie uns im September, kurz vor unserem Umzug nach Deutschland, so dass sie auch an unserer Abschieds-Party teilnehmen konnten. Weil es in unserem Appartement mittlerweile immer enger wurde, haben wir sie kurzerhand bei Sedelmeyers untergebracht; auf deren Terrasse hat Barbara kurz nach ihrem ersten Geburtstag denn auch – mit Blick aufs Mittelmeer! – ihre ersten Schritte getan. Danach saßen wir unter Sedelmeyers Freisitz und feierten das Ereignis mit Landwein, gebratenem Knoblauchbrot und Hühnchen; Barbara stand derweil in ihrem Laufstall, brüllte und war durch nichts zu beruhigen, bis sie eine (sorgsam nach Knochenresten abgesuchte) Hühnerkeule bekam. Das beruhigte das Kind augenblicklich, es nagte an seinem Hühnerfleisch, dann schlief es wieder.

Ähnliches hatten wir zuvor in *Assisi* erlebt, als wir die Wirkungsstätte des Heiligen Franz besuchten: als wir schon im Bett waren, fing das Kind in seiner „*culla*"[1] an dermaßen zu brüllen, dass ich schon befürchtete, das ganze Hotel werde zusammen laufen; doch das war falsch gedacht: es hat niemanden auch nur im Entferntesten interessiert. Auch Barbara wollte wohl keinen Volksaufstand anzetteln, sie hatte nur Eines: Hunger.

So war das Kind denn ordentlich gediehen: gleichwohl innerhalb der in den gelben Untersuchungsheften für Kinder vorgegebenen Wachsturmskurven und Gewichte.

Professor *Varcasia*, renommierter Kinderarzt in Rom mit Wohnsitz in Latina, den wir wegen der vorgesehenen Untersuchungen und Impfungen im ersten Jahr mehrfach konsultierten, zeigte sich dennoch zunächst besorgt, denn im Vergleich zu italienischen Kindern gleichen Alters war das Kind riesig, weshalb er empfahl, ihm Zitronensaft und Olivenöl zu geben.

Erst als wir ihm das gelbe Untersuchungsheft, das wir in Deutschland bekommen hatten, vorzeigten (er hatte dergleichen noch nie gesehen, erkannte aber neidlos an, dass solche Hefte Sinn machten), musste er erkennen, dass sich das Kind normal entwickelte. Natürlich haben wir ihm auch nie Zitronensaft und Olivenöl gegeben denn alle Lehrgangsteilnehmer und Besucher, soweit sie im Auto anreisten, brachten deutsche Babynahrung mit.

Geimpft hat er das Kind freilich nicht selbst, sondern lediglich das Rezept für das erforderliche Serum ausgeschrieben; die Kinder sollten keine Angst vor ihm haben. Ich musste einen militärischen „*Infirmiere*"[2] besorgen, der dann tatsächlich irgendwann auftauchte und das Kind – gegen eine Stange Zigaretten – impfte. Sehr gut hat er das gemacht, denn Barbara hat nur kurz geschrieen und schlief dann wieder.

---

[1] Wiege
[2] Krankenpfleger, Sanitäter

Ende September 1981 sollte ich dann nach Deutschland zurückversetzt werden: als Stellvertretender Bataillonskommandeur im Fernmeldebataillon 5 in *Diez* an der Lahn. Ich hatte anfangs keine Ahnung, wo das war.

Gut, dass ich kurz zuvor anlässlich einer Tagung in Bonn mit Bärbel an meine neue Wirkungsstätte fahren und eine Wohnung suchen konnte, denn die Maßnahmen der für solche Fälle zuständigen „Wohnungsfürsorge" hatten sich als wenig effektiv erwiesen. Also kümmerten wir uns wieder einmal selbst und fanden so ein schönes, geräumiges Haus auf dem Lande, ganz in der Nähe.

Unseren letzten Tag in Italien haben wir dann bei Sedelmayers verbracht: Richard Sedelmayer spielte die Gitarre und gleichzeitig Mundharmonika; wir tanzten dazu, Barbara auf dem Arm. Sie hat das ganz offensichtlich genossen, denn sie schrie nicht und auch geschlafen hat sie an diesem Abend erst viel später.

12. Kapitel
Stellvertretender Bataillonskommandeur in Diez / Lahn (1981 – 1986)

Kaum angekommen, war ich schon auf einer Divisionsrahmenübung, irgendwo in Nordosthessen, im Knüll-Gebirge; Bärbel hat das bisschen Einräumen im neuen Haus eben alleine bewerkstelligt. Dieser für unsere Begriffe etwas unübliche Beginn hat sie später veranlasst, einen Artikel in der Militär-Zeitschrift „TRUPPENPRAXIS" zu schreiben, in dem sie u.a. anregte, bei Umzügen, speziell bei solchen vom Ausland ins Inland, Rücksicht auf die familiäre Situation der Betroffenen zu nehmen und anfängliche Hilfestellungen zu geben (etwa, wie bei Amerikanern oder Briten, einen „*Sponsor*"[1] einzuteilen); das war natürlich auch unüblich und blieb ohne Resonanz. Dennoch sind die meisten vorgeschlagenen Maßnahmen heutzutage Standard, so auch, dass alle nach Italien Versetzten zuvor einen Italienisch-Lehrgang absolvieren müssen, wie ich das damals vorgeschlagen hatte, freilich nur, um mich von einem Generalstabsoffizier fragen lassen zu müssen, wie denn wohl die Touristen in Italien zurecht kämen.

Deutsch aber konnten wir (noch); dennoch waren wir vielen unserer neuen Mitstreiter durchaus suspekt, denn wir kamen ja aus Italien. Ob wir da überhaupt gearbeitet hätten? Ob es nicht langweilig gewesen sein da unten, den ganzen Tag in der Sonne zu liegen, wurde da etwa ironisch gefragt und durchaus süffisant verkündet, dass es nun wieder zu Sache ginge…

So ineffizient aber freundlich es in Italien zugegangen war, so effizient aber unfreundlich waren die meisten Deutschen, mit denen wir es anfangs zu tun hatten. Dabei

---

[1] „Einer der sich kümmert" (etwa auch: „Pate")

hatte ich mich wirklich gefreut, nach vier Jahren wieder g e r a d e s t e h e n d e Verkehrszeichen zu sehen und auf s a u b e r e n Straßen mit r i c h t i g e r Markierung zu fahren, p ü n k t l i c h Briefe zu erhalten, zur Post gehen zu können und dort Briefmarken zu bekommen, die jedes Mal g l e i c h v i e l kosteten, jeden Tag a k t u e l l e Zeitungen lesen zu können, wieder G r a u b r o t zu essen und gezapftes B i e r zu trinken …

Gleich viel, müssen wir uns gedacht haben, denn es gab ja auch die angenehme Seite der Medaille: so war das Haus durchaus bezahlbar, dabei riesengroß, mit geräumiger Küche, Bad, zwei Duschen und Kellerräumen, einem Esszimmer, einem großen Wohnzimmer, zwei Schlafzimmern und einem Kinderzimmer, zusätzlich zwei Reservezimmer – ja selbst die Vermieter hießen Zimmer und Frau Zimmer war auch noch meine Sekretärin, wie sich herausstellte; außerdem gab es eine Garage und einen Riesen-Garten, in dem man sich tummeln konnte. Später haben wir sogar Kartoffeln dort gezogen, Tomaten, Zucchini, Kürbisse, einen Maggi-Strauch, Himbeeren, Erdbeeren, Rosen, Stockrosen und jede Menge Sonnenblumen. Zumindest die Nachbarn waren sehr freundlich: er war Gärtner und schenkte uns regelmäßig irgendwelches Gemüse; ja selbst „Kapstachelbeeren", auch bekannt als „Inkapflaumen", hat er uns eines Tages geschenkt. Sie sind prächtig gediehen und haben Unmengen getragen.

Doch zunächst kam der Winter mit viel Schnee und den hatte Barbara noch nie gesehen. Da unser Haus direkt an freie Felder und, etwas weiter, einen Wald grenzte, haben wir bald ausgedehnte Spaziergänge im Schnee, im Winterwald, das Püppel auf dem Schlitten, unternommen; auch Ski-Langlauf stand auf dem Programm, das Kind in einer Kiepe auf meinem Rücken.

Später, im Sommer, bin ich täglich mindestens 5.000 m gelaufen, auf einem Parcours direkt hinter unserem Haus, über die Felder, bis hin zum „Kugelbaum", ein Stück durch den Wald und wieder zurück; anfangs etwas stockend, später ohne anzuhalten und schneller, so dass ich im Sommer wieder die Bedingungen für das Sportabzeichen und das Militärische Leistungsabzeichen erfüllte.

Dann war das Kind zwei Jahre alt und Bärbel wieder schwanger; Barbara untersuchte mittlerweile alles, was ihr in die Finger kam, half mit beim „Ernten", d.h. wartete, bis man ihr Himbeeren in den Mund steckte. In die Himbeerhecke selbst getraute sie sich jedoch nicht, vermutlich, weil sie ihr zu hoch war.

Sie ging auch gerne mit zum Bauern in Gückingen, so hieß unser 500 Seelen-Dorf, um frische, nussige Milch zu holen, direkt von der Kuh. „Muh" sagte Barbara dazu und „mau" oder „miau" zu Katzen, „wu" oder „wau" zu Hunden und wenn sie ein Pferd sah, schnaubte sie und nickte dabei mit dem Kopf. Einen Maulwurf, den ihr Bärbel einmal zeigte, nannte sie „Maulia wie Baggia": wahrscheinlich hatte sie die vielen Vokale aus ihrer italienischen Zeit noch im Ohr.

Sonst sagte sie „pipi" und „koko" zu ihrem italienischen Panda-Bären aus Plüsch namens „*Cocolo*". Wenn sie etwas nicht wollte – und das kam oft vor – sagte sie „nee", allerdings auch hin und wieder „nein". Dabei machte sie abwehrende Bewegungen, wie die Mama übrigens, von der sie das wohl hatte. Manchmal sagte und machte sie „ei"; man wurde dann sogar von ihr gestreichelt. Auch Küsschen gab sie willig und von selbst! Wenn das mal gut geht, sagten wir uns damals!

Am Wochenende vor ihrem Geburtstag waren die Schlieder-Großeltern aus Miltenberg zu Besuch; sie brachten einen Teller und eine Tasse mit aufgemalten Hühnern und Hähnen mit. Diese bedachte das Kind mit einem „kra" und freute sich königlich, wenn der Hahn unter dem Essen auftauchte. Außerdem erhielt sie ein paar gelbe Gummistiefel, die sie im Garten sehr gut gebrauchen konnte, denn da war ihr Vorzugsrevier; dabei war sie besonders auf Hacken, Rechen, Gießkannen und Scheren scharf. Bei der Plantscherei an der Wasser-Tonne und beim Blumen-Gießen sah sie natürlich binnen Kurzem aus, wie ein Lehm-Ferkel, denn sie goss alles, was in ihrer Nähe war. Auch beim Jäten half sie fleißig, d.h. sie trug in einem kleinen Schälchen alles Unkraut weg und warf es säuberlich auf den Kompost-Haufen. Dann kam sie zurück und rief „mehr, mehr!".

Auch ansonsten war sie der reinste Lausbub: sie kletterte auf Stühle, Leitern (!) und selbst in ihr Hochstühlchen; wenn sie heraus wollte, stieg sie einfach auf die Tischplatte vor ihr und spazierte munter weiter – Papi oder Mami würden sie schon auffangen.

Kurzum: wir hatten damals ein niedliches, kleines Püppelein, das so ziemlich alles verstand, allmählich anfing zu sprechen, alles nachmachte, seinen eigenen Willen durchsetzen wollte, gern Musik hörte, dazu tanzte, sauber war – dabei noch in die Hosen machte – , alles untersuchte, mit Werkzeug aller Art spielte, nur kaum mit Spielzeug, morgens früh wach war, abends nicht ins Bett wollte, selbst schrie, wenn Mami sich mal in den Finger geschnitten hatte, Papi beim Rasenmähen „half", gerne fernsah, Tiere mochte, aber am liebsten im Garten war oder spazieren ging, gern Eis aß und am Daumen nuckelte.

Auch einen Flügel haben wir uns damals gekauft; zwar „nur" von *Kawai*, aber immerhin, es war ein Anfang und so konnten wir den Familienbrauch, zu Weihnachten Weihnachtslieder zu singen und unsere schönen Volklieder zu pflegen, wieder aktiv fortführen.

Natürlich kamen auch die Großeltern aus Hemer zu Besuch; selbstverständlich auch zur Geburt von Sylvia Bettina. Diese erschien am 23. November 1982 im Krankenhaus zu Diez und hatte, wieder zu Hause angekommen, bald ihr eigenes Zimmer, mit Wiege versteht sich. Barbara war anfangs durchaus skeptisch, hat sich aber schnell an ihr Schwesterchen gewöhnt und betrachtete es mit Andacht, als wir es zu Weihnachten in seine Wippe unter den Christbaum legten.

Am 19. Februar 1983 wurde das Kind getauft und danach bei einem Empfang „vorgestellt": dabei erschienen neben den Taufpaten, Ingrid und Dieter, dem Bataillonskommandeur und seiner Frau auch Vater und Lilo; ja selbst Asko und Renate Litta, nunmehr aus Köln, waren mit von der Partie.

Und dann kam pausenlos Besuch, denn alle wollten Sylvia sehen: die Klostertanten Lisbeth und Thea, die Tanten Martel, Loni und Maria, letztere mit Mann Herbert und eines Tages selbst Susanne, damals 12 Jahre alt, mit dunklem Haar bis auf den Rücken und Barbaras damaliges Idol. Sie komme aber nur, wenn Barbara sauber wäre, hieß es – und von Stund' an war das Kind sauber.

Auch Cousine Christel mit Mann Eberhard und Kindern hat uns besucht und sogar Herr und Frau Clauss aus Frankfurt, die ich ja schon während meiner Zeit bei SHAPE kennen gelernt hatte.

Da unsere Kaserne den Namen *Wilhelm von Nassaus* trug, fand anlässlich dessen 450. Geburtstags am 24. April 1983 ein Appell mit großem Gepränge statt: sogar der Innenminister von Rheinland-Pfalz, zwei Bundestagsabgeordnete, der niederländische Verteidigungsattaché, der Kommandeur des amerikanischen Patenschafts-Bataillons, der Verbandsbürgermeister und unser vorgesetzter General waren erschienen; der Bataillonskommandeur hielt eine Rede über *Wilhelm von Oranien*, der sein Leben für die Freiheit geopfert habe – ein natürliches Vorbild also für uns Soldaten, denn um die Freiheit ging es ja, deshalb haben wir Tag und Nacht geübt und geschossen.

Selbst der Museums- und Geschichtsverein der Stadt Diez zelebrierte eine Feierstunde und der Stadtarchivar, Herr Storto, mit dem wir lange Jahre freundschaftlich verbunden waren, hielt eine Rede zu Leben und Wirken unseres deutsch-niederländischen Freiheitshelden.

Solchermaßen motiviert durfte ich vertretungsweise zur Kommandeur-Tagung der Fernmeldetruppe nach Feldafing reisen, nicht ohne mich bei der Gelegenheit in der Alten Pinakothek in München umgeschaut zu haben, wie jedes Mal, wenn ich in München war.

Dann, im Sommer, kam Stan für zwei Wochen aus England angereist, sogar mit seinem neuen Auto, einem deutschen VW Golf GTI, freilich mit Lenkrad auf der rechten Seite: „*certainly one of the best cars in the world*"[1] wie er sagte und war stolz, zum wiederholten Male zu berichten, dass er sein ganzes Leben lang nur deutsche Autos besessen hatte. Sie seien einfach zuverlässiger als andere Autos; deshalb kaufte er sich auch jedes Jahr das jeweils neueste Modell.

Beide Kinder mochten „Uncle Stan", obwohl sie nicht mit ihm sprechen konnten, denn Stan sprach kaum ein Wort Deutsch. Dabei entwickelte sich eine ganz besondere Beziehung zwischen Stan und Sylvia, denn das Kind weinte, als Stan wieder abfuhr und wollte ihn überhaupt nicht loslassen. Stan hat das sehr berührt damals und hat immer wieder von dieser Episode gesprochen. Später hat ihn Sylvia zwei Mal in England besucht: einmal in *Clacton-on-Sea*, wo er wohnte und einmal in *London*, das er ihr zeigen wollte. Allerdings hat ihn dabei eher Sylvia geführt, als umgedreht, denn Stan war da schon über 80 Jahre alt, Sylvia hingegen Anfang 20 und äußerst gewitzt. *Uncle Stan* hat sie dabei allerdings zum „*High Tea*" im „*Dorchester's*" eingeladen, ein ganz besonderes, erlesenes, und außerdem sehr teueres Vergnügen.

Am 29. September war Vaters 65. Geburtstag; natürlich sind wir nach Miltenberg gefahren, um das gemeinsam zu begehen. Es war ein großer Auftrieb, denn sämtliche Verwandtschaft, sowohl von Lilos Seite als auch von Vaters, war gekommen; außerdem

---

[1] „ganz sicher eines der besten Autos der Welt"

war *Wotan* dabei, Lilos großer, altersmilder und kinderfreundlicher Schäferhund. Dennoch fand das große Festessen im Wohnzimmer statt. Mir ist heute unklar, wie das funktioniert hat. An den Schinken im Brotteig, von Vater höchstpersönlich herein getragen, kann ich mich allerdings noch gut erinnern, auch dass ich ein Gedicht vorgetragen habe, mit Masse auf Sächsisch, denn sowohl Vater als auch Lilo waren ja aus Dresden. Ich aber spreche hin und wieder gerne Sächsisch, auch und gerade weil das Viele ja nicht mögen.

In den fünf Jahren, die ich beim Fernmeldebataillon 5 verbrachte, habe ich Osthessen bis hin zur Zonengrenze, dabei insbesondere den Knüllwald, in- und auswendig kennen gelernt; es gab wohl kaum einen Berg, den ich nicht per Hubschrauber, mit geländegängigen Fahrzeugen oder zu Fuß erkundet hätte; danach wurde das ganze Gebiet mit Richtfunkstationen oder Funkzellen überzogen. Kaum ein Dorf, in dem wir nicht Divisions-Gefechtsstände erkundet und bei Tag und Nacht bezogen und wieder abgebaut hätten … Dabei waren unsere rund 600 Fernmelder, insbesondere bei den alljährlichen, großen Divisions- und Korps-Rahmenübungen, oft am Rande der physischen und psychischen Erschöpfung, und es grenzte an ein Wunder, dass wir in den ganzen Jahren keine Unfallopfer bei Übungen zu beklagen hatten. Wahre Wunder haben sie allerdings vollbracht, denn die Fernmeldeverbindungen für unsere Division funktionierten immer; die Einsatzbereitschaft unserer Fernmeldetrupps lag auch, dank hervorragender Pflege, Wartung und Ausbildung, fast durchweg bei 100 %.

Langweilig war es daher nie; einmal habe ich auf einer Übung drei Tage und Nächte nicht geschlafen und war dann froh, als ich mich mit meinem Schlafsack auf einen Feldfernkabel-Lkw legen und ein paar Stunden zwischen Kabeltrommeln und Werkzeugkisten in einen Tiefschlaf fallen konnte.

Wenn wir nicht auf Übung waren, wurde ausgebildet; dabei war ich in der Regel der Beauftragte des Bataillonskommandeurs für die Abnahme der Rekrutenprüfungen. Natürlich lief das im Laufe der Zeit immer besser, trotzdem blieb die ganze Ausbildung in Teilen Stückwerk, denn es fehlten die qualifizierten Unteroffiziere, die in der Lage gewesen wären, fundierte Ausbildung zu betreiben. Also wurden Unteroffiziere aus den Einsatzkompanien hin und her geschoben und auch sonst viel improvisiert. Auch für die ABC[1]-Abwehr-Ausbildung im Bataillon hatte ich zu sorgen. Wir haben das mit viel Hingabe betrieben, auch an einem Tag die „*Overgarments*"[2] einschließlich der ABC-Schutzmasken beim Dienst getragen, so lange das eben ging. Ob das im Ernstfall freilich genutzt hätte … Viele haben sich diese Frage damals gestellt; beantworten konnte sie keiner, ich auch nicht.

Meine (nebenamtliche) Stellung als ABC-Abwehroffizier des Bataillons brachte es allerdings mit sich, dass ich den entsprechenden dreiwöchigen Lehrgang in Sonthofen besuchen konnte. Das war interessant, hin und wieder allerdings auch unangenehm, wenn

---

[1] **A**tomar, **B**iologisch, **C**hemisch
[2] Besondere Schutzkleidung gegen die Wirkung von ABC-Waffen

man z. B. ohne Maske durch eine CS[1]-Wolke rennen musste, um die Wirkung dieses Gases selbst zu verspüren, aber insgesamt war dieser Aufenthalt im schönen Allgäu wie Urlaub. Auch Bärbel hat mich eine Zeitlang dort unten besucht; dazu haben wir uns eine gemütliche Ferienwohnung in Schöllang gemietet. Keine 3 km weiter hatten wir 1958 im Küklo gewohnt.

Zwei Mal im Jahr ging es für je eine Woche zum Schießen auf einen Truppenübungsplatz; das war in der Regel *Daaden* im Westerwald, denn dahin war es nicht weit (dafür um so kälter); gelegentlich, vorwiegend im Winter, fuhren wir jedoch auch nach *Schwarzenborn* in „unser" sattsam bekanntes Knüllgebirge, dort war es in einem Winter so kalt, dass der tagsüber an einem Schießstand Aufsicht führende Hauptmann Kaul Eiszapfen am Bart hatte, als er abends zurück kam … So schossen wir denn tags und nachts aus allen Rohren und warfen Handgranaten, was das Zeug hielt; auch dabei ist nie etwas passiert, Gott sei Dank.

Wenn auch das vorüber war, vorwiegend an laueren Frühlings- und Sommer-Nachmittagen, fanden Vergleichsschießen der Offiziere mit „unseren" Förstern statt; das war dann angenehmer, vor allem das Tontaubenschießen und das Schießen auf den „laufenden Keiler". Danach wurde gegrillt.

Auch der BGS[2] tauchte eines Tages auf und wollte mit uns schießen; ja selbst mit den alten Herren der ehemaligen „Panzernachrichten-Abteilung 5", dabei ein damals über 80-jähriger General a.D. – sind wir zum Schießen ausgerückt; danach wurde gefachsimpelt und die moderne Technik bewundert. „Wenn wir das damals gehabt hätten …", sagten Viele und waren voller Anerkennung. Nur dass wir die Finger nicht „lang" machten beim Strammstehen wie früher, haben sie nicht schön gefunden; mittlerweile ist aber selbst dieser „Mangel" behoben.

Dabei durften auch die Amerikaner unseres Patenverbandes aus Frankfurt, des *143rd (US) Signal Battalion*[3], nicht fehlen; als wir eines Tages – bei dichtem Nebel – gemeinsam auf unserem Standortschießplatz erschienen und der amerikanische Stellvertretende Kommandeur zweifelnd fragte, ob wir denn da überhaupt schießen könnten (denn man sah kaum die Hand vor den Augen, geschweige denn, irgendwelche Ziele), beschied ich ihn, das mache nichts, wir würden unsere „*anti-fog goggles*"[4] aufsetzen … Das sei problematisch, sagte er da, denn sein Bataillon habe so etwas nicht.

„Wir auch nicht", habe ich ihn dann erlöst; „wir warten einfach, bis es aufklart."

Er hatte wirklich geglaubt, wir hätten solche Geräte, hat er mir später gebeichtet, denn: „*…with you Germans, one never knows …*"[5]

---

[1] Ein Reizgas, das damals in der Bundeswehr zu Ausbildungszwecken verwendet wurde und Brech- und Tränenreiz hervorruft; mittlerweile verboten.
[2] **B**undes-**G**renz**s**chutz, vormals Name der jetzigen Bundespolizei
[3] Fernmeldebataillon
[4] „Anti-Nebel-Brillen"
[5] „…bei Euch Deutschen weiß man nie …"

Immerhin, die Amerikaner waren „scharf" auf ein Schießen mit den *Germans,* denn bei entsprechendem Abschneiden winkte die Schützenschnur, zumindest aber eine erfüllte Disziplin beim „Kampf" um das Leistungsabzeichen und Beides durften sie zur Uniform tragen. Dementsprechend oft waren sie bei uns zu Gast und stellten bei allen wichtigeren Bataillons-Appellen eine Fahnenabordnung.

Dafür haben sie sich auch revanchiert: so wurden denn zumindest der Bataillonskommandeur mit seiner Frau sowie Bärbel und ich zu einem formellen Abendessen im US-Kasino des ehemaligen IG-Farben-Hauses in Frankfurt eingeladen; dabei ging es fast ebenso formell zu, wie bei britischen Veranstaltungen dieser Art: mit Toasts auf den Präsidenten der Vereinigten Staaten, auf den Bundespräsidenten, die Königin von England, die Armee der Vereinigten Staaten, die 3. (US) Panzerdivision, auf „*Spearhead*"[1], das *143. (US) Signal Battalion* und zu guter Letzt (warum eigentlich zuletzt?) „*our lovely ladies*"[2].

Auch in unserem Bataillon und beim vorgesetzten Divisionsstab fanden diverse Feste statt, ein „Tanz in den Mai", Sommer- und Winterbälle, ein „Tanz unter dem Adventskranz", Rallyes, Grillabende und vieles mehr …; einmal organisierte die Division gar ein Floßfahrt auf der Ems: für Unterhaltung war also gesorgt. Gut, dass wir für solche Fälle Frau Meier hatten, die „Oma" von nebenan, die dann die Kinder behütete, wenn wir unterwegs waren.

Barbara besuchte auch seit 1983 den Kindergarten in Gückingen*,* nachmittags zunächst, doch das schaffte Bärbel zumindest etwas Luft; ab 1985 gelang es, auch für Sylvia einen Platz zu ergattern.

Vom 19. bis zum 24. September 1984 wurde ich nach *Verdun,* wie es hieß, zu einer deutsch-französischen Übung, kommandiert; ich sollte dort als „Sprachkundiger" für den Kommandeur der Panzerbrigade 34 dolmetschen. Dazu war ich – gemäß Befehl der vorgesetzten Division – mit einem geländegängigen Fahrzeug, dem besten, das wir hatten, einem Fahrer und mit Funk auszustatten; genauere Einzelheiten konnte man mir auch nicht mit auf den Weg geben. Das klang interessant und das war es auch, denn das Ganze entpuppte sich als die Versöhnungsfeier zwischen dem französischen Präsidenten *Mitterand* und dem deutschen Bundeskanzler *Kohl* anlässlich des 70. Jahrestages des Beginns des I. Weltkrieges. Die Panzerbrigade 34 hatte dabei, zusammen mit der 1. französischen *Division Blindée*[3]*,* den militärischen Rahmen zu stellen und eine gemeinsame Übung durchzuführen.

Obwohl ich weder den Kommandeur noch den Stab dieser Brigade kannte, wurde ich schnell in den Brigadestab integriert und kam mit dem Kommandeur, *Brigadegeneral Vollmer*, den ich überall hin begleitete, gut zurecht. Da waren Ansprachen zu übersetzen und *ad hoc*-Gespräche zu dolmetschen, sei es bei der Übung, bei den diversen Abendessen oder bei den Absprachen mit Vertretern der Protokoll-Abteilungen der Verteidigungsmi-

---

[1] „Speerspitze" (das Emblem der 3. (US) Panzerdivision)
[2] „unsere wunderschönen Damen"
[3] Panzerdivision

nisterien, mit französischen Projektoffizieren und bei allen möglichen Veranstaltungen am Rande dieses Groß-Ereignisses, das wohl alle Teilnehmer, und ganz bestimmt anlässlich der Schlussceremonie vor dem Beinhaus, beeindruckt hat.

Da mein Kommandeur einen Hubschrauber zu seiner Verfügung hatte, konnten wir nicht nur die gemeinsame Gefechtsübung von oben mit verfolgen, sondern auch zu den ehemaligen *Forts Douaumont* und *Vaux* fliegen; daran war „mein" General besonders interessiert, denn sein Vater hatte während dieses Krieges als Pionier a u f dem Fort Douaumont die Wirkung der eigenen Artilleriegeschosse begutachten müssen.

Bei der Vorführung der Gefechtsübung saß ich neben einem der deutschen Ehrengäste, ein betagter Herr, der mir beiläufig erzählte, dass er im Ersten Weltkrieg als Oberleutnant und Batteriechef bei der Artillerie im Raum Verdun mitgekämpft habe, dann erläuterte er seine Ordensspange, die er unter dem Mantel trug: Orden aus beiden Weltkriegen, zusätzlich das Verdienstkreuz der Bundesrepublik Deutschland am Bande … Ich habe ihn noch zu seinem Parkplatz geleitet; so verpasste ich „meinen" General, dessen Hubschrauber schon wieder in der Luft war. Als er mich von oben dann in letzter Minute angerannt kommen sah, landete er erneut und ich konnte doch noch mitfliegen. Ich war froh über diese Rettung in „letzter Minute", denn am Abend waren wir beim Kommandierenden General zu einem Biwakabend eingeladen und da wollte ich nun wirklich weder fehlen noch zu spät kommen … „Sie sprechen gut Französisch!" hat mich dann beiläufig der KG[1], der früher einmal Heeresattaché in Paris gewesen war, gelobt; das wusste ich zwar, dennoch hat es mich gefreut, das von unserem höchsten „Kriegsgott" damals zu hören.

Am 24. Oktober 1984 ist Bärbels Mutter gestorben – ohne längeres Leiden. Wir alle waren sehr traurig; die Kinder aber waren noch zu klein, um das alles richtig zu verstehen. Kurz zuvor hatten wir sie noch in Hemer im Krankenhaus besucht.

Auch das nächste Jahr brachte, außer den vielen Übungen manch Interessantes: so meldete ich mich auf einem einwöchigen Lehrgang zur „Auffrischung von Französisch-Kenntnissen" in *Baden-Oos* an, den die *„Forces Françaises en Allemagne (FFA)"*[2] durchführten.

Das Ganze wurde locker gehandhabt: vormittags ein wenig Französisch, vorwiegend Vorträge zu Auftrag und Gliederung der französischen Armee, auch ein wenig zur Kultur Frankreichs: diese freilich wird in Frankreich zu allererst als Kultur der „*cuisine*"[3] verstanden und so waren die Nachmittage und Abende ausnahmslos für Besuchsprogramme und opulente Essen vorgesehen. An einem Abend standen Einladungen bei französischen Gastfamilien auf dem Programm, und so landete ich, zusammen mit einem weiteren deutschen Offizier, bei *Marcel Bernard-Moes*, einem Major der französischen Gendarmerie und seiner Frau *Marie-Pierre*, die uns ein überbordendes Abendessen servier-

---

[1] **K**ommandierender **G**eneral
[2] (Ehemalige) Französische Streitkräfte in Deutschland mit Sitz in Baden-Oos
[3] Küche

ten, mit Champagner und erlesenen Weinen; danach frische Erdbeeren mit Schlagsahne. Im Anschluss daran fuhren wir ins nahe gelegene Straßburg in ein Restaurant an der Ill zu weiteren Gaumenfreuden und einem *Digestif.* Natürlich habe ich sie auf einen Gegenbesuch bei uns zu Hause eingeladen und tatsächlich, einige Monate später erschienen sie, mit allen ihren vier Kindern. Seitdem haben wir uns gegenseitig regelmäßig besucht und tun das noch heute: in Paris, Kastellaun, Straßburg, Heidelberg, Nizza und Miltenberg: es ist jedes Mal ein wunderschönes Erlebnis mit kulinarischen Akzenten; nur Deutsch können sie kaum ein Wort.

Im Juli 1985 fuhren wir mit den Kindern ins Pustertal nach Südtirol: unser Truppenarzt, Stabsarzt *Mario Lanczik*, den ich wegen mancher Gespräche um unsere gemeinsamen Heimat Schlesien besser kennen gelernt habe, hatte uns den Bauernhof der Familie *Tasser* in *St. Lorenzen* empfohlen, und wirklich: es war eine Wucht, sowohl für die Kinder, die in Gestalt der kleinen Margit sofort eine Spielgefährtin fanden (und sich auf der schier endlosen Wiese vor dem Hof und am Brunnen tummeln konnten), als auch für uns, die wir freundlich betreut wurden. Am meisten hat sich Bärbel wohl darüber gefreut, dass sie sich jeden Morgen an den gedeckten Frühstückstisch, gegenüber dem Tiroler Kachelofen mit seiner Ofenbank, setzen konnte: dabei gab es u.a. selbst gebackenes Anis-Brot und viele andere selbst hergestellte Köstlichkeiten. Als ich eines Tages im Wald spazieren ging, fand ich dermaßen viele Pilze, dass wir abends eine köstliche Mahlzeit davon zubereiten konnten. Auch dicke, große Heidelbeeren gab es massenweise und die Kinder, die so etwas noch nicht erlebt hatten, taten sich gütlich. Auf einigen Wanderungen und Ausflügen haben wir Margit mitgenommen: es war für alle ein erfreuliches Erlebnis. Nur einmal bekam Sylvia Angst: auf einem kleinen Spaziergang begegneten uns einige Ziegen, angeführt von einem stattlichen Geißbock. Der war viel größer als das kleine Kind und so zog sich Sylvia lieber hinter ihren Papa zurück. Dennoch sind wir sind gut erholt zu Hause angekommen.

Im Herbst dieses Jahres hatte die Division den alljährlichen „*Boeselager*"[1]-Wettbewerb auszurichten; dieser sollte in *Sontra*, dem Standort des Panzeraufklärungsbataillons 5, stattfinden. Zur Vorbereitung dieser international beachteten und renommierten Veranstaltung wurden die Truppenteile der Division – die Brigaden und Divisionstruppen – beauftragt, Teams zu bilden, die nach einer kurzen Vorausbildung einen „Probelauf" zu absolvieren hatten. Zweck war es, die organisatorischen Abläufe, Zeitansätze und sonstigen Maßnahmen praktisch zu überprüfen, um so unangenehme Überraschun-

---

[1] Oberstleutnant Freiherr von Boeselager (1915 – 1944) war Panzer-Aufklärungsoffizier im 2. Weltkrieg, hoch dekoriert und in den Widerstand gegen Hitler verwickelt: er verlegte innerhalb von 36 Stunden, vom 18. bis 20. Juli 1944, die für die Absicherung von Berlin vorgesehenen 1.200 Reiter seiner Kavalleriebrigade von der russischen Front über 200 km in den Raum westlich Brest-Litowsk und nach dem fehlgeschlagenen Attentat wieder zurück. Nach ihm war der Wettbewerb der Panzeraufklärungstruppe benannt, der von 1970 – 1988 jährlich und danach, bis 1996, alle zwei Jahre als offizieller Heereswettkampf am Standort eines Panzeraufklärungsbataillons durchgeführt wurde; von 1976 bis 1996 auch mit starker internationaler (NATO-) Beteiligung.

gen bei der eigentlichen Veranstaltung zu vermeiden. Daher hatte auch unser Bataillon eine Mannschaft zu stellen; diese wurde nach Eignung und Motivation ausgesucht und dem sportlich stärksten Oberleutnant des Bataillons unterstellt; dieser hatte ein paar Wochen Zeit, die Kondition seines Teams zu verbessern und sich auf die voraussichtlichen Aufgaben des Wettbewerbs vorzubereiten.

Und was keiner geglaubt hatte, geschah: das Team unseres Bataillons wurde 2. Sieger! Wir Fernmelder! Zum Teil weit vor den hoch favorisierten Kampftruppen! Das gab natürlich unserem Bataillon Auftrieb und stärkte unser Ansehen ganz ungemein.

Anlässlich des eigentlichen Wettbewerbs wurde ich nach Sontra abgestellt; ich sollte den eigens zum Wettbewerb angereisten Kommandeur der italienischen *„Scuola di Fanteria e Cavalleria"*[1] betreuen und den Bataillonskommandeur mit sonstigen, vor allem französischen, Sprachkenntnissen unterstützen. Das war erneut eine höchst interessante Aufgabe, zumal ich noch nie in Sontra gewesen war und auch den Boeselager-Wettbewerb bislang lediglich vom Hörensagen und aus der Zeit der Vorbereitung des Probelaufs in unserem Bataillon kannte.

Der italienische General war ein äußerst interessierter, dabei pflegeleichter Herr; zum Abschied und als Dank hat er mir sogar einen massiven, silbernen Brieföffner geschenkt. Er hatte auch Stil und Sinn für Details: so bestand er darauf, dass ich auf dem Weg zum Frankfurter Flughafen im Auto n e b e n ihm saß, denn ich sei sein F r e u n d, sagte er, nicht sein Untergebener.

Dennoch blieb genügend Zeit, die Abschlussrede des Kommandeurs des Panzeraufklärungsbataillons 5 zum Schluss der Veranstaltung ins Französische zu übersetzen und vorzutragen; ich habe ihm dabei den Gefallen getan, während dieser Rede – denn ich stand neben ihm – nicht mein eigenes rotes, sondern ein s c h w a r z e s Barett zu tragen, denn das tragen die Panzeraufklärer. So waren letztlich alle zufrieden: er, dass er der Generalität ein einheitliches Bild bieten konnte, die französischen Gäste, dass sie ihn verstanden haben und ich, dass ich zu diesem kleinen Erfolg beitragen konnte.

Dann, im Herbst 1985, bekamen wir einen neuen Bataillonskommandeur: *Oberstleutnant Dipl. Ing. Eckhard Lisec*, ein Generalstabsoffizier, ebenfalls Schlesier; eher ein Mann der leisen Töne und der Nuancen. Ein Mann von hoher Bildung, fachlich kompetent und mit Sinn für Stil und Form. Ich atmete auf.

Später ist er General geworden; in *Sarajewo*, danach in *Rheinbach* sowie wiederholt in *Istanbul*, habe ich ihn wieder gesehen. Wir sind heute noch locker befreundet.

Mitte März 1986 wurde ich nach *Würzburg* kommandiert um dort anlässlich der 39. Tagung der Nuklearen Planungsgruppe, zusammen mit einem weiteren Major, die Chefs der italienischen Delegation zu betreuen; das waren zunächst der italienische NATO-Botschafter, Seine Exzellenz, *l'Ambasciatore Paolo Fulci*, später der Generalinspekteur der italienischen Streitkräfte und am vorletzten Abend eine weitere Exzellenz, der Verteidigungsminister, *Aldo Moro*, persönlich. Das Ausmaß der Vorbereitungen für dieses Groß-

---

[1] Infanterie- und Kavallerie- (Panzeraufklärungs-)Schule

ereignis war erneut beträchtlich: so waren alle Betreuungsoffiziere mit einer gepanzerten Mercedes-Limousine der Luxusklasse ausgestattet; Fahrer waren ausschließlich Fahrlehrer der Bundeswehr. Mit diesen konnten wir uns zwei Tage lang „einfahren", d.h. unsere voraussichtlichen Wegestrecken in und um Würzburg erkunden: vom Militärflughafen Giebelstadt zum schwer bewachten und abgesicherten *Hotel Maritim,* dem Tagungsort, von dort zur Residenz (dort sollten diverse Empfänge stattfinden), bis hin zur Festung, denn von dort hat man einen einzigartigen Blick auf die Stadt. Wir haben dies gerne getan, denn es war schon nicht gerade alltäglich, in einem gepanzerten Mercedes durch Würzburg zu fahren.

Als ich die Exzellenz auf der Gangway des zweistrahligen Jets erblickte, wollte ich meinen Augen nicht trauen, denn vor ihm schritt ein feurig-schönes Traumwesen elegant die Stufen herab: *la Signora,* ganz offensichtlich, nur ein Handköfferchen vor sich her bugsierend.

Es war ein erhebender Anblick, einer von denen, die sich nur selten ergeben: vor den einschwebenden Jets die ganze Kavalkade der aufgereihten, blitzblanken, gepanzerten Limousinen, über uns der weiß-blaueste Himmel, den Bayern an diesem Tag zu bieten hatte; und schon fuhren wir die wenigen Kilometer in die Stadt; in regelmäßigen Abständen Scharfschützen in Heuhaufen, auf Dächern, hinter Mauern, kurz: Alarmstufe „rot", falls es das gab. Im Hotel ein ganzes Feldjägerbataillon, wie es mir schien, mit Hunden und Maschinenpistolen. Ich aber geleitete die Signora (und die Exzellenz), ihr Handköfferchen tragend, in ihre Suite.

Wenig später äußerte die Exzellenz den Wunsch, die Stadt zu sehen, denn auch er wollte nicht unvorbereitet sein, wenn sein „Chef", der Verteidigungsminister, andertags auftauchen würde.

So fuhren und gingen wir, besichtigend und staunend, durch die Stadt. Am *Haus des Falken,* das die Signora entzückte, fand ein Blumenmarkt statt; da überwältigte mich ein Anfall von Galanterie und ich kaufte dem Traumwesen einen Strauß Blumen …

Wenig später dämmerte mir, dass das natürlich falsch gewesen war, zumindest nicht protokollgerecht und so meldete ich vorsorglich den „Vorfall" dem Protokollchef, einem sehr adeligen Oberst. Dieser aber meinte: „War falsch aber gut! Gehen Sie zur Exzellenz mit dem Ausdruck Ihres Bedauerns!" Das tat ich denn auch; doch Seine Exzellenz war freundlich-milde und sagte mir lächelnd, dass sich seine Frau sehr über diese spontane Geste gefreut und die Blumen sofort ins Wasser gestellt habe.

Später hat er dem deutschen NATO-Botschafter einen ebenfalls sehr freundlichen Brief geschrieben und sich für meinen Einsatz bedankt. *„In particular I would like to ask you to convey to your authorities our thanks for the exellent liaison work and for the precious assistance provided by Major Harald Schlieder, who has been assigned to assist us during the meeting. He has proved to have not only an impeccable knowledge of the Italian language, but also remarkable organization qualities, tact and a lively personality …"*

„*Lively personality* …",[1] das war offensichtlich der Blumenstrauß für die Signora; doch die Exzellenz hatte Stil, wie die meisten Italiener, die ich kennen gelernt habe.

Der Staatssekretär hat mir wenig später diesen Brief zugesandt und sich ebenfalls bedankt. Von den Blumen war natürlich nicht die Rede.

Abends Empfang in der Residenz: der bayerische Ministerpräsident, *Franz-Josef Strauß*, hatte geladen. Da waren die ganzen Größen des NATO-Bündnisses beisammen: *Caspar Weinberger*, der amerikanische Verteidigungsminister zumal, *Minister Dr. Manfred Wörner* und wie sie alle hießen.

Die kleinen, handlichen Näpfchen mit Sauerkraut und Nürnberger Rostbratwürstchen gingen weg wie warme Semmeln und der volle, kühle Frankenwein war ein Genuss.

Danach Abendessen der nunmehr vollständigen italienischen Delegation im Hotel Maritim; ich hatte das zuvor organisiert: wir, die Betreuungsoffiziere, waren auch eingeladen. Das Essen war erneut himmlisch: zarteste Kalbsmedaillons mit Pfeffer-Rahmsauce und krossen Strohkartoffeln, dann ein göttliches Dessert: Eis mit heißen Schattenmorellen … da wollte der italienische Verteidigungsminister auf die Festung, den Ausblick auf die erleuchtete Stadt genießen, als kulturelles Betthupferl sozusagen; es war 23. 45 Uhr.

Der Auto-Korso war schnell zusammengestellt, vorweg Polizei und Personenschutz, dazwischen zwei gepanzerte Limousinen, danach erneut Personenschutz. Wir kommen auf der Festung an und bewegen uns in Richtung Mauer mit der schönen Aussicht: da geht das Licht aus, denn es ist 24.00 Uhr, und wir stehen im Dunkeln, pechschwarze Nacht … Das hatte ich bei der Erkundung nicht bedacht. Indes, die Exzellenzen und ihre Begleitung haben das mit Fassung getragen, die schöne Aussicht haben sie dennoch genossen.

Ende Juni, nach mehreren Übungen wie in den Vorjahren, folgte der nächste internationale Einsatz: im Auftrag des Protokollreferats des Verteidigungsministeriums sollte ich während eines Besuchs des italienischen Rüstungsdirektors, *Ammiraglio Mario Porta*, dessen Ehefrau, zusammen mit der Frau des Hauptabteilungsleiters Rüstung, quer durch Deutschland begleiten und mich dabei um die Damen „kümmern"; dies war minutiös vorzubereiten und so fuhr ich zunächst nach *Bonn* zu einer Einweisung, dann nach *Bremen*, wo das Ganze beginnen sollte und von da nach Bayern an den *Forggensee*, wo ich in einem Restaurant mit Blick auf den See und die Alpen ein Menü aussuchen sollte, hinüber zur *Wieskirche* und dann zum *Schloss Neuschwanstein*: dort war eine Privatführung zu organisieren.

Auch dieses „Abenteuer" war durchaus reizvoll, sowohl sprachlich als auch kulturell und kulinarisch.

Zunächst waren die Damen im *Park Hotel* in Bremen unterzubringen, dann folgte, nach einem Rundgang durch die „Schnoor" in der Innenstadt ein „kleiner Imbiss", zu dem die Frau des Direktors von *Vulkan Elektronik* gebeten hatte, gefolgt von einer Fahrt in das Gestüt in *Verden an der Aller*: dort Rundfahrt in offener Kutsche, Vorführung der

---

[1] „Lebhafte Persönlichkeit"

edlen Pferde mit herrlichem Blick auf die Kulisse der Stadt, dabei Champagner, von livrierten „Geistern" auf Silbertellern kredenzt.

Abends ein Essen im Restaurant „*Schleppegrel*" in Verden: die *Lammkeule in Roquefortsauce* zergeht mir heute noch wonniglich auf der Zunge.

Doch auch das Mittagessen im Rathauskeller in Bremen anderntags ist es wert, sich zu erinnern:

Nach einer süßen Honigmelone mit Katenrauchschinken – ein Gedicht – und einer Tomatensuppe „*Gordon Gin*" erschien ein Seezungenfilet „*Walewska*", dazu Langustinen und Trüffelscheiben mit Hummersauce und Reistimbal, gefolgt von einem gespickten Rinderfilet „*Wellington*" mit Trüffelsauce, Spargel, Erbsen, Möhrchen, Böhnchen und Kartoffelkroketten; danach frischer Obstsalat mit *Marashina*.

Am nächsten Tag flog uns eine „*Transall*"[1] nach *Friedrichshafen*; es waren, außer der Besatzung, nur vier Personen an Bord, einschließlich unserem Personenschützer. Von dort ging es per Auto, leider mit Verspätung, zur Fortsetzung des Besuchsprogramms durchs schöne Oberbayern. Die wunderschöne *Wieskirche* mussten wir zu unserem Bedauern „links liegen lassen", denn die Zeit wurde knapp.

In *München* waren wir im Hotel „*Vier Jahreszeiten*" an der *Maximilianstraße* untergebracht, nur um kurz nach Eintreffen im „*Spatenhaus*", gleich an der Oper, zu Kalbshaxen vom Grill mit Semmelknödeln sowie Apfelkücherl mit Vanilleeis gebeten zu werden.

Ich habe mich schon gefragt, wie es den Damen, die nicht mehr ganz 20 und daher auch nicht mehr so ganz heißhungrig waren, gelungen ist, dies alles mit Anstand und freundlichem Interesse zu probieren.

Gut, dass mich der Staatssekretär, der sich hier die Ehre gab, am nächsten Tag in einem Jet der Flugbereitschaft mit nach Köln genommen hat, denn das hat die Dauer meiner Heimreise doch erheblich verkürzt. Dass er mich nicht eigentlich wahrgenommen hat auf dieser Reise hat mich nicht gestört: er war dazu wohl auch nicht aufgelegt, denn bei dem Gespräch mit seinem Berater, das ich zwangsläufig mithören musste, ging es um Hunderte von Millionen, vielleicht sogar um Milliarden (wenn auch „nur" D-Mark damals); da freilich schlugen die Kosten für das Programm, an dem ich soeben teilgenommen hatte, kaum zu Buche.

Im Urlaub haben wir das *Kloster Maria Laach*, die *Eifel*, *Trier*, diverse Ausflugsziele entlang des Rheins sowie die *Burg Eltz* angeschaut und uns gefragt, warum wir all diese wunderschönen Orte in unserem schönen Deutschland nicht schon früher einmal aufgesucht hatten.

Die Teilnahme an der Heeresübung „*Fränkischer Schild*", bei der es zur Abwechslung einmal um die Verteidigung Frankens, vorwärts des *Main*, ging war meine letzte „Tat" im Fernmeldebataillon 5 vor meiner Versetzung; freilich ohne zu wissen, dass wir hier, in Franken, einmal unser „letztes Zelt" aufschlagen würden. Zum Abschied habe ich dem Offizierkorps des Bataillons das Deutschlandlied geschenkt, in schönster Kalligra-

---

[1] Zweimotoriges Transportflugzeug der Luftwaffe

phie und gerahmt, allerdings nicht das heutige, sondern das von *Walter von der Vogelweide* aus dem 13. Jahrhundert:

> „Von der Elbe unz an den Rîn
> und her wider unz an Ungarlant
> mugen wol die besten sîn,
> die ich in der werlte hân erkant.
> kann ich rehte schouwen
> guot gelâz unt lîp,
> sem mir got, sô swüere ich wol daz
> hie diu wîp
> bezzer sint danne ander frouwen.
>
> Tiusche man sint wol gezogen,
> rehte als engel sint diu wîp getân.
> swer si schildet, derst betrogen:
> ich enkan sîn anders niht verstân.
> tugent und reine minne,
> swer die suochen will,
> der sol komen in unser lant: da ist
> wünne vil:
> lange müeze ich lebe dar inne!" [1]

13. Kapitel
Lehrgangsteilnehmer am Generalstabslehrgang für ausländische Offiziere an der Führungsakademie in Hamburg (1986 – 1987)

Um den Begriff „Deutschland", seine Ursprünge und seine allmähliche Entstehung ging es tatsächlich auch in der ersten Vorlesung unseres Lehrgangsleiters, des Obersten i.G. *von Hobe*, als Grundlage dessen, was wir alle während des folgenden dreiviertel Jahres in Hamburg und an vielen anderen Orten in Deutschland erfahren und erleben sollten. Wir, das waren die 15 Lehrgangsteilnehmer des 25. Generalstabslehrgangs für ausländische Offiziere, alle aus Nicht-NATO-Staaten, und die sechs deutschen Majore, die zwar einer-

---

[1] Walter von der Vogelweide in Deutsche Lyrik des Mittelalters, Zweite, durchgesehene Auflage, Manesse Verlag, S. 230f. Möglicherweise ist Walter von der Vogelweide in Würzburg begraben.

seits selbst Lehrgangsteilnehmer waren, andererseits jedoch Arbeitsgruppen-Leiter, d.h. Tutoren, für jeweils fest zugeordnete ausländische Offiziere. Sie kamen aus aller Herren Länder, „unsere Ausländer", weltweit, d.h. aus allen Kontinenten, waren aber vor Lehrgangsbeginn, z. T. ein Jahr lang, an der Bundessprachenschule in Hürth in der deutschen Sprache, dabei auch in militärischer Terminologie, unterwiesen worden, so dass der Lehrgang auf Deutsch abgehalten worden konnte. Natürlich gab es dabei Unterschiede im Beherrschungsgrad unserer Sprache; trotzdem war es erstaunlich, wie gut einige „Exoten", wie beispielsweise der japanische Major *Yasumi Konishi*, der Koreaner *Gil Dae Hong* oder „unser Mann aus Singapur", wie wir ihn nannten, *Jerry Soh*, der Nepalese *Bhim Prasad Rai, Dadja Tangaou* aus Togo oder Major *Fayyaz* aus Pakistan und einige andere, Deutsch sprachen, und im Verlauf des Lehrgangs weiter verbesserten.

Vordergründig ging es hauptsächlich um Taktik: die Lehre vom Einsatz der „verbundenen Waffen"[1] in den Gefechtsarten Verteidigung, Verzögerung und Angriff; dazu sah der Lehrgang einen „Mix" aus Unterrichten, Vorträgen, Lehrvorführungen, Truppenbesuchen, Planspielen an der Karte und selbst zu erarbeitenden Beiträgen aller Art sowie Übungen vor, bei denen wir Deutschen unterstützten. Im Endeffekt aber ging es um die Vermittlung eines möglichst facettenreichen Deutschlandbildes, womöglich auch um das Knüpfen von Kontakten, wozu umfangreiche Reisen zu Dienststellen und Truppenteilen der Streitkräfte[2], zur Industrie sowie zu verschiedensten politischen und kulturellen Einrichtungen in unserem Land vorgesehen waren.

Zusätzlich sollten die Lehrgangsteilnehmer selbst Vorträge über ihr Land und ihre Streitkräfte – immerhin vor der gesamten Akademie – halten; mein Auftrag war es auch, sie dabei zu unterstützen. Dies erwies sich allerdings schnell als nicht nur abendfüllende Nebentätigkeit, sondern fast schon als zusätzliche Hauptfunktion, denn neben der Redaktion der Vorträge selbst, waren diese zu üben, das teilweise umfangreiche Bild-und Dokumentationsmaterial herzustellen, bei der Organisation der anschließenden nationalen Empfänge und der hierfür erforderlichen Einladungen zu helfen, kurz: die Rolle des „*Spiritus rector*" hinter den Kulissen zu übernehmen. Das war durchaus interessant, z.T. aber auch irritierend, wenn sich z.B. Lehrgangsteilnehmer all zu sehr auf ihren deutschen „Helfer" verließen.

Außerdem, und das machte Spaß, gab ich den Schweizer Kameraden regelmäßig Englisch-Unterricht, denn das hatte in der Schweiz wohl nicht den Stellenwert gehabt wie bei uns, während die anderen Deutschen Englisch und die Ausländer Deutsch lernten.

Die übrigen Deutschen hatten andere Aufgaben: da gab es beispielsweise einen „Reisemarschall", der sämtliche Ausbildungsreisen minutiös zu planen hatte; das umfasste die Anforderung von Bussen, die Buchung von Militär- und Zivilflugzeugen, Reservie-

---

[1] D.h. der koordinierte Einsatz von Truppen des Heeres auf der Ebene der mittleren Führung (Brigade und Division)
[2] D.h. bei Heer, Luftwaffe und Marine sowie höheren Kommandobehörden und zum Bundesministerium der Verteidigung

rung von Militär- oder Hotelunterkünften, d.h. letztlich: die Organisation aller „Bewegungen" dieses Lehrgangs, oft in Koordination mit dem entsprechenden Lehrgang der Luftwaffe.

Ein weiterer deutscher Lehrgangsteilnehmer hatte ein umfangreiches Taktik-Kompendium zum Gebrauch auf dem Lehrgang (und danach) zu entwickeln; aber auch die beiden Schweizer Kameraden hatten Zusatzaufgaben: so war Oberstleutnant (später: Oberst) i.G. *Baumgartner* der Lehrgangssprecher und Major (später: Oberstleutnant) i.G. *Müller* verantwortlich für die Chronik des Lehrgangs: wie gut, sage ich noch heute, denn ohne Rückgriff auf dieses Dokument wäre es über 20 Jahre nach Abschluss des Lehrgangs kaum möglich gewesen, sich an Details zu erinnern.

So ging es denn nach den diversen Einweisungen, Stadt- und Hafenrundfahrten sowie einigen Begrüßungsempfängen – auch im Rathaus der Hansestadt durch den Hamburger Senat – recht schnell zur Sache: bei einem Besuch bei der Grenzschutzabteilung „Küste 2" in *Ratzeburg* wies uns der Bundesgrenzschutz an der Innerdeutschen Grenze in das System der DDR-Grenzsperranlagen[1] ein: innerdeutsche Realität 1986 und ausreichend Motivation für den Rest des Lehrgangs, zumindest für uns Deutsche.

Nach einer detaillierten Einweisung in den bei der Bundeswehr praktizierten „Führungsvorgang" und eine Planübung folgten ein Besuch bei der Kampftruppenschule 2 in *Munster*, u.a. mit beeindruckenden Vorführungen der Gefechtsfahrzeuge einer Brigade im scharfen Schuss, eine Einweisung in die hoch mobilen Gefechtsstände der Panzerlehrbrigade sowie eine Geländebesprechung im Raum Lüneburg, meinem ehemaligen Übungsgebiet. Nach so viel Empfängen und Vorführungen tat der sich anschließende 25 km-Marsch wahrlich gut; schade nur, dass beim anschließenden Sport nur noch etwa 50 % der Lehrgangsteilnehmer mitmachen konnten; und das angesichts des folgenden Volleyballturniers! Dennoch hat unser Lehrgang deutlich gewonnen; möglich, dass *Pierre Gregor*, unser australischer Kamerad, daran nicht ganz unbeteiligt war, denn schließlich gehörte er zur australischen Nationalmannschaft.

Von Oktober bis Ende Dezember stellten Lehrgangsteilnehmer aus Algerien, Schweden, Nepal, Togo, der Schweiz und Korea ihre Heimatländer vor: Auftakt zu weiteren 14 Veranstaltungen dieser Art im Verlauf des Lehrgangs: allesamt informativ, oft von Folklore durchsetzt, regelmäßig auch kulinarisch lohnend und hin und wieder sogar mit Witz. So meinte *Major Gil Dae Hong* aus Korea zum Schluss seiner Präsentation trocken: „Besser Schlitzauge als Schlitzohr …" Schallender Applaus …

Das Schießen der Heeresflugabwehrschule, *Rendsburg*, an der Ostsee fiel leider dichtem Nebel zum Opfer; dennoch war die Einweisung an den Waffensystemen ROLAND und GEPARD sowie die Vorführung der Simulatorausbildung eindrucksvoll,

---

[1] Damals noch existierende sog. „**D**eutsche **D**emokratische **R**epublik", sozialistische Diktatur auf dem Gebiet der ehemaligen Sowjetischen Besatzungszone (SBZ); wurde allerdings 1990 aufgelöst und schloss sich nach der ersten unblutigen Revolution der deutschen Geschichte am 3. 10. 1990 der Bundesrepublik Deutschland an. Sicherte die Innerdeutsche Grenze mit schwer bewachtem Todesstreifen, Minen und Selbstschussanlagen.

soweit wir das überhaupt noch aufnehmen konnten, denn nach dem Informationstag NEPAL hatte der Lehrgang die halbe Nacht hindurch *Bim Rais* Erfolg gefeiert und *Yussuf Banjica*, unser jugoslawische Kollege, hatte einen ganz ausgezeichneten, milden – selbstverständlich selbst gebrannten – *Slibowitz* dazu gestiftet.

Die Lehrgangspause über Weihnachten und Neujahr war wohltuend; natürlich fuhr ich nach Hause. Das war nicht allen Lehrgangsteilnehmern vergönnt. *Bim Rai* beispielsweise hätte, neben dem langen Flug nach und von *Katmandu*, allein 14 Tage per Bus und zu Fuß benötigt, um zu seiner Familie in den Bergen zu gelangen, wie er mir erzählte. So blieb er in Hamburg. Da aber allen Ausländern deutsche „Paten", in der Regel Lehrstabsoffiziere der Akademie, zugeteilt waren, gab es da zumindest jemanden, der sich um ihn kümmerte.

Zu Sylvester haben uns *Hans* und *Agneta Berndtson* aus Schweden zu Hause besucht; später kam auch einmal Major *Fayyaz* aus Pakistan. Kaum angekommen, hat er schon mit den Kindern, unter dem Flügel liegend, gespielt … Ein angenehmer, freundlicher, gebildeter, zurückhaltender, dabei hoch professioneller Offizier, den wir alle gerne mochten.

Am Abend, an dem ich aus der Dienstbefreiung zurück kam, bat mich Major Fayyaz (dessen Vornamen wir nie erfahren haben und der auch in seinen Personalunterlagen keinen Vornamen angab), eine durch ihn auf Englisch verfasste „Ode an den K 2"[1] ins Deutsche zu übersetzen – dabei war sein Deutsch mindestens ebenso gut wie sein (vorzügliches) Englisch. Eine seltsam anrührende, abendliche Veranstaltung: es war wie ein Gebet, eine Hinwendung zu einer höheren Instanz, eine Vorahnung? Am Tag nach seiner Rückkehr von unserem Lehrgang ist Major Fayyaz zu einer Expedition auf den K 2 aufgebrochen und dabei tödlich verunglückt. Er liegt wohl immer noch am K 2, seinem Schicksalsberg, unter einer Eis- und Schneelawine begraben.

Ich habe mir keine Kopie der Übersetzung angefertigt damals. Allerdings ist mir diese Episode unter die Haut gegangen. So, dass ich mich auch ohne Kopie an sein Gebet erinnere.

Was haben wir nach unserer Rückkehr an die Akademie nicht alles gesehen und erlebt! Die Holsten-Brauerei in Hamburg beispielsweise, einschließlich „Hamburger Frühstück" mit Bergen von Lachskaviar, vielerlei Fisch und allen möglichen weiteren Köstlichkeiten der Waterkant.

Ein riesiges Containerschiff, die „TOKIO EXPRESS", von Hapag-Lloyd, so groß, dass man – auf der Kommandobrücke stehend bei Nebel – nicht bis zum Bug sehen konnte; 4 km brauche er, um aus voller Fahrt anzuhalten, erklärte uns der Kapitän. Fast hätten unsere fernöstlichen Lehrgangsteilnehmer auf dem Pott angeheuert, denn als nächster Törn waren Korea und Japan vorgesehen.

---

[1] Zweithöchster Berg der Erde (8.611m) im Himalaya; 1954 erstmals bestiegen

Die Bundeswehr-Universität Hamburg, die, zweckmäßig personell und materiell ausgestattet und mit eindeutigen Curriculae, ihre Studenten in der Regel in 3 ¼ Jahren zum Diplom-Abschluss führt.

Der Kieler Landtag, das dortige Territorialkommando Schleswig-Holstein, das Verlagshaus Axel Springer …

Gut, dass es nach so viel Theorie auch noch einen Ausflug zur „*Brauerei-Kumpaney*" in Lüneburg gab, in der die dortige Kronen-Brauerei, getreu ihrer 500-jährigen Tradition, unseren ausländischen Kameraden einen authentischen Einblick in eine rustikale „Tafeley" mit mittelalterlichem Zeremoniell geben konnte.

Einen Kegelabend: neu für viele unserer ausländischen Kollegen; auch dabei haben sich alle köstlich amüsiert, die moslemischen Kameraden freilich bei Fanta und Orangensaft, andere eher bei Freibier.

Und dann folgte die erste große Reise, zumeist per Großraumhubschrauber *CH-53,* in der Regel im Konturenflug, für Nicht-Angehörige der Heeresfliegertruppe ein durchaus gewöhnungsbedürftiges Flug-Verfahren.

Nach *Aachen* ging es dabei zunächst, zur Schule der Technischen Truppen 1, aber auch zum Aachener Dom und Karls des Großen Thron, danach zum Heeresinstandsetzungswerk in Darmstadt, zur ABC[1]-Abwehrschule und zur „Burg"[2] in *Sonthofen* mit abschließender „Schleife" per Hubschrauben über die Sonnenköpfe, bis Oberstdorf und zurück über die Hörnergruppe, meiner „alten Heimat", zum bayerischen Märchenschloss *Neu-Schwanstein* mit professioneller Führung, danach zum Jagdbomber-Geschwader 32 nach *Lagerlechfeld* mit seinen *Tornados*[3], zum FlaRakBataillon 32 (*HAWK*)[4] in *Erding*; es folgten Abstecher zur Industrie: MBB,[5] Siemens,[6] MAN[7] und Kraus-Maffey.[8]

In der bayerischen Hauptstadt sind wir Gäste der Bayerischen Staatsregierung und erleben eine Vorführung des „*Don Carlos*" von Verdi im Nationaltheater, einige unter uns sogar in der „Königsloge"; später gibt sich die Bayerische Staatsregierung die Ehre: Empfang im Vierschimmelsaal der Residenz, ein durchaus nicht alltägliches Ereignis vor

---

[1] **A**tomar, **b**iologisch, **c**hemisch
[2] Ehem. Ordensburg; als „Generaloberst-Beck-Kaserne" Mitte der 50er Jahre erster Sitz der Fernmeldeschule des Heeres, später der Sportschule der Bundeswehr und der Feldjägerschule. Vater war dort von 1956 bis Anfang 1960 als Fernschreib-Lehroffizier, danach als S3-Offizier, stationiert.
[3] Name eines deutschen Jagdbombers. Wird auch als Jagd- und Aufklärungsflugzeug verwendet.
[4] **Flug-A**bwehr-**Rak**eten-Bataillon. „HAWK" („Falke") ist der Name einer Flugabwehr-Rakete.
[5] **M**esserschmitt-**B**ölkow-**B**lohm: deutscher Luft- und Raumfahrtkonzern. Produziert u.a. den Hubschrauber BO 105, die Panzerabwehrlenkwaffe MILAN und die Flugabwehrrakete ROLAND. Führend an der Entwicklung von Produkten für die Raumfahrt beteiligt.
[6] Einer der führenden deutschen Industriekonzerne. U.a. Herstellung von IT-Lösungen und Kommunikationsnetzen
[7] Eines der führenden europäischen Industrieunternehmen; Anbieter von Lkw, Bussen, Dieselmotoren usw.
[8] Zählt zu den weltweit führenden Herstellern für Kunststoffmaschinen. Führender Panzerproduzent: stellt u.a. den deutschen Kampfpanzer Leopard 2 her.

prächtiger Kulisse. Auch die Stadt München lädt uns ein: im Ratskeller gibt's am nächsten Morgen Münchner Schmankerln.

Weiter ging es nach *Mittenwald* mit einem Abstecher auf den höchsten Berg Deutschlands: unser Hubschrauber landete in tiefem Schnee und den hatten viele unserer ausländischen Kameraden noch nie gesehen, geschweige denn auf der Haut gespürt: entsprechend aufregend war dieses Ereignis. Ein Einblick in die Überlebens-Ausbildung der Soldaten im Winter bei der Gebirgs-Winterkampfschule in *Luttensee* rundete den Ausflug in die deutschen Voralpen ab; einige wären gerne zum Skifahren geblieben.

Danach noch ein Abstecher zur Luftwaffe, wo uns in *Neuburg an der Donau* das Jagdgeschwader 74 „Mölders" einen anderen Aspekt der deutschen Streitkräfte vorführte: den Alarmstart einer Rotte *F-4 F*[1]. Mindestens ebenso beeindruckend waren wir allerdings von Inge, einer blonden Schönheit hinter dem Tresen des dortigen Gasthauses „*Zur Hölle*". „Nur zum Anschauen!" freilich, hatte uns zuvor einer der Piloten eingeschärft. Offensichtlich ging es hier um Besitzstandswahrung.

Nach einem Rundgang durch das Bayerische Armeemuseum in *Ingolstadt* mit seinem beeindruckenden Diorama der *Schlacht bei Leuthen* (mit 17.000 Zinnsoldaten), einem Zelt des Sultans aus den Türkenkriegen und vielen anderen Details aus der deutschen Heeresgeschichte ging es mit einer *Transall* zurück nach Hamburg: alles in allem eine äußerst erlebnisreiche Reise, die insbesondere unseren ausländischen Gästen, aber auch uns Deutschen, einen guten Überblick über Kultur, Industrie und Militär vorwiegend im südlichen Teil Deutschlands ermöglichte.

Kurz nach unserer Rückkehr folgte, Schlag auf Schlag, ein zweitägiger Besuch bei der Heeresfliegerschule in *Bückeburg*; dabei lernten wir die gängigen Hubschrauber-Muster kennen; doch schon bei einem „Flug" im Simulator wird manchem Fluguntauglichen (fast) übel. Bemerkenswert allerdings die Leistungsfähigkeit der Panzer-Abwehrhubschrauber (PAH) im Einsatz: Dabei wird ein PAH durch unseren Kameraden Thomas Winter geflogen: er ist Fluglehrer und seine Künste, nicht nur im Konturenflug, sind entsprechend. Auch hier sind wir beeindruckt.

In einem Dörfchen bei *Buxtehude* werden uns am Tag darauf die Gefechtsstände der 3. Panzerdivision – „meiner" alten Division, in der ich Rekrut war – vorgeführt; auch das war praxiserprobt, wenngleich nicht unbedingt vorschriftenkonform. Ähnliche überschlagene Einsätze hatten wir auch bei der 5. Panzerdivision geübt. Die Fernmelder speziell kamen dabei fast überhaupt nicht zur Ruhe, aber es funktionierte und darauf kam es an.

Danach jedoch war „Osterdienstbefreiung" und ich fuhr nach Hause. Als ich ankam und die Kinder an der Tür standen, kam es mir so vor, als wollte Sylvia so überhaupt nicht wachsen: zierlich, klein und verschmitzt stand sie da an der Tür und sagte geheimnisvoll: „Du, Papaaa, ich muss Dir mal was zeigen …" Ein ganz tolles Bild hatte sie mir gemalt, vom Osterhasen, denn der sollte ja in Kürze kommen …

---

[1] NATO-Kürzel für Jagdflugzeuge des Typs „Phantom"

Barbara indes konnte ein Liedchen auf dem Klavier vorspielen. Bärbel hatte schon jede Menge Ostereier bunt gefärbt und für ein paar Tage waren wir wieder eine richtige Familie.

Bärbel mit den Kindern im Frühjahr 1987

Kaum zurück folgte eine Besichtigung der Stadt *Lübeck,* deren damaliger Innensenator uns im Rathaus bestätigte, dass seine Stadt, wegen deren „Frontlage" ein besonderes Faible für uns Uniformträger entwickelt hatte; entsprechend freundlich ist der Empfang, und im Haus der Schiffergesellschaft genießen wir ein üppiges Mahl. Auch der *Lübecker Marzipan,* speziell im Haus *Niederegger,* wird der nötige Tribut gezollt; dabei hatten Manche noch nie zuvor Marzipan gekostet.

Ein weiterer Besuch schloss sich an: bei der Handelskammer Hamburg gab uns der Leiter der Hauptabteilung Außenwirtschaft einen interessanten Einblick in die Aufgaben dieser Interessenvertretung von rund 70.000 Betrieben; entsprechend kurzweilig waren auch die anschließenden Diskussionsrunden.

Der erste Mai, „Tag der Arbeit", hat so manchen unserer ausländischen Kameraden verblüfft, denn da gab es partout keine Arbeit; es sei denn, man betrachtete die Vorbereitung auf die nächste größere Reise als Arbeit, denn immerhin sollte es wieder knapp zwei Wochen lang kreuz und quer durch die Republik gehen und dazu musste, bei begrenztem „Kofferraum", überlegt gepackt werden.

Erfreulich, dass wir dieses Mal eine *Transall* besteigen können, denn das ist trotz spartanischer Sitze und keinerlei Komfort deutlich angenehmer, als der Konturenflug per *CH-53.* So dauert denn der Flug von *Hamburg-Fuhlsbüttel* bis *Landshut am Lech* bei strahlendem Sonnenschein in 21.000 Fuß Höhe über einer geschlossenen Wolkendecke auch nur 1 ¾ Stunden; dort allerdings erwartet uns dichtes Schneetreiben, so dass Teile der vorgesehenen Lehrvorführung eines Fallschirmjägereinsatzes nur theoretisch erörtert werden können. Dafür geht es nach der Planübung „Oberbayern" an der Fernmeldeschule in *Feldafing*, bei der der Fernmeldeeinsatz einer Division deutlich gemacht wird, auf dem „Heiligen Berg" im *Kloster Andechs* zu ausgiebiger Praxis. „Genuss in Maßen" nannten einige unter uns diese praktische Übung.

Am Weiterflug mit einer *CH-53* indes kommen wir anderntags nicht vorbei, denn wir müssen nach *Bonn*: dort stehen Bundestag, einschließlich einer Regierungserklärung des Bundeskanzlers und das *Palais Schaumburg*, der ehemalige Sitz der Bundeskanzler, auf dem Programm, später das Bundessprachenamt in *Hürth*, in der Nähe von Köln.

Am Tag darauf sind wir schon wieder bei der Infanterieschule in *Hammelburg*, wo uns auf der „Brandkampfbahn" kriegsnahe Unteroffizierausbildung und im „Üb-Dorf" Häuserkampf vorbildlich vorgeführt werden. Der Schweizer Chronist, Peter Müller, Generalstabsoffizier und Infanterist zugleich, ist förmlich begeistert!

Doch am Abend geht es schon wieder ganz unkriegerisch zu: wir sind (erneut) durch die Bayerische Staatsregierung eingeladen und genießen eine Weinprobe mit deftiger Brotzeit in den Gewölben der Würzburger Residenz.

Tags darauf steht *Rothenburg ob der Tauber* auf dem Programm; unsere ausländischen Freunde sind begeistert von so viel Inbegriff deutschen Mittelalters, aber auch wegen der sympathischen Stadtführung durch Frau Ruth Bucker. Das war keine Touristenabfertigung, sondern gekonntes Aufzeigen historischer Zusammenhänge und deren baulicher Auswirkungen.

Dann folgen zwei Tage „Geländebesprechung"; dafür steht jeder Arbeitsgruppe ein Hubschrauber zur Verfügung, ein hoher, wenngleich berechtigter Aufwand, denn nur so können größere Geländeabschnitte schnell überwunden und die vorgesehenen Vorträge der Erkundungsergebnisse an sechs Besprechungspunkten südlich des Maindreiecks zeitgerecht stattfinden. Dennoch verweigern die muslimischen Lehrgangsteilnehmer ihre Teilnahme: im Ramadan dürfe tagsüber nicht „gearbeitet" werden, sagen sie.

Dies hindert uns natürlich nicht an der Durchführung unserer Aufträge, auch ohne unsere Muslime, so dass wir zeitgerecht beim *Fürsten zu Castell-Castell* erscheinen können um dort in aktuelle Probleme und Methoden des Weinbaus und der Land- und Forstwirtschaft eingewiesen zu werden. Bei einem Glas Frankenwein in seiner Bibliothek bekennt sich dann auch der Fürst zu seinem christlichen Glauben und fordert Demut und Dankbarkeit gegenüber Gott, ohne den nichts gedeiht, erläutert sein Engagement in der Landespolitik und stellt sich einer lebhaften Diskussion. Für Viele ein bisher unbekannter Aspekt unserer Kultur und Denkweise; für alle beeindruckend.

Erneut folgt ein Tag bei der Industrie: dieses Mal steht die Firma IVECO-MAGIRUS[1] auf dem Programm; alle sind von der damals wohl modernsten europäischen

---

[1] Zweitgrößter Hersteller von Nutzfahrzeugen in Europa mit 23 Produktionsstätten in 5 Ländern

Montagestraße für Lastkraftwagen, aber auch von der Vorführung modernster Feuerlöschfahrzeuge und ihrer fast himmelhohen Leitern begeistert. Einige fahren auch im Testgelände mit und werden nach allen Regeln der Kunst durchgeschüttelt.

Abends die spätbarocke Klosterkirche Wieblingen, das mittelalterliche *Schloss Erbach* mit einem deftigen Essen bei Zitherbegleitung und am Tag danach *Ulm* mit seinem spätgotischen Münster.

Zum Abschluss dieser Reise ist ein Besuch bei der Artillerieschule in *Idar-Oberstein* geplant; auch dort läuft ein minutiös geplantes und hervorragendes Ausbildungsprogramm ab, das in einem beeindruckenden Artillerieschießen deutscher und amerikanischer Artillerieverbände gipfelt; dabei kommen Feldhaubitzen und der Mehrfachraketenwerfer *LARS*[1] zum Einsatz. Angreifenden, feindlichen Verbänden wären durch die hier vorgeführte Feuerzusammenfassung erhebliche Verluste zugefügt worden.

Kaum in Hamburg zurück, werden wir durch eine wahre Informationsflut auf die folgende Marine-Reise vorbereitet; diese führt uns in *Kiel* zunächst auf den Lenkwaffenzerstörer „ROMMEL", später auf den Minenleger „GAZELLE" und dann, nach einem Besuch des Marine-Ehrenmals in Laboe, auf den Minentransporter „SACHSENWALD", mit dem wir – nur mühsam aufkommende Seekrankheit unterdrückend – im Operationsgebiet in der Ostsee ankommen, in dem uns die verschiedensten Minen-, Tauch- und Havarie-Verfahren vorgeführt werden.

Am Tag darauf fliegen wir schon wieder los: erneut durch die ganze Republik zur Pionierschule in *München*, wo man uns im Rahmen einer Planübung in die folgenden praktischen Vorführungen einweist; dabei sind die modernen, leistungsfähigen Minenwerfer besonders beeindruckend. In etwa einer Viertelstunde sperren zwei Minenwerfer einen Geländeabschnitt von 300 x 1.500 m; eine Leistung, für die ein herkömmlicher Pionierzug gut 20 Stunden benötigen würde. Es folgen Spreng- und Sperrvorführungen aller Art; sogar eine Furt wird für uns hergerichtet und gleich wieder gesperrt.

Höhepunkt dieses Besuchs bei den Pionieren ist zweifellos der Brückenschlag über die Donau bei *Ingolstadt* in der Abenddämmerung; dabei kommen, nach dem (angenommenen und durch tieffliegende Jets grob angedeuteten) Zerschlagen feindlicher Verbände durch Luftwaffe und Artillerie, eine Panzerkompanie in Unterwasserfahrt zur Erkundung des Flussgrundes, Sturmboote zum Übersetzen eigener Infanterie, ein Schützenschnellsteg, eine amphibische Brücke, eine Hohlplattenbrücke und eine Faltschwimmbrücke zum Einsatz; ein Rehbock, durch den Lärm in Panik geraten, nutzt jedoch keines dieser Übersetzmittel, sondern erreicht schwimmend das andere Ufer.

Wir jedoch erreichten noch in der gleichen Nacht Hamburg, voll der Anerkennung für unsere Pioniere und ihre beeindruckende Leistung.

Zu Pfingsten fährt Bärbel mit den Kindern auf die Nordseeinsel *Wangerooge*; an einem Wochenende besuche ich die Drei. Danach erkunden wir gemeinsam Hamburg. Auch Claudia und Georg sind mit von der Partie: die paar Tage im erweiterten Familien-

---

[1] **L**eichtes **A**rtillerie-**R**aketen-**S**ystem

kreis tun gut; wir wohnen alle zusammen im Haus eines Kameraden, der an der Führungsakademie Dienst tut und für ein paar Tage mit seiner Familie verreist ist. Dafür hüten wir die Katzen.

Der letzte Teil unserer Ausbildung war der Stabsübung „Verteidigung" gewidmet, einem weiteren Besuch in *Lüneburg* mit Besichtigung des Schiffshebewerks *Scharnebeck* sowie einem Besuch der Gemeinde *Henstedt-Ulzburg*: ein überzeugendes Beispiel einer gut funktionierenden Kommunalbehörde.

Als Kontrastprogramm dazu – und „Sahnehäubchen" auf dem Gesamtlehrgang – folgte nun noch eine dreitägige Reise nach *Berlin*; dabei durften wir unsere Ehefrauen mitnehmen. Damals bestand die Teilung Deutschlands ja fort und Berlin war in vier Besatzungszonen aufgeteilt; dementsprechend gab es keine Bundeswehrpräsenz in der Hauptstadt. Das bedeutete für uns, dass wir in Zivil und mit einem zivilen Flugzeug anreisen mussten; auch das Besuchsprogramm fand in Zivil statt.

Vom Saal, in dem das Mittagessen im Reichstag stattfand, ging der Blick direkt auf die Befestigungsanlagen der noch bestehenden DDR; deren Grenzer richteten sofort ihre Ferngläser und Richtmikrophone auf uns, sobald sie merkten, dass wir in ihre Richtung schauten. Genutzt hat es ihnen nichts; nur reichlich drei Jahre später gab es die DDR nicht mehr und ihre Grenztruppen waren aufgelöst. Das freilich konnten wir im Juni 1987 noch nicht wissen.

Anlässlich einer Gesprächsrunde zum Thema „Deutsche Teilung" habe ich allerdings die kommende Wiedervereinigung vorhergesagt: die Zeichen des zunehmenden Verfalls des Sowjetimperiums und der DDR waren, aus meiner Sicht zumindest, zu offensichtlich. Sogar um eine Kiste Champagner habe ich damals gewettet, dass es keine fünf Jahre mehr bis zur Wiedervereinigung dauern werde: auf den Champagner aus dieser Wette warte ich allerdings noch immer.

Es folgten eine Reihe Abschiedsveranstaltungen: mit den militärischen und zivilen Patenfamilien, mit politischen und militärischen „Spitzen" anlässlich der Aushändigung der Lehrgangsurkunden durch den Kommandeur der Führungsakademie und schließlich und endlich im „kleinen Kreise", d.h. unter uns Lehrgangsteilnehmern, wobei wir uns versprachen, uns in vier bis fünf Jahren in der Schweiz wieder zu sehen – und danach alle fünf Jahre in irgendeinem anderen Land.

Das Lehrgangstreffen in der Schweiz hat tatsächlich stattgefunden; unsere beiden Schweizer Kameraden haben sich damit viel Mühe gemacht: auf die „*Jungfrau*"[1] sind sie mit uns gefahren, in der Privatbank „*Vontobel*"[2] und bei „*Oerlikon*"[3] wurden wir eingewiesen und ein internationales Militärkonzert haben wir auch miterlebt. Dabei hat sogar unser australischer Kamerad teilgenommen, außer den beiden Schweizer Offizieren und drei Deutschen; dabei ist es bislang geblieben. Allerdings sind auch drei deutsche Kameraden

---

[1] 4.158 m ü. M.; drittgrößter Berg der Berner Alpen
[2] Schweizerische Privatbank, 1924 in Zürich gegründet, mehrheitlich im Familienbesitz
[3] Führendes Rüstungsunternehmen der Schweiz

nicht mehr am Leben (Oberstleutnant Winfried Steiner, der nach „seinem" Panzerbataillon noch ein weiteres Panzerbataillon der ehemaligen *NVA*[1] nach der Wiedervereinigung führte und danach Militärattaché in Kroatien war, Oberstleutnant Klaus Walkhoff, zuletzt an der Kampftruppenschule in Munster und Oberst a.D. Cord Schwier, auch er zuletzt wohnhaft in Munster).

Mit *Oberstleutnant a.D. Gunter Ortmanns* treffen wir uns hin und wieder beim alljährlichen Ball des Heeres, der Luftwaffe oder der Marine; zuletzt war er, zeitweise zusammen mit mir, im Verteidigungsministerium beschäftigt. Leider musste er seinen Dienst vorzeitig quittieren, nachdem er als Folge eines tragischen Verkehrsunfalls einen Arm verloren hatte.

Von *Oberstleutnant Thomas Winter*, unserem verdienten „Reisemarschall" und Fluglehrer haben wir alle nichts mehr gehört.

Zusammen mit *Oberst i.G. Cord Schwier*, zuletzt Leiter Studentenbereich an der Bundeswehruniversität in Hamburg, habe ich das „Seminar Höhere Führung", ebenfalls an der Führungsakademie, besucht und dabei ausgedehnte Reisen durch ganz Deutschland, dabei auch nach Berlin sowie nach Belgien, Frankreich und in die USA unternommen. Noch nach seiner Pensionierung war er als Schriftleiter des Freundeskreises Panzeraufklärer und des Nachrichtenblatts „Der Panzerspähtrupp" tätig; zuletzt hat er ein Buch über die Geschichte der Panzeraufklärungstruppe herausgebracht. Wir haben uns jahrelang, bis kurz vor seinem Tod, geschrieben.

Major Fayyaz, unser pakistanischer Kamerad, liegt wohl seit seinem Absturz am K2 im Jahre 1986 immer noch unentdeckt in einer Eisspalte oder einem Gletscher.

Pierre Gregor aus Australien wurde nach seiner Rückkehr Oberstleutnant, ist aber nunmehr – wie wir alle – pensioniert und wohnt mit seiner Frau *Branka* auf *Kangaroo Island*; dort betreibt er eine Pension mit „*Bed and Breakfast*", er selbst betätigt sich als Koch für seine Gäste, seine Frau malt recht erfolgreich. Wir tauschen regelmäßig zu Weihnachten Grüße aus. Immerhin hat er uns im Rahmen eines weiteren Besuchs in Europa, dabei auch in Deutschland, im Sommer 2009 mit seiner Frau für ein paar Tage besucht. Ein weiterer Besuch ist avisiert.

Yasumi Konishi aus dem Land der aufgehenden Sonne wurde als Oberst Verteidigungsattaché an der japanischen Botschaft; wir haben ihn und seine Frau, zusammen mit Gunter Ortmanns, ein paar Mal in Bonn und in Rheinbach getroffen; in *Bad Godesberg* hat er uns nach einem Empfang der japanischen Botschaft zu einem hervorragenden japanischen Essen eingeladen. Der Kontakt ist leider abgerissen.

Bim Rai aus Nepal hat mir einmal aus dem Libanon geschrieben, wo er im Auftrag der UNO stationiert war; auf meinen Antwortbrief habe ich nie wieder etwas von ihm gehört.

---

[1] **N**ationale **V**olks-**A**rmee

Itzchak Ganor, unser israelischer Kamerad, war später Militärattaché in Deutschland und Dänemark; auf mein Schreiben, in dem ich ein Treffen vorschlug, kam nie eine Antwort.

Yussuf Banjica aus Jugoslawien hatte mir zu Lehrgangsende seine Adressen in Belgrad und Montenegro hinterlassen; meine Versuche, ihn anzuschreiben oder anzurufen, verliefen erfolglos. Während meiner Einsätze auf dem Balkan habe ich über den deutschen Konsul in Split versucht, seine Telefonnummer zu erfahren: das gelang auch; ein Gespräch kam allerdings nie zustande. Außer einer Karte zu Weihnachten 1998 habe ich nie wieder ein Lebenszeichen von ihm erhalten.

Heinz Baumgartner, als Oberst i.G. damals unser Schweizer Lehrgangsältester, ist mittlerweile, wie ich von Cord Schwier erfuhr, verstorben.

Peter Müller, unser Schweizer Chronist, wurde ebenfalls noch Oberst im Generalstab und hat das bisher einzige Lehrgangstreffen ausgerichtet; seine Frau Margit hat uns einmal im Elsass besucht; danach riss der Kontakt ab.

Hans Berndtson aus Schweden war wohl der Erfolgreichste von uns allen: er soll Generalleutnant und Stellvertretender Inspekteur der Schwedischen Streitkräfte geworden sein; als ich in Bosnien stationiert war, habe ich versucht, mich mit ihm in Verbindung zu setzen, leider erfolglos.

Auch die anderen ehemaligen Lehrgangsteilnehmer aus Asien, Afrika, Europa und Südamerika sind spurlos „verschwunden". So stellt sich – nach mehr als 20 Jahren auf diesem interessanten Lehrgang – natürlich die Frage, wozu dieser enorme Aufwand gut war. Vermutlich gibt es hierauf keine allgemeingültige Antwort, denn dazu war die Zusammensetzung des Lehrgangs und damit auch die Interessenslage zu heterogen.

Eines scheint mir jedoch – auch und gerade bei der nachträglichen Reflexion über diese geballte Informationsflut – klar zu sein: der Auftrag, ein umfassendes Deutschlandbild zu vermitteln, wurde mittels dieses einzigartigen Lehrgangs beispielhaft erfüllt. Dabei standen natürlich Militär und Industrie im Mittelpunkt der Lehr- und Reisetätigkeit; aber auch politische, wirtschaftliche, geschichtliche und kulturelle Aspekte kamen nicht zu kurz.

Was die einzelnen Lehrgangsteilnehmer mit dem hier Gelernten und Gesehenen angefangen haben, wird naturgemäß sehr unterschiedlich gewesen sein, je nach Interessenslage des betroffenen Offiziers und seines Entsendestaates.

M i r hat der Lehrgang, außer der weiteren Vermittlung von militärischem Wissen und Können aber vor allem die Einsicht gebracht, dass unsere Armee, Industrie, Wirtschaft und Kultur leistungsfähig sind und einen angemessenen Platz in der Welt beanspruchen dürfen; mir war der Lehrgang zudem erneut Ansporn, mich weiter für unseren Staat und seine Armee, für Deutschland, einzusetzen, denn mir ist auf diesem Lehrgang sehr klar geworden, dass sich das lohnt.

14. Kapitel
Bataillonskommandeur in Kastellaun / Hunsrück (1987 – 1991)

Am 1. Oktober 1987 wurde ich, 43-jährig, Kommandeur des Fernmeldebataillons 920 in Kastellaun im Hunsrück; de facto übernahm ich das Bataillon, noch als Major, jedoch schon am 4. August. Es war das übliche, für mich dieses Mal jedoch besonders erhebende, Zeremoniell vor dem angetretenen Bataillon, einschließlich Heeresmusikkorps 300 aus Koblenz, Übergabe der Bataillons-Fahne und obligatorischer Ansprachen, zuerst durch den scheidenden Bataillonskommandeur, dann durch den Oberst, danach einem Empfang.

Eine Abordnung amerikanischer Streitkräfte, so wie das etwa in Diez üblich gewesen war, konnte ich nicht ausmachen; dabei waren wir von amerikanischen Streitkräften, etwa dem „*38th (US) Cruise Missile*"[1] -Geschwader in *Wüschheim* oder dem „*50th (US) Fighter Wing*"[2] in *Hahn*, geradezu „umzingelt". Vor diesem Hintergrund keine Beziehungen zu „unseren" Amerikanern zu haben, erschien mir widersinnig. Das wollte ich ändern.

Stattdessen donnerten einige Jagdbomber während der Nationalhymne über den Antreteplatz. Die lokale Presse kommentierte das mit Schlagzeilen wie: „Die Nationalhymne wurde vom ‚Sound of Freedom' übertönt" und „…Die militärische Übergabe-Zeremonie wurde zeitweilig von tieffliegenden Düsenjägern empfindlich gestört". Ich selbst empfand das weniger als Störung sondern als offensichtlich wohlwollende Geste des amerikanischen *Air Force Commanders* aus *Hahn* dem neuen deutschen Kommandeur gegenüber. Ein weiterer Grund, auf die Amerikaner zuzugehen.

Nach dem traditionellen Befehl: „Fernmeldebataillon 920 hört auf m e i n Kommando!" ließ ich das Bataillon, mit mir selbst an der Spitze, als Zeichen der Wertschätzung an den Gästen vorbeimarschieren. Das war verbesserungsbedürftig, wurde mir alsbald klar. Auch hier galt es, anzusetzen.

Unter den Gästen war natürlich auch Vater mit Lilo: das war wichtig, denn nun war ich a u c h Bataillonskommandeur, wie er 23 Jahre zuvor in Regensburg; Oberst würde ich ebenfalls werden, irgendwann, möglichst eher als er, nahm ich mir vor.

Aber auch Oberstleutnant Litta war mit seiner Frau Renate aus Köln angereist; das freute mich besonders, denn irgendwie erschien er mir schon als Vorbild. Außerdem kannten wir uns ja auch schon seit unserer gemeinsamen Erfahrungen auf den vielen Orientierungslehrgängen in Latina.

---

[1] Damals einziger nuklearer US-Verband mit bodengestützten Mittelstrecken Raketen in Deutschland, als Folge des NATO-Doppelbeschlusses. Wurde am 22.8.1990 außer Dienst gestellt.
[2] (Nukleares) Jagdbomber-Geschwader. Wurde 1990 abgezogen.

Auch die meisten ehemaligen Bataillonskommandeure waren erschienen. Das war gute Tradition. Besonders hat es mich gefreut, den ersten Kommandeur des Bataillons zu „entdecken": Oberstleutnant a.D. Lehmann, der das Bataillon Mitte der 60er Jahre geführt hatte und ebenfalls in Kastellaun wohnte, zumal mir einfiel, dass ich seinen Kindern während unserer gemeinsamen Zeit in Brunssum Französisch-Unterricht gegeben hatte. Die Welt war klein und man sah sich in der Regel mindestens zwei Mal … Schon Vater hatte ihn gekannt: sie waren sich während einer Dienstreise in Dänemark begegnet.

Zunächst aber galt es, dem Offizierkorps klar zu machen, wie ich mir die Führung des Bataillons vorstellte. Dazu erschien es mir am zweckmäßigsten, meinen E n t s c h l u s s dazu vorzutragen und diesen zu begründen. Das hatte den Vorteil, von vornherein deutlich zu machen, worum es mir ging; im Übrigen entsprach es militärischer Gepflogenheit auf eine neue Lage, nach Beurteilung dieser Lage, mit einem Entschluss (zum weiteren Vorgehen) zu reagieren. Dieser Entschluss lautete:
„Ich werde das Fernmeldebataillon 920 so führen, dass
- (1) der Mensch und seine Belange – soweit irgend möglich – im Mittelpunkt aller Überlegungen steht
- (2) der militärische Auftrag in jeder Lage, d.h. in Frieden, Krise, Krieg, durchgeführt wird
- (3) die Gesetze, Vorschriften und Sicherheitsbestimmungen jederzeit eingehalten werden
- (4) die gesellschaftliche Situation in / unter der wir leben in jeder Lage berücksichtigt wird
- (5) die Umweltbedingungen angemessen berücksichtigt werden,

um meinem Auftrag als Kommandeur eines Fernmeldebataillons der Obersten Bundeswehrführung heute in einem freiheitlichen Rechtsstaat gerecht zu werden."

Nun ging es darum, diesen Entschluss auch in die Tat umzusetzen und damit fing ich unverzüglich an. Zunächst führte ich mit allen Offizieren Gespräche, danach mit allen Unteroffizieren: das war ein zeitaufwendiges Unterfangen, jedoch unverzichtbar, wenn ich es mit dem Grundsatz, der Mensch habe im Mittelpunkt zu stehen, ernst meinte; da die Personallage anfangs durchaus zu wünschen übrig ließ, weitete ich den Kreis der Personalgespräche bald aus und bezog auch sämtliche Unteroffizieranwärter mit ein. Zusätzlich befahl ich, dass die Kompaniechefs für jeden Unteroffizier und Unteroffizieranwärter eine Verwendungsplanung vorzunehmen und diese mit den Betroffenen abzustimmen hatten; das Ergebnis war mir vorzutragen.

Die Auswirkungen dieser Maßnahme ließen nicht lange auf sich warten: die Bewerberlage im Bataillon besserte sich sprunghaft, in der Ausbildungskompanie waren allmählich wieder genügend Rekruten-Gruppenführer vorhanden und die Qualität der Ausbildung allgemein stieg messbar. Da das Bataillon binnen Kurzem die beste Unteroffizierlage im gesamten Kommando-Bereich hatte, führte das allerdings auch dazu, dass ich Unteroffiziere in andere Bataillone „abzustellen" hatte; das war zwar weniger erfreulich aber im Sinne der übergeordneten Personalführung zu akzeptieren. Mir kam es jedenfalls darauf an, den Offizieren und Unteroffizieren das Gefühl zu geben, sie seien wichtig und daran glaubte ich in der Tat: denn ohne sie lief überhaupt nichts. Ein Bataillon von 800 Mann lässt sich nicht ohne ein motiviertes, vor allem aber zahlenmäßig ausreichendes Offizier- und Unteroffizierkorps führen.

Als weiteres Ergebnis dieser – eigentlich selbstverständlichen – Maßnahme der Personalführung gewann das Bataillon 1991 den „*General-Fellgiebel-Preis*"[1]; kein Wunder, wie ich meinte, denn bei besserer Menschenführung, Motivation und Personallage war auch eine bessere Ausbildung geradezu zwangsläufig. So gewann das Bataillon regelmäßig den Fernschreib-Wettbewerb im Bereich der Obersten Bundeswehrführung und a l l e Offizier- und Unteroffizieranwärter erwarben das Deutsche Sportabzeichen, noch bevor sie überhaupt zu den entsprechenden Laufbahnlehrgängen kommandiert wurden. Das schlug sich in den entsprechenden Statistiken nieder; im Übrigen gingen die Ausfälle durch Krankheiten deutlich zurück.

Die Einführung einer „Ehrentafel" im Bataillons-Stabsgebäude half außerdem schnell, die Anzahl der Leistungsabzeichen und Bundeswehr-Ehrenzeichen (Gold, Silber, Bronze), und dadurch das Selbstwertgefühl der Soldaten, deutlich zu verbessern; dazu trug auch das Ausdauer-Training bei, das bald im Bataillonsrahmen durchgeführt wurde. Auch das alljährliche Bataillonssportfest und die vierteljährlichen Appelle, bei denen regelmäßig, vor dem gesamten Bataillon, Bestpreise, Leistungsabzeichen, Ehrenzeichen und Schützenschnüre verliehen wurden, half spürbar, die Stimmung im Bataillon zu heben. Die „Bataillons-Musik-Kapelle (BMK)", mit der alle Appelle und viele dienstliche und außerdienstliche Veranstaltungen des Bataillons umrahmt wurden, tat ein Übriges. Man war wieder gerne im Fernmeldebataillon 920.

Mittlerweile hatten wir auch ein Haus in Kastellaun (Am Ring 64) gefunden; allerdings war das noch von einer amerikanischen Familie bewohnt, die allerdings ausziehen sollte. So quartierten wir uns zunächst dort in einer Einliegerwohnung ein, bis wir nicht allzu lange danach „richtig" umziehen konnten.

Auch die Kinder machten „Karriere": Barbara wurde in die Grundschule aufgenommen und bekam aus diesem Anlass eine große Zuckertüte. Um zu vermeiden, dass sich Sylvia dabei zu sehr zurück gesetzt fühlen würde, bekam sie kurzerhand auch eine, allerdings eine Kleinere. Das verstand sie, denn schließlich wurde ja Barbara eingeschult und Sylvia war ja auch kleiner … Doch auch für Sylvia war gesorgt, denn wir bekamen alsbald einen Kindergarten-Platz und so hatten wir nun zwei „Schulkinder": das war auch für Bärbel eine Erleichterung, denn das Haus war recht groß und der Garten noch größer.

Zum 1. Oktober wurde ich zum Oberstleutnant befördert. Das gab Auftrieb.

---

[1] Preis für das „beste" Fernmeldebataillon des Heeres, nach dem General der Nachrichtentruppe der Wehrmacht, Fellgiebel (Mitglied der Widerstandsgruppe des 20. Juli 1944) benannt; damals alljährlich durch den General der Führungstruppen vergeben

Am selben Tag fand die Ernennung, Vereidigung und Amtseinführung des Bürgermeisters der Verbandsgemeinde *Simmern*, Hans Bungenstab, statt; dabei sollte ich ein Grußwort sprechen. Anschließend feierten wir gemeinsam. Da mit der Stadt Simmern, ebenso wie mit den anderen größeren Orten im Umkreis: *Kastellaun, Kirchberg und Zell an der Mosel*, Patenschaften bestanden, hatten sich rege Beziehungen zwischen dem Bataillon und diesen Gemeinden entwickelt. Das war für beide Seiten vorteilhaft; das Bataillon, half wo es konnte und durfte: sei es beim Aufbau einer Feldküche bei offiziellen Veranstaltungen, beim Aufräumen im Wald nach Sturmschäden, durch die Abstellung der „Bataillons-Musikkapelle" wann immer möglich; die Gemeinden unterstützten bei der Durchführung öffentlicher Gelöbnisse und genehmigten Übungen im Wald und im freien Gelände großzügig. Die örtliche Presse berichtete prompt bei jeder Gelegenheit. Das wiederum machte uns bekannt; daher nahmen die Freiwilligen-Meldungen zu. Auch für die Bataillonsmusikkapelle kam stets der erforderliche Nachwuchs, denn alle Orte, selbst kleinere Dörfer im Umfeld, hatten – in der Regel ausgezeichnete – Blaskapellen.

Als bei einem der öffentlichen Rekrutengelöbnisse beim besten Willen kein Heeresmusikkorps aufzutreiben war und auch die eigene Kapelle ausnahmsweise nicht spielen konnte, sprang kurzerhand die Dorfkapellen aus Alterkülz ein und untermalte das gesamte militärische Zeremoniell musikalisch: vom Präsentiermarsch über die Nationalhymne bis hin zur anschließenden Serenade. Kurz: alle profitierten von der gegenseitigen Pflege der partnerschaftlichen Beziehungen und die Beziehungen zwischen dem Bataillon und dem umliegenden Hunsrück waren prächtig.

Nun galt es, Beziehungen zu den Amerikanern aufzunehmen. Das erwies sich als relativ einfach, denn beide Verbände, sowohl das Raketengeschwader in Wüschheim als auch das Jagdgeschwader in Hahn, waren an einem freundlichen Umfeld interessiert, daher wurden Einladungen – zu gesellschaftlichen Veranstaltungen zunächst – sofort und in großer Anzahl angenommen.

So erschienen beim „Oktoberfest" des Bataillons am 9. Oktober in der Hunsrück-Kaserne beide US-Kommandeure mit ansehnlichen Abordnungen. Natürlich waren auch die Patenstädte vertreten. Außerdem gab uns *Professor Dr. Klaus Töpfer* die Ehre, seines Zeichens damals Bundes-Umweltminister und Kreisvorsitzender der CDU Rhein-Hunsrück: vermutlich hat seine Anwesenheit durchaus dazu beigetragen, dass das Thema „Umweltschutz", das im Bataillon ja eine Rolle spielen sollte, so Manchem wieder bewusst wurde. Der Minister hingegen wollte vermutlich nur einen unbeschwerten Abend verbringen und sich in seinem Wahlkreis unter das Volk mischen; im Übrigen war er ja immerhin Leutnant der Reserve: eine gewisse Affinität zur Truppe bestand also durchaus.

So wurde dieses Oktoberfest auf dem Hunsrück in der Tat ein lustiges Ereignis; indes, eines mit „Hand und Fuß", mit Blasmusik, Fassanstich, Schweinshaxen, Schießen auf die Ehrenscheibe, einem Holzsägen im Festzelt, ja sogar eine hölzerne Kuh musste „gemolken" werden … So gab es denn auch eine Riesen-Gaudi, als der Minister, die Bürgermeister und alle versammelten Kommandeure um die Wette molken. Wer gewonnen hat, lässt sich heute nicht mehr feststellen; Bärbel und ich wurden 3. Sieger. Ich wurde noch Jahre danach auf dieses „Melk-Ereignis" angesprochen.

Es gab eine Unzahl solcher Ereignisse: das ging vom gemeinsamen 20 km-Marsch des Bataillons mit einer Delegation von 20 Amerikanern aus Wüschheim Anfang 1987 über mehrere gemeinsame Informations-, Schieß- und Sportveranstaltungen in den Folgejahren bis hin zu einem Truppenübungsplatz-Aufenthalt in Daaden im Westerwald, bei dem u.a. 30 amerikanische Soldaten aus Wüschheim und Hahn *Air Base* Schützenschnüre erwarben und nach Rückkehr des Bataillons gemeinsam mit uns durch die Stadt in die Kaserne marschierten.

Das umfasste regelmäßige „Frühlingsbälle", anfangs in der Kaserne, später in der Festhalle der Stadt, mit Hunderten von Gästen, dabei stets stattliche US-Delegationen; am Ball im Frühjahr 1989 haben auch Vater und Lilo teilgenommen.

1988 hielt ich einen Lichtbilder-Vortrag über Friedrich den Großen (mit zeitgenössischer Musik, gespielt durch die Musikschule Simmern) anlässlich dessen 276. Geburtstags, vor dem Offizierkorps und zivilen sowie US-Gästen; das kam offensichtlich an, denn sogar die Hunsrück-Zeitung sprach von einer Aktion erfolgreicher „Pflege der Pflanze Geschichtsbewusstsein". Daher wurde ein entsprechender Vortrag auch im nächsten Jahr gehalten; Vortragender war dieses Mal Oberst Sauvant, der Kommandeur in unserem Verteidigungsbezirk, selbst Preuße und Nachkomme einer Hugenottenfamilie.

Das ging bis hin zu einer „deutsch-amerikanischen Freundschaftswoche", in der amerikanische Soldaten eine Woche lang am Dienst in einer Kompanie des Bataillons teilnahmen.

An eine zwar ungewollte aber dennoch erfolgreiche, gemeinsame deutschamerikanische „Aktion" erinnere ich mich dabei mit Schmunzeln: an einem Abend waren wir, zusammen mit *Colonel Hummel*, dem damaligen Kommandeur des *38. Cruise Missile*-Geschwaders, und seiner Frau bei Familie Mihram zum Abendessen eingeladen, als *Colonel Hummel* über Funk – denn er musste ständig erreichbar sein – davon informiert wurde, dass ein amerikanischer Transport-Lkw aus Bremen kommend, des Nachts wohl das falsche „Wüschheim", irgendwo in Norddeutschland, angefahren hatte und bei Schneeglätte von der Straße abgekommen und im Graben gelandet war. Das wäre an sich kein großes Problem gewesen, doch es war ganz offensichtlich eine *Atomrakete* an Bord. Natürlich konnte er uns das nicht sagen, doch wir verstanden schnell und Major Mihram, mein Stellvertreter, rief unverzüglich den örtlichen Polizeichef an, Polizeioberrat Münder, den wir von unserem „Sicherheitsstammtisch" gut kannten. Der wiederum informierte das Rheinland-Pfälzische Polizei-Lagezentrum, das unverzüglich sicherstellte, dass die Amerikaner aufgespürt und zum „richtigen" Wüschheim in Marsch gesetzt wurden. Der reinste sprachliche „Eiertanz": keiner nahm das Wort „Atomrakete" in den Mund und doch wussten alle, worum es ging. Der Colonel war jedenfalls sichtlich beruhigt, als er hörte, dass seine Atomrakete nun „eingefangen" und zu ihm unterwegs war.

Anlässlich meines 25. Dienstjubiläums, am 1. 10. 1988, wurde ich mit Familie in einem „*Oldtimer*" von zu Hause abgeholt; in der Kaserne war das Bataillon angetreten. Selbst dabei waren Amerikaner zugegen und gratulierten.

Als die Stadt „25 Jahre Standort Kastellaun" feierte, fand in unserer Kaserne am 26. Oktober 1989 ein „Tag der Offenen Tür" statt, bei dem 1.500 Gäste gezählt wurden; Motto war: „Kunst in der Kaserne". Dabei sollte gezeigt werden, dass Soldaten Menschen sind wie alle anderen auch, mit Gefühlen und eben auch künstlerischen Regungen. Das verblüffte zunächst viele, kam aber an. Annähernd ebenso viele Gäste nahmen am Tag danach am traditionellen Oktoberfest teil. Kurzum: Öffentlichkeitsarbeit und die Pflege der Beziehungen zu unseren amerikanischen Air Force Geschwadern wurde groß geschrieben und dementsprechend gut entwickelte sich das Verhältnis unseres Bataillons zu den Städten und Gemeinden, den US-Garnisonen, den Förstern, der Polizei und vielen anderen.

Dabei bewährte sich der sog. „Hunsrückstammtisch", bei dem sich alle amerikanischen und deutschen militärischen sowie einige zivile Dienststellenleiter im Rhein-Hunsrück-Kreis regelmäßig trafen, um anstehende Probleme informell miteinander zu besprechen; das führte recht schnell dazu, dass „Probleme" gar nicht erst auftraten: der Stammtisch aber hielt sich, wurde anlässlich einer privaten Reise in die USA mit den ehemaligen US-Kommandeuren und einigen ihrer Offiziere sogar informell fortgeführt und besteht im Kern noch heute.

Nachdem in der Sowjet-Union in diesem Jahr Begriffe wie „*Glasnost*" und „*Perestroika*" kursierten und sich auch die Ereignisse in der DDR über das Jahr hinweg geradezu überschlugen, habe ich – nach reiflicher Überlegung zwar aber aus voller Überzeugung – eine ganz persönliche „Friedens-und Wiedervereinigungs-Initiative" gestartet: ich entwarf einen Aufruf, an die Regierungschefs der USA, Frankreichs, Großbritanniens und der Sowjet-Union gerichtet, den möglichst viele Mitbürger in Kastellaun unterschreiben sollten, mit folgendem Wortlaut:

> „Wir, Bürger der Stadt Kastellaun im Hunsrück, grüßen Sie herzlich und bitten Sie inständigst, eingedenk der anhaltenden Unterdrückung unserer Mitbürger, Ihren Einfluss geltend zu machen, unserer Heimat Deutschland zur Wiedervereinigung zu verhelfen und damit 44 Jahre (!) nach Kriegsende in einem freien Europa die Menschenrechte zu verwirklichen und das Selbstbestimmungsrecht der Völker durchzusetzen!"

Dieser Aufruf, auf Urkundenpapier abgefasst und mit dem Stadtwappen von Kastellaun und dem Emblem von Europa versehen, wurde immerhin von über 150 Kastellauner Bürgern unterschrieben; danach habe ich ihn an die Botschaften der vier Siegermächte abgesandt.

Irgendwie muss die Presse dies mitbekommen haben: jedenfalls wurde ich durch den Bildreporter Dupuis aus Simmern dazu interviewt und in der Ausgabe vom 18. / 19. November 1989 wurde darüber mit meinem Bild in der Hunsrücker Ausgabe der Rhein-

Zeitung berichtet. „Unterschriften-Sammlung für die Wiedervereinigung Deutschlands" und „Bundeswehroffizier Harald Schlieder startet Privataktion" hieß es da mit fetten Lettern, doch auch, dass ich ausdrücklich darauf hingewiesen hatte, dass es sich hier um eine ganz persönliche Aktion handelt.

Das freilich erwies sich als blauäugig: schon am Tag danach hat sich eine SPD-Bundestagsabgeordnete über diese, ihrer Meinung nach für einen Offizier unzulässige, Aktion beim Verteidigungsminister beschwert, und prompt wurde eine Untersuchung des „Vorfalls" angeordnet.

Ja, sogar eine Untersuchung nach § 29 der Bundeshaushaltsordnung sollte stattfinden, denn es sei ja anzunehmen, dass ich diese Privataktion auf „Dienstpapier" und unter Einsatz von Soldaten, womöglich noch in deren Dienstzeit, durchgeführt hatte. Es fiel mir schwer, dies zu glauben, als mich unser Oberst davon unterrichtete. Hieß es nicht in der Präambel unseres Grundgesetzes, dass „…das gesamte Deutsche Volk … aufgefordert (bleibe), in freier Selbstbestimmung die Einheit und Freiheit Deutschlands zu vollenden"[1]? Und war ich nicht freier Bürger in einem freien Land, der seine Meinung frei äußern durfte? War meine Aktion etwa ein Aufruf zu Krieg und Gewalt?

Gut, dass es da noch eine mir gewogene, nachdenkliche und sachkundige CDU-Bundestagsabgeordnete aus dem Hunsrücker Wahlkreis gab, die sich für mich und diese Initiative eingesetzt hat; schließlich werde allenthalben propagiert, dass Soldaten gemäß dem Konzept der „Inneren Führung" Staatsbürger seien wie andere Bürger und dass man als Soldat politisch denken und handeln solle, war ihr Argument, das mich denn schließlich auch „gerettet" hat. Auch die Untersuchung nach der Haushaltsordnung verlief wie das „Hornberger Schießen", denn ich konnte (Gott sei Dank) nachweisen, dass ich die Urkunden selbst gekauft hatte und dass ich auch Stabsfeldwebel Morgenroth für seine Freizeitarbeit privat entlohnt hatte: der hatte mir die Texte – als Schriftmaler besonders dazu befähigt – in schönster Kalligraphie auf das Urkundenpapier appliziert.

All dies bedeutete nicht, dass unsere Fernmeldeausbildung vernachlässigt wurde, im Gegenteil: auch diese wurde als Einzelausbildung, im Bataillonsrahmen und im größeren Verbund des vorgesetzten Fernmeldekommandos 900 in Rheinbach, intensiv betrieben, so dass sich Qualität und Zuverlässigkeit unseres Fernmeldebetriebs deutlich steigerten. Das war auch erforderlich, denn schließlich hatten wir die Fernmeldezentren der Führungsstäbe der Streitkräfte und des Heeres zu betreiben – leider lange Zeit mit antiquierter Ausstattung; doch das war nicht durch uns zu vertreten.

Kein Wunder also, dass sich das Bataillon bei der letzten *WINTEX*[2]-Übung 1989, bei der das Bataillon u.a. die Fernmeldezentralen der Führungsstäbe der Streitkräfte und des Heeres zu betreiben hatte, glänzend bewährte. Zu diesem Erfolg haben alle im Batail-

---

[1] Grundgesetz für die Bundesrepublik Deutschland vom 23. Mai 1949, hrsg. vom Deutschen Bundestag, Presse- und Informationszentrum, Referat Öffentlichkeitsarbeit, Bonn 1985
[2] Bezeichnung der damals regelmäßig im Winter stattfindenden NATO-„**Wint**er **Ex**ercises" („Winter-Übungen")

lon beigetragen, und Stabsfeldwebel Mathissen, unser vorzüglicher Kasernenfeldwebel, stellte in Zusammenarbeit mit der Standortverwaltung sicher, dass nahezu die gesamte Kaserne rechtzeitig so aufpoliert und gestrichen war, dass alle Unterkünfte in tadellosem Zustand waren, sodass sich alle Übungsteilnehmer geradezu wohl fühlen m u s s t e n.

So kam denn auch der Stellvertretende Inspekteur des Heeres bei dieser Gelegenheit „auf eine halbe Stunde" zu mir, um sich mit mir über das Bataillon zu „unterhalten". Im Klartext hieß das, dass ich ihm einen „Vortrag zur Unterrichtung" zu halten hatte, und das gelang mittels entsprechender Schautafeln (*Power Point*-Präsentation gab es damals noch nicht) offensichtlich recht gut, denn der General blieb nach dem Vortrag noch anderthalb Stunden.

Als Folge dieses Gesprächs wurde ich eineinhalb Jahre später in den Führungsstab der Streitkräfte (FüS) im Bundesministerium der Verteidigung versetzt.

Das wäre unter „normalen" Umständen vermutlich bereits zum 1. Oktober 1990 gewesen; doch da kam die deutsche Wiedervereinigung „dazwischen", und ich wurde – auf eigenen Wunsch – zunächst ab dem 3. 10. 1990 für ein halbes Jahr nach Potsdam, zum Heereskommando Ost, kommandiert.

Doch so weit war es noch nicht, denn zuvor waren, bei allem Vorrang der dienstlichen Aktivitäten, noch mehrere Familienereignisse zu begehen: beispielsweise die Konfirmation von Frank, Claudias jüngstem Sohn, im April 1989 in Rendsburg, und Sylvias Einschulung Anfang September 1989 in Kastellaun. Dieses Mal mit richtiger Zuckertüte! Sie war fast so groß wie das Kind selbst.

Auch in Urlaub sind wir hin und wieder gefahren, obwohl das eigentlich nie so recht möglich erschien: im Sommer 1987 ins *Pustertal* in Südtirol, im April 1988 nach *Lam* im Oberpfälzer Wald; dabei haben die Kinder zum ersten Mal auf Skiern gestanden, sich aber tapfer geschlagen, so dass wir das Experiment im Frühjahr 1989 mit Familie Talcott, unseren amerikanischen Rommée-Partnern, in *Hindelang* und auf dem *Oberjoch* wiederholen konnten. Schade, dass dabei Schnee Mangelware war; aus meiner Sonthofener Zeit, gut 30 Jahre zuvor, hatte ich diese Gegend als besonders schneereich in Erinnerung.

Im Juli 1988 haben wir eine 10-tägige Rundreise durch Frankreich unternommen; dabei war Bärbels Vater mit von der Partie. In den knapp zwei Wochen haben wir viel gesehen und erlebt: so die blumengeschmückten Dörfer der *Sologne*[1] mit ihren märchenhaften Gartenrestaurants, in denen Goldfasanen und Pfauen promenieren, die z.T. traumhaft schönen, geschichtsträchtigen Loire-Schlösser, die weite Atlantik-Küste (leider ohne dort übernachten zu können, denn im Sommer ist dort buchstäblich jedes Quartier schon lange im Voraus vermietet), die erstaunlich milde *Normandie* mit ihren Hortensienhecken und den breiten Sand-und Kieselstränden, *Bayeux* mit seiner „*Tapisserie de la Reine Mathilde*"[2], die Badeorte *Deauville* und *Blonville* .... bis wir schließlich in einer „*Ferme-*

---

[1] Ländliche Gegend hart nördlich der Loire-Schlösser
[2] 70m langer und 50cm breiter Wandteppich, in den Szenen aus der Eroberung Englands durch die Normannen 1066 eingewebt sind. Das Übersetzen der Normannen über den Ärmelkanal und die Schlacht von

Auberge"¹ oberhalb *Honfleur*² eine Unterkunft mit ausgezeichneter Küche finden konnten. Ich habe die „*fruits de mer*"³ aller Art genossen; mein Schwiegervater konnte sich dafür weniger erwärmen, Bärbel machte gute Mine zu bösem Spiel und die Kinder bekamen pommes frites mit Mayonnaise. Am besten haben ihnen die Pferde auf der Koppel unter den vielen Apfelbäumen gefallen; mir hingegen der *Calvados*, trotz seines sündhaft teueren Preises.

Im Sommer 1989 haben wir uns daher eine weniger anstrengende Reise gegönnt und sind mit Hapag Lloyd kurzerhand nach Mallorca geflogen. Dort schien die Sonne und der Strand war nicht allzu weit vom Hotel entfernt. 3.000 km wie im Jahr zuvor mit dem Auto durch Frankreich musste ich auch nicht fahren: der Flug war recht kurz und für die Kinder ein neues Erlebnis.

Von Mai bis Juni 1990 wurde ich zu einem „Management"-Lehrgang an die Führungsakademie kommandiert; das war ein erstes Anzeichen für eine bevorstehende Versetzung.

Der Lehrgang war in jeder Beziehung interessant und beschäftigte sich mit praktischen Fragen des Umgangs mit Management-Problemen aller Art; das ging hin bis zur Frage, was eine anordnende Dienststelle zu tun habe, wenn klar wurde, dass ein von ihr gegebener Auftrag nicht oder nur mit unverhältnismäßig hohem Aufwand ausgeführt werden konnte. Die Antwort war verblüffend einfach, wenngleich für „*Troupiers*" gewöhnungsbedürftig, denn Aufträge sind „heilig": der Auftrag war auf seine Zweckmäßigkeit zu überprüfen und bei Bedarf zurückzunehmen oder anzupassen.

Doch an einem Wochenende rief Vater an und berichtete, dass Lilo bei einem Spaziergang mit ihrem Hund Wotan einen Herzinfarkt erlitten habe und nun im Krankenhaus liege; es gehe ihr schlecht. Wenige Tage später ist sie gestorben. Nun war Vater wieder allein.

Während unseres Lehrgangs nun überschlugen sich die Ereignisse, die – für jedermann ersichtlich – zur Wiedervereinigung führen würden. So wurden schon Ende Mai den höheren Dienststellen, Truppenteilen und Schulen, dabei auch der Führungsakademie, bei vorgesehenen Kontaktaufnahmen mit der NVA bestimmte, räumlich wie organisatorisch „passende", Dienststellen und Truppenteile zugewiesen; in unserem Fall war das die 8. MotSchützen-Division in *Schwerin*.

Da der Lehrgang unter dem Motto „Kommunikation" stand, lag es nahe, einen „Kommunikationstag" mit unserem zugewiesenen „Gegenüber" anzustreben: und das gelang sofort. So fuhr unser Lehrgang, in Zivil zwar, aber im Bundeswehrbus, in Richtung DDR, und in der Tat, an der Grenze gab es keinerlei Probleme. Wir waren angekündigt; zwei Majore der 8. MotSchützen-Division stiegen zu und führten uns durch

---

Hastings werden im Museum, in dem der Teppich ausgestellt ist, mit viel Sinn für optische und akustische Effekte, eindrucksvoll dargestellt.
¹ Ländliches Gasthaus (oft in einem ehemaligen Bauernhaus)
² An der Seine-Mündung
³ Meeresfrüchte

Schwerin, gingen mit uns essen und wurden anschließend nach Hause, in ihre Plattenbausiedlung, gefahren. In einem Bus des „Klassenfeindes"…: das hätten sie sich nie träumen lassen, sagten Beide übereinstimmend und waren sichtlich schockiert. Auch wir waren berührt; auch von der Tatsache, dass man sich beim Betreten des Restaurants nicht hinsetzen konnte, wo man wollte: man wurde platziert! Auch ein anderes Stück Kuchen als das zuvor verordnete, das einer unserer Kommilitonen gerne gehabt hätte, gab es nicht: das hätte vorher bestellt werden müssen!

Auf dem Spaziergang durch die Stadt kaufte ich dann mehrere Ansichtskarten und Briefmarken, denn ich wollte ein kleines Experiment wagen: drei Ansichtskarten frankierte ich mit je einer 25 Pfennig-Ost-Briefmarke, auf eine Ansichtskarte klebte ich zusätzlich eine 60 Pfennig-Briefmarke (West) und zwei weitere Karten frankierte ich lediglich mit West-Briefmarken: Adressaten waren ich selbst, Bärbel und Tante Martel; und siehe da, alle kamen an. Ein Stück vorweggenommene deutsche Einheit also, datiert mit dem 15. Mai 1990. Sicherlich werden sich die Schweriner Postkarten eines Tages als Rarität erweisen.

Nachdem der erste Berührungsversuch mit der „noch existierenden DDR" nun reibungslos funktioniert hatte, beschlossen mein Bank-Nachbar, Regierungsdirektor Schmidt (einer der Lehrgangsteilnehmer auf meinem Lehrgang) und ich, dass wir am folgenden Wochenende erneut in Richtung Osten fahren würden, allerdings etwas weiter, z.B. nach *Rügen*.

Gesagt, getan: am folgenden Wochenende fuhren wir im Auto nach Rügen, übernachteten dort in einem Privathaus (mit hervorragendem Frühstück für 5.- DM pro Person), gingen am nächsten Tag in die Kirche, wurden danach vom Pfarrer persönlich durch das Kirchlein (aus dem 13. Jahrhundert!) geführt und setzten danach mit einem privaten Motor-Boot (denn unsere Wirtin hatte Beziehungen) nach Hiddensee über. Die Fischmahlzeit dort war ausgezeichnet, dabei spottbillig: Für eine frische Riesen-Scholle mit Kartoffeln, Butter und Salat, dazu ein großes Bier, habe ich 3,50 DM bezahlt. Im übrigen kam mir alles dort so vor, wie in den 50er Jahren bei uns: die Kopfsteinpflaster-Straßen, die hölzernen Lattenzäune, die Gemüsegärtchen, der filterlose, aufgesetzte Kaffee, der Kaffeesatz in der Tasse hinterließ, die wenigen Autos auf den Straßen …

Das alles war so interessant, dass Bärbel und ich beschlossen, im Sommerurlaub in die DDR zu fahren, um den uns bis dato nicht zugänglichen Teil unseres Vaterlandes näher kennen zu lernen; schließlich hatten wir Beide dort Wurzeln.

Ende Juni 1990 sind wir daher zunächst zu Claudia und Georg nach Rendsburg gereist um die Kinder dort zu „deponieren"; auf dem Wege dorthin haben wir Station bei den Tanten, Martel und Leonie in Northeim, gemacht.

Nach einer Übernachtung in Claudias / Georgs neuem, recht geräumigen Haus in Rendsburg haben wir uns dann, nur zwei Tage nach vollzogener Währungsunion, in Richtung Schwerin aufgemacht. Es war, wie schon bei meiner Kurz-Visite auf Rügen zuvor, eine Reise in die Vergangenheit, zugleich allerdings auch ein Aufbruch in die Zukunft.

Am ersten Tag ging es bei Ratzeburg über die noch existierende, aber offene Grenze auf einer holperigen Landstraße an *Wismar* vorbei über *Neubukow* zum Ostseebad *Kühlungsborn*; kurz davor kreuzte eine Dampflok („Molli", wie wir später erfuhren, eine Schmalspurbahn, erbaut 1886) unseren Weg. Da war sie, unsere Vergangenheit, denn in eben solchen Wagen der Holzklasse, von einer Dampflok gezogen, war ich in den 50er Jahren von Altstädten, später von Sonthofen, tagtäglich nach Oberstdorf und zurück gefahren ... Der Sandstrand in Kühlungsborn, bis hin nach *Heiligendamm* – und vermutlich noch viel weiter – war ein Traum; dabei wohltuend wenig bevölkert. Die ganze Strandpromenade erschien uns heiter und versetzte uns in Urlaubsstimmung; und auch das sommerliche Wetter und die sich anbahnende Wiedervereinigung haben sicherlich ihren Teil zu dieser euphorischen Einschätzung mit beigetragen. An „Sommerfrische" musste ich dabei denken: einen Ausdruck, den ich als Junge hin und wieder von meinen Eltern und Großeltern gehört hatte, wenn sie von Ausflügen an die See oder in die Berge erzählten.

In *Bad Doberan* freilich begann die Suche nach einer Bleibe: das war damals ein Problem, denn Hotels waren rar. Dennoch haben wir im ersten Hotel – sicherlich eines der besseren Kategorie – darum gebeten, zunächst das Zimmer, das uns angeboten wurde, sehen zu dürfen: dem Hotelier erschien das freilich wie eine Zumutung. Als wir noch dazu das Zimmer ablehnten, muss für ihn eine Welt zusammengebrochen sein, denn so etwas hatte er offensichtlich noch nie erlebt. Ein Zimmer mit Fenster zur Hauptverkehrsstraße und zwei Betten hintereinander, bei keinerlei Komfort, das Ganze für 96.- DM, erschien uns denn doch als allzu schnelle und mehr als dreiste Anpassung an westdeutsche Verhältnisse. Doch gut, dass ich mir zuvor das Buch „Privat-Übernachtungen in der DDR" besorgt hatte, denn gleich bei der ersten Adresse wurden wir fündig: die schöne, alte Villa war zwar „besetzt", aber die Vermieterin meinte nach kurzem Zögern: „Für jüngere Leute (damit muss sie uns gemeint haben!) hätte ich da ja noch unsere Laube ..." Und tatsächlich: in einer Gartenanlage stand ein Häuschen, wie für uns und diesen Zweck gebaut! Mit zwei Zimmern, einem Fernsehapparat (wenn auch nur schwarz-weiß, aber fernsehen wollten wir sowieso nicht) und Plumpsklo im Garten; dies alles bei absoluter Stille, nur Vögel zwitscherten, und einen Parkplatz direkt neben dieser Idylle gab es auch.

Beim Auspacken des Gepäcks dann allerdings das erste Malheur: Bärbel hatte ihren Kosmetikkoffer in Rendsburg vergessen. Darin war freilich alles, was sie eben so brauchte: die verschiedenen Kosmetik-Utensilien, Zahnbürste, Zahnpasta, Seife, Parfüm... Natürlich hatten die Geschäfte geschlossen. Doch unweit unserer Laube gab es das Ausflugslokal „Bellevue": dort aßen wir einen Happen, tranken zwei, drei Biere (es gab schon West-Bier mit dazu gehörender Zapfanlage!), und erreichten so schnell die nötige Bettschwere. Die erste Nacht im anderen Teil Deutschlands!

Am nächsten Morgen ein köstliches Frühstück in der Villa: feinstes Porzellan, dazu knusprige Brötchen, ein Ei, frischer, gekochter Schinken, Käse, Kaffee, ja sogar Erdbeeren! Das lässt sich gut an, dachten wir und machten uns auf die Suche nach einer Zahnbürste für Bärbel.

Das freilich erwies sich als abenteuerlich: im ersten Geschäft, in dem Bürsten und Besen verkauft wurden, gab es zwar auch Zahnbürsten in einer hölzernen Schublade unter dem Tresen: doch die waren unverpackt und sahen aus wie gebraucht. Andere gebe es nicht, wurden wir beschieden; strikt, doch nicht unhöflich. Die Seife durften wir anriechen, auch den Duft des Parfüms, denn der war neu in der DDR. Immerhin: es g a b Parfüm!

Im nächsten Geschäft wurden wir fündig: hier gab es v e r p a c k t e Zahnbürsten!

Solchermaßen wieder ausgerüstet setzten wir unsere Reise fort, besichtigten das wunderschöne Backstein-Münster in Bad Doberan, bewunderten dabei seine Altäre sowie das Chorgestühl aus dem 14. Jahrhundert und nahmen uns vor, mit mehr Zeit zurück zu kommen; doch wir mussten weiter, nach *Rostock*. Auch dort: unerwartet prachtvolle Gebäude, wie das Rathaus im Zentrum, allerdings auch Ruinen und verfallene Häuserzeilen neben ländlicher Dorfidylle, nur wenige Straßen weiter. Im Ratskeller haben wir uns ein Mittagessen gegönnt. Gut war es, aber „sehr übersichtlich", wie offensichtlich westdeutsche Besucher am Nebentisch kommentierten.

Auch im Zentrum von *Stralsund* herrliche Backsteingotik; daneben allerdings Ruinen und bröckelnde Fassaden.

Dann suchen wir eine Tankstelle mit „Super" für unseren Wagen: nach einer halben Stunde Wartezeit in langer Schlange ist es so weit, wir können voll tanken und sind gerüstet für unsere Weiterfahrt nach Rügen, unserem ersten Zwischenziel.

In *Altenkirchen*, kurz vor *Kap Arkona*, finden wir bei Pfarrer Coblenz im Gästehaus des Pfarrhauses eine Bleibe: in einem riesigen, ausgebauten Speicher, nur über eine Leiter zu erreichen, befindet sich eine Ferienwohnung mit allem Komfort. Wir beschließen, eines Tages zurück zu kommen, denn es ist schön hier und sehr sauber. Ein Restaurant freilich finden wir in diesem Ort nicht, das gibt es erst wesentlich später, in einer Fischräucherei: freilich erst, nachdem dort die Mittagspause vorüber war … Zuvor allerdings besichtigen wir *Kap Arkona*, unternehmen einen Spaziergang entlang der Steilküste mit ihren Kreidefelsen, genießen die Aussicht auf die Ostsee und durchqueren die nördliche *Halbinsel Wittow*. Mit der Wittower Fähre setzen wir über den *Breetzer Bodden*, umrunden den *Großen Jasmunder Bodden* in südlicher und östlicher Richtung und erahnen in *Sassnitz* und *Binz*, wie schön es hier einmal gewesen sein musste – und zweifellos binnen Kurzem auch wieder werden würde.

Auch die Fahrt über die „Alleenstraße" im Süden der Insel war wie ein Traum: durch kilometerlange grüne „Tunnel" ging es von *Putbus* über *Garz* und *Gustow* wieder aufs Festland.

Unser nächstes Ziel hieß *Berlin*; dort wohnte Bärbels Freundin Rotraud, die uns sicherlich raten würde, wo wir übernachten könnten. So ging es denn über Landstraßen – denn die heutigen Autobahnen wurden erst später gebaut – via *Greifswald*, *Neubrandenburg* mit seinem schönen Stargarder Tor und Neustrelitz direkt zu Rotraud, die uns – nach einem unterhaltsamen, gemeinsamen Essen beim Portugiesen – eine Pension in der Nähe empfehlen konnte. Die war plüschig-gemütlich und verfügte vor allem über eine Dusche! Solcherlei Luxus hatten wir in der Tat seit dem Beginn unseres Abenteuers in der DDR nicht mehr genossen.

Außerdem konnten wir wieder telefonieren! Überall f u n k t i o n i e r e n d e Telefonzellen! Im Prä-Handy-Zeitalter unumgänglich, in der DDR offensichtlich weder erwünscht noch notwendig. So konnten wir die Verwandtschaft informieren: wir lebten noch, fühlten uns prächtig und hatten vor, zunächst Berlin und Potsdam, dann Dresden und Umgebung sowie später Teile Sachsen-Anhalts und Thüringens zu erkunden.

Zunächst allerdings galt es, „Berliner Luft" zu atmen: das begann am Pariser Platz, auf dem fliegende Händler wohl die Ausrüstung der halben NVA und der russischen Armee ausverkauften; überall wurden Uniformteile, Armee-Ferngläser, DDR-Fahnen und sonstiger Schnickschnack angeboten. Das Brandenburger Tor war eingerüstet; daneben ein Grenzübergang. Doch wir fahren über die Glienicker Brücke nach *Potsdam*, besichtigen *Schloss Cecilienhof*, schließen uns einer Führung durch *Schloss Sanssouci* an und spazieren durch den Park. Auch das *Neue Palais* ist eingerüstet und wird von polnischen Spezialisten restauriert.

Nun geht es rumpelnd über eine löcherige, z.T. einspurige, auf jeden Fall aber stark renovierungsbedürftige Autobahn in Richtung Dresden. Doch zunächst wollen wir *Moritzburg* erkunden; dort finden wir auf Rat einer Passantin in einer ehemaligen Pferde-Wechselstation aus dem 18. Jahrhundert tatsächlich Unterkunft. Die Wirtin ist freundlich und weist uns ein passables Zimmer zu: einschließlich Duschkabine aus Plaste im Zimmer. Die ächzt und wackelt zwar beträchtlich, spendet aber warmes Wasser und Frühstück soll es auch geben. Was will man mehr? Wir finden das Schloss schnell und merken genauso schnell, dass nur die vordere Fassade angestrichen ist, die aber ist repräsentativ und lässt erahnen, dass da so mancher Film gedreht worden sein muss: und in der Tat, alle Jahre wieder, beim vorweihnachtlichen „Kult-Film" „Aschenbrödel" denken wir heute noch an unseren Gang über die steinerne Brücke zum „*Barockmuseum Schloss Moritzburg*", wie es auf DDR-Deutsch hieß. Auch die Eintrittskarten, der Parkschein und die Fotoerlaubnis lauten im Bestreben, scheinbar Bewährtes zumindest nominell zu erhalten, noch auf „Mark" anstatt auf „DM", aber solcherlei Ungereimtheit stört uns erst beim Mittagessen in der „*Waldschänke*", in der wir anfangs glaubten, die Preise seien in DDR-Mark ausgewiesen: aber auch hier nahm man DM und zwar nicht zu knapp.

Abends essen wir im „*Kneipchen*": und sind auch da flugs an die 60.- DM los, für zwei Flaschen säuerlichen 1988er „*Meißner Weißburgunder*", zwei Oxtail-Süppchen und ein Schmalztöpfchen ... doch das Brot ist gratis und so esse ich, so viel ich kann. Doch immerhin: die Bedienung ist freundlich, bedankt sich artig und den Platz durften wir uns auch selbst aussuchen.

In der Meißener Porzellanfabrik sehen wir beim Bemalen der Kaffeetassen zu, von Hand, versteht sich und merken schnell, dass wir uns auch das nicht so ohne weiteres werden leisten können: doch da wird uns schon – unter der Hand – „schwarze" Ware angeboten. Wir winken ab und kaufen lieber ein paar Flaschen sauren Meißner Riesling nebenan. Dass er sauer war, haben wir allerdings erst später gemerkt; da aber hatten wir Gäste. Gut, dass wir noch „richtigen" Wein hatten, doch immerhin: das „Label" mit „Winzerzug" von *Moritz Retzsch* aus dem Jahre 1840 war originell und gab Stoff zur Unterhaltung.

Nichtsdestotrotz: wir haben Meißen schön gefunden und uns über die Störche gefreut, die allenthalben auf den Dächern ihre Nester bauten.

Als nächstes stand *Radebeul* auf dem Programm, denn ich wusste, dass da meine Großtante gewohnt hatte; natürlich war sie längst gestorben, aber vielleicht konnten wir ja ihr Grab auf dem Friedhof finden. Und Karl May war dort begraben! Das wusste ich seit meiner Kindheit und intensiver Karl May-Lektüre: auch, dass in Radebeul die „*Villa Bärenfett*" stehen müsse, das Haus des Schöpfers von *Old Shatterhand, Winnetou, Nscho-tschi* und *Hadschi Halef Omar* …

Tatsächlich war das „*Indianer-Museum*" ausgeschildert, und da sah ich sie, erstmals mit eigenen Augen, neben Tomahawks und Federschmuck: den berühmten, 25-schüssigen, jedem herkömmlichen Gewehr im Wilden Westen überlegenen „*Henrystutzen*", den großkalibrigen „*Bärentöter*" und *Winnetous* immer treffende „*Silberbüchse*"! Als Junge hatte ich sie nachgebildet, auf einem Holzgewehr und mit Dachpappennägeln.

Und da der Friedhof nicht allzu groß ist, fand ich recht schnell das Grab des Meisters, in einem kleinen Mausoleum, davor vier dorische Säulen, darüber ein Lorbeerkranz, darinnen Engel. Ich war beeindruckt und fand die Grabstelle angemessen.

Auch das Grab von Hugo Findeisen, geboren 1904, gestorben 1974, habe ich kurz darauf gefunden. Das war „Onkel Hugo", der Mann meiner Großtante Liddy, der Schwester meiner Großmutter: 1955 hatten sie uns einmal besucht, und ich konnte mich gut an ihn und Tante Liddy erinnern. Der Name seiner – ebenfalls verstorbenen – Frau auf dem Grabstein: Ella Findeisen, passte hingegen nicht so recht ins Bild, aber vielleicht hatte er ja noch einmal geheiratet …; vielleicht war auch der Name „Ella" eine andere Form von „Lydia" oder ihr zweiter Vorname: wer weiß?

Dann fand Bärbel das Grab von Erna Noack, geb. Schlieder! Also doch: hier hatte ganz offensichtlich ein Zweig meiner Familie gewohnt. Einzelheiten freilich blieben im Dunklen.

Doch da war ein jüngerer Mann, der die Blumen auf dem Grab häckelte: mit ihm eine junge Frau. Bärbel sprach ihn an: und in der Tat, er war Erna Noacks Sohn! Hatte nicht auch Oma einmal von einem Noack erzählt? Das freilich war mir nur nebulös in Erinnerung und Unterlagen darüber hatte ich auch nicht. Da bot uns Noack an, mit ihm in seine „Laube" zu fahren: dort habe er Unterlagen zur Familie seiner Mutter. Gesagt getan, doch die „Unterlagen" erwiesen sich lediglich als handschriftliche Aufzeichnungen zur Abstammung seiner Mutter – die, später mit unseren Unterlagen verglichen – keine Übereinstimmung aufwiesen. Doch das sollte nichts heißen, denn da gab es ja noch „unerforschte" Seitenlinien.

Noack indes war hoch erfreut und lud uns zum Mittagessen in seine Wohnung in einer grauen Plattenbausiedlung in Coswig ein; dort erzählte er uns aus seinem Leben. Er sei Kranführer und habe noch Arbeit; während seiner Militärzeit sei er auch an der Grenze eingesetzt gewesen und natürlich hätte er auf Grenzverletzer geschossen, wenn es hätte sein müssen, ohne Bedenken. Auch dass ich Oberstleutnant war und der Armee des (ehemaligen?) Klassenfeindes angehörte, störte ihn nicht weiter. Dann gab es eine fetthaltige, dafür heiße Suppe, einen Kanarienvogel, der sich Bärbel auf den Kopf setzte und das Angebot, uns Dresden zu zeigen … Was wollten wir mehr? So packten wir denn die Familie Noack in den Mercedes (Noacks Kommentar: „Nu, des habt er Eich wohl ni träum lassn, dass er mal mitm Westwachn in die Stadt fahrd!?") und fuhren nach Dresden. Dort führten uns Noacks zu den gängigen Sehenswürdigkeiten: dem Zwinger (schwarz zwar und unansehnlich, aber sicherlich einmal sehenswert), dem Sachsenzug, dem Stadtschloss, das wieder aufgebaut werden sollte, der Ruine der Frauenkirche, der Semperoper, der Brühlschen Terrasse, über die Augustusbrücke (damals freilich nach *Georgij Dimitroff* benannt) zur goldenen Reiterstaue Friedrich Augusts II. – aber auch, und das war wichtig – zur Gohliser Straße 18, denn da hatten meine Großeltern mit Vater gewohnt; dort hatte auch die Hochzeitsfeier meiner Eltern statt gefunden. Die Adresse hatte ich im Kopf, denn zu Hause wurde oft davon erzählt. Am 13. Februar 1945 waren wir, von Schlesien kommend, dort bombardiert worden: doch unserem Haus war nichts passiert, wiewohl rings umher alles dem Erdboden gleich gemacht worden war.

Tatsächlich wohnte in der Wohnung oberhalb derjenigen, in der die Großeltern gewohnt haben mussten, eine ältere Dame, Frau Jackisch, die sich sogar an Vater erinnern konnte: „… ja der Manfred, der hat doch damals hier Musik studiert …" Seinen Säbel, den er 1945 an die hintere Wand des Wohnzimmerschranks genagelt hatte, habe man allerdings, als die Russen kamen, in der Weißeritz versenkt, erzählte sie uns, denn auf „Waffenbesitz" stand die Todesstrafe.

Ein stattliches Haus aus gelbem Sandstein, mit roten Faschen, gusseisernen Verzierungen über den Fenstern und Gauben auf dem Dach; ein imposantes Eingangs-Tor, darin ein verkommenes Klingelbrett freilich, nur wenige Blumen in den Fenstern, eine Inschrift: „Wild, Geflügel" im Erdgeschoss, allerdings über heruntergelassenen Jalousien, offensichtlich geschlossen. Anschaulicher hätte der Niedergang des Mittelstandes zum Proletariat in den Jahren der kommunistischen Diktatur kaum dargestellt werden können, fand ich. Gut, Oma, Opa, dass Ihr das nicht gesehen habt; dennoch war es wichtig für mich, dieses Haus gesehen zu haben, denn bislang war die „Gohliser Straße 18" für mich wenig mehr als ein imaginäres Nummernschild gewesen. Andererseits: in wenigen Jahren würde auch dieses Haus sicherlich wieder zu dem werden, was es einmal war …

Obwohl wir auch für diese Nacht unser Quartier noch in der ehemaligen Pferdewechsel-Station in Meißen sicher hatten, wollten wir doch einmal sehen, wie noblere Etablissements hierzulande aussehen und zu welchem Preis man hier, direkt im ehemaligen Elbflorenz, hätte nächtigen können. Direkt an der Frauenkirche war ein solches Luxusquartier: das Hotel „*Dresdner Hof*", wahrlich günstig gelegen. Doch als wir die Preise hörten, verschlug es uns schier die Sprache: 345.- DM das Doppelzimmer; da war es beruhigend zu hören, dass Kinder bis sechs Jahren im Zimmer der Eltern kostenlos übernachten durften. Da wir allerdings keine Kinder bis sechs Jahren mehr hatten und 345.- DM pro Nacht nicht ausgeben wollten, beschlossen wir, uns zu Übernachtungszwecken weiterhin unseres Pamphlets *„Privat-Übernachtungen in der DDR"* zu bedienen.

Immerhin: Noack hatte uns in kürzester Zeit einen ersten Überblick verschafft und so luden wir ihn mit seiner Familie ein – wann immer ihm das passen würde –, uns einmal im Westen zu besuchen. Ein dreiviertel Jahr später kam er tatsächlich mit seinem Trabi, aus dem nach und nach die ganze Familie heraus quoll. Schwarze Hände hatte er auch damals, denn er hatte mehrfach Motor- und Getriebeteile aus- und einbauen müssen. Das machte freilich nichts, denn fließendes Wasser hatten wir ja in Kastellaun, und eine Bürste, Seife und Handwaschpaste auch.

Wir jedoch fuhren anderntags in die Sächsische Schweiz, zunächst zur *Bastei* mit ihrem herrlichen, weiten Ausblick auf die grauen Sandsteinformationen des Elbsandsteingebirges und weit hinunter in das Tal der Elbe, dann mit der Fähre nach Oberrathen, denn da hatte Vater als Junge regelmäßig seine Sommerferien bei seiner Großmutter verbracht. Das einzige Schwarz-Weiß-Foto ihres Hauses (an der Elbe?) reichte freilich nicht aus, es nach gut 60 Jahren zu finden, zumal wir auch die genaue Adresse nicht kannten. Ein „Handy" aber, mit dem man Vater zu Hause hätte anrufen können um nachzufragen, gab es damals nicht, und Telefonzellen waren 1990 in der DDR äußerst rar. Dennoch hat uns Oberrathen, wegen seiner wunderschönen, ländlichen, unverbauten Lage inmitten von Wiesen und Wäldern, mit Blick auf die Elbe und die Bastei*,* sehr beeindruckt. Viel anders kann es damals, als die Urgroßeltern dort wohnten, auch nicht ausgesehen haben.

Unweit davon, „oberhalb" von Oberrathen, haben wir in dem kleinen Örtchen Weißig wenig später problemlos ein Privatquartier gefunden: entsprechende Adressen hingen an Bäumen und Zäunen, Telefonmasten und Bretterwänden. Klaus und Christiane Böhme im Haus Nr. 9 G brachten uns gar eine Gurke und Tomaten aus ihrem Gärtchen zum Abendessen! Nachdem wir uns mit einem Päckchen Jacobs-Kaffee revanchiert hatten, durften wir sogar in ihrem Wohnzimmer mit fernsehen: es ging just an diesem Abend um das Endspiel der Fußballweltmeisterschaft und Deutschland (die Bundesrepublik) stand im Finale.

Unsere Flasche *„Asbach-Uralt"* tat ein Übriges: Familie Böhme holte eingemachte Stachelbeeren und selbst gekelterten Schaumwein aus dem Keller, bei jeder Torchance zündete Klaus Böhme einen Feuerwerkskörper: und dann waren wir Weltmeister! Wir beschlossen, uns zu duzen, Klaus Böhme schenkte mir seine sämtlichen NVA-Auszeichnungen mit den weisen Worten: „... die brauch' ich sowieso nicht mehr..." und keiner von uns hatte am nächsten Morgen einen Brummschädel. Wir nahmen das als gutes Omen für die baldige Wiedervereinigung, hinterließen den Rest des *„Asbach"* und machten uns nach einem üppigen Frühstück im Erholungsheim in Weißig, denn dort arbeiteten die beiden, wieder auf, in Richtung östliches Erzgebirge. Dort liegt der Ort *Frauenstein*, in dem mein Urgroßvater Schuster (und Stadtrat!) gewesen war. Das waren zwar per Luftlinie nur etwa 50 km, doch die meisten Straßen verliefen in Nord-Süd-

Richtung; wir aber mussten nach Südwesten: deshalb kostete dieser Abstecher denn auch seine Zeit. Ein kleiner Flecken mit damals etwa 3.700 Einwohnern, inmitten von viel Grün.

Der berühmte deutsche Orgelbauer *Andreas Silbermann* (1678 – 1734) hat dort gearbeitet; in Straßburg ist er gestorben. Dort hat Mozart auf einer seiner Orgeln gespielt. Die Silbermann-Orgel in Frauenstein wurde leider während des 3. Groß-Feuers in der Stadt 1869 zerstört.

Den Namen *Schlieder* kannte dort freilich niemand, und auch auf dem Friedhof fand sich kein Hinweis; also half nur der Gang zum Pfarramt. Frau Tischer versprach mir, Kopien der Geburtsurkunden meines Urgroßvaters zu schicken. Wenig später traf sie auch, zusammen mit weiteren Auszügen aus Kirchenbüchern der Kirchengemeinde Frauenstein, bei uns ein. Und tatsächlich: Meister *Carl Gottlob* Schlieder, Bürger und Schuhmacher in Frauenstein wurde hier am 22. Juni 1793 geboren und getauft; Eltern waren *Johann Gottlob* Schlieder, geb. 1755 in Freiberg / Sachsen und seine Ehefrau *Sophia*, geb. *Anders'in*, geb. 1755 in Frauenstein; am 19. April 1789 haben sie in Frauenstein geheiratet.

Sieben Kinder hatten Meister *Carl Gottlob* und seine Ehefrau *Johanne Sophie*, geb. *Bergerin* aus Dittersbach: davon fünf tot geboren oder am Tag ihrer Geburt gestorben; *Moritz Gustav* und *Heinrich Moritz* haben überlebt.

Heinrich Moritz und seine Ehefrau *Juliane Wilhelmine*, geb. *Rudolf* aus Freiberg hatten fünf Kinder, von denen drei überlebten: *Robert Hugo, Carl Richard* und *Ernst Paul*, geb. 26. April 1857: ebenfalls in Frauenstein geboren. *Ernst Paul* aber war der Vater meines Großvaters *Willy Richard*, der 1891 in Dresden-Cotta geboren wurde und 1958 in Miltenberg starb; auch seine Mutter, *Bertha Franziska*, geb. *Kaden* war aus Frauenstein; dort haben sie auch geheiratet.

Es war also genau so, wie das Opa Willy uns Kindern oft genug erzählt hatte: seine Vorfahren stammten allesamt aus Frauenstein im Erzgebirge, z. T. auch aus Freiberg / Sachsen.

Die Postmeilensäule aus dem Jahre 1725 – gut erhalten und auch schon 1990 gepflegt – haben wir noch bewundert und die Reste der einstmals wohl riesigen Burganlage, der größten ganz Sachsens, wie es heißt, allerdings nur aus der Ferne, denn wir wollten weiter: zunächst nach Thüringen.

Dort wollten wir *Hildburghausen* einen Besuch abstatten: alldaselbst soll der Herzog *Ernst Friedrich III. Carl*, „einer der schönsten Fürsten seiner Zeit", mit der herzoglichen Küchenmagd Anna Elisabetha Frommann ein Techtelmechtel gehabt haben; die uneheliche Tochter, *Johanna Christiana*, die dieser Beziehung 1774 entsprang, erhielt den Namen *Melm(in)*, da der (vorgeschobene) Vater angeblich ein „Preuß. Werber namens *Melm*" gewesen sei. 24-jährig sei sie später, als „fürstliche Hausmagd" mit dem gleichaltrigen „herzogl. Cammerlaquai und Hofschneidermeister" Johann Nicol Reinhardt verheirat worden; dieser aber sei durch den Herzog ganz unstandesgemäß gefördert worden.[1] *Johann Nicol(aus?) Reinhardt* jedenfalls war einer von Bärbels Urahnen väterlicherseits.

In *Dessau* wollten wir Bärbels Tante besuchen, in *Wörlitz* den Vetter ihres Vaters, und in *Goldlauter bei Suhl* wollten wir sehen, wo ihr Großvater als Lehrer gewirkt hatte; dessen Lebensbericht hatten wir im Handgepäck. Außerdem wollten wir den Geburtsort ihres Vaters, *Kleinzerbst bei Dessau*, aufsuchen. Doch zu alledem brauchten wir zunächst einmal Sprit, und zwar verbleites Super, das aber war in der DDR ganz offensichtlich rar.

So fuhren wir denn in Richtung Westen, immer in der Hoffnung, irgendwo eine Tankstelle zu finden, an der wir wieder auftanken könnten. Zuletzt habe ich wohl mehr auf den Zeiger meiner Tankuhr geschaut als auf die Straße – und fuhr dabei so sanft und so Sprit sparend wie nur möglich; allein, weit und breit keine Tankstelle in Sicht.

Ich hatte wohl nicht mehr als einen halben Liter im Tank, als wir endlich auftanken konnten ... Uff, das war knapp, aber nun waren wir wieder gerüstet und Hildburghausen konnte kommen.

Natürlich hielten wir in Hildburghausen Ausschau nach dem Schloss, denn da musste die Affäre mit dem Herzog stattgefunden haben. Doch eine Passantin beschied uns schnell: „G'sprunge hen's ..."; das sollte heißen, so schlossen wir messerscharf, dass es „gesprengt" worden war. Über drei Jahrhunderte war es die Residenz der Großherzöge von Sachsen-Hildburghausen gewesen; den Krieg – oder zumindest die Zeit danach – hatte es nicht mehr überstanden.

So begnügten wir uns mit einem Rundgang durch die Stadt, bewunderten das (damals noch grün angestrichene) Rathaus mit seinem prachtvollen Renaissance-Giebel, beschlossen, uns die „*Ernestinische Haustafel*" im Museum bei einem weiteren Besuch anzusehen und ließen auch den ehemals großherzoglichen Stadtpark unerkundet.

In der folgenden Nacht haben wir in einem Privatquartier direkt neben einem Verschiebebahnhof (doch das haben wir erst in der Nacht festgestellt) so schlecht geschlafen, wie noch nie und nirgends sonst wo in der DDR. Das Klappsofa, das man uns zuwies, war so angelegt, dass man auf der Liegefläche eher stand als lag; die ganze Nacht über müssen ununterbrochen alle Züge der DDR nur wenige hundert Meter von unserem Domizil entfernt hin und her geschoben worden sein und auch das Frühstück war nur mit Mühe genießbar. Dennoch: der Thüringer Wald war schön, das hatten wir gehört und so sollte es auch sein, allerdings erst am nächsten Tag, denn da kamen wir nach *Goldlauter*, einem winzigen Ort unweit Suhl, auf einer Anhöhe gelegen und nur über Serpentinen erreichbar.

Am 1. April 1902 war Bärbels Großvater, Richard Hallbauer, dort Lehrer geworden; „*Friedrich von Gottes Gnaden, Herzog von Anhalt*" hatte ihn dann, fünf Jahre danach(!), mit Urkunde vom 18. September 1907 dort endlich ordentlich bestallt: also suchten wir

---

[1] So berichtet in einer Biographie von Christoph und Christiana Reinhardt durch Prof. Dr. habil. Gerhard Steiner, Berlin, im Oktober 1988. Prof. Dr. Steiner war der Großvetter von Werner Saxenberger; dieser war Vetter meines Schwiegervaters, Richard Hallbauer.

die dortige Schule. Die fanden wir auch recht schnell, ganz in der Nähe der Dorflinde, in unmittelbarer Nähe der Kirche, daneben die Gaststätte „*Zur Schmücke*". Für 60 Pfennige hatte der Junggeselle damals dort täglich zu Mittag gegessen, im Oktober sogar Gänsebraten mit Knödeln; das wollten wir natürlich auch, doch leider hatte die HO[1]-Gaststätte „*Zur Schmücke*" geschlossen, obwohl sie eigentlich hätte geöffnet sein sollen, wie so manch anderer Gasthof damals in der DDR. Also gaben wir den Kindern, die unter der Linde unser Auto wie ein Raumschiff bestaunten, zwei Mark und klingelten beim Pfarrer. Der zeigte uns bereitwillig seine Kirche, denn dort hatte der Herr Lehrer auch die Orgel gespielt, wider Willen zwar, denn er war unmusikalisch, wie er selbst berichtet hat. Dafür, dass uns der Pfarrer eigens die Kirche geöffnet hat, haben wir ihm 10.- DM für seine Gemeinde gespendet, als Ausgleich für durch die frühere Gemeinde erlittene Pein beim Anhören des Großvater Hallbauerschen Orgelvorspiels.

Alles sah genau so aus, wie von Bärbels Großvater vor fast 90 Jahren beschrieben: selbst die grauen Schindeln auf den Dächern und an den Hauswänden waren wohl die Selben wie damals erwähnt und auch die Dorflinde hatte damals schon gestanden. Es war ein Blick in die Vergangenheit …

Da Weimar nicht weit war, erwiesen wir dem Goethe-Schiller-Denkmal die Ehre, übernachteten jedoch n i c h t im „*Weißen Elefant*", denn das war für unsere Verhältnisse nun doch deutlich zu teuer und beschlossen stattdessen, einen Abstecher in den bundesrepublikanischen Teil unseres Landes zu machen, denn wir wollten dringend einmal wieder duschen!

In Hahnenklee im Harz war es dann so weit; im „*Hotel am Park*" haben wir ein Dauerduschen veranstaltet, mit Genuss in weiß bezogenen Betten geschlafen und unser Frühstück genossen! Dann wurde telefoniert und getankt und so konnte es am nächsten Tag erneut losgehen: zunächst nach Dessau.

Das „*Bauhaus*" haben wir natürlich auch „inspiziert": ohne Begeisterung freilich, denn der Gropius-Baustil war uns denn doch zu trist; zu seiner Zeit indes sicher wohl ein Novum.

Auch das Haus, in dem Tante Ruth wohnte, haben wir recht schnell gefunden; leider haben wir sie nicht angetroffen; sie muss wohl verreist oder einfach unterwegs gewesen sein und da sie kein Telefon hatte, wie die meisten Bürger dieser Republik, hatten wir uns auch nicht anmelden können. Dafür fand ich im Flur neben der Haustür die Urkunde für „Verdienste des Wohnkollektivs", das sich wohl nie gegen die graue Mittelmäßigkeit dieses Wohnhauses aus der Gründerzeit aufgelehnt hat. Das hat mich dermaßen geärgert, dass ich es abgehängt und als „Beutestück" gewissermaßen mitgenommen habe. Der erste und einzige „Diebstahl" in meinem Leben.

Zwischen *Dessau* und *Köthen* liegt die Ortschaft *Kleinzerbst*; mein Schwiegervater, Erich Hallbauer wurde dort 1909 geboren, nachdem seine Eltern kurz zuvor von Goldlauter nach hier her umgesiedelt waren. Das Haus, in dem sie wohnten, war zugleich die

---

[1] Staatliche **H**andels-**O**rganisation (der ehem. DDR)

3-klassige Dorfschule: ein einziger Klassenraum; wie er in seine „*Erinnerungen*" schrieb, habe der Nachtwächter damals mehr verdient, als der Lehrer.

Winzig klein erschien uns alles; auch der Garten, den seine Eltern damals bewirtschaften durften. Die heutigen Bewohner haben uns das alles bereitwillig gezeigt.

In *Coswig*, ca. 25km weiter ostwärts, sind wir mit der Elbfähre für 1,70 DM in Richtung Wörlitz übergesetzt; die Landstraße war hier unterbrochen und eine Brücke gab es nicht.

Werner Saxenberger, ein Neffe meines Schwiegervaters, war leicht zu finden; er wohnte in einem ansehnlichen Haus aus der Gründerzeit. Die Wohnung war geräumig. Zur Toilette musste man allerdings zu einem Plumpsklo im Garten, zwei Stockwerke tiefer.

Wir waren zwar nicht auf den Tag genau avisiert, aber Saxenbergers wussten, dass wir kommen wollten und so zeigten sie uns nach ausgiebigem Familienklatsch und einer Einladung zum Kaffee bereitwillig die wunderschöne, sehr gepflegte Parkanlage in ihrer Stadt, die 1765 unter der Leitung des Fürsten *Friedrich Franz zu Anhalt-Dessau* und seines Architekten *F.W. v. Erdmannsdorf* erschaffen wurde.

Ganz sicherlich ist dieser Park auch heute einer der schönsten in Europa; und nicht umsonst ist er im Jahre 2000 in die Welterbe-Liste der UNESCO aufgenommen worden. Selbst 1990 war der Park schon Bestandteil der „Zentralen Denkmalliste" der DDR und erstaunlich gut gepflegt.

Zum Übernachten mussten wir allerdings in das „Bettenhaus" des Ortes; schlafen konnte man dort, mehr nicht. Gefrühstückt haben wir bei Saxenbergers. Die Brötchen waren so knusprig wie bei uns und der Kaffee war stark und heiß. Solchermaßen gestärkt und mit völlig neuen Eindrücken versehen, fuhren wir zurück nach Rendsburg: zu Claudia, Georg und den Kindern.

Dort wurden wir natürlich mit großem Hallo begrüßt und mussten ausgiebig von unserer fast dreiwöchigen DDR-Reise berichten. Auch die Kinder freuten sich über Mama und Papa, hatten sich aber auch ohne uns gut aufgehoben gefühlt, zumal Tante Claudia und Onkel Georg so Manches mit ihnen veranstaltet hatten. Nach einem gemeinsamen Ausflug an die Ostsee, an den Strand von Eckernförde und einem weiteren Abstecher nach Nordstrand und zum dortigen Watt bei sonnigem Wetter sind wir dann zurück gefahren nach Kastellaun.

Anfang September traf dort ein Fernschreiben des Verteidigungsministeriums ein, in dem befohlen war, dass die Fernmeldetruppe, zunächst von Mitte September bis März, umfangreiche „Personalabgaben Ost" zu stellen hatte. Dabei waren u.a. fünf Stabsoffiziere für das Dezernat „Führungsdienst" im Heereskommando Ost in Potsdam vorgesehen.

Als ich das Fernschreiben gelesen hatte, stand für mich der Entschluss fest: ich gehe nach Potsdam. Als ich unmittelbar darauf bei meiner vorgesetzten Dienststelle anrief um das zu melden, fragte mich der dortige Stellvertretende Kommandeur nur eins: „Wohin?" Ich war der Erste, der sich gemeldet hatte und dass ich's tun würde, war Jedem, speziell seit meiner „Wiedervereinigungs-Initiative", klar.

Am 2. Oktober 1990 fuhr ich mit meinem Privatfahrzeug, in Zivil, mit wenig privatem Gepäck, meinen Uniformen in „NATO Oliv" und ohne Waffe nach Potsdam. Außer der Adresse *Wildpark-West* und der Bezeichnung meiner Dienststelle sowie der Tatsache, dass man pro Monat der Verwendung im Beitrittsgebiet 1.700 DM zusätzlich verdienen würde, wusste ich nichts von meiner neuen Aufgabe: nur, dass ich zunächst für sechs Monate kommandiert war, schien hinlänglich gesichert. Das Bataillon würde derweil durch meinen Stellvertreter, Major Walter Desch geführt. Dieser war loyal und kannte sich aus. Das zumindest war geregelt.

15. Kapitel
Dezernent im Heereskommando Ost in Potsdam (1990 – 1991), dabei: der realisierte Traum der Deutschen Einheit

Auf den Autobahnen in Richtung Berlin herrschte Hochbetrieb; man hatte den Eindruck, als sei die halbe Republik (West) auf dem Weg in die DDR, die neuen Bundesländer, das Beitrittsgebiet, wie auch immer. Eine genaue Bezeichnung für die mitteldeutschen Länder, die nun der Bundesrepublik beitreten würden, schien es nicht zu geben; aber das war auch nachrangig. Zunächst einmal kam es darauf an, rechtzeitig in Potsdam anzukommen, und das sollte ich bis 17.00 Uhr. Am Helmstedter Grenzübergang, der freilich offen war, hatte ich zunächst den Eindruck, als komme das Ganze hier zu einem unvorhergesehenen Halt, denn durch die bewusst enge Straßenführung am ehemaligen Grenzübergang und das stark überhöhte Verkehrsaufkommen bildete sich hier ein Riesenstau. Doch auch der war irgendwann überwunden und so ging es bald weiter in Richtung *Berlin*. Dann waren da die ganzen alten, doch noch nicht wieder vertrauten Städtenamen auf den Hinweisschildern: *Magdeburg, Halle, Leipzig, Dresden, Brandenburg*, dann das *Potsdamer Dreieck, Geltow*, und dann war ich am Ziel: *Wildpark-West,* das Kommando der Landstreitkräfte der NVA, doch nur noch für Stunden, dann würden w i r übernehmen.

Als ich ankam, trug die Wache noch die Uniformen der NVA, doch die folgende Wache zog schon in Uniformen der Bundeswehr auf.

Einchecken, kurze Einweisung in die Örtlichkeiten durch ein Vorkommando, Zuweisung der Unterkunft. Im Junggesellenheim der NVA in der Lenin-Allee in Potsdam war ich untergebracht, zusammen mit den meisten anderen Offizieren aus dem Westen. Ein Parkplatz für den Wagen. Eine einfache, zweckmäßig eingerichtete „Bude"; eine Gemeinschaftsdusche im 6. Stock, Toiletten, na ja. Viel „Plaste", wie das hier hieß, tropfende Hähne und die Heizung ließ sich auch nicht regulieren. Wenn es zu heiß sei, solle man eben die Fenster öffnen, riet die örtliche Angestellte, die anfangs rund um die Uhr, so schien es uns später, in einer Art Wohnküche residierte und kleine Gerichte bruzzelte, Bier verkaufte und ohne Erfolg versuchte, Telefongespräche von Ost nach West herzustellen, bis wir es aufgaben.

Am nächsten Morgen sollten wir um 08.00 Uhr an der Wache antreten, hieß es, zum erstmaligen Hissen der Bundesdienstflagge. Zwar sei da Feiertag, aber wir sollten den Tag nutzen, um uns mit den Räumlichkeiten vertraut zu machen und unsere Vorgänger kennen zu lernen.

Zunächst aber die reinste Völkerwanderung per S-Bahn und mit sonstigen Verkehrsmitteln nach Berlin, denn vor dem Reichstag sollte um Mitternacht in Anwesenheit von viel Prominenz die Bundesflagge gehisst werden; danach war ein Feuerwerk avisiert.

Für zwei DM konnte man einen „*Button*" kaufen, mit dem man für zwei Tage alle öffentlichen Verkehrsmittel im Raum Berlin benutzen konnte; das tat ich denn auch und ließ mich mit der Menge nach Berlin schwemmen. Irgendwie kam ich auch in der Nähe des Reichstages an; ich stieg aus, weil alle ausstiegen und ging dahin, wo alle hingingen: zum Brandenburger Tor. Dort war bereits ein ausgelassenes Volksfest im Gange, auf allen öffentlichen Gebäuden wehte die Bundesflagge, die Menschen schwenkten schwarz-rot-goldene Fähnchen, tanzten, aßen Pommes frites, Bock- und Currywürste – es war kaum durchzukommen.

Auf der Wiese vor dem Reichstag bildete sich eine schier unübersehbare Menschenmenge; auf riesigen Leinwänden war zu sehen, wie Einheiten der NVA zum letzten Mal antraten und ihre Fahnen einrollten.

Um Mitternacht war es dann so weit: der Bundeskanzler auf einer Empore sang die Nationalhymne, alle sangen mit, viele weinten; dazu stieg Schwarz-Rot-Gold, u n s e r Schwarz-Rot-Gold, ohne „Spalter-Emblem", den riesigen Fahnenmast vor dem Reichstag, langsam und würdig empor und dann setzte ein Feuerwerk ein, wie ich es noch nie erlebt habe … Zwanzig Minuten, eine halbe Stunde?, dauerte es, alle Glocken in der Stadt läuteten, das Volk jubelte, es war wie ein Rausch, der realisierte Traum der deutschen Einheit: Viele hatten ihn schon lange nicht mehr geträumt; ich hatte, zumindest in den letzten drei Jahren, felsenfest daran geglaubt und dachte nun mit unendlicher Verachtung an die Kleingeister, die sich nur ein Jahr zuvor erregt hatten, als ich meine „Privat-Initiative" zur deutschen Wiedervereinigung gestartet hatte. Auf dienstlichem Papier hätte ich das ja wohl gar machen können und in der Dienstzeit, noch dazu in Uniform, nicht auszudenken.

Nun waren wir in Potsdam, würden viel dienstliches Papier voll schreiben, immer in der Dienstzeit, oft genug weit darüber hinaus, das war abzusehen, und stets in Uniform. An Untersuchungen nach § 29 der Bundeshaushaltsordnung, ob der vielen Verschwendung, die im Zuge der Wiedervereinigung von vielen Dienststellen und Personen zu verantworten waren, kann ich mich, selbst im Nachhinein, auch nicht erinnern.

Irgendwie muss ich nachts per S-Bahn auch wieder nach Potsdam gekommen sein; die Nacht war kurz und traumlos und am nächsten Morgen traten wir an der Wache von Wildpark-West an. Kurzer Flaggenappell, dann gingen wir alle in unsere Dienstgebäude und richteten uns ein.

Stabsabteilungsleiter G6[1] war *Oberstleutnant i.G. Freiherr von Rotberg*, den Namen kannte ich, denn vor 25 Jahren war er Kompaniechef im Fernmeldebataillon 4 in Regensburg gewesen, als Vater dort Kommandeur war. Ich war, als „G 6 Op", sein Stellvertreter.

Zwei Obersten der ehemaligen NVA hatten wir in der Abteilung; diese freilich waren uns, ebenso wie alle anderen Soldaten der ehemaligen Abteilung für Nachrichtenwesen im Kommando der Landstreitkräfte, unterstellt. Alle Generale der NVA waren mit Ablauf des 2. Oktober 1990 entlassen.

Nun ging es für uns darum, „Lagefeststellung" zu betreiben; parallel dazu wurden durch Angehörige von „Außenstellen" der Personalbearbeitenden Dienststellen der Bundeswehr Entlassungen und (wenige) Übernahmen vorbereitet und durchgeführt.

Doch zunächst einmal stellten wir uns, in einem größeren Gemeinschaftsraum, gegenseitig vor: die ehemaligen NVA-Offiziere und Unteroffiziere wirkten dabei allesamt gehemmt und frustriert, im Auftreten streng formal und übertrieben zackig, so kam uns das zumindest vor.

Als ich an der Reihe war, habe ich der Unterteilung in „Ossis" und „Wessis" – denn diese Bezeichnung grassierte allenthalben – allerdings sofort entgegengewirkt, indem ich sagte: „Der einzige „wahre Ossi" hier im Raum bin wohl ich, denn ich bin in Schlesien geboren. Mein Vater ist aus Dresden; dort hat man uns 1945 bombardiert. Dass ich im „Westen" aufgewachsen bin, ist reiner Zufall. Im Übrigen freue ich mich, dass ich hier mit Ihnen arbeiten kann."

Die Bestandsaufnahme kam recht schnell und gut voran; dazu haben einige ehemalige NVA-Offiziere ganz besonders beigetragen: so *Oberstleutnant Weis*, der als Fachmann für Richtfunkverbindungen viele wichtige Beiträge lieferte, *Oberstleutnant a.D. Thümme*, der als Zivilangestellter im Kommando der Landstreitkräfte offensichtlich detailliert zu allen Standorten der Nachrichtenverbände der NVA Auskunft geben konnte und dies minutiös dokumentierte, *Major Ender*, der als Absolvent der Militärakademie in *Leningrad* hervorragende Zukunftsaussichten gehabt hätte, kurz vor der Übernahme eines Nachrichtenbataillons gestanden hatte und – verbittert zwar aber offensichtlich aufrichtig und kompetent – einer der Wenigen zu sein schien, der Kenntnisse hatte, die über sein Fachgebiet h i n a u s gingen.

Da war auch *Major Renner*, ein freundlicher, jüngerer Stabsoffizier der Technischen Truppe mit leicht sächsischem Akzent, der uns in die Geheimnisse des Führungsbunkers des Kommandos der Landstreitkräfte einweisen konnte und dort offensichtlich zuständig für die Fernmeldeverbindungen gewesen war; diese waren wohl auch Thema seiner Diplomarbeit gewesen, wie er berichtete. Seine Einweisungen vor Ort und fundierten Vorschläge haben mit dazu beigetragen, dass das Fernmeldesystemzentrum – so die spätere ministerielle Bezeichnung für die Fernmeldeeinrichtung in diesem Bunker – zunächst

---

[1] Generalstabsabteilung für Führungsunterstützung (Fernmeldeverbindungsdienst, Informationsverarbeitung…)

erhalten werden konnte. Ich habe diese Angelegenheit danach im Ministerium selbst bearbeitet und wäre ohne meine Eindrücke vor Ort wohl kaum in der Lage gewesen, hier sachgerecht zu urteilen.

Einer der zwei Obersten quittierte nach nur einer Woche den Dienst; der Andere, *Oberst Metzner,* wurde zunächst als Oberstleutnant übernommen und leistete wertvolle Dienste bei der Aufstellung des Dezernats für Informationsverarbeitung.

Wir haben hart, viel und immer unter Zeitdruck gearbeitet, in diesen ersten Monaten nach der Wiedervereinigung; da aber – speziell bei Nachtarbeit – kein Bus mehr in Richtung Wohnheim verkehrte und ich mein Privatfahrzeug nur anfangs bei mir hatte, habe ich mir recht schnell ein Fahrrad gekauft, mit dem ich jeden Morgen um 06.00 Uhr durch den Wildpark in die Kaserne fuhr und Abends zurück: das wurde mitunter, speziell im Winter und bei Regen, allerdings problematisch, weil die Straßen und Wege unbeleuchtet und in einem miserablen Zustand waren. Einmal bin ich dabei, von einem entgegenkommenden Fahrzeug geblendet, im Straßengraben gelandet; ein anderes Mal musste ich streckenweise völlig im Dunkeln fahren, weil die Straßen dermaßen nass waren, dass mein Dynamo nicht mehr funktionierte. Insgesamt aber hat mir mein Fahrrad gute Dienste geleistet, denn so war ich unabhängig von den üblichen Transportmitteln.

Abends jedoch, zuweilen spät, habe ich mir in der Regel, zusammen mit anderen Offizieren, unter einem überdimensionalen Öl-Bild von Lenin sitzend, ein paar Bierchen geleistet. Zum „Abspannen", gewissermaßen. Auch „*Soljanka*" gab es bisweilen: eine ursprünglich russische Gemüsesuppe mit Fleischeinlage. Das war uns Offizieren aus dem Westen zunächst unbekannt; ebenso wie die „Broiler", die sich allerdings schnell als „gebratenes Hähnchen" entpuppten.

Später, als der Dienst „rund" lief, haben wir uns – dabei erinnere ich mich gerne an den ruhigen, gelassenen, immer zu einem Witzchen aufgelegten *Major Jaeschke* aus Bremen – den Mittwoch Abend für eine „Spritztour" nach Berlin frei gehalten. Dabei haben wir in Berlin urige Jazz-Lokale wie die „*Eierschale*", oder Restaurants mit typischen Berliner Gerichten wie „*Mutter Hoppe*" am Alexanderplatz und sicherlich noch einige andere, kennen gelernt.

An den Wochenenden allerdings setzte ein ganz besonderer Service ein: wir konnten mit Flugzeugen der Flugbereitschaft des BMVg[1] auf verschiedenen Routen in den Westteil der Republik fliegen; dazu wurden wir am Freitag Nachmittag zunächst mit Zubringer-Hubschraubern abgeholt und nach *Marxwalde* (später wieder: *Neuhardenberg*), nördlich *Seelow*, transportiert und dann mit *Tupolew*- und *Iljuschin*-Maschinen der ehemaligen DDR-Regierung sowie einigen „Westmaschinen" nach Köln, Hamburg, München usw. geflogen. Dabei hatte ich Glück: eine der Maschinen flog regelmäßig zum NATO-Flughafen *Pferdsfeld* im Hunsrück; das war für mich so günstig gelegen, dass ich von dort, von meinem Fahrer abgeholt, in weniger als einer Stunde zu Hause sein konnte. Anfangs

---

[1] **B**undes**m**inisterium der **V**erteidi**g**ung

verlief die Aufteilung auf die verschiedenen Maschinen recht chaotisch, doch im Laufe der Zeit wurde auch das recht effizient und reibungslos geregelt.

Auf dem Rückweg habe ich mich zumeist nach *Köln* bringen lassen; von dort flog am Sonntagabend eine Maschine nach *Berlin-Schönefeld*; dann ging es in einem alten NVA-Bus nach Potsdam.

So anstrengend und zeitraubend diese Wochenend-Touren auch waren, so angenehm war es, wenigstens an zwei Tagen in der Woche bei der Familie zu verbringen und im eigenen Bett schlafen zu können.

An einem Wochenende Anfang November freilich besuchte mich Bärbel: am Freitagabend sollte sie ankommen. Also habe ich mich in mein Fenster im 4. Stock gesetzt und angestrengt stundenlang Ausschau gehalten, ohne Erfolg freilich, denn Bärbel stand fast permanent im Stau. Mittlerweile wurde es dunkel; daher verlegte ich meinen Beobachtungsposten vor die Tür. Als ich sie endlich schemenhaft im Auto erblickte, sah sie mich nicht und fuhr an mir vorbei; ich rannte hinterher, doch auch das konnte sie nicht sehen. Als ich zurückkam, außer Atem versteht sich, saß sie schon da und wunderte sich, wo ich wohl war.

Obwohl sie ziemlich erkältet war, haben wir ein harmonisches Wochenende in Potsdam und Berlin verbracht. Natürlich haben wir Bärbels Freundin, Rotraud, wieder besucht und sind mit ihr beim Portugiesen, wie damals schon, essen gegangen. Natürlich waren wir auch im Schloss Sanssouci, im Cecilienhof und im damals noch ziemlich ramponierten *Holländischen Viertel*; im Havelland haben wir *Ribbecks Birnbaum* gesucht, aber nicht gefunden. Dafür hat Bärbel ein paar Buchsbäumchen von dort mitgebracht, die sie mittlerweile großgezogen und auch deutlich vermehrt hat.

Am Abend vor ihrer Abreise wollten wir denn noch in einem Restaurant an der Lenin-Allee etwas essen; wir waren die einzigen Gäste. Allein, wir durften nicht gegenüber Platz nehmen, wie wir das gerne, schon aus Zweckmäßigkeitsgründen, getan hätten, sondern mussten auf Geheiß des Wirts   n e b e n e i n a n d e r   Platz nehmen. Als wir nach etwa einer Stunde immer noch die einzigen Gäste waren, erschien der Wirt erneut und gab uns nun die Erlaubnis, uns so zu platzieren, wie wir das gerne gewollt hätten. Das machte nun freilich keinen Sinn mehr, denn wir waren kurz davor, zu gehen. Ob wir mit dieser uns völlig unverständlichen Maßnahme „bestraft" oder „diszipliniert" werden sollten, ist uns allerdings bis heute nicht ganz klar geworden. Wie ich allerdings später hörte, waren wir nicht die einzigen, an denen der Wirt dort sein Mütlein kühlte. Mittlerweile ist das Restaurant allerdings wohl bankrott, denn ich habe es bei verschiedenen späteren Besuchen Potsdams nicht mehr entdeckt.

Eines Tages kam auch Georg zu Besuch: im Rahmen einer Untersuchung von Standorten verschiedener Flugabwehr-Verbände befand er sich in der Nähe und so stand er auf einmal im Geschäftszimmer der G6-Abteilung. Kurz zuvor noch hatte mich dort ein Ex-NVA Unteroffizier noch mit „*Genosse Oberstleutnant*" tituliert: aus alter Gewohnheit vermutlich. Das war freilich für mich ungewohnt und so war ich gerade dabei, diese „Formalie" zu korrigieren, als Georg eintraf: eine angenehme Überraschung. Ich kümmerte mich also nicht weiter um den ehemaligen „Genossen" und ging mit Georg essen. Bei dieser Gelegenheit haben wir vereinbart, dass er mit Claudia an einem verlängerten Wochenende zurückkommen würde, um mit mir gemeinsam Potsdam sowie Berlin und Umgebung zu erkunden. Dieses Treffen fand auch im folgenden Frühjahr statt und war für uns alle eine willkommene Abwechslung. Auch später haben wir hin und wieder gemeinsam Potsdam und Berlin „unsicher" gemacht.

Kurz vor Weihnachten fand in der riesigen Mehrzweckhalle in unserer Kaserne ein Appell statt: dabei erhielten -zig Offiziere ihre Entlassungsurkunden. Einer nach dem anderen musste vortreten und hatte damit seinen Arbeitsplatz verloren: es herrschte Grabesstille, aber die Disziplin blieb gewahrt.

Nach diesem Akt hieß es auf einmal: „*Oberstleutnant Schlieder, vortreten!*" Darauf war ich nun wirklich nicht vorbereitet: sollte ich etwa auch entlassen werden? Stattdessen erhielt ich das Bundeswehr Ehrenkreuz in Gold. Ich war perplex, auch ein wenig stolz, aber irgendwie war mir das auch peinlich, denn wenn man bedachte, dass soeben das halbe Kommando personell aufgelöst worden war... Dennoch erhielt ich viele Glückwünsche, auch und gerade von ehemaligen NVA-Offizieren. Damit hatte ich nun wirklich nicht gerechnet.

Anfangs des neuen Jahres habe ich in nahe gelegenen Eiche meinen Kameraden, *Oberstleutnant Specht* besucht, den ich von einigen Übungen im norddeutschen Raum und dem Management-Lehrgang her kannte: er war dort als Kommandeur des ehemaligen NVA-Nachrichtenbataillons 1 stationiert. Bei einem Rundgang zeigte er mir die völlig ramponierte Kaserne mit ihren desolaten, baufälligen Kfz-Hallen und der e i n e n Dusche für das ganze Bataillon ...

Abends sind wir gemeinsam in Potsdam essen gegangen, dabei kam er mit seinem „Dienst-Trabi" angefahren. Der Trabi freilich platzte schier aus allen Nähten, als wir anschließend versuchten, uns zu fünft in dieses Gefährt zu „pressen".

Im übrigen haben wir in dem halben Jahr, das ich in Potsdam verbrachte, hart gearbeitet und unseren Auftrag, eine detaillierte Bestandsaufnahme der ehemaligen Nachrichtentruppe der NVA durchzuführen und zur Erstellung eines Überleitplans beizutragen, sicherlich erfüllt; daher wurden wir zu Ende unserer gemeinsamen Zeit denn auch mit „Förmlichen Anerkennungen" versehen. Einer unserer Offiziere indes erhielt als Anerkennung seiner Leistungen, sicherlich in bester Absicht, vom Chef des Stabes einen Bildband aus dem Fundus des ehemaligen Kommandos der Landstreitkräfte: natürlich im üblichen „DDR-Deutsch" geschrieben, voller Lob auf die ruhmreiche Sowjetunion und die Armee der Werktätigen in der DDR. *Oberstleutnant Jaeschke,* seit Kurzem zu diesem Dienstgrad befördert, indes lehnte diese Auszeichnung ab, mit der Begründung, er könne keine Auszeichnung aus dem Bestand der Armee akzeptieren, die uns jahrzehntelang als „Klassenfeind" verteufelt hatte und deren Auftrag es war, uns im Kriegsfall zu vernichten.

Ich habe diese Argumentation nie verstanden; im Gegenteil: das Buch war ja Dokument eines Teils unserer Geschichte, so sehr uns dieser Teil unserer Geschichte auch gegen den Strich gegangen sein mag.

Ich habe jedenfalls die verschiedensten Urkunden und Bilder aus der Zeit der ehemaligen Armee der DDR, die mir einige Angehörige unserer Abteilung anlässlich der verschiedensten Abschiedsabende schenkten, als Ausdruck ihrer kameradschaftlichen Zuneigung empfunden. Dass sich diese Armee anders entwickelt hatte als die unsere und dass sie demzufolge auch andere Formen und Devotionalien entwickelt hat, war sicherlich nicht den Menschen anzulasten, mit denen wir es in unserer Zeit in Potsdam zu tun hatten.

In der zweiten Hälfte unserer Potsdamer Zeit setzte eine wahre Flut externer Besucher bei uns ein: zunächst erschien Anfang März 1991 der General der Fernmeldetruppe, *Brigadegeneral Beenders*, mein ehemaliger Kompaniechef aus Essener Zeiten. „*Das Tal der Tränen ist noch nicht durchschritten …*" beschied er die ehemaligen NVA-Offiziere bei einem gemeinsamen Abendessen. An weitere, zukunftsweisende Worte kann ich mich nicht erinnern.

Dann kam der Referatsleiter für Offiziere der Fernmeldetruppe im BMVg in die Abteilung G6 um Personalgespräche zu führen: es ging u.a. um die Frage, wer nach den ersten 6 Monaten „im Osten" verbleiben sollte und auf welchem Posten.

Obwohl mir bei diesem Gespräch angeboten wurde, meinen derzeitigen Posten als stellvertretender Leiter G 6 und Dezernent zu behalten – ab 1. April mit A 15 dotiert – bat ich, mit Rücksicht auf meine Familie, von dieser Verwendung für mich abzusehen, denn ich wollte unsere Kinder, nur sechs Monate nach der Wiedervereinigung, nicht auf Schulen schicken, an denen Lehrer mit DDR-Vergangenheit wirkten; eine A 15-Verwendung war mir, als ehemaliger Bataillonskommandeur, ohnehin ziemlich sicher. Auch die Wohnungslage schien mir mehr als prekär. Kurzum: ich bat, mich zu Ende der sechsmonatigen Verwendung in Potsdam wieder in Kastellaun zu verwenden.

Meine Zeit als Bataillonskommandeur war indes wohl abgelaufen; dafür wurde eine mögliche Verwendung als Militärattaché in *Chile* angesprochen. Bis zu einer Entscheidung in dieser Angelegenheit sollte ich jedoch ins Verteidigungsministerium kommandiert werden.

Nach Rücksprache mit dem Kommandeur des Fernmeldekommandos 900, *Oberst Bludau*, der ebenfalls kurz bei uns erschien, wurde daher die Bataillons-Übergabe auf den 23. April 1991 festgesetzt. In der Zwischenzeit würde ein Appell stattfinden, bei dem unser Bataillon den *General-Fellgiebel-Preis* erhalten sollte: das war eine hohe Ehre, denn der Preis war die Auszeichnung für das Fernmeldebataillon des Heeres mit den besten Ausbildungsergebnissen. Verliehen wurde der Preis durch den General der Führungstruppen, *Brigadegeneral Beenders*, und auch *Herr Fellgiebel*, der Sohn des Generals der Nachrichtentruppe, nach dem der Preis benannt war, würde eine Rede halten. Im Übrigen könnte ich Urlaub nehmen und danach meinen Nachfolger einweisen.

Das also schien geklärt, und so gönnte ich mir ein Wochenende in *Dresden*: das letztmögliche überhaupt während meines Aufenthalts im Beitrittesgebiet, und unter Verzicht auf meinen wöchentlichen Heimflug.

Der Zug der Reichsbahn zuckelte denn endlich im Schneckentempo in Richtung Dresden; die Stadt selbst war nur spärlich erleuchtet, der Meißener Wein sauer wie schon zuvor, dafür teuer. Dennoch war es irgendwie, als komme ich nach Hause, obwohl ich die Stadt nur mäßig gut kannte und ja außer dem einen Besuch im Juli des Vorjahres noch nie gesehen hatte. Daher gönnte ich mir zu allererst eine Stadtrundfahrt und war eigenartig fasziniert vom (nur kaum ausgeprägten, dennoch deutlich hörbaren), sächsischen Tonfall der Dame, die uns mit sichtlicher Anteilnahme und beredter Gestik ihre schöne Stadt erklärte. Und da waren sie wieder, die ganzen Namen, die ich aus den Erzählungen meiner Großeltern und Eltern kannte: der Zwinger, die Semper-Oper, die Hofkirche, der Altmarkt, die Kreuzkirche und der Große Garten, das Grüne Gewölbe und die Ruine der Frauenkirche …

Dann ging ich in die Gemäldegalerie und hatte nur e i n Ziel: Raffaels *„Sixtinische Madonna"*. Ich war fasziniert. Über den Meister hatte ich einst im kunstgeschichtlichen Seminar an der Universität Bochum meine erste Vorlesung gehört und verband seitdem Raffael mit Dresden. Doch was waren all die Kunstdruck-Blätter gegen das Original!

Natürlich reichten die zwei Tage nicht annähernd für eine genauere Erkundung, aber ich wusste, eines Tages käme ich zurück und würde alles aufsuchen, wozu die Zeit jetzt nicht reichte: das Wettiner Gymnasium, auf dem Vater zur Schule gegangen war – der Meißener Porzellanteller mit dem Motto der Schule: „*Humanitati, Virtuti, Modestiae*"[1] hängt heute noch bei uns an einer Wand – die Musikhochschule, in der er studiert hatte, *Oberrathen*, wo er stets die Sommerferien bei seiner Großmutter verbracht hatte, ja das ganze Elbsandsteingebirge, von dem meine Großeltern geschwärmt hatten.

Als sich Mitte März der Stadt-Kommandant des (ehemaligen) französischen Sektors von Berlin zu einem Besuch ansagte, kam ich erneut als Dolmetscher zum Einsatz. Das war interessant, wenngleich anstrengend, denn ich musste ununterbrochen in „beide Richtungen" dolmetschen: dabei war ich sicher, dass der französische General auch Deutsch hätte sprechen können, wenn er gewollt hätte, denn es war offensichtlich, dass er alles schon verstanden hatte, bevor ich auch nur anfing, zu übersetzen.

Zu Ende unserer Potsdamer Zeit, Ende März, fand im Offizierheim von Wildpark West eine Abschiedsveranstaltung statt: ein ausgiebiges Essen mit einem Abendprogramm, gestaltet durch das Unterhaltungs-Ensemble der ehemaligen NVA, schmissig, teilweise selbst-ironisch, von einem „Entertainer" und einer „Entertainerin" durch das Programm geführt, mit viel Witz und Berliner Charme.

„Eener alleene, det is nich scheene …" habe ich da zum ersten Mal gehört, „… aber eener und eene, und denn alleene, det is scheene …"

---

[1] Für Menschlichkeit, Tugend, Bescheidenheit

Ich hatte dabei die Ehre, gegenüber dem Kommandeur des Heeresführungskommandos Ost sitzen zu dürfen; wie ich zu diesem Vorzug kam, weiß ich bis heute nicht. Ich hoffe jedenfalls, dass ich mich so benommen habe, wie das erwartet wurde und wie sich das gehörte. Nachdem auch er keine Silbe mit mir sprach, habe ich jedenfalls die Initiative ergriffen und ihn gefragt, wie es ihm gefallen habe. Ich glaube, mich erinnern zu können, dass er darauf antwortete: „Gut". Das war alles.

Am 27. März 1991 wurden im Rahmen eines Appells die 1. MotSchützen-Division der ehemaligen NVA aufgelöst, als Heimatschutzbrigade 42 „Brandenburg" neu aufgestellt und an einen neuen Kommandeur übergeben; das Ganze geschah bei „Kaiserwetter", im Beisein der vier ehemaligen alliierten Stadtkommandanten und mit „Preußens Gloria". Preußen aber war 1945 durch die Alliierten aufgelöst worden. Ein erhebendes Gefühl und noch dazu ein denkwürdiger Abschluss unseres sechsmonatigen Einsatzes.

Im Bewusstsein, ein halbes Jahr sinnvoller Arbeit hinter uns zu haben, fuhr ich andertags nach Hause, zuerst zu meinem Bataillon, dann zu meiner Familie: in dieser Reihenfolge, genau wie all die Jahre zuvor. Die Lenin-Allee wurde später wieder umbenannt und heißt nun wieder so wie früher: „*Graf-Zeppelin-Straße*". Was aus dem überdimensionalen Lenin-Bild geworden ist, weiß ich nicht. Wahrscheinlich hängt es in irgendeinem Museum.

16. Kapitel
Referent im Bundesministerium der Verteidigung in Bonn (1991 – 1992), dabei: Erste Reise nach Schlesien.

Am Tag nach der Bataillonsübergabe meldete ich mich im Verteidigungsministerium, im Führungsstab der Streitkräfte (FüS) beim Referatsleiter für Grundsatzangelegenheiten der Führungsdienste, *Oberst i.G. Jentzsch*. Dort traf ich zu meinem Erstaunen auch *Oberstleutnant Weingarten* wieder, mit dem ich vor Jahren auf dem Kompaniecheflehrgang in Feldafing war: groß, braun gebrannt, mit tiefem Bass, einige Jahre älter als ich, eine stattliche Erscheinung und äußerst kompetent. Er war mein Vorgänger und sollte nun Grundsatzreferent werden; ich wurde Referent für Organisationsangelegenheiten des Fernmeldesystems der Bundeswehr: hierfür arbeitete mir ein Dezernent des Amtes für Fernmelde- und Informationssysteme der Bundeswehr (AFmIS Bw) in *Rheinbach* zu.

Da mein Dienstposten, bedingt durch die Personalabstellungen der letzten Zeit, seit einem halben Jahr unbesetzt geblieben war, türmten sich die mittlerweile eingegangen Akten und „Gittermappen" z.T. kniehoch in meinem Zimmer, so dass ich dieses Durcheinander zu allererst halbwegs ordnen musste, dann ca. 100 Aktenordner befüllte, ein Inhaltsverzeichnis anlegte, und das alles so abstellte, dass ich es wieder finden und je nach Dringlichkeit Zug um Zug abarbeiten konnte. Das war natürlich eine Sisyphus-Arbeit, denn jeden Tag kamen neue Ladungen von Gittermappen hinzu: das Meiste dringend, einiges „sofort" zu erledigen. Das war insbesondere immer dann der Fall, wenn Vorgänge aus dem Büro eines Bundestagsabgeordneten, des Ministers, eines Staatssekretärs, des Generalinspekteurs, des Chefs des Stabes oder, für mich völlig neu, des Büros des Vorsitzenden des Personalrats eintrafen.

Dann machte ich mich an die Arbeit, nicht ohne zuvor, mit vielen anderen „Neuen", hehre Worte der Generalität des Hohen Hauses zu hören. Zuletzt hieß es: „Nun regieren Sie mal schön!" und dann ließ man uns „regieren", jeden in seinem Büro und, in dieser Zeit zumindest, mit viel zu dünner Personaldecke. Die Ausfälle waren gewaltig: etwa 30 % der Referenten hatten nach kurzer Zeit gesundheitliche Probleme, bis hin zum Herzinfarkt. Doch auch darauf wies man uns hin: wir konnten nicht sagen, wir hätten's nicht gewusst.

Als ich den Generalinspekteur, General Klaus Naumann, der die Referenten von Zeit zu Zeit zum Frühstück in sein Büro einlud, eines Tages darauf ansprach und vorschlug, zur Linderung dieses Problems und zur besseren Bewältigung des enormen Arbeitsanfalls, wenigstens z e i t l i c h   b e g r e n z t, so lange die „Wiedervereinigungsbedingten" Probleme abzuarbeiten waren, mehr Personal einzustellen, wurde ich lediglich beschieden, dass dies bereits versucht worden sei; die Leitung habe dies jedoch abgelehnt.

Also arbeiteten wir weiter so gut es eben ging; dabei bin ich oft genug durch die Gänge der Führungsstäbe g e r a n n t, um Zeit zu sparen oder vermeintlich wichtige Termine einhalten zu können.

Da wir den Kindern im laufenden Schuljahr keinen Ortswechsel zumuten – andererseits aber auch nicht auf unbestimmte Dauer getrennt leben – wollten, habe ich mich zunächst in einer Kaserne in Rheinbach einquartiert und etwa ein Viertel Jahr dort während der Woche spartanisch gelebt. An den Wochenenden fuhr ich in der Regel nach Kastellaun. Dann fand ich ein Haus in *Ramershoven*, einem Dorf kurz hinter Rheinbach, auf dem Land und günstig gelegen: von dort waren es nur ca. 10 Minuten zum Ministerium. Der Eigentümer, ebenfalls Offizier, sollte für einige Jahre nach Dänemark versetzt werden; so traf es sich gut, dass wir sein Haus für ein paar Jahre „hüten" konnten, denn nach einigen Jahren würde ich ja ganz sicherlich wieder versetzt.

So zogen wir nach den Sommerferien nach Ramershoven, in die Eichenstraße Nr. 10; das Haus war geräumig mit einem riesigen Garten und altem Baumbestand. Bärbel und die Kinder waren zufrieden.

Schon nach kurzer Zeit kam indes eine willkommene Abwechslung: Anfang Juni sollte in Zürich ein Lehrgangstreffen stattfinden, das die Schweizer Offiziere, die mit uns in Hamburg Lehrgangsteilnehmer gewesen waren, organisierten. Natürlich haben wir daran teilgenommen; mit von der Partie waren ebenfalls Gunter Ortmanns mit Frau Isi, Klaus Walkhoff mit Frau Rienelt und – zu aller Erstaunen: unser australischer Kamerad Pierre Gregor mit Frau Branka, direkt von *Kangaroo Island* eingeflogen. Andere waren nicht dabei.

Sie haben sich viel Mühe gegeben, unsere Schweizer Generalstäbler und alle Register schweizerischer Gastfreundschaft und Organisationskunst gezogen; dennoch blieb dies das einzige Lehrgangstreffen bislang.

Den Sommer-Urlaub haben wir größtenteils in *Oberwiesenthal*, im Erzgebirge, verbracht und sind dazu über die Tschechoslowakei angereist, denn das war kürzer. Ein eigenartiges Gefühl war es schon, denn noch vor kurzem wäre diese Reiseroute, für mich zumindest, als „Geheimnisträger", undenkbar gewesen.

Grün war es im Erzgebirge, mit viel Wald, aber leider auch mit den sichtbaren Auswirkungen des Sauren Regens; ganze Waldstücke, speziell am Fichtelberg, dem wir stramm zu Leibe rückten, waren wie abgestorben. Auch im „Salonwagen" der Schmalspurbahn von Oberwiesenthal nach *Cranzahl* sind wir gefahren: 17,5 km mit einem historischen Zug der Deutschen Reichsbahn. Ein dampfendes, zischendes und pfeifendes Reisevergnügen; wie geschaffen für die Kinder, die so etwas noch nie erlebt hatten.

Das *Frohnauer Hammerwerk* aus dem Jahre 1436 haben wir bestaunt, die wunderschönen Kreuzgratgewölbe und das kunstvolle, bunte Emporenrelief „*Die Lebensalter*" in der St. Annenkirche aus dem frühen 16. Jahrhundert in *Annaberg-Buchholz*.

Hier tat sich uns eine neue Welt auf in unserem schönen Deutschland, eine Welt, die uns 45 Jahre lang verschlossen geblieben war. Die Kinder freilich stellten solche Überlegungen noch nicht an und freuten sich über das Eis in einem Café direkt im Zentrum der Stadt. Der Ober freilich betrog uns um 20.- DM; das allerdings haben wir erst später gemerkt. Sicherlich hatte er's, aus seiner Sicht zumindest, nötig.

Auf dem Rückweg nach Hause haben wir uns Zeit gelassen und zunächst einen Abstecher auf die *Plassenburg* in *Kulmbach* unternommen und dort die riesigen, mit viel Liebe zum Detail aufgebauten Dioramen im Zinnfiguren-Museum bewundert, dann die *Basilika Vierzehnheiligen* besucht, *Bamberg* besichtigt und sind zu guter Letzt Mundharmonika spielend und Volks- und Kinderlieder singend auf den *Ochsenkopf* gewandert. Natürlich haben wir dort der Weissmainquelle einen Besuch abgestattet, denn der Weg zum Ochsenkopf führt direkt daran vorbei. Bei all dem haben die Kinder erstaunlich gut mitgehalten und wohl auch ihren Spaß gehabt. Für uns war es erholsam. Vor der Rückkehr ins Ministerium hat es mir allerdings gegraut.

Dann fand unsere private Abschiedsparty aus Kastellaun statt und Familie Noack aus Coswig erschien in ihrem Trabi; doch davon habe ich schon früher berichtet. Wir haben schöne Tage miteinander verbracht. Dabei war es für unsere östlichen Bekannten und möglichen Verwandten schon ein Ereignis, Rohrnudeln und Spaghetti zu essen, denn das hatte es früher im Raum Dresden offensichtlich nicht gegeben, von *Sauce Bolognese* und *Pesto* ganz zu schweigen. Als Grillmeister war Hans Noack allerdings unschlagbar und seine Familie hatte er freundlich, aber als strenger Vorstand, auch „im Griff". Als ein Unwetter heranzog und das abgesenste Gras auf unserer riesigen Wiese zusammengerecht werden musste, packten alle auf sein Kommando an und halfen schnell, praktisch und effizient, kleine Heuhaufen aufzustellen, die wir später umso leichter abtransportieren konnten.

Sie haben sich sehr bedankt, als sie wieder abfuhren. Für uns war es ein ebenso schönes, wie interessantes und lehrreiches Erlebnis; auch, dass wir dadurch aus erster Hand erfahren konnten, wie es war, u n s e r e n Teil Deutschlands kennen zu lernen. Bislang hatten wir den Vereinigungsprozess ja nur aus dem entgegengesetzten Blickwinkel erfahren.

Die neue Umgebung, rings um unser neues Haus in Ramershoven, war für die Kinder anfangs sicherlich nicht sehr behaglich, denn sie kannten dort niemanden; doch in dem riesigen Garten um unser Haus konnte man sich wohl fühlen und unsere Nachbarn, „Opa" und „Oma" *Menzel* waren freundlich. Im Garten selbst haben wir auch recht schnell einen brach liegenden Tümpel wieder aktiviert, d.h. mit Wasser befüllt, Schilf und Wassergräser gepflanzt und ein Fisch-Pärchen hineingesetzt. Das faszinierte die Kinder und als das nächste Schuljahr begann, ergaben sich auch recht schnell neue Bekanntschaften. Dann kamen auch Opa Manfred, später Tante Maria und Onkel Herbert zu Besuch, so dass für Abwechslung gesorgt war. Barbaras Klavierunterricht tat ein Übriges.

Im Ministerium freilich musste ich immer schneller durch die Gänge rennen, um der Papierflut halbwegs Herr zu werden; dass ich dabei eines Tages einen Antrag, den ich vor mehr als 10 Jahren an der NATO-Schule in Latina gestellt hatte, in einer alten Akte – unbearbeitet – auffand, sei nur am Rande vermerkt.

Eines Tages jedoch ging es um die Auflösung einer Anzahl von Fernmeldeeinrichtungen des sog. „*S1-Netzes*"[1] der ehemaligen DDR: davon war auch die mir sattsam bekannte Fernmeldeeinrichtung in Potsdam betroffen. Da das aus meiner Sicht, zumindest in der Anfangsphase, keinen Sinn machte, habe ich mich mit allen mir zur Verfügung stehenden Mitteln gegen diese Absicht gewehrt. Nachdem meine Argumente jedoch ohne Erfolg blieben, insbesondere aber auch niemand angeben konnte, wie die entstehende Lücke geschlossen werden sollte, habe ich mich, nach Rücksprache mit meinem Referatsleiter, beim Leiter der Stabsabteilung persönlich gemeldet und Vortrag gehalten: und siehe da, der Admiral zeigte Einsicht, zumal die übergeordnete Absicht, das Fernmeldesystem insgesamt personell deutlich zu reduzieren, immer noch erreicht werden konnte.

Nun ging es darum, das zuständige Referat beim Führungsstab des H e e r e s für meine Absichten zu gewinnen und in der Hauptabteilung „Verwaltung" die Mittel bewilligen zu lassen, die für den weiteren Betrieb des „*Fernmeldesystemzentrums Potsdam*", wie es alsbald hieß, erforderlich waren. Das gelang wider Erwarten recht schnell. Dann mussten die entsprechenden Organisationsunterlagen erstellt und der Stellenplan bewilligt werden:

---

[1] „Stabsnetz": ein mit Masse durch das Militär betriebenes Sonderfernmeldenetz der ehemaligen DDR; der NVA und verschiedenen anderen staatlichen Dienststellen zur Nutzung vorbehalten. Mit der Wiedervereinigung war das S1-Netz zunächst mit dem Fernmeldesystem der Bundeswehr zu „verketten" sowie später in dieses zu integrieren. Dabei waren bestimmte Einrichtungen stillzulegen und andere umzurüsten. Dieser Prozess führte zwangsläufig zu umfangreichen Organisationsmaßnahmen, die durch das Bundesministerium der Verteidigung zu veranlassen waren.

und eines Tages hielt ich *STAN*[1] und *OSP*[2] „meines" Fernmeldesystemzentrums – neben den entsprechenden Unterlagen aller anderen Einheiten und Teileinheiten des gesamten neuen Fernmeldesystems der Bundeswehr – r e a l in den Händen: ein ganzer Papierstoß, so viel und so schwer, dass ich die vielen grünen Heftchen kaum tragen konnte!

Entscheidend aber war: in Potsdam standen etwa 70 Menschen weiterhin in einem Beschäftigungsverhältnis. Ohne entsprechende Organisationsunterlagen wären sie stattdessen auf kaltem Wege „wegrationalisiert" worden; die Lücke im System hätte noch dazu zu schweren betrieblichen Verwerfungen geführt. Dieser „Sieg" über viel gleichgültige Borniertheit hat mich denn auch, trotz allem Frust bei der sonstigen Arbeit, für eine Weile deutlich „aufgebaut" und mich wieder optimistischer und weiterhin tatendurstig in die Zukunft blicken lassen.

Ohne meinen Einsatz „im Osten" wäre ich indes kaum in der Lage gewesen, in dieser Situation richtig zu urteilen und die erforderlichen Maßnahmen zu ergreifen.

Im Oktober 1991 bin ich dann, begleitet von meinem Vater und in dessen Auto, nach Oberschlesien gefahren; das war nun ja wieder möglich und daher wollte ich jetzt sehen, wo ich am 5.9.1944 zur Welt gekommen war. Da Mutter, die ja ebenfalls in Cosel / O.S.[3] geboren und aufgewachsen war, nicht mehr lebte, nahm ich an, dass Vater, der Mutter anlässlich eines Lazarettaufenthalts Ende 1943 ja dort kennen gelernt hatte, mir vor Ort die erforderlichen Auskünfte erteilen könnte.

Das erwies sich anfangs als durchaus interessant: schon die Anfahrt über die „Autobahn" von *Bunzlau* (heute: *Bolesławiec*) nach *Breslau* (heute: *Wrocław*) war abenteuerlich. Die „Autobahn" erwies sich als größtenteils einspurige Rollbahn; in den Ritzen zwischen den Betonplatten wuchs teilweise Gras, Beschriftung und Kennzeichnung waren dürftig, der Verkehr spärlich und an einer Stelle kamen uns Kühe auf der Fahrbahn entgegen. An einem Parkplatz wollten wir austreten: da saß, keine 20 Meter von der Autobahn entfernt, im Wald ein armes, altes Weiblein in langem, blauem Rock und mit schwarzem Kopftuch, das einen offensichtlich selbst gebauten „Donnerbalken" verwaltete. Rings herum steckte Reisig als Sichtschutz; daneben, auf einem Baumstumpf, eine rostige Waschschüssel und ein nasser Lumpen, zum Abtrocknen der Hände.

Als ich ihr 50 Pfennig gab, fiel sie auf die Knie, küsste meine Hand und sagte (auf Deutsch): „*Vielen Dank, gütiger Herr, der Herrgott vergelt's*".

Ich war wie vom Donner gerührt. Mir verschlug es die Sprache. Auch Vater konnte eine Zeitlang nicht sprechen.

In *Breslau* fanden wir, rein zufällig, eine Bleibe: im *HOTEL „ORBIS" MONOPOL* gab es zwei Zimmer für eine Nacht und einen Parkplatz aus gestampftem Lehm, mit einem Seil abgespannt, direkt gegenüber. Für 2.- DM versprach uns der Wächter, auf den

---

[1] **St**ärke- und **Or**ganisations-**N**achweisung (Personal- und Organisations-technische Grundlage für den Aufbau und den Betrieb einer Dienststelle oder (Teil-) Einheit

[2] **O**rganisations- und **St**ellen**p**lan (Grundlage für das Erstellen eines haushaltsmäßig genehmigten Stellenplans)

[3] O.S.: bis 1945 übliche Abkürzung für **O**ber**s**chlesien

Wagen aufzupassen. Das klang nicht sehr beruhigend, erschien uns aber besser, als den Wagen am Straßenrand abzustellen.

Das Wasser kam zwar zunächst dunkelbraun aus dem Hahn, wurde aber zunehmend heller; die Betten waren riesig. Der Speisesaal plüschig.

Beim Bier an der Hotelbar, auch hier viel roter Plüsch, bot man uns Kaviar an: garantiert *Beluga,* direkt aus Russland, 1a Schmuggelware und super günstig, nur 20.- DM die Dose. Ich hatte so etwas noch nie gehört und war perplex; natürlich lehnten wir ab, wurden aber weiterhin gut und zügig bedient.

Sogar eine Wählverbindung nach Deutschland kam nach einigem Hin und Her zustande; unser Glück war jedoch erst vollkommen, als wir am nächsten Morgen den Wagen wieder entdeckten: weder aufgebrochen noch zerkratzt und unseren Weg in Richtung *Oppeln* (heute: *Opole*) fanden wir auch.

Nach weiteren 120 km und einer Irrfahrt rund um *Cosel*, denn es gab kaum Schilder – und schon gar nicht auf Deutsch – kamen wir an und auch das ehemalige Landgestüt, in dem Mutter mit ihren Eltern gelebt hatte, fanden wir schnell. Auf einer Oder-Insel gelegen, führte eine kleine Brücke direkt zum Gestüt; davor ein rostiges Metall-Tor, nur teilweise in den Angeln. Über uns eine zugewucherte Lindenallee, Stallungen an Längs- und Schmalseite des riesigen Reitplatzes; natürlich, das Bild von Opa, wie er hier bei einem Reitturnier über ein Hindernis sprang, dahinter die Stallgebäude, passte. Dahinter lagen die Wohngebäude der Bediensteten: auch Mutter musste mit ihren Eltern da gewohnt haben. Am Rande einer Wiese, von alten Laubbäumen umstanden, die Verwaltungsgebäude. Der „*Herr Rendant*" hatte dort residiert, der Landstallmeister. Ein Herr *von Stenglin* mit einer vornehmen Tochter, *Rose*, die manchmal ausritt damals. Opa musste sie dann begleiten.

Die Großeltern hatten sich Anfang 1918 im Gestüt kennen gelernt: Oma war, 19-jährig, beim damaligen Landstallmeister und Gutsbesitzer Renkendorf, „in Stellung" gegangen und Opa war dort, wie schon sein Vater, Fohlenwärter. Ziegenmilch holte sie dort regelmäßig für die Herrschaft, daher kannte sie Opas Schwester und seine Eltern.
Auf der Wiese eine Herde Pferde: ob das Überreste der Trakehner waren, die damals dort aufgezogen wurden? An die 200 Hengste wurden dort einmal gehalten.

Hinter einem flachen Deich der eine, hier recht seichte Oderarm, quer durch den Fluss ein Wehr: hier hatte Tante Leonie Schwimmen gelernt, wie sie erzählte. Ein paar Männer standen da im Fluss und angelten. Auch ein Bootshaus musste es da gegeben haben, damals. Die Tanten hatten immer wieder davon gesprochen.

Da kam ein alter Mann daher: ich sprach ihn auf Deutsch an und fragte nach dem „*Klapperteich*", denn von dem hatte Mutter, liebevoll geradezu, immer wieder erzählt. „Ja, der Klapperteich" antwortete der Mann, ebenfalls auf Deutsch, „nach dem fragen sie alle…" Schon zu Ende des Krieges habe er dort gearbeitet sagte er uns, nach dem Krieg sei er dort geblieben, und nun sei alles heruntergekommen, verrottet, „Sie sehen ja selbst…" Dann zeigte er uns den Klapperteich, am anderen Ende der Insel gelegen, zwischen beiden Oderarmen, idyllisch gelegen, inmitten von viel Buschwerk; ganz offensichtlich ein Biotop, unberührt und brackig. Früher hatte Mutter dort hin und wieder eine Herde Enten gehütet und zwischen Teich und Wohngebäude waren Gärten; dort hatte Oma offensichtlich ihr Gemüse gezogen, wie alle anderen auch. Heute war auch das nur noch in Ansätzen erkennbar. Sichtlich erschüttert wendeten wir uns von dannen und fuhren in die Innenstadt, nur wenige hundert Meter weiter.

Wo das „*Café Gemming*" sei, denn da hatte sich die Jugend damals getroffen, wollte ich wissen und die evangelische Kirche, denn da wurde ich getauft, das „*Karolusstift*", in dem Mutter Hauswirtschaft gelernt hatte und das Krankenhaus, von dem man mich kurz nach meiner Geburt während eines Fliegeralarms im Wäschekorb nach Hause getragen hatte; wo sie sich kennen gelernt hatten wollte ich wissen und wo Mutter gewohnt hatte, nachdem sie einen eigenen Hausstand eingerichtet hatte, an der *Klodnitzer Straße*, nur die Nummer wusste ich nicht. Ihre ganze Wohnungseinrichtung, ihre Aussteuer, ihr Porzellan und ihr Silber hatte sie dort lassen müssen, als sie im Januar 1945 „auf die Flucht" gehen mussten, wie ich immer wieder gehört hatte. Nur mit einem Koffer und mit mir auf dem Arm.

Vater aber schwieg; dann sagte er nur, das sei ihm alles fremd, er könne sich an nichts erinnern. Ich schluckte. Das konnte ich mir nicht vorstellen. Ich war entsetzt. Da waren wir nun annähernd 1.000 km gen Osten gefahren, nach Schlesien, in die Stadt in der er Mutter kennen gelernt hatte, in der er Mutter in einer Kutsche von zu Hause hatte abholen lassen: damals ein Skandal (!), in der meine Großeltern gelebt und gearbeitet hatten, in die Stadt, von der ich Jahrzehntelang hatte erzählen hören, in die Stadt, in der ich geboren war und Vater konnte sich an nichts erinnern?

So alt w a r er noch nicht und zwischen 1944 und 1991 lagen gerade einmal 46 Jahre – und da konnte er sich nicht erinnern? Hatte er das alles verdrängt? Wir sind dann schweigend wieder abgefahren; an einer Ausfallstraße sagte er nur und deutete dabei auf eine alte, graue Villa: „Ich glaube, in diesem Haus war damals das Lazarett." Das war alles.

Bis nach *Glatz* (heute: *Klodzko*) sind wir an diesem Tag noch gefahren, denn ein Hotel haben wir auf dem Weg dahin nirgends entdeckt. Auch da wurden wir nicht sofort „fündig"; da fuhr ich mit dem Wagen rechts ran und fragte einen Herren, der auf dem Bürgersteig mit einem etwa 10-jährigen Jungen spazieren ging, ob er wisse, wo ein Hotel sei. „Nu, gleich um die Ecke", sagte er, „aber warten Sie mal ab, ich gebe Ihnen meinen Enkel mit, der wird es Ihnen zeigen". Sprach's und sagte dem Jungen, er möge zu uns einsteigen und uns den Weg weisen … Er selbst ging derweil weiter.

Der Junge aber sprach erstaunlich gut Deutsch und führte uns schnurstracks zu einem ansehnlichen Hotel. Nachdem wir ihm zwei Mark für seine Dienste gegeben hatten, kam uns die Idee, er könne vielleicht auch wissen, wo man Briefmarken kaufen konnte: „Kein Problem", sagte der Junge, „mach' ich". Und wenige Minuten später tauchte er wieder auf, mit Briefmarken, so dass wir unsere Postkarten würden schreiben können.

Auch der Jüngling auf dem Parkplatz bekam zwei Mark und versprach, auf unser Auto aufzupassen. Deutsch sprach er auch. Sogar sehr flüssig.

Im Hotel gab es einen großen Raum mit einer Theke und einigen Tischen an denen man essen konnte. Im Übrigen war der Raum recht gut gefüllt: lauter Leute, die dort ein deutsches Fernsehprogramm verfolgten. Das war erstaunlich, denn vor wenigen Tagen noch hatte ich in der FAZ[1] ein Interview mit Kardinal Glempp gelesen, der eine deutsche Minderheit in Schlesien schlicht abgestritten hatte. War der Kardinal etwa falsch informiert? Hatte er sich etwa gar nicht selbst um dieses „Problem" gekümmert? Oder hatte er gelogen? Allein: durfte denn ein Kardinal lügen?

Nach dem Abendessen ein Bier an der Theke: kaum standen wir da, schon kamen zwei „Damen" auf uns zu, eine etwas älter, eine noch jünger, wahrscheinlich Mutter und Tochter, und boten uns Brot und Salz an, denn wir seien willkommen.

Ob sie uns sonst irgendeinen Gefallen erweisen könnten, fragten sie dann in flüssigem Deutsch, recht deutlich. Wir haben das verneint. Gestaunt haben wir aber doch.

Auch in diesen Wasserhähnen floss anfangs braunes Wasser; die Bettwäsche war verschlissen und das Kopfkissen befleckt. Allein, wir waren müde und so müssen wir wohl irgendwann eingeschlafen sein, obwohl das bei mir eine Weile dauerte, denn ich musste erst die Eindrücke dieses in jeder Beziehung erstaunlichen und aufwühlenden Tages verarbeiten.

Als wir am nächsten Morgen abfahren wollten, kam eine weitere junge Dame auf uns zu und fragte, ob wir nach Deutschland führen; als wir das bejahten, bat sie uns, den Brief mitzunehmen, den sie in der Hand hielt, denn der sei an eine Adresse in Frankfurt gerichtet. Mit der polnischen Post dauere das aber eine Woche oder länger, mit der deutschen Post ginge das viel schneller. Sie wollte uns auch Geld für das Porto geben.

Natürlich haben wir auf das Geld für das Porto verzichtet; den Brief würden wir schon aufgeben, um die Briefmarke würden wir uns auch kümmern.

Ob unsere Reise etwa nach Frankfurt gehe? Da müsse sie hin. Ob sie da mitkommen könne? Auch dass wir auf dem Wege dahin noch ein paar Mal übernachten wollten, schien ihr nichts auszumachen … Erst als wir sagten, wir wüssten nicht, wie lange wir noch unterwegs wären, gab sie auf.

Ins *Glatzer Bergland*, genauer gesagt: ins *Eulengebirge*, sind wir noch gefahren an diesem Tag, denn in Volpersdorf bei Falkenburg war Großmutter aufgewachsen; am Tag der Revolution, am 12. November 1918 hat sie dort Opa geheiratet. Anlässlich der Trauung hatte Opa die Ringe vergessen, so dass sein Bruder August (der bei der *Exzellenz von Dulitz* angestellt war …) zurücklaufen musste, um die Ringe zu holen. Auch das Altartuch habe während der Trauung Feuer gefangen, hieß es.

Ich bin sicher, dass wir den Ort gefunden haben, denn ich hatte eine alte Karte bei mir, mit deutschen Ortsnamen. Möglich, dass wir auch das Haus gefunden haben, in dem sie mit ihren Eltern gewohnt hatte, direkt am Waldrand; sie hatte oft davon gesprochen

---

[1] **F**rankfurter **A**llgemeine **Z**eitung

und immer anschaulich von der herrlichen Natur rings umher geschwärmt. Besonders im Winter sei es dort märchenhaft gewesen, mit all den Schneeverwehungen und den Eiszapfen an den Bäumen.
Auch den Friedhof haben wir gefunden. Deutsche Gräber aber gab es dort keine.

Auch in *Görlitz* haben wir kein Hotel gefunden, zumindest keines mit Betten für eine Nacht. Das wiederholte sich in Bautzen; erst als wir bei Dresden von der Autobahn abfuhren und irgendwo über Land fuhren, fanden wir ein Hotel: in dem war allerdings nur e i n Zimmer frei. Notgedrungen haben wir in dem einzigen Bett gemeinsam geschlafen. Ich habe kein Auge zugetan, denn Vater schnarchte. Er sagte mir am nächsten Morgen das Selbe.

Ob ich nun noch nach Dresden fahren wolle, fragte mich Vater. Das aber wollte ich nicht, denn ich war sauer.

So kamen wir wieder nach Miltenberg zurück; deutlich eher als vorgesehen, denn ich hatte durchaus einige Tage in Cosel und Umgebung verbringen wollen.

Dann haben wir die halbe Nacht gestritten und uns angebrüllt: so war ich noch nie mit meinem Vater umgegangen. Ich war immer noch entsetzt, dass er mir nichts in Cosel gezeigt hatte, oder nichts hatte zeigen wollen? Was war da passiert, damals? Hatte er wirklich alles vergessen?

Es habe da nichts gegeben, in dieser fürchterlichen Stadt, hat er mir gesagt und alles habe anders ausgesehen als früher; er sei nicht lange dort gewesen und auch danach nie wieder zurückgekehrt. Es sei schauderhaft gewesen. Auch Wurzeln habe er dort keine...

Es war eine grauenhafte Nacht. Am nächsten Morgen bin ich um 05.00 Uhr aufgestanden und um 05.45 Uhr mit der Eisenbahn abgefahren. Ich wollte meinen Vater nie wieder sehen und nach Miltenberg würde ich auch nicht wiederkommen.

Bärbel war auch erstaunt, als ich so deutlich vor der Zeit wieder zurück kam und auch die Kinder haben sich, soweit ich weiß, gefreut.

Ich habe lange gebraucht, bis ich diese Episode verarbeitet hatte. Irgendwann, gut ein Jahr später, haben wir uns dann wieder vertragen. Warum mir Vater nichts über Cosel / O.S. sagen konnte, habe ich allerdings nie erfahren.

Die Arbeit im Ministerium nahm nun wieder ihren Lauf; auch eine zweitägige Dienstreise nach Potsdam hatte ich zu organisieren, denn nun wollten unsere maßgeblichen Offiziere vor Ort sehen, worum es im „Fernmeldesystem der Bundeswehr-Systemanteil Ost" ging. Dort waren mittlerweile „unsere" Strukturen eingenommen worden und es ging ganz offensichtlich voran.

Gut, dass wir in der Nähe auch Freunde hatten: Elke und Franz Berger wohnten in Heimerzheim, keine 10 km weiter. Elke war Claudias Freundin, noch aus Regensburger Zeiten, zudem Patin meines Neffen Frank; wir hatten uns immer einmal wieder, bei Familienfesten, gesehen. Auch Franz arbeitete im Ministerium.

Volker Neeb, meinen ehemaligen „Mit-Offizieranwärter" von 1964 habe ich ebenfalls wieder getroffen; er arbeitete mittlerweile auch im Verteidigungsministerium und wohnte mit seiner Familie im Nachbardorf.

Auch Maren habe ich eines Tages völlig unerwartet wieder gesehen: bei einem Fest bei unseren Nachbarn war sie unter den Gästen. Sie wohnte mit ihrer Familie, ebenso wie ihre Eltern, schon seit geraumer Zeit in Rheinbach; in der Zwischenzeit hatte ich lediglich hin und wieder mit ihrem Vater zu tun gehabt, der in der Zeit, in der ich Kompaniechef in Münchweiler war, die CENTAG Signal Group[1] führte und danach, für ein paar Jahre als Referatsleiter in Bonn für die Personalführung der Fernmeldeoffiziere des Heeres zuständig war.

Mitte April 1992 hat man mich „auf Kur" geschickt, zur Erhaltung meiner Dienstfähigkeit, wie es offiziell hieß. Das waren drei erholsame Wochen in Ottobeuren, mit viel Bewegung, herrlichen Ausflügen ins Umland und ganz ohne Stress; ins Kleine Walsertal zum Beispiel ging eine unserer Touren und an einem Tag im Mai auch auf die Insel Mainau im Bodensee. Bärbel und die Kinder haben mich hingebracht, später auch abgeholt, und sind die ersten Tage ebenfalls dort geblieben; dann kam Tante Loni für eine Weile. Durch die blühenden Mai-Wiesen bin ich mit ihr spaziert, auf den Spuren des Pfarrers Kneipp, denn dies war seine Heimat und das Gebiet, in dem er gewirkt hatte.

Mit einigen Kilo weniger auf den Hüften und deutlich entspannt habe ich danach mit Bärbel am „Ball des Heeres" teilgenommen und dabei viele Bekannte aus früheren Verwendungen wieder getroffen

Bonn hatte ganz offensichtlich Anziehungskräfte ganz besonderer Art: nur, auf mich wirkte das Ganze eher befremdlich; so konnte ich in der ganzen Stabsabteilung und weit darüber hinaus keinerlei echte Freundschaften entwickeln, die über die dienstlichen Beziehungen hinausgingen. Auch die meisten anderen waren viel zu sehr mit sich selbst und ihrer Arbeit beschäftigt, als dass sie auch nur auf die Idee gekommen wären, außerdienstliche Beziehungen zu knüpfen. Kein Wunder auch, in gewisser Weise: wenn ich, was oft genug vorkam, erst spät Abends oder Nachts meinen Arbeitsplatz verließ, brannten in vielen Bereichen noch die Lichter; daran konnte auch das alljährliche weihnachtliche Glühweintrinken auf dem Flur (!) der Stabsabteilung nichts ändern und auch nicht der „Wandertag" in der Umgebung im Sommer. Tagsüber wandern hieß eben nachts arbeiten: die personelle Besetzung war in d i e s e r Situation den tatsächlichen Arbeitsbedingen schlicht unangepasst. Zwei meiner ehemaligen Mitstreiter in Bonn sind denn auch kurz nach ihrem Dienstzeitende an Herzinfarkten gestorben, einer noch wenige Jahre davor.

So kümmerte ich mich eben weiter um die Organisationsangelegenheiten des Führungsdienstes der Bundeswehr, fragte mich dabei aber immer öfter, ob ich mir das auf Dauer antun sollte, denn der Dienst im Ministerium wurde mir – bei aller Ehre die das bedeuten mochte – dienstlich wie menschlich immer mehr zum Gräuel. Mir war eiskalt

---

[1] Etwa: Fernmelderegiment der (damaligen) Armeegruppe Mitte

auf der Hardthöhe, auch im Sommer. Daher habe ich eines Tages den Referatsleiter für Personalangelegenheiten der Offiziere der Fernmeldetruppe gebeten mich zu versetzen, sobald das möglich sei, da ich nicht die Absicht hätte, an einem Herzinfarkt zu sterben; dazu seien meine Kinder denn doch noch zu klein.

Das muss gewirkt haben, denn im Sommer fragte er mich, ob ich zum Aufstellungsstab des EUROKORPS nach *Straßburg* versetzt werden wollte. Das war für mich keine Frage: natürlich wollte ich nach Straßburg und zwar so schnell wie möglich.

Abends kam ich nach Hause und erzählte Bärbel davon: mit einer Flasche Sekt haben wir die bevorstehende Versetzung – ins schöne Elsass, nach Frankreich! – gefeiert.

Da erschienen die Kinder. Als sie hörten, dass wir versetzt werden sollten, fingen sie an zu weinen: sie hatten gerade Fuß gefasst in Ramershoven und Rheinbach und erst kürzlich Freundschaften mit Kindern aus der näheren Umgebung geschlossen; außerdem sprachen sie kein Wort Französisch. Wir haben lange gebraucht, um sie von den Vorteilen dieser Versetzung – gerade einmal ein Jahr, nachdem wir von Kastellaun umgezogen waren – zu überzeugen.

Vor unserer Versetzung haben wir uns allerdings in Speyer noch die äußerst professionelle Salier-Ausstellung angeschaut, dabei natürlich auch den uralten Dom mit seinen Kaisergräbern. Seither steht der Dom stets auf unserem Besichtigungsprogramm, wann immer wir auf dem Weg in die Pfalz sind, oder von dort zurückkehren.

Auch Stan hat uns in Ramershoven besucht. Auf Grund seines mittlerweile fortgeschrittenen Alters kam er freilich im Bus angereist. Daher haben wir ihn in *Boppard* abgeholt und anschließend auch dahin wieder zurück gebracht. Stan war, wie immer, begeistert und hat den Kindern nach seiner Rückkehr einen Satz Tischsets geschenkt, die ihn zeigen, wie er mit den Kindern vor unseren üppig blühenden Sommerrosen posierte: „*Sutter's Gold*". *Stan* mochte die Kinder und sie ihn auch.

Eine andere erfreuliche Abwechslung war unser Wiedersehen mit *Yasumi Konishi*: Er war soeben Verteidigungsattaché in Bonn geworden und lud uns zu einem Empfang anlässlich des Gründungstages der japanischen Verteidigungsstreitkräfte in die Redoute nach Bad Godesberg ein. Anschließend wurde ein Abendessen mit japanischen Spezialitäten zelebriert.

Ich hatte, damals in Hamburg, gerne mit *Major Konisihi* zusammengearbeitet, wann immer sich das ergab, denn er war ernsthaft an seine Aufgaben herangegangen, verfügte über perfekte Umgangsformen und war immer hell wach und an allem interessiert.

Als ich kurz vor Weihnachten 1986 in einer Mode-Boutique in Blankenese einen wunderschönen, langen, schwarzen Rock sah, den ich Bärbel schenken wollte, war ich mir nicht ganz sicher, ob er ihr auch passen würde; also bat ich *Major Konishi* – mit aller gebotenen Zurückhaltung und Vorsicht –, ob er nicht seine kleine, zierliche Frau bitten würde, den Rock einmal anzuziehen um zu sehen, ob er passte, denn sie musste in etwa die gleiche Konfektionsgröße haben wie Bärbel. Und siehe da, das Experiment funktionierte: *Frau Konishi* zog den Rock an und er passte!

Folglich hat er auch Bärbel gepasst. Sie hat ihn bei mancherlei feierlichen Gelegenheiten getragen und sah immer erlesen darin aus. Wir haben es sehr bedauert, dass wir die *Konishis* nur ein einziges Mal zu uns nach Hause einladen konnten, denn wenig später zogen wir um.

Nachdem wir von unserer bevorstehenden Versetzung erfahren hatten, sind wir für ein verlängertes Wochenende nach *Paris* gefahren und haben dort unsere Freunde, *Marcel* und *Marie-Pierre* besucht; *Marcel* arbeitete mittlerweile bei der Gendarmerie auf der *Île de France* und bewohnte eine Dienstwohnung in *Malakoff*, am südlichen Rande von Paris, gut mit öffentlichen Verkehrsmitteln erreichbar. Marcel jedoch fuhr mit uns in seinem Auto in die Stadt, und das mit deutlich überhöhtem Tempo. Als Offizier der Gendarmerie würde ihm da nichts passieren, hat er uns erklärt. Da wurde er, trotz seines überhöhten Tempos, von einem anderen Fahrer überholt; das reizte Marcel, so dass er einen Fluch ausstieß: „*Oh le conard …!*", das heißt in etwa „*Oh, so ein Trottel …!*" Bärbel freilich kannte diesen Begriff nicht und dachte an „*canards*": „*Enten*". Da sie aber keine Enten sah, fragte sie nach: „*Ils sont où, les canards?*" – „*Wo sind die Enten?*"

Natürlich war allgemeine Heiterkeit die Folge, und die Frage nach den „*canards*" bewirkt heute nach bei allen Eingeweihten Lachsalven, in memoriam.

Auf dem Rückweg haben wir in Straßburg Halt gemacht, die Aufnahme der Kinder in der Internationalen Schule beantragt und beide dort angemeldet. So hatten sie wenigstens schon einen ersten Eindruck von ihrer neuen Schule. Barbaras *Lycée*[1] war in einer schönen, alten Sandstein-Villa direkt an der *Ill* untergebracht und auch Sylvias Grundschulklasse des „*Collège de l'Esplanade*"[2] lag ganz in der Nähe.

17. Kapitel
Vierte Auslandsverwendung: Generalstabsoffizier im EUROKORPS [3] in Straßburg / Frankreich (1992 – 1996), dabei: Erste Reise zur Ostküste Amerikas

Kurz vor meiner Versetzung hörte ich von einem weiteren Offizier, ebenfalls im Ministerium, der auch nach Straßburg versetzt werden sollte: *Oberst i.G. Hartmut Bühl*, ehemals Heeresattaché in Paris und lange Jahre auch an anderen Stellen in Frankreich tätig. Also

---

[1] Gymnasium
[2] Grundschul- / Mittelschulanteil der Internationalen Schule in Straßburg
[3] Europäisches (Armee-)Korps: multinationaler, anfangs deutsch-französischer, Heeres-Großverband von etwa 60.000 Soldaten mit integrierter Führungsstruktur; später von vier Nationen (Deutschland, Belgien, Frankreich und Spanien) unterhalten. Dazu traten Verbindungsoffiziere anderer europäischer Streitkräfte sowie Elemente der entsprechenden Luftstreitkräfte und der Marine.

meldete ich mich bei ihm und erfuhr, dass er schon in Kürze nach Straßburg versetzt werde; ich sollte mit ihm Verbindung aufnehmen, sobald er sich dort etabliert habe.

Das tat ich denn auch, und so wurde veranlasst, dass ich für einige Tage nach Straßburg reisen konnte, zur Einweisung in die künftigen Aufgaben, wie es hieß. De facto bedeutete das: Wohnungssuche, denn wie die künftigen Aufgaben aussehen sollten war weitgehend unklar; klar aber war, dass wir in Straßburg oder der näheren Umgebung eine Wohnung brauchten und die war zu suchen.

Das gelang denn auch wider Erwarten recht schnell: in *Geispolsheim*, etwa 17 km von Straßburg entfernt, in Richtung Vogesen, war ein wunderschönes Haus mit großem Garten zu mieten, nur der Preis war recht deftig.

Da aber alle Mietabschlussgebühren, Garantiesummen und Vorauszahlungen – allein das war astronomisch – und ein Teil der Miete durch den Bund übernommen wurden, einigten sich *Monsieur Fassen*, der mit seiner Familie nach Paris umziehen würde, und ich schnell. Anfang September zogen wir um, da wir sicher stellen wollten, dass die Kinder zu Beginn des neuen Schuljahrs vor Ort waren; dabei musste Bärbel mit den Kindern die ersten vier Wochen allein überbrücken, denn der Dienstherr bestand auf meiner Anwesenheit in Bonn bis zum 2. Oktober.

Also begleitete Bärbel die Kinder zu ihrer jeweiligen Schule, besorgte die richtigen Hefte, Ordner und Stifte, organisierte die Fahrten mit dem Schulbus, spielte Dolmetscher für die Kinder und richtete, ganz nebenbei, den Haushalt neu ein.

Das allerdings hatte auch seine durchaus angenehmen Aspekte, denn alles war sauber, schön und geräumig; auch die Kinder hatten außer ihren eigenen Zimmern ein gemeinsames, riesiges Badezimmer.

Im Eingangsbereich war in eine Wand ein riesiges, buntes Glasbild eingelassen, das insbesondere bei Sonnenschein in allen Farben leuchtete. Im Wohnzimmer ein Kamin, darüber eine offene Galerie, über eine wunderschöne, geschwungene, Edelholz-Treppe erreichbar, die insbesondere Stan, bei einem seiner späteren Besuche entzückte, denn Stan liebte „*Marquetry*"- Einlegearbeiten aus Holz, die er selbst meisterhaft anfertigte. Der Garten war riesig und gepflegt; die Gegend ruhig, dabei verkehrsmäßig gut angebunden. Alles stimmte.

Für die Kinder freilich war die Anfangsphase hart, denn der Unterricht wurde auf Französisch erteilt. Ausländer erhielten anfangs – wie auch ich damals vor 32 Jahren – einen Intensivkurs: „*Français, Langue Étrangère (FLE)*"[1] und auch der wurde ausschließlich auf Französisch erteilt. Auch das war für die Kinder, mehr noch als für mich damals, ein Sprung ins kalte Wasser, denn sie fingen bei Null an und mussten sich „durchbeißen", so buchstäblich unverständlich und schwer das Anfangs auch war. Das muss aber gelungen sein, denn heute sprechen beide Mädchen Französisch, fließend und ohne Akzent. Der Schultag ging von morgens 09.00 Uhr bis abends 17.00 Uhr; das schloss für die deutschen Kinder auch Unterrichte in Deutsch und deutscher Geschichte ein. Zusätzlich

---

[1] Französisch als Fremdsprache

erhielten sie Religionsunterricht. Kurz vor 18.00 Uhr waren sie zu Hause und nach dem Abendessen ging es an die Erledigung der Hausaufgaben. Das war ungewohnt und hart für die Beiden. Dennoch: sie haben es mit viel Fleiß und Pflichtbewusstsein geschafft. Wir waren stolz auf die Kleinen.

Als G6 Op war ich zweiter Mann in der G6-Abteilung[1] des Aufstellungsstabes; mein fachlicher Vorgesetzter war in der Anfangsphase *Lieutenant-Colonel*[2] (später *Colonel*[3]) *Roland Boichut*, ein französischer Diplomingenieur für Nachrichtentechnik aus *Besançon*. Seine Frau war Deutsche, daher sprach auch er passabel Deutsch, war aber im Übrigen vor allem Ingenieur. Das erwies sich binnen Kurzem als problematisch, zumal die französischen Streitkräfte, anders als die deutschen, den „Führungsdienst" nicht als Generalstabs-Aufgabe begreifen, sondern als truppendienstliche Unterstützungsaufgabe, bei der die technischen Aspekte im Vordergrund stehen, nicht die generelle Aufgabe der „Führungsunterstützung" mit all ihren Ein- und Auswirkungen auf den Führungsvorgang.

Erschwerend kam hinzu, dass sowohl das französische Fernmeldesystem *RITA*[4] als auch das französische Führungsinformationssystem *SICF*[5] den deutschen Systemen *AUTOKO*[6] und *HEROS*[7] technisch zumindest teilweise überlegen waren. Dies blieb bei den Fernmeldesystemen ohne weitere Auswirkung, führte bei den Führungsinformationssystemen jedoch zu offenem Streit bis hin zur Ebene der hierfür zuständigen Staatssekretäre: ein Problem, das die Arbeitsbeziehungen zwischen den handelnden Offizieren von Anfang an nachhaltig beeinträchtigte, um nicht zu sagen vergiftete.

All diese Komplikationen traten freilich erst im Laufe der Zeit zu Tage; anfangs ging es darum, sich zu finden, das hieß Aufgaben und Zuständigkeiten zwischen den zuständigen Ministerien und dem Aufstellungsstab zu definieren und auszutarieren sowie Arbeitsbeziehungen festzulegen, Stellenbeschreibungen zu erstellen und Arbeitsprogramme zu entwerfen.

Auch das wurde freilich schnell weiter dadurch verkompliziert, dass nach kurzer Zeit zu den ursprünglich zwei an der Aufstellung des EUROKORPS beteiligten Nationen (Deutschland und Frankreich) Belgien dazu stieß, später auch Spanien.

Während in den ersten Jahren Deutsch und Französisch als offiziell gleichberechtigte Arbeitssprachen akzeptiert und daher u.a. alle offiziellen Dokumente und Befehle in diesen beiden Sprachen abzufassen waren, kamen schnell Niederländisch und Spanisch

---

[1] Abteilung für Führungsdienste (Fernmelde- und Informationssysteme); bestand in der Anfangsphase aus etwa 80 (Generalstabs-) Offizieren, Unteroffizieren und Mannschaften
[2] Oberstleutnant
[3] Oberst
[4] **R**éseau **I**ntegré de **T**ransmission des **A**rmées (frz. Integriertes Fernmeldenetz der Streitkräfte)
[5] **S**ystème d'**I**nformation et de **C**ommandement des **F**orces (frz. Führungs-Informationssystem der Streitkräfte)
[6] **Auto**matisiertes **Ko**rps-Stammnetz (dt. Mobiles Gefechtsfeldfernmeldesystem auf Korpsebene und darunter)
[7] **H**eeres-Führungsinformationssystem für **r**echnergestützte **O**perationsführung in **S**täben (deutsches Führungsinformationssystem verschiedener Führungsebenen)

hinzu, die zwar nicht als Arbeitssprachen, wohl aber als „offizielle Sprachen" eingeführt wurden.

Für uns hieß das in der Anfangsphase, dass alle Besprechungen, auch während der offiziellen Konferenzen mit den Ministerien, auf Deutsch und Französisch durchzuführen waren; auch die Protokolle und Folgedokumente waren zweisprachig abzufassen. Das ging so lange gut, wie Deutsche und Franzosen mit weitgehend zweisprachigen Offizieren im Stab des EUROKORPS vertreten waren, und auch als belgische Offiziere hinzutraten, hielten sich die Komplikationen im Rahmen. Mit dem Hinzutreten der Spanier aber fing das Konzept an zu wackeln, denn entweder sprachen die nun ebenfalls im Stab vertretenen Spanier außer ihrer eigenen Sprache noch Deutsch oder Französisch, äußerst selten aber beide Sprachen, und wenn, dann nicht verhandlungssicher; das wiederum erwies sich für die Praxis der Stabsarbeit als hinderlich.

Heute ist die Arbeitssprache Englisch; das aber war in der Phase der Aufstellung des EUROKORPS nicht erwünscht.

So fanden denn Anfangs regelmäßige Arbeitsbesprechungen mit Vertretern der Verteidigungsministerien sowie des EUROKORPS in *Straßburg, Bonn* und *Paris* statt; später zusätzlich in *Brüssel* und *Madrid*. Während gesellschaftliche Aspekte und der Versuch eines einvernehmlichen Miteinander anfangs durchaus zum Tragen kamen, entwickelten sich diese Besprechungen, zumindest im Bereich der Abteilung G6 (im Französischen: „*Bureau des Systèmes de Transmission et de Télécommunication – BTST*"[1]) schnell zu kaum verdecktem „Hauen und Stechen", bei dem es mehr oder weniger unverhüllt um die Durchsetzung nationaler Rüstungs-Interessen ging. Am augenfälligsten war hierbei der „Kampf" um die Einführung eines der beiden Führungsinformations-Systeme im Korps und bei den Divisionen sowie der deutsch-französischen Brigade. Für mich war das besonders misslich, zumal mir schnell klar wurde, dass das französische System zumindest den Vorteil hatte, in den französischen Streitkräften schon eingeführt zu sein, während man beim deutschen (SIEMENS-) System nur mit viel Wohlwollen von Einführungsreife sprechen konnte. Dennoch hatte ich, entgegen der erklärten Absicht meines französischen Fachvorgesetzten, jedoch auf ausdrückliche Weisung aus Bonn, alles daran zu setzen, dass das d e u t s c h e System eingeführt und an ihm ausgebildet wurde: ein Spagat, der kaum auszuhalten war und die Arbeit von Anfang an wesentlich erschwerte. Als nach einem Jahr der deutsche *General Willmann* als erster Kommandierender General (KG) eingesetzt wurde, ließ sich dieser regelmäßig von mir zur Lage auf dem Gebiet der Führungsunterstützung vortragen; dabei gab es stets unausgesprochene Dissonanzen mit meinen französischen Zwischenvorgesetzten, denn ich wurde immer d i r e k t zum Vortrag befohlen, ohne ihn hiervon zu informieren, geschweige denn, ihn persönlich zu beteiligen.

Das hatte offensichtlich System, denn auch der französische Chef des Stabes ist nicht anders verfahren.

---

[1] Abteilung für Fernmeldeverbindungen und Informationssysteme

Insgesamt jedoch ging die Aufstellung des Korpsstabs zügig voran und nach angemessener Zeit lag eine umfangreiche, zweisprachige Stabsdienstordnung, vor; die Kapitel für den Bereich des Führungsdienstes hatte ich, mit Hilfe versierter Fachleute und unter Einsatz von viel Zeit, Papier und Druckertinte (sowie mittels meines äußerst leistungsfähigen „Schreibers", des *Hauptgefreiten Mexner*, eines pfiffigen Abiturienten mit guten französischen Sprachkenntnissen und beachtlichen Fähigkeiten am Computer), erarbeitet.

Als nächstes ging es um die Erarbeitung eines Fernmeldekonzepts: dabei waren sowohl der stationäre Gefechtsstand in Straßburg als auch ein hoch mobiler, kleinerer „Voraus"-Gefechtsstand sowie große, modulare Haupt-Gefechtsstände und ein Rückwärtiger Gefechtsstand durch Fernmeldesysteme miteinander zu vernetzen. Diese wiederum waren raumdeckend so auszulegen und zu dislozieren, dass alle Gefechtsstände der unterstellten Großverbände, auch im mobilen Einsatz, im Korpsgebiet angeschlossen werden konnten. Dabei war zu berücksichtigen, dass Fernmeldesysteme unterschiedlicher Technik, betrieben durch Angehörige von vier verschiedenen Nationen, möglichst ohne Bruchstellen miteinander zu vermaschen waren. Über diese Fernmeldesysteme waren die bereits angesprochenen Führungsinformationssysteme zu betreiben; auch diese waren so miteinander zu verbinden, dass keine Informations- und Datenbrüche eintraten.

Darüber hinaus waren zusätzliche Verbindungen zu den nationalen Führungsstäben in Bonn*,* Paris, Brüssel und Madrid vorzusehen; dazu waren Übergänge in die nationalen, militärischen Führungsnetze sowie die zivilen (*TELEKOM-*) Netze zu schaffen. Eine Herkules-Arbeit, die jedoch ebenfalls innerhalb eines Jahres, dank fähiger Mitarbeiter, weitgehend abgeschlossen werden konnte.

Danach ging es darum, dies alles, zunächst im Rahmen „kleinerer" Stabs-und Fernmeldeübungen zu erproben; später fanden größere Korpsübungen statt.

Bei der letzten dieser großen, zweiwöchigen Länder-übergreifenden Korps-Rahmen-Übungen („PEGASUS"), die während meiner Zeit im EUROKORPS im Jahr 1995 durchgeführt wurde, kamen allein 3.500 Fernmeldesoldaten aus 4 Nationen in Belgien, Deutschland und Frankreich zum Einsatz: dabei funktionierte das Gesamtsystem weitgehend ohne Reibungsverluste.

Der Einsatz des deutschen Führungsinformations-Systems in seiner damaligen Ausprägung hingegen war nur teilweise erfolgreich; eine intensivere Kommunikation der Industrie mit dem Nutzer in der Konzeptions- und Einführungsphase, in welcher Form auch immer, hätte hier sicherlich zu besseren Ergebnissen, wahrscheinlich auch zu einem international breiteren Einsatz dieses Systems führen können.

Dennoch haben alle Beteiligten im EUROKORPS ihr Bestes gegeben, das System zu optimieren: so führte ein besonders fähiger deutscher Offizier sogar eine System- und Geräte-Ausbildung spanischer Offiziere in Spanien und auf Spanisch durch; das führte dazu, dass die spanischen Offiziere das System schlussendlich besser beherrschten als die deutschen. Mangelhafte Software und nutzerunfreundliche Bedienoberflächen aber konnten selbst durch erstklassige Ausbildung nicht kompensiert werden.

Parallel zu all dem hatte ich eine Studie zur Einführung moderner, mobiler, modularer Gefechtsstände zu erarbeiten; eine Aufgabe, bei der natürlich nicht nur die verschiedenen operationellen Forderungen sondern immer auch die unterschiedlichsten nationalen Vorgaben zu berücksichtigen waren. Dabei haben insbesondere die Informatiker unserer Abteilung hervorragende, vor allem konzeptionelle, Arbeit geleistet. Allerdings konnte bei der Erarbeitung und Visualisierung des ersten Konzepts auch auf die Ergebnisse entsprechender Pilotprojekte deutscher und französischer Rüstungsfirmen zurückgegriffen werden; auch hierbei waren natürlich z.T. erhebliche nationale Befindlichkeiten zu berücksichtigen.

Kurzum: meine Zeit im EUROKORPS war erneut arbeitsintensiv, dafür hoch interessant. Dass die zu erarbeitenden Konzepte und Projekte, speziell in der Anfangsphase, regelmäßig auch zu nationalen Interessenkonflikten führen mussten, haben wir anfangs nicht gewusst, aber sehr schnell zu spüren bekommen. Dennoch konnten die meisten Probleme zweckmäßig und praxisorientiert gelöst werden.

Heute wird das EUROKORPS bzw. Teile davon bei den meisten internationalen NATO-Operationen mit eingesetzt; die erarbeiteten Konzepte haben sich insgesamt bewährt. Natürlich wurden sie mittlerweile weiter entwickelt.

Mit Wirkung vom 1.10.1992 wurde ich in die Besoldungsgruppe A 15 eingewiesen; das war wie eine halbe Beförderung und daher zunächst mit einem Umtrunk im Stab gebührend gefeiert; dabei kam elsässischer „*Crémant*" zum Einsatz, ein ausgezeichneter Sekt, der manchem Champagner durchaus ebenbürtig ist. „*Champagner*" freilich, darf er sich nicht nennen, denn das ist den Schaumweinen aus der *Champagne* vorbehalten. Unserer guten Laune tat das keinen Abbruch. Wir haben im Verlauf der Zeit manche Flasche *Crémant* geköpft, bisweilen auch auf Art französischer Offiziere: dabei wird der Flasche mit einem Dolch der Kopf abgeschlagen. Ob diese Methode auf das sattsam bekannte „Guillotinieren" nach der französischen Revolution zurückgeht, haben wir unsere französischen Kollegen schon gefragt. Eine klare Antwort darauf haben wir in der bald entstehenden „Sekt-Laune" allerdings nie so richtig bekommen.

Der erste Schock traf mich am 24. November; freilich war der rein privater Natur: Barbara hatte auf dem Weg nach Hause einen Unfall erlitten.

Als sie über eine Straße, direkt hinter ihrer Schule, rannte, lief sie direkt in einen gerade anfahrenden Mopedfahrer, der freilich kaum Schuld an der Kollision hatte, denn damit konnte er nicht rechnen.

Barbara jedoch verlor zwei Milchzähne und einen „bleibenden" Zahn.

Als ich von dem Unfall hörte, habe ich alles stehen und liegen gelassen und bin zu der Unfallstelle gerast. Gott sei Dank stand da Sylvia, die das alles miterlebt und auch Bärbel angerufen hatte, so dass ich Barbara gleich fand.

Wir sind dann so schnell wie irgend möglich ins Straßburger Krankenhaus gefahren; dort wurde, wohl durch einen ärztlichen Notdienst, eine (völlig unbrauchbare) Röntgenaufnahme gemacht und uns verkündet, hier könne man nichts tun und ich möge doch am nächsten Morgen zu einem Zahnarzt gehen.

Das freilich war wenig hilfreich und so suchten wir – nach vorheriger telefonischer Absprache – den deutschen Zahnarzt *Dr. Hörterer* in *Kehl* auf, der sich, nach Dienst mittlerweile und ohne Assistentin, in vorbildlicher Weise um Barbara kümmerte. Mit modernstem Diagnosegerät ausgerüstet und intensiver Untersuchung war ihm schnell klar, dass das Hauptproblem der herausgeschlagene mittlere Schneidezahn war: wenn er den hätte, könnte er zumindest versuchen, ihn wieder einzusetzen um ihn so als Platzhalter möglichst lange im Oberkiefer zu belassen. Das war schon deshalb wichtig, weil Barbaras Kiefer ja noch wuchs; wir hatten den Zahn aber nicht. Die beiden einzigen Zähne, die ich auf der Straße aufgesammelt hatte, waren die Milchzähne, auf die es aber nicht ankam.

Also sind wir in Dr. Hörterers Wagen zur *Avenue du Général de Gaulle* gerast – und haben den Zahn auf Anhieb gefunden. Das grenzte an ein Wunder, denn es war mittlerweile dunkel und seit dem Unfall waren einige Stunden vergangen.

Zurück in seiner Praxis gelang es Dr. Hörterer danach, den Zahn tatsächlich wieder in seinem ursprünglichen Platz zu befestigen und das Ganze mit einem Verband zu fixieren. Bärbel assistierte, so gut sie konnte.

Der Zahn erfüllte tatsächlich seine Aufgabe als Platzhalter, bis er kurz vor Barbaras 18. Geburtstag erneut heraus fiel und durch ein Implantat ersetzt werden musste. Ich habe mich anschließend bei Dr. Hörterer bedankt und ihm eine Flasche *Champagner* gebracht, keinen *Crémant*.

Sylvia hat sich in dieser Lage außerordentlich bewährt, obwohl sie am Tag zuvor gerade erst zehn Jahre alt geworden war. Gut, dass sie schnell in Straßburg Anschluss gefunden hat: so ging Stephanie, die Tochter des österreichischen Botschafters beim Europarat, *Hans Winkler*, in ihre Klasse; die Kinder haben sich schnell angefreundet und lange Kontakt miteinander gehalten.

In der Villa des ehemaligen deutschen Stadtkommandanten von Straßburg hat er residiert, mit seiner Familie und einigem Personal. Sylvia war beeindruckt; insbesondere davon, dass sie hin und wieder, zusammen mit ihrer neuen Freundin, durch den Chauffeur des Botschafters von der Schule abgeholt und zum Mittagessen gefahren wurde.

Auch Barbara hatte schnell Kontakte zu einigen Mitschülerinnen: zumeist Ausländerinnen wie sie oder der Tochter des freundlichen, zweisprachigen elsässischen Ehepaars *Hentz*, die auch mit ihr zum Konfirmationsunterricht zu *Pfarrer Wohlfahrt* ging.

In Geispolsheim hatte sich *Madame Zaegel*, die schon für die Eigentümerin unseres Hauses geputzt hatte, erboten, dies auch für Bärbel zu tun und so hatten wir eine überaus freundliche, effiziente Hilfe, direkt aus dem Ort, die ihre Tätigkeit bei uns erst einstellte, als sie eine Ganztagsstelle in einem örtlichen Lebensmittelgeschäft antrat. Ihr Mann war ebenso freundlich: eines Tages ist er mit mir zu einem bekannten Bauern gefahren und hat mir einen Ster Kaminholz besorgt. Danach konnte ich es nicht verhindern, dass er mir das Holz auch noch aufgesetzt hat. Bezahlung nahm er keine: also konnten wir uns nur durch Wein oder Kuchen erkenntlich zeigen.

Auch *Madame Speisser*, die danach von ihr übernommen hat, war unschlagbar: „*Où voulez-vous que j'attaque?*"[1] fragte sie Bärbel, wenn sie Französisch sprach und stürzte sich, ohne eine Antwort abzuwarten, sofort auf die Fenster. Die putzte sie am liebsten.

Wenn wir von einer Reise zurückkamen, stand ein „*Kugelhopf*" auf dem Tisch. Irgendwann hat sie uns sogar zu sich nach Hause zum Essen eingeladen. Ob es dabei *Crémant* oder *Champagner* gegeben hat, weiß ich nicht mehr. Wahrscheinlich aber beides.

Unseren Wein haben wir in der Regel in den umliegenden Dörfern, direkt bei den Produzenten, gekauft. Dabei haben wir sie alle ausgiebig probiert: den *Pinot blanc,* den *Pinot noir*, den *Kaefferkopf* und vor allem den *Gewürztraminer* … Der hatte es mir besonders angetan, denn unser damaliger Geographie-Lehrer, *Monsieur Dézert*, hatte 1962 schon vom Elsass geschwärmt und dabei speziell den „*Gewurz …*" hervorgehoben. Nun konnten wir ihn vor Ort verkosten. Ich denke immer an Monsieur Dézert, wenn ich diesen wunderbaren Wein trinke.

Alle „*viticulteurs*"[2] in den umliegenden Dörfern sprachen Elsässisch oder Deutsch. Mit unserem Französisch konnten wir da nicht lange glänzen. Anders in Straßburg, ja selbst in mittelgroßen Städten wie *Colmar, Haguenau, Saverne* (früher: *Zabern*) oder *Selestat* (früher: *Schlettstadt*), in denen fast ausschließlich Französisch gesprochen wurde: nur die Älteren sprachen hin und wieder Elsässisch untereinander oder Deutsch mit uns Deutschen. Das funktioniert mittlerweile allerdings auch anders herum recht gut: so sprechen viele Deutsche in Kehl und den ganzen Rhein entlang Französisch und Animositäten gibt es im Grunde auf beiden Seiten des Rheins nur noch sehr selten.

Die Straßburger „*Choucrouterie*"[3] mit ihrem Deutsch, Französisch und Elsässisch sprechenden Wirt und Barden *Roger Siffer* ist längst für Franzosen wie für Deutsche ein „Renner" und das Publikum in den vielen „*Winstu*b" ist deutsch-französisch durchmischt.

Auch *Monsieur* und *Madame Hoffer*, unsere Nachbarn, die nebenher ein kleines Hotel, ein „*Logis de France*"[4], betreiben, sprechen beide Sprachen: Französisch mit elsässischem Akzent und elsässisches Deutsch.

Viele Gäste haben wir schon bei ihnen untergebracht und allen hat es gefallen. Vielleicht hat es auch an den Namen der Gäste-Zimmer gelegen: nach der französischen Tonleiter waren sie benannt: „*Do, Re, Mi, Fa, Sol, La, Si, (Do)*".

Seit dem 1. März 1993 trug ich die Generalstabsspiegel mit der offiziellen Bezeichnung „Oberstleutnant i.G.": nun hatte ich es doch noch geschafft. „Im Generalstabsdienst" das hieß ganz offensichtlich – das hatte meine Zeit in Potsdam und mein bisheriger Einsatz im Aufstellungsstab des EUROKORPS deutlich gezeigt – nun dauerhaft auf Hochtouren laufen zu müssen, denn die Konkurrenz in dieser elitären Riege war stark und dagegen musste ich antreten, wenn ich noch Oberst werden wollte.

---

[1] „Wo soll ich angreifen (d.h. anfangen)?"
[2] Weinproduzenten
[3] Wörtlich: „Sauerkrauterei"
[4] Wörtlich: „Unterkunft Frankreichs" (einfache, jedoch saubere Hotels mit Frühstück, ohne Restaurant, erkennbar an ihrem grünen Schild mit entsprechender Aufschrift)

Über Ostern ist Bärbel für vier Wochen nach Bad Kohlgrub zu einer Kur gefahren. Sie war doch recht überanstrengt in letzter Zeit und hatte eine Auszeit verdient. Mit *Madame Zaegels* Hilfe, viel Vorgekochtem, häufigen Einladungen und eigenen Improvisationen haben wir „Zurückgebliebenen" uns irgendwie über die Runden gerettet.

Bärbel hat sich in einer schönen Kurklinik und inmitten einer märchenhaften Landschaft denn auch sehr gut erholt. Dazu trugen ganz sicherlich auch freundlich-anregende Mitmenschen bei, die ebenso wie sie selbst, einmal ausspannen wollten. Langweilig ist es ihr wohl nicht geworden in den drei Wochen in Bayern. Dennoch hat sie sich ganz offensichtlich prächtig erholt. Als sie zurückkam, war sie wie ausgewechselt.

Im Juli waren wir für eine Woche in *Lit-et-Mixe* am Atlantik, südlich *Bordeaux*. Mein Kamerad Jochen Becker, mit dem ich im EUROKORPS gemeinsam Dienst tat, hatte dort ein Ferienhäuschen; das haben wir kurz entschlossen gemietet. Es war heiß dort und der Strand war, wegen seiner starken Strömung, wie wir binnen Kurzem erkannten, gefährlich. Einige Menschen, die sich zu weit ins Meer hinaus gewagt haben, sind dort ertrunken. Wir haben mit verfolgt, wie sie per Hubschrauber geborgen werden mussten.

Noch bevor die Kinder dort anfingen zu reiten, sind wir vorzeitig wieder abgefahren. Nur einige riesige Pinienzapfen habe ich mir noch mitgenommen und später im Miltenberger Außenkamin verbrannt.

Den Kindern aber konnten wir später dennoch ihren lange gehegten Wunsch erfüllen: in den Ferien durften sie, zusammen mit Stephanie, zwei Wochen lang zum Reiten in den „*Poney-Club de Formanoire*" in einer Burg im schönen Burgund. Das hat ihnen natürlich gefallen; dennoch hatten sie, Sylvia mehr noch als Barbara, anfangs gemischte Gefühle und das Essen war nicht immer nach Sylvias Geschmack; davon zeugen heute noch so manche Briefe. „Könnt Ihr mir bitte etwas zu essen schicken…" schrieb sie nach wenigen Tagen in einem mehrfarbigen Brief, „…Tick-Tack, Gummibärchen oder so was?? Bitte, bitte, bitte, bitte!!!!"

Insgesamt aber war der Ferienaufenthalt ganz sicherlich ein Gewinn, denn sie haben in dieser Zeit – außer dem lange herbei gesehnten Reitvergnügen – gelernt, wie es ist, sich in eine Gemeinschaft einzufügen. Außerdem war das eine zusätzliche Gelegenheit, ihr Französisch zu verbessern. Als wir sie abholten, wollten sie am liebsten bleiben: das ging wohl den Meisten so. Beim Abschied spielten sich jedenfalls einige Herz zerreißende Szenen ab. Das Essen muss sich wohl deutlich gebessert haben, im Laufe der Zeit.

Danach haben wir Anfang August eine Weile Stan besucht, in *Clacton-on-Sea*, an der Ostküste Englands, denn er hatte uns schon oft eingeladen. Dabei haben wir auch seinen Onkel kennen gelernt, den er in ihrem gemeinsamen Bungalow betreute. Über 90 Jahre alt war der Onkel, ein alter Seebär; als junger Mann hatte er Stan in Australien großgezogen, nachdem sein Vater getürmt und seine Mutter gestorben war, und nun pflegte er ihn. Das sei er ihm schuldig sagte Stan und damit hatte er recht, denn sein Onkel hatte sonst niemanden. Allerdings machte das Stan mehr und mehr selbst zu schaffen, denn auch er wurde älter.

Nun tat Stan alles, uns einen angenehmen Aufenthalt bei sich zu verschaffen: so waren wir im Hotel „*Maplin*" am Strand von *Frinton*, ganz in der Nähe, untergebracht und jeden Tag ging er mit uns irgendwo essen: sei es im Hotel, sei es am Strand oder in einem seiner vielen „Lieblings-Restaurants" in der Umgebung. Auch nach London sind wir eines Tages mit Stan gefahren; allerdings mit dem Zug, denn einen Parkplatz hätten wir in London ohnehin kaum gefunden. Ins ehrwürdige „*Dorchester's*" ging es, an der *Park Lane*, zum „*High Tea*": Stan hatte eigens für uns Plätze reserviert. Es war sehr elegant und dezent! Die schönsten Küchlein, viel Schlagsahne, die erlesensten Törtchen und duftender Tee mit Kandis, dazu ein vornehmer, befrackter Ober, der das alles servierte und nachlegte, so oft und so lange man wollte … Stan muss viel Geld ausgegeben haben an diesem Tag, aber es war ihm ein echtes Bedürfnis, sich für die vielen Besuche bei uns einmal zu revanchieren.

Die Kinder allerdings gingen immer wieder zur Toilette, denn dort gab es vergoldete Türknöpfe und Wasserhähne, sowie plüschige Sofas, auf denen man sich ausruhen konnte. Es war ein Traum wie aus Tausend und einer Nacht, mitten in London.

Zu Ende unseres Aufenthalts in Frinton wurde sogar Barbaras 13. Geburtstag im „*Maplin's*" gefeiert: ganz britisch mit Geburtstagskuchen, Wunderkerzen, einem Tischfeuerwerk und lustigen Hüten. Stan trug zur Feier des Tages einen Schnurrbart und eine rote Brille.

Anfang Oktober erhielt ich einen ganz besonderen Brief: Delef, mein alter Freund und Mitstreiter, schrieb aus *Beled Weyne* in Somalia; er war dort G6 des deutschen Unterstützungsverbands und berichtete kurz von seinem Einsatz. Dabei schickte er einige Feldpostkarten mit. Das war das erste Mal seit dem II. Weltkrieg, dass es wieder Feldpostkarten für deutsche Soldaten gab: entsprechend begehrt waren sie auch.

Ein selbst verfasstes Gedicht hat er ebenfalls mit geschickt, in dem er seine Gedanken zu Frauen, Männern, Kindern, Nomaden, Tag und Nacht in Afrika zu Papier brachte. Über die Nomaden schrieb er da:

„Ein Bild aus der Bibel
Vorweg der Vater mit Sohn und die Frau,
langsam folgen Kamele,
dahinter die Kinder mit Ziegen und Schafen.
Ein kurzer Gruß aus der ewigen Wüste,
ein Winken aus den Panzern einer anderen Welt.
Schnell versinken die Nomaden
in Dunst und Hitze des Tages."[1]

---

[1] Oberstleutnant i.G. Detlef Rupprecht: Aus „Impressionen. Die Menschen von Beled Weyne" Oktober 1993

Um Einsätze wie diesen würde es auch im EUROKORPS bald gehen; das war uns allen klar. Einige im Stabe brannten geradezu darauf. Deutsche waren, soweit ich mich daran erinnern kann, allerdings kaum darunter.

Noch im Oktober ging auch ich wieder auf Reisen: ich hatte den Besuch des Kommandierenden Generals bei einer Übung der italienischen Streitkräfte in *Grosseto* in Italien, in der Maremma, vorzubereiten und ihn, mit weiteren Offizieren in seinem Gefolge, zu begleiten. Das erwies sich im Folgenden als Abenteuer ganz besonderer Güte.

Zunächst reiste ich mit anderen Offizieren und einigen Militärfahrzeugen über Südfrankreich und Norditalien an; dabei haben wir in der französischen Artillerieschule in *Draguignan* an der Mittelmeerküste, später in der Nähe von *Pisa*, übernachtet; dabei war es offensichtlich, dass wir in Italien ständig – ohne das direkt zu bemerken – unter Aufsicht waren, denn überall, wo wir auftauchten, erschienen *Carabinieri*; stets standen Parkplätze bereit und nirgends gab es die geringsten Probleme.

In Pisa machte ich, nach vorheriger Absprache, bei einer Fallschirmjägerbrigade Quartier für unsere Fahrer; dabei wollte ich meinen Augen kaum trauen, als ich mir die Unterkunft näher anschaute: ein riesiger Schlafsaal, mit dreistöckigen Betten, in dem gut 100 Mann untergebracht waren. Eine Dusche gab es auch: eine für alle 100. In den Toiletten nur die sattsam bekannten Löcher im Boden. Na ja, für eine Nacht, noch dazu gratis … Die Offiziere hingegen logierten in einem Hotel. Angenehm. *Signorile*.

Nach einer Geländeerkundung in der Nähe von *Siena* haben wir Abstecher nach *Lucca* und *San Gimignano* unternommen und uns dann in Richtung Süden, nach Grosseto gewandt. Dort angekommen erkundeten wir zunächst den Übungsraum und machten uns mit den Bedingungen vor Ort und dem Übungsgeschehen vertraut. Auch hier: die Mannschaften nachts in Zelten, die Offiziere in einem feudalen Hotel. Bäder aus Marmor; voll klimatisiert. Dezentes Personal. Vorzügliches Essen.

Dann erschien unser General und der Ernst des Lebens begann: natürlich wurde er von einem Pulk *Carabinieri* abgeholt und zum Übungslager geleitet. Eine Motorrad-Eskorte voraus, gefolgt von Fahrzeugen mit Kelle schwingenden Ordnungshütern, dahinter wir, kaum dass wir folgen konnten. Unser General war d i e Attraktion und wurde entsprechend hofiert. Dieser, in hochgekrempelten Ärmeln und im Kampfanzug, beachtete das alles nur wenig und ging sofort in medias res, denn ähnliche Einsätze, wie während dieser Übung erprobt, konnten in Kürze für das EUROKORPS Realität werden: es galt, in einem (angenommenen) unsicheren Gebiet Sicherheitszonen und Korridore zu bilden, um eigene Staatsbürger zu befreien und zu evakuieren. Dazu waren Kampftruppen anzulanden, von See und aus der Luft zu unterstützen und der Einsatzraum nach erfolgreichem Einsatz wieder zu räumen. Das war ganz offensichtlich ganz nach dem Geschmack unseres KGs; wir indes hatten Mühe, dem General in seinem Tatendrang durch die verschiedenen Übungsräume und -zelte zu folgen.

Dennoch: nach diesem kriegerischen Intermezzo wollte der General das örtliche Gotteshaus im Zentrum der Stadt besichtigen; der Kustode, ein mit den Schätzen seiner Kirche äußerst vertrauter Franziskaner-Pater, war gerne bereit, den General zu führen und ich musste übersetzen. „Woher können Sie Italienisch?" fragte der General erstaunt und ich bemühte mich weiter nach Kräften, den kunsthistorischen Ausführungen des Padre zu folgen und das alles in verständliches Deutsch zu gießen. Möglich, dass diese Episode ganz entscheidend war für meine künftige „Karriere": seitdem wusste der General, dass ich mich für Sprachen interessierte. Folglich hat er später dafür gesorgt, dass ich einen Posten bekam, auf dem ich dieser Neigung auch nachgehen konnte.

Generalleutnant Helmut Willmann, der „Tiger-Willy", 1995, als erster Kommandierender General des EUROKORPS in Straßburg. Mit ihm an der Spitze wussten wir, dass wir gewinnen würden, wenn es darauf ankäme.

Anderntags flog er von Rom wieder ab in nördlichere Gefilde und die Masse seines Gefolges mit ihm; Oberst Bühl jedoch und ich fuhren mit d r e i Fahrzeugen, denn eines hatten wir in Reserve, über Rom, Pisa und Chamonix eher gemächlich zurück.

Als wir im Zentrum von Rom, in der Nähe der *Via Veneto*, nachts vor unserem Hotel ankamen (das ich freilich vorher erkundet hatte), war der Parkplatz für unsere Fahrzeuge reserviert; davor standen *Carabinieri* mit Maschinenpistolen. Das hätte auch der Bank nebenan gelten können, natürlich, doch wir bezogen das auf uns und waren froh, dass wir einen sicheren Parkplatz hatten.

Am nächsten Tag das Gleiche in *Bagnoreggio*, der „sterbenden Stadt": als wir dort ankamen begleitete uns eine (nicht angeforderte) Motorradstreife *Carabinieri* auf einen Parkplatz. Auch als wir wenig später am *Bolsena See* in einem Gartengeschäft eine Säule, einen „*David*" sowie einige Oliven- und Zitronenbäumchen kauften, wurden wir von *Carabinieri*, die wie aus dem Nichts vor uns auftauchten, zu einem Parkplatz geleitet und „unsichtbar" bewacht: ganz offensichtlich waren den Italienern die Bewegungen zweier deutscher Generalstabsoffiziere unklarer Provenienz auf ihrem Territorium nicht ganz geheuer und man wollte, in Zeiten, in denen der ehemalige Chef des Geheimdienstes „*Sisde*"[1] und andere hohe Funktionäre verhaftet worden waren – man sprach von Bestechungsgeldern und gar einem Umsturzversuch – wohl auf Nummer Sicher gehen.

Das Ganze wurde offensichtlich, als ich in Pisa abends im Restaurant saß und plötzlich auf Englisch angesprochen wurde: „*Hello, Harald Schlieder, how are you?*" Ich war baff: an meinem Nebentisch saß *Colonnello Alberto Petrini*, ein italienischer Oberst und Freund von Asko Litta, meinem deutschen Bekannten aus SHAPE, den ich aus meiner Zeit in Latina kannte; er war wohl mittlerweile beim Geheimdienst … Er wohne ganz in der Nähe, hat er mir gesagt; doch ich wusste, dass er aus *Anzio*, unweit von *Latina*, war und dort ein Haus und ein Appartement hatte. Dennoch: wir haben uns gut unterhalten und über alte Zeiten geredet, bei *Vino rosso* und ausgezeichneten Speisen. „Spanifanteln" hätte Vater gesagt.

Tags darauf sind wir durch die Alpen bis nach *Chamonix* gefahren: ein grandioses Bild, als wir nachts dort ankamen, direkt unter dem schneebedeckten *Mont Blanc* und der *Aiguille du Midi*. Im Restaurant „*L'Impossible*" haben wir einen interessanten Abend verbracht: alle Bestellungen wurden von dienstbaren Geistern, die im L a u f s c h r i t t herantrabten, aufgenommen und auch in derselben Gangart serviert.

Auch im nächsten Jahr gab es, außer den üblichen Festen, einiges zu feiern: das war zunächst *Bärbels* 50. Geburtstag am 19. Mai 1994; schon dazu waren Freunde und erhebliche Teile der Verwandtschaft angereist. Nur drei Tage später war Barbaras Konfirmation.

Zu Bärbels 50. Geburtstag haben wir uns denn auch etwas Besonderes einfallen lassen: wir fuhren mit der ganzen Verwandtschaft im Schlepptau nach *Rust*, südlich von *Kehl*, um dort im Schloss des Freizeitparks an einem „Ritteressen" teilzunehmen … Es war ein voller Erfolg: nach der Begrüßung durch einen Herold lief ein deftiges Programm ab, mit „Gauklern und fahrendem Volk", einem gebratenen „wilden Schwein", nichts als einem Dolch, mit dem dies alles zu vertilgen war, und einem gleichzeitig inszenierten Theaterstück, zu dem alle, auch Bärbel, angemessen beitrugen. Zum Dank für ihre schauspielerische Leistung wurde sie denn auch zur „*Freifrau von Rust*" ernannt. Wir alle aber amüsierten uns köstlich und selbst Opa Manfred, zunächst durchaus skeptisch, fand dies

---

[1] **S**ervizio **p**er le **I**nformazioni e la **S**icurezza **De**mocratica: Ital. Nachrichten- und Verfassungsschutzdienst, der bis 2007, vorwiegend im Inland, operierte

alles höchst vergnüglich, zumal er selbst dem Wein durchaus zusprechen konnte. Andere hielten sich dafür umso vornehmer zurück.

Und dann ging es fast nahtlos über zu Barbaras Konfirmation, der viel Geübten, von *Pfarrer Wohlfahrt* intensiv und mit viel Gespür für die deutsch-französische neue Entente und daher zweisprachig zelebriert: ein spirituelles Ereignis zunächst, mit viel Gesang, manchmal auch schräg; die Konfirmanden wurden einbezogen und anschließend wurden alle photographiert. Wir Älteren waren durchaus beeindruckt: welche Weiterentwicklung, seit ich das Gleiche, 1958 in Sonthofen, bei *Pfarrer von Bressensdorf*, streng national (natürlich) und viel formeller und feierlicher, erlebt hatte! Es war anders damals; aber auch Barbaras Konfirmation war dem Ereignis sehr angemessen, nur lockerer. Ihr Konfirmationsspruch lautete: „*Mon esprit se réjouit de Dieu, mon Sauveur*". (*Lc 1 / 47*)[1]

Onkel Dieter hat die Kinder anlässlich dieses Ereignisses auf seine Weise verwöhnt: er erschien mit seinem auf Hochglanz polierten „Jaguar". Natürlich hat er sie zur Kirche gefahren und auch zum anschließenden Familien-Essen nach *Kehl-Kork*; danach auch wieder nach Geispolsheim. Auch Jürgen Werner, mein ehemaliger Klassenkamerad aus Pariser Zeiten, der jetzt unweit, in *Bühl* bei *Baden-Baden*, wohnte, war mit von der Partie einschließlich seiner schwedischen Frau Tuula. Meinen Vater hat das sehr gefreut, denn er mochte Jürgen und hatte die Episode mit der Übersetzung aus dem Lateinischen vor nunmehr 31 Jahren, durchaus parat.

Im Sommer haben die Kinder Tante Claudia in *Rendsburg* besucht: auf die Frage, was sie denn gerne trinken mochte, antwortete Barbara ohne Verzug: „*Champagner*". Dabei war sie gerade knapp 14 Jahre alt. Sylvia war damals wohl eher an Coca-Cola interessiert. Gott sei Dank.

Als mich an einem Sonntagmorgen, gegen 08.00 Uhr – es war unser Hochzeitstag – Oberst Bühl anrief, um eine dienstliche Angelegenheit mit mir zu besprechen, wurde Bärbel allerdings sauer, denn das war wirklich übertrieben: die Angelegenheit war nicht so dringend, als dass sie nicht bis zum nächsten Tag hätte warten können.

Das habe ich daher, entgegen meinem sonstigen disziplinierten Verhalten, meinem Oberst gesagt, auch, dass sich Bärbel scheiden lassen würde, wenn sich dies wiederholte. Das war natürlich drastisch, doch es hat gewirkt. Bühl entschuldigte sich formvollendet und schenkte Bärbel eine Schallplatte mit Jazzmusik aus seinen früheren Beständen. Zudem schickte er mich für eine Woche in die Bretagne, um dort in einem französischen staatlichen Rüstungsbetrieb ein Gespräch zu führen. Dienstfahrzeuge stünden freilich nicht zur Verfügung, die seien alle im Einsatz: daher wolle er mich bitten, mein Privatfahrzeug zu nehmen. So konnte ich Bärbel mitnehmen und wir fuhren durch die Champagne, an Paris vorbei, bis nach *Rennes*: dort führte ich mein einstündiges, dienstliches Gespräch, schrieb danach meinen Dienstreisebericht und erkundete im übrigen die Halbinsel *Quiberon* mit ihren Sand- und Felsenstränden sowie die vorgeschichtlichen Hügel-

---

[1] „Und mein Geist jubelt über Gott, meinen Retter" (Lk 1 / 47)

gräber, die „*Dolmen*" und die „*Menhire*"[1]. Das alles war hoch interessant und trotz der langen Anreise erholsam.

Auf dem Weg zurück sind wir wieder durch die Champagne gefahren und haben dort in einem zauberhaften Landgasthaus, inmitten von Wäldern und Wiesen, der „*Hostellerie La Briqueterie*", in der Nähe von *Epernay*, übernachtet. Es gab *Champagner, rosé*. Dafür waren die Zimmer staubig, doch das nahm man nur noch schemenhaft wahr, ich zumindest, denn der Champagner zeigte Wirkung.

Eines Tages kamen Marcel und Marie-Pierre aus Paris zu Besuch: das war praktisch für die Beiden, denn Marie-Pierres Eltern wohnten in Straßburg.

Auch „unsere" amerikanischen Schlieders, mit denen wir in Kastellaun Karten gespielt hatten, Marc und Diane, kamen vorbei; dabei ist wohl die Idee entstanden, Marcs Vetter David, der mit seiner Familie in Pennsylvania wohnte und sich für seine Familiengeschichte interessierte, anzuschreiben und ihm von den deutschen Schlieders zu berichten. Das erwies sich sogleich als Volltreffer, denn David Schlieder schrieb uns alsbald, dass er – nachgewiesener Maßen – von einem *Frederick (Friedrich) Schlieder* abstamme, der 1861 mit der Bark „*Ottilie*", geführt von *Kapitän Dannemann*, in New York, von Bremen kommend, mit seiner Ehefrau eingewandert war. Das war durch die Kopie der entsprechenden Seite aus der Passagierliste belegt. Da beide ebenfalls aus Sachsen stammten, lag die Vermutung nahe, dass unsere Ahnen verwandt waren.

Ein amerikanisches „Schliedertreffen" hatten sie 1991 durchgeführt; und nun, nachdem sie unsere briefliche Bekanntschaft gemacht hatten, würde ein internationales „Schliedertreffen" geplant. Natürlich übernahmen wir dabei die Organisation der Reise in die USA, die im nächsten Jahr stattfinden sollte. Dabei würden wir alle deutschen Schlieder-Familien mitnehmen, derer wir „habhaftig" werden konnten. Ein Ereignis, das uns damals, schon wegen der vielen Briefe, die (manuell, per Schreibmaschine) zu schreiben waren, erheblich gefordert hat, doch selbst die Kinder haben geholfen. Beim Falten und Adressieren der Briefe beispielsweise, und beim Anlecken der Briefmarken. Alle waren Feuer und Flamme, auch die Kinder.

Dann wurde auch ich 50 Jahre alt, ob ich das nun wollte oder nicht.

Zunächst habe ich, gemeinsam mit *Oberstleutnant Brandner,* den dasselbe Schicksal ereilte, zu einer „dienstliche" Geburtstagsfeier gebeten: natürlich gab es „Crémant", denn damit hatten wir ja schon Übung. Jede Menge Elsässer Riesling haben sie mir damals geschenkt, meine Kameraden aus vier Nationen: alle mit dem Aufdruck: „*Schlieders Schlössel*", so sehr waren sie von unserem Haus in Geispolsheim wohl beeindruckt.

Dann aber fand ein rauschendes Fest zu Hause statt: und wieder war die Verwandtschaft angereist, und wieder war es ein unvergessliches Ereignis.

Als wir alle auf der „*Mezzanine*"[2] versammelt waren, erschien, wie aus dem Nichts, eine Bauchtänzerin, gut gebaut, und mit viel „Speck auf den Rippen", von Bärbel ohne

---

[1] „Hinkelsteine". Bretonische Bezeichnung für einen aufgerichteten, z.T. großkalibrigen Monolithen
[2] Galerie

mein Wissen engagiert: sehr zur Erbauung unserer Gäste. Nur Vater meinte, streng vertraulich, „"… nu, so 'ne Gewiefte: die weeß doch ganz genau, dass se viel scheener is, als die …" Nun ja, das stimmte natürlich. Mein Vater hatte damals auch in dieser Beziehung noch ein durchaus klares Urteilsvermögen.

Dann aber fing unser französischer Klavierstimmer, den wir mit seiner Frau auch eingeladen hatten, an sich auf unserem neuen Bechstein-Flügel zu versuchen: Beethovens „*Mondscheinsonate*" stand auf dem Programm. Es war ein Graus, denn außer den ersten drei, vier halbwegs wohl tönenden Takten kam da nicht viel mehr als ein stolpernder Versuch; nichts stimmte: es war peinlich.

Dann allerdings rettete Vater die Situation: einem Pfau nicht unähnlich, schritt er die Treppe, sein Gefieder spreizend, hinab und nahm Platz; der Klavierstimmer war schon im Angesichts dessen, was sich da anbahnte, ahnungsvoll-diszipliniert gewichen.

Und dann schlug Vater in die Tasten: eigene Kompositionen zunächst einschließlich der „*Römischen Elegien*", später Liszts „*Liebestraum*"… Es war wie ein Rausch, alle waren begeistert, grenzenloser Applaus, auch der Klavierstimmer applaudierte, denn Vaters Improvisationen waren göttlich – und gegen Götter sind auch Klavierstimmer machtlos.

Nichtsdestotrotz: er wagte sich erneut in die Arena. Wenig später bearbeitete er die Tasten schon wieder; dieses Mal begleitet von seiner Frau, im langen Gewand, theatralisch an den Flügel gelehnt: sie sang, in einem lyrischen Mezzosopran, indes ohne jedes Gespür für die erforderliche Tonlage. Das allerdings führte nunmehr zur allgemeinen Erheiterung, doch auch der Klavierstimmer und seine Frau amüsierten sich prächtig.

Dann kam Frank an die Reihe: sehr zu Bärbels Erbauung spielte er den „*Clou*", den er besser meistert als ich, doch mir will diese Art Musik nun mal nicht aus den Fingern.

Ich weiß nicht mehr, wer sich sonst noch auf unserem Flügel versucht hat an diesem Abend, aber es wurde ein lustiges Fest. Auch unter dem Flügel haben einige gelegen zu späterer Stunde: wenn man die Hand von unten an den Resonanzboden legt, kann man die Musik regelrecht f ü h l e n. Das hatte ich schon in Kastellaun den amerikanischen Damen erklärt, die das offensichtlich genossen, und seitdem gehört das „Musik fühlen" bei feucht-fröhlichen Festen bei uns mit zum Programm.

Jürgen und Tuula waren auch wieder unter den Gästen, und auch Detlef mit Gabriele waren aus Feldafing angereist. Selbst Peter Rodens mit Frau Edelgard waren mit von der Partie: auch sie von weit her denn sie wohnten mittlerweile in *Bingen / Hohenzollern*, in der Nähe von Sigmaringen. Auch Peter hatte, zeitweise zumindest, gemeinsam mit mir in Bonn „gekämpft" und gelitten. Auf einer Heimreise an einem Wochenende war er mit seinem Auto verunglückt und gerade noch einmal davon gekommen. Seitdem fährt er nicht mehr selbst Auto. Umso mehr hat es mich gefreut, dass er mit Hilfe seiner Frau die lange Reise auf sich genommen hat.

Nur zwei Tage später fand in Miltenberg das Jahrgangstreffen der „1944er" statt: an die 200 Jahrgangskameraden und Kameradinnen waren geladen und ein Großteil auch erschienen. Dabei waren natürlich auch ehemalige Mitschüler aus der Volksschule, dabei allerdings auch etliche, die sich nicht kannten, denn Anfang der 50er Jahre hatte es in Miltenberg noch Konfessionsschulen gegeben. Erst im Gymnasium wurden evangelische und katholische Schüler dann gemeinsam unterrichtet. Dennoch: wir „evangelischen Volksschüler" erinnerten uns sofort aneinander. Sogar einen Gedenkgottesdienst hat der evangelische Pfarrer anlässlich dieses Ereignisses für uns zelebriert.

So traf ich auch Michael Fleischmann wieder, den ich freilich zwischendurch immer einmal wieder gesehen hatte: selbst bei Claudias Hochzeit war er dabei gewesen. Nun war er der Spiritus Rector hinter diesem Treffen. Studiendirektor war er mittlerweile, für Mathematik und Physik, und er hatte fünf Kinder. Mit seiner Frau Reni wohnte er nunmehr im Nachbardorf *Bürgstadt* und sah aus wie vor 44 Jahren, als er mit mir eingeschult worden war, nur etwas größer war er geworden. Der Schalk im Nacken allerdings war immer noch der Selbe.

Dagmar Wagerängel aber hatte ich seit unserem gemeinsamen dritten Schuljahr im Gymnasium nicht wieder gesehen und so vereinbarten wir, dass sie uns mit ihrem Mann einmal im Elsass besuchen würde, denn sie und ihr Mann mochten das Elsass und den dortigen Wein. Im folgenden Jahr, im Sommer 1995, wurde das dann auch realisiert. Auf die Burg *Niedeck* sind wir gewandert, die uns noch durch das Gedicht „*Das Riesenspielzeug*"[1] ein Begriff war; „*La petite France*"[2] in Straßburg haben wir gemeinsam durchstreift und dabei auch dem elsässischen Wein in angemessener Weise zugesprochen.

Im März sind wir allerdings zunächst einmal für zwei Wochen nach *Lech am Arlberg* gefahren: Erhard Grunwald, Professor und doppelter Doktor, den ich noch als Jungen aus Sonthofener Zeiten kannte, aber schon lange nicht mehr gesehen hatte, war seit neuestem als Oberstarzt ebenfalls im EUROKORPS tätig; er hatte uns vorgeschwärmt, wie schön es dort war und so trafen wir uns mit ihm und seiner kleinen Familie in Lech.

Während Bärbel sich per Ski Langlauf vergnügte, ging ich mit Erhard auf die Piste, die Kinder nahmen an einem Skikurs teil. Nach ein paar Tagen nahm ich sie mit. Das ging anfangs noch etwas holprig, doch dann trauten sich die Beiden auch auf steilere Abfahrten und hatten zunehmend Spaß an diesem schönen Sport. Sylvia freilich stürzte bei der letzten Fahrt und konnte danach nicht mehr stehen, so schmerzte ihr Bein. Also musste ich einen Akja anfordern. Der war auch schnell zur Stelle und ich hatte Mühe, den beiden Berg-Rettern zu folgen, so schnell fuhren sie mit dem Kind abwärts. Gott sei Dank war das Bein nicht gebrochen; eine „Schuhrandprellung", wie der Arzt meinte. Das tat ein paar Tage lang weh, war aber nicht weiter schlimm. Der Skiurlaub war ohnehin zu Ende.

Mittlerweile fahren die Beiden schneller und eleganter als ich; bei unserer letzten gemeinsamen Abfahrt in *Davos* in der Schweiz hatte ich Mühe, zu folgen.

Im März 1995 haben wir den größten Fehler unseres Lebens gemacht: wir haben ein Drei-Zimmer-Appartement für 325.000.- DM in *Pforzheim* gekauft; Jürgen Werner

---

[1] von Adalbert von Chamisso
[2] malerisches Fachwerk-Viertel von Straßburg, direkt an der Ill gelegen

hatte uns dazu geraten und den Kauf auch vermittelt. Ganz offensichtlich war er selbst nicht genau informiert. Da uns die Konditionen günstig erschienen – die ersten fünf Jahre war ein festes Mieteinkommen garantiert und wir brauchten uns um nichts zu kümmern – haben wir diesen völlig überhöhten Preis gezahlt und dabei weder bedacht, dass sich die Wohnung wohl kaum wieder zu dem von uns gezahlten Preis verkaufen lassen würde, noch haben wir uns, blauäugig wie wir waren, nicht das letzte Wort bei der Auswahl der Mieter vorbehalten. Das Ergebnis dieser Gutgläubigkeit war, dass wir uns nach fünf Jahren selbst mit dem mittlerweile dort wohnenden Mieter herumschlagen und ihm kündigen mussten, da er die Wohnung völlig ruiniert hatte. Wir mussten dann die Wohnung renovieren lassen und bekamen, auf Grund eines Vergleichs, lediglich die Hälfte der dafür anfallenden Kosten erstattet; zudem hatten wir uns – aus der Ferne! – um neue Mieter zu kümmern. Natürlich entsprechen die Mieteinnahmen seitdem nicht im Entferntesten den Einnahmen während der ersten fünf Jahre und auch die steuerlichen Vorteile können die hohen laufenden Kosten kaum wettmachen. Doch das alles wussten wir damals nicht und freuten uns zunächst über die vermeintlich sichere Geldanlage und die zu erwartende hohe Rendite.

Danach stand eine Reise in die USA auf dem Programm: Anfang April sind wir, gemeinsam mit den übrigen Mitgliedern des „Hunsrück-Stammtischs", nach minutiöser Planung durch Rudi Schütz, unseren „Stammtisch-Ältesten", unter seiner Führung ab Luxemburg nach *Baltimore* geflogen und haben von dort eine ausgedehnte Reise rund um die *Chesapeak-Bucht* unternommen. Die Kinder wurden derweil von Tante Ingrid und Opa Erich betreut.

Erst ging es über *Annapolis, Cambridge, Norfolk, Langley* und *Hampton* nach *Yorktown*: dort fand ein Treffen mit dem letzten US-Commander des Militär-Flugplatzes *Hahn* statt. Mit diesem war es uns möglich, Langley Air Base[1] zu besuchen, wo wir sogar eine Zeit lang den intensiven Flugbetrieb aus dem Tower mitverfolgen durften. Es war unglaublich, welch intensiver Flugbetrieb hier herrschte und welche Anzahl an Kampfflugzeugen auf diesem Flugplatz „geparkt" war. Sie waren stolz auf ihre *Air Force*. Ein Kampfflugzeug wurde uns mit besonderer Andacht gezeigt: es hatte schon über 250 Luftsiege errungen.

Am Tag darauf ging es über *Richmond* nach *Washington D.C.* Dort wurde im Haus von Colonel *Al Meyer* ein regelrechter „Stammtisch" zelebriert: dieses Mal allerdings auf amerikanische Art, mit Barbecue und Dosenbier. Es folgte ein ausgedehntes Erkundungsprogramm in der Hauptstadt. Dort hat es uns das Luft- und Raumfahrtmuseum besonders angetan, mit seinen Flugzeugen aus der Pionierzeit der Fliegerei, aber auch seinen US- und sowjetischen Raketen, sowie den Raumfahrt-Kapseln aus dem *Gemini-* und dem *Apollo*-Programm …

Am „Grabmal der Unbekannten Soldaten" auf dem Nationalfriedhof in *Arlington* haben wir einen Wachwechsel des 3. US-Infanterieregiments („*The Old Guard*") mit seinem für unsere Augen eigentümlichen militärischen Zeremoniell verfolgt, aber vor allem

---

[1] Sitz des US Air Combat Command (etwa: Luftwaffen-Einsatzkommando)

dem Grab *John F. Kennedys* und dem seiner Frau und seines Bruders *Robert* einen Besuch abgestattet.

Auf dem Grabmal des Präsidenten sind die bekannten Worte aus seiner Amtsantrittsrede eingemeißelt:

>„And so my fellow Americans
>Ask not what your country can do for you
>Ask what you can do for your country.
>My fellow citizens of the whole world: ask not
>What America will do for you – but what together
>We can do for the freedom of man."[1]

Das war beeindruckend. Ebenso wie der Blick auf die Villa von General *Robert E. Lee*[2], auf der Anhöhe über den Gräbern; ihm gehörte ursprünglich das gesamte Areal, bis es zugunsten des Friedhofs enteignet wurde. Von General Lee hatte ich in unserem gemeinsamen Französisch-Kurs 1960 von meiner amerikanischen Mitschülerin *Corlet Jackson* erstmals gehört.

Auch das Denkmal zur Erinnerung an den Vietnam-Krieg hat uns nachdenklich werden lassen: die lange, schwarze Mauer mit den 58.000 Inschriften der dort gefallenen amerikanischen Soldaten, aber mehr noch vielleicht die überlebensgroßen Bronzefiguren der „*Three Soldiers*" am Eingang. Ein Weißer, ein Lateinamerikaner und ein Afroamerikaner. Sie alle hatten in Vietnam für Amerika gekämpft; die Afroamerikaner waren eindeutig stark überrepräsentiert.

Heute ist ein Schwarzer Präsident. Das hätte damals, bei unserem Besuch im April 1995, noch keiner für möglich gehalten.

Ein Denkmal für die im Korea-Krieg gefallenen amerikanischen Soldaten hat es damals auch noch nicht gegeben; allerdings wurde es wenig später, am 27. Juli des selben Jahres ganz in der Nähe eingeweiht. Heute ist dort ein halber US-Zug, 19 Soldaten, in überlebensgroßen Figuren aus nicht-rostendem Stahl aufgestellt, in den Uniformen der Epoche. Nachts ist es angestrahlt. Die Figuren wirken, als bewegten sie sich noch immer.

„*Our nation honors her sons and daughters who answered the call to defend a country they never knew and a people they never met*"[3] heißt es dort mittlerweile. Davor war die Zeit offensichtlich für diese Erkenntnis noch nicht reif.

---

[1] „Und so, meine amerikanischen Mitbürger, fragt nicht was Euer Land für Euch tun kann, fragt was Ihr für Euer Land tun könnt. Meine Mitbürger in der ganzen Welt: fragt nicht, was Amerika für Euch tun wird – aber danach, was wir alle gemeinsam für die Freiheit der Menschheit tun können."

[2] Amerikanischer General, ursprünglich West Point-Absolvent, der im Sezessionskrieg die Truppen der Südstaaten führte

[3] „Unsere Nation ehrt ihre Söhne und Töchter die dem Ruf gefolgt sind, ein Land zu verteidigen das sie nie kennen gelernt haben und ein Volk, das sie nicht kannten"

Der Spaziergang am *Tidal Basin* mit seinen blühenden Kirschbäumen hat uns dann wieder in eine frühlingshaftere, freudigere Stimmung versetzt; ebenso wie der Ausflug nach *Colonial Williamsburg*[1], in die ehemalige Hauptstadt der USA aus der Gründerzeit, die als Museumsstadt wieder aufgebaut ist und anschaulich darstellt, wie es dort im 18. Jahrhundert zugegangen sein muss.

Bei den „*Amish*"[2], einer tief religiösen Sekte, die heute noch weitgehend so lebt wie vor 300 Jahren, ohne sich der „Segnungen" der Moderne zu bedienen, haben wir in der Nähe von *Lancaster* auch kurz Station gemacht. Bärbel hat dort einen *Quilt*[3] erstanden. Er war wunderschön. Seitdem „quiltet" sie selbst mit Passion.

In der letzten Nacht in einem Hotel am „*Ivo Jima-Memorial*"[4] fand dort ein Feueralarm statt. Alle Bewohner strömten aus ihren Zimmern und sammelten sich vor dem Eingang. Nicht so Rudi, unser „Reiseleiter": er schlief so fest, dass er die Alarmklingel nicht hörte.

Dann ging es weiter zu den Tropfsteinhöhlen von *Luray* in den Appalachen südlich *Front Royal* und schließlich über *Winchester* zum Schlachtfeld von *Gettysburg*[5]; dort gelang es Rudi, „*cool*" und charmant, ohne Eintrittsgeld für uns alle Zugang zum Museum zu erhalten. Wir seien Soldaten aus Europa und als solche gehöre der Besuch gerade d i e s e s Militärmuseums zu unserem dienstlichen Weiterbildungsprogramm. Die Dame an der Kasse, die wohl für internationale Besucher ein offenes Ohr hatte oder aber einfach nur fasziniert von Rudis unvergleichlichem Englisch war, glaubte ihm das glatt und so genossen wir die äußerst instruktiven Darstellungen dieses Orts früherer Schrecken g r a t i s.

Doch nicht nur die Tour durch das Museum war sehenswert: die kilometerlange Fahrt über das ganze Schlachtfeld mit entsprechend beschilderten Aussichtsplattformen, Hinweistafeln, Monumenten sowie Kriegsgerät aus der Zeit der Schlacht machten das Ganze äußerst anschaulich – wenn man sich mit der Geschichte dieses unsäglichen Krieges und dem Verlauf dieser Schlacht zuvor beschäftigt hatte. Das hatte ich zwar; dennoch reichte die Zeit bei weitem nicht aus, sich in Details zu vertiefen, so gerne ich das auch getan hätte. Wir sind stattdessen bei nächster Gelegenheit wieder gekommen.

---

[1] 1699 – 1776 Hauptstadt der kgl. britischen Kolonie *Virginia*. Zwischen 1776 und 1788 Hauptstadt des neuen, nunmehr unabhängigen *Commonwealth of Virginia*. 1788 als Hauptstadt durch *Richmond* ersetzt.

[2] Ursprüngliche Mennoniten-Sekte mit Wurzeln in der Täuferbewegung des 16. Jahrhunderts

[3] „Patchwork"-artige Decke, kunstvoll „gequiltet", d.h. mit viel handwerklichem Geschick, beidseitig genäht; ursprünglich aus Stoffresten zusammengesetzt.

[4] Japanische Vulkaninsel im westlichen Pazifik, ca. 1.200 km südlich von Tokio. Am 23.2.1945 von den USA erobert

[5] Hier fand vom 1. – 3.7.1863 eine der bedeutendsten Schlachten im amerikanischen Bürgerkrieg statt; berühmt ist auch die sog. „Gettysburg Address" (Ansprache von Gettysburg) durch den amerikanischen Präsidenten Lincoln, der darin, anlässlich der Einweihung des dortigen Friedhofs für ca. 7.000 gefallene Soldaten, in rhetorisch vorbildlicher Weise auf die Werte der amerikanischen Verfassung verwies und die Einheit in einem demokratischen Amerika beschwor

Denkmal auf dem Schlachtfeld von Gettysburg für ein Indianer-Regiment, das mit 1.210 Mann von 1861 – 1864 in 19 Schlachten auf Seiten der Unionstruppen der Nordstaaten kämpfte. Dabei fielen 92 Krieger, 328 wurden verwundet.

Ähnlicher Nachlass ist uns später in einer „*Shopping Malt*" in *Baltimore* gewährt worden: dort bekamen Soldaten auf alle Bekleidungsartikel einen deutlichen Rabatt. Als wir nachfragten, ob das auch für d e u t s c h e Soldaten gelte, holte die Verkäuferin Rat bei ihrer Chefin. Die aber beschied, ohne nachzudenken, sofort: „Hier steht: Der Nachlass gilt für Soldaten. Das gilt für a l l e Soldaten. Ob sie Amerikaner oder Russen sind, ist gleichgültig." Wir waren's zufrieden und fragten uns nur, ob das wohl in Deutschland genau so gehandhabt worden wäre und wenn, ob dann auch für Russen. Indes: der amerikanischen Logik sind wir gerne gefolgt.

12 Tage lang waren wir insgesamt in den USA gewesen und jeder Tag war auf seine Weise interessant. Überall waren wir freundlich empfangen worden und so freuten wir uns auf unsere nächste Reise in die USA. Bärbel und ich zumindest, wollten im nächsten Jahr wieder kommen, um am internationalen „Schliedertreffen" teilzunehmen.

Der Rückflug mit *Icelandair* verlief problemlos. Lediglich das Bier bei der Zwischenlandung in Island war unbeschreiblich teuer. Ich aber habe das nur von meinen Kameraden gehört, denn Bärbel war ja dabei und achtete auf meine schlanke Linie. Auch in Island.

Was mich beeindruckt hat, in der Transithalle des Flughafens von *Keflavik*, war das bronzene Relief von *Leif Eriksson*: ein riesiger Kerl mit wehendem Umhang und einer langen Axt. Er war wohl, nach einem unbekannten Wikinger im 9. Jahrhundert, der Erste, der nachgewiesenermaßen seinen Fuß auf amerikanischen Boden gesetzt hat, lange vor Columbus. Ganz sicherlich aber war unsere Reise nach und von Amerika weit angenehmer als damals. Daran konnten auch die hohen Bierpreise nichts ändern.

Kurz darauf fand in Berlin eine nationale G6-Tagung statt, an der ich ebenfalls teilnahm. Natürlich war das interessant, wie alle diese Tagungen. Was mich allerdings in Berlin am meisten faszinierte, war die gleichzeitig statt findende Verhüllung des Reichstags durch den bulgarischen Verhüllungskünstler *Christo (Javacheff)* und seine Frau *Jeanne-Claude*; nach langem Hin und Her sowie einer durchaus strittigen Debatte im Bundestag unter Vorsitz seiner Präsidentin, Frau *Prof. Dr. Rita Süssmuth*, ist es den Beiden tatsächlich gelungen, die Erlaubnis für dieses nicht unstrittige Projekt kurz vor der Renovierung des Reichstags zu erhalten.

Dazu wurde etwa 100.000 Quadratmeter dickes Polypropylen-Gewebe mit einer aluminisierten Oberfläche verwendet; dieses wurde von langen, blauen Polypropylenseilen gehalten. Zehn Firmen haben während der Monate April, Mai und Juni die Stahlkonstruktionen installiert, über die das Gewebe wie ein grandioser Faltenwurf auf den Boden fiel. 14 Tage lang sollte das Gebäude verhüllt bleiben; der Abbau sollte am 7. Juli beginnen. Als ich von diesem Projekt hörte, war ich anfangs durchaus skeptisch. Als ich es realisiert sah, war ich durchaus angenehm überrascht. Aus künstlerischer Sicht war die Verhüllung gerade *dieses* Gebäudes ganz sicherlich ein gelungener Akt.

Doch auch in Straßburg gab es so manchen Kunstgenuss; so gab *Anne-Sophie Mutter* Mitte September, begleitet von *Lambert Orkis*, ein Konzert: mit Werken von Mozart und Brahms hat sie uns regelrecht verzaubert. Wir alle waren, einschließlich Vater, restlos begeistert und zum Schluss des Konzerts eine Zeit lang regelrecht sprachlos und ergriffen.

Der Hunsrücker Stammtisch in Straßburg und Geispolsheim war dem gegenüber von eher deftiger Natur, doch den Hunsrücker Kempen und ihren Damen hat es gefallen. Das Gleiche gilt für einen urigen Hüttenabend im Soonwald, zu dem unser Förster ein ganzes Wildschwein beisteuerte. Bärbel hat es fachkundig tranchiert; Rudi spielte Akkordeon und wir alle sangen die alten Lieder.

Als im Oktober die Sprache wieder auf meine mögliche Versetzung als Heeresattaché nach Chile kam und ich das dem KG meldete, schnaubte der nur verächtlich und fragte: „Und wer macht Sie dort zum Oberst? Etwa *Pinochet*? – Sie bleiben! *Ich mache Sie zum Oberst!*" Das war deutlich. Also blieb ich den Winter über in Straßburg und stellte meine Studie über die Gefechtsstände des EUROKORPS fertig.

Und dann kam alles sehr schnell: im Januar wurde mir eröffnet, dass ich Anfang April 1996 nach Heidelberg versetzt werden sollte, um die „LANDCENT SIGNAL

GROUP (LSG)"¹ von *Oberst Siegfried Becker*, dem ich schon in Diez nachgefolgt war, zu übernehmen.

In der folgenden Terminabsprache gab es noch das übliche Gerangel zwischen aufnehmender und abgebender Dienststelle; zu guter Letzt musste ich schon am 9. Februar die Dienststelle übernehmen, danach aber noch einmal für einige Wochen in Straßburg Dienst tun. Wegen des laufenden Schuljahrs beschlossen wir allerdings, erst im Juli nach Deutschland umzuziehen; bis dahin galt es nun, ein Haus im Raum *Heidelberg* zu finden.

Zunächst aber fand eine Reihe von Abschiedsveranstaltungen statt; der Crémant floss reichlich und dabei verstanden sich alle, ob Franzosen, Deutsche, Belgier oder Spanier, am besten.

18. Kapitel
Commander LANDCENT SIGNAL GROUP in Heidelberg (1996 – 1999), dabei: Zweite und dritte Reise an die Ostküste Amerikas sowie Abenteuer in den Schluchten des Balkan

Auf der Reise nach Heidelberg zur Einweisung in meine neuen Aufgaben beschäftigte mich vorwiegend Eines: ich versuchte, den Namen meines neuen Chefs, des britischen *Generalmajors Drewienkiewicz,* richtig auszusprechen. Da das nicht nur mir schwer fiel, wurde er zwar allgemein als „*General DZ*" bezeichnet und auch er selbst titulierte sich selbstironisch so; dennoch wollte ich seinen Namen richtig aussprechen können. Sein Vater war im Kriege polnischer General und nach England geflohen, und nun war sein Sohn, mittlerweile Brite zwar, selbst General. Aus seiner durchaus reservierten Haltung uns Deutschen gegenüber machte er denn auch keinerlei Hehl. Dennoch bin ich recht gut mit ihm ausgekommen: im Laufe der Zeit eigentlich immer besser. Zuletzt ließ er mich völlig in Ruhe, denn die Fernmeldeverbindungen im Einsatz funktionierten immer und die neuen Computersysteme einschließlich Gefechtsstand-Video auch.

So weit war es freilich Anfang Februar 1996 noch nicht, zumal er nicht restlos davon begeistert war, dass ich – kaum dass ich die Signal Group übernommen hatte – schon wieder zum EUROKORPS zurück musste. Dennoch: so war es festgelegt und da musste ich durch. Also bin ich einen Monat lang zwischen Straßburg und Heidelberg hin- und hergependelt. Stabsarbeit hier, Einweisungen und Übungen da.

---

[1] Etwa: Fernmeldegruppe der Landstreitkräfte (Europa) Mitte. Offiziell wurde der Verband als „Fernmeldebrigade LANDCENT" geführt.

Auch den „*ACE Staff Officers' Orientation Course*"[1] an der NATO-Schule in *Oberammergau* habe ich mir Anfang Mai noch gegönnt, denn erstens war der Besuch dieses Lehrgangs grundsätzlich zu Beginn einer NATO-Verwendung gefordert und zweitens hatte ich irgendwie das Gefühl, dass es mit dem „normalen" Leben wohl bald zu Ende gehen würde, denn die Wolken über dem Balkan wurden immer finsterer.

Umso erfreulicher war es daher, dass es mir innerhalb relativ kurzer Zeit gelang, ein Haus ganz in der Nähe zu finden: der Chef des Stabes, *Generalleutnant Stöckmann*, sollte in Kürze als Oberbefehlshaber Europa Mitte nach Brunssum in die Niederlande versetzt werden und so mietete ich „sein" Haus. Da er als hoher General auch in Heidelberg durchaus gefährdet war – auf den amerikanischen Befehlshaber LANDCENT war in Heidelberg vor nicht allzu langer Zeit ein Attentat verübt worden –, war sein Haus mit allen möglichen Sicherungssystemen ausgestattet: so auch mit automatischen Bewegungsmeldern, Telefonanschlüssen an allen denkbaren Ecken und Enden, Eisengittern vor den Fenstern und einer mehr als soliden Haustür. Zudem lag das Haus auf einer Anhöhe: das hatte den zusätzlichen Vorteil, dass wir eine wunderbare Aussicht hatten, über die Rheinebene hinweg, bis hin zur Pfalz.

Da war zwar noch das Eine oder Andere zu renovieren, doch das war zeitgerecht machbar. Unmittelbar nach Ende des Schuljahrs würden wir umziehen können. Eine passende Schule, das *Bunsen-Gymnasium*, für die Mädchen haben wir auch recht schnell gefunden.

Zuvor allerdings galt es, Sylvia zu konfirmieren. Eigentlich wäre sie erst 1997 zur Konfirmation gegangen; *Pfarrer Wohlfahrt* aber stimmte zu, das Ereignis um ein Jahr vorzuziehen, wenn sie entsprechend intensiver lernte. Das aber tat sie, denn auch sie wollte im *Elsass* konfirmiert werden, wie schon *Barbara* zuvor.

Dann war es so weit: „*Culte de baptême et de Confirmation dimanche de Pentecôte, 26 mai 1996*"[2] in der „*Eglise de la Confession d'Augsbourg d'Alsace et de Lorraine Paroisse Saint Matthieu & Port du Rhin*"[3]. Es war ein würdiger Gottesdienst und Sylvia eine andächtige, ernsthafte Konfirmandin.

Ihr Konfirmationsspruch lautete: „*Je bénirai l'Eternel en tout temps: Sa louange sera toujours dans ma bouche*". *(ps 34 / 2)*[4]

Natürlich war die Verwandtschaft angereist und Zeuge dieses Ereignisses. Im Anschluss gingen wir im „*Geisstüwel*" in Geispolsheim essen.

Auch hier war Vater zunächst skeptisch, denn zu allererst mussten wir eine recht steile Holztreppe hinauf kraxeln, und der Ort des Geschehens erschien anfangs recht duster. Doch dann stand da eine schön gedeckte Tafel und in einem Nebenraum gab es einen Apéritif. Danach zelebrierte der „Chef" seine „*Création*": „*Les délices de Sylvia.*"

---

[1] Orientierungs-Lehrgang für Stabsoffiziere aus dem alliierten Kommandobereich Europa
[2] „Tauf- und Konfirmationsgottesdienst am Pfingstsonntag, 26. Mai 1996"
[3] „ Kirche des Augsburger Bekenntnisses im Elsass und in Lothringen, Gemeinde St. Mathäus und Rheinhafen"
[4] „Ich will den Herrn allezeit preisen. Immer sei sein Lob in meinem Mund." (Ps 34 / 2)

Nun war auch Sylvia konfirmiert. Sie sah sehr edel aus in ihrem dezent-eleganten Kleid mit dem Blazer und alle haben sich über dieses weitere Familienfest im schönen Elsass gefreut. Das Kind aber freute sich über die vielen Geschenke. Von uns bekam es ein Fahrrad.

Schon zwei Monate, kurz nach unserem Umzug, fand ein weiteres „Großereignis" statt: unser Flug nach Amerika zum „Internationalen Schliedertreffen".

David Schlieder hatte das Treffen, zusammen mit anderen Mitgliedern dieses amerikanischen Groß-Clans, mit viel Engagement und Vorfreude auf die „Vettern aus Deutschland" in einem Hotel in *Shamokin Da*m bei *Selinsgrove / Pennsylvania* am *Sasquehanna River* organisiert und ich hatte einige deutsche Schlieder-Familien im Schlepptau: das waren zunächst Bernd und Birgit Schlieder aus Glatten im Schwarzwald, die wir schon zuvor im Elsass kennen gelernt hatten sowie Claudia und Georg, die aus Rendsburg angereist waren.

Einen weiteren Schlieder mit asiatischer Frau und Kindern trafen wir auf dem Flughafen in Luxemburg. Wolfgang Schlieder reiste mit seiner italienischen Frau Lia separat aus Köln an. In Selinsgrove stießen wir auf Dr. Willy Christoph Schlieder, einen ehemaligen Staatssekretär, von dem wir zuvor lediglich gehört hatten. Ferner tauchte, uns völlig unbekannt, Dr. Ernst Schlieder mit seiner bolivianischen Frau Georgina und ihren beiden Kindern Roland und Brigitte aus Bolivien auf. Andere waren entweder zu alt, hatten kein Interesse oder kein Geld; das war insbesondere bei einigen Schlieder-Familien aus Mitteldeutschland der Fall. Klaus Schlieder aus Mannheim lehnte eine Fahrt in die USA, unter Hinweis auf die Bombardierung Dresdens durch Briten und Amerikaner 1945, kategorisch ab und wollte stattdessen das Geld, das ihn diese Reise gekostet hätte, für den Wiederaufbau der Frauenkirche in Dresden spenden.

Eine bunt gemischte Truppe also, doch das waren die Amerikaner auch, denn sie kamen aus allen Teilen der USA. Selbst aus Kalifornien war ein „Mark von Schlieder" angereist. Zunächst jedoch ging die Reise, wie schon im Jahr zuvor, per *Icelandair* über Island nach Baltimore, dann mit drei Leihwagen über Annapolis nach Washington D.C. Es folgte erneut ein „*Sightseeing*" in der Hauptstadt einschließlich *Georgetown, Arlington* und der *Union Station* sowie einiger Abstecher nach *Williamsburg, Gettysburg* und zu den Amish in der Nähe von *Lancaster*. Für die Kinder und Claudia / Georg sowie Bernd und Birgit war das alles neu, Bärbel und ich aber konnten, dank unserer Stammtischkreise vor einem Jahr, durchaus als Reiseführer auftreten.

Nach einer Woche in den USA trafen wir in der *Day's Inn* in Shamokin Dam ein: schon am Hinweisschild auf das Hotel eine Inschrift: „*Weltweit Schlieder Treffen – Schlieder Reunion*"; dann der ganze Innenhof, rings um den *Swimming Pool,* mit amerikanischen und deutschen Farben geflaggt, dazu Luftballons in den Farben der USA und Deutschlands sowie eine vorzügliche Eingangs-Organisation, erneut unter einem riesigen Schild: „*Schliedertreffen 1996*". In einem Nebenraum Dokumente und Bilder zu den „*roots*"[1] der amerika-

---

[1] Wurzeln

nischen und deutschen Schlieders. Dabei wurde klar: alle amerikanischen Schlieders stammten wohl tatsächlich direkt von Friedrich Schlieder und seiner Frau Wilhelmina Bunge aus *Gleina* in Thüringen ab; diese waren 1869 in New York gelandet und hatten sich in Pennsylvania angesiedelt und von dort aus „verbreitet". Während wir zwar gemeinsame Vorfahren nicht feststellen konnten, war verblüffend zu sehen, welche Ähnlichkeit im Aussehen zwischen David Schlieder und mir, ja mehr noch, zwischen seinem Vater Carl und meinem Großvater, Willy, bestand.

Seitdem sprechen die Amerikaner von ihren „*German cousins*"[1], wenn sie von uns reden. David Schlieder schreibt sogar hin und wieder in maschinell übersetztem „Deutsch". Sowohl Bryan Schlieder als auch Rich Chapman und seine Frau Carrol, geb. Schlieder, haben uns seitdem in Holland und Deutschland besucht.

Friedrich und Wilhelmine Schlieder, geb. Bunge, am 26. April 1869 mit dem Segelschiff „Ottilie", unter Kapitän N. Dannemann, von Bremen kommend, in New York angelandet. Friedrich Schlieder war 28, Wilhelmine Schlieder 26 ½ Jahre alt. Laut dem Logbuch waren sie Bergleute, kamen aus „Preußen" und gaben als Einwanderungsziel „Pennsylvania" an.[2]

---

[1] „Deutsche Vettern"
[2] Nach der Kopie eines Mikrofilms aus der Genealogical Library, Salt Lake City, Utah, L.D.S. Mikrofilm Nr. 17556

Die Amerikaner waren begeistert; die Kinder freundeten sich schnell mit den Kindern der bolivianischen Schlieders und einigen amerikanischen Jugendlichen an und nach einem amerikanischen *Barbecue* mit *Dixielandmusik* saß ein „harter Kern" noch spät am Abend rings um den *Swimming Pool* und sang, von einer Gitarre begleitet, gemeinsam amerikanische und deutsche Volkslieder: „*My Bonnie lies over the ocean …*", „*Muss i denn, muss i denn zum Städele hinaus …*", „*Old Mac Doodle had a farm …*" und viele andere. Alle waren begeistert und wollten gar nicht ins Bett.

Am nächsten Tag ein gemeinsamer Gottesdienst, zelebriert von *Father Fetterman*, auch seine Mutter eine geb. Schlieder. Ein Gottesdienst ganz auf amerikanische Art: alle wurden persönlich angesprochen, die meisten nahmen aktiv am Gottesdienst teil und die Stimmung war bombig. Natürlich wurde für das gemeinsame amerikanisch-deutsche Schliedertreffen gedankt und für eine gesunde Heimkehr gebetet.

Es folgten mehrere Gruppenbilder; der Fotograf war gefordert: zuerst alle Schlieders, dann nur die amerikanischen Schlieders, später nur die deutschen Schlieders, danach Dokumentieren der Namen …

Später ein Abschiedsessen im Golf-Club, ganz in der Nähe: zuvor brachten wir Deutschen freilich ein Ständchen, selbst unser Staatssekretär, „Dr. Willy C.", wie wir ihn nannten, sang mit und war hoch erfreut, ob dieses Einfalls. Schon die dazu erforderlichen Proben waren allerdings eine Herausforderung ganz besonderer Art, denn jeder sang, wie er wollte … Dennoch: alle waren begeistert. Die Begeisterung wurde allerdings später weiter gesteigert, als Roland aus Bolivien seine Gitarre anstimmte und zusammen mit mir, am Klavier, „*Guten Abend, gut' Nacht …*" intonierte. Viele sangen mit, einige schluchzten, alle verlangten Zugaben. Zum Schluss lagen sich die Meisten in den Armen und gelobten, ein solches Treffen zu wiederholen, das nächste in Deutschland, am besten in Gleina, denn da lagen, ganz offensichtlich, die gemeinsamen Wurzeln.

Dann brachen wir, mit David und seiner Familie im Schlepptau, in Richtung Norden auf, denn wir wollten die Niagara-Fälle sehen. Auch unsere neuen bolivianischen „Verwandten" schlossen sich an.

Im Hotel ein Glas Wein: doch wir waren nicht schlüssig, denn wir hatten noch nie „*Zinfandel*" getrunken. Die Bedienung, eine Studentin mit Beinen ohne Ende, im übrigen sehr freundlich und uns Ausländern gegenüber ausgesprochen aufgeschlossen, brachte gleich eine ganze Karaffe, nur so zum Probieren, wie sie sagte …

Das „*Hard Rock Café*" am Abend war ein „*Event*": Rock auf mehreren Ebenen. Außerdem haben wir noch nie so riesige Portionen Eis mit Schlagsahne gesehen, wie in diesem sehr gesitteten Lokal.

„*The Falls*" waren ebenfalls ein Ereignis ganz besonderer Art: zunächst von oben, dann – mit Regenschutz – h i n t e r den Fällen und danach von der kanadischen Seite aus in einem sich drehenden Restaurant bei Nacht, erleuchtet und bei hervorragendem Essen.

Zurück zu unserem „alten" Hotel am Sasquehanna River; nach einem Abend daselbst und einer Rommée-Runde, allesamt auf meinem riesigen „*King Size Bed*" sitzend, brachen wir am nächsten Morgen, nunmehr von Bryan begleitet, auf um New York zu erkunden. Auf dem Wege dahin Zwischenstopp bei Quentin Schlieder, der uns in den exotischen *Morris County Park* führte, in dem er offensichtlich eine leitende Position innehatte: in der prachtvollen, weißen Villa der Direktion ein Empfang mit *Small Talk* und *Dips,* dazu die größten *Shrimps*, die wir je gesehen hatten. Solchermaßen gestärkt waren wir fit für die Weiterreise und eine Übernachtung im überdimensionalen „*Parsippany Hilton*" am Rande der Stadt: gut, dass Bryan dort zu einem günstigeren Wochenend-Tarif (man gab uns 70 % Rabatt) für uns gebucht hatte!

Dann *New York*: hinein ins Gewühl, bis zum *World Trade Center* und hoch auf den *Tower*: gigantisch, doch leider alles im Nebel, so dass wir die Freiheitsstatue nur erahnen konnten und auch sonst nicht viel sahen. Sylvia freilich interessierte sich ohnehin mehr für eine riesige Stretch-Limousine am Fuße der Türme und knipste wie wild. Danach eine Stadtrundfahrt auf dem Dach eines riesigen, roten Touristen-Busses: die Börse, der Hafen, *Brooklyn Bridge* mit seiner gigantischen *Skyline*, der *Time Square* … Andrew Lloyd Webber's „*Cats*" wurden gegeben und „*Das Phantom der Oper*"; das *Rockefeller Center*, der *Central Park*, später ein Gang durch die *5th Avenue*, die Lobby des Hotels *Plaza* in der *58th Avenue* (hier wurde der Film „*Kevin allein in New York*" gedreht) und zu guter Letzt *Chinatown* … wir waren erschlagen.

In der *Subway* wenig später bot mir dann allerdings ein etwa 17-jähriges Mädchen einen Sitz an: ich war perplex …Damit hatte ich nun wirklich nicht gerechnet … Ich sagte daher freundlich und mit einem Lächeln zwar, doch innerlich entsetzt: „*It's obvious that I am older than you but I didn't know I was looking that old* …"[1]

Das Mädchen freilich reagierte schlagfertig-diplomatisch und mit einem entwaffnenden Lächeln: „ *It's not that … I was going to get up anyway and sit with my friend over there* …"[2]. Nun war es also so weit: eine junge Dame bot mir einen Sitz an! Das war mir noch nie passiert. Entweder waren die jungen Amerikanerinnen einfach höflicher als die jungen Damen hierzulande oder ich gehörte nun tatsächlich schon zum alten Eisen … Oder Beides? Ich habe eine Weile gebraucht, bis ich diesen Schock verarbeitet hatte.

Mittlerweile war Rich Chapman mit seiner Frau Carol zu uns gestoßen: sie kannten sich aus und ergatterten einen Tisch in einem winzigen chinesischen Restaurant, gerade groß genug für uns alle. Jeder aß alles und von Jedem; am liebsten wären wir geblieben, aber wir mussten uns noch aus der Stadt herauswühlen, bis hin nach Bethlehem, denn da wohnte Bryan.

In der *Comfort Inn* wollte ich nach der langen Reise nur eins: ein kühles Bier, doch das gab es nicht, denn wir waren in einem „*dry county*"[3]… Die Buttermilch schmeckte allerdings auch, zudem war sie gesünder.

---

[1] „Es ist ja offensichtlich, dass ich älter bin als Sie, ich wusste allerdings nicht, dass ich *dermaßen* alt aussehe …"

[2] „Das ist es nicht. Ich wollte sowieso aufstehen und mit meiner Freundin dort sitzen …"

[3] „Trockener Bezirk" (in den USA; d.h. dass der Ausschank, ja sogar der Erwerb und Transport von Alkohol dort zu bestimmten Zeiten verboten ist, zumindest aber starken Einschränkungen unterliegt)

Am nächsten Tag haben uns Bryan Schlieder und seine Frau Gale bei sich zu Hause empfangen und uns ihre Stadt gezeigt.

Dann fuhren wir über *Longwood Gardens*, eine wunderschöne, riesige Gartenanlage, nach *Atlantic City*, an die Küste.

Atlantic City in New Jersey: das waren (und sind) vor allem *Donald Trumps* (legale) Spielhöllen, allen voran das bizarr-kitschig-bunte „*Taj Mahal*" mit seinem Casino, den Spielzimmern und den 3.000 „einarmigen Banditen". Natürlich wollten wir das sehen! Kinder unter 18 Jahren hatten allerdings keinen Zugang zu den Spielbereichen, doch das war nicht schlimm, denn spielen wollten wir sowieso nicht. Die riesigen Kristall-Lüster, das glitzernde Interieur, die vielen Restaurants mit Speisen aus aller Herren Länder waren schon irgendwie beeindruckend, doch das war nun wahrlich nicht unsere Welt und so fuhren wir nach einem Rundgang nach *Ocean City*, etwa 120 km weiter.

Ein schier endloser, sauberer Sandstrand, doch keine Umkleidekabinen, keine Duschen, keine Strandrestaurants, dafür jede Menge Verbotsschilder und Strandwächter, die das Treiben der wenigen Badegäste am Strande mit Ferngläsern beobachteten. Also fand das Umziehen hinter vorgehaltenen Badetüchern statt; vermutlich war auch das verboten. Ein etwas steriler Ort, der Strand von Ocean City, fanden wir alle und brachen diesen Badetag nach kurzem Eintauchen in den Atlantik ab.

Unsere USA-Reise näherte sich nun allmählich ihrem vorgesehenen Ende, doch noch stand *Philadelphia*[1] auf dem Programm. Natürlich haben wir dort die „*Liberty Bell*" gesehen und bestaunt, mit der 1776 die Freiheit der USA eingeläutet wurde. Ein nationales Heiligtum, in einem eigens für sie gebauten Museumsgebäude, neben vielen anderen Erinnerungsstücken an diese für die USA so wesentliche Epoche, zu besichtigen.

In der „*City Tavern*" wurden wir freundlich und historisch original kostümiert bewirtet: „*George Washington Ate Here …*"[2] hieß es, und auch wir haben uns an diesem historischen Ort für die Weiterreise gestärkt.

Am 9. August sind wir in *Baltimore* wieder mit *Icelandair* abgeflogen und nach einem Zwischenstopp in *Keflavik*, während dem Sylvia fast das Flugzeug verpasst hätte, denn sie hatte sich auf eigene Faust im Flughafen umgeschaut und dann nicht mehr zurechtgefunden, am 10. August wieder in Luxemburg gelandet.

Als ich mich am Tag darauf wieder bei General DZ meldete, fragte der mich, deutlich ungehalten, warum ich nicht eher zurück gekommen sei, man brauche mich hier, denn in Kürze verlege das Hauptquartier nach *Sarajewo*. Von dort sollte ich die NATO-Fernmeldeverbindungen führen und den Fernmelde- und Computerbetrieb im Hauptquartier von IFOR[3] sicherstellen. Ganz so klar sagte er das allerdings nicht, denn er wuss-

---

[1] Ca. 90 km NW von Atlantic City, am Delaware River
Philadelphia wurde 1681 von William Penn gegründet; hier wurde am 4.7.1776 die amerikanische Unabhängigkeit erklärt. Von 1790 – 1800 Hauptstadt der USA.
[2] „George Washington hat hier gegessen …"
[3] **I**mplementation **For**ce (NATO-Bezeichnung für die Schutztruppe auf dem Balkan, die den Frieden in Bosnien-Herzegovina und Kroatien nach dem Balkankrieg garantieren sollte)

te zu diesem Zeitpunkt selbst nicht, was wir da eigentlich tun sollten. „*I was genuinely scared*"[1] hat er mir später gestanden.

Unser bevorstehender Einsatz war denn auch das Thema der nächsten Wochen, ohne dass freilich irgendwelche klaren Aufträge gegeben wurden. Wir nahmen daher Verbindung mit der Truppe auf, die momentan für Bosnien und in Sarajewo zuständig war: das war das NATO-Hauptquartier AFSOUTH[2] für die Führung der Gesamt-Operationen im Einsatzgebiet und das ARRC[3] als operativer Großverband vor Ort.

Das erwies sich als zäh und im Ergebnis wenig aussagekräftig; daher wurde eine Erkundung in Sarajewo angesetzt. Auch das verlief eher allgemein und wenig praxisorientiert; als es um die Frage der Unterbringung der Truppe im Hauptquartier Sarajewo ging, hatte man z.B. schlicht meine weit über 100 örtlichen Fernmelder vergessen. Als ich das ansprach, reagierte der Leiter des Organisationsstabes vor Ort eher unwirsch; die für Fragen der Organisation und des Einsatzes der Fernmelder zuständige Stabsabteilung des Hauptquartiers jedoch schwieg.

Daher beauftragte ich meinen Stab, einen Plan für die Übernahme der bestehenden Netzwerke durch unsere Fernmelder zu erarbeiten, trug diesen bei einer der regelmäßigen Stabsbesprechungen dem amerikanischen Oberbefehlshaber, *General Crouch*, vor versammeltem Stab schematisch vor, und ließ die entsprechende Truppe, nachdem alle desinteressiert genickt hatten, in Marsch setzen. Die entsprechenden Marschbefehle bereitete mein Stab selbst vor; einen Einsatzbefehl – außer einem sehr allgemein gefassten Operationsplan des Obersten NATO Hauptquartiers in Europa – habe ich nie, auch nur ansatzweise, gesehen.

Ich selbst flog zunächst nach Zagreb und Split zur Erkundung, denn ich wollte sehen wo und wie die bisherige Truppe gearbeitet hatte und wie die Einsatzbedingungen waren. Das war interessant und half im Folgenden sehr, die einzusetzenden Teileinheiten richtig zu dimensionieren. Nach *Zagreb* aber zog es mich auch aus einem sehr persönlichen Grund: Vater hatte dort – damals hieß Zagreb noch *Agram* – am 21. März 1945 das Große Orchester der Kroatischen Staatsoper dirigiert und Werke von Haydn, Wagner und Beethoven aufgeführt, dabei auch die 1. Variation des Kaiserquartetts. Das letzte Mal wohl, dass dort jemals die Melodie des Deutschlandliedes vor Großem Publikum gespielt und von einem deutschen Offizier dirigiert worden war.

Da ergab es sich, dass ich im Hotel *Esplanade* untergebracht war: einem alten Kasten, wohl noch aus den Zeiten der Donaumonarchie, aber mit vielen prominenten Gästen (wie *Louis Armstrong*, *Cole Porter*, *Marlene Dietrich*), deren Fotos an den Wänden hingen.

Nachdem ich eine erste Bekanntschaft mit der kroatischen Küche gemacht hatte (insbesondere „*Strukli*" hatte es mir angetan: eine luftige, dabei durchaus würzige Eier-

---

[1] „Ich hatte wirklich Angst"
[2] **A**llied **F**orces **South**ern Europe: Oberkommando der alliierten Streitkräfte Südeuropa mit Sitz in Neapel
[3] **ACE R**apid **R**eaction **C**orps: Schnelles Eingreif-Korps des Alliierten Kommandobereichs Europa (damals das I. Britische Korps)

speise mit Frischkäse), setzte ich mich in Uniform an die Bar in der Lobby um ein Glas *Crno Vino* (Rotwein) zu trinken. Als das der Pianist sah, fing er sofort an, deutsche Lieder zu spielen: die „*Deutschen Tänze*" von Schubert, Schumanns „*Träumerei*", eine *Rhapsodie* von Brahms und viele andere. In einer Pause setzte er sich zu mir und stellte sich in perfektem Deutsch vor: er sei Kroate, habe aber in Berlin gearbeitet und liebe Deutschland. Ich hingegen lobte seine Musik und gab ihm 20 Mark: dafür spielte er, fast nur noch für mich wie es mir schien, für den Rest des Abends.

Als er um Mitternacht seinen Flügel zuklappte, sagte ich mir: jetzt oder nie, nahm meinen ganzen Mut zusammen und fragte, ob ich auch einmal spielen dürfe. Ich durfte, und so spielte ich „*Guten Abend, gut' Nacht …*", „*La, Le, Lu …*", „*Weißt du, wie viel Sternlein stehen …*", „*Die Blümelein sie schlafen …*": lauter Wiegenlieder, unverfänglich, schön, der Stunde entsprechend. Das war zwar kein Kaiserquartett und auch nicht vom Großen Orchester der Kroatischen Staatsoper gespielt, aber zum zweiten Mal ein *Schlieder*, der hier Musik machte, 51 Jahre nach der Erstaufführung. Ich habe gelächelt, glaube ich, einfach so für mich, und ich war froh. Daraufhin aber strömte das Führungs-, Küchen- und Bedienpersonal herbei und bildete einen Kreis, und sie alle sowie die verbliebenen Gäste applaudierten und verlangten eine Zugabe.

So schlimm wird es denn wohl in Kroatien nicht werden, dachte ich mir, der Schauer-Kommentare in den verschiedenen Medien anlässlich des ersten Einsatzes der Bundeswehr auf dem Balkan eingedenk.

Wieder zurück in Heidelberg legte ich meinen Dienstreisebericht vor und flog dann mit Teilen meines Stabes am 8. Oktober 1996 *ab Ramstein* nach *Neapel* um von meinem Vorgänger, dem amerikanischen *Colonel Barron*, eingewiesen zu werden und am 4. November von diesem als „*Commander CJCCC*"[1] zu übernehmen. Dies alles fand zunächst in Neapel statt; sehr unkriegerisch und Gentlemen-like. Auch bei Colonel und Mrs. Barron waren wir zum Abendessen eingeladen eines Tages. Meine Pistole samt Munition habe ich so lange in einem Safe im Hauptquartier verwahrt.

Am 1. 11. war ich dort zum Oberst befördert worden und hatte nun endlich den geforderten Dienstgrad für meine neue Aufgabe. Natürlich haben wir das gefeiert. Mit allen Fernmeldern vor Ort! Selbst Bärbel und die Kinder kamen zu diesem Ereignis und wohnten für ein paar Tage bei mir im Hotel, denn mangels entsprechender Unterkünfte im Hauptquartier war ich wie die Meisten in der „*Holiday Inn*" an der *Via Domitiana*, unweit Neapel untergebracht; da ich wegen der eher unregelmäßigen Arbeitszeiten nicht auf den Militärbus angewiesen sein mochte und andere Militärfahrzeuge nicht zur Verfügung standen, mietete ich ein Fahrzeug und fuhr so tagtäglich vom Hotel über die Autobahn ins Hauptquartier und zurück.

Als ich eines Tages durch die Flure des Hauptquartiers marschierte, das ich ja von meiner früheren Zeit in Latina recht gut kannte, glaubte ich kaum, meinen Augen zu

---

[1] „**C**ombined **J**oint **C**ommunications **C**ontrol **C**enter" (gesprochen: CJ Triple C): „Gemeinsames, Teilstreitkraft-übergreifendes Fernmelde-Führungszentrum"

trauen: den Italiener, der mir da entgegenkam, kannte ich doch ... Es war mein „alter" Zeichner, der damalige *Sergente Maggiore Puzio*, heute natürlich mit weit höherem Dienstgrad, doch er sah so aus wie früher, nur Haare hatte er gelassen. Wir haben uns beide wirklich gefreut und sind ein paar Mal miteinander essen gegangen. Dabei wurde mein Italienisch, das doch mangels Gebrauch recht eingerostet war, wieder lebendig; im Übrigen sprachen wir Englisch. An einem Abend hat er mir Neapel bei Nacht gezeigt. Als Neapolitaner war er stolz auf seine Stadt: eines Abends saßen wir noch um Mitternacht am Hafen und aßen Spaghetti mit allerlei Meeresgetier. Auch als Bärbel und die Kinder kamen, haben wir uns mit seiner Frau und ihm in unserem Hotel zu einem Abendessen getroffen. Später hat er mich ein paar Mal am Flughafen von Neapel abgeholt, wenn wieder einmal der Abholdienst nicht klappte.

Währenddessen flog mein Stellvertreter, ein amerikanische *Lieutenant Colonel,* mit anderen Teilen des Stabes und Teilen der Truppe nach Sarajewo und übernahm die dortige „Fernmelderei" von der (britischen) Vorgänger-Truppe. Das war teilweise abenteuerlich, denn die wollte nach Hause und kümmerte sich daher nicht im Geringsten um die Dokumentierung ihrer bisherigen Arbeit; so wurden weder Kabelverlaufspläne noch Fernmeldeeinsatzskizzen, noch Pläne oder Unterlagen für die Computersysteme oder das Gefechtsstandfernsehen hinterlassen, auch die Stromversorgung all dieser für den Betrieb von Informationssystemen essentiellen Systeme war nicht sichergestellt. Das aber war nur mit feldmäßigen Mitteln möglich, denn das lokale Stromversorgungssystem war marode und brach regelmäßig zusammen. Am Hauptverteiler wurde kurzerhand der gesamte „Kabelverhau" abgehackt und als wir erschienen, funktionierte fast nichts. Als zu guter Letzt auch noch die Heizungsrohre in unserer Vermittlungsstelle platzten und alles einen halben Meter tief unter Wasser stand, hatten wir zwei Tage lang überhaupt keine Fernmeldeverbindungen, von Video-Übertragungen ganz zu schweigen. Ich habe Blut und Wasser geschwitzt in diesen Tagen.

Das Hauptquartier war in einer Anhäufung baufälliger, ehemaliger jugoslawischer Hotels, vorwiegend im „*Ilidža*"-Komplex unweit Sarajewo, untergebracht; Teile lagen außerdem in einer Kaserne. Die Abteilung für Presse- und Öffentlichkeitsarbeit „residierte" indes im repräsentativeren, unzerstörten Hotel „*Holiday Inn*" an der „*Snipers Alley*", der Hauptverkehrsstraße, die direkt in die bosnische Hauptstadt führt und wegen der serbischen Scharfschützen, die hier ihr Unwesen getrieben hatten, berüchtigt war. Ein Teil der Mannschaft war im völlig zerschossenen sog. *Zetra-Eissportstadion* der Stadt untergebracht und hauste dort unter unwürdigen Bedingungen: ein Wunder, dass der ganze Komplex nicht zusammengebrochen ist und die vielen Soldaten unter sich begraben hat. Hier Menschen unterzubringen, war nicht nur ein Fehler: es war ein Dienstvergehen, denn es wurde leichtfertig, noch dazu ohne Not, Leib und Leben von Soldaten aufs Spiel gesetzt. Da jedoch – Gott sei Dank – nichts passierte, hat sich auch niemand beschwert. Bestraft wurde keiner.

*Das Hauptquartier IFOR / SFOR im Hotel-Komplex Ilidza,
am Stadtrand von Sarajewo, Ende 1996*

Der größte Teil der Lkw-Fahrer, Köche und sonstigen Mannschaften, die dort Dienst taten, kam aus dem mir für den Einsatz unterstellten Fernmeldebataillon 990 aus Essen, dem ehemaligen Fernmeldeverbindungsbataillon 71, in dem ich 1966 / 67 als Leutnant stationiert war. Natürlich waren sie für solche Aufträge nicht vorgesehen; da man jedoch ganz offensichtlich vergessen hatte, auch solcherlei Personal anzufordern, hatte ich den Auftrag bekommen, das erforderliche Personal aus dem – wie es schien – schier unerschöpflichen Vorrat meiner integrierten Fernmeldeeinheiten abzuziehen und nach Sarajewo zu schicken.

Den Kommandeur dieses Bataillons, *Oberstleutnant Willeke*, habe ich vorsichtshalber anfangs im Rückwärtigen Hauptquartier in *Zagreb* eingesetzt, denn da „herrschte" der deutsche *General Frühhaber*, mein ehemaliger Hörsaaloffizier von der Heeresoffizierschule III in München, als DCOM LOG[1] bzw. Befehlshaber des Rückwärtigen Gebiets, und angesichts seiner damaligen Tobsuchtsanfälle erschien es mir weise, dort einen „starken" Fernmelder zu wissen.

Nachdem ich ein paar Mal zwischen Neapel und Sarajewo hin und her gependelt war, verlegte ich Mitte November den gesamten Stab Zug um Zug nach Sarajewo; bei der Organisation dieser diffizilen Operation hat sich mein S3, *Oberstleutnant Bröker*, blendend bewährt.

Mein Stellvertreter, der amerikanische *Lieutenant Colonel* indes, kochte mittlerweile sein eigenes Süppchen, informierte nur, wenn es gar nicht anders ging und pflegte seine

---

[1] **D**eputy **Com**mander for **Log**istics: Stellvertretender Kommandeur für Logistik

amerikanischen Beziehungen, vor allem zur US-Generalität. Ich habe das bewusst ignoriert. In dieser Lage, in der noch dazu die Amerikaner den Ton angaben, auf Konfrontationskurs zu gehen, erschien mir denn doch zu riskant. Als er irgendwann krank wurde und seine Unterkunft tagelang nicht mehr verließ, habe ich ihn aus fürsorglichen Gründen nach Hause geschickt.

Während einem der vielen anfänglichen Flüge zwischen Sarajewo und Neapel habe ich *Sabiha Hadzimuratovic* kennen gelernt: die sehr blonde, eloquente und agile Chefredakteurin der lokalen Zeitung *Sarajevska Tribina*. Als Journalistin hatte sie sich einen SFOR-Ausweis besorgt und konnte so in den „*Channel Flights*", d.h. den Verbindungsflügen zwischen den wesentlichen Städten im Einsatzgebiet, mitfliegen. „*Hadzi*" habe ihr Vater vor den Namen gesetzt, denn er war nach *Mekka* gepilgert. Seitdem hießen sie so, denn sie waren Muslime.

Da sie in einer *Transall* mir gegenüber saß, entwickelte sich schnell ein Gespräch: per „Klebezettel" zwar, denn für ein Gespräch war es im Flugzeug zu laut, doch das war amüsant und gipfelte im Austausch unserer Adressen. Wenig später habe ich sie daher in Sarajewo wieder gesehen. Sie hat mir dort durchaus das Eine und das Andere gezeigt. „*Morica Han*" zum Beispiel, in *Baščaršija*, im Herzen der Altstadt: ein Restaurant mit einer Inschrift des persischen Dichters *Omar Khejam*, in dem typische bosnische, aber auch persische Speisen angeboten werden. Nur eines bekommt man dort nicht: Alkohol. Dafür ist es dort ausgesprochen sauber, es gibt herrlich erfrischenden Tee und man wird ausgesprochen freundlich bedient.

Eines Tages fuhren wir über *Pale*, der ehemaligen Hochburg des bosnischen Serbenführers *Radovan Karazic*, einen engen, steilen Bergpass und durch malerische Schluchten hindurch in den Ort *Mravinjac*; dort zeigte sie mir die Mühle, in der die örtlichen Bewohner ihr eigenes Mehl gemahlen hatten, als die Versorgung mit Grundnahrungsmitteln zusammen gebrochen war. Selbst den Strom hat man dort, mittels eines selbst gebauten Generators, der durch einen Bach angetrieben wurde, selbst erzeugt. Ihre Großfamilie wohnte dort, auf mehrere Häuser verteilt; natürlich wurden wir alle zum Mittagessen eingeladen: dabei musste ich, ob ich wollte oder nicht, auf dem besonderen Ehrenstuhl des Clanchefs Platz nehmen und bekam von allem die größten Stücke. Die meisten sprachen Deutsch: die Kinder fast ausschließlich, denn sie hatten zuvor sieben Jahre lang bei Köln gelebt. Nun wurde die Frage diskutiert, wo sie im Raum *Gorazde* zur Schule gehen sollten und in welcher Sprache das vonstatten gehen würde. Die Kinder sahen derweil deutsche Videos und sprachen mit Bedauern von ihren vielen deutschen Freunden, mit denen sie nun nicht mehr spielen konnten.

Eine bosnische Puppe wollte *Sabiha* auch herstellen lassen, von arbeitslosen Flüchtlingen: *Emina,* ein Art nationale Gestalt, mit eigenem Lied und entsprechender bosnischer Nationaltracht. Das ist ihr auch später gelungen; mit dieser Aktion hat sie immerhin etwa 30 bosnischen Näherinnen eine Zeit lang Arbeit und Brot gegeben, zumal später auch noch die kroatische Puppe *Ana*, die serbische Puppe *Mara* und die jüdische Puppe *Hana* dazu kamen. Alle drei Volksgruppen, einschließlich der jüdischen Glaubensgemeinschaft hatten früher friedlich miteinander gelebt und waren nun, durch Krieg und Bürgerkrieg, auseinander gerissen. Die Idee des Puppenprojekts war es, neben der Beschäftigung arbeitsloser Frauen, insbesondere ausländischen Besuchern auf spielerische Weise darzustellen, dass es viele Volkgruppen in Bosnien gab und dass sie, jede auf ihre Weise, zu einem „bunten Miteinander" beitragen könnten, so wie zuvor, wenn man sie nur ließe.

Die Frankfurter Allgemeine Zeitung hat in ihrer Ausgabe vom 10. Oktober 1998 über das Projekt in seiner Anfangsphase berichtet. Später fehlten die Mittel, die eine Zeitlang von internationalen Hilfsorganisationen bereitgestellt worden waren, so dass es eingestellt werden musste. Auch in Folge dieser Aufsehen erregenden Idee wurde *Sabiha* kantonale Ministerin für Flüchtlinge und Gesundheit.

Als mir eines Tages bei einer Fahrt durch die Stadt die kleinen Panje-Wagen, von struppigen Pferdchen gezogen, darauf ganze Familien mit ihrem dürftigen Hab und Gut, auffielen, fragte ich *Sabiha,* wo diese Leute – offensichtlich Flüchtlinge – denn wohnten, denn irgendwo mussten sie ja untergebracht sein. In den Wohnungen derer, die ihrerseits geflohen seien, meinte *Sabiha,* wie zum Beispiel in ihrem Wochenendhaus auf dem Lande, das sei auch von Flüchtlingen „besetzt". Darauf hin gab ich *Sabiha* 100.- DM und bat sie, allerlei Lebensmittel zu kaufen, die wir einer besonders armen Familie schenken könnten, *Hauptfeldwebel Bürger,* mein „Assistent" und ich. Das taten wir denn auch und es wurde ein Erlebnis ganz besonderer Art. Wir gingen mit einigen Kartons voller Lebensmittel zu der Wohnung, die *Sabiha* identifiziert hatte; eine alte Frau, in ein langes, blaues Gewand gehüllt, mit Kopftuch und Krückstock, öffnete und bat uns herein, *Sabiha* übersetzte.

In der Wohnung ein eiserner Kanonenofen und ein Tisch, dazu ein paar hölzerne, einfache Stühle: das war alles. Als wir unsere Lebensmittel überreichten, wollte die Freude kein Ende nehmen; die alte Frau fiel auf die Knie und bedankte sich überschwänglich, ja sie wollte mir gar die Hände küssen. Das war mir denn doch zu peinlich und so zogen wir uns so schnell wie möglich wieder zurück. Sie habe alle ihre Habe verloren, sagte sie noch und konnte es kaum fassen, dass sie nun ein Hühnchen hatte, Eier, Speck und sonstige Zutaten, denn das alles gab es in Sarajewo, wenn man nur Geld hatte, es zu bezahlen. Wir aber bekamen 4.000.- DM zusätzlich, Monat für Monat. Irgendwie erschien mir das ungerecht, in diesem Moment zumindest. Das Bild der alten Frau in ihrer kümmerlichen Wohnung hat mich noch lange verfolgt, ähnlich wie das Bild der alten Frau damals im Wald in Schlesien, fünf Jahre zuvor. Irgendwie sahen sie gleich aus in ihrem langen Gewand, ihrem Kopftuch und ihrer demütigenden Armut.

Anlässlich einer weiteren Fahrt rund um Sarajewo zeigte uns *Sabiha* die zerschossene, ursprünglich pompöse, weitläufige Denkmalsanlage aus Granitgestein für Tito auf einem Berg, unweit der Stadt. Hier hatten noch vor wenigen Monaten die Artillerie-Geschütze und Panzer gestanden, die gnadenlos in die Stadt hineingeschossen hatten. Hier und unweit davon lagen noch Trümmer und Geschossteile, Patronenhülsen und Kanister herum; ob diese von serbischen Truppenteilen oder US-Kampfflugzeugen stammten, ließ sich freilich nicht ohne weiteres feststellen. Offensichtlich aber war, dass die gesamte Gegend rings um Sarajewo, ebenso wie in weiten Teilen der Stadt, wohl auf Jahre verwüstet war und nur durch intensive ausländische Hilfe wieder in den Zustand versetzt werden könnte, der es auch harmlosen Spaziergängern wieder erlauben würde, hier ihrem Wochenendvergnügen nachzugehen.

Nicht umsonst hatte man uns anlässlich des Vorbereitungslehrgangs auf den Einsatz in Hammelburg eindringlich davor gewarnt, die Straßen zu verlassen und etwa ins Gelände zu gehen; und tatsächlich verging kaum ein Tag, an dem nicht davon berichtet wurde, dass wieder spielende Kinder durch eine Mine oder Granate zerfetzt worden waren.

Selbst im relativ sicheren und schwer bewachten Hauptquartier blieben wir von Vorfällen dieser Art nicht verschont: in der Nähe des Hubschrauberlandeplatzes am Rande des HQ und innerhalb der Einzäunung fand ein Bauer, der dort sein Feld bestellte, eine Panzermine; statt sie liegen zu lassen und den Fund zu melden, nahm er sie auf und trug sie quer durch das Gelände des HQ zur Wache. Dort stellte man eine amerikanische MP[1]-Soldatin ab, die ihm den Weg zur nächstgelegenen Munitions-Vernichtungsstelle zeigen sollte. Auf dem Wege dorthin stellte der Bauer die Mine ab: dabei explodierte sie und riss ihn in tausend Stücke. Die Soldatin überlebte mit einigen Splittern in den Beinen. Wir aber hörten die Explosion in unseren Kabinen und sonstigen Arbeitsplätzen und kamen mit dem Schrecken davon.

Zu Weihnachten hat mir Bärbel ein buntes Paket geschickt, mit allerlei Nützlichem und einer Kerze; die Kinder schickten ein Bild von sich vor dem Weihnachtsbaum, gerahmt und mit der Inschrift „*I love my Daddy*". Das hat zwar nicht das Weihnachtsfest zu Hause ersetzt, aber es kam sehr nahe.

Am Heiligen Abend selbst fand ein ökumenischer Gottesdienst für die deutschen Soldaten in der Kathedrale von *Sarajewo* statt: abgesichert, dennoch mit Fernsehen und viel geistlicher und politischer Prominenz. Es war eindrucksvoll, zumal vor dem Hintergrund, dass hier vor über 50 Jahren schon einmal deutsche Soldaten stationiert waren; ob damals ein ökumenischer Gottesdienst hier stattfand, darf bezweifelt werden.

Zurück im *Ilidza-Komplex* sprach *Brigadegeneral Ulrich Wolf,* der vor kurzem in Heidelberg zu uns gestoßen war, zu den deutschen Soldaten: eine Weihnachtsgeschichte aus *Charles Dickens' Oliver Twist.* Das hatte keiner erwartet.

Ein anderes Ereignis hatte ich auch nicht erwartet: die Einladung des Britischen Anteils des HQ zu einem „*Burns Night Supper*" am 25. Januar 1997, im Offizierspeisesaal unseres „Hotels". *Robbie Burns* war der wohl beliebteste schottische Poet des 18. Jahrhunderts und ist es wohl noch heute; nach seinem Tode im Jahr 1796 haben seine Freunde das nunmehr traditionelle „*Burns Night Supper*" eingeführt, bei dem es um den feierlichen Einzug und das Anschneiden des „*Haggis*"[2] geht: dies alles geschieht mit selbst-

---

[1] **M**ilitary **P**olice (Feldjäger)
[2] Deftiges schottisches Nationalgericht: Schafsmagen, traditionell mit Leber, Herz, Lunge, Nierenfett vom Schaf, Zwiebeln und Hafermehl gefüllt

ironischem, dabei liebevoll-pompösem Zeremoniell. Dabei wird zunächst der *Haggis,* von Dudelsack-Musik begleitet, herein getragen, dann Burns' Gedicht: „*To the Haggis*" rezitiert und das Anschneiden mit den Worten: „*an cut you wi ready slight*"[1] angekündigt. Es folgen Gedichte und Zitate aus Burns' Leben.

Da Burns dem schönen Geschlecht durchaus angetan war, gipfelt das Zeremoniell im Toast „*To the Lassies*"[2]; dem folgt die Antwort „*The Reply for the Lassies*"[3]: dies alles begleitet von viel schottischem *Whiskey,* der reichlich auf den Tischen steht und dem entsprechend zugesprochen werden sollte.

Im Verlauf des Abends darf auch das bekannte Gedicht des Meisters „*A Man's A Man for A' That...*"[4] nicht fehlen; wenn möglich, wird es auch gesungen. Das „Zeremoniell" wird in der Regel mit *Burns'* Hymne: „*Auld Lang Syne*"[5]; die alle Teilnehmer mitsingen, beschlossen.

Der *Whiskey*-Konsum war beträchtlich. Der Abend entwickelte sich denn auch zu einem durchaus feucht-fröhlichen „*Event*". Nicht nur wir „Nicht-Briten" haben dabei längst nicht alles verstanden.

Mein Auftrag, die NATO-Fernmeldeverbindungen des HQ IFOR – kurze Zeit nach unserem Eintreffen in SFOR[6] umbenannt – zu halten und zu betreiben brachte es mit sich, dass ich von Zeit zu Zeit meine Truppe aufsuchen musste, um dort Dienstaufsicht zu führen: das hieß, dass ich hin und wieder zum Rückwärtigen HQ nach Zagreb sowie den diversen Fernmeldeeinrichtungen entlang der kroatischen Küste auf dem Wege dorthin und zu den HQs der unterstellten Divisionen fahren musste. Selbst in Sarajewo gab es mehrere Objekte, die durch das HQ genutzt wurden, und überall dort arbeiteten auch meine NATO-Fernmelder: Amerikaner, Belgier, Briten, Deutsche, Kanadier, Niederländer; später kamen Angehörige anderer Nationen hinzu.

Diese „Ausflüge" waren nicht ohne Reiz, zumal es – speziell in der Anfangsphase – nicht unbedingt klar war, ob sie ohne Zwischenfälle verlaufen würden.

Wer das HQ verließ, musste sich bei seiner eigenen Dienststelle abmelden und hatte Waffen zu tragen; Stahlhelm und Splitterschutzweste waren mitzuführen. Zudem waren stets Gruppen zu bilden, so dass man Unterstützung hatte, falls erforderlich. Während meiner ganzen Zeit auf dem Balkan habe ich allerdings ausschließlich freundliche, aufgeschlossene Menschen erlebt und bin nie in irgendwelche wirklich gefährlichen Situationen geraten, wenn man einmal von den z. T. haarsträubenden Zuständen auf den Stra-

---

[1] Etwa: „Und nun sollst du mit schlichter Gewandtheit aufgeschlitzt werden"
[2] Ein „Hoch" auf das „schöne Geschlecht", ironisch-witzige Anspielung auf Burns' Liebe zu Frauen
[3] Antwort für das „schöne Geschlecht" (d.h. dass in der Regel eine Dame mit neckischem Humor hierauf antwortet)
[4] Scots: „Ein Mann bleibt ein Mann, trotz allem ..." (Schottische Hymne. Wurde z.B. anlässlich der Eröffnung des eigenen schottischen Parlaments 1999 gesungen).
[5] Scots: „Old long since" (Schottische Hymne. Etwa: „Längst vergangene Zeit". Wird traditionell zu Weihnachten oder zum Jahreswechsel gesungen um der Verstorbenen zu gedenken).
[6] **S**tabilization **For**ce (Stabilisierungs-Streitkräfte)

ßen absieht. Die gefährlichste Situation, die ich jemals erlebt habe, war eine Herde Kühe mitten in einem unbeleuchteten Straßentunnel.

Natürlich war mein „Hauptziel" anfangs fast ausschließlich Sarajewo mit seinen verschiedenen NATO-Einrichtungen, doch nach einiger Zeit lief dort alles mehr oder weniger „rund" und ich konnte es wagen, die Außenstellen aufzusuchen.

Dazu ging es in der Regel zunächst über die Berge nach *Mostar*; dort lag die französische Division (mit deutschem Anteil), von da nach *Ploce* an der Adria: auch dort ein französischer Stützpunkt am Hafen, den wir mit NATO-Fernmeldeverbindungen versorgten. Von dort entlang einer landschaftlich wunderschönen Küstenstraße über *Omis* und *Makarska* nach *Trogir* bei *Split*, wo wir in einer durch SFOR-Truppen genutzten Kaserne in der Nähe des Flughafens ein größeres Kontingent unserer Fernmelder eingesetzt hatten. Dort bezog ich regelmäßig Quartier in einem kleinen Hotel, der „*Vila Tina*", in dem die meisten unserer Soldaten untergebracht waren; natürlich erkundeten wir bei dieser Gelegenheit das sehenswerte mittelalterliche Hafenstädtchen Trogir, das im Verlauf seiner Geschichte sicherlich schon Soldaten vieler Armeen kennen gelernt hat. Wir jedoch kamen stets in friedlicher Absicht und bezahlten mit Deutscher Mark; die Bewohner dort, wie entlang der ganzen Strecke, nahmen deutsches Geld jedenfalls lieber als ihre eigene Währung. In Bosnien war es ohnehin das einzige gängige Zahlungsmittel während meines gesamten ersten Einsatzes. Später wurde die „konvertible DM" eingeführt; heute hat Bosnien seine eigene Währung.

Von Trogir dauerte die Fahrt nach Zagreb in der Regel mindestens einen weiteren halben Tag; dabei ging es, speziell in der Nähe der *Save*, einem Nebenfluss der Donau, streckenweise durch zerbombtes Gebiet: ganze Dörfer lagen in Trümmern und auch kleinere Gehöfte und einzelne Häuser waren abgebrannt und lagen in verrußten Ruinen. An einer Stelle ging es durch vermintes Gebiet auf beiden Seiten der Straße; über die Save eine nur einseitig befahrbare Brücke, behelfsmäßig wieder hergerichtet und von SFOR-Truppen bewacht. In Zagreb selbst war von den Folgen kriegerischer Auseinandersetzungen allerdings nichts zu sehen: im Stadtzentrum selbst schien jedes Mal, wenn ich dort war, die gesamte Jugend der Stadt auf den Beinen zu sein und sich auf den öffentlichen Plätzen und in den vielen Restaurants zu tummeln. Der Unterschied zwischen Zagreb und Sarajewo oder Mostar hätte nicht größer sein können: Zagreb eine friedliche, pulsierende Großstadt; Sarajewo und Mostar teilweise völlig zerbombt und verbrannt.

Im Rückwärtigen HQ in Zagreb gab es, was unsere Fernmelde- und Informationssysteme betraf, dank fähiger Offiziere und Unteroffiziere aus dem Fernmeldebataillon 990 nie auch nur das geringste Problem, so dass unsere Truppe in Zagreb schon bald deutlich reduziert werden konnte. Dafür wurde dort ein Vorgeschobenes NATO-Fernmelde-Depot eingerichtet. Zusammen mit dem schon zuvor in Sarajewo eingerichteten Depot, auf dessen Einrichtung ich gedrängt hatte, wurden so, gerade noch rechtzeitig, die Voraussetzungen für einen geordneten Nachschub von elektronischem Gerät und den Abschub von Schadmaterial geschaffen. Beide Depots haben sich im Verlauf des Einsatzes glänzend bewährt. Erstaunlich, dass sich niemand in höheren Hauptquartieren

Gedanken um die zeitgerechte Sicherstellung einer effizienten Fernmelde-Logistik gemacht hatte. Erst als es sich als schier unmöglich erwies, das eingesetzte Gerät ordnungsgemäß nachzuweisen und zu verfolgen[1], wurden Personal und Mittel bereitgestellt, diese so grundlegend wichtigen Einrichtungen zu schaffen.

Wir Fernmelder indes waren personell ausgereizt und hatten, was halbwegs einsatzbereit war, eingesetzt; dennoch war ein Teil unseres Personals in Heidelberg verblieben, denn auch das dortige Hauptquartier brauchte Fernmelder. Diese aber mussten geführt werden. Da fiel mir ein, dass ich vor kurzem *Oberstleutnant Schweighöfer* in Heidelberg wieder getroffen hatte; dieser war mir noch aus Vaters Zeit in Regensburg bekannt, er war damals in Vaters Bataillon Kompaniechef. Wenngleich vor kurzem pensioniert, hielt er immer noch Verbindung, so dass ich ihn eines Tages anrief und fragte, ob er für eine Wehrübung zur Verfügung stehe: meine „Rückwärtigen" Fernmelder in Heidelberg wollten geführt werden …

Und siehe da: *Horst Schweighöfer* meldete sich binnen Kurzem zum Einsatz. Drei Monate lang hat er mich in Heidelberg würdig vertreten und mich während dieser Zeit immer wieder telefonisch auf dem Laufenden gehalten. Nach meiner Rückkehr wurde er dafür mit dem Bundeswehr-Ehrenkreuz ausgezeichnet.

Auch ein anderer Reserveoffizier hat sich durch besonderen Einsatzwillen in dieser Zeit knappen Personals ausgezeichnet: Oberleutnant der Reserve *Stefan Raschke*, Student der Informatik, meldete sich freiwillig für den Einsatz als *„ADP Chief System Administrator"*[2] in Sarajewo und hat – freiwillig! – ein ganzes Semester dafür geopfert.

Als ich mich dagegen während eines Gangs durch das Hauptquartier u. a. auch beim italienischen Stellvertretenden Chef des Stabes meldete, hatte der rein gar nichts zu tun – was auch daran gelegen haben mag, dass ihm einfach keine Aufgaben zugewiesen wurden; so lud er mich zu einer Tasse Kaffee ein, auch Kuchen bot er mir an, und wir sprachen über *„la bella Italia"*, und dass ich hin und wieder nach Neapel fliege. Bei der Gelegenheit erzählte er mir stolz, dass er gerade Großvater geworden sei – *un maschio!*[3] – und daher demnächst zur Taufe nach Italien fliegen wolle, bis dahin seien es aber noch drei Wochen. Da ich indes schon am folgenden Wochenende nach Neapel flog, bot ich ihm an, die Filme, die er in der letzten Zeit in Bosnien geknipst hatte, übers Wochenende in Neapel entwickeln zu lassen, denn das war sicherer und ging schneller als in Sarajewo. Als ich nach einigen Tagen mit seinen Bildern zurückkam, hat er sich ausgesprochen gefreut: nun konnte er seine Bilder anschauen und sich gleichzeitig auf die Taufe seines

---

[1] „Tracking of equipment" (d.h. „Nachweis von Gerät") war ein zwar lästiges, aber überaus wichtiges Thema während der gesamten Dauer des Einsatzes, da es speziell in der Anfangsphase darauf ankam, Gerät möglichst s c h n e l l einzusetzen; dabei wurde oft auch kommerzielles Gerät, gelegentlich auch im Einsatzland, gekauft, aber wegen des hohen Zeitdrucks nicht vereinnahmt. Im Laufe der Zeit wurde ein eigens „Tracking"-System entwickelt und in den Fernmeldedepots der NATO, so auch in den Vorgeschobenen Depots in Zagreb und Sarajewo, eingesetzt und betrieben.
[2] Leitender EDV System-Administrator
[3] ein Junge!

Enkels vorbereiten. So hatte er eine Aufgabe, die ihn ausfüllte und noch dazu Spaß machte in seinem *Shelter*. Warum man dazu allerdings einen italienischen Generalmajor nach Sarajewo schicken musste, wollte mir nicht so ganz einleuchten.

System behelfsmäßiger „Shelter" im HQ SFOR ab Anfang 1997. Durch diese in großen Mengen überall im Einsatzgebiet aufgestellten Notunterkünfte wurde das Unterbringungsproblem nach einigen Monaten gelindert. Später wurde ein eigenes Hauptquartier gebaut.

Mein fachlicher Vorgesetzter während des ersten *Bosnien*-Einsatzes war *Brigadier*[1] *Gordon Hughes*, ein kompetenter, dazu freundlicher, jungenhaft wirkender Ire, gleichwohl in britischen Diensten, der in England eine Fernmeldebrigade führte. Zu dem Posten als „CJ 6"[2] war er – zeitlich auf sechs Monate begrenzt – ausschließlich durch den Bosnien-Einsatz gekommen, denn in der Anfangsphase des IFOR / SFOR-Einsatzes wurden alle Stabsabteilungen durch Generale geführt. Das führte zu einer geradezu inflationären Anhäufung von Generalsdienstposten, bei der alle NATO-Nationen proportional beteiligt werden wollten. So verfügte allein unser Hauptquartier über 17 Generale; auch ein Franzose – sonst Leiter der französischen Militärmission in Heidelberg, *Brigadegeneral Marc Chamberland* – war als Leiter der Pionier-Abteilung dabei.

Gordon Hughes aber lernte auf einem Empfang *Sabiha* kennen. Als er sich vorstellte, sagte er in seinem rollenden, irischen Englisch: „*I am Gordon Hughes, of the UK Army …*"[3]

---

[1] Britischer Dienstgrad: entspricht bei der NATO dem Brigadegeneral
[2] **C**ommander **J**oint (Staff Division) **6**, d.h. Leiter der Stabsabteilung für Fernmeldewesen (im Deutschen nunmehr: Führungsunterstützung)
[3] „Ich bin Gordon Hughes, britische Armee"

Sabiha aber gab zurück: „*That doesn't matter, nobody is perfect …*"[1], eine Antwort, die er wohl in diesem Zusammenhang noch nie gehört hatte, doch das gehörte zum Ritual. Tags darauf schon kam sie wieder, um ihn für ihre Zeitung zu interviewen. Danach haben wir gemeinsam eine Charta für die Entwicklung freundschaftlicher Beziehungen entworfen und unterschrieben.

Die weitere Entwicklung dieser Charta konnte ich allerdings selbst nicht weiter verfolgen, denn am nächsten Tag rief Bärbel an und sagte, dass sie wohl Krebs habe. Ich habe mich daraufhin sofort bei meinem deutschen General gemeldet und ihm das mitgeteilt; auch, dass ich geplant hatte, in der nächsten Woche ohnehin, im Rahmen eines viertägigen Einsatzurlaubs, nach Heidelberg zu fliegen. Daraufhin gab mir *General Wolf* den Befehl, unverzüglich meine Sachen zu packen und mich in einer viertel Stunde am Hubschrauber-Landeplatz einzufinden: er werde sicherstellen, dass ich s o f o r t   nach Deutschland fliegen könne.

Das gelang auch als Folge einer organisatorischen Meisterleistung unseres Generals und der freundlichen Unterstützung des britischen DCOM OPS[2], *Generalleutnant Cordy-Simpson*; kaum, dass ich mich bei *Gordon Hughes* abgemeldet und meinen Rucksack geholt hatte, flog ich auch schon mit einem britischen Hubschrauber – bei geöffneter Tür und mit „*Gunner*"[3] an Bord – in die einbrechende Dunkelheit, die Piloten mit Infrarot-Nachtsichtgerät ausgestattet, nach *Tuzla*. Dort stand auf dem amerikanischen Flugplatz ein *Hercules*-Truppentransporter mit herabgelassener Ladeklappe; ich sprang aus dem Hubschrauber, rannte über die Klappe an Bord und schon startete das Flugzeug. Zwei Stunden später landeten wir in *Ramstein*, wo ich von einem Fahrer aus meinem HQ abgeholt wurde. Eine weitere Stunde später, gegen 22.30 Uhr, war ich zu Hause. Für den Weg nach Sarajewo bzw. zurück brauchte man ansonsten einen ganzen Tag, wenn alles klappte.

Dann begann eine schlimme, ungewisse Zeit: Bärbel musste in der Thorax-Klinik in Heidelberg umfangreiche Tests und Untersuchungen über sich ergehen lassen, bis klar war, was sie wirklich hatte: *Morbus Hodgkin*, eine Krebserkrankung des Lymphsystems. Als ich im Duden-Lexikon nachschaute, um dort mehr über diese Krankheit zu erfahren, stand da nur lapidar: „Bösartige Erkrankung des lymphatischen Systems …, führt meist unter schwerem Siechtum zum Tode."

Der behandelnde Arzt konnte mich allerdings zumindest insoweit beruhigen, als er mir erklärte, dass dies der Wissensstand von vor etwa 15 Jahren war; mittlerweile seien die Therapiemöglichkeiten soweit gediehen, dass man von einer guten Heilungsmöglichkeit sprechen könne.

Und in der Tat: Bärbel wurde dauerhaft geheilt. Der Weg dahin war für sie allerdings schrecklich, denn Chemotherapie und Bestrahlung entfalteten bei ihr alle beschrie-

---

[1] „Das macht nichts, keiner ist perfekt"
[2] **D**eputy **Com**mander for **Op**eration**s** (Stellvertretender Kommandeur für die Operationsführung)
[3] Bordschütze

benen Wirkungen. Dennoch hat sie, bis auf die Tage im Krankenhaus, den Haushalt weiter geführt und sich um alle gekümmert. Selbst im internationalen Damenclub des Hauptquartiers blieb sie aktiv. Ihre Widerstandskraft und ihr Wille waren fast schon übernatürlich, wie es uns allen erschien. Sie war zu bewundern.

Indes: alle Verwandten und Bekannten waren äußerst betroffen und nahmen intensiv Anteil; so auch Elke, Claudias Freundin aus Regensburger Zeiten: sie kam sofort für eine Woche, um Bärbel zu entlasten und sich um die Kinder zu kümmern. Auch Ingrid, ihre Schwester hat vor Ort geholfen.

Über Ostern haben wir die Kinder per Eisenbahn zu Claudia und Georg nach Rendsburg in Marsch gesetzt. Für die Kinder war das schick, für Claudia eine angenehme Abwechslung, denn sie hatte sich immer Töchter gewünscht, und für Bärbel eine Erleichterung, zumal wir wussten, dass sie bei Claudia gut aufgehoben waren.

Auch Stan war äußerst betroffen, schickte Blumen und bot seine Hilfe an; die Damen aus dem Hauptquartier brachten Blumen und die Frau des Generals kam zu Besuch. Dass Bärbel einmal so krank sein könnte, war für alle nur schwer zu begreifen, denn sie war stets gesund und munter gewesen, sportlich, zupackend und engagiert, hatte sich Gesundheits-bewusst ernährt, nie geraucht oder nennenswert getrunken, anderen geholfen, wo sie konnte, und dennoch: nun brauchte sie selbst Hilfe.

Die intensivste und effizienteste Hilfe allerdings kam von ihr selbst, denn sie hatte einen eisernen Willen, Selbstdisziplin und eine Kraft, die man einer solch kleinen, zarten Person nicht zugetraut hätte.

Das Leben im Hauptquartier in Heidelberg ging unterdessen weiter und nach einiger Zeit kam auch General DZ zurück. Der war mittlerweile deutlich milder geworden und kümmerte sich nun im Wesentlichen um die Organisation gesellschaftlicher Ereignisse: so die Feier des Geburtstags der britischen Königin mit einer Parade, einer zackigen britischen Militärkapelle und genagelten Paradeschuhen sowie einigen privaten Abendessen in seiner Residenz. Im übrigen ging es um die Übergabe an seinen Nachfolger, und auch der Chef des Stabes, der niederländische *Generalleutnant de Kleyn* lud zu sich nach Hause ein, denn auch er sollte in Kürze in den Ruhestand treten und wollte sich gebührend verabschieden. In den Einsatz durfte er uns nicht begleiten, das ließ wohl der NATO-Proporz nicht zu. Schade, dachten wir alle, denn wir kannten ihn ja: e r war doch der Chef des Stabes und ergo kannte er sich aus. Außerdem war er beliebt, denn er hörte zu und fand auch hin und wieder lobende Worte. Mir hat er beispielsweise – auf Deutsch! – per Fax anlässlich meiner Beförderung zum Oberst in Neapel gratuliert. Das war nicht selbstverständlich, brachte ihm aber deutlich mehr Sympathie (und Gefolgschaft) ein als überzogene Anforderungen, die noch dazu nicht mit den betroffenen Nationen abgestimmt waren. DZ war in diesen Dingen Meister.

Nachdem der Oberbefehlshaber, der amerikanische *General Crouch*, zurückgekehrt war, wurde auch er versetzt: auch dazu gab es eine Parade. Dabei war es so heiß, dass die Soldaten schon bei den endlosen Proben reihenweise umkippten; auch ich habe das Ganze nur mit einem Sonnenstich überstanden.

Sein Nachfolger war *General Shinzeki*, ebenfalls Amerikaner, allerdings japanischer Abstammung. Beide Generale haben nie auch nur ein Wort mit mir gesprochen; dafür umso häufiger mit meinem amerikanischen Stellvertreter, wenn es um Fragen des Fernmeldeeinsatzes ging. Auch die mir unterstellte US-Fernmeldekompanie in *Mannheim*, die per Unterstützungsvertrag durch die NATO bezahlt wurde, setzten sie nach Gutdünken und ohne Konsultation mit mir für nationale US-Zwecke ein. Ich war ganz offensichtlich für sie Luft. Dennoch habe ich diese Kompanie immer wieder besucht und auch bei Übungen eingesetzt, schon um deutlich zu machen, dass es sich hier um eine NATO-Einheit handelte; und die war, wie auch das deutsche Regiment in *Essen*, die niederländische Kompanie und die britische Schwadron in *Krefeld* sowie Stab und internationale Kompanie in *Heidelberg* für den Einsatz m i r unterstellt.

Eines Tages fuhr der Chef des Stabes persönlich mit mir zur US-Kompanie, um deutlich zu machen, dass diese Einheit der N A T O unterstellt war. Geholfen hat dies alles freilich nicht; nachdem sie – aus amerikanischer Sicht – nicht mehr benötigt wurde, wurde sie aufgelöst. Anderslautende Anträge und Stellungnahmen wurden ignoriert. Dass ich als NATO-Vorgesetzter überhaupt zur Zeremonie anlässlich der Außerdienststellung der Einheit eingeladen war und eine Ansprache halten „durfte", hat mich gewundert.

Die Kinder besuchten unterdessen das *Bunsen-Gymnasium* in Heidelberg und hatten in Französisch eine Eins. Das hat wohl auch dazu beigetragen, dass sich Barbara mit einer Mitschülerin darum bemüht hat, ein Trimester, von Oktober bis Dezember 1997, am *Lycée Jean Monnet* in *Montpellier* / Südfrankreich zu verbringen; das muss wohl insgesamt auch recht erfolgreich verlaufen sein, denn das Zeugnis, das man ihr dort ausstellte, war doch sehr erfreulich.

Natürlich haben wir sie während ihres Aufenthaltes dort auch einmal besucht, um uns ein Bild von ihrer französischen Gastfamilie und der Gesamtsituation vor Ort zu machen. Das war alles recht ordentlich und so hatten wir Zeit und die notwendige Muße, die nähere Umgebung ein wenig zu erkunden. Montpellier, eine „junge" Studentenstadt, hat uns mit seiner mittelalterlichen Altstadt, der *Place de la Comédie* im Zentrum, den vielen Straßencafés und dem Umland sehr gefallen: so auch der Strand „*Palavas*" oder „*Cap d'Agde*", direkt am „*Golfe du Lion*". Beeindruckend aber waren die landschaftlich wunderschönen, wild zerklüfteten „*Gorges du Tarn*"[1] und, weiter südlich, der „*Cirque de Navacelles*"[2], nordostwärts *Millau*. Unser Besuch hat Barbara dennoch nicht abgehalten, wenig später in die Schweiz zu fahren; sie hatte sich dort mit einer Schweizer Mitschülerin für ein paar Tage verabredet.

Kurz vor Weihnachten kam sie zurück. Sie habe einen Jungen kennen gelernt, der habe ganz weiches, braunes Haar. O je, dachte ich, jetzt geht das los. Zu Sylvester ist sie – per Eisenbahn und unter Einsatz ihres ganzen Taschengeldes, gegen unseren erklärten

---

[1] Schluchten der Tarn (südfranzösischer Wildwasser-Fluss im westl. Zentralmassiv)
[2] Ein etwa 50 km nordostwärts Montpellier gelegener, fast kreisrunder, 400 m tiefer Talkessel, durch das Flüsschen Vis in die Karstlandschaft der Cevennen eingeschnitten

Willen – erneut nach Montpellier gefahren, um den jungen Mann wieder zu sehen. Der freilich hatte ganz offensichtlich andere Interessen, so dass das Ganze im Sande verlief. Dennoch habe ich vorsichtshalber die Mutter des jungen Mannes zuvor angerufen und sie gebeten, auf Barbara aufzupassen. Das werde sie auch tun, sagte mir die Mama in ihrem charmanten, mediterranen Akzent: als ob sie ihre eigene Tochter wäre. Sie war offensichtlich von der Angelegenheit genauso entsetzt wie auch wir.

Anfang Januar 1998 war es wieder so weit: ich musste zum zweiten Mal nach Sarajewo. Gott sei Dank war Bärbels Gesundheit wieder so weit hergestellt, dass ich mir das erlauben konnte.

Chef des Stabes war mittlerweile der deutsche *Generalmajor Gert Gudera*; Chef der Abteilung J6 der französische *Brigadegeneral André Lacour*, den ich bereits aus meiner Zeit beim EUROKORPS kannte. Sein Stellvertreter war *Oberst i.G. Konrad Menny*, von Haus aus Fernmelder, ansonsten Kommandeur der Führungsunterstützungsbrigade 4 in Berlin und mir ebenfalls von früher bekannt. Außerdem kannte er Vater, denn der hatte ihn zu Ende der 60er Jahre in den Stab der Fernmeldeschule in Feldafing geholt.

Das erschien insoweit alles sehr günstig: auch meine Truppe war noch im Einsatz und ich kannte die meisten Soldaten in meinem Stab und in den eingesetzten Einheiten. Da auch viele weitere Offiziere aus Heidelberg in den übrigen Stabsabteilungen tätig waren, kam es mir fast vor, als käme ich nach Hause.

Die Fernmeldeverbindungen hatten sich als robust erwiesen, das Gefechtsstand-Video-System war stabil und das Fernmeldeführungszentrum war klar und übersichtlich gegliedert: die morgendlichen Lagevorträge liefen professionell. Auch die Unterbringungslage hatte sich deutlich verbessert. Mein Bett allerdings war immer noch das Selbe und auch mein Dienstfahrzeug war noch da. Es konnte beginnen.

Schon am Abend meiner Ankunft stand die Wahl des Vertrauensmannes der deutschen Offiziere im HQ auf dem Programm und siehe da, ich wurde gewählt. Das erwies sich insgesamt als vorteilhaft, denn so wurde ich zu verschiedenen nationalen Veranstaltungen eingeladen und in Fragen des Dienstbetriebs und der Neufassung der Regelung für den Heimaturlaub, der im alliierten Bereich deutlich „soldatenfreundlicher" gehandhabt wurde als bei uns, durch den Chef des Stabes konsultiert. Auch einige deutsche Offiziere konnte ich so für eine „Förmliche Anerkennung" vorschlagen, dabei auch solche, die sonst übersehen worden wären.

Die privaten Handy-Verbindungen funktionierten allerdings nicht wie zuvor, denn im Zuge von Umstrukturierungsmaßnahmen waren einige Sender abgeschaltet worden, so dass man im HQ auf Überreichweiten kroatischer Sender oder auf nur sporadisch aktivierte Versuchsnetze angewiesen war. Dies alles traf indes nur auf den Empfang im HQ in Sarajewo selbst zu; wenige Kilometer weiter war der Empfang zumeist optimal.

Allerdings standen mittlerweile auch, wegen ihrer Redundanz, die militärischen Fernmeldeverbindungen zu bestimmten Zeiten für private Gespräche zur Verfügung. Überdies hatten findige, geschäftstüchtige US-Fernmeldegesellschaften Sprechstellen eingerichtet, über die man mit Telefonkarten, etwas umständlich zwar aber in der Regel verlässlich, Privatgespräche führen konnte. Die Deutsche TELEKOM tat sich im Vergleich zu den US-Gesellschaften sehr schwer und es dauerte lange, bis entsprechende Telefonzellen eingerichtet wurden.

Nach wenigen Tagen allerdings musste ich zum Zahnarzt ins deutsche Feldlazarett *Raijlovac*, einige Kilometer von Sarajewo entfernt, denn ich bekam unerträgliche Zahnschmerzen.

Die Wurzel eines zuvor in Deutschland behandelten Backenzahns war entzündet und hatte das umliegende Knochengewebe in Mitleidenschaft gezogen, so dass eine Operation erforderlich wurde. Dabei hatte ich Glück im Unglück, denn zufälligerweise war einer der Zahnärzte Kieferchirurg, einer von neun damals in der Armee, wie er mir sagte. Nun wurde ich „feldmäßig" operiert: das Geräusch der Säge, mit der er meinen Backenknochen aufsägte, habe ich heute noch im Ohr. Auch den Geruch von verbranntem Zahnfleisch werde ich wohl nie vergessen. Allein, die Operation glückte und mit einem Beutel Eis, mit dem ich meine Wange kühlen musste, zog ich von dannen. Das dauerte eine knappe Woche, dann hatte ich wieder Hunger, war wieder fit und begann meine Truppe zu inspizieren.

Dabei bot ich meinem französischen General an, mich zu begleiten, um ihm bei der Gelegenheit einen Eindruck der Fernmelder vor Ort, für die er ja nun die Planungsverantwortung hatte, zu geben. Auch Oberst Menny war mit von der Partie.

Das klappte auch im Großen und Ganzen recht gut; lediglich bei der Rückreise von Split, bei der wir eine Abkürzung über die Berge nehmen wollten, kam es uns auf einmal so vor, als würde der Weg immer enger: dazu lag, bei einer Höhe von gut 1.500 m, immer mehr Schnee, es wurde empfindlich kalt und auch die Straßenschilder waren nur noch spärlich gesät. Außerdem wurde es allmählich dunkel. Dann kam uns allerdings eine Herde Schafe entgegen, von einem Hirten in biblischem Gewand vor sich her getrieben, und kurz danach tauchten auch wieder Häuser auf. Kurz darauf sahen wir endlich ein Hinweisschild: *Bugojno*. Das stimmte. Die Strecke war tatsächlich kürzer. In einen Hinterhalt hätten wir allerdings nicht geraten dürfen, hier tief in den Bergen. Die Landschaft allerdings war faszinierend gewesen, zumindest, so lange wir noch etwas sehen konnten. Der *Buško jezero* beispielsweise, ein glasklarer, stahlblauer See mitten in den Bergen, etwa 60 km nordostwärts von Split, war eine Augenweide, inmitten unberührter Natur. Ein Paradies. Doch wer weiß: vielleicht lagen auch da Minen …

Direkt nach meiner Rückkehr fing ich an, einen Erfahrungsbericht zu schreiben; dabei kam es vor allem darauf an, über die neuen NATO Fernmelde- und Informationssysteme zu berichten. Das war eine umfangreiche Arbeit, bei der mich Hauptfeldwebel Bürger erneut durch unermüdliche Schreib- und Büroarbeit vorbildlich und mit viel Zeiteinsatz unterstützte. Wenn ich mich, in der Regel ohnehin nicht vor 22.00 Uhr, zurückzog, saß er meist immer noch am Computer, und wenn ich Morgens gegen 07.00 Uhr zum Dienst kam, saß er schon wieder im *Shelter*, sortierte Post, kochte Kaffee und machte sich nützlich. Eine treue Seele. Für seinen Arbeitseifer ist er dann auch später mit einer längeren Auslandsverwendung belohnt worden.

Im Übrigen ging es darum, sicherzustellen, dass unser Kontingent Mitte des Jahres abgelöst und durch andere Truppen ersetzt werden konnte. Das erwies sich, abgesehen von den üblichen Rangeleien, auch nicht als unmöglich; lediglich bei den Fernmeldern hakte es erheblich, denn die waren dünn gesät und überall permanent im Einsatz.

Da sich überdies unsere Personalplaner schwer damit taten, die richtigen, d.h. vor allem ausgebildete, (NATO-) Fernmelder anzufordern, denn das erwies sich als regelrechtes „*Puzzle*", bat ich darum, selbst zur „*Force Generation Conference*"[1] nach SHAPE fliegen zu dürfen und beantragte dazu die Nutzung einer US-Kuriermaschine, denn das ginge deutlich schneller, als mit einer planmäßigen Militärmaschine über Zagreb, Ramstein und Brüssel (und zurück) zu fliegen. Das Argument „Zeitersparnis" wirkte bei dem US-General, der für die Genehmigung des Einsatzes dieser Maschine zuständig war und so flog ich mit „meiner" US-Maschine direkt über Brüssel nach SHAPE.

Bei der Konferenz trug ich meine Anforderungen vor, unter anderem, dass ich auch 20 deutsche Fernmelder einer bestimmten Fachrichtung benötigte. Der deutsche Vertreter aus dem BMVg jedoch bot ganze d r e i und machte auch sonst kein Angebot.

Auch die übrigen NATO-Fernmelder wollte offensichtlich niemand ersetzen; erstaunlich dagegen, wie schnell sich alle am Tisch über den Einsatz einer F r e g a t t e oder eines immerhin ca. 700 Mann starken G r e n a d i e r b a t a i l l o n s einig wurden. Mir war das schon klar: damit konnte man Staat machen, Fernmelder aber sah man nicht, sie beeindruckten niemanden und wirkten eher im Verborgenen. „Heinzelmännchen auf dem Gefechtsfeld" hatte sie einmal Vaters Divisionskommandeur in Regensburg genannt.

Daher schlug ich vor, meine derzeitige Truppe im Einsatz zu belassen; das akzeptierten alle gerne, nur der deutsche Vertreter zischte mir zu: „Das machen Sie aber nicht noch einmal!", hielt sich aber im Übrigen bedeckt und stimmte nicht dagegen. Meine 20 deutschen Spezialisten hatte ich indes immer noch nicht. Mit drei Mann war nun einmal der Auftrag von 20 Soldaten nicht durchführbar. Das aber interessierte niemanden.

Dann ergab es sich, dass der Verteidigungsminister persönlich zu Besuch kam: dabei auch der Inspekteur des Heeres, mittlerweile *Generalleutnant Willmann*. Da ich Vertrauensmann der deutschen Offiziere war, war ich zum Gespräch in großer Runde mit *Minister Rühe* geladen. Wo denn der Schuh drücke, fragte er jovial, und so trug ich mein Problem mit dem fehlenden Personalersatz für die 20 Fernmelder vor. Natürlich kannte er dieses Detail nicht, beauftragte aber den Inspekteur des Heeres damit, sich dieses Problems anzunehmen.

Da der General mich ja kannte, trug ich ihm im Anschluss detailliert vor, doch der verstand schnell, winkte ab und sagte: „Wenn *Sie* sagen, Sie brauchen die Männer, kriegen Sie sie auch". Schon am nächsten Tag hatte ich die Zusage schriftlich.

---

[1] Konferenz zur Festlegung der durch die einzelnen (NATO-) Staaten einzusetzenden Truppenteile beim Obersten Hauptquartier der Alliierten Streitkräfte in Europa, durch den D/SACEUR (**D**eputy **S**upreme **A**llied **C**ommander **Eur**ope: Stellvertretenden Obersten Befehlshaber … Europa) geleitet

Bei einem späteren Treffen in Raijlovac, zusammen mit Bundestagsabgeordneten, die sich umsehen wollten, fuhr mich mein „Freund" aus dem Ministerium, der auch hier dabei war, allerdings erneut an. In diesem Herrn hatte ich keinen Verbündeten in meinem Bemühen um die erfolgreiche Fortsetzung unseres Auftrags.

Bei einer weiteren Gelegenheit fuhr ich nach Zagreb; dort hatten im HQ einige organisatorische Änderungen stattgefunden und die wollte ich mir genauer anschauen. Bei der Gelegenheit habe ich mich mit Jochen Becker, dem „*Insel-Becker*", mit dem ich noch vor wenigen Jahren in Straßburg „gekämpft" hatte, getroffen, der dort mittlerweile in der Abteilung für Öffentlichkeitsarbeit tätig war; dabei haben wir mit einer kleinen Gruppe Interessierter an einer Stadtführung teilgenommen, die durch eine kroatische, deutsch sprechende Reiseleiterin durchgeführt wurde. Als ich, mit aller Vorsicht, mein Bedauern über den kürzlichen Krieg und das Auseinanderfallen Jugoslawiens ausdrückte, war die Resonanz allerdings unerwartet: es sei höchste Zeit gewesen, dass die Serben vertrieben wurden und dass Kroatien seine Selbständigkeit wieder erlangte. Nur so habe die anhaltende Unterdrückung beendet werden können.

Unterdessen hatte Jochen Karten für die Staatsoper besorgt: dort sollte die Generalprobe zu „*Eugen Onegin*"[1] stattfinden, doch das erwies sich als Missverständnis, denn es fand eine Podiumsdiskussion zum Thema „Opernaufführungen" mit einigen musikalischen Einlagen aus Tschaikowskys Werk statt. Von der Diskussion haben wir freilich, außer einigen Wortfetzen, allgemein verständlichen Begriffen und Städtenamen, nichts verstanden. Dennoch: die Kulisse war beeindruckend. Für mich ganz besonders, denn hier hatte Vater ja im März 1945, vor nunmehr 43 Jahren, das Große Orchester der kroatischen Staatsoper dirigiert.

Mit diesen Eindrücken im Sinn fuhr ich zurück nach Sarajewo, dieses Mal über *Karlovac* und später entlang der Küste: eine landschaftlich beeindruckende Fahrt, ständig im Angesicht der dalmatinischen Inselwelt, der malerischen Steilküsten und der mediterranen Flora. Es war schöner noch, weitaus wilder und urwüchsiger, als auf meinen früheren Reisen von Latina nach Neapel.

Doch kaum war ich wieder in meinem *Shelter* zurück, rief mich Bärbel an: ob ich auch sitze, fragte sie mich vorsorglich. Vater war gestorben. Ganz plötzlich, ohne krank zu sein, war er am Abend des 29. April in seinem Haus, beim Zubettgehen offensichtlich, umgefallen und war tot. In fünf Monaten wäre er 80 Jahre alt geworden. Vor einigen Tagen noch hatte ich mit ihm telefoniert.

Um das zu verdauen, bin ich erst einmal rings um das HQ herum gelaufen: ich brauchte Luft und Bewegung. Natürlich bin ich sofort zurück geflogen und am nächsten Tag nach Miltenberg gefahren. Bärbel war mit den Kindern schon da. Ein paar Tage später haben wir ihn begraben.

---

[1] Oper von P. I. Tschaikowsky

„*So nimm denn meine Hände …*" haben wir gesungen, von einer Cello-Spielerin begleitet. Dann spielte sie das „*Largo*" von Händel. Ein Trompeter blies „*Ich hatt' einen Kameraden*".

Horst Schweighöfer kam und auch *Erhard Grunwald* war da. Auch *Generalmajor a.D. Harry Schneider*, sein alter Freund aus Sonthofener Zeiten, erwies ihm die letzte Ehre.

Den Text auf der Todesanzeige hatte Vater selbst verfasst. Außerdem hatte er festgelegt, dass ein Gedichtsheft, das er zusammen mit *Ilse Spiegel*, seiner letzten Lebensgefährtin, verfasst hatte, verteilt würde. Von Liebe war da die Rede, von Blumen und von Musik.

Wieder zurück in Sarajewo war nicht mehr allzu viel zu tun, denn die Fortsetzung unseres Auftrags war, auf dem Papier zumindest, sichergestellt. Ich konnte es also nun ruhiger angehen und fuhr daher mit einigen anderen Offizieren an einem Sonntag über die Berge ostwärts *Pale* und später entlang der *Drina* nach *Višegrad* in die *Republika Srbska*[1]. Dort wollten wir uns die berühmte „*Brücke über die Drina*"[2] ansehen, deren Entstehungsgeschichte *Ivo Andric* so eindrucksvoll in seinem gleichnamigen Buch beschrieben hat.

Das Buch ist spannend geschrieben, und ebenso spannend war es, durch die Schluchten der Drina zu fahren; eine gewaltige Kulisse, doch die Straße war teilweise eng und in durchaus bedauernswertem Zustand. Die Drina aber glich teilweise einem tosenden Gebirgsfluss, dann wieder floss sie breit und gemächlich mit ihrem grünen, glasklaren Wasser dahin.

Dann sahen wir sie, die Brücke, „ … die unentbehrliche Spange auf dem Wege, der Bosnien mit Serbien und darüber hinaus mit den übrigen Teilen des Türkischen Reiches bis hin nach Stambul verbindet".

Am jenseitigen Ufer haben wir uns unter der Brücke versammelt und dort habe ich die Beschreibung der Pfählung von *Radisaw*, dem Aufrührer, der versucht hatte, den Bau der Brücke zu sabotieren, verlesen. Es war grausam. Aber es war ein Teil der Geschichte dieses Teils des Balkans.

„Von allem, was der Mensch baut und aufbaut, gibt es nichts Besseres und Wertvolleres als Brücken" (*Ivo Andric*). Ich glaube, auch diesen Ausspruch habe ich damals zitiert; ich bin mir aber nicht sicher. Die Banknoten des Euro, auf deren Rückseiten Brücken angebildet sind, gab es damals noch nicht. Sie waren aber konzipiert. Gott sei Dank.

Auf der Ostseite der Drina aber saßen sie, wie schon damals im 16. Jahrhundert: die Männer mit ihren Wasserpfeifen und ihrem Kaffee. Frauen haben wir dort nicht gesehen.

---

[1] Serbische „Entität" auf dem Boden von Bosnien-Herzegovina
[2] Ivo Andric: „Die Brücke über die Drina". Juli 1987, 8. Auflage: Dezember 1995, Deutscher Taschenbuch Verlag, München. Titel der serbischen Originalausgabe: „Na Drini Cuprija"

Die Brücke über die Drina bei Višegrad

Wenig später kam Bärbel angereist: wir trafen uns in Split. In der Tat: bei einer Einsatzdauer von 6 Monaten durfte man, selbst wir Deutschen, innerhalb des Einsatzgebiets, aber ansonsten an einem Ort unserer Wahl, jedoch nicht in Bosnien-Herzegovina, ein verlängertes Wochenende lang Urlaub machen. Also fuhr ich nach Split: dort lag ohnehin meine Truppe. Im Flughafen, direkt daneben, lieh ich mir ein Auto und fuhr damit mit Bärbel in die „*Vila Tina*"; von da aus haben wir wunderschöne Ausflüge unternommen.

Am ersten Abend gleich ging es in ein Fischrestaurant am Meer: „*Slatnaja Ribica*", „*Zum Goldfisch*", wie man uns erklärte. Mit Ausblick aufs Meer. Die Sonne sank. Es war göttlich.

Am nächsten Tag stand *Split* auf dem Programm. Die Stadt *Diocletians*[1], der sich hier seinen Palast gebaut hatte, ist ein Kleinod römischer Geschichte und Architektur. Sein Sommerpalast ist im Grunde erhalten geblieben; er hat sich nur weiter entwickelt: zur heutigen Altstadt von Split. Wir haben dort zum ersten Mal „*Sankt Petersfisch*" gegessen. Mit weißem, festen Fleisch und ganz ohne Gräten. Selbst Diocletian hätte seine Freude daran gehabt. Wir hatten sie ganz sicher.

---

[1] Diocletian, röm. Kaiser; geb. 22.12.245 in Dalmatien, gest. 3. 12. 311 in Spoleto (Split). Kaiser v. 20. 11. 284 – 1. 5. 305 (abgedankt). Stabilisierte das Römische Reich.

Am Sonntag sind wir zu den *Plitwitzer Seen* gefahren: der Traum einer Landschaft, rund um unberührte Seen, Wasserläufe und Wasserfälle, mit einem Fußweg durch das Biotop. Mittlerweile ist es zum Weltkulturerbe ernannt.

Dann eine Fahrt entlang der Küste, südlich an Split vorbei in Richtung *Omas*. Dort entdeckten wir ein Hinweisschild auf eine „*Konoba*": das heißt Restaurant, so viel wussten wir, nur nicht, wo es war. Also sind wir dem Schild gefolgt, endlos fast, wie es uns schien und die Straße wurde immer enger, bis wir sie sahen, die *Konoba*: eine teilweise im Rohbau befindliche Landgaststätte in einem lichten Hain.

Als ich den Wagen parkte kam mir der Besitzer entgegen, eine aufgespießte Ziege auf der Schulter, und sprach auf mich ein: natürlich verstand ich kein Wort. Der Mann aber reagierte schnell und holte seine Frau, die sprach Deutsch, wenn auch weitgehend nur in Substantiven, die hatte sie sich säuberlich in ein Heft notiert, immer dann, wenn deutsche Urlauber da waren.

Irgendwie haben wir sie dann auch ganz gut verstanden: wir sollten ihr, ein paar Hundert Meter weiter, in ihr Haus folgen; inzwischen werde die Ziege gebraten.

Das klang gut und so landeten wir im steinernen Haus der Familie, begrüßten die freundliche Oma, mussten eine kalte, sehr fettige Ziegensuppe essen und durften dann ihren Räucherraum, in dem unzählige Schinken hingen, bestaunen. Dann zeigte sie uns ihre selbst gehäkelten Tischdecken. Bärbel kaufte eine zu einem stolzen Preis, doch die Decke war kunstvoll gearbeitet.

Mittlerweile war auch die Ziege gebraten und so rückten wir dem Tier zu Leibe: mit viel Salz und Wein, dafür ohne Beilagen. Doch das machte nichts, denn danach gab es Schnaps. Auch eine Flasche selbst gebrannten Walnuss-Schnaps haben wir erstanden, natürlich, dann gab es Kaffee, ähnlich wie in der Ex-DDR, ohne Filter, dafür mit viel Kaffeesatz im Mund. Der Kaffee war wichtig, denn ich musste ja noch nach Hause fahren … Ich bin sicher, dass ich dabei gegen alle Regeln der kroatischen Straßenverkehrsordnung verstoßen habe, doch irgendwie sind wir wieder in der *Vila Tina* gelandet.

Anderntags ist Bärbel wieder nach Frankfurt geflogen und ich habe mich in Richtung Sarajewo in Marsch gesetzt. Wir erinnern uns gerne an diesen Kurzurlaub in Split und Umgebung. Eigentlich hatten wir uns vorgenommen, einmal wieder zu kommen.

An einem Abend musste selbst der Chef unseres Stabes ausspannen; dazu fuhr er zu einem Konzert in die Oper. Ich durfte ihn begleiten. Auch das war ein besonderes Erlebnis. Feldjäger überall, auch wir bewaffnet, dafür saßen wir, von Personenschützern bewacht, in der Loge. Im Anschluss ein Empfang. Der Intendant hatte gebeten; auch der Dirigent und einige Solisten waren anwesend. Der Professor, mit dem ich mich eine Zeitlang unterhalten habe, sprach fließend Deutsch. Angehöriger anderer Nationen, speziell Amerikaner, Briten oder Franzosen, habe ich nicht bemerkt an diesem Abend.

Es folgte noch eine Abschiedsfahrt nach Zagreb. Dort war mittlerweile *Reinhold Pense* eingetroffen: 1963 mit mir Rekrut in Buxtehude, nunmehr Oberst i.G. und G 2[1] im

---

[1] Generalstabsoffizier für die Feindlage, Sicherheit und Aufklärung

Rückwärtigen Hauptquartier, zudem Disziplinarvorgesetzter der deutschen Soldaten in diesem Bereich. Wir haben uns gefreut, uns nach so langer Zeit wieder zu sehen und haben lange miteinander gefrühstückt.

Nach zwei Tagen im Rahmen eines Ausflugs der evangelischen Militärseelsorge nach *Dubrovnik*, dem man die Angriffe während des Krieges nicht mehr ansah, bin ich Mitte Juni wieder nach Deutschland geflogen.

Ich war sicher, dass unser Einsatz sich gelohnt hatte, denn es war ruhig geblieben in Bosnien-Herzegovina, ebenso wie in der Republika Srbska. Auch meine Fernmeldeverbindungen und die Computersysteme standen, fest wie ein Fels in der Brandung. Die Menschen aber waren uns freundlich gesonnen und das war die Hauptsache.

Wieder zurück in Heidelberg habe ich zu allererst ein Versprechen eingelöst: ich ging mit den Kindern einen ganzen Tag „*shoppen*". Sie haben sich dabei allerdings sehr zurück gehalten und meinen Geldbeutel nicht übermäßig strapaziert.

Im Juli schickte man mich zu einer Kur nach *Bad Wurzach*. Das tat gut. Auch, dass ich in Folge gezielter Bewegung und einer eisernen Diät mein Gewicht reduzieren konnte. Ich musste noch ein paar Jahre durchhalten und dazu war körperliche Fitness vonnöten.

Ende des Monats sind wir zur Feier des 100-jährigen Bestehens der Fernmeldetruppe an die Fernmeldeschule des Heeres gefahren. Eine Riesen-Veranstaltung mit vielen ausländischen Delegationen und Fahnen. Ein Einsatz unserer Fernmeldetruppe heute war ohne unsere Verbündeten denn auch kaum mehr denkbar. Eine groß angelegte „Interoperabilitätsübung" kurz zuvor mit Teilen meiner in Deutschland verbliebenen Truppe hatte das denn auch deutlich zum Thema.

Im Sommer waren wir in Miltenberg. Auch Claudia und Georg kamen aus Rendsburg, denn es gab allerlei rund um Vaters altes Haus, das Claudia und ich geerbt hatten, zu erledigen.

Zu allererst musste der baufällige Balkon erneuert werden, denn der stand kurz vor dem Zusammenbruch; das ging relativ schnell und auch die Kosten hielten sich im Rahmen. Dann haben wir uns allerdings darauf geeinigt, dass ich das Haus übernehme und Claudia auszahle. Nachdem das geklärt und notariell unter Dach und Fach war, konnten wir mit der Planung der Renovierung beginnen. Ein Architekt fand sich relativ schnell.

Ursprünglich wollten wir lediglich eine Treppe einbauen lassen, so dass man vom Innern des Hauses in den Keller gelangen könnte. Das war besonders bei schlechtem Wetter im Winter wichtig, denn bislang musste man um das Haus herum gehen, um in den Keller zu gelangen. Im Eingangsbereich oder im Gästezimmer aber – und nur da konnte die Treppe eingebaut werden – war es recht eng. Der Architekt hatte denn auch eine glänzende Idee: er verlegte den Hauseingang ein paar Meter nach außen und hatte so auf einmal den erforderlichen Platz.

Dann sollte das Wohnzimmer erweitert werden: dazu musste die Schiebetür zwischen Wohn- und Esszimmer und ein Teil der Wand herausgenommen werden. Da auch die angrenzende Küche zu klein war, ließen wir kurzerhand die Wand zwischen Küche und Esszimmer entfernen und verzichteten auf die Vorratskammer neben der Küche. Außerdem wollten wir überall neue Fenster installiert haben; einige Fenster waren zu verkleinern. Zudem waren Fensterläden, an einigen Fenstern jedoch Roll-Jalousien, anzubringen.

Nachdem das alles klar und weitgehend im Rohbau erstellt war, stellten wir allerdings fest, dass die Böden nicht auf gleichem Niveau waren; also waren diese – wie später auch die Decken – anzugleichen.

Dabei wiederum wurde deutlich, dass die aus dem Jahre 1946 stammenden Wasserrohre, die Gasleitungen und die elektrischen Leitungen zu erneuern waren und auch die Parkettböden in Wohn-, Ess- und Gästezimmer waren abzuschleifen und auszubessern. Selbst im Schlafzimmer brauchten wir neue Böden. Das Bad und die sanitären Anlagen waren ebenfalls zu erneuern. Kurz: es war fast wie ein Neubau.

Zu guter Letzt haben wir auch noch das Dach neu decken und das ganze Haus von außen isolieren und verputzen lassen; gut, dass wir Schwager Dieter und dessen Sohn Andreas hatten, die zumindest die Isolier- und Putzarbeiten in Eigenregie erledigen konnten.

Natürlich sind wir hin und wieder, auch später von Holland, gekommen um den Fortgang der Arbeiten zu überwachen; dabei musste Bärbel, als sie einmal alleine in Miltenberg war, in der „schlimmsten" Phase, in der Mauern abgerissen, Fenster zugemauert, Böden noch ohne Estrich waren und elektrische Leitungen wirr durcheinander hingen, über den Balkon (!) ein- und aussteigen, denn auch der Hauseingang war abgerissen und noch nicht wieder ersetzt. Überhaupt hat sich Bärbel in der ganzen Phase der Renovierung sehr eingesetzt: sogar beim Mauern der „Flaschenwand" im Weinkeller hat sie mit Hand angelegt.

Vier Jahre wurde so gewerkelt; dann aber stand das Haus in neuer Pracht, isoliert und neu verputzt, mit neuem „Innenleben", neuem Eingang, Treppe zum Keller (!), gefliester Garage und einem neuen Dach …, zuletzt sogar mit neuer Heizung!

Dann folgten die „Außenanlagen", denn auch die Fliesen im Innenhof waren teilweise geplatzt; auch die Außentreppen waren recht unansehnlich und mussten erneuert werden. Die „lange Mauer" war zu verputzen und mit Abdeckplatten zu versehen; die Rosen darunter waren zu versetzen … Auch ein Gartenhaus sollte gebaut werden und das Kaminholz für die nächsten Jahre war zu hacken, zu sägen und zu stapeln …Dies alles, einschließlich der Pflasterung der Auffahrt und des Garagenvorplatzes, hat freilich weitere zwei Jahre gedauert. Die letzten Arbeiten wurden abgeschlossen, als wir schon zwei Jahre in unserem „neuen" Haus wohnten.

Ganz sicherlich wäre es einfacher gewesen, das Haus abzureißen und von Grund auf neu zu bauen: viel teurer wäre es auch nicht geworden. Dies jedoch wäre mir pietätlos vorgekommen.

Das alles war natürlich im Sommer 1998 noch nicht so weit, wurde aber – gedanklich zumindest und in der Folge Schritt um Schritt – angegangen, weiterentwickelt und realisiert. Das Projekt „*Miltenberg*" hat uns jedenfalls seitdem beschäftigt. Unsere Sommerurlaube haben wir daher in den nächsten Jahren in Miltenberg, in unserer Baustelle, verbracht.

Im Oktober 1998 bin ich erneut, dieses Mal allerdings nur für eine Woche, nach Sarajewo geflogen, um mich vom Zustand unserer Fernmeldeverbindungen und deren Weiterentwicklung zu überzeugen; dabei wurde schnell klar, dass dies alles nach wie vor unseren Vorstellungen entsprach. Die Personaldecke allerdings war dünn. Ausgebildete NATO-Fernmelder waren Mangelware. Das war ein Problem, das mich auch in den kommenden Jahren auf Trab halten würde, so viel war sicher.

Anfang Januar 1999 stand allerdings zunächst ein ganz besonderes „Schmankerl" auf dem Programm, kurz aber heftig: der Kommandant der österreichischen „*Maria Theresia*"-Militärakademie in *Wien* hatte im BMVg um Informationen bezüglich des SFOR-Einsatzes gebeten; dabei ging es speziell um die Führungsunterstützung, d.h. um das Thema „meiner" letzten beiden Einsätze auf dem Balkan. Daher wurde ich als Referent vorgeschlagen. Da unser Befehlshaber, mittlerweile *General Dr. Klaus Reinhardt*, den österreichischen General kannte und aus eigener Anschauung vor Ort wusste, dass ich für den entsprechenden Einsatz zuständig gewesen war, gab er mir „grünes Licht": in der Zeit vom 11. – 14. Januar fuhr ich in Begleitung von *Hauptmann Dietmar Martwich* aus meinem Stab nach Wien.

Dort hielten wir unseren Vortrag vor Absolventen des laufenden Generalstabslehrgangs – und wurden prompt gebeten, auch am folgenden Tag für Auskünfte zum Thema im österreichischen Verteidigungsministerium zur Verfügung zu stehen. Abends und in der freien Zeit zwischendurch freilich zeigte man uns die Stadt.

Im Ministerium wurden wir zeitweise von sechs Generalen gleichzeitig geradezu „gelöchert"; unsere Erfahrungen stießen jedenfalls auf ungeteiltes Interesse und wenn wir keine Rückfahrkarten gehabt hätten, wären wir wohl noch ein paar Tage länger „vereinnahmt" worden.

Wien aber war ganz offensichtlich ein Kleinod; ein weiteres Reiseziel, das ich mir ganz sicher für spätere Tage, mit viel Zeit (!), vorgenommen habe.

An einem Wochenende danach bin ich, zusammen mit einigen anderen internationalen und deutschen Offizieren und in Begleitung unserer Ehefrauen, auf die *Winkelmoosalm* gefahren; das Gebirgsjägerbataillon 231 hatte dort auf 1.160 m Höhe eine Unterkunft: die *Reichenhaller Hütte*. Dort stand Skifahren auf dem Programm. Dabei habe ich mir mit *Marc Chamberland*, dem Leiter der französischen Militärmission, ein privates „Duell" auf Langlaufskiern geliefert: wir beide liefen, in Richtung auf eine etwa 10 km entfernte Hütte, in zügigem Tempo nebeneinander her, keuchten kräftig und waren beide dem Zusammenbruch bedenklich nahe. Indes: keiner hielt an, um sich ja keine Blöße zu geben. Schließlich hielt i c h an, denn meine Brille war zugeschneit und ich konnte nichts mehr sehen. Erst dabei stellten wir beide fest, dass wir eigentlich schon längst eine Pause hätten machen sollen (und wollen). Seit der Zeit verstanden wir uns prächtig.

Als wir am nächsten Tag, als wir eigentlich wieder nach Heidelberg zurückfahren wollten, merkten, dass wir eingeschneit waren – und auch die Zufahrtstraße war wegen Lawinengefahr gesperrt –, haben wir den ganzen Tag, zusammen mit dänischen Bekannten und unserem französischen General, Rommée gespielt. Leider war am nächsten Tag der Weg wieder frei.

Der Bericht über meine Reise nach Wien war kaum vorgelegt, als ich schon wieder kommandiert wurde: dieses Mal zur Führungsakademie nach Hamburg, zum Seminar „Höhere Führung".

20 Oberste und Kapitäne, dabei auch *Oberst Raschke*, der Vater des Oberleutnants, der ein Semester für den Einsatz in *Sarajewo* geopfert hatte, *Colonel Berault*, ein französischer Oberst, den ich schon aus Straßburg kannte, sowie ein ziviler leitender Beamter, durften dort sechs Wochen lang an einem hochkarätigen Programm arbeiten und dabei ausgedehnte Reisen nach Berlin, Brüssel, Paris, in die USA und quer durch die Bundesrepublik Deutschland unternehmen. Dabei ging es zunächst um die Untersuchung und Bearbeitung einer zunehmend komplexer werdenden „Lage": ein (angenommener) Staat in Nordafrika hatte eine italienische Insel besetzt und dabei angebliche historische Besitzansprüche angemeldet sowie Einwohner verschleppt. Nun war zu untersuchen, was zu unternehmen sei; dabei waren sämtliche Maßnahmen unter den NATO-Verbündeten abzustimmen und, soweit es um militärische Aktionen der Bundesrepublik Deutschland ging, durch das BMVg zu veranlassen.

Natürlich ging es dabei vor allem darum, zu erkennen, dass *militärische* Maßnahmen, wiewohl wahrscheinlich ebenso geboten, durchaus nicht die einzigen Möglichkeiten waren, hier der Lage entsprechend zu reagieren; im weiteren Verlauf ging es auch darum, die internationalen Institutionen kennen zu lernen, mit denen in einer solchen Lage zusammen zu arbeiten wäre.

Dabei war es von besonderem Reiz, dass im Zuge der Reise in die USA, wo u.a. der Kongress, das State Department[1], das Pentagon[2], die National Defense University[3], das American Jewish Committee[4] und das Hauptquartier der UN auf dem Besuchsprogramm standen, amerikanische Stabsoffiziere in der deutschen Botschaft aufgenommen wurden und mit uns zurück nach Hamburg flogen, denn dort wurde die Untersuchung, nunmehr auf Englisch, fortgeführt und zum Abschluss gebracht. Im Anschluss zeigten wir den Amerikanern die deutschen Stellen, die in dieser fiktiven Lage mitgearbeitet hätten: das BMVg in *Bonn*, das Heeresführungskommando in *Koblenz*, den Bundestag in *Berlin*, das IV. Korps in *Potsdam*. Natürlich gab es da auch noch diverse kulturelle und touristische Abstecher: so die *Loreley* hoch über dem Rhein, die *Drosselgasse in Rüdesheim*, *Kloster Maria-Laach*, wo uns sogar der Verteidigungsminister persönlich, *Rudolf Scharping*, begrüßte

---

[1] Außenministerium
[2] Verteidigungsministerium
[3] Nationale Verteidigungs-Universität
[4] Das amerikanische jüdische Komitee

(ohne uns allerdings anzuschauen: er schaute durch uns hindurch …), ein Brauhaus in *Köln* und die eine oder andere Sehenswürdigkeit in *Potsdam* und in *Berlin*.

Das erinnerte schon in gewisser Weise an den Generalstabslehrgang für ausländische Offiziere vor nunmehr 13 Jahren, allerdings auf höherem Niveau, mit größerem Radius, dafür in wesentlich strafferer Form. Dass *Cord Schwier*, nunmehr Oberst i.G. und Leiter des Studentenbereichs an der Bundeswehr-Universität Hamburg, der damals den Lehrgang mit mir absolviert hatte, mit von der Partie war, hat mich besonders gefreut. Wir haben denn auch den einen oder anderen Abend in Brüssel, Paris, Washington, New York und Berlin miteinander verbracht. Die „Fressgasse" in Brüssel, das karibische „Schaukochen" in Washington und das Abendessen in New York bei italienischen Opernarien live, waren dabei nur die folkloristischsten Erlebnisse unter vielen. Auch bei „*Filomena*", einem italienischen Restaurant in Georgetown, haben wir gegessen: Bundeskanzler Kohl soll sich dort wohl gefühlt haben, wurde erzählt.

Auch die Amerikaner waren begeistert. Ob sie allerdings verstanden haben, worum es uns mit dieser angenommenen Lage zur „Krisenbewältigung" ging: die *Untersuchung eines breiten, nicht nur militärischen, Fächers von Möglichkeiten* zur Lösung eines politischen Konflikts, habe nicht nur ich füglich bezweifelt.

Kurze Zeit danach drehte sich für mich das Personal-Karussell erneut: Anfang Juli sollte ich als Kommandeur der CENTRAL REGION SIGNAL GROUP (CRSG) [1] in das mir durchaus bekannte NATO-Hauptquartier AFCENT[2] nach Brunssum in den Niederlanden versetzt werden.

Zuvor freilich musste ich mich beim dortigen Oberbefehlshaber, dem deutschen *Vier-Sterne-General Jochen Spiering* melden und ihm zum damals aktuellen Thema der Aufstellung von „*Deployable Communications Modules (DCM)*"[3], die aus meiner derzeitigen Truppe hervorgehen sollten, vortragen. Per *Power Point*, versteht sich. Mein Assistent hat mir dabei sehr geholfen. Der Vortrag muss angekommen sein, denn der General hatte nichts gegen meine Versetzung einzuwenden. Vielleicht lag das aber auch an einem Schreiben, das mein bisheriger Befehlshaber, *General Dr. Reinhardt*, verfasst hatte. In dessen Folge wurden eine Reihe deutscher Offiziere und Unteroffiziere aus Heidelberg im Laufe des kommenden Jahres nach AFCENT oder nach SHAPE versetzt, denn unser bisheriges Hauptquartier, LANDCENT, wurde im Zuge von Umstrukturierungsmaßnahmen, die überall in der NATO einsetzten, umgegliedert und dabei im Umfang stark reduziert.

---

[1] Fernmeldegruppe des (NATO-) Kommandoabschnitts (Europa) Mitte
[2] **A**llied **F**orces **Cent**ral Europe: Alliierte Streitkräfte Mitteleuropa
[3] Verlegbare Fernmelde-Module

19. Kapitel
Fünfte Auslandsverwendung: Commander NORTHERN REGION SIGNAL GROUP in Brunssum / Niederlande (1999 – 2004), dabei:
- Immer wieder Amerika und weitere Abenteuer auf dem Balkan
- Zweite und dritte Reise nach Schlesien sowie viele weitere Reisen …

Auch in meinem neuen Hauptquartier wurde an einer Umstrukturierung „gebastelt": nach einem halben Jahr wurde aus dem HQ „AFCENT" das neue HQ „AFNORTH"[1] und daher aus meiner CENTRAL REGION SIGNAL GROUP (CRSG) die neue „NORTHERN REGION SIGNAL GROUP (NRSG)"[2]; ein multinationaler Fernmeldeverband von Anfangs ca. 2.000 Soldaten aus 12 Nationen, auf drei Länder: Dänemark, Deutschland und die Niederlande, verteilt. Zusätzlich waren stets gegen 70 Mann auf dem Balkan, später auch im Irak und in Afghanistan eingesetzt.

Mein Stellvertreter war *Bernd Seifermann*. Er war mir 1991 in Kastellaun als Kommandeur des Fernmeldebataillons 920 nachgefolgt und nun schon, nach einer Zwischenverwendung, seit drei Jahren in seiner jetzigen Dienststellung in Brunssum. Das waren gute Voraussetzungen. Allerdings war mir klar, dass ich bald einen neuen Stellvertreter bekäme, denn in einer internationalen Organisation wie dieser ging es nicht an, dass sowohl Kommandeur als auch Stellvertreter derselben Nation angehörten.

Zunächst aber war die neue Truppe zu übernehmen: dazu fand, wie stets bei solchen einschneidenden militärischen Ereignissen, eine Parade statt.

Dies wurde durch den Stellvertretenden Oberbefehlshaber, *Air Vice Marshall Sir Christopher Coville*, geleitet. Ein freundlicher Herr, der mich in der folgenden Zeit nie auch nur im Geringsten behelligte. Bärbel und ich wurden lediglich hin und wieder in seine Residenz zu Cocktails oder zum Essen gebeten.

Auch *Generalmajor a.D. Harry Schneider*, Vaters alter Freund, gab mir die Ehre und mindestens 10 weitere Generale aus dem Hauptquartier, doch auch *Horst Schweighöfer* war zu meiner Freude dabei: ja selbst *Guy Lousberg* war aus Brüssel gekommen; er hatte mir während meiner Zeit als Kompaniechef in Münchweiler die Richtfunkgeräte kalibriert.

---

[1] **A**llied **F**orces **North**ern Europe: Alliierte Streitkräfte Nördliches Europa
[2] Fernmeldegruppe des (NATO-) Kommandoabschnitts (Europa) Nord
[3] Generals-Dienstgrad der **R**oyal **A**ir **F**orce, RAF: Luft-Vize-Marschall (entspricht dem Generalleutnant) der britischen Luftwaffe

Ein Haus in der Nähe der Dienststelle fanden wir schnell, so dass wir nach Abschluss des laufenden Schuljahrs umziehen konnten. Barbara allerdings sollte in Heidelberg bleiben, denn ein Jahr vor dem Abitur war ein Schulwechsel nicht ratsam.

Uns war nicht unbedingt wohl bei dem Gedanken, dass Barbara nun auf sich allein gestellt wäre; andererseits war sie fast 19 Jahre alt und wollte anschließend ohnehin in Heidelberg studieren. Wir haben ihr daher ein Zimmer im Studentenwohnheim besorgt und sind ohne sie umgezogen. Barbara fand das „cool". Ihr Abitur hat sie im nächsten Jahr, im Mai 2000, auch ohne uns abgelegt. Bärbel ist zur feierlichen Übergabe der Reifezeugnisse im historischen Saal der alten Universität nach Heidelberg gefahren; ich war wieder einmal dienstlich verhindert.

Sylvia aber besuchte von nun an die Internationale Schule in Brunssum und konnte dort nach drei Jahren, im Mai 2002, ebenfalls ihr Abiturzeugnis in Empfang nehmen. Dieses Mal war ich dabei.

Anfang August jedoch fuhr die ganze Familie, noch vor unserem Umzug, nach Thüringen, denn dort fand vom 2. bis 6. August das Zweite Internationale Schliedertreffen statt.

„Doc Willy" hatte im „Berghotel zum Edelacker" in *Freyburg (Unstrut)* für 52 amerikanische und deutsche Teilnehmer Zimmer reserviert und Bernd Schlieder aus *Glatten im Schwarzwald* hatte ein Programm entworfen; wir hatten bei der Organisation geholfen, wo wir konnten.

Dabei kam es insgesamt darauf an, in einem angenehmen „Ambiente" ein möglichst zwangloses Treffen zu organisieren, bei dem genügend freie Zeit blieb, um sich unterhalten und austauschen zu können; andererseits wollten wir, insbesondere unseren amerikanischen „Vettern" die wunderschöne Gegend rings um Freyburg, samt ihren historischen Sehenswürdigkeiten nahe bringen. Zentrales Ereignis aber sollte eine Fahrt nach *Gleina* sein, denn das war der Ort, aus dem wohl der erste nachgewiesene amerikanische Schlieder stammte.

Und so gab es denn ein großes Helau, als der Reisebus mit den vielen Teilnehmern aus den USA eintraf: wir Deutschen, dabei auch „unsere" vier „Bolivianer", waren natürlich schon vorher vor Ort, bildeten das „Empfangs-Komitee", halfen beim Einchecken, gaben das Programm bekannt und trafen uns im übrigen jeden Abend, um das weitere Vorgehen zu besprechen. Das war sinnvoll und machte obendrein Spaß. An Dolmetschern war ebenfalls kein Mangel, denn die meisten deutschen Schlieder-Familien sprachen auch Englisch.

Zunächst stand das Glockenmuseum *Laucha* mit seiner Glockengießerei auf dem Programm, es folgte eine Besichtigung der riesigen Burganlage von *Querfurt*, eine „Pilgerfahrt" zum Geburts-und Sterbehaus *Martin Luthers* in *Eisleben*, der *Naumburger Dom*, die Plüschtierfabrik in *Bad Kösen* und eine Besichtigung der „*Rotkäppchen*"-Sektkellerei in *Freyburg*.

Dann kam der Höhepunkt: ein äußerst einfühlsamer, zweisprachiger Gottesdienst in der Pfarrkirche von Gleina, gestaltet durch *Pfarrerin Christine Urban,* die noch dazu die alten Kirchenbücher ausgelegt hatte… Und tatsächlich, da waren sie aufgeführt, in steilem, steifen Sütterlin, die *„alten Schlieders"*, säuberlich dokumentiert; die Abstammungsfolge darüber hinaus mittels eines riesigen Stammbaums an einer Wand in der Sakristei anschaulich dargestellt, so dass das alles leicht nachvollzogen werden konnte. Natürlich haben wir uns auch Kirche und Friedhof angeschaut; zu guter Letzt kam noch die Mitteldeutsche Zeitung, die auch prompt ausführlich über dieses denkwürdige Ereignis berichtete.

Da der Wettergott mitspielte, konnte insbesondere auch der letzte Abend im Hotelgarten, unter riesigen Kastanien und mit Blick auf die herrliche Umgebung, stattfinden; und dann gab es kein Bremsen: es wurde gesungen und fotografiert, was das Zeug hielt. Alle waren begeistert!

Barbara wohl am meisten, denn bei der Gelegenheit hat sie Bernd Schlieder kennen gelernt, einen Sohn des Mannheimer Schlieders, der es zuvor abgelehnt hatte, mit in die USA zu fliegen. Bernd indes hatte keine Berührungsängste und so verstanden die Beiden sich bestens.

Am nächsten Morgen fuhren die Amerikaner wieder ab; die meisten, um sich bei dieser Gelegenheit auch noch andere Teile Deutschlands anzusehen. Wir Deutschen aber trafen uns zu einer abschließenden Besprechung, waren mit uns selbst und dem Ablauf dieses denkwürdigen Ereignisses mehr als zufrieden und fuhren wieder von dannen.

Natürlich haben wir auch anschließend noch mit vielen Teilnehmern, aber auch einigen, die nicht dabei waren, korrespondiert; auch dabei haben wir durchaus interessante Erkenntnisse, insbesondere über weitere Linien unserer Familie, gewonnen. Die Korrespondenz allein im Zusammenhang mit diesem Treffen füllt einen ganzen Ordner.

Wenig später, kaum dass ich mich einigermaßen in Brunssum akklimatisiert hatte, flog ich nach Rom, denn in Latina fand ein *„NATO CIS-Orientation Course"*[1] statt; an dem wollte ich teilnehmen um zu sehen und zu hören, was von höherer Stelle nun über die Fernmeldesysteme der NATO zu lernen war; außerdem war ich natürlich daran interessiert zu erfahren, wie sich „mein" alter Kurs in den vergangenen 18 Jahren weiter entwickelt hatte. Ganz besonders interessierte mich natürlich auch, ob meine praktischen Erfahrungen vor Ort auf dem Balkan, über die ich immer wieder, auch nach Latina, berichtet hatte, Eingang in die aktuelle Lehre gefunden hatten. Außerdem wollte ich Gina zum Essen einladen. Am besten in Sermoneta.

Und in der Tat: der Lehrgang übertraf alle meine Erwartungen: die Lehrgangsinhalte waren aktuell und methodisch gut aufbereitet, die Schule war neu gebaut und zweckmäßig gegliedert und ausgestattet. Ein Teil des Personals war indes das Selbe, das ich schon damals kennen gelernt hatte. Der Kommandant, *Colonel van den Hurk*, ein Niederländer, war mein Vor-Vorgänger in meinem derzeitigen Amt, den ich kannte, und auch *Elio Chiavetta, Marcello Barbato, Fred Wegmann, Bruno Tudini, Signor Napolitano* und einige andere waren noch an Bord. Auf einigen Lehrgangsbildern früherer Zeiten schaute ich

---

[1] Orientierungs-Lehrgang über NATO-Fernmelde- und Informationssysteme

mir selbst entgegen. Auch hier war ein Stück Heimat und es tat gut, das alles wieder zu sehen.

Auch mit Gina habe ich mich wieder getroffen; natürlich waren wir in Sermoneta und haben „*Carciofi*"[1], „*Cinghiale*"[2] mit Salbeiblättern und blaue Feigen gegessen, dazu gab es einen trockenen „*Duca di Salaparuta*"[3], danach „*Gelato*"[4], später einen „*Digestivo*" und einen „*Espresso*", wie damals. Wir sprachen Italienisch und Französisch durcheinander, wie es gerade passte. Es war ein gelungener Abend.

Wieder zurück in Brunssum begann ich, meine Außenstationen zu besichtigen; das waren insbesondere vier Satelliten-Bodenstationen (davon eine in Dänemark, eine in den Niederlanden und zwei in Deutschland) sowie mehrere Richtfunkstationen und ein Fernmeldezentrum in Deutschland; zunächst ging es nach Munklinde im dänischen Jütland, in der Nähe von *Karup*. Der dortige Kommandant, der dänische Hauptmann *Vigo Lund*, mein „Wikinger", wie ich ihn nannte, meinte es besonders gut und lud mich, morgens um 10.00 Uhr, zum „*Gammeldansk*", einem dänischen Schnaps, eingelegten Heringen und „*Smørrebrod*" ein: dafür habe ich den Männern seiner Station bei künftigen Besuchen jeweils zwei Kästen Bier mitgebracht, denn das war in Dänemark teuer. Nur gut, dass seine Satelliten Bodenstation zu den besten in der NATO gehörte. Und tatsächlich: die Stationen wetteiferten miteinander, welche die „Beste" sei: entsprechend motiviert waren auch die Techniker, die diese Stationen bemannten.

Noch im Herbst fand eine Tagung in *Madrid* statt; dabei konnte ich Bärbel mitnehmen, denn es gab auch ein Damenprogramm, ein Besuch von *Toledo* inbegriffen. Die Tage in der spanischen Hauptstadt haben uns gut getan. Die Stadt war weiß und sauber, das Armee-Hotel ein Traum, die *Tapas* in den Restaurants überall in Madrid zergingen auf der Zunge und der *Vino tinto*[5] war, überall eigentlich, ein dunkelrotes Gedicht.

Ende November jedoch flog ich mit *Jim Dryburgh*, dem britischen Kommandeur eines unterstellten Fernmeldebataillons aus Maastricht, per *Swiss Air*, denn das ging schneller als der Flug mit Militärmaschinen, von *Brüssel* über *Zürich* nach *Albanien*. Auch dort hatten wir mittlerweile Soldaten stationiert: Belgier, Briten, Deutsche, Niederländer, die in *Durres* in der Nähe von *Tirana*, Fernmeldeverbindungen in der „Verbindungszone" betrieben. Von dort aus wollten wir nach *Sarajewo*, *Skopje* und *Pristina* weiter fliegen, denn überall da waren unsere NATO-Fernmelder stationiert.

Auf Grund einer Verspätung beim Abflug erwischten wir unseren Weiterflug in Zürich gerade noch auf „den letzten Drücker"; unsere Koffer freilich fehlten. Das war misslich, denn darin waren unsere Uniformen. Gut zumindest, dass ein mir bekannter Offizier, mittlerweile Berater der albanischen Regierung und mit entsprechenden Ausweisen ausgestattet, ebenfalls mit an Bord war: so konnten wir, an den Kontrollen vorbei,

---

[1] Artischocken
[2] Wildschwein
[3] „Herzog von Salaparuta" (sizilianische Weinmarke)
[4] Eis
[5] Rotwein

und ohne eine „*Border Crossing Fee*"¹ zahlen zu müssen, nach Albanien einreisen. Gefährlich aussehende Gestalten überall, auch die in Uniform. Von „*Skipetaren*"² war da die Rede auf einer Inschrift an der Passkontrolle und unwillkürlich dachte ich an Karl May. Da hatte ich doch ein Buch gelesen: „*Durch das Land der Skipetaren*", flackerte es in meiner Erinnerung auf ... Das war ein wildes Land gewesen damals, fiel mir wieder ein und ich war gespannt, wie das heute hier zugehen würde.

Indes: unsere Männer holten uns ab und auch die Unterbringung klappte; ich glaube, ich schlief in einem belgischen Schlafsack in dieser Nacht und Jim in einem holländischen, denn unsere eigenen Ausrüstungsgegenstände waren verschollen, irgendwo in Zürich, oder auf dem Wege zu uns, ins Land der *Skipetaren* ... Wir hatten zwei Zimmer in der Offizierunterkunft erhalten, aber Bad und Wohnzimmer mussten wir uns teilen; Zimmertüren gab es nicht. Das bedeutete, dass wir uns schnarchen hörten in dieser Nacht und uns gegenseitig auf die Nerven gingen: „*Jim, stop snoring!*"³ muss ich wohl mehrfach gerufen haben und auch an seine flehentlichen, doch britisch-korrekten Bemerkungen wie „*Colonel, please!*"⁴ kann ich mich deutlich erinnern. Das schadete unserer durchaus freundschaftlichen Beziehung jedoch in keiner Weise. Wir haben uns später noch häufig über diese „Schnarchnacht" amüsiert.

Anderntags haben wir die Inspektion unserer Truppe in Zivil fortgesetzt und uns auch dergestalt beim zuständigen (italienischen) Kommandanten gemeldet. Der war – auch ohne unsere Uniformen – hoch erfreut über unseren Besuch und zeigte uns sein Hauptquartier; anschließend eine italienische Funkstation auf dem Turm einer alten Burg, danach die Stadt, streckenweise einer überdimensionalen Müllkippe nicht unähnlich: dazwischen immer wieder Einmann-Bunker, z.T. aus ihren Verankerungen gerissen, kafkaeske Ruinen aus einer dunklen Zeit. 800.000 soll es davon gegeben haben: entsprechend der fixen Idee der albanischen Machthaber, das Land sei bedroht und müsse sich unter allen Umständen, überall und zu jedem Preis, bis aufs Messer zur Wehr setzen.

Dann ein Gang über den Markt: vorneweg einer unserer Männer mit Sturmgewehr, hinter uns ein Mann mit gezogener Pistole, um uns herum Getümmel. Marktfrauen auf kleinen Schemeln am Boden, Hühner in Käfigen aus Holz und Draht, rohes Fleisch, Käse, Obst aller Art, dazwischen Pfützen, schreiende Kinder, alte Männer mit langen Bärten, babylonisches Sprachgewirr, würzige, doch gewöhnungsbedürftige Gerüche.

Ein paar Kilometer weiter, auf dem Weg zur Kaserne, ein Parkplatz: voller gestohlener Autos mit ausländischen Nummern. Die meisten aus Deutschland, die vielen Münchener Nummern fielen ins Auge. Aber auch ein knallroter, italienischer *Lamborghini* stand dort herum, ein Wunder für unsere Begriffe, denn wie sollte der dort fahren? Brauchten Lamborghinis nicht wenigstens asphaltierte Straßen? Mit möglichst wenig Schlaglöchern?

---

[1] Einreisegebühr
[2] Albaner
[3] „Jim, hör' auf zu schnarchen!"
[4] „(Herr) Oberst, bitte!"

Bewacht wurde das ganze von einem wild aussehenden Polizisten mit Maschinenpistole, unrasiert und mit langer, schwarzer Mähne. Zur Abschreckung der Mafia? Oder ausländischer Touristen? Vielleicht gar der Eigentümer?

Auf dem Weg nach *Tirana* (da sollte sich ein Büro von *Swiss Air* befinden, im teuersten Hotel der Stadt, bei dem wir uns nach unseren Koffern erkundigen könnten, hieß es am Flughafen, denn das dortige Büro war nicht zuständig), ganze Pulks von schwarzuniformierten, bewaffneten „Banden"; allein, uns passierte nichts, die Aufschrift „SFOR" auf dem Fahrzeug war auch hier, wie überall auf dem Balkan, schon fast eine Lebensversicherung. Schlaglöcher, ja ganze „Schlamm-Seen" auf der „Straße", – hatte hier ein Feuerüberfall der Artillerie stattgefunden? – immerhin die Hauptverkehrsader in die Hauptstadt. In einem Fluss lagen mehrere ausgeschlachtete Autos; auch entlang der Straße ganze Halden schrottreifer Fahrzeuge und Reifen, dazwischen Esel, struppige Pferdchen, Hühner, Katzen und streunende Hunde.

Dennoch: das Hotel war schnell gefunden und wir haben dort tatsächlich unsere Koffer bekommen: nach stundenlangem Warten freilich und intensivem Telefonieren. Während dieser Zeit habe ich denn die ganze Truppe zum Abendessen im Hotel „*Roger*" eingeladen, denn draußen goss es wie aus Kannen. Das war sündhaft teuer. Allerdings zeigte sich *Swiss Air* kulant und hat mir später die gesamte Rechnung erstattet.

Am nächsten Tag wollten wir weiter: über Sarajewo und Skopje nach Pristina; der Hubschrauberflug nach Sarajewo war gebucht und genehmigt. Doch kurz bevor wir abfuhren, wurde uns beschieden, dass alle Flüge in den Balkan storniert seien: der amerikanische Präsident sei im Anflug und daher sei der gesamte Luftraum gesperrt. Dies werde eine Woche lang andauern.

Uns blieb daher nichts übrig, als nach *Brüssel* zurückzufliegen: Ihre Majestät, Elizabeth II. von England hat das bezahlt: Jim hatte eine dienstliche Scheckkarte, die das ermöglichte. Offensichtlich haben sich unsere nationalen Verwaltungen anschließend irgendwie über die Erstattung der Kosten geeinigt.

Wieder zurück in Brunssum ging es nun nur noch um die Vorbereitung der ersten „*Commanders' Conference*"[1] unter meiner Leitung, in Maastricht. Zwei Tage lang ging es dabei um die Erörterung der verschiedensten Themen rund um Übungen, Einsätze, Umgliederungen, Aufstellungen, neue Fernmelde- und Computersysteme, die Einrichtung von LANs[2], WANs[3], und immer wieder darum, wie man dies alles mit wenig Personal bewerkstelligen könnte, denn Personal, noch dazu ausgebildetes, Englisch-sprechendes und einsatzbereites, war Mangelware im Bereich von NRSG. 250 Stellen von nunmehr nur noch rund 1.750 waren unbesetzt.

---

[1] Kommandeur-Besprechung
[2] **L**ocal **A**rea **N**etwork (Lokales Netzwerk)
[3] **W**ide **A**rea **N**etwork (Weiträumiges Netzwerk)

Natürlich gab es auch hier ein Damenprogramm, doch es sollte dauern, bis es sich herum sprach, dass es sinnvoll war, interessant und angenehm, auch in diesem Kreis mitzumachen. Schlussendlich gelang allerdings auch das.

Im Übrigen habe ich mich immer wieder gefragt, wie ich der weit über 100 E-Mails, die tagtäglich auf meinem Computer landeten, Herr werden sollte. Das war, solang *Bernd Seifermann* als „Chef des Stabes" von NRSG und meine rechte Hand an Bord war, beherrschbar gewesen, doch seit Kurzem hatte ich einen neuen Stellvertreter: *Zdziław Michalak,* von der polnischen Luftwaffe. Der kam jeden Morgen mit Papier und Bleistift zu mir und erwartete meine Befehle. Was aber zu befehlen war, war in der Regel recht unklar und bedurfte regelmäßig intensiver vorheriger Abstimmung. Dazu aber musste man Englisch beherrschen, verhandlungssicheres Englisch. Mündlich wie schriftlich.

Vielleicht aber würden ja all unsere Computernetze in Kürze ohnehin den Geist aufgeben? Das war, theoretisch zumindest, durchaus möglich und wurde ernsthaft diskutiert, denn da gab es ein Damokles-Schwert, das unsichtbar über uns schwebte: der „Y2K"[1]-„Bug"[2], der anlässlich des bevorstehenden Jahrtausendwechsels womöglich alle Rechner, weltweit, lahm legen würde. Flugzeuge würden vom Himmel stürzen, die Verkehrssteuerungssysteme zusammen brechen, die Industrieproduktion kollabieren … Während meine eigene Phantasie nicht ausgereicht hat, sich vorstellen zu können, weshalb ein Jahreswechsel (wenngleich auch mit einem Jahrtausendwechsel verbunden) derlei katastrophale Konsequenzen haben könnte, wurde dies – vor allem in Großbritannien, und in Folge auch bei uns, – ernsthaft diskutiert; sogar Vorträge zum Thema wurden gehalten und eine Untersuchung angestellt. Auch unsere technische Bereitschaft war zu verstärken.

Konnte es etwa sein, dass hier ausprobiert werden sollte, ob und in wie weit es auch heute noch möglich war, durch das gezielte Lancieren eines Gerüchts eine Massenhysterie auszulösen? Die Engländer waren ja groß in der psychologischen Kriegführung, das hatten wir erst auf dem Balkan wieder erfahren. Doch warum dies?

Natürlich ist rein gar nichts passiert. Für mich hieß das, dass ich mich auch nach dem 1. Januar 2000 wie schon zuvor Tag für Tag mit rund 100 elektronischen Schreiben herumzuschlagen hatte, zusätzlich zur „*snail mail*", der „Schneckenpost", wie wir sagten.

Die beste Nachricht seit Langem kam Anfang Februar aus Heidelberg: Bärbel war wieder völlig gesund und brauchte sich künftig nur jedes halbe Jahr bei ihrem Professor vorzustellen.

Also konnte ich erneut nach Sarajewo aufbrechen: wieder mit Jim und dem zuständigen belgischen Kompaniechef. Das neue Hauptquartier, direkt am Flughafen von Sarajewo, der auch allmählich wieder Gestalt annahm, war mittlerweile fertig und die allgemeinen Arbeits- und Lebens-Bedingungen hatten sich deutlich gebessert. Das Essen – überall im Einsatzgebiet gratis – war immer noch phantastisch und war, einschließlich

---

[1] **Year 2** thousand: Jahr Zweitausend (K für „**K**ilo", d.h. Tausend)
[2] Wanze. Hier: Programmfehler

der in allen SFOR-Militäreinrichtungen geradezu aus dem Boden schießenden zollfreien Läden, insbesondere für die vielen Verstärkungskräfte aus den ehemaligen Ostblockländern, geradezu ein *El Dorado*. Unsere Fernmeldeverbindungen waren nach wie vor stabil; dennoch konnten wir den einen und den anderen Mangel durch Rücksprache mit den Zuständigen vor Ort beheben und so unseren Soldaten helfen. So liefen beispielsweise die Generatoren für unsere mobile Satelliten-Bodenstation nahezu ununterbrochen; die Rücksprache mit den zuständigen Pionieren im HQ ergab, dass diese davon nichts wussten: natürlich wurde das Problem durch entsprechende Verlängerung der mittlerweile ja bestehenden lokalen Stromversorgung behoben.

Echte Sorgen bereitete uns allerdings zunehmend die Tatsache, dass einige unserer Spezialisten nun schon zum sechsten Mal im Einsatz waren, wenngleich zum Teil durchaus auf freiwilliger Basis. Dafür sorgten schon die relativ hohen Auslands-Tagegelder. Dennoch sind einige Ehen, speziell jüngerer Soldaten, aufgrund der häufigen Abwesenheiten ihrer Männer, in die Brüche gegangen.

Mittlerweile lag in und um Sarajewo dermaßen viel Schnee, dass militärische Transportflüge abgesagt werden mussten. Daraufhin fassten Jim und ich den heroischen Entschluss, mit einem Fahrzeug nach Split zu fahren, denn dort, direkt am Mittelmeer, schien die Sonne und der Flugbetrieb war nicht eingeschränkt. Die Pass-Strassen bis *Konjic* waren allerdings ebenfalls nur mit Mühe passierbar, dennoch: die Fahrt entlang des Mittelmeers war erneut ein Genuss und von *Split* flog uns die Luftwaffe nach *Geilenkirchen*. Ein weiteres „Abenteuer" auf dem Balkan war bestanden.

Doch es dauerte nicht lange und ich musste in *London* an einer Konferenz teilnehmen, bei der es um die Zukunft meiner britischen Fernmelde-Schwadron in *Krefeld* ging: über 200 hoch qualifizierte Spezialisten, auf die so manche nationale Dienststelle ein Auge geworfen hatte, denn der Unterhalt einer Einheit dieser beachtlichen Stärke war natürlich auch ein Kostenfaktor. Dass Trupps und Trüppchen dieser „meiner" Einheit seit geraumer Zeit, unter der Hand gewissermaßen, durchaus auch auf Befehl aus London, an den NATO-Befehlssträngen vorbei, insbesondere auf dem Balkan eingesetzt wurden, war mir natürlich nicht verborgen geblieben, so sehr das auch immer wieder dementiert wurde. Als Ergebnis dieser Konferenz schien sicher zu sein, dass diese Einheit – zunächst zumindest – auch weiterhin erhalten blieb. Doch es war offensichtlich, dass auch künftig gekämpft werden müsste, um die „*280 (UK) Signal Squadron*" für NATO-Einsätze zu erhalten.

Als skurrile Randerscheinung dieses Besuchs in England ist mir allerdings ein Schild in Erinnerung, das in „*Waterloo Station*" auf Züge in „Richtung Europa" hinwies. So ganz schien England demzufolge also doch noch nicht in Europa angekommen zu sein.

Barbara fuhr unterdes mit ihrer Abiturklasse nach Straßburg um sich dort im Rahmen des Projekts „CIARUS"[1] im Europarat und der *„Choucrouterie"* bei *Roger Siffer* über den Stellenwert Europas für die jüngere Generation sowie die Bedeutung einer nationalen Identität in diesem Zusammenhang zu informieren. Gut, dass Barbara all das schon zuvor am eigenen Leibe erfahren und zum Teil auch genossen hatte. So war sie denn auch eine Art „informeller Führer" auf dieser Reise.

Im April flog mein polnischer Chef, *Brigadegeneral Witold Czieslewski*, mit einigen Offizieren seines Stabes, in die USA: in *Norfolk / Virginia*, dem Hauptquartier von SACLANT[2] war eine mehrtägige Besprechung angesagt. Mich begeisterte das weniger; dennoch war meine Teilnahme erwünscht und so flog ich erneut an die amerikanische Ostküste. Zunächst bis Washington, dann von dort, mit einer zweimotorigen Propellermaschine nach Norfolk. Wir waren am Wochenende vor der Veranstaltung geflogen, hatten also genügend Zeit, uns vor Ort umzusehen: allein, die Entfernungen zwischen unserem Hotel und der „Stadt" waren so groß, dass wir dazu auf einen Leihwagen angewiesen waren. Den allerdings hatte einer unserer Mitstreiter gemietet und so fuhren wir zunächst einmal zum Hafen. Das allerdings war die Reise wert, denn selten habe ich so viele Kriegsschiffe an e i n e m Ort gesehen wie dort. Mir erschien es, als sei in diesem Hafen das gesamte Äquivalent der deutschen und niederländischen Marine gemeinsam versammelt; zusätzlich lagen gleich zwei Flugzeugträger vor Anker, jeder mit einer Besatzung von ca. 5.000 Marine-Soldaten. Ein ausrangierter, nichtsdestoweniger beeindruckend großer Zerstörer diente zudem als Museum.

Bei so vielen Superlativen gleichzeitig haben wir uns später ein Abendessen der Superlative geleistet; auch das hatte ich noch nie gesehen: Die Shrimps, Krabben und Langusten waren riesig, die Rechnung entsprechend.

Doch es war immer noch Zeit, ausgedehnte Spaziergänge zu unternehmen. Am Sonntagnachmittag bin ich gut 20 km am Strand entlang marschiert; obwohl die Sonne nicht schien, hatte ich anschließend einen Sonnenbrand. Mein erster Sonnenbrand auf der anderen Seite des Atlantiks.

Im Übrigen erschien mir die Konferenz überflüssig und das war sie wohl auch. Zumindest für diejenigen, die weder Englisch verstanden noch die Zusammenhänge durchschauten. Davon aber gab es Einige. Gut wohl, dass ich dennoch alles mitschrieb; so konnten diejenigen, die während der Konferenz nichts verstanden hatten, wenigstens im Nachhinein nachlesen, worum es gegangen war und wozu man sich zu Wort hätte melden müssen.

Gut, dass es da noch die vielen nationalen Empfänge gab, auf denen jede bei AFNORTH vertretene Nation versuchte, sich von ihrer besten Seite zu zeigen: besondere

---

[1] **C**entre **i**nternational d'**a**cceuil et de **r**encontre **u**nioniste de **S**trasbourg: Internationales, unionistisches Empfangs- und Begegnungszentrum von Straßburg
[2] **S**upreme **A**llied **C**ommander At**lant**ic: Oberster Alliierter Befehlshaber Atlantik (entsprach SACEUR, dem Obersten Alliierten Befehlshaber Europa)

Leckerbissen waren dabei stets die Empfänge zu Ehren der niederländischen Königin *Beatrix* am 26. April, ihrem offiziellen Geburtstag. Sie liebten ihre Königin, unsere niederländischen Freunde. Und sie verstanden zu feiern. Mit Matjes, *Oude Genever* und indonesischen Gerichten. Die Meisten sprachen auch fließend Deutsch, so dass es schwer war, unser Niederländisch an den Mann zu bringen. Selbst die Marktfrauen und der Fischverkäufer antworteten auf Deutsch, kaum, dass man einen Satz auf Niederländisch gesagt hatte. Wahrscheinlich lag das an unserem deutschen Akzent.

Da wir ja nunmehr auch im Kosovo engagiert waren und unser erster Versuch dort nach dem Rechten zu sehen fehlgeschlagen war, ging ich erneut mit Jim auf Abenteuer-Reise. Von Ramstein, wie schon so oft, ging es mit diversen Militärmaschinen abschnittsweise zunächst nach *Split*, dann nach *Sarajewo*; von dort nach *Skopje* in Mazedonien (das wir freilich nicht so nennen durften: der politisch korrekte Begriff lautete „FYROM"[1]), wo wir im dortigen HQ übernachteten und mit Waffen ausgestattet wurden. In Ermangelung einer Pistole empfing ich ein Sturmgewehr; das war zwar nicht meine vorgesehene Ausrüstung, mir aber dennoch lieber, denn das Gewehr hatte ein Infrarot-Zielfernrohr und schoss deutlich weiter, als eine Pistole.

Auch in Skopje waren unsere Fernmelder im Einsatz und auch dort standen ihre Verbindungen wie eine Eins. Einige deutsche Offiziere aus meiner Zeit im EUROKORPS habe ich ebenfalls dort getroffen, denn das war mittlerweile mit Teilen hier und im Kosovo eingesetzt.

Dann fuhren wir nach *Pristina*, Hauptstadt des Kosovo und Sitz des Hauptquartiers von KFOR[2]: mit dem Fahrzeug etwa 120 km. Vor der Grenze schier endlose Fahrzeugschlangen; nicht für uns freilich, denn unsere Militärfahrzeuge durften nicht aufgehalten werden. Zerschossene Fahrzeuge, hin und wieder Ruinen, Müll und Schrott in Flüssen, Bächen und an den Straßenrändern. Defekte Brücken. Überall die roten, albanischen Fahnen mit dem schwarzen Adler darauf. Kontrollpunkte von KFOR, von Schützenpanzern bewacht, Sandsäcke und Absperrungen aus Betonsegmenten, Stacheldraht, spanische Reiter.

Auch das Hauptquartier KFOR schwer bewacht und mit tief gestaffeltem Eingang, auf einer Anhöhe gelegen, mit Blick auf die Stadt; direkt außerhalb ein Mix aus zum Teil ansehnlichen Villen und ärmlichen Hütten.

Unsere Satelliten-Bodenstation am Rande des HQ, daneben die *Shelter* der übrigen Technik; unsere Kabel-Leute verlegen eine Leitung; Truppführer ist eine Niederländerin, technisch perfekt, selbstsicher, „*cool*". Unter einem Zeltdach der Gemeinschaftsraum; zunächst eine Ansprache an die Mannschaft, dann ein Briefing; ich faxe einen Zwischenbericht an meinen General in Brunssum, abends wird gegrillt. Der Stellvertretende Befehlshaber, ein amerikanischer Generalmajor, kommt dazu und freut sich über unseren Besuch und die Einladung zum Bier. Dass hier Fernmelder waren, noch dazu von der

---

[1] **F**ormer **Y**ugoslav **R**epublic of **M**acedonia: Ehemalige jugoslawische Republik Mazedonien
[2] **K**osovo **For**ce: Kosovo-Streitkraft

NATO, hatte er nicht gewusst. Fernmeldeverbindungen funktionierten eben, wo auch immer man war. Was dahinter steckte, war den Wenigsten bewusst.

Beim abendlichen Gang durch das HQ und die auch hier überreichlich vorhandenen zollfreien Einkaufseinrichtungen fielen uns auch einige Russinnen auf. In Uniform, mit Stöckelschuhen. Das war Truppenbetreuung, ganz offensichtlich. Auf Russisch. Ein Bataillon russischer Fallschirmjäger hatte ja zuvor im Handstreich den Flughafen von Pristina genommen, noch bevor die NATO eingreifen konnte. Nun waren sie hier und tranken ihr Bier, wie alle anderen auch.

Als wir am nächsten Morgen das HQ verließen, kamen wir an den Resten eines Benzinlagers vorbei, das US-Kampfflugzeuge vor kurzem zerstört hatten, ebenso wie eine Kaserne auf der anderen Seite der Straße. Nicht einmal die Mauern standen mehr wo sie waren: nur Steinhaufen und Metallgerüste lagen noch herum und verschandelten die Landschaft.

Wenige Kilometer weiter das Denkmal von *Kosovo Polje*, ein Aussichtsturm auf einer Höhe, von einigen gelangweilten norwegischen Soldaten in einem Schützenpanzer bewacht. Hier hatten am 15. Juni 1389 die serbischen Truppen unter *Prinz Lazar* die Schlacht auf dem Amselfeld gegen *Sultan Murat* verloren. Beide Feldherren kamen dabei ums Leben, doch seitdem dehnte sich das Osmanische Reich weiter in Richtung auf den Balkan aus; für *Milosevic* noch 600 Jahre später ein Grund, alles Muslimische hier zu verfolgen und zu vertreiben.

Wir haben versucht, uns vorzustellen, wie hier vor über einem halben Jahrtausend die Schlacht tobte. Das Ergebnis der jüngsten Schlacht hatten wir gerade in Pristina anschaulich vor Augen geführt bekommen.

Die Fahrt durch Pristina mussten wir nach kurzer Zeit abbrechen, denn dort sollte eine Bombe kontrolliert zur Explosion gebracht werden: folglich wurde ein Teil der Stadt evakuiert. Also fuhren wir zurück in unser HQ, vorbei an einer Reihe kleinerer Feuer, die verwegene Gestalten aus herumliegenden Reifen entzündet hatten. Es qualmte ganz fürchterlich: die Jugendlichen aber saßen um die Feuer, rauchten und tranken. Wahrscheinlich hatten sie Hunger, hatten aber nichts zu essen; dafür aber offensichtlich Autos, denn das Verkehrsgewühl war beachtlich. Kaum ein Auto freilich hatte ein Nummernschild; man sei gerade dabei, ein Versicherungssystem einzurichten, sagte uns ein deutscher Polizist, den wir ob dieses Desasters fragten. 19 Mann seien sie hier, hat er uns erklärt, doch das sei zu wenig. Allerdings gab es hier auch noch andere Polizeikontingente: Russen, Ukrainer, Griechen, Türken, Iren, Inder, Pakistaner und Afrikaner, doch den Verkehr hier beherrschte keiner. Den schwarzen Markt auch nicht, denn überall wurden „schwarze" Zigaretten, Schnaps und nachgemachte CDs Feil geboten, bis vor die Tore unseres HQ.

Auch Tankstellen haben wir keine gesehen: Sprit wurde ebenfalls auf dem Schwarzen Markt gekauft, in Colaflaschen, wie man uns sagte.

Natürlich haben wir uns beim Chef des Stabes gemeldet und mit den Offizieren der Abteilung J6 Verbindung aufgenommen: kaum einer, den ich nicht kannte: viele waren mir noch vom EUROKORPS bekannt. Deutsche, Franzosen, Belgier, Spanier, doch auch einige Italiener, die in meinem Stab in Sarajewo dazu gestoßen waren, nationale Verstärkungen wie das hieß.

Leiter der Abteilung J2 und Dienstältester Deutscher Offizier war *Oberst i.G. Dr. Klaus Buschmann*; ihn hatte ich schon während meiner Zeit an der Führungsakademie kennen gelernt. Zu Ostern hatten wir in Blankenese sein Haus und seine Katzen gehütet.

Am nächsten Tag hat man uns mit einem Hubschrauber sowjetischer Bauart, von ukrainischen Piloten geflogen, bei offener Tür – denn es war heiß – wieder zurück nach Skopje gebracht. Von dort ging es mit einer tschechischen Transportmaschine nach Split, dann wieder mit einer deutschen *Transall* nach Hause.

Ich habe nur noch eine halbe Flasche Rotwein getrunken und bin dann in mein Bett gefallen an diesem Abend. Ich glaube, ich habe von brennenden Katzen geträumt, von fliegenden Eseln mit roten Fahnen, dänischen Italienern im Schnee und amerikanischen Skipetaren, die mit russischen Hubschraubern Unmengen nachgemachter CDs und Sprit in Cola-Dosen transportierten. Unsere Fernmeldeverbindungen haben da keine Rolle gespielt, denn die funktionierten ja, wie immer.

Bärbel war mittlerweile schon wieder in Miltenberg und hat dort Bauaufsicht geführt. Das Haus wurde verputzt, das war auch erforderlich, denn wenig später habe ich unsere Tanten geholt, allesamt. Sie wollten nach langer Zeit einmal wieder sehen, was sich in Miltenberg zugetragen hatte. Schließlich hatten sie uns zwischendurch immer wieder spürbar unterstützt.

Kurze Zeit später kam Stan, direkt aus *Stanstead*. Allerdings habe ich ihn dieses Mal im Regionalflughafen von *Beek*, auf halbem Weg zwischen *Brunssum* und *Maastricht*, abgeholt. Da gab es nur eine Tür im Ankunftsbereich: dort stand ich und nahm ihn in Empfang. Ich wollte vermeiden, dass er sich, wie zuvor in Frankfurt, verlief. Am nächsten Morgen sind wir nach Miltenberg gefahren um dort seinen 80. Geburtstag zu feiern. So einen schönen Geburtstag hatte er noch nie, hat er später geschrieben.

Da Barbara ja im Mai ihr Abitur bestanden hatte, durfte sie nun die Fahrschule besuchen; ein Unternehmen, das sich lange hingezogen hat, doch die Prüfung hat sie auf Anhieb bestanden. Nun fehlte nur noch das Auto, wie sie meinte. Doch zuerst musste sie studieren.

Sylvia fuhr indes mit ihrer Klasse zur Welt-Ausstellung nach Hannover und kam gerade noch rechtzeitig zurück, um Bryan zu begrüßen, der anlässlich einer Reise durch Deutschland auch bei uns kurz Station machen konnte.

Im Übrigen ließ ich zwei „*Commanders' Conferences*" in diesem Jahr organisieren: die erste in *Wershofen* in der Eifel – mit anschließendem Besuch des Nürburgrings, in unmittelbarer Nähe –, die zweite an der niederländischen Fernmeldeschule in *Ede*. Auch hier ein Damenprogramm mit gemeinsamer Fahrradtour durch die wunderschöne Heidelandschaft „*Hooge Veluwe*". Es ging mir darum, gemeinsame Erlebnisse zu schaffen, um so die Entwicklung eines Gemeinschaftsgeistes bei NRSG zu fördern. Das war angesichts des multinationalen Umfelds schwierig genug, andererseits auch interessant und jeden Tag aufs Neue spannend. Bärbel hat mich bei all diesen Unternehmungen, trotz ihrer vielfältigen anderen Aufgaben, stets hervorragend unterstützt und mir den Rücken frei gehalten.

Im Übrigen gingen die Damen „*shoppen*" in *Arnhem*, während wir Männer unter anderem darüber nachdachten, wie wir künftig auch o h n e Personal unseren Auftrag ausführen könnten. Das war gar nicht so abwegig, denn im Einsatzgebiet von SFOR zumindest wurde seit geraumer Zeit im Rahmen einer so genannten „*Commercialization Study*"[1] untersucht, welche Teile der militärischen Fernmeldenetze im Einsatzgebiet an zivile Betreiber übergeben werden könnten. Ich selbst hatte, noch während meines zweiten Bosnien-Einsatzes, an anfänglichen Überlegungen zu diesem Thema gearbeitet. Es galt, in der Tat, „Soldaten zu sparen", denn weitere, größere Einsätze zeichneten sich ab.

Allerdings wurde mir allmählich klar, dass ich mein Arbeitstempo auf die Dauer reduzieren musste, denn ich hatte noch ein paar Jahre durchzuhalten.

Bärbel hat mich denn auch von Zeit zu Zeit darauf hingewiesen, dass auch ich älter würde, so zum Beispiel, als sie mir in diesem Jahr zum Geburtstag gratulierte: ich sei nun im „Metallalter", meinte sie: „Silber in den Haaren, Gold in den Zähnen, Blei in den Füßen ..."

Das war scherzhaft gemeint, aber eines Abends wachte ich gegen Mitternacht auf und hatte ein Ziehen im linken Oberarm, ich konnte mich nur schlecht bewegen und in meiner Herzgegend lag irgendetwas, wie ein schwerer Stein. Das ist ein Herzinfarkt, dachte ich mir, weckte Bärbel und bat sie, mich ins nächste Krankenhaus zu fahren. Das tat sie auch: sogar eine rote Ampel haben wir dabei ignoriert; allerdings war es mittlerweile halb ein Uhr morgens und weit und breit war niemand zu sehen.

Dann wurde ich, mitten in der Nacht, nach allen Regeln der ärztlichen Kunst untersucht und am Morgen war klar: es war k e i n Herzinfarkt, sondern die Auswirkung einer Abnutzung der Wirbelsäule, mit ähnlichen Symptomen. Dagegen sollte Krankengymnastik helfen, mehr Bewegung und weniger Stress. Trotzdem sollte ich zwei Tage im Krankenhaus bleiben, zur Beobachtung und zur Durchführung weiterer Tests.

Am nächsten Tag rief mich mein ehemaliger Befehlshaber an: *General Dr. Reinhardt*: er habe gehört, ich hätte einen Herzinfarkt ...

Offensichtlich hatte sich mein Malheur blitzschnell in NATO-Kreisen herumgesprochen; doch dass mich ein *Viersterne-General* anrufen würde, noch dazu mein e h e m a l i g e r Chef, das hat mich denn doch überrascht. Das war nun wirklich angewandte Innere Führung[2] wie sie im Buche stand. Auch andere Besucher kamen; allerdings wollte ich so schnell wie möglich wieder nach Hause, denn da stand eine Großübung vor der Tür und die musste klappen.

Und in der Tat: „CONSTANT HARMONY 2000" war eine NATO-Übung größeren Kalibers, die insbesondere uns Fernmelder vor große Herausforderungen stellte: da waren feste lokale Fernmeldeverbindungen und Computersysteme zu betreiben und mit

---

[1] Studie zur Untersuchung einer sog. „Zivilvergabe"
[2] Das Konzept zeitgemäßer Menschenführung in der Bundeswehr

mobilen Anteilen zu vernetzen; das Ganze war mit Übergängen in das NATO-Weitverkehrssystem und in nationale Netze zu versehen. Natürlich musste das alles so redundant sein, dass etwaige Ausfälle zu keinerlei Störungen führten – gleichzeitig waren unsere Fernmeldeeinsätze auf dem Balkan sicherzustellen und weitere Übungen und Einsätze vorzubereiten.

Gut, dass ich *Metin Özer* hatte, einen erfahrenen, außerordentlich gewissenhaften, fleißigen, zivilen ürkischen Diplomingenieur, der für die Einsatzplanung unserer Systeme verantwortlich zeichnete. In den 5 ½ Jahren meiner Zeit als Commander von CRSG / NRSG habe ich denn auch nie Einsätze oder Übungen erlebt, die nicht durch 100%ige Fernmeldeverbindungen und sichere Computernetze hervorstachen. Metin war d e r Mann hinter allen NATO-Fernmeldeeinsätzen und in der Regel plante er die Einsätze des HQ AFSOUTH, unseres südlichen „Nachbarn" in Neapel, gleich mit.

Aufgrund seiner hervorragenden Kompetenz und seines unvergleichlichen Einsatzwillens ist es denn auch gelungen, ihn im Laufe der Zeit zum „A 5", das heißt zu einem der höchsten „Dienstgrade", die ein „NATO-Zivilist" erreichen konnte, zu befördern. Das entsprach immerhin einem Oberst. Metin Özer hatte das wahrlich verdient.

Barbara studierte mittlerweile in Heidelberg: zuerst wollte sie Diplom-Dolmetscherin werden; später ist sie auf englische und französische Literaturwissenschaften, mit etwas Öffentlichem Recht im Nebenfach, umgeschwenkt. Gleichzeitig ging sie zur Fahrschule. 40 Stunden hat sie für den Führerschein gebüffelt und geübt. 3.300.- DM hat uns dieses Vergnügen gekostet. Dennoch habe ich während eines Praktikums, das sie in der Abteilung für Öffentlichkeitsarbeit in unserem Hauptquartier absolviert hat, mit ihr „Anfahren am Berg" geübt, bis die Kupplung qualmte. Jetzt aber fährt sie zügig und sicher.

Im Januar 2001, während einer Reise nach Pforzheim, als wir einmal unser Appartement besichtigen wollten, traf uns dann förmlich der Blitz: unsere vermietete Wohnung war völlig ruiniert. Der Mieter hatten einen Wasserschaden, der zur Überschwemmung der ganzen Wohnung geführt hatte, nicht gemeldet und selbst nichts unternommen: dementsprechend waren die Böden aufgeweicht, die Türen teilweise verquollen, die Wände mit Schimmel bezogen.

Irgendwie ist es uns, nach viel Hin und Her, mit Rechtsanwalt und nach einer Gerichtsverhandlung, gelungen die Familie, die das alles verursacht hatte, zum Auszug zu bewegen, damit wir die Wohnung austrocknen und renovieren konnten. Natürlich sind wir auf gut der Hälfte der Kosten „sitzen geblieben", denn wo nichts ist, hat der Kaiser sein Recht verloren … Es hat eine Zeitlang gedauert bis wir uns von diesem Schock erholt und neue, anständige Mieter gefunden haben.

Auch hier wurde mir, leider zu spät, klar: man musste sich kümmern – und zwar selbst. Wer das versäumt, braucht sich nicht zu wundern, wenn es nicht so läuft, wie man es gerne hätte.

Auf dem Weg zurück haben wir im *Kloster Maulbronn* Station gemacht. Diese wunderschöne Anlage, zu ihrer Zeit ein Zentrum kirchlichen Lebens und im Übrigen wirtschaftlich fast autark, hat uns denn auch wieder mit unserer Umwelt versöhnt und uns in Erinnerung gerufen, dass es Wichtigeres gibt, als weltlichen Ruhm und irdische Güter.

Ebenfalls im Januar erhielt unsere Truppe neue Fahnen: ein quasi-hoheitlicher Akt, den unser Chef, der Stellvertretende Oberbefehlshaber, *Sir Christopher*, durchführte. Eine würdige Gelegenheit – bei schneidender Kälte – mit unserer Truppe in *Maastricht*, denn da lagen die stärksten NATO-Fernmeldeverbände, zusammen zu treffen. Sie waren alle guten Mutes und die Mannschaft war stolz, dass der stellvertretende Oberbefehlshaber und ihr Oberst mit ihnen sprachen und sie lobten.

Bei einer Dienstreise nach *Brüssel* habe ich kurz darauf einen alten Schulkameraden wieder getroffen: *Hartmut Schöner*, der mit mir – eine Klasse darunter –, in Paris die Schulbank gedrückt hatte, war seit geraumer Zeit dort Repräsentant von MBB[1] bei der NATO; klar, dass ich bei ihm übernachtete. Ein schöner Abend, der wieder einmal zeigte, wie klein die Welt war. Wir hatten oft miteinander Tischtennis gespielt damals, im Garten unseres schönen Hauses in Louveciennes, in den 60er Jahren (des vergangenen Jahrhunderts …)

Wieder zurück in Brunssum, nahm das gesellschaftliche Leben auch für uns wieder seinen gewohnten Lauf: eines Abends waren der tschechische General, „meine" beiden polnischen Oberstleutnante und unser britischer Nachbar (mit seiner südafrikanischen Frau) bei uns zum Abendessen geladen. Bei Musik von Smetana, Dvorak, Chopin und Britten kamen alle auf ihre musikalischen Kosten. Bärbels „Zitronenhähnchen" mit gratinierten Kartoffelscheibchen und viel Knoblauch, danach Ananas-Crème, dazu *Großheubacher Bischofsberg*, taten das Ihre und zum abschließenden „*Guten Abend, gut' Nacht*" auf dem Klavier, sangen alle mit.

Bei einer „*Burns Night*" war auch Sylvia mit von der Partie; der *Haggis* hat sie aber wohl eher nicht überzeugt. Dafür war sie beim anschließenden Skilaufen in Davos wieder oben auf. Ich hatte Mühe, den beiden Mädchen auf der Piste zu folgen.

Der folgende Lehrgang für höhere Stabsoffiziere an der NATO-Schule in Oberammergau war ebenso überflüssig, wie unsere Fahrt nach Norfolk / Virginia, doch auf seine Weise interessant und durchaus unterhaltsam. Es lag viel Schnee und an einem Morgen brauchte ich eine halbe Stunde, bis ich mein Auto ausgegraben hatte. Doch selbst wenn ich den ganzen Tag gebraucht hätte, um das Auto auszugraben, so hätte ich doch nicht viel versäumt. Ich war zum sechsten Mal an der NATO-Schule, und zum dritten Mal auf diesem Lehrgang.

Eine Besprechung in Bonn: Thema ist unsere missliche Personallage, speziell die vielen deutschen unbesetzten Stellen. Geholfen hat die Besprechung nicht.

Eine Kommandeurtagung in Feldafing: irgendwie gehöre ich immer noch in den Kreis der deutschen Fernmeldekommandeure. Es tat gut, die *alma mater* wieder zu sehen. Vater war hier einmal Leiter des Schulstabes gewesen und ich hatte hier immerhin einen Teil meiner Offizierausbildung absolviert. Hier hatte ich mit Judy die Eltern besucht,

---

[1] Messerschmitt-Bölkow-Blohm

nach unserer Reise nach Schottland. Claudia hatte in Feldafing geheiratet. Hier war ich angekommen, als ich überstürzt aus Sizilien abgereist war. Feldafing und die Fernmeldeschule hatten weit mehr als nur militärische Bedeutung für mich.

Nach *Lissabon* bin ich gerne geflogen, denn da war ich noch nie gewesen. Da auch dort ein Damenprogramm vorgesehen war, kam auch Bärbel mit. Das Hotel in Estorial lag direkt am Strand; der Ausflug in die Altstadt mit seiner gelben Straßenbahn, die im Schritt-Tempo durch die engen Straßen fuhr, die gebratenen Sardinen in einer Fischkneipe und die Folklore-Darbietungen am Abend bei *Fado-Musik*[1] und gebratenem Zicklein waren mit Sicherheit die Reise wert; ob die Besprechung dazu beigetragen hat, die Situation unserer „Fernmelderei" zu verbessern, darf wiederum bezweifelt werden.

Andererseits ging es natürlich darum, auch hier Präsenz zu zeigen: wahrscheinlich der Hauptgrund, weshalb unser „Oberster Fernmelder" in Europa, ein türkischer Generalmajor aus SHAPE, der diese Besprechungen leitete, jede dieser Tagungen in einem anderen NATO-Staat stattfinden ließ.

Bald darauf zeichnete sich eine weitere Großübung für uns ab: im Herbst sollte die Übung „ALLIED EFFORT 2001" stattfinden: in Wrocław in Polen; ich sagte „Breslau", denn das konnte ich besser aussprechen. Aus Gründen der politischen „*correctness*" sagte ich natürlich auch hin und wieder „Wrocław", doch auch „meine" beiden Polen sprachen von „*Breslau*", zumindest immer dann, wenn sie mit *mir* sprachen, denn sie wussten, ich war deutscher Schlesier, ganz aus der Nähe von Wrocław.

Was aber lag näher, als eine Erkundung nach dorthin anzusetzen; denn dass *diese* Übung klappen musste, mit Fernmeldeverbindungen und Computernetzen, wie sie die NATO noch nicht gesehen hatte, lag auf der Hand.

Und so fuhr ich mit sieben weiteren Offizieren, dabei *Dariusz Izydorski*, Oberstleutnant und S4 und als solcher für die Logistik unseres Verbandes verantwortlich, kurz nach Ostern über *Potsdam* – mit einem Stopp am Grabe Friedrichs des Großen an dem ich salutierte – und nach einer Übernachtung in *Strausberg* nach *Breslau*.

Dort haben wir im Zentrum unser (brandneues, daher hervorragendes, dafür auch extrem teures) Hotel bezogen, allerdings im Breslauer Offizierheim zu Mittag gegessen. Auch das war ausgezeichnet: für Bratkartoffeln mit Speck und Eiern, dazu saure Gurken und eine Joghurt-ähnliche Sauce sowie ein Bier, habe ich umgerechnet gerade einmal 7.- DM bezahlt. Am nächsten Tag gab es für den gleichen Preis Rouladen mit Kartoffelmus und Rotkraut: genau wie in den 50er Jahren bei Mutter.

Danach haben wir uns die Stadt angesehen: zuerst den wieder hergestellten Dom (selbst die Türme waren mittlerweile repariert) und dann den Marktplatz, der wunderschön restauriert worden war: farbig, mit viel Blattgold und historischen Details. Das Denkmal Kaiser Wilhelms hat man natürlich nicht wieder aufgestellt, dafür einen Pranger, der wohl in vor-wilhelminischer Zeit einmal dort gestanden haben mag. Danach haben

---

[1] Melancholisch-wehmütige, portugiesische „National"-Musik, gesungen und von portugiesischen Gitarren, manchmal auch einer „Viola baixa", begleitet. Handelt oft von Sehnsucht, Schicksal und Liebe.

wir in einem Brauhaus-Keller ein paar Bierchen getrunken und dazu hervorragende Schmalzbrote mit Grieben und Salz gegessen. Auch das war wie damals zu Hause.

Am nächsten Morgen meldete ich mich mit meiner Delegation, in der Offizierschule des polnischen Heeres, einer ehemaligen deutschen Kaserne, die aussah wie alle älteren deutschen Kasernen und soeben mit NATO-Mitteln wieder präsentabel gemacht wurde, beim zuständigen polnischen General: *Riczard Lackner*. Ich sprach Englisch und Dariusz übersetzte. Das entsprach dem Protokoll. Der polnische General indes brauchte keine Übersetzung, denn er hatte Jahre lang in den USA studiert.

Ähnlich bei seinem Stellvertreter, einem Oberst: der allerdings sprach nicht Englisch sondern Deutsch, so dass sich die groteske Situation ergab, dass ich mit Dariusz Englisch sprach (denn der konnte kein Deutsch) und dieser mit dem Oberst Polnisch – und rückwärts. Ich hätte auch gleich Deutsch sprechen können, doch das ging nicht, denn sonst hätte Dariusz nichts verstanden. Der polnische Oberst aber war Schlesier, wie ich.

Doch sie waren alle freundlich und haben uns nach Kräften unterstützt: sogar ein Major wurde uns abgestellt, der uns bei der Erkundung unterstützte und uns das Militär-Museum der Schule zeigte. Um den II. Weltkrieg ging es dabei, natürlich, und darum, wie die Deutschen besiegt worden waren. Auch sei dies alles schon früher polnisch gewesen. Ich war überrascht.

Da uns der Schulkommandeur Fahrzeuge zur Verfügung gestellt hatte, nutzten wir das Wochenende und gingen auf private Erkundung: ich wollte nach *Kunersdorf*, denn dort war ja mein Großvater (Wilhelm Elis) geboren und nach *Oels*, denn dort hatte er seine Militärzeit verbracht. *Oberstleutnant Norbert Geihsler*, dessen Mutter ebenfalls Schlesierin war, hatte ganz in der Nähe in einem Herrenhaus gearbeitet; das wollte er natürlich auch sehen, wenn wir schon da waren.

Es dauerte auch nicht lange, bis Dariusz beim Fremdenverkehrsbüro der Stadt herausgefunden hatte, wie all diese Orte auf Polnisch hießen. Außerdem hatte ich eine alte deutsche Karte dabei; nur zeigte die keine polnischen Namen, doch für eine Orientierung im Gelände hat sie uns gute Dienste geleistet.

Kunersdorf heißt mittlerweile *Brzezia Laka* und ist etwa 15 km ostwärts von Breslau, an einer Nebenstraße in Richtung *Olešnica* (früher: *Oels*) gelegen: ein Straßendorf, von einer breiten Pflasterallee durchzogen. In der Mitte eine Kirche: das einzige sauber restaurierte, hellgelb und weiß gestrichene Gebäude im Ort, daneben ein Tümpel. Das Wasser eine grün-bräunliche Brühe, auf der Ölflecken schwimmen, am Rande Benzinkanister. Ein Storch auf seinem überdimensionalen Nest auf einem Elektromast, an einem Haus direkt daneben. Ein paar Bauern, über einen baufälligen Zaun gelehnt, beim Wodka. Die Häuser kurz vor dem endgültigen Verfall.

Ich war schockiert und verließ die Gruppe, denn ich musste mich abreagieren. Gut einen Kilometer bin ich alleine, in schneller Gangart, ausgeschritten, um das zu verdauen.

Als ich zurück kam, sagte mir *Jim*, mein schottischer Freund: „*You obviously love your country, just like I do. I know how you must feel*".[1]

Auch Dariusz war bekümmert: „*I am ashamed, sir …,*" sagte er, „*… but you must understand, these people came from elsewhere and had no relations with your country*".[2]

Der Rest der Gruppe, ein Amerikaner, ein Belgier, ein weiterer Deutscher, ein Niederländer und ein Türke, schwieg.

Auf dem Friedhof, neben der Kirche, keine Gräber, nur Wiese und eine schwarze Granitplatte mit zweisprachiger Inschrift, immerhin!: „Zur Erinnerung an die bis zum Jahre 1946 dort befindlichen deutschen Gräber." Im Jahre 1998 erst war die Platte von 60 ehemaligen deutschen Bewohnern dort aufgestellt worden; auch der Ortsname „Kunersdorf" war eingraviert. So wusste ich wenigstens, dass ich am richtigen Ort war.

Der Pfarrer öffnet die Kirche und wir schauen uns um: die Kirchenfenster mit deutschen Texten aus der Bibel und an der Orgel stand ein aufgeschlagenes, riesiges Liederbuch mit deutschen Chorälen. Wer soll das aber singen, habe ich mich gefragt, denn laut *Kardinal Glempp* gab es hier doch keine deutsche Minderheit …

Auch in *Oels* das gleiche Bild: das gräfliche Schloss war mittlerweile wohl eine Schule, die Häuser im Ortskern bedurften zumindest der Farbe und auch sonst war es trostlos. Doch immerhin: nach einiger Zeit fanden wir eine Gaststätte, in der man uns freundlich bediente.

Dank Dariusz fanden wir auch Opas alte Kaserne am Rande der Stadt recht bald: aus rotem Backstein, doch verfallen. Dennoch konnte man deutlich erkennen wo die Pferdeställe des Dragonerregiments, das einmal hier lag, gewesen sein mussten und wo das Podest stand, auf dem der Oberst wohl damals die Parade abgenommen hat. Auch Opa Wilhelm ist hier vorbei geritten, noch vor dem Ersten Weltkrieg. Ich habe mich auf das Podest gestellt und Opa salutiert, nur konnte er das nicht mehr sehen. Ich aber sah das Kornfeld, gleich nebenan, in dem er damals seinen Säbel vergessen hatte …

Unweit Oels, in nördlicher Richtung, der Ort *Juliusburg* (heute: *Dobroszyce*); auf dem Wege dahin ein weiteres Straßendorf mit breiter Pflasterstraße und einer alten Lindenallee: große, stattliche Höfe auf beiden Seiten mit mancherlei Schnitzerei und Figuren am Gebälk, doch das Holz zum Teil heraus gebrochen, wohl um es zu verheizen, denn hier wird viel mit Holz geheizt und die Winter sind kalt, sagt Dariusz, bedauernd. Die Leute sind arm und müssen überleben. 60 Jahre Kommunismus haben das Land ruiniert.

Wir kommen an der alten Schmiede vorbei: der riesige, eiserne Amboss ist noch zu sehen, der Blasebalg, der gemauerte Brunnen. Verrostetes Gerät an den Wänden, verfallene Leiterwagen.

Das ist der Ort noch nicht, meint *Norbert Geihsler,* und so entdecken wir das Herrenhaus, in dem seine Mutter gearbeitet hat, in Dobroszyce, direkt neben einer recht gro-

---

[1] „Offensichtlich lieben Sie Ihr Land, so wie auch ich. Ich kann nachempfinden, wie Sie sich fühlen".
[2] „Ich schäme mich. Aber Sie müssen verstehen, dass diese Leute hier von woanders her kamen und keine Beziehungen zu Ihrem Land hatten".

ßen Kirche: ein Backsteinbau; der Kustode öffnet uns bereitwillig und wir sehen uns um. Auch hier allenthalben Zeugen einer anderen Vergangenheit und wir fragen uns zunehmend, warum dieses Land so geschunden werden musste und nicht blühen konnte, so wie andere Landstriche in Europa.

Auch das Herrenhaus ist heute eine Schule und so hat das Ganze wohl doch noch einen Zweck, wenngleich es wohl auch bald verfällt, wenn da nicht geholfen wird.

Da es dunkel wird, fahren wir zurück in Richtung Oels: da fällt uns eine Villa auf, an der gearbeitet wird, hell erleuchtet, mitten in einem riesigen Park, daneben ein Bach mit alten Weiden, ein Esel, Hunde, Hühner, ein Idyll. Wir kommen mit dem freundlichen, gesprächsbereiten Eigentümer ins Gespräch, der uns bereitwillig alles zeigt: ein polnischer Millionär, der dieses alte Herrenhaus nach alten Plänen rekonstruiert. 2,5 Millionen Dollar pro Etage hat er schon investiert und das reicht bei Weitem noch nicht … Doch er freut sich, denn das Haus wird einmal prächtig. Die Straße dahin wird er sicher auch noch renovieren.

Vor der Rückfahrt haben wir noch kurz die Garnisonskirche in Breslau besucht: vom Turm aus – nach 300 Stufen! – hat man einen herrlichen Blick auf die Dächer der Stadt. Vor dem Eingang ist eine Metallplatte in den Boden eingelassen mit der deutschen Inschrift von *Pfarrer Bonhoeffers* bekanntem Gedicht: „*Von guten Mächten wunderbar geborgen…*" Pfarrer Bonhoeffer war 1906 in Breslau geboren und in den Widerstand gegen Hitler verwickelt. Er hat das, gleich vielen Anderen, mit dem Leben bezahlt. Seine Botschaft aber lebt weiter und trägt wohl auch heute noch zur Verständigung zwischen den Völkern bei, ganz offensichtlich auch zu der eher Problematischen mit Polen.

Eine abschließende Fahrt durch die Stadt zeigt uns noch einmal die vier Gesichter, mit denen sich Breslau heute präsentiert:
- die alten, deutschen Gebäude, die – außer dem meisterlich restaurierten Marktplatz – völlig heruntergekommen sind, schwarz und mit abbröckelnden Fassaden
- die Plattenbauten aus der kommunistischen Zeit: eine Bausünde neben der anderen
- moderne, polnische Häuser, die sich an den alten deutschen Gebäuden orientieren; sie sind einfacher, dabei zweckmäßig und oft farbig
- der Marktplatz sowie die Kirchen, die allesamt einen sehr gepflegten Eindruck machen.

Mittags, auf dem Weg in Richtung Deutschland haben wir noch einmal Halt gemacht und mit *Piroggi*[1] und *Bigos*[2] Abschied von Polen und seiner Küche genommen. Bei *Liegnitz* konnte man linker Hand bis zur Schneekoppe sehen. Auch dahin würde ich eines Tages fahren, habe ich mir vorgenommen.

---

[1] Teigtaschen mit verschiedenen Füllungen
[2] Polnisches Nationalgericht: Weißkohl und Sauerkraut mit Rind-, Lamm- und / oder Schweinefleisch, in zerlassenem Schweineschmalz mit Zwiebeln und Apfelwürfeln sowie Speck und Würstchen angebraten

Ich habe noch lange über diesen Besuch nachgedacht. Ich war selten so aufgewühlt, wie nach dieser Reise.

Auch meine alliierten Kameraden hatten neue Eindrücke gewonnen. Diese haben wir noch einmal durch einen kurzen Halt in Berlin und in Dresden vertieft. Auch vom Berliner Dom mit seinen preußischen Königsgräbern, dem Reichstag und dem „Sachsenzug" in Dresden, dem „Grünen Gewölbe", August dem Starken, der Semper-Oper und dem Zwinger hatten sie noch nie gehört.

Da wir einen neuen Oberbefehlshaber bekommen hatten, zum ersten Mal ein britischer Viersterne-General, *Sir Jack Deverell*, wechselte auch sein Stellvertreter und damit mein direkter Chef. Neuer Stellvertretender Oberbefehlshaber war nun *Generalleutnant Hartmut Moede*, zuvor Stellvertretender Generalinspekteur. Es war angenehm, ihn zum Chef zu haben, denn er ließ mich „werkeln" ohne sich einzumischen, zeigte aber durchaus freundliches Interesse für uns Fernmelder, besuchte auch unsere Einrichtungen und unterstützte, wo er nur konnte.

Kurz darauf konnte ich jedoch auf einmal selbst nicht mehr: als ich bei der Ankunft meines Schwagers half, seinen Kofferraum auszuräumen und mir tief im Innern seines Kofferraums zu schaffen machte, schlug mir Dieter – ohne hinzusehen – mit aller Kraft den Kofferraumdeckel auf den Kopf, so dass ich zu Boden ging … Ich habe tagelang gebraucht, um mich von den Folgen der Gehirnerschütterung zu erholen. Dennoch war an einem „Sommertanz" teilzunehmen (soweit ich mich erinnern kann, habe ich allerdings nur sehr langsam und sehr „sanft" getanzt sowie ausschließlich Saft getrunken), jeweils ein Truppenbesuch in Essen und in Krefeld durchzuführen und eine Kommandeurbesprechung in der Pfalz vorzubereiten. Außerdem haben wir bei einer Theateraufführung der Internationalen Schule Sylvia bewundert, die in Molières „*Avare*"[1] die Rolle der Heiratsvermittlerin „*Frosine*" spielte. Eine gelungene Aufführung. Schade, dass es bei insgesamt nur zwei Aufführungen blieb.

Zu der Kommandeur-Besprechung in *Gleiszellen*, in der Nähe von Bad Bergzabern, hatte ich u.a. *Stanisław Kryszinski* aus *Warschau* eingeladen: ein Oberst aus dem polnischen Generalstab, der in Kürze als „ACOS CIS Division"[2] mein Fachvorgesetzter werden sollte; daher machte es Sinn, ihn durch Teilnahme an unserer Besprechung in die aktuelle Problematik einzuführen. Dass wir ihn gleich am ersten Abend zu einem Glas Sekt und einem anschließenden pfälzischen Abendessen in einen der vielen Weinhöfe eingeladen haben, hat er offensichtlich nicht erwartet aber dafür umso mehr genossen; unsere weitere Zusammenarbeit wurde dadurch jedoch von vornherein auf eine freundschaftliche Basis gestellt.

Kurz danach hatte Barbara Geburtstag: das „Püppelein", wie wir früher sagten, war nun 21 Jahre alt, es war kaum zu glauben … Ihre Geburtstagsfeier hat sie in Milten-

---

[1] „Der Geizige"
[2] **A**ssistant **C**hief **of S**taff **C**ommunications and **I**nformation **S**ystems Division: Stellvertretender Chef des Stabes der Abteilung für Fernmelde- und Informationssysteme

berg selbst gestaltet. Wir durften kaum mithelfen, alles zu organisieren, denn nun war sie ja „richtig" erwachsen und wusste selbst wie das ging. Auch bei der „Fete" waren wir nicht eigentlich erwünscht. Nur das Bier durften wir heranschleppen und die Tische und Bänke aufstellen. Bezahlen durften wir das alles allerdings auch.

Kaum zurück in Brunssum, am 11. September, – ich war gerade bei einem Gespräch mit amerikanischen Offizieren in unserem Lagezentrum – wurde ich d r i n g e n d gebeten, in den Fernsehraum im Nebenzimmer zu kommen: dort wurde wiederholt die Szene gezeigt, in der ein Verkehrsflugzeug in einen Turm des *World Trade Center* einschlug; es dauerte ein paar Minuten, bis wir begriffen, was sich da abgespielt hatte und sich wenig später an gleicher Stelle wiederholte.

Natürlich geriet auch unser HQ in helle Aufregung; auch ich rief meine Signal Group zusammen – das Filmtheater konnte die Truppe kaum fassen – um unseren amerikanischen Soldaten zu kondolieren, aber auch um die sofort erlassenen schärferen Sicherheitsmaßnahmen zu erläutern und meine Truppe aufzufordern, nun erst recht unseren Auftrag zu erfüllen und die Nerven nicht zu verlieren.

Wenig später fand eine ergreifende Trauerveranstaltung unseres amerikanischen Anteils statt, an dem die meisten, auch Bärbel und Sylvia, teilnahmen.

Da unklar war, was folgen würde, wurde unseren Amerikanern sofort die Teilnahme an Übungen verboten, denn es hätte ja durchaus sein können, dass ein Krieg kurz bevor stand. *„America under attack!"*[1] hieß es denn auch in den meisten amerikanischen Zeitungen. Das wiederum hätte durchaus Auswirkungen auf unsere Übung gehabt, die ja in Kürze in Polen stattfinden sollte. Gott sei Dank wurde diese Einschränkung kurz danach insofern „aufgeweicht", als wir unsere Amerikaner, die wir zur Vorbereitung der Übung in Marsch setzen mussten, als „Dienstreisende" deklarierten: Dienstreisen aber waren nach wie vor nicht verboten.

Drei Tage später hatte ich das „DCM Battalion"[2] in Maastricht von seinem bisherigen niederländischen Kommandeur, *Oberstleutnant René Antonio*, der pensioniert wurde, an seinen Nachfolger, *Hans Ten Berge*, auch er Niederländer, zu übergeben. Der Verband bestand im Wesentlichen, außer einem allmählich aufwachsenden Stab, nur auf dem Papier; die Einheiten sollten aus den mir ebenfalls unterstellten Verbänden in *Essen, Krefeld* und im dänischen *Haderslev* gebildet werden. Ein Unterfangen, das letzten Endes ohne Erfolg blieb, weil nur drei Jahre später die g e s a m t e „Fernmelderei" der NATO, aufgrund akuten und permanenten Personalmangels zentralisiert und drastisch reduziert werden sollte. Das konnten wir jedoch am 14. September 2001 noch nicht wissen und so ging der neue Kommandeur mit Engagement an die Arbeit.

---

[1] „Amerika angegriffen!"
[2] **D**eployable **CIS** **M**odules: Etwa Verlegbare Module mit Fernmelde- und Informationssystem-Anteilen

Übergabe des „DCM Battalion" am 14. September 2001 von Oberstleutnant René Anthonio (rechts) an Oberstleutnant Hans TenBerge (Mitte)[1]

Schon im Oktober 2001 flog ich mit einigen weiteren Offizieren erneut nach Polen: dieses Mal zu einem „Regional CIS Board"[2], das in Verbindung mit einer Ausstellung militärischer Fernmelde- und Informationssysteme an der Fernmeldeschule des polnischen Heeres in *Zegrze*, unweit *Warschau*, stattfand. Dabei war alles vertreten was in der „NATO-Fernmeldewelt" und in Polens Fernmeldeführung Rang und Namen hatte. Das Interessanteste indes war das „Drumherum": ein Biwak in einem lichten Birkenwäldchen beispielsweise, mit „Zielwasser" (Wodka), das von einer ganzen Schar militärischer „*Kelner*" (das waren Ordonnanzen) auf Silbertabletts serviert wurde, einem Pistolenschießen, das gegen jegliche Regeln militärischer Sicherheit verstieß, aber durchaus Spaß machte; dabei Unmengen von *Bigos*, an langen Weidenruten gegrillten Würstchen, leckereren „*Krakauern*", Bier und erneut Unmengen von Wodka … Gut, dass ich mir den Text des Anfangs der polnischen Nationalhymne eingeprägt hatte:

„*Jescze Polska nie zginęła, Kiedy my zyjemy* …"[3];

das brachte mir die Sympathien einiger polnischer Obersten und Generale ein, die natürlich brennend an Informationen über ihre neuen NATO-Partner, dabei speziell über

---

[1] NORTHERN STAR, Zeitschrift des HQ AFNORTH v. November 2001
[2] Tagung des Regional-Vorstands für Fernmeldewesen und Informationssysteme
[3] „Noch ist Polen nicht verloren, solange wir leben ..."

unsere Fernmeldesysteme und Einsätze, interessiert waren. Dabei kam es ihnen offensichtlich darauf an, herauszufinden, wie Polen sich auch auf diesem Gebiet integrieren konnte. Wir haben ihnen im Folgenden immer wieder ganz praktisch geholfen: so bei der Ausbildung eines Kontingents polnischer Fernmelder, die später im Irak eingesetzt werden sollten.

Die Unmengen von Wodka habe ich indes recht gut vertragen; dazu trug sicherlich auch bei, dass ich prophylaktisch einige Tabletten Aspirin geschluckt und immer wieder reichlich Wasser getrunken hatte.

Anderntags zeigte man uns das wieder aufgebaute Warschau: die Sommerresidenz des Königs, die wohl von der SS übel zugerichtet worden war; den Marktplatz mit seinen historischen, restaurierten Gebäuden, das Grabmal des Unbekannten Soldaten, dabei eine Wachablösung. Preußischer Stechschritt. Zackig. Beeindruckend. Schaurig schön. Dennoch: überholt.

Und wieder gab es Kostproben polnischer Küche, in einem historischen, gemütlichen Restaurant am Marktplatz: „*Piroggi*" natürlich, knusprige Gans, köstliche Kartoffelpuffer … Die polnische Küche ähnelt unserer doch sehr, stellte ich zum wiederholten Mal fest. Es gab in der Vergangenheit ja auch beileibe genügend gemeinsame Berührungspunkte, so dass man das gut nachvollziehen konnte.

Am Abend erneut ein Freudenfeuer für gut 300 Teilnehmer inmitten der noch vom Zaren gebauten Befestigungsanlage rund um die Stadt: wieder Wodka zur Begrüßung, einige Hektoliter Bier, köstliche Grieben-Schmalzbrote (auch das Wort „*smalz*" habe ich dabei gelernt …), geröstetes Schwein, Unmengen von „*Bigos*", würzige Würste … und dieses Mal auch Tanz, denn es waren eine ganze Reihe Damen dabei.

Und unentwegt kamen Generale und Stabsoffiziere, die uns immer wieder versicherten, wie freundlich wir seien und dass sie ihr Bestes geben würden, mit uns zusammen zu arbeiten. Man müsse zwar die Vergangenheit nicht vergessen, aber die Zukunft liege vor uns.

Das alles war beeindruckend. Auch die Sicherheitsvorkehrungen am nächsten Tag auf dem Flughafen. Dennoch war alles reibungslos organisiert und wir sind in Brüssel auf die Minute pünktlich gelandet.

Drei Tage später musste ich nach *Ulm* ins Bundeswehrkrankenhaus fahren, um dort das weitere Vorgehen zu besprechen, denn ich hatte mir beim Ablegen des Sportabzeichens Ende August den Meniskus eingerissen und konnte damit nicht unbegrenzt weiter vor mich hin humpeln. Eine Operation allerdings würde bedeuten, dass ich für einige Zeit ausfallen würde. Das aber konnte ich mir erst nach der Übung in Breslau, also frühestens Anfang Dezember, leisten.

So waren wir Anfang November schon wieder in *Breslau*, denn die Übung, für die wir vor einigen Monaten zur Erkundung hier waren, stand kurz vor der Tür. Fernmeldeverbindungen und Computernetze für etwa 2.500 Übungsteilnehmer und einen Leitungsstab einzurichten aber war ein Unterfangen, das uns – allein in der Durchführungsphase – einige Wochen lang beschäftigte. Als ich mit Metin Özer und Dariusz Izydorski eintraf, hatten unsere fleißigen Fernmeldesoldaten denn auch schon gut 60 km Kupfer- und 10 km Glasfaserkabel verlegt, gut 1.000 Telefone angeschlossen, etwa 1.100 Computer in mehreren lokalen Netzwerken konfiguriert und mit dem NATO-WAN verbunden sowie dies alles per Satellitenfernmeldeverbindungen mit dem festen NATO-Fernmeldesystem und dem Netzwerk der polnischen TELECOM verkettet. Das war ein gewaltiger Aufwand: insgesamt aber ist es gelungen, den Personaleinsatz mit etwa 200 Soldaten (aus 10 Nationen) erstaunlich überschaubar zu halten und während der eigentlichen Übung noch weiter zu reduzieren.

Dank meiner vorzüglichen vier deutschen Hauptleute in Jim Dryburghs Maastrichter „ACCAP-Bataillon"[1] und eines äußerst engagierten US-Majors, verstärkt durch Briten aus Krefeld und Deutsche aus meinem alten (Heimat-)Fernmeldebataillon 990 in Essen sowie durch den engagierten Einsatz aller beteiligten Ingenieure, klappte denn auch alles in solch hervorragender Weise, dass sich unser Stellvertretender Oberbefehlshaber, der die Übung leitete, wiederholt anerkennend über „seine" Fernmelder äußerte. Auch der Kommentar des Befehlshabers des *„Land Component Command"*[2], Generalleutnant Gliemeroth aus Heidelberg, hat uns gut getan: Er hatte, wie er sagte, stets *„… communications that were almost unrealistically ideal …"*[3]

In den Tagen vor dem eigentlichen Übungsbeginn hatten wir allerdings ein wenig Zeit für uns selbst und so sind wir denn mehrfach abends in Breslau gewesen und haben dort vor historischer Kulisse stets sehr gut gegessen.

Dariusz ließ es sich zudem nicht nehmen, an einem Nachmittag mit mir ins Riesengebirge zu fahren, um mir dort *Karpacz* (früher: *Krummhübel*) zu zeigen, das früher einmal ein Kleinod gewesen sein musste. Wir haben uns dort vor allem die sehr schön erhaltene norwegische Stabkirche *Wang*[4] unterhalb der Schneekoppe angeschaut; sie wird offensichtlich gut gepflegt und erhalten. Auch der umliegende Friedhof machte einen sehr gepflegten Eindruck, ebenso wie die zweisprachig gehaltene Gedenkstelle mit der Erinnerungstafel von König Friedrich Wilhelm IV. von Preußen für die schlesische Gräfin *Frederike von Reden*, die den König dazu überredet hatte, die Stabkirche hier aufzustellen.

Dariusz war denn auch froh, als ich mich anerkennend über den Zustand der Kirche, des Friedhofs und der Gedenkstätte äußerte, denn auf dem Wege dahin wurde man schon traurig, dermaßen verrottet war alles. Teilweise standen in den Dörfern noch Ruinen und alles machte einen äußerst verwahrlosten Eindruck. Außer einigen renovierten

---

[1] **ACE CIS C**ontingency **A**sset **P**ool Battalion. Etwa: Zentrales (NATO-)Bataillon des Alliierten Kommandobereichs Europa für Fernmelde- und EDV-Einsätze
[2] Etwa: Teilbereich „Heer" (des Hauptquartiers des Gemeinsamen Einsatzkommandos)
[3] „Fernmeldeverbindungen, die fast unrealistisch ideal …" waren (d.h. ununterbrochen zur Verfügung standen)
[4] Denkmal der Wikinger-Kultur, ursprünglich aus der Gemeinde Vang in Norwegen. Durch den preußischen König Friedrich Wilhelm IV. für 427 Reichsmark von Norwegen gekauft; entgegen seiner ursprünglichen Absicht nicht in Berlin sondern auf einem Baugrundstück „Am Schwarzen Berg", das Graf Christian Leopold von Schaffgotsch zur Verfügung stellte, wieder aufgebaut. Am 28.7.1844 eingeweiht und neu eröffnet.

Kirchen habe ich damals kein einziges schönes Haus oder gar ein ansprechendes, gepflegtes Dorf gesehen.

Die Rückreise durch die pechschwarze Nacht war bei Dariusz' Fahrstil allerdings ein mittleres Risiko, zumal auf Schlesiens Straßen kein Licht schien, kein Katzenauge aufleuchtete und kaum Markierungen zu sehen waren.

Auch den 11. November[1], der selbst während der Übung als „Kulturtag" dienstfrei war und für kulturelle Betätigungen aller Art zur Verfügung stand, haben wir für weitere Erkundungen genutzt und „*Vielguth*" gesucht (und gefunden): etwa 15 km südlich von *Oels* an der *Weide*, verkehrstechnisch kaum angebunden und nur auf einer Straße erreichbar. Ein lang gezogenes Straßendorf, verwahrlost und ohne irgendwelche hervorstechenden Merkmale, wenn da nicht die hellgelb angestrichene, im alten *Maria-Theresia-Stil* gebaute Dorfkirche gewesen wäre. Der alte Friedhof war offensichtlich geebnet, aber an einer steinernen Grotte, in der eine Mutter Gottes steht, konnte ich an einem Stück einer steinernen Grab-Säule, die wohl durch irgendeinen Zufall die Stürme der Zeit überstanden hatte, die Inschrift „Generalpächter… in *Vielguth*", dabei eine Jahreszahl: 177…, entziffern. So wusste ich wenigstens, dass hier tatsächlich *Vielguth* war, der Ort, an dem meine Ur-und Ur-Urgroßväter mütterlicherseits (*Carl August Elis, geb. 1863* mit seiner Frau *Johanne Auguste* und *Johann Wilhelm Elis, geb. 1837* mit seiner Ehefrau *Rosina Louise*) geboren worden waren und ihr Leben verbracht hatten. Wahrscheinlich sind ihre sterblichen Überreste auf diesem geebneten Friedhof begraben. Aus dem Wald direkt am Straßenrand in Vielguth habe ich mir zwei rötliche Steine mitgebracht. Sie liegen in unserem Garten in Miltenberg.

Auf dem Wege zurück haben wir noch einmal in Kunersdorf Halt gemacht. Das gleiche Bild wie schon ein halbes Jahr zuvor: ein völlig verwahrlostes, ehedem sicherlich schmuckes Straßendorf mit Lindenallee und Kopfsteinpflaster; lediglich die Kirche strahlte in hellem Gelb, der Rest war halb verfallen, der Dorftümpel eine stinkende Kloake. Keinerlei sichtbare Aktivitäten. Jetzt war ich innerhalb eines halben Jahres schon zwei Mal an diesem Ort; zuvor hatte ich, gut 50 Jahre lang, lediglich gesprächsweise davon gehört.

Ein Zwischenstopp in unserer „*Tadeusz Kosciuszko*"[2]-Militärakademie ergab, dass dort alles zum Besten lief. Solchermaßen beruhigt fuhren wir dann über *Ohlau, Brieg* und *Oppeln* nach *Cosel* weiter, weil ich unbedingt noch einmal das ehemalige Landgestüt auf der Oderinsel sehen wollte, in dem ich schon 1991 mit Vater war; da es mittlerweile – wiewohl erst etwa 16.30 Uhr – schon völlig dunkel war (die 1.000 km in Richtung Osten wirkten sich auch insofern aus), haben wir es erst in einem zweiten Anlauf entdeckt. Ein Bewohner erklärte uns, dass dort nur noch 20 Pferde stehen und dass auch der Klapper-

---

[1] Am 11. November 1919 ist Polen, nach der sog. „Dritten polnischen Teilung", nach dem Ende des Ersten Weltkriegs, wieder erstanden. Der 11. November ist daher heute nationaler Gedenktag.
[2] Polnischer Held aus den amerikanischen Befreiungskriegen (1775 – 1783). Führer eines nationalen Aufstandes gegen Russland.

teich, von dem Mutter immer erzählt hatte, mittlerweile eingeebnet sei; 1991 noch hatten wir ihn gesehen. Wir ließen es uns allerdings nicht nehmen, durch eine Allee direkt am rechten Oderarm dorthin zu pilgern; andauerndes Hundegekläff hat uns allerdings vertrieben. Wir sind dann am Haus der Großeltern vorbei wieder zum Reitplatz gelangt, an dem wir unser Auto stehen hatten.

Nach einem Telefonat per Handy mit Tante Martel, der ältesten Schwester meiner Mutter, ist es mir dann sogar gelungen, das nahe liegende Krankenhaus zu finden. Irgendwie hat mich das fasziniert, denn dort war ich am 5. 9. 1944 geboren worden.

Zu guter Letzt haben wir noch in Cosel am Marktplatz in einem Restaurant Rouladen mit Rotkohl gegessen. Ob dies das ehemalige *Café Gemming* war, von dem Mutter immer erzählte, konnte ich nicht feststellen. Ich habe es mir aber fest eingebildet.

Danach sind wir über die auf diesem Teilstück zumindest stellenweise einspurig fertig gestellte Autobahn durch eine der finstersten Nächte, die ich je erlebt habe, zurück nach Breslau gefahren.

Erneut ein denkwürdiger Tag, an dem wir Schlesien aus einer anderen als der Breslauer Marktplatzperspektive gesehen haben. Polen würde wohl doch noch einige Zeit brauchen, bis es den Anschluss an die westliche Welt finden würde …

Der Rest der Übung verlief reibungslos, nur von einigen Abendeinladungen unterbrochen: so fand ein Abendessen statt, zu dem unser polnischer General alle Generale des HQ und einige Obersten eingeladen hatte. Dabei gab es ein ganzes gebratenes Spanferkel und erneut jede Menge Wodka … Am Tag danach hatte General *Cieslewski* Namenstag und lud daher seine Fernmelder zu einem Biwak in einen nahe gelegenen Wald ein: wieder nahmen die Gaumenfreuden kein Ende. Wir Deutschen haben uns auf unsere Weise revanchiert und ihm ein Ständchen gebracht: „Kein schöner Land in dieser Zeit, als hier das unsre weit und breit …" Er hat es genossen und sich herzlich bedankt. Wir aber haben uns gefreut, dass wir dieses schöne Lied in Schlesien singen konnten.

Mittlerweile ist das Lied allerdings aus dem Gesangsrepertoire der Bundeswehr gestrichen, wohl um vermeintliche Provokationen wie diese zu vermeiden.

Da ich irgendwann ziemlich unerträgliche Zahnschmerzen bekam, musste ich in unserer Kaserne zum Zahnarzt. *Beata Toczewska*, eine Oberleutnantin, war die schönste Zahnärztin, die ich je gesehen habe, zudem äußerst geschickt. Mit den denkbar dürftigsten Hilfsmitteln, ohne Helferin und unter mäßigen hygienischen Verhältnissen gelang es ihr immerhin, meine Goldkrone (unbeschädigt!) von einem Backenzahn zu entfernen, so dass sie später wieder verwendet werden konnte. Zum Röntgen musste sie mich allerdings in ein altmodisches Krankenhaus am anderen Ende der Stadt schicken, denn ein Röntgengerät gab es hier nicht. Doch auch das Röntgengerät im Krankenhaus war defekt, so dass ich vom dortigen Chefarzt in dessen Privatpraxis geschickt wurde.

Ich sprach mit der Dame Französisch, das sie halbwegs beherrschte; im Übrigen half Dariusz, der ständig dabei war und vom Englischen ins Polnische übersetzte. Das ging recht gut, auch am Abend, als wir Beata zum Dank für ihre Hilfe zum Essen eingeladen haben. Dariusz brachte ihr außerdem eine Rose mit, ich meine Mars-Riegel, Orangen und Bananen aus der Truppenverpflegung. Beides hat sie offenbar gefreut. Unser (deutscher) Zahnarzt in Brunssum hat ihr später hervorragendes handwerkliches Können bescheinigt.

Wieder zurück in Brunssum musste nun Dariusz die Signal Group führen, denn jetzt konnte ich meine Meniskus-Operation nicht länger hinausschieben. Irgendwie hat er sich über die Runden gerettet.

Am 1. Januar 2002 bekamen wir eine neue Währung. Die Umstellung lief erstaunlich glatt und völlig reibungslos. Begeistert waren wir nicht, schon wegen der Aufgabe der D-Mark, aber Vorteile hatte die neue Währung auch, denn bei den vielen Dienstreisen war es immer lästig gewesen, sich mit allerlei Devisen auszustatten. Das würde nun künftig weitgehend entfallen.

Noch half der Euro allerdings nicht bei Dienstreisen nach Dänemark, Polen, Großbritannien, auf den Balkan, in die USA und die Türkei, aber auch dahin musste ich in den verbleibenden zwei Jahren weiterhin, zum Teil wiederholt, reisen. Dabei habe ich allerdings bald festgestellt, dass der Euro in den meisten dieser Länder gern akzeptiert wurde; lediglich in den USA musste man überall in der Landeswährung bezahlen.

Schon Mitte Januar brach ich erneut auf, wie immer mit meinem britischen Freund Jim: wir wollten ins Kosovo und nach Mazedonien, um dort unsere Truppe zu inspizieren.

Das ließ sich auch gut an, denn seit Neuestem startete eine deutsche *Transall* regelmäßig auf dem NATO-Flughafen in Geilenkirchen, nur wenige Kilometer von Brunssum entfernt. In Split allerdings ging es nicht weiter, denn das Wetter ließ eine Landung weder in Sarajewo noch in Pristina zu. Der Pilot der griechischen *Herkules*-Maschine indes musste am selben Tag noch nach *Thessaloniki*: kurz entschlossen flogen wir mit, denn die Alternative, so lange in Split zu warten, bis sich das Wetter irgendwann bessern würde, erschien uns wenig verlockend.

Da erwies es sich als vorteilhaft, dass ich an Bord der Maschine einen deutschen Hauptgefreiten „entdeckt" hatte, der fließend Griechisch sprach: seine Mutter war Griechin. Das traf sich gut, zumal der junge Mann ebenfalls ins Kosovo unterwegs war. Also „vereinnahmte" ich den Hauptgefreiten, ebenso wie zwei weitere Feldwebel, die dasselbe Schicksal mit uns teilten und so flogen wir gemeinsam nach Thessaloniki. Dort wurden wir durch die griechische Flugplatzkommandantur nach einigem Hin und Her in die Stadt transportiert und in einem Hotel untergebracht; am nächsten Morgen würden wir allesamt per Bus über Skopje nach Pristina gefahren.

Abends sind wir mit Hilfe unseres Halbgriechen in einer Taverne gelandet, in die ansonsten sicherlich niemand gegangen wäre: einige Tische und Stühle in einer Garagen-ähnlichen Behausung inmitten von Hinterhöfen, Unrat und aufgerissenen Straßen, allerdings ganz in der Nähe unseres Hotels.

Die Betreiberin dieses Schuppens war eine sehr freundliche Mama, die fließend Deutsch sprach und von Stuttgart schwärmte; ähnliches hatten wir kurz zuvor, auf der Suche nach diesem Lokal, erlebt, als wir einen älteren Herrn trafen, der ebenfalls fehlerfrei Deutsch sprach, ebenfalls ganz begeistert über seine Zeit in Stuttgart erzählte und uns sagte, dass er auch zu Fuß nach Deutschland ginge, wenn er nur könnte. Meinen auf Altgriechisch vorgetragenen Beginn der Odyssee verstand er allerdings nicht, denn er hatte nicht Altgriechisch gelernt; er hatte jedoch *Goethe* gelesen und war durchaus gebildet, denn er erläuterte uns ungefragt die Herkunft des Flussnamens „*Rhein*": von „*rhei*" („fließen"), wie er uns stolz und wissend sagte.

Das Essen war vielfältig und reichhaltig, dabei ausgesprochen preisgünstig. Kleine, gesottene Fische, die man mit Gräten und Schwanz vertilgte, in Olivenöl gebackene Kartoffeln, „*Calamares*", „*Saziki*", schwarze Oliven, Fleischspießchen, knackige Tomaten- und Krautsalate, sowie dazu den weißen, harzigen „*Retsina*" aus einem riesigen Fass: so viel wir nur wollten. Danach mussten wir „*Ouzo*"[1] (als Zugabe des Hauses) trinken. Das ganze kostete 10.- Euro pro Person, einschließlich Trinkgeld.

Zwischendurch gab ein anderer Besucher des Hauses eine Runde aus und wir revanchierten uns mit einem im Chor gesungenen Volkslied; später tauschten wir Euro-Münzen aus und trugen so deutlich zu einer ersten Vermischung der neuen Währung bei. Der Absacker in der Hotel-Bar bei Klaviermusik und griechischem Gesang war eher überflüssig und hat das Aufstehen am nächsten Morgen nicht unbedingt erleichtert.

Nachdem wir an der mazedonischen Grenze angelangt waren, hatten wir dort eine längere Pause, denn der Militärbus aus Thessaloniki durfte die Grenze nicht überqueren. Ein freundlicher griechischer Major forderte jedoch einen Militärbus aus *Pristina* an; das allerdings dauerte seine Zeit. Der Major versorgte uns daher mit Blätterteig-Gebäck, und nach vier Stunden ging die Reise weiter. Der Bus war klapprig und ungeheizt; das war zunächst nicht weiter schlimm, wurde allerdings problematisch, als wir in höhere Regionen kamen, so dass die Scheiben beschlugen.

Bei einem Zwischenstopp an der Grenze zwischen Mazedonien und dem Kosovo stellte mir später der SFOR-Grenz-Kommandant (ebenfalls ein Grieche) sogar seine Toilette mit Toilettenpapier zur Verfügung: angesichts der tagsüber angetroffenen hygienischen Verhältnisse entsprechender Etablissements purer Luxus. Dass wir gegen Abend unversehrt in Pristina ankamen, war indes das reinste Wunder, denn gut zehn Kilometer zuvor war dichter Nebel aufgezogen, so dass der Busfahrer halb stehend zur geöffneten Tür hinausschauen musste, um überhaupt die Straße zu sehen.

Im HQ dann ein sehr positiver Eindruck unserer Truppe, die unsere dortige mobile Satelliten-Bodenstation bemannte; ein echter Fortschritt gegenüber unserem letzten Besuch. Sämtliche Mängel waren abgestellt, sogar ein eigener Sicherheitsbereich war eingerichtet worden und alle Aggregate standen mittlerweile auf einer eigens zementierten Bodenplatte. Vor einem Jahr noch hatten sie bis zu den Achsen im Schlamm gesteckt.

Am nächsten Tag fuhren wir per Kfz über *Skopje* zur „*Task Force Fox*", um eine weitere Satelliten-Bodenstation zu besuchen: erneut ein interessanter Besuch, allerdings mit weniger guten Ergebnissen, denn die Verbindung funktionierte seit Monaten wegen

---

[1] Griechischer Anis-Schnaps

ausgefallener Geräte nicht mehr. Das war jedoch noch niemandem aufgefallen, so redundant war das System. Außerdem stellten wir fest, dass das Kompetenz-Wirrwarr geradezu unbeschreiblich war: erst Rücksprachen mit den zuständigen deutschen und italienischen Offizieren vor Ort konnte hier Abhilfe schaffen.

Das Mittagessen im Küchenzelt, in einer Bauruine, war hervorragend: es gab Kasseler mit Sauerkraut, Brezeln und allen möglichen Beilagen. Unsere international zusammen gewürfelte *Crew* beschwerte sich allerdings über das viele Sauerkraut der Deutschen, die das mittlerweile alles betreiben; die Amerikaner hätten lieber *Hamburger* gehabt und die Belgier vermissten ihre Fritten. Der Holländer freute sich, als ich ihm meinen Mars-Riegel gab, denn Holländer mögen eher Süßes.

Auch „meinen" *Oberstabsgefreiten Wegertseder* aus Sachsen traf ich dort: ein freundlicher, kompetenter junger Mann, der allerdings nicht ahnte, welchen Schriftverkehr wir mit dem Verteidigungsministerium (!) hatten entfachen müssen, um noch vor Monatsfrist sicherzustellen, dass wir diesen e i n z i g e n deutschen Soldaten unserer Fernmelde-Mannschaft nach Skopje entsenden durften …

Am Tag darauf erneut ein Ritt nach *Pristina*: nach stundenlangem Warten ließen uns die französischen Betreiber des Militärflughafens dann endlich einchecken und wir konnten mit einer ukrainischen *Antonov* nach *Sarajewo* fliegen.

Dort war ich überrascht, im Chef des Stabes den mir sehr gut bekannten *Brigadegeneral Herbert Schulz* zu entdecken; er war gemeinsam mit mir im selben Kommando Bataillonskommandeur gewesen und bis vor kurzem noch als Stellvertretender Direktor der Fernmelde-Führungsagentur NACOSA[1] in SHAPE tätig. Natürlich hat er mir seine Unterstützung zugesagt und uns noch am gleichen Abend zu einem Briefing des Chefs des Stabes von SHAPE eingeladen. Das aber war *General Stöckmann*: in dessen Haus hatten wir in Heidelberg gewohnt.

Wegen meines lädierten Knies habe ich mich allerdings noch einmal kurz im deutschen Sanitätsbereich vorgestellt, denn ich war wohl zu viel zu Fuß unterwegs gewesen. Der Arzt entpuppte sich als griechischer Vertragsarzt, denn deutsche Sanitätsoffiziere waren mittlerweile rar geworden – ähnlich rar wie Fernmelder. Mit Paste, Bandagen und Pillen ausgestattet habe ich dann den Rest der Reise leidlich überstanden.

Da sich unser Rückflug erneut durch starkes Schneetreiben auf unbestimmte Zeit verzögern würde, aktivierten wir wieder unseren „Plan B" und fuhren per Auto über Mostar und Makarska nach Split, um von dort, nach einer Übernachtung in einem wohl ehemals sozialistischen Massen-Hotel, am nächsten Tag mit unserer bewährten *Transall* zügig nach Geilenkirchen zurückzufliegen.

In Mostar war uns allerdings aufgefallen, dass es mit dem Wiederaufbau noch nicht sonderlich weit gediehen war: lediglich einige neue Minarette reckten sich wieder weiß und unmissverständlich in Mohammeds Himmel. Doch dazwischen ein riesiger

---

[1] **NA**TO **Co**mmunications **S**ystems **A**gency. Etwa: Fernmelde-Führungs-Agentur.

Kirchturm. Auch auf dem alles überragenden Berg ein deutlich überdimensioniertes Kreuz. Die gegenseitigen Provokationen gingen also offensichtlich unvermindert weiter.

Ich habe dann den ganzen nächsten Tag mit einer Bestandsaufnahme im Dienst verbracht und am Abend schon wieder mit Bärbel an einem sehr stilvollen Abendessen „meiner" 280. britischen *Signal Squadron* in Krefeld teilgenommen. Dabei war es mir ein echtes Bedürfnis, dieser sehr leistungsfähigen Einheit eine Urkunde für hervorragende Leistungen und ihren Dauereinsatz auf dem Balkan überreichen zu können.

Die meisten ehemaligen, z.T. über 70-jährigen, Kommandeure und Chefs waren angereist, um den Abschied der 280er von ihrer derzeitigen Kaserne zu begehen. Bei dieser Gelegenheit hat mich der ebenfalls anwesende britische Fernmelde-General zu einer Tagung der britischen Fernmelder nach *Blandford (Dorset)* eingeladen. Gut ein Jahr später bin ich dieser Einladung dann auch gefolgt.

Keinen Monat später waren wir schon wieder unterwegs: erneut ging es nach Polen, dieses Mal nach *Slupsk* (früher: *Stolp*), später nach *Sczeczin* (früher: *Stettin*), denn dort fand schon wieder eine NATO-Übung statt. Alle polnischen Offiziere, mit denen wir es dabei zu tun hatten, wären am liebsten sofort mit uns nach Holland gefahren, um dort bei der NATO zu arbeiten. Sie waren denn auch ausnehmend freundlich und haben uns in jeder Beziehung vorbildlich unterstützt.

Bei einem Abendessen in Stolp machte ich dabei zum ersten Mal Bekanntschaft mit „*Zurek*", einer traditionellen, polnischen süß-sauren Suppe. Auch „*Piroggi*" haben wir wieder gegessen, wie immer wenn wir in Polen waren. Dieses Mal gab es sie mit „*Kapuszta*" (Weisskohl), aber auch mit diversen anderen Füllungen sind sie eine leckere Wohltat.

Auf der Reise quer durch Pommern fiel mir das Wiegenlied „Schlaf, Kindlein, schlaf …" ein, in dem es u.a. heißt: „… der Vater ist in Pommerland, Pommerland ist abgebrannt …" Mittlerweile war da nichts mehr abgebrannt, aber die Kriege dort, und vor allem der II. Weltkrieg, zeigen ihre Spuren noch immer deutlich: über weite Strecken ist dort wirklich nur „Landschaft", kein Dorf, kein Haus, nur Felder und kleinere Waldstücke. Wenn dann wirklich mal ein Dorf kam, war es heruntergekommen und die landwirtschaftlichen Geräte rosteten vor sich hin. Die Arbeitslosigkeit soll dort bei 60% liegen, hieß es.

In Stettin habe ich mir einen „Pegasus" aus Alabaster gekauft: ein wunderschönes, etwa 60 cm hohes, edles geflügeltes Pferd, im Augenblick, in dem es sich in die Lüfte erhebt. Schon als kleiner Junge hatte mich ein Pegasus beflügelt, denn am „*Haus Pegasus*" in unserer Nachbarschaft, gegenüber der großen Wiese, stand ein Pegasus auf einem Sims an einer Hauswand.

Nun hatte ich endlich auch einen Pegasus, und war zufrieden. Bärbel war weniger begeistert. Immerhin durfte ich ihn neben unseren Kamin stellen. Wann immer ich ihn sehe, denke ich an Stettin – und an Jim, der mich beim Kauf dieses „Tiers" unterstützt hat. Dafür habe ich ihm beim Kauf eines Satzes Kristallgläser geholfen, d.h. seiner Frau telefonisch von den Vorzügen dieser einmaligen Gläser vorgeschwärmt. Mittlerweile stehen sie in Neuseeland, denn *Jim* wurde nach ein paar Jahren nach dorthin versetzt.

So nahm denn meine Reisetätigkeit auch in den letzten zweieinhalb Jahren meines Berufslebens eher zu als ab; allerdings kam es mir immer mehr darauf an, Bärbel mitzunehmen, wo immer das möglich war. Das ging natürlich mitunter nicht, speziell immer dann, wenn ich meine Truppe inspizierte oder in potentiell „gefährliche" Gegenden flog. Manchmal war es auch einfach nicht interessant genug, so dass sich der Aufwand nicht lohnte. Gelegentlich waren auch die Begleitumstände eher dürftig.

So war ich auch nach einer „Stippvisite" in *La Spezia*, anlässlich einer zweitägigen Konferenz, im Nachhinein froh, dass ich dahin lediglich von einem meiner amerikanischen Oberstleutnante, *Andy Seward*, einem sympathischen, jugendlich wirkenden „Aktivisten" begleitet wurde: als wir in *Pisa* ankamen, waren unsere Koffer nicht aufzufinden und es dauerte zwei Tage, bis sie wieder auftauchten. Schon zuvor hatten wir durchaus den Atem angehalten: beim Anflug auf *Milan* zog der Pilot kurz vor der Landung das Flugzeug wieder steil nach oben. Der Kommentar des Piloten war denn auch bemerkenswert genug: auf der Landebahn habe noch ein Flugzeug gestanden.

Und auch das Essen am malerischen „*Golfo dei poeti*" war eher dürftig, so ungewöhnlich das auch für italienische Restaurants war.

Die Empfehlungen zu Ende meines Vortrags über die verbesserungswürdige Logistik unserer Satelliten-Bodenstationen wurden allerdings kommentarlos akzeptiert, auch ohne dass sich mein polnischer General dazu äußerte. Kein Wunder auch, denn er sprach während der gesamten Konferenz kein Wort und auch sein Nachfolger hielt sich bedeckt.

So hatte ich dennoch mein Erfolgserlebnis; den Beinahe-Zusammenstoß unseres Flugzeuges, unser zweitägiges Leben ohne Koffer und das dürftige Abendessen nahm ich dafür gerne in Kauf. Bärbel aber hätte sich sicherlich gelangweilt; vielleicht hätte sie mir auch den Marsch geblasen.

Ein „Ausflug" nach *Hannover* aber war durchaus nach ihrem Geschmack: Anfang April fand die Kommandeurtagung der Bundeswehr im dortigen Kongress-Zentrum statt und ich war eingeladen. Dabei gab es auch ein Damenprogramm, einschließlich eines gemeinsamen Kirchgangs in der stilvollen Marktkirche *St. Georgij et Jacobi* mit einem würdigen Gottesdienst zu Beginn. Auch der Gang hinter die Kulissen der Oper in Hannover, das sie noch nicht kannte, hat ihr gut gefallen. Alles war ordentlich, sauber und gediegen, wie Bärbel.

Auch Sylvia hatte mittlerweile – zeitweise zumindest – ihre pubertäre Trotzphase weitgehend überwunden und spielte in der Theateraufführung von Ephraim Kishons Satire „*Um Gottes Willen – Der Vaterschaftsprozess des Zimmermanns Josef*" mit; kurz darauf, im Mai 2002 bestand sie ihr Abitur. Am letzten Prüfungstag gönnte sie sich einen Ausflug nach London. Sie musste unbedingt „*shoppen*", wie sie sagte … Organisiert hat sie die Reise selbst, das konnte sie damals schon gut.

Auch die anschließende Abitur-Feier im Golf-Hotel hat sie für die Klasse organisiert; wir waren zum Abschlussball eingeladen. Sehr elegant und edel sah sie aus mit ihrem neuen, langen blauen Kleid … Wir waren froh und stolz auf unsere jüngste Tochter.

Natürlich ging auch sie kurz danach zur nächstgelegenen deutschen Fahrschule, gleich über der Grenze. Die Finanzierung des Führerscheins nach dem Abitur hatten wir ihr versprochen.

Anfang Oktober begann sie, mit hohem Engagement in einem Modegeschäft zu arbeiten; zugleich hat sie sich allerdings auf unser Geheiß an der Universität von Frankfurt am Main eingeschrieben. Sie wollte – eventuell – auch Archäologie studieren. Nach einigem Hin und Her hat sie sich dann aber doch für ein Studium der Kunstgeschichte entschlossen und dies auch zügig durchgezogen. Selbst ihr Latinum hat sie in einem erstaunlichen Kraftakt in kürzester Zeit nachgeholt.

Dass sie neben ihrem Studium in einer Frankfurter Kunstgalerie bei *Barbara von Stechow* arbeiten konnte, hat ihr sicher geholfen. Offensichtlich hatte sie zudem eine Affinität zu *London*, denn da hat sie ein Praktikum absolviert. Auch das hat sie selbst organisiert.

Nach einem arbeitsintensiven, aber erholsamen Sommerurlaub in Miltenberg, wo uns auch wieder Stan besuchte, ging es schon wieder auf Reisen: im September 2002 fand in *Kusadasi*, in der Nähe von *Izmir*, eine Konferenz statt. Da auch ein Damenprogramm vorgesehen war, flog Bärbel wieder mit. Da ich selbst nur an e i n e m Tag an der Konferenz teilnehmen musste, hatte ich mir ein paar Tage Urlaub genommen und nahm nun mit Bärbel am Damenprogramm teil; dabei haben wir uns u.a. den Bazar in Izmir angesehen und einen Ausflug nach *Pamukale* unternommen: schon das war die Reise wert.

Im Übrigen wohnten wir in einem wunderschönen, makellos sauberen Hotel direkt am Meer mit Blick auf Bucht und Hafen. Es war traumhaft, die erleuchteten Dreimaster in der Dunkelheit einfahren und ablegen zu sehen.

Traumhaft war auch der Service beim Abendessen im hoteleigenen Garten: die Ober mit weißen Handschuhen, aufmerksam, höflich, freundlich; das Essen, vorwiegend Meeresfrüchte, ein Gedicht. Dazu eine wohl proportionierte Dame, die einen Bauchtanz aufführte.

Da wir reichlich Generalität mit ihren Damen „an Bord" hatten, wurden wir zudem lückenlos bewacht. Selbst während des Damenprogramms folgten dezent Polizisten zu unserem Schutz, sogar bei den Ausflügen ins Umland waren sie unauffällig dabei.

Auch auf dem Land und in der Stadt fiel uns auf, wie freundlich, hilfsbereit und sprachkundig die Türken überall waren. Die Infrastruktur in den Dörfern war freilich dürftig und an einem heißen Flüsschen vulkanischen Ursprungs wuschen die Dorfbewohnerinnen ihre Wäsche, wie vor hunderten von Jahren.

„*Teschekkür Ederim*" haben wir auf dieser Reise gelernt: das heißt „Dankeschön", „*Iyi günler*": „Guten Tag" und „*Tekrar gelecegim*": „Ich komme wieder". Und in der Tat: es sollte nicht lange dauern, da war ich schon wieder in der Türkei: dieses Mal in *Istanbul*, denn auch da sollte eine NATO-Großübung stattfinden. Bis dahin war aber noch etwas Zeit.

Im November bat mich *Stanislaw Kryszinski*, mittlerweile mein neuer „ACOS"[1] und zum General befördert, nach *Krakau* zu fliegen, denn auch da hatten wir während einer Reihe simultan stattfindender Übungen in ganz Europa unsere Fernmelder mit einem neuen, miniaturisierten „Fernmeldepaket" stationiert. Dariusz sollte mich begleiten, der Sprache wegen.

Mir war's recht und so habe ich auch noch Krakau kennen gelernt: eine wunderschöne Stadt, eine der wenigen, die im Krieg nicht zerstört worden waren. Noch auf dem Flughafen haben wir uns mit Jims Nachfolger, *Keith Whitehead*, getroffen, der direkt aus Madrid kam, denn auch da hatten wir Fernmelder einsetzen müssen. Gleichzeitig war ein weiteres „Fernmelde-Paket" auf dem Wege nach Neapel, ein viertes in der Nähe von Kaiserslautern und weitere Teile unserer Truppe bereiteten eine Übung in Brunssum vor. Über Arbeitslosigkeit brauchten wir uns, speziell in diesem Sommer, nicht zu beklagen.

Nachdem wir uns auf der Übung umgesehen hatten und von der Qualität unserer Fernmelde- und Computersysteme überzeugt hatten, fuhr *Dariusz* mit mir nach *Wieliczka*, etwa 20 km südlich von Krakau um mir ein außergewöhnlich gut erhaltenes, jedoch nicht mehr benutztes Salzbergwerk zu zeigen, in dem sich Besucher auf 80 km unterirdischer Gänge ein Bild der Arbeitsbedingungen unter Tage machen können. Sogar Statuen und Kapellen(!), alle von hohem künstlerischem Wert, hatte man damals unterirdisch aus Salz modelliert. Dann wurden wir mit einem Förderkorb wieder ans Tageslicht transportiert und Dariusz fuhr mit mir 150 km weiter nach *Zagopane* in der *Hohen Tatra*, vergleichbar etwa mit unserem Garmisch-Partenkirchen: ein uriger Wintersportort. Die Häuser haben dort ihren eigenen Stil: vorwiegend aus Holz gebaut und mit steilem Giebel sind sie durchweg ansehnlich und machen einen gemütlichen Eindruck, deutlich anders als die vielen anderen, die wir zuvor in ländlicher Gegend gesehen hatten. Auch eine *Zurek*-Suppe haben wir dort gegessen und einen geschmolzenen, würzigen „*Oszipek*"-Käse probiert; dieser war so gut, dass ich gleich ein ganzes Dutzend auf dem Markt in der Mitte der Stadt gekauft habe. Wir haben zu Hause eine Woche lang nichts als gebratenen „*Oszipek*"-Käse gegessen.

Am Wochenende hat uns *Barbara Izydorska* besucht, Dariusz' Frau, die seit Kurzem wieder in *Warschau* arbeitete und uns Gesellschaft leisten wollte. So haben wir gemeinsam den *Wawel* besucht, die ehemalige Königsburg aus Zeiten in denen Krakau noch Residenz war. Auch *August der Starke (von Sachsen)* hatte dort als *König von Polen* residiert. Abends waren wir zunächst in *Kasimierz*, dem interessanten jüdischen Viertel (in dem wir sogar eine Speisekarte auf Jiddisch entdeckten); später waren wir in einem Restaurant-Keller in der Altstadt, danach in einer urigen Jazz-Kneipe. Anschließend waren wir rechtschaffen groggy. In meiner riesigen Suite habe ich dann tief und traumlos geschlafen. Den nächsten Tag über habe ich allerdings stundenlang an diversen Papieren geschrieben und meinen Erfahrungsbericht abgeschickt. Dank unserer Fernmeldemittel lag er vor, als wir wieder im HQ eintrafen.

---

[1] **A**ssistant **C**hief **of S**taff

Schon im Dezember ging ich jedoch wieder auf Reisen: dieses Mal nach *Munklinde* zu meiner dänischen Satelliten-Bodenstation, denn sie feierte ihr 30-jähriges Bestehen. Am „*Haraldslundvejf*" war sie gelegen: das heißt „Haralds Waldweg" und in der Tat, sie lag in einem kleinen Wald, umgeben von Kartoffelfeldern. *Harald* heiße ich, und *Captain Lund* war „*Station Commander*"; Stoff genug also, für einleitende, auflockernde Bemerkungen.

Wie meistens, wenn ich nach Munklinde fuhr, war Bärbel mit von der Partie. Während sie sonst bei Claudia in Rendsburg blieb, hat sie mich dieses Mal auf der ganzen Reise begleitet, denn es drehte sich ja um ein „gesellschaftliches Ereignis" mit Militärkapelle, dänischer Generalität und einem riesigen kalten Buffet.

Danach brachte ich Bärbel wieder zurück nach Rendsburg und fuhr am nächsten Tag erneut nach Dänemark: *Oberst Plum*, der Kommandeur der dänischen Heeres-Fernmeldeschule in *Fredericia*, direkt am „Kleinen Belt", empfing mich in seinem Dienstsitz mit „*Wiener Gebäck*" (Marzipan-Plunderteilchen) und begleitete mich nach *Haderslev*, denn da lag „mein" dänisches Fernmeldemodul und das sollte ich vor Ort besichtigen. *Hans Ten Berge*, der zuständige niederländische Bataillonskommandeur, war mittlerweile ebenfalls eingetroffen und so sahen wir, von *Captain Bo Hansen* geführt, „unsere" Dänen bei der Arbeit ... Sie haben sich sehr angestrengt, um uns von der Ernsthaftigkeit ihres Tuns zu überzeugen. Sogar eine Schießübung im freien Gelände fand statt, mit Platzpatronen natürlich, doch immerhin: es knallte erheblich.

Danach ein Mittagessen im Offizierheim: in einem Vorraum ein riesiges Ölbild der (für die Dänen siegreichen) Schlacht mit den Preußen 1847. Nebenan war eine Tafel gedeckt und dabei kam wohl das halbe Regimentssilber zum Einsatz. Dann nahmen wir ein vorzügliches, stilvolles Mahl ein: Krabben, Lachs, dazu Rührei mit Dill-Sauce, danach dunkelroter, zart geräucherter Rentierschinken mit mildem Lauch und Spargel; trockener, würziger Weißwein, vollmundiger Rotwein. Tischreden, Geschenke. Ich bekam eine geschliffene Kristall-Karaffe mit dem eingravierten Wappen der dänischen Fernmeldetruppe ... ich war sprachlos.

Um mich zu revanchieren, habe ich später *Oberst Plum* zur Teilnahme an meiner letzten Kommandeurbesprechung in Berlin eingeladen. Da er kurz zuvor pensioniert worden war, kam allerdings sein Nachfolger. Sie waren sehr daran interessiert, beim Fernmeldeeinsatz der NATO mitzuhalten und waren schon beim zweiten Kontingent unserer NATO-Fernmelder in Kabul mit dabei.

Immerhin: von Mitte Dezember bis Anfang März fanden k e i n e Reisen statt.

So konnten wir beruhigt an einer erlesenen Feier teilnehmen: *Cockie van Heijst*, die ich schon aus meiner ersten Brunssumer Zeit kannte, feierte ihren 70. Geburtstag und hatte dazu ein ganzes Schloss gemietet. Bei dieser Gelegenheit traf ich auch *Anne-Marie* wieder, das „Indianermädchen", das ich damals, als wir im Reitclub gemeinsam ausritten, wegen ihres langen, schwarzen Zopfes so genannt hatte.

Während wir feierten, wirkte Sylvia in einem Fernsehfilm mit: in einer Ärzteserie, einer „*Soap*", hatte sie immerhin die Rolle einer jungen Mutter bekommen, die sie mit viel

Einfühlungsvermögen spielte. 80.- € hat ihr dieses Debut gebracht, eine Übernachtung in einem schicken Hotel in München und eine nicht ganz tagtägliche Erfahrung.

Erneut ein „*Burns Supper*" und meine alljährliche Ansprache an die Truppe, soweit sie nicht im Einsatz war. Dabei habe ich *Zdzisław Michalak* verabschiedet und Dariusz Izydorski als neuen Stellvertretenden Kommandeur präsentiert. Sein Englisch hatte sich mittlerweile deutlich verbessert.

Dann allerdings musste ich nach *Blandford Camp fahren*; dort, an der britischen Fernmeldeschule, war Jim mittlerweile *Chief Instructor* und ich sollte einen Vortrag über unsere Einsätze halten. Außerdem war der britische General der Fernmeldetruppe an meiner Bewertung der Rolle und Einsätze der britischen Fernmeldeschwadron aus Krefeld interessiert, denn die Gefahr des Abzugs dieser Einheit hing immer noch als Damokles-Schwert über uns.

Das Gespräch mit dem General lief jedoch sehr gut und so konnte ich anschließend mit dem deutschen Verbindungsoffizier an der Schule, *Oberstleutnant Gutherlet*, beruhigt ins nahe gelegene *Salisbury* fahren um die Kathedrale aus dem 12. Jahrhundert zu besichtigen; ein riesiges, helles, fein ziseliertes, gotisches Bauwerk – in nur dreißig Jahren fertig gestellt.

In einem Seiten-Pavillon wird eines der vier noch erhaltenen Exemplare der „*Magna Charta*" aus dem Jahre 1215 gezeigt. Ich war beeindruckt. In einer Nacht- und Nebelaktion hatte der englische Adel dieses Papier auf der Wiese von *Runnymede*, bei *Windsor* an der *Themse,* dem König, *Johann Ohneland,* abgetrotzt: die gedankliche Grundlage der meisten freiheitlichen Verfassungen in der ganzen Welt.

Auch *Stonehenge*[1] konnte ich mir an diesem Tag noch anschauen, *Old Sarum*[2] und zu guter Letzt das britische Fernmeldemuseum: wohl einmalig in der Welt und mit viel Sinn für die damals 90-jährige Tradition der britischen Fernmeldetruppe erbaut und für Jedermann frei zugängig. Ein Projekt, das wohl nur durch den Einsatz erheblicher finanzieller Mittel realisierbar war.

Am Abend dann die „*Corps Dinner Night*", eines der beiden alljährlichen, offiziellen Abendessen der britischen Heeresfernmeldetruppe, veranstaltet und gegeben durch den „*Signal-Officer-in-Chief*"[3], im Beisein des „*Masters of Signals*"[4], der meisten aktiven Fernmelde-Generale und Stabsoffiziere mit über 10-jähriger Dienstzeit, alle in rotem, ordensgeschmücktem Frack. Ich saß immerhin am „*Head Table*"[5], wiewohl als einziger Oberst.

Andere Ausländer außer mir waren der amerikanische, deutsche, französische und kanadische Verbindungsoffizier; den französischen Offizier, *Lieutenant Colonel Mandille*, kannte ich gut, denn er hatte seinerzeit im EUROKORPS in Straßburg in meiner Abteilung gearbeitet. Er spricht auch fließend Deutsch, denn er ist mit einer Deutschen verhei-

---

[1] Etwa 5.000 Jahre alte monolithische, runde Kultanlage unklaren Zwecks
[2] Ringanlage aus dem 11. Jahrhundert, vormals die englische Königsburg, später zerstört und verlassen
[3] „Leitender" General der britischen Fernmeldetruppe
[4] Ehrentitel für den jeweils höchsten, jedoch mittlerweile pensionierten, „Fernmeldegeneral"
[5] Ehrentisch

ratet. Zusätzlich saßen da einige nepalesischen *Gurkha*-Offiziere und eine Offizierin aus *Trinidad und Tobago*, allesamt Lehrgangsteilnehmer an der Schule.

Das Ganze wurde von schmissiger Marschmusik begleitet, wobei alle nicht-britischen Offiziere durch einige Takte Marschmusik ihrer Heimatländer begrüßt wurden. Für uns Deutschen wurde „*Preußens Gloria*" gespielt.

Das Essen war gut; dazu gab es, wie immer bei solchen Veranstaltungen, französischen weißen und roten Wein unklarer Provenienz und nach dem Essen – zum Toast auf Königin, Prinzessin[1] und die Staatspräsidenten – Port und Madeira, serviert auf massiv silbernen Wägelchen, die auf dem Tisch entlang gerollt wurden. Danach *Crème brûlée*, später *Whiskey*.

Eine lange, aber geistreiche Rede, dabei weitgehend individuelle Begrüßung aller Gäste, und nach vier (4!) Stunden durfte man sich erheben und zur Bar wechseln … Ein wahrer Marathon, doch einer mit Stil.

Gut, dass ich *Flight Lieutenant*[2] *Stu Brett* als meinen „Adjutanten" mitgenommen hatte; so hatte ich einen ortskundigen Fahrer, der noch dazu keine Probleme hatte, auf der „falschen" Seite der Straße zu fahren. Außerdem konnte er so an einem – selbst für einen britischen Luftwaffenoffizier – denkwürdigen Abendessen teilnehmen. Dank des neuen Kanaltunnels ging die Rückreise recht flott.

Drei Tage später war ich schon wieder in Heidelberg zu einer weiteren Besprechung und am Wochenende in Miltenberg, denn da war der Einsatz der Dachdecker im Sommer zu planen.

Teile unserer Fernmelder waren unterdessen mitsamt ihren Fahrzeugen und ihrem Gerät in einem riesigen russischen Truppentransporter in die Türkei unterwegs, denn auch dort sollte eine NATO-Übung stattfinden; ein Straßentransport oder ein Transport über See, Optionen die wir ebenfalls untersucht hatten, wäre aber zu langwierig gewesen. Der *Airlift*[3] indes war außerordentlich teuer. Es sollten jedoch noch viele solcher Transporte stattfinden, in naher Zukunft, nach Kabul zum Beispiel und in den Irak.

Bärbel jedoch war mit der Vorbereitung ihres Einsatzes auf der „*Charity Night*"[4] vollauf beschäftigt. Auch *Renate Litta*, unsere langjährige Bekannte, die ja in Aachen wohnte, war dabei mit von der Partie; also pflegten wir auch diese Beziehung: das allerdings war durchaus vergnüglich, denn sie war lebenslustig und kam gern an die Stätten ihres Wirkens vor nunmehr 20 Jahren zurück. Mit ihren gut 60 Jahren konnte sie immer noch auf dem Kopf stehen, wenn sie wollte; und sie wollte durchaus, hin und wieder.

Renate hat uns häufig besucht, auch später noch als wir schon in Miltenberg wohnten.

---

[1] Prinzessin Anne ist „Colonel-in-Chief" (d.h. Ehrenoberst) der britischen Fernmeldetruppe
[2] Hauptmann in der britischen Luftwaffe (Royal Air Force)
[3] Lufttransport
[4] Traditionelle Wohltätigkeitsveranstaltung im HQ AFNORTH

Schon 14 Tage später waren wir wieder in Fredericia, denn an der dänischen Heeres-Fernmeldeschule wurde die neue Statue des *Erzengels Gabriel* eingeweiht, des Schutzpatrons der dänischen – wie auch der deutschen – Fernmelder.

Dabei waren auch Mitglieder des dänischen Königshauses zugegen, „*Royalty*", wie es hieß: ein Sohn des ehemaligen dänischen Königs, allgemein mit „Exzellenz" angesprochen, war interessierter Beobachter der kleinen Zeremonie und nahm auch am Abend mit seiner Frau am feierlichen, formellen „*Gabriels-Dinner*" teil. Wir aber haben es genossen.

Gut, dass ich mich bei dieser Gelegenheit bei Oberst Plum mit einem angemessenen Gastgeschenk revanchieren konnte: er bekam einen silbernen „Flachmann" mit dem eingravierten Wappen unseres Verbandes.

Bei dieser Gelegenheit haben wir auch *Hugo* und *Lisa Jensen* wieder getroffen, die wir schon aus Heidelberg kannten. Auf der eingeschneiten Winkelmoosalm hatten wir mit ihnen einen ganzen Tag lang Karten gespielt.

Das war außerdem praktisch, denn so konnte ich Bärbel am nächsten Tag bei ihnen „parken," während ich nach Karup fuhr, um auch da eine Fernmeldeinheit zu inspizieren, die bei einer NATO-Übung eingesetzt war. Der Einsatz dort lief wie am Schnürchen, die Generale waren voller Lob und so konnte ich einen Tag später getrost den Heimweg antreten.

Natürlich war Bärbel auch bei der Parade und dem anschließenden Empfang zum Goldenen Thron-Jubiläum von Königin Elizabeth II. von England im *Kasteel Hoensbroek* dabei. „*The Band and Bugles of the Light Division*"[1] spielte und marschierte, dass es eine Wonne war. Beim anschließenden Imbiss gab es „*fish and chips*"[2] in Tüten aus Zeitungspapier. Das passte weniger zum Anlass, fanden wir, schmeckte aber durchaus.

Da neben den vielen Übungen, Dienstreisen und externen Konferenzen auch im eigenen Hauptquartier regelmäßig Besprechungen stattfanden und die Flut elektronischer wie konventioneller Post geradezu exponentiell anstieg, blieb mir nichts übrig, als jeden Morgen um 06.00 Uhr aufzustehen und von 07.00 Uhr bis spät in die Nacht zu arbeiten, die Wochenenden regelmäßig inbegriffen. Erstaunlich, dass es uns dennoch gelungen ist, wenigstens hin und wieder spazieren zu gehen oder Gäste zu empfangen.

Das wurde im Laufe der Zeit noch schlimmer, denn ab Mitte 2003 ging es zusätzlich darum, die Dienststelle zu reorganisieren; das hieß in der Praxis, im Umfang weiter zu reduzieren. Die Anzahl der Übungen und Einsätze aber nahm zu.

Auch Bärbel war fast rund um die Uhr beschäftigt. Zusätzlich lernte sie Holländisch. Außerdem hatte sie angefangen, zusammen mit einigen dänischen Damen und einer Engländerin, zu *quilten*: Gott sei Dank, denn das machte ihr wirklich Freude. Da sie zudem genau ist und Sinn für Farben und Muster hat, sind ihre Quilte denn auch wahre Kunstwerke. Wir sind alle begeistert.

---

[1] Etwa: Musikkorps und Fanfaren der Leichten (Infanterie-) Division
[2] Fisch und gebratene Kartoffelstückchen

Dennoch hat sie die Zeit gefunden, mich zur Kommandeur-Besprechung nach *Brüggen*, dem neuen Standort der britischen Fernmelder und zu einer Parade nach *Wesel* zu begleiten, denn dorthin war „mein" altes Bataillon aus Essen verlegt worden. In der Schill-Kaserne hatten sie deutlich bessere Arbeits- und Unterbringungsbedingungen als zuvor; dennoch habe ich kurz vor der Verlegung meinem alten Essener Standort noch einen letzten Besuch abgestattet und einen Rundgang in der Gustav-Heinemann-Kaserne gemacht. Hier hatte ich als Leutnant meine erste Verwendung als Offizier gehabt – und hierher zog es mich noch einmal als Oberst, in meiner letzten Verwendung in der Bundeswehr, zurück.

Selbst jetzt verfolge ich die weitere Entwicklung dieses Bataillons noch mit Aufmerksamkeit; ähnliches Interesse entwickelt sich bei mir allenfalls noch bei der Beobachtung meines „alten" Bataillons in der Hunsrück-Kaserne in Kastellaun.

Die Erinnerungen an die übrigen Verbände, in denen ich die Ehre und auch gelegentlich das Vergnügen hatte zu dienen, treten gegenüber diesen beiden Verbänden deutlich zurück.

Auch zu einer weiteren Veranstaltung der etwas ausgefalleneren Art hat mich Bärbel, zusammen mit Claudia und Georg, begleitet: Ende Mai 2003 fand im *Lycée International de Saint-Germain-en-Laye,* meiner alten Schule bei Paris, die Feier des „*Cinquantenaire*"[1] statt: die Schule bestand seit 50 Jahren, und vor 40 Jahren hatte ich dort das *Internationale Baccalauréat* abgelegt. Selbst Sylvia ist in letzter Minute noch nach Paris mitgefahren: sie wollte sich dort das „*Institut du Monde Arabe*" von *Jean Nouvel*[2] anschauen, denn das wurde im Rahmen ihres kunstgeschichtlichen Studiums behandelt.

Sie konnte denn auch während unseres dreitägigen Aufenthalts in Paris und Umgebung bei unseren Freunden Marcel und Marie-Pierre wohnen. Marcel hat sie außerdem zu einer nächtlichen, 30 km langen Fahrt auf Roller-Skates quer durch Paris mitgenommen. Marcel kümmerte sich dort mittlerweile um die Pariser Gärten und hatte seine Dienstwohnung auf dem Gelände des historischen Friedhofs „*Père Lachaise*"[3]: das war günstig, denn so kamen wir zu einer erstklassigen Führung auf diesem renommierten Friedhof und konnten überdies unser Fahrzeug, von *Gendarmerie* bewacht, direkt vor seinem Haus parken. Wir haben uns denn sehr gefreut, als wir uns nach Jahren wieder sahen und unsere französischen Freunde haben auch Claudia und Georg, die sie noch nicht kannten, herzlich willkommen geheißen. Das Essen, das Marie-Pierre zelebrierte, war dementsprechend exquisit: Champagner zur Begrüßung, *confit de canard*[4] mit Bratkartoffeln, dazu Salat; danach Käse, später frische Erdbeeren mit Schlagsahne. Zu all dem hatte

---

[1] 50-jähriges Bestehen
[2] * 12.8.1945; weltbekannter französischer Architekt und Pritzker-Preisträger
[3] Größter und beeindruckendster Friedhof in Paris, Kultstätte für Musik- und Literaturfreunde. Nach dem frz. Pater François d'Aix de Lachaise benannt. Letzte Ruhestätte für viele berühmte Persönlichkeiten wie Père Abaelard, Honoré de Balzac, Gilbert Bécaud, Maria Callas, Champollion, Chopin, Corot, Jean de la Fontaine, Jimmy Morrison, Murat, Ney, Parmentier, Edith Piaf, Proust, Prudhomme, Oscar Wilde und viele andere.
[4] Im eigenen Schmalz eingemachte Ente

Marcel einen 30 Jahre alten, samtigen Bordeaux hervor geholt. Zum Abschluss ein weicher, alter Cognac: *Very Superior Old Pale* …[1]

Auf unserer Fahrt nach Saint-Germain haben wir allerdings zuerst in *Louveciennes* Halt gemacht und uns „unser" altes Haus von außen angeschaut, in dem wir damals gewohnt hatten: auch Bärbel und Georg waren interessiert, denn sie hatten bislang lediglich aus Erzählungen davon gehört. Als wir so schauten, kam der *Monsieur* heraus um seine Post zu holen, noch im Pyjama. Nachdem ich ihm erklärt hatte, warum wir so in sein Haus „starrten", bat er uns sofort herein und zeigte uns das ganze, mittlerweile renovierte Haus und den deutlich veränderten Garten. Dennoch: irgendwie fühlten wir uns auch hier immer noch „zu Hause" …

Auch in *Marly-Le-Roi* sind wir gewesen und haben den Wohnblock auf Anhieb gefunden, in dem wir 1960 unser Appartement bezogen hatten. Der Ausblick auf Paris war immer noch prächtig; allerdings hatte sich das Stadtbild in der Zwischenzeit durchaus verändert. Wolkenkratzer hat es damals noch keine gegeben.

Später, in der Schule, haben wir unter den gut 1.000 Besuchern einige Schulkameraden wieder getroffen, und sogar zwei unserer damaligen „*Profs*", wie wir unsere Lehrer halb despektierlich nannten, waren da. *Monsieur Dézert*, unserem ehemaligen Geographie-Lehrer, bei dem ich das Wort und den Begriff „*Gewürztraminer*" zum ersten Mal gehört hatte, habe ich bei dieser Gelegenheit erzählt, dass ich immer an ihn denke, wenn ich diesen Wein trinke.

Abends haben wir unter ehemaligen Mitschülern gefeiert; bei dieser Gelegenheit ist wohl auch der Gedanke geschmiedet worden, ein weiteres Treffen zu veranstalten. Im Juni 2007 war es dann tatsächlich so weit.

Natürlich haben wir das ganze Schulgelände und unsere alten Gebäude durchstreift und uns dabei an den einen oder anderen Streich erinnert. Bärbel wollte vor allem die Büsche sehen, in denen wir regelmäßig verbotenerweise unsere Mittagsverpflegung eingenommen hatten; wahrscheinlich dachte sie dabei aber eher an irgendwelche Eskapaden mit Judy, die sie freilich auch nur aus Erzählungen kannte.

Auch hier war zweifellos ein Stück Heimat. Das hatte ich zwar schon 1963 so gesehen und in meinem Abituraufsatz entsprechend begründet; mittlerweile aber waren 40 Jahre vergangen. Irgendwie empfand ich es schon als beruhigend, dass ich auch heute noch so dachte.

Nur zwei Wochen später flog ich schon wieder in die Türkei: ich wollte in *Istanbul* das neue, hyper-moderne Simulationszentrum für Kriegsführung der türkischen Armee auf dem Gelände der Vereinigten Kriegsakademie sehen, in dem die nächste große NATO-Übung stattfinden sollte und mit den zuständigen türkischen Offizieren eine erste Erkundung durchführen. Natürlich war neben einigen anderen auch Metin Özer dabei, denn als Türke konnte er mit Türken doch besser umgehen als ich. Unser hauptsächlicher türkischer Ansprechpartner vor Ort, Oberstleutnant *Erdal Cayirci*, sprach allerdings per-

---

[1] Klassifizierung. Mindestens 4 Jahre im Fass gereift.

fektes Englisch, war promovierter Informatiker und nebenbei Privatdozent an drei türkischen Universitäten. Metin, d i e NATO-Kapazität bei der Planung von Fernmelde- und IT-Netzen, konnte denn auch keine Frage stellen, auf die Erdal Cayirci nicht kompetent und erschöpfend hätte antworten können.

Auch der Direktor dieses Instituts, ein Oberst, nahm durchaus Anteil an unserer Erkundung und unterstützte uns in jeder Beziehung. So konnten wir denn nach drei Tagen einen sehr positiven Erkundungsbericht, den wir zuvor einvernehmlich mit unseren türkischen Gastgebern und Vertretern des türkischen Generalstabs aus Ankara abgestimmt hatten, nach Brunssum übermitteln, und Sekunden später lag er bereits den wichtigsten Stellen in unserem Hauptquartier auf deren Bildschirmen vor.

Zwischendurch informierte ich Dariusz vom Ergebnis der Erkundung und instruierte ihn, unseren polnischen General auf Polnisch entsprechend zu unterrichten. So konnte ich sicher sein, dass unser Erkundungsergebnis auch wahrgenommen wurde, denn die Flut der übrigen täglich eingehenden Aufträge, Berichte, Informationen, Meldungen und Präsentationen war erheblich und wuchs täglich weiter an: kein Wunder, denn gleichzeitig war neben diversen Übungen der erste NATO-Einsatz in Kabul vorzubereiten.

Dass mir Metin bei dieser Gelegenheit „seine" 12 Millionen Einwohner-Stadt gezeigt hat, versteht sich von selbst. Schon am ersten Abend saßen wir in einem pittoresken Restaurant auf einer Brücke am *Goldenen Horn*: rings umher die funkelnde Stadt mit ihren unzähligen angestrahlten Moscheen, darüber ein silbriger Vollmond, der das alles in ein fahles, unwirkliches Licht tauchte und an Märchen aus Tausend und eine Nacht denken ließ. Ich konnte nicht anders, als Bärbel anrufen, um ihr diesen Eindruck zu schildern.

Am nächsten Tag besuchte ich *Brigadegeneral Lisec*, meinen ehemaligen Bataillonskommandeur, der nun als Stellvertretender Chef des Stabes für Unterstützung im III. türkischen Korps, direkt gegenüber „unseres" Simulationszentrums, arbeitete. Er hatte sich offensichtlich gut akklimatisiert, denn der türkische Tee, den er uns anbot, war vorzüglich. Türkisch sprach er mittlerweile auch.

Zum Mittagessen begleitete uns *Oberstleutnant Erdal*, wie wir ihn mittlerweile nannten, zu einem bewachten Offizierclub auf einem Berg in der Nähe des Bosporus mit einer herrlichen Sicht auf Teile der *Marmara-See*; unweit davon liegt der Palast des türkischen Präsidenten, den er immer dann nutzt, wenn er sich in Istanbul aufhält.

Doch auch der Offizierclub dürfte Vergleiche mit anderen Einrichtungen dieser Art nicht scheuen, denn es wimmelte geradezu vor höflichen, schnellen Ordonnanzen, das Essen war phantastisch, der Service professionell – und der Preis, mit etwa 5.- € pro Person, lächerlich gering.

Während des Essens konnten wir eine ganze Reihe von Schiffen auf ihrer Passage durch den Bosporus in Richtung auf das Schwarze Meer verfolgen; dabei berichtete uns Erdal von manchen Katastrophen, die sich anlässlich solcher Schiffspassagen schon ereignet hatten und erklärte uns die Bedingungen, unter denen Schiffe aller Nationen den

Bosporus durchfahren können. Sowohl Metin als auch Erdal wiesen auf das moderne Radar-Überwachungssystem mit seinen Antennen hin, das erst vor Kurzem entlang beider Ufer installiert worden war.

Zum Abendessen trafen wir Metins Schwester und seinen Schwager in einem Offiziersclub mitten in der Stadt: Metins Schwester ist eine bekannte Dichterin, *Faika Adil Sarp-Özer*, sein Schwager pensionierter Oberstarzt; nunmehr leitete er eine Klinik, sehr zu Metins Erbauung, denn so konnte er sich bei dieser Gelegenheit wieder einmal so richtig durchchecken lassen.

Ich versetzte Metins Schwester mit einem gehauchten Handkuss in freudige Erregung und sagte ihr, dass ich ihr zwar kein Gedicht auf Türkisch vortragen könne, ihr dafür aber eine Melodie widmen werde: daraufhin spielte ich ihr auf dem (schlecht gestimmten) Flügel im Foyer im Stehen „*L'amour est bleu*" und „*Guten Abend, gut' Nacht*" – darauf hin bekam ich meinen ersten Kuss in der Türkei! Applaus. Vorhang. Abendessen am *Swimming Pool*, erneut mit behandschuhten Ordonnanzen. Metin zahlte alles.

Rückmarsch zunächst zu Fuß durch die Stadt: über den *Taxim*-Platz hinein in die Fußgängerzone: ein abenteuerliches Gewühl, in dem sich der halbe Orient zu tummeln schien, z.T. in abenteuerlichen Aufzügen. Alle Geschäfte waren geöffnet, die Leute freundlich; viele sprachen Deutsch oder Englisch. In den Seitenstraßen stehen Tische und Stühle, improvisierte Cafés und Restaurants. Dann tatsächlich eine Kirche: „*Saint Antoine*", allerdings des Nachts hinter verschlossenen Metallgittern, dennoch angestrahlt. Weiter unten eine bedeckte Passage, in der auf mehreren hundert Metern ein Bazar stattfand; zwischendurch Restaurants mit den verlockendsten Düften und Gerichten.

Natürlich führte uns Metin auch zum *Topkapi*-Palast des Sultans, in der historischen Altstadt „*Sultanahmet*"; von dort ein wunderschöner Blick auf die Bucht des *Goldenen Horn* mit dem Stadtteil *Karaköy*, in dessen Hafen *Salipazari* das Flaggschiff des *Maritime Component Command*[1] ankern würde, das wir über Satellit ebenfalls an unser NATO-Fernmeldesystem anschließen würden.

Das klappte später denn auch problemlos. Bemerkenswert fanden wir es dennoch, dass direkt neben diesem Kriegsschiff zeitgleich ein *russisches* Schiff ankerte. Wahrscheinlich ein Zufall …

Durch das Hauptportal der *Hagia Sophia*[2] durfte damals nur der Kaiser mit seiner Gemahlin schreiten. Nun schritten *wir*, 1466 Jahre nach ihrer Einweihung, durch das Portal und bewunderten die größte Kirche der damaligen Christenheit.

Der Sultan hat nach der Eroberung der Stadt 1453 allerdings diejenigen Attribute in der Kirche anbringen lassen, die erforderlich waren, um dort auch muslimische Gottesdienste abzuhalten.

---

[1] Marine-Anteil der Einsatzgruppe (auf der Übung)
[2] „Heilige Weisheit" – im ehemaligen Konstantinopel im Jahre 537 im Beisein von Kaiser Justinian I. und dem Patriarchen Menas geweiht. In nur 5 Jahren und 10 Monaten errichtet. Staatskirche des byzantinischen Reiches.

Später, von 1609 – 1616, hat *Sultan Ahmed I.* durch den Architekten *Mehmet Aga* direkt gegenüber die *Blaue Moschee* errichten lassen. Als Gegenpol gewissermaßen: noch größer, noch schöner, wie er meinte. Erstaunlich, dass wir auch die Blaue Moschee besichtigen durften. Ohne Schuhe zwar, aber ansonsten ohne jeglichen Zwang oder irgendwelche Auflagen.

Der Rückflug verlief wie geplant: in Düsseldorf wurden wir durch unseren Fahrer wieder abgeholt und waren eine Stunde später wieder zu Hause.

Ich habe dann, noch in der Nacht, meine Dienstpost der letzten Tage bearbeitet und dabei festgestellt, dass kein einziger Termin eingehalten worden war; die wesentlichen Vorgänge waren immer noch unbearbeitet und auch die verschiedenen Konferenzen der nächsten Tage waren nicht vorbereitet. Keine Notiz meines Stellvertreters zur Fernmeldeübung in Dänemark in der nächsten Woche und kein Wort zum Stand der Dinge im Zusammenhang mit der Vorbereitung auf den Einsatz in Kabul … Doch zumindest unsere kommende Übung in Istanbul würde – was die Führungsunterstützung anbetraf – klappen, dessen war ich mir sicher.

Wozu habe ich eigentlich einen Stellvertreter, habe ich mich in dieser Nacht gefragt; doch am nächsten Morgen, als ich um 07.00 Uhr zum Dienst kam, hatte mir Dariusz schon eine Tasse Kaffee gekocht. Dann schenkte er mir eine *Krakauer* Knackwurst und versicherte mir, dass er froh sei, dass ich wieder da war.

Das war ich auch, denn jetzt stand unser erster Einsatz in *Kabul* auf dem Programm und das war umfassend vorzubereiten, abzustimmen und in die Wege zu leiten.

Dazu nahm eine Delegation unseres Hauptquartiers auch Verbindung mit dem deutschen Bundeswehr-Einsatzkommando in Potsdam auf: dort wurden wir auch bereitwillig und recht umfassend über die Situation vor Ort informiert; für den Anfang musste es jedenfalls reichen. Vor Ort würde sich die Lage ohnehin ändern und dementsprechend würden wir unseren Einsatz anpassen müssen.

Viel Zeit blieb ohnehin nicht, denn am 12. Juli, am Tag an dem Generalleutnant *Gliemeroth* zum neuen „Commander ISAF"[1] ernannt worden war, flogen die ersten Soldaten unseres ACCAP-Bataillons aus Maastricht und des Fernmeldedepots aus Brunssum mit einem Airbus der Luftwaffe ab Köln nach Kabul. Am 11. August, nur einen Monat später, war die offizielle Kommando-Übergabe geplant. Die Zeit war also knapp, aber ausreichend für unsere Experten.

Natürlich klappte auch das. Im Laufe der Zeit wurde der Auftrag allerdings erweitert: mit dem Aufbau sog. „*Provincial Reconstruction Teams (PRT)*"[2] waren dort, beispielsweise in *Kundus* oder in *Mazar-el-Sharif*, zwangsläufig auch NATO-Fernmelder einzusetzen. Das war eigentlich kein unüberwindbares Problem und entsprechende Teams wurden zusammengestellt. Da sich das deutsche Bundestagsmandat jedoch lediglich auf Kabul

---

[1] Kommandeur der „**I**nternational **S**ecurity **A**ssistant **F**orce". Etwa: Internationale Schutztruppe (für Afghanistan)
[2] Wiederaufbauteams in den (afghanischen) Provinzen, d.h. außerhalb Kabuls

bezog und Ausnahmeregelungen trotz unserer dringenden Anträge auf sich warten ließen, mussten anfangs die vorgesehenen deutschen Soldaten in der Regel kurz vor Abmarsch durch Angehörige anderer Nationen ersetzt werden. Eine durchaus missliche Lage, speziell für mich als deutschen Vorgesetzten dieser Truppe. Später wurde diese peinliche Situation durch eine Ausweitung des Bundestagsmandats bereinigt.

Ich hatte unterdessen eine „Auszeit" genommen und beging mit Bärbel den Tag unserer „Silbernen Hochzeit" in Miltenberg; sogar der Bürgermeister schickte Grüße.

Dann aber wurde unser Dach ersetzt, und das wollten wir natürlich miterleben. Dabei hatten wir Glück: bis auf einen Gewitterschauer zu Ende der Aktion war es während der ganzen zwei Wochen knochentrocken und ungewöhnlich heiß, so dass es in dieser Beziehung keinerlei Probleme für die Dachdecker gab. Sogar ein kleines „Richtfest" haben wir abgehalten und mit den Nachbarn gefeiert.

Kaum zurück in Brunssum habe ich meinen „blauen Brief" bekommen: es war beabsichtigt, mich zum 30.9.2004 zu pensionieren. Das hatte auch seine Richtigkeit, denn am 5. September 2004 würde ich 60 Jahre alt werden und das war für Soldaten meines Dienstgrades die „Knackigkeitsgrenze", wie wir scherzhaft sagten.

Und in der Tat: obwohl ich mich noch relativ „fit" fühlte, war meine körperliche Beweglichkeit seit meiner Knieoperation doch eingeschränkt und ich musste meine sportlichen Aktivitäten weitgehend einstellen. Tatsächlich wurde mein Knie im September erneut operiert. Daraufhin ließen die Schmerzen deutlich nach und ich konnte mich allmählich wieder besser bewegen. Das war auch notwendig, denn noch lag ein ganzes Jahr vor mir, in dem ich mich um meine Truppe zu kümmern hatte, und das hieß auch, weiter zu reisen.

Für unseren Stellvertretenden Oberbefehlshaber, *Generalleutnant Moede*, war es jedoch schon Ende September dieses Jahres so weit und am 22. September kam er zu seinen Fernmeldern um sich zu verabschieden. Das aber fand im Rahmen eines stilvollen Essens statt, das er uns, allen Kommandeuren und Stabsabteilungsleitern von NRSG, gab. Dabei sprach er alle Offiziere mit ihrem Vornamen an und fand freundliche, persönliche Worte. Wir fühlten uns sehr geehrt und haben ihm das Beste für seine Zukunft gewünscht.

Danach jedoch gab es für uns Fernmelder eine Zeit ohne „*top cover*"[1], denn sein Nachfolger, der britische *Generalleutnant Sir Cedric Delves*, erlitt schon wenige Tage nach seinem Dienstantritt – am Tag vor seinem ersten Besuch bei NRSG – einen tragischen Unfall, in dessen Folge ihm ein Bein amputiert werden musste. Es dauerte lange, bis ein Nachfolger nominiert war, so lange, dass ich ihn gerade noch bei meiner Abschiedsveranstaltung kurz kennen gelernt habe. In der Zwischenzeit hat man uns daher formal dem Stellvertretenden Chef des Stabes, anfangs dem belgischen *Generalleutnant van den Bosch*, später seinem Nachfolger, *Generalleutnant Georis*, unterstellt. So hatte ich wenigstens jemanden, dem ich vortragen konnte, ohne mich gleich beim Oberbefehlshaber selbst mel-

---

[1] Etwa: Schutz von oben

den zu müssen. Beide waren freundliche Herren, die Bärbel und mich hin und wieder mit einigen anderen zum Abendessen eingeladen haben. Die belgische Küche ist berühmt und die Generäle hatten einen belgischen Koch.

Am 29. September – Vater wäre an diesem Tag 85 Jahre alt geworden – flog ich denn auch schon wieder, zusammen mit Metin und zwei weiteren Offizieren nach Neapel, denn dort sollte eine Besprechung zur Vorbereitung des Fernmeldeeinsatzes bei der nächsten größeren NATO-Übung, die dieses Mal in Italien durchgeführt werden sollte, stattfinden. Auch Vater war immer gerne nach Neapel geflogen. Ich hab es sehr bedauert, dass ich ihm nicht wenigstens von diesem meinem neuerlichen Ausflug dahin berichten konnte.

Wir waren in der Nähe des Hauptquartiers im „*American Hotel*" untergebracht; einer rechten „Bruchbude." Die Zimmer waren zwar sauber, dafür winzig klein und so heiß, dass man nur bei geöffnetem Fenster halbwegs schlafen konnte; dies allerdings nur so lange, wie die Müllfledderer noch nicht bei der Arbeit waren. Dazu kläfften pausenlos irgendwelche streunenden Hunde, und ab 05.00 Uhr morgens krähten die Hähne mit einer unglaublichen Dissonanz und aus allen Richtungen, so dass man, ob man wollte oder nicht, entnervt aufstehen musste.

Da wir schon gegen 17.00 Uhr im Hotel waren, beschlossen Metin und ich, schon um 18.00 Uhr zum Abendessen zu gehen: für italienische Verhältnisse geradezu barbarisch früh. Dennoch: wir fanden ein Restaurant, keine 500 m weiter, das schon empfangsbereit war. Natürlich waren wir um diese Zeit die einzigen Gäste, aber die Küche war gut. Da Metin wieder an einer seiner vielen Indispositionen litt, aß ich immer doppelt so viel wie er, doch er probierte tapfer mit.

Zunächst gab es köstliche *Antipasti*, dabei die kleinen, sauer eingelegten „*alici*" (kleine Sardinen), gebackene Auberginen, in Speck gehüllte und gesottene (undefinierbare aber zarte) Fleischstückchen, Tomaten in Öl und das unvermeidliche „*bruschetta*", in Olivenöl geröstetes Weißbrot mit klein gehackten Tomaten und viel Knoblauch: dies alles zum Appetit anregen.

Zweiter Gang: in Knoblauch-Öl geradezu schwimmende *Spaghetti* („*alio ed olio*"[1]), eines meiner Leibgerichte, wenn ich mich in Italien aufhalte.

Danach: gebratene Goldbrasse, dazu Salat und Mangold-Gemüse.

Als Nachtisch habe ich mir ein Zitroneneis in einer ausgehöhlten Zitrone gegönnt; danach brachte uns der Ober einen „*limoncello*" – eiskalten Zitronenschnaps – zur Verdauung. Der half allerdings nur bedingt: meine Nacht war fürchterlich, wobei ich nicht weiß, was mich mehr Schlaf kostete: die Hitze im Zimmer, der Krach rings ums Hotel oder mein rumorender Magen, der sich erst wieder an die ungewohnte, olivenölhaltige Kost gewöhnen musste.

Dennoch, am nächsten Morgen schien die Sonne, ein Bus brachte uns ins Hauptquartier: dort ein lächerlicher Sicherheits-Check durch die *Carabinieri*: wir sollten unsere

---

[1] Knoblauch und Öl

Ausweise zeigen. Das taten wir denn auch, aber wenn wir irgendwelche Fahrkarten hochgehalten hätten, einen abgelaufenen Studentenausweis oder den Mitgliedsausweis eines Wohltätigkeitsvereins, hätte es auch gereicht.

Die nächsten drei Tage verbrachten wir denn zumeist in einer Arbeitsgruppe, in der wir gemeinsam die Unterstützungsmaßnahmen festlegten, mit denen wir unseren Freunden im Süden auf die Beine helfen sollten. Gut, dass ich den entsprechenden Dienstgrad mitbrachte und Metin alle Gesprächsteilnehmer aus Neapel dank seiner hervorragenden Kompetenz und fleißigen Vorarbeit stehend auszählen konnte: so behielten wir das Heft in der Hand und konnten verhindern, dass wir für die g e s a m t e Führungsunterstützung verantwortlich gemacht wurden. Am letzten Tag der Konferenz ließ ich meinen Bericht tippen und in unser Hauptquartier schicken, so dass er – wie stets bei diesen Reisen – schon vorlag, bevor wir selbst wieder zurück waren.

Am 1. Oktober aber gingen wir abends erneut in „unser Restaurant", denn ich wollte mein 40. Dienstjubiläum feiern. Binnen Kurzem waren wir zu sechst, denn auch die anderen „Nordlichter" hatten sich eingefunden, und so feierten wir in kleinem Kreise und bei vorzüglichem Essen.

Dabei habe ich mich natürlich an den 1. Oktober vor 40 Jahren erinnert, als ich als Rekrut vom Bahnhof in Buxtehude zur Kaserne marschieren musste; danach brüllte jemand „Atomblitz!" und wir lagen unter den Stühlen ... Damals konnte ich wahrlich nicht ahnen, dass ich exakt 40 Jahre später, in einer lauen Nacht in Neapel, als Oberst und in Begleitung einiger Alliierter, milde lächelnd bei einem guten Rotwein an diese Episode zurückdenken würde.

Allerdings achtete ich darauf, weniger Öl zu mir zu nehmen und so genoss ich meine *Spaghetti* mit *Gorgonzola-Sauce,* eine pikante Köstlichkeit auf der Zunge. Statt Fisch gab es dieses Mal mehrere Arten sehr guten, gegrillten Fleisches, dazu Blattspinat.

Der Ober brachte erneut „*limoncello*" zur Verdauung und so zogen wir gegen 22.00 Uhr von dannen. Diese Nacht war deutlich besser, aber am nächsten Morgen krähten die Hähne immer noch, oder schon wieder.

Am nächsten Abend holte mich mein „alter" Zeichner Puzio ab und zeigte mir stolz von einer Anhöhe seine Stadt: das Lichtermeer rings um die Bucht war eine Pracht. Man ahnte auch den Vesuv, sah Capri hell erleuchtet vor sich liegen, auch die Sommerresidenz des italienischen Präsidenten, und das alles bei einer lauen, samtenen Luft und wenigstens 25 Grad.

Anderntags fuhr ich mit dem Zug nach Latina um dort einige Ausbildungsfragen zu besprechen; natürlich ging ich abends mit *Gina*, die immer noch Junggesellin war, bei „*Dal Zio*" („Zum Onkel") essen: urig mit hunderten von Weinflaschen dekoriert, freundlicher Bedienung, angenehmer Atmosphäre und gesalzenen Preisen. Immerhin: es war ein schöner Abend und *Gina* zwang mich, sanft aber streng, Italienisch zu sprechen, korrigierte mich, wo erforderlich und wenn es haperte, sprachen wir Französisch.

Am nächsten Morgen fuhr ich mit der Eisenbahn stark verspätet zurück nach Neapel, bis zu den „*Campi Flegrei*"[1]. Da die Abholung und der Transport zum Flughafen nicht klappten, alarmierte ich *Puzio* und konnte dank seiner Ortskenntnis und rasanten Fahrweise mein Flugzeug wider Erwarten doch noch erreichen.

Auch die Abholung in Düsseldorf hatte man vergessen und so rief ich Bärbel an: diese alarmierte Dariusz, der nahm sich unser Dienstfahrzeug und holte mich, eine gute Stunde später vom Flughafen ab.

Bärbel gab mir noch ein Glas Apfelwein und dann habe ich lang (ohne Krach und bei angenehmen Temperaturen) geschlafen; falls am nächsten Morgen irgendein Hahn gekräht haben sollte, habe ich ihn jedenfalls nicht gehört.

Knapp drei Wochen später brach ich mit Metin erneut ins Morgenland auf, denn in Kürze sollte unsere Übung in Istanbul stattfinden und ich wollte sehen, wie weit die Vorbereitungen hierfür gediehen waren.

Das Abenteuer begann in Istanbul denn auch viel versprechend: noch im Flugzeug wurden wir von freundlichen türkischen Offiziellen in Empfang genommen, die uns unter Umgehung aller Pass- und Zollschranken direkt in die VIP-Warteräume eskortierten und dort Kaffee und Tee servierten, während man uns die Koffer besorgte.

Währenddessen wurden wir von Oberstleutnant *Rainer Göbel* begrüßt, der bereits seit 14 Tagen in Istanbul die Stellung gehalten hatte, in den weiteren Verlauf eingewiesen und mit Sicherheitsausweisen für die Übung ausgestattet; dann ging es schnurstracks per Minibus durch einen chaotischen Verkehr direkt ins *Hotel Princess*, gleich gegenüber der Vereinigten Militärakademie, in der ja die Übung stattfinden sollte.

Abends kein offizielles Programm, dafür eine Einladung in einen Marine-Offiziersclub in Istanbul durch *Metins* Schwager. Gut, dass ich – solches ahnend – eine Flasche roten Frankenweins und eine große Packung Pralinen dabei hatte, die mir Bärbel schön verpackt mitgegeben hatte. Seine Frau, die ich ja schon während meiner letzten Reise nach Istanbul kennen gelernt hatte, freute sich offensichtlich, mich wieder zu sehen, sprach aber nur wenig Englisch. Für den Austausch sporadischer Freundlichkeiten reichte es allerdings aus. Auch mein Türkisch, das sich immer noch in Ausdrücken wie „*İyi akşamlar*" („Guten Abend"), „*Teşekkür ederim*" („Vielen Dank") und „*Allaha ismarladik*" („Auf Wiedersehen") erschöpfte, war allenfalls als freundliche Geste zu gebrauchen; gut daher, dass bald darauf auch Metins jüngere Schwester eintraf, *Dr. Feriha Özer*, deren Englisch deutlich besser war, so dass ich immerhin eine leichte Konversation mit ihr führen konnte. Als Leiterin der neurologischen Klinik in Istanbul war sie dabei, sich zu habilitieren; im Übrigen war sie ledig.

Später fuhr uns Metins Schwager wieder ins Hotel; dabei schlängelte er sich mit hoher Geschwindigkeit, stoischer Gelassenheit und nie mehr als 2 – 3 mm Sicherheitsab-

---

[1] „Phlegräische Felder" – Eisenbahnstation in Neapel, benannt nach den „Flammenden Feldern": etwa 20 km westlich des Vesuvs gelegenes Gebiet hoher vulkanischer Aktivität zu ebener Erde

stand rundum durch das wildeste Getümmel. Ich war froh, dass ich das Ganze nur als Passagier miterleben musste.

Am nächsten Morgen hielten mir der britische *Lieutenant Colonel Keith Whitehead*, zusammen mit *Oberstleutnant Rainer Goebel* und *Major Kjeld Mikkelsen*, einem Norweger, einen sehr klaren Lagevortrag, durch den ich schnell den Überblick über den Stand der Verbindungen für diese Übung erhielt.

Die Masse der rückwärtigen Fernmeldeverbindungen war erstellt; die Einrichtung der rund 900 Computer in zwei Netzwerken und der gut 600 Telefone kam zügig voran und die Zusammenarbeit mit den türkischen Gastgebern war offensichtlich gut und vom Willen der Türken geprägt, uns effizient zu unterstützen.

Auch das Mittagessen war schmackhaft und reichlich: jeder bekam so viel und was er wollte. Natürlich waren die Speisen eher dem türkischen Gaumen angepasst als unserem. Während ich damit nicht die geringsten Probleme hatte, waren bei unseren Soldaten doch durchaus einige, die sich allmählich nach einem Schnitzel oder einem deftigen Steak sehnten.

Abends erneut eine Einladung bei Metins Schwester: dieses Mal zu Hause. Da Madame ja Dichterin war, wollte sie mir einen ihrer Gedichts-Bände schenken. Liebesgedichte! Allein, da ich sie ja ohnehin nicht hätte lesen können, lehnte ich dieses Geschenk dankend ab. Gut, dass ich ihr eine riesige Topfblume mitgebracht hatte, so konnte sie mir darob nicht allzu Gram sein. Im Übrigen hat sie sich sehr angestrengt, uns alle Köstlichkeiten des Orients vorzusetzen. Dabei bekam mein roter Bocksbeutel, den ich zuvor mitgebracht hatte, einen „Ehrenplatz" auf dem Tisch.

Metins Schwager fuhr uns später erneut offensichtlich todesmutig nach Hause. Auch seine Schwester ließ es sich nicht nehmen, uns zu begleiten. Zum Abschied bot mir *Faika* sowohl ihre Hand als auch ihre Wange zum Kuss.

Nach einem Gang zum Militärfriseur – für 30 Cent – meldete ich mich am nächsten Morgen bei *Brigadegeneral Eckhard Lisec*, bei dem ich schon damals, während seiner Zeit als Bataillonskommandeur, viel gelernt hatte: so z.B., wie man auch auf angenehme Weise Menschen führen und Vorbild sein kann, und dass man mit Lob und freundlichen Worten in der Regel weit mehr erreicht als mit überheblicher Arroganz und barschem Auftreten.

Obwohl wir nicht angemeldet waren, hat er uns sehr freundlich empfangen, in einer dienstlichen Angelegenheit über einen seiner türkischen Obersten sofort die erforderliche Hilfe veranlasst und mich darüber hinaus noch am gleichen Abend in einen der vielen türkischen Offiziersclubs zum Abendessen eingeladen. Es war ein sehr angenehmer, kultivierter Abend. Allenthalben Wehrpflichtige als Ordonnanzen, sehr gutes Essen und eine angenehme Atmosphäre.

Offensichtlich hatte sich *Eckhard Lisec* sehr intensiv mit der türkischen Geschichte und Kultur beschäftigt; so erfuhr ich viel Wissenswertes, auch zur türkisch-deutschen

Militärgeschichte, speziell zu Zeiten *Kemal Atatürks*[1]. Seit *General von Sanders*[2] Zeiten in der Türkei war *General Lisec* wohl der erste deutsche General, der in der Türkei stationiert war. Zudem war ich überrascht zu hören, wie flüssig er auf Türkisch bestellte. Er hat mit allen anderen Deutschen in seiner Dienststelle intensiven Türkisch-Unterricht genommen. Anschließend zeigte er mir seine derzeitige, schöne Wohnung mit Blick auf den *Bosporus*. Direkt neben seiner Wohnung ein Minarett: von dort „weckt" ihn jeden Morgen der Muezzin.

Als ich am nächsten Tag mit *Metin* versuchte, die Stelle im Hafen von *Karaköy* zu finden, an der wahrscheinlich das spanische Kriegsschiff „*Castillo*" im Verlauf der Übung festmachen sollte, denn nach dorthin waren u.U. zusätzlich zur geplanten Satelliten-Verbindung einige terrestrische Weitverkehrsverbindungen zu verlängern, rief mich – im dichtesten Gedränge – auf einmal *Dariusz* an und versetzte mich in Wallung: urplötzlich sei das Gerücht aufgekommen, wir sollten, direkt nach der Übung im November, mit dem selben Personal und dem selben Gerät in Stavanger (in Norwegen) eingesetzt werden ... War das nun ein Gerücht, ein Gedanke oder gar schon ein Plan?

Kurze Zeit später Entwarnung: Das Ganze war mit dem Hinweis auf nicht vorhandenes Personal und Gerät (zunächst) gekippt worden.

Nach diesem kurzzeitlichen Schock brauchten wir Entspannung und Ruhe: daher schickten wir unser Begleitkommando (ein türkischer Oberleutnant mit zwei bewaffneten Soldaten und ein britischer Sergeant) wieder nach Hause und pilgerten zum Top Kapi-Palast, denn dort wollten wir den Harem inspizieren. Ohne Damen, versteht sich, denn die waren längst ausgeflogen, wie auch die Eunuchen, die hier dereinst jeden unerlaubten Zutritt verhindert hatten. Dafür war im Palast-Museum der größte Diamant der Welt – mit 86 Karat – zu sehen sowie in einem weiteren Museum der Wanderstab von Moses, die Schwerter der Kalifen und Haare aus dem Bart des Propheten.

Ein Gang durch den Park zur nahe gelegenen Hagia Sophia und zur Blauen Moschee: wie immer ein erhebender Genuss.

Danach haben wir die antike, unterirdische Zisterne der Stadt in unmittelbarer Nähe, *Yerebatan Sarnici*, mit ihren Säulen und Medusen-Häuptern bewundert und uns gefragt, wie es mit den Mitteln der damaligen Zeit möglich gewesen sein mag, eine solche Anlage zu errichten.

Nach dieser geballten Ladung Kultur brauchte Metin Süßes: ich musste ihm daher in ein weitläufiges Einkaufszentrum folgen, in dem man „*Turkish Delight*"[3] jedweder Geschmacksrichtung zusammenstellen und kaufen konnte. Wohl oder übel, denn für Süßig-

---

[1] Mustafa Kemal (später: Atatürk), * 1881 in Saloniki / Griechenland, gest. 1938 im Dolmabahce-Palast in Istanbul. Gründete die moderne Türkei; verleugnete die Existenz der Armenier. Schrieb 1924 die 6 Prinzipien des Kemalismus in der Verfassung fest: Nationalismus, Säkularismus, Modernismus, Republikanismus, Populismus, Etatismus.
[2] Otto Viktor Karl Liman von Sanders, * 1855 in Stolp / Pommern, † 1929 in München. Deutscher General und türkischer Marschall. Führte zeitweise das I. türkische Korps in Konstantinopel (heute: Istanbul).
[3] Türkische Süßigkeiten

keiten bin ich nicht unbedingt zu haben, kaufte ich ebenfalls zwei Schachteln dieser „Köstlichkeiten," wohl wissend, dass ich zu Hause Schwierigkeiten haben würde, sie an den Mann bzw. die Frau zu bringen.

Auch bei den drei Bauchtänzerinnen in einem Touristen-Lokal am Abend geriet ich kaum in Extase; dazu gab es zu viel Klamauk. Doch auch das ging vorbei und so waren wir, trotz grundsätzlichen Interesses an den schönen Dingen des Lebens, froh, als wir spät in der Nacht endlich in die Kissen fallen konnten.

Als wir nach Hause flogen, wussten wir, dass die Übung – was die Unterstützung durch uns Fernmelder betraf – erfolgreich verlaufen würde, denn alle Vorbereitungen waren getroffen.

Wir flogen daher nach Hause und ich habe Dariusz, nach Absprache mit meinem General, mit der Leitung des Fernmeldeeinsatzes während der Übung beauftragt. So hatte ich meine Ruhe und er seinen Erfolg.

Kurz nachdem wir wieder daheim waren, rief uns Ingrid an: Bärbels *Vater* war, 94-jährig, am 14. November in Hemer gestorben. Natürlich waren wir traurig; doch für ihn muss es eine Erlösung gewesen sein. Die letzten Jahre war er völlig auf Ingrids und Dieters Hilfe und Pflege angewiesen; zuletzt war er blind. Gut auch, dass er bis zu seinem Tod im Haus seines Schwiegersohns und seiner Tochter hatte leben können; so hatte er eine optimale Versorgung gehabt.

Er hat seine Memoiren hinterlassen, einschließlich seines Berichts über seinen Einsatz im Krieg. Ein polnischer Offizier hatte damals, kurz nach seiner Gefangennahme 1945, verhindert, dass er erschossen wurde. Auch er hat seine Heimat, zunächst aufgrund der Umstände, später wegen seines hohen Alters, nie wieder gesehen.

Drei Wochen später fand indes ein erfreuliches Ereignis statt: Georg wurde 60 Jahre alt und feierte das im „*Convent-Garten*", einem gediegenen Rendsburger Hotel, in dessen Wintergarten direkt am Nord-Ostsee-Kanal mit einem Empfang gefolgt von einem erlesenen Essen.

Dabei die z.T. riesigen „Pötte", u.a. auch das Kreuzfahrtschiff „*Norwegian Dream*" auf ihrem Weg zwischen Nord- und Ostsee in nur wenigen Metern Entfernung vorbeiziehen zu sehen, war ein faszinierendes Erlebnis.

Für uns war es zudem eine schöne Gelegenheit, die gesamte „Großfamilie" einschließlich Tanten, Neffen und Nichten wieder einmal zusammen zu erleben.

Außerdem hatte sich Georg gut gehalten. Seit seiner Pensionierung vor zwei Jahren war er in Rendsburg als „Schiedsmann" tätig: für diese Aufgabe hätte man wahrlich keinen Besseren finden können. Georg war zu allen gleich freundlich und verbindlich. In vielen Fällen hat er denn auch Lösungen gefunden, mit denen beide Parteien gut leben konnten, und damit geholfen, gerichtlichen Streit zu vermeiden.

Am 22. Dezember Nachmittags, einem Freitag, habe ich in meiner Dienststelle mit dem zuständigen Chef, *Oberstleutnant Geihsler*, zunächst die Dienst habenden Soldaten besucht; dabei war es aufschlussreich zu sehen, wer n i c h t anwesend war, denn der Besuch war nicht angekündigt. Die Meisten hatten schon Urlaub oder waren aus sonstigen, oft nur schwer nachvollziehbaren Gründen, schon nicht mehr da. Bezeichnend auch, dass die Masse der Anwesenden wieder einmal Deutsche waren, dazu ein paar Belgier, einige Polen, ein Tscheche, wenige Holländer, ein Brite und ein Amerikaner … und natürlich Metin, mein türkischer Chefingenieur, der mir bei dieser Gelegenheit erneut versicherte, wie schlimm es im nächsten Jahr wohl werde, wenn ich nicht mehr da wäre. Metin war so! Gut, dass ich ihn hatte: ohne ihn hätte die NATO in den letzten Jahren wohl kaum in Breslau, Istanbul, Kabul, Krakau, Madrid, Neapel, Sarajewo, Skopje, Stettin, Stolp oder Tirana, bis ins letzte Detail durchdachte Fernmeldeverbindungen und stabile EDV-Systeme gehabt.

In Kürze freilich würde ich erneut mit ihm nach Latina reisen um zunächst an der NATO-Fernmeldeschule zu sehen, wie der Stand der Ausbildung „unserer" Polen war, die demnächst eines unserer mobilen Fernmelde- und EDV-Module in *Bagdad* übernehmen sollten; danach würden wir in Neapel unseren Einsatz bei der nächsten großen NATO-Übung in Süditalien abschließend besprechen.

Gegen 16.00 Uhr sind wir dann von zu Hause in Richtung Miltenberg abgefahren: ein Unterfangen, das uns in Anbetracht der später einsetzenden Schneeschauer und der spiegelglatten Straßen sowie der in Folge dessen katastrophalen Verhältnisse auf den Autobahnen etwa 8 ½ Stunden dauerte: so lange haben wir für die gut 360 km noch nie gebraucht.

Doch das Weihnachtsfest war trotz eines chaotischen, völlig desorganisierten Weihnachtsgottesdienstes, bei dem Kinder auf den Bänken völlig ungezähmt herumtobten, schrieen und heulten, harmonisch: die Familie war wieder komplett und die Kerzen auf dem Weihnachtsbaum brannten, wie immer. Bärbel trug dreiviertel lang, die Mädchen sahen aus wie junge Damen und die Geschenke nahmen schier kein Ende. Bärbel schenkte mir eine kleine Statue der aus dem Schaum geborenen Venus (wohl, um mir dezent zu zeigen, dass sie wohl wusste, dass ich angesichts einer schönen Frau schon einmal ein Auge riskiere) und die Mädchen wären nach der Bescherung am liebsten noch in eine Disco in Heidelberg gegangen. Allein, dazu hätten sie sich unser Auto leihen müssen (wozu aber immer zwei gehören, wie wir ihnen klar machten: einen der leiht und einer der verleiht …); das Wetter war denn doch zu schlecht und überdies gehörte die Familie, zumal in der Weihnachtsnacht, ja wohl zusammen.

Am 25. Dezember haben wir den ganzen Tag nur Geschenke sortiert, herrlich geschlemmt, ausgeruht, „*In 80 Tagen um die Welt*" und „*Aschenputtel*" (alternierend) gesehen und im Übrigen einmal k e i n e n Stress gehabt.

Drei Wochen später waren wir denn auch wie geplant schon wieder in Italien und alles klappte wie am Schnürchen: sogar der Soldat der „*Aeronautica*"[1], der uns abholen sollte, war da und die Zimmer im Hotel „*Rosa*" in *Latina* waren sauber und bezahlbar.

„Unsere" Polen hatten mittlerweile gelernt, was zu lernen war; die erforderliche Praxis im Gesamtsystem würden wir ihnen anschließend in Brunssum vermitteln. Auch

---

[1] italienische Luftwaffe

ihr Hauptmann, der mit ihnen in den Einsatz nach Bagdad ziehen würde, war zuversichtlich und so war ich beruhigt.

Auch die Ausbilder machten alle einen sehr kompetenten Eindruck und die Ausbildungseinrichtungen waren, verglichen mit dem, was wir vor 25 Jahren dort hatten, vom Feinsten. Im Übrigen habe ich mich gefreut, einen alten Bekannten, *Fred Wegmann*, der schon 1977 an der Schule war, wieder zu treffen. Seine Frau hatte, anlässlich unseres ersten Oktoberfests in Latina, Bärbel einen riesigen Topf geliehen, damit sie darin Sauerkraut für 45 Personen kochen konnte.

Ich habe dem Kommandanten, *Colonnello Sante Palombi*, dann noch zwei schön gerahmte, gescannte Fotografien des ersten deutschen Teams an der Schule geschenkt; er hat sich offenbar sehr darüber gefreut und uns auch gleich zum Mittagessen eingeladen.

Metin indes war unpässlich und ließ sich derweil durch die resolute, italienische Militärärztin untersuchen.

Später beschrieb er das, indem er seinen Finger in die Luft bohrte, in einer Mischung aus Stolz auf die überstandene Qual und Entsetzen über die Schmach, die ihm, als männlichem, türkischem „Pascha", solchermaßen widerfahren war! Die Pillen, die ihm verschrieben wurden, müssen aber sofort geholfen haben, denn fortan ging es Metin besser. Wahrscheinlich wäre es ihm aber auch besser gegangen, wenn ihm ein Placebo verschrieben worden wäre. Metin w i l l krank sein!

Beim Spaziergang durch Rom anderntags kamen wir auch am Petersplatz vorbei: just in dem Moment, in dem sich der Papst, *Johannes Paul II.*, um 12.00 Uhr, der Menge zeigte und aus seinem Fenster den Sonntags-Segen spendete. Das wollte ich natürlich miterleben! Seine Ansprache war allerdings nur noch schwer zu verstehen, so schwach war er offensichtlich. Ich dachte dabei an die beiden Audienzen, die wir vor Jahren miterlebt hatten und welch ungeheure Ausstrahlung damals noch von ihm aus ging. Mittlerweile war er alt, durch seine Krankheit gezeichnet und gebrechlich, doch auch das gehörte zum Leben, und das wollte er wohl dem Volk vor Augen führen.

Metin allerdings brach unseren Spaziergang ab und fuhr zurück nach Latina: er war wohl erschöpft, vielleicht in Erwartung der folgenden Konferenz auch nur aufgeregt, und musste sich pflegen.

Ich jedoch ging am Abend mit Gina im Restaurant „*La Giara*" essen: auch dort gab es herrliche, bissfeste Spaghetti mit Gorgonzola-Sauce, ein zartes Steak und einen vollen, runden, samtenen Rotwein. Gina brachte mein Italienisch wieder halbwegs in Form und am nächsten Morgen fuhr ich mit Metin nach Neapel.

Das Hotel war ein alter Kasten, am Rande des Vulkan-Kraters „*Sulfatara*"[1], in dem immer noch heiße Quellen sprudeln und schwefelhaltiger Dampf entweicht. Immerhin: es war sauber, ganz in der Nähe unseres HQ und wir wurden jeden Tag mit dem Bus abgeholt.

---

[1] Ebenerdiger Vulkankrater von 770 m Durchmesser bei Pozzuoli, westlich Neapel. Teil der phlegräischen Felder.

Dann stürzten wir uns, gemeinsam mit dem Rest unserer Delegation die separat angereist war, in den Kampf und waren nach drei Tagen guter Dinge, dass wir auch über diese Klippe springen würden. Unsere Abstellungen in den Mittelmeer-Raum waren überschaubar geblieben und auch von der Leitung des Fernmeldeeinsatzes bei dieser Übung blieben wir verschont. Dennoch haben wir vorsichtshalber einige unserer Informatiker zur Unterstützung abgestellt und das war gut so.

Abends ein Essen in einer einfachen Trattoria: deren Besitzer sprach fließend Deutsch mit Nürnberger Akzent. Das Essen war traumhaft gut, ganz im Gegensatz zum „Alisnack", den uns *Alitalia* während des Rückflugs zugemutet hatte: ein weiches Brötchen mit undefinierbarem, feuchtem Aufstrich, einem Stück trockenem Irgendwas, dazu eiskalten Wein und Abwaschwasser-ähnlichen Kaffee. Für einen regulären Flugpreis von immerhin 250.- € pro Person hatte ich da etwas anderes erwartet. Dementsprechend habe ich mich auch bei *Alitalia* beschwert, denn das ging denn doch zu weit. Interessiert hat es sie offensichtlich nicht. Heute sind sie pleite.

Am 20. Februar ist Tante Martel in Northeim mit 83 Jahren gestorben: sie bekam keine Luft mehr und hat wohl sehr gelitten. Wir waren schockiert, denn wir mochten unsere Tante, die uns immer wieder geholfen und stets regen Anteil an der Entwicklung unserer Familien genommen hat. Schon die Flucht aus Cosel in Oberschlesien hatte sie Anfang 1945 organisiert, meine Ohrenoperation 1954 finanziert und uns auch später immer wieder unterstützt, wenn Not am Mann war. Sie selbst war mit wenig zufrieden, stellte keine Ansprüche und hat sich in Northeim jahrelang um ihre Eltern gekümmert. W i r hätten uns mehr um s i e kümmern sollen, habe ich mir später manchmal gesagt. Aber da waren Fernmeldeverbindungen herzustellen, Computersysteme einzuführen und unsere Kinder zu betreuen.

Wir denken gerne an Tante Martel.

Schon im März musste ich erneut nach Norfolk reisen; ich hatte wirklich keine Lust und hielt die Konferenz an der wir teilzunehmen hatten, für mich zumindest, für völlig überflüssig. Da jedoch *Stanisław Kryszinski* insistierte, blieb mir nichts weiter übrig als erneut in die USA zu fliegen: einschließlich Dariusz, denn auch darauf legte mein polnischer General Wert.

Da Norfolk uns ja von früheren Reisen sattsam bekannt war, fuhren wir am Wochenende – denn wir waren schon am Freitag Abend angereist – in einem Leihwagen nach Washington und Willamsburg: das hatte zumindest den Vorteil, dass ich, gemeinsam mit einem niederländischen Kapitän zur See, unserem General während der Reise klar machen konnte, dass er einen Kurzvortrag halten müsste, den ich ihm zuvor ausgearbeitet hatte. Schließlich willigte er ein, nachdem auch Dariusz auf Polnisch entsprechend auf ihn eingewirkt hatte.

Zu guter Letzt habe ich den Vortrag in seinem Hotelzimmer sechs Mal hintereinander mit ihm geübt; zum Schluss ging das auch recht gut: sicher haben diverse Gläser Whisky auch dazu beigetragen, seine Zunge zu lösen.

Am nächsten Tag hat er dann auch brav sein Referat gehalten. Für Fragen waren w i r dann zuständig.

Immerhin habe ich auf dieser weiteren Reise nach Norfolk auch das Mausoleum von General MacArthur[1] entdeckt und besucht. So konnte ich wenigstens meine kriegsgeschichtlichen Kenntnisse wieder auffrischen und erweitern.

Bei der Rückreise – wie schon bei der Einreise zuvor – zeigten sich die US-Beamten am Einreiseschalter und bei der Zollkontrolle von ihrer übelsten Seite: barsch, unfreundlich, und anmaßend in jeder Beziehung. Bei der Einreise mussten wir eine halbe Stunde erneut am Ende einer Schlange anstehen, weil wir offenbar das falsche Formular ausgefüllt hatten, ohne das „richtige" Formular zuvor zu haben; bei der Ausreise wurden unsere Koffer nach allen Regeln der Kunst durchwühlt. Bei der Leibesvisitation waren die Schuhe auszuziehen; auch das Abtasten (nach Waffen?) geschah in einer Weise, die mir weitere Reisen in die USA gründlich verleidet hat. Ich war froh, als ich wieder im Flugzeug saß.

Wie schön war es dagegen beim folgenden, jährlichen Empfang anlässlich des Geburtstags von Königin *Beatrix*: der niederländische General verlas ein Loblied auf die Königin und die Meisten sangen die niederländische Nationalhymne, deren Text mir übrigens Jahre zuvor, wunderschön geschrieben, *Colonel Meijer*, mein niederländischer Vorgänger, als Abschiedsgeschenk, schön gerahmt überreicht hatte:

„Wilhelmus von Nassawe
bin ich von teutschem blut,
dem vaterland getrawe
bleib ich bis in den todt ..."[2]

Anschließend gab es Wein und Bier; in den Ständen, mit niederländischen Fähnchen geschmückt, standen *„nederlandse meisjes"* in ihrer Nationaltracht und boten Käsewürfel, *Matjes*, *Oude* und *Jonge Genever* an, *Saté-Spießchen*[3] mit *Kroepoek*[4], danach *Vla*[5] und Kaffee mit Spekulatius. Es war eine Wonne, zugleich ein wohltuendes, prickelndes Sprachgewirr und alle verstanden sich prächtig.

---

[1] US-General und Kriegsheld des II. Weltkrieges im Pazifik. Erlangte die Kontrolle über Neuguinea, eroberte die Philippinen, leitete den Wiederaufbau Japans. Mit 70 Jahren Oberkommandierender der US-Truppen im Korea-Krieg. Später wegen Unstimmigkeiten mit Präsident Truman des Kommandos enthoben.
[2] Das „Wilhelmus": seit 10.5.1932 niederländische Nationalhymne, zu Ehren von Prinz Wilhelm I. von Oranien, des Führers des Volksaufstandes gegen die spanische Herrschaft, von Philip von Marnix, Herr von Aldegonde (1538 – 1598) geschrieben.
[3] Ursprünglich aus Indonesien stammende Fleisch-Spießchen, mittlerweile in den Niederlanden sehr verbreitet
[4] Indonesische Spezialität: dünnes, knuspriges und zerbrechliches „Krabbenbrot" (Cracker aus Tapiokamehl, Salz und gemahlenen Shrimps)
[5] Niederländische Süßspeise (Kuchen) mit Pudding in vielen Geschmacksrichtungen

Das Informationsmaterial über die Niederlande im Foyer erinnerte uns indes deutlich, dass wir uns noch das Eine oder Andere anzuschauen hatten in den Niederlanden, bevor wir in nunmehr nur fünf Monaten nach Miltenberg ziehen würden.

Den herrlichen „Keukenhof"[1] hatten wir gesehen, mit seinen wunderschönen, weiten Tulpenfeldern, die pittoresken Mühlen von Kinderdijk[2] und immer wieder Heerlen, Valkenburg und Maastricht[3]; doch das lag direkt vor unserer Tür. Natürlich, anlässlich meiner ersten „Tour" in Brunssum war ich auch in Amersfoort und in Nijmegen marschiert und hatte eine Rundfahrt durch die ganzen Niederlande unternommen – doch hatten wir die Niederlande „kennen gelernt"? Gewiss, das *„Frans Hals-Museum"* in Haarlem hatte ich vor Jahren gesehen und dort die fein ziselierten Halskragen auf seinen Gemälden bewundert, auch im *Rijksmuseum* in Amsterdam war ich gewesen und hatte dort die riesige „*Nachtwache*"[4] bestaunt. Doch wir hätten uns noch viel mehr ansehen sollen, und die Zeit lief uns davon, wie es schien.

Ich war froh, dass ich hin und wieder auch „meine" Fernmeldestationen in *Schoonhoven* und *Oegstgeest* in Holland besucht hatte, denn so war ich wenigstens mit den niederländischen Soldaten vor Ort in Berührung gekommen und hatte ihre professionelle, dabei unkonventionelle Art kennen gelernt. Leistungsbereit waren sie alle, doch sie brauchten, wie Soldaten überall auf der Welt, jemanden der sich um sie kümmerte und sie lobte. Das war weit wichtiger als formale Aspekte.

Im Mai stand jedoch zunächst die 14. Internationale Soldatenwallfahrt nach *Lourdes* auf dem Programm. Bärbel wollte dahin und auch ich hatte noch nie an einer Pilgerreise teilgenommen.

Es war beeindruckend: der erste Gottesdienst im Aachener Dom, die Unmengen von Soldaten aus aller Herren Länder in Lourdes, das gemeinsame Gebet an der Grotte, in der dem 14-jährigen Mädchen *Bernadette Soubirous* von Februar bis Juli 1858 die Mutter Gottes sechs Mal erschienen war, die Fußwallfahrt nach Bartrès, die Internationale Messfeier in der bis auf den letzten Platz gefüllten *Basilika Pius X.*, das abschließende Konzert, der Gottesdienst in der Kathedrale von *Chartres* auf der Rückfahrt ...

Sogar unseren „alten" Pfarrer und Hauptfeldwebel Pieper aus Kastellaun haben wir dort wieder getroffen sowie den ehemaligen französischen Colonel des Rousseaux de Medrano aus dem EUROKORPS in Straßburg; mittlerweile war er pensionierter Brigadegeneral. Offensichtlich war die Welt klein und man traf sich immer wieder.

Nun aber begann eine Serie von Abschiedsveranstaltungen oder solchen, die nie wieder stattfinden würden: so führten wir vom 6. – 9. Juni die letzte NRSG-Kommandeurtagung unter meiner Verantwortung durch; dafür hatte ich mir Berlin ausgesucht.

---

[1] Holländische Gartenanlage bei Lisse (zwischen Haarlem und Noordwijk)
[2] Die 19 Mühlen von Kinderdijk gehören zu den bekanntesten Sehenswürdigkeiten in den Niederlanden; etwa 15 km südostwärts Rotterdam
[3] Hauptstadt der niederländischen Provinz Limburg im äußersten Südosten der Niederlande, zwischen Belgien und Deutschland, an der Maas gelegen
[4] 642 fertig gestelltes Werk von Rembrandt van Rijn. Gruppenbildnis von Schützengilden.

Und in der Tat: Berlin bot alle Vorteile für diese Tagung die man sich wünschen konnte: eine erstklassige Unterkunft in der *Julius-Leber-Kaserne,* dem ehemaligen „*Quartier Napoléon*", in dem bis zur Wiedervereinigung die französischen Truppen in Berlin untergebracht waren, einen adäquaten Konferenzraum, ein gut eingerichtetes, repräsentatives Offizierheim und alle Voraussetzungen für ein gesellschaftliches Beiprogramm.

Natürlich war auch mein General, *Stanisław Kryszinski,* als Zuhörer mit von der Partie, doch auch *Oberst Ib Johannes Bager,* der neue Kommandeur des dänischen Fernmelderegiments und *Colonel Jared Kline,* mein sympathischer amerikanischer Mitstreiter aus SHAPE, mit dem ich schon seit vielen Jahren erfolgreich zusammengearbeitet hatte. Auch *Jim Dryburgh,* der ehemalige Kommandeur des ACCAP-Bataillons aus Maastricht, nunmehr an der britischen Heeres-Fernmeldeschule, mit dem ich so manches „Abenteuer" auf dem Balkan bestanden hatte, war gekommen – und die meisten Ehefrauen der teilnehmenden Offiziere.

Daher hatte ich Georg, der mit Claudia ebenfalls am „Damenprogramm" teilnehmen wollte gebeten, sich als „*Lieutenant Colonel (Retired)*"[1] um die Führung der Damen bei ihren diversen Ausflügen zu kümmern; das hat sich auch als äußerst sinnvoll erwiesen und ihm obendrein auch Spaß gemacht.

Die Organisation der Gesamtveranstaltung hatte *Oberstleutnant Rainer Göbel* übernommen, der sich schon in Istanbul Verdienste bei der logistischen Vorbereitung unserer NATO-Übung im vergangenen Jahr erworben hatte, auch dieses Mal lief alles wie am Schnürchen, einschließlich unseres „offiziellen" Abendessens, der Vorführung einer Revue im *Friedrichstadtpalast,* dem deftigen „Bouletten-Essen" bei „*Mutter Hoppe*" am *Alexanderplatz* dem Rundgang durch das Regierungsviertel und ein Flanieren „*Unter den Linden*". Dies war die 9. Konferenz[2] während meiner Zeit als Commander NRSG und eindeutig die ertragsreichste, denn nicht nur die Diskussion der verschiedensten aktuellen Themen verlief in durchweg angenehmer Atmosphäre, sondern auch das gesamte „Ambiente" in der Hauptstadt hat allen Teilnehmern gefallen.

Mir aber war es vor allen Dingen darauf angekommen, meine letzte wichtige militärische Veranstaltung in unserer *Hauptstadt* durchzuführen, die viele noch nicht kannten oder zuvor aus einer völlig anderen Perspektive erlebt hatten. Zudem war auch Berlin an das NATO-Fernmeldesystem angeschlossen und auch dafür waren wir zuständig.

Zum Schluss und als Abschiedsgeschenk habe ich Jedem einen kleinen Bocksbeutel aus Miltenberg geschenkt: als Dankeschön fürs Mitmachen und als Gruß aus dem Ort, an dem ich mich in Kürze an all das erinnern würde, in Ruhe allerdings und als Pensionär.

Natürlich habe ich während unserer diversen Programmpunkte in Berlin auch an meinen ersten Flug dorthin, 1970 per Flugzeug und in Zivil, gedacht; auch an unseren

---

[1] Oberstleutnant a.D. (außer Dienst)
[2] Andere Konferenzen im Zeitraum 1999 – 2004 hatten in Maastricht (Limburg / NL), Wershofen (Eiffel / D), Ede (bei Arnheim / NL), Brunssum (Limburg / NL) Gleiszellen (Pfalz / D), Bad Bergzabern (Pfalz / D), Köln (D), Brüggen (Kreis Viersen, Niederrhein / D) stattgefunden

Besuch der Stadt mit der Führungsakademie 1987 – immer noch per Flugzeug und in Zivil, und an die Feier der Wiedervereinigung, die ich am 3. Oktober 1990 um 00.00 Uhr am Reichstag miterlebt hatte. Es hatte sich unglaublich viel verändert, seit meinem ersten Besuch und Berlin schien förmlich zu explodieren: es war als sei Berlin in Champagnerlaune in diesen Tagen und das waren wir auch, als wir nach Ende dieser erfolgreichen Konferenz wieder zurück in die Niederlande fuhren.

Kurz darauf fand die Verabschiedung der Obersten des Heeres, die Ende September pensioniert wurden, im Kasino des Verteidigungsministeriums in Bonn statt: eine würdige Veranstaltung mit Damen und vorzüglichem Essen, danach eine Serenade.

Auch *Cord Schwier*, mit dem ich in Hamburg wiederholt die „Schulbank gedrückt" hatte, war dabei, *Reinhold Walisch,* ehedem mein Kompanieoffizier in Münchweiler und einige Andere, die ich aus verschiedenen Verwendungen kannte. Die Verabschiedung wurde von *Generalleutnant Manfred Dietrich* geleitet, meinem ehemaligen Mitbewohner unseres gemeinsamen Junggesellen-Appartements in Heerlen; jetzt war er Stellvertretender Inspekteur des Heeres und würde noch ein Jahr länger dienen als ich.

Da unsere Tage in den Niederlanden nun wirklich gezählt waren, beschlossen Bärbel und ich, wenigstens ein Wochenende in *Den Haag*[1] zu verbringen, denn außer einem gemeinsamen Ausflug nach *Dordrecht*[2]*,* zusammen mit *Cokkie,* die uns ihre Heimatstadt zeigen wollte und der anschließenden Stippvisite in *Delft*[3] sowie unseren drei Tagen in *Ede* hatten wir in den über fünf Jahren in Brunssum keine gemeinsame Reise in den Niederlanden unternommen: die Zeit dafür war wohl zu knapp gewesen.

In Den Haag aber hat uns vor allem das *Mauritshuis*[4] fasziniert, und da ganz besonders „*Das Mädchen mit dem Perlenohrring"* von *Jan Vermeer van Delft*[5]: wohl das ausdrucksvollste Bild des Meisters.

Danach habe ich einen letzten Informationstag für leitende Offiziere durchgeführt, die früher einmal in einer der verschiedenen Signal Groups der NATO gedient hatten; NRSG war die letzte, die davon übrig geblieben war und ich war ihr letzter Kommandeur. Auch mein ehemaliger Bataillonskommandeur, *Oberst a.D. Otto Spitz* und *Oberst a.D. Rauchmann,* der einmal die NORTHAG SIGNAL GROUP geführt hatte, waren mit ihren Ehefrauen gekommen und wollten, wie einige Andere, noch einmal sehen

---

[1] Regierungssitz der Niederlande in der Provinz Südholland, 444.000 Einwohner, viele Sehenswürdigkeiten: Königlicher Palast Noordeeinde von 1533, Altes Rathaus von 1633, Kloosterkerk von 1400 u.v.m.
[2] In Südholland, 120.000 Einwohner, am „Drei-Flüsse-Eck", Sehenswürdigkeiten: Grote Kerk, Museum „Simon van Gijn" (ehemaliges, voll eingerichtetes Kaufmannshaus), Giebelhäuser an der Wijnstraat mit Antiquitäten u.v.m.
[3] Universitätsstadt in Südholland, 96.000 Einwohner, eine der ältesten niederländischen Städte. Residenz Wilhelms von Oranien (ab 1572), der auch hier ermordet und bestattet wurde. Porzellanmanufaktur, Fayencen, Heimatstadt von Jan Vermeer.
[4] Kgl. Gemäldegalerie: Sammlung flämischer und holländischer Meisterwerke aus dem 17. Jh. Von Moritz von Nassau als Wohnsitz neben dem Binnenhof erbaut. 1822 als Museum eröffnet.
[5] Einer der bedeutendsten Repräsentanten der holländischen Malerei des 17. Jh. Hinterließ lediglich 40 sehr sorgfältig gemalte Bilder, zumeist Einzelpersonen oder kleine Personengruppen. * 1632, † 1675 in Delft.

und hören, was sich in ihrem ehemaligen, erweiterten Wirkungsbereich zugetragen hatte und wie es weiter gehen würde.

Dementsprechend wurde unsere Dienststelle am 29. Juli 2004 außer Dienst gestellt und unsere Fahne eingerollt; zugleich wurde sie unter dem Namen „NCSA Sector Brunssum"[1], neu gegliedert, im Umfang deutlich verringert, und mit anderem Unterstellungsverhältnis und reduziertem Auftrag neu aufgestellt.

Das alles war das Ergebnis langer Überlegungen und harter Arbeit *in meinem Stab, unserem Hauptquartier in Brunssum, bei SHAPE, dem Internationalen Militärstab in Brüssel und in den beteiligten Verteidigungsministerien.* Die Außerdienststellung und Wiederaufstellung unserer Dienststelle hingegen fand im Rahmen einer Ansprache in unserem Besprechungsraum, ohne irgendwelche Formalien statt: lediglich der Stellvertretende Chef des Stabes unseres Hauptquartiers war erschienen, hörte sich meine Rede an und sagte, Fernmelder seien wichtig, denn ohne sie könnten keine NATO-Operationen geführt werden. Wie wahr, dachten wir alle und hofften, dass es künftig mit weit weniger Personal noch weit besser gehen würde.

Als Konsequenz unserer Umgliederung wurden *ACCAP-* und *DCM*-Bataillon am 31. August zusammengelegt und als neues „*Number 1 NATO Signal Battalion*"[2] neu aufgestellt.

Am 5. September wurde ich 60 Jahre alt; Wolf hatte wie jedes Jahr genau einen Monat vor mir Geburtstag.

Daher haben wir vereinbart, am 5. September gemeinsam ein Ausflugsschiff zu mieten und mit etwa 150 Gästen eine Fahrt auf dem Main zu unternehmen: bei einem guten Essen, Tanz und einer „*Slide Show*" aus unserem Leben, die Wolf gekonnt moderierte.

Als das Schiff zurückkam, setzte um 22.00 Uhr ein Feuerwerk ein: „unser" Feuerwerk, wie wir betonten. Es war das Feuerwerk, das jedes Jahr am letzten Tag der „Michaelismesse" in Miltenberg abgebrannt wird, aber dieses Jahr war's am 5. September und das passte vorzüglich.

Doch schon am nächsten Morgen musste ich wieder abreisen; ich konnte mich nicht einmal von unseren Gästen verabschieden, denn ich wurde in SHAPE gebraucht: dort wurde unsere neue vorgesetzte Dienststelle aufgestellt und alle unterstellten Verbände bekamen eine neue Fahne.

Unser neuer Vorgesetzter wurde *Generalleutnant Ulrich Wolf*, den ich nicht nur aus meiner Zeit in Heidelberg und Sarajewo kannte, denn er war an der Heeresoffizierschule I in Hannover, als ich Hörsaaloffizier war, in meinem Hörsaal Fähnrich. Er war damals schon der Beste.

So hatten die akuten Personalprobleme der letzten Jahre für die NATO-Fernmelder doch noch ihr Gutes gehabt, denn nun wurden sie – schon wegen des hohen

---

[1] **NATO CIS S**ystems **A**gency, Abschnitt Brunssum
[2] NATO-Fernmeldebataillon Nr. 1

Dienstgrades ihres Spitzen-Repräsentanten und seiner Einbindung in die höchste NATO-Befehlsstruktur – sowohl bei der NATO als auch national besser wahrgenommen und (vielleicht) schonender eingesetzt. Das aber habe ich nicht mehr miterlebt, denn am 10. September 2004 war meine letzte Parade.

Anlässlich dieser letzten Aufstellung bei Kaiserwetter und vor zahlreichen Gästen habe ich mich bei allen Soldaten in meinem Zuständigkeitsbereich für ihre harte, erfolgreiche Arbeit bedankt; ein weiterer Dank ging an die neun Generale und zahlreichen Obersten, die mich unterstützt hatten und nun auf der Zuschauertribüne saßen. Namentlich hervorgehoben aber habe ich meinen türkischen Freund, Metin Özer, der durch seine Kompetenz, seine unermüdliche Planungsarbeit und sein außergewöhnlich stark entwickeltes Pflichtbewusstsein in besonderem Maße, über lange Jahre hinweg, immer wieder die planerischen Voraussetzungen dafür geschaffen hatte, dass unsere vielen Einsätze erfolgreich waren.

Mit der Rückgabe meiner (neuen) Fahne an meinen (neuen) General und dessen Übergabe der Fahne an meinen Nachfolger, *Oberst Bernd Seifermann,* endete meine Zuständigkeit für die NATO-Fernmelder im alliierten Kommandobereich Europa Nord und in Brunssum endgültig.

Barbara, die zu dieser Zeit ein sechswöchiges Praktikum in der Abteilung für Öffentlichkeitsarbeit in unserem Hauptquartier durchführte, hat mich kurz zuvor im Auftrag ihres Chefs interviewt: ihr Artikel wurde – in blendendem Englisch ansprechend formuliert und interessant geschrieben – in der Zeitschrift des Hauptquartiers abgedruckt und danach ins Internet gestellt. Sie fühlte sich ganz offensichtlich im internationalen Umfeld wohl, ganz besonders aber immer dann, wenn sie Englisch sprechen konnte in ihrem breiten, weichen, amerikanischen Tonfall.

Auch die übrige Familie, der gesamte Stammtisch aus dem Hunsrück und viele weitere Bekannte waren dabei und haben das Ereignis mit uns gefeiert.

Nun aber konnten wir in Ruhe unsere Koffer packen und unserem Umzug gelassen ins Auge sehen. Am 30. September 2004 kamen wir denn auch wohlbehalten in Miltenberg an und am nächsten Morgen wachte ich nach einer Bundeswehr-Dienstzeit von exakt 41 Jahren als „Zivilist" auf.

20. Kapitel
Epilog in Miltenberg am Main (2004 – 2012)

Mittlerweile sind fast acht Jahre vergangen; genügend Zeit also, um mit dem gehörigen Abstand zu rekapitulieren und eine Bilanz zu ziehen.

Was wurde erreicht?

Ich hatte reisen wollen, damals, als ich – fasziniert von Vaters interessanten Unternehmungen in verschiedenen europäischen Staaten – den Entschluss fasste, Offizier zu werden.

Ich wollte im Ausland Dienst tun, am Besten in Paris und später wollte ich Oberst werden, wie Vater.

Eine Familie wollte ich auch gründen, nach einigen Irrwegen, und mein eigenes Haus wollte ich bewohnen, am liebsten in Miltenberg.

All das hatte ich am 1.10.2004 erreicht: mit der Ausnahme vielleicht, dass ich nie in Paris stationiert war, doch Brunssum, Mons, Latina, Straßburg waren ebenso interessant, und Paris kannte ich ja schon. Dienst- und Privatreisen in diese schöne Stadt habe ich auch wahrlich genug unternommen.

Außerdem, davon bin ich fest überzeugt, konnte ich in der Zeit der Konfrontation zwischen Ost und West mit dazu beitragen, dass dieser Konflikt nie heiß ausgetragen wurde: als Offizier unserer Bundeswehr und im Rahmen des so wesentlichen Bündnisses für unser Land.

Später – ab dem 3. Oktober 1990 – hatte ich die historische Gelegenheit, daran mitzuarbeiten, die Folgen der 45-jährigen Teilung unseres Landes zu beseitigen und an der faktischen Wiederherstellung der Einheit, zumindest auf dem Gebiet der Landesverteidigung, anfangs in Potsdam vor Ort und später im Verteidigungsministerium, mitzuwirken.

Dies alles hat in der Regel auch Spaß gemacht, trotz – oder vielleicht gerade wegen – des ungeheuren Arbeitseinsatzes, der zunehmend erforderlich war, um das umfangreiche Arbeitspensum zu bewältigen, denn Nichtstun ist mir ein Gräuel. Das allerdings kam einem ständigen Spagat gleich, der erforderlich war, um dienstliche Belange mit denen eines geordneten Familienlebens in Einklang zu bringen.

Ohne die Mithilfe von Bärbel, die mir stets den Rücken frei gehalten und sich mustergültig um unsere Kinder, Haushalt und Garten gekümmert hat, wäre dies freilich nicht möglich gewesen.

Die Frage, ob ich all das wieder tun würde, wenn ich noch einmal die Gelegenheit hätte, eine Berufswahl zu treffen – die sich so viele schon gestellt haben und immer wieder neu stellen – ist natürlich rein hypothetisch und stellt sich in der Praxis nicht. Vermutlich aber würde ich, aus meiner d a m a l i g e n Sicht, genauso handeln, denn die Ziele, die ich mir damals – anfangs noch recht diffus, später klarer – gestellt habe, er-

scheinen mir auch heute noch erstrebenswert. Damals ging es mir darum, einen Beruf zu ergreifen,
- in dessen Ausübung ich internationale Kontakte pflegen und fördern könnte und daher viel reisen würde
- in dem ich meiner Neigung, Fremdsprachen zu sprechen und zu erlernen, nachgehen könnte
- in dem ich Menschen führen würde
- bei dessen Ausübung unserem Land, Deutschland, gedient würde
- durch den Frieden, Sicherheit und internationale Zusammenarbeit in Europa und der Welt gesichert würden

in dessen Ausübung darüber hinaus die materiellen Bedingungen erfüllt wären, die unabdingbar zur angemessenen Lebensführung und zum Unterhalt einer Familie sind.

Aus h e u t i g e r Sicht erscheinen mir all diese Ziele nach wie vor erstrebenswert; viele davon sind näher gerückt, einige für mich (fast schon) erreicht.

Blick auf das „Schnatterloch" am Marktplatz in Miltenberg am Main

Meine „Reisewut" hat nachgelassen und unsere Töchter sind, nach optimaler Bildung und Ausbildung, jetzt selbständig: Barbara ist in den USA verheiratet und Sylvia leitet eine Kunstgalerie in Frankfurt am Main.

Ob ich h e u t e, mit den Erfahrungen und Erkenntnissen, die ich im Lauf der Zeit gemacht habe, noch einmal denselben Beruf ergreifen würde, weiß ich nicht; vermutlich aber würde ich einige Fragen schärfer stellen, andere kämen hinzu.

Menschen müssen weiterhin geführt werden, und zwar nach Methoden, die unserem aufgeklärten Menschenbild und unserem Demokratieverständnis entsprechen; diese allerdings sind weiter zu entwickeln und so zu gestalten, dass sie von b e i d e n Teilen, denen die führen und denen die geführt werden, willig und Ziel führend praktiziert werden können.

Deutschland, in gewissen Grenzen auch Europa, zu dienen, erscheint mir nach wie vor erstrebenswert, denn Deutschland, in einem erweiterten Sinn auch Europa, ist unsere Heimat: mit Sicherheit auf geistigem und kulturellem Gebiet.

Den Frieden, die Sicherheit und die internationale Zusammenarbeit zu fördern, sind Ziele, die weiterhin gelten und die man weiterhin verfolgen muss, denn der Frieden ist nie auf Dauer sicher, es sei denn die internationale Zusammenarbeit wird so vertieft, verflochten und verwoben, dass schon rein institutionell keine andere Wahl bleibt, als friedlich miteinander umzugehen.

Allerdings wurde ich heute deutlich intensiver darüber nachdenken, wie ich persönlich dazu beitragen könnte, unser Land zu r e f o r m i e r e n, damit es auf Dauer erhalten und weiter entwickelt werden kann; möglich, dass mir dies heute besser gelänge, wenn ich mich vor allem p o l i t i s c h engagierte.

Die Armee selbst ist, frei von ideologischen Wunschvorstellungen, weiter zu entwickeln, denn die Grenzen des Zumutbaren sind beim derzeitigen Umfang, der aktuellen Gliederung und Ausrüstung sowie den andauernden Einsätzen – bei Berücksichtigung des notwendigen Rückhalts in der Bevölkerung und der erforderlichen Bereitschaft der Soldaten sich dauerhaft zu engagieren – bereits jetzt deutlich überschritten: über den ständig überspannten Bogen beim Einsatz der NATO-Fernmeldesoldaten habe ich berichtet; die Dauerbelastung im Sanitätsdienst und an anderer Stelle wäre vorbehaltlos zu untersuchen.

Kurz: die Rahmenbedingungen sind deutlich zu verbessern, damit es sich auch heute noch und auf Dauer lohnt.

Was hat sich seitdem zugetragen?

Einige der Personen, die wichtig für mich – und später für meine Familie – waren bzw. eine gewisse Rolle gespielt haben, sind mittlerweile gestorben.

Zunächst *Stan*, mein alter britischer Freund, der mich anfangs gehörig sportlich trainiert hat und der uns später, als Freund der Familie, überall wo wir wohnten, besuchte. Als es mit ihm zu Ende ging, haben Sylvia und ich ihn Mitte Mai 2005 im Krankenhaus in Colchester noch einmal besucht. „*Am I dreaming*"? hat er noch gesagt, „*I cannot believe it …*"[1]; ganz offenbar hat er sich sehr gefreut, so schwach er schon war. Zwei Wochen später ist er, 85-jährig, an einer unheilbaren Krankheit gestorben.

Dann *Cokkie*, meine holländische Bekannte aus Dordrecht, die ich 1969 im Reitclub in Brunssum kennen gelernt hatte und die Bärbel und mir später ihre holländische Heimatstadt gezeigt hat. Auch sie hat uns in Miltenberg, über das sie schon so viel gehört hatte, kurz vor ihrem Tode besucht. Sie war vermutlich eine derjenigen, über die und von der ich am meisten über Holland, in dem ich insgesamt 7 ¼ Jahre lebte, erfahren habe. Anfang 2008 ist sie, mit 75 Jahren, gestorben.

Die meisten unserer Nachbarn, an die ich noch Kindheitserinnerungen habe, sind nun ebenfalls meinen Großeltern und Eltern gefolgt; in deren Häusern wohnen jetzt ihre Kinder und deren Kinder.

Das Haus „*Pegasus*", das mich, als ich ein Junge war, wegen seines geflügelten Pferdes und seiner gebildeten, musischen Bewohner, fasziniert hat, wurde 2008 abgerissen; *KWZ's*[2] Atelier, direkt gegenüber, wurde, recht pietätlos wie mir scheint, zum Wohnhaus umfunktioniert: seine als „*Sgrafitto*"[3] am Atelier angebrachte, kunstvolle Sonnenuhr in Form der Tierkreiszeichen wurde dabei übertüncht.

Jedes Mal, wenn ich an dem „neuen", alten Haus vorbeigehe, erinnere ich mich an KWZ, auch an die Ohrfeige, die er mir damals verpasst hat: er hatte ja Recht.

Auch einige meiner dienstlichen Bekannten sind seitdem gestorben:

Mijnheer Hans Vos, der Herr des Budgets und der Finanzen in unserem NATO-HQ in den Niederlanden, mit dem ich jahrelang, auch in schwierigen Phasen, reibungslos zusammen gearbeitet habe, ist 2005 einem Krebsleiden erlegen.

Kapitän zur See Klaus Lüssow, mit dem ich in Brunssum an so mancher Konferenz teilgenommen und dabei seine gerade, offene Art bewundert hatte, ist 2008, in meinem Alter, mit 64 Jahren plötzlich verstorben. In der FAZ habe ich die Anzeige entdeckt.

Oberst a.D. Cord Schwier, mein Lehrgangskamerad auf dem Generalstabslehrgang für ausländische Offiziere und auf dem Seminar „Höhere Führung", mit dem ich wiederholt ganz Deutschland und die Ostküste Amerikas bereist habe, ist 2011 mit nur 67 Jahren einem langjährigen Krebsleiden erlegen; zuletzt hat er mir noch das von ihm, trotz seiner Krankheit, herausgegebene Buch zur Geschichte der Panzeraufklärungstruppe sowie ein Büchlein mit Gedanken über Deutschland geschenkt. Sein früher Tod hat mich sehr betroffen und nachdenklich gemacht.

Das alles zeigt deutlich, wie vergänglich unser Leben ist, und dass uns, bei aller Anstrengung, nur eine gewisse Zeit auf dieser (schönen) Erde beschieden ist; ein Grund mehr, in dieser (kurzen) Zeit alles zu tun, sie zu erhalten und das Leben für sich und an-

---

[1] „Träume ich?" …„ Ich kann es nicht glauben"
[2] **K**urt **W**olfgang **Z**öller, regional bekannter Kunstmaler und Graphiker, einer unserer Nachbarn aus meiner frühesten Kindheit, zeichnete seine Werke mit diesem Kürzel
[3] Italienisch: „Eingekratzt" (Technik, bei der verschiedenfarbige Putzschichten übereinander aufgetragen und später, je nach erwünschter Farbe, abgekratzt werden)

dere erträglich zu gestalten. In dieser Zeit aber sollte man sich aneinander und an den schönen Dingen des Lebens erfreuen und dankbar sein, dass man das auch kann.

Doch es gibt auch Positives zu berichten:

So bat mich der Direktor unseres Gymnasiums, kurz nachdem wir uns in Miltenberg etabliert hatten, im Dezember 2004, zeitlich begrenzt eine ausgefallene Französisch-Lehrerin zu vertreten, denn für dieses Fach waren nicht genügend Lehrer vorhanden.

Dieser Aufgabe habe ich mich drei Monate lang gestellt: schon deswegen, weil es mir eine Genugtuung war, gerade dieses Fach zu unterrichten, in dem ich damals, 12-jährig, gleich zu Beginn, hier an derselben Schule, eine 6 geschrieben hatte. Ich sei ein so nettes Bübchen, aber für Fremdsprachen wohl nicht geeignet, hatte Frau Fattler damals meinen Eltern gesagt.

Ich habe das Experiment dann allerdings abgebrochen, denn der administrative Aufwand, der bei der Erstellung von Schulaufgaben, Korrektur, Benotung und Dokumentation zu betreiben war, erschien mir denn doch gewaltig übertrieben; Disziplin und Verhalten der Schüler war überdies dermaßen schlecht, dass ich mir diesen neuerlichen Stress nicht mehr antun wollte.

Dennoch: auch das war eine neue Erfahrung.

Unser Schulsystem bedarf ganz sicherlich einer kräftigen und endlich einmal „echten" Reform: diese Erkenntnis habe ich durch dieses kurze Intermezzo sehr deutlich gewonnen.

Und es ging Schlag auf Schlag weiter: wenige Tage nach unserem Eintreffen wurden alle Anwohner unseres Sträßchens „Im Steinig" ins Rathaus gebeten: unsere Straße sollte für über 300.000.- € renoviert werden. Erst auf meine Nachfrage erfuhr ich, dass man das auch günstiger haben könnte: dazu mussten die Anlieger das Projekt allerdings selbst in die Hand nehmen.

So wurde ich zum Leiter dieses Projekts und konnte – nach allerlei Verhandlungen und Absprachen – erreichen, dass die Straße für insgesamt nur rund 16.000.- € renoviert werden konnte: ohne „Goldrand" zwar, doch so, dass alle zufrieden waren, einschließlich der Stadt. Das war eine deutliche Ersparnis für uns alle und auch der Anteil, den „die Stadt" zu bezahlen hatte, sank von gut 30.000 € auf 1.600.- €. Ausgaben also, die wir der Allgemeinheit ersparten. Von Ende 2004 bis März 2006 hat uns dieses Projekt beschäftigt.

Mittlerweile erkennen auch Bürgermeister und Stadtrat an, dass dies als Modell für andere Projekte dieser Art dienen kann, wenn sich nur jemand findet, der die Sache in die Hand nimmt, der sich engagiert und kümmert. Sogar der ADAC hat das „Miltenberger Modell" gewürdigt.

Natürlich haben wir auch Haus und Garten weiter gepflegt und so Manches veranlasst: so wurden Innenhof und Aufgang in den Garten neu gepflastert; später kam die gesamte Auffahrt zur Garage hinzu. Auch einige Beete und eine Trockenmauer habe ich angelegt; Bärbel hat sie mit viel Mühe und Sinn für Schönheit zweckmäßig und schön bepflanzt.

Auch unsere Reisetätigkeit haben wir nicht eingestellt, die allermeisten Reisen nun allerdings zu Zweit unternommen, gelegentlich auch noch mit den „Kindern".

So haben wir unsere französischen Freunde, *Marcel und Marie-Pierre*, mittlerweile in *Nizza* besucht (und sie uns mehrfach in Miltenberg); bei dieser Gelegenheit sind wir gleich nach *La Spezia* weitergefahren und haben einige Tage bei *Giulio* und *Romilde Melini* verbracht. Einen Pizza-Ofen haben sie da, mitten in ihrem Weinberg. Bärbel hat geholfen, den Teig auszurollen … Die nahe gelegenen „*Cinque Terre*"[1], noch im September ein Magnet, haben wir uns weitgehend zu Fuß erwandert. Auch dabei haben wir den einen oder den anderen *Limoncello* genossen.

In *Dänemark* haben wir unsere dänischen Freunde *Peter* und *Tove Pedersen* in ihrem wunderschönen Haus besucht, das Peter weitgehend selber gebaut hat; später haben wir mit ihnen gemeinsam die *Wikingerschiffe* und den Dom von Roskilde mit all seinen Königsgräbern bewundert. Danach haben uns *Mogens* und *Aase Andersen* ihre Hauptstadt Kopenhagen bei einer Schiffsrundfahrt gezeigt. Anschließend waren wir am Grab von *Tania Blixen*[2].

In *Straßburg* haben wir bei Marie-Pierres Eltern 2008 / 2009 Sylvester gefeiert und uns „zwischen den Jahren" 2011 / 2012 erneut mit ihr und Marcel getroffen; auch die „Kinder" waren wieder mit von der Partie.

Anlässlich einiger Besuche in Miltenbergs Partnerstadt *Arnouville* haben wir mehrfach in Paris lukullisch gegessen und das Schloss von Versailles sowie die kunstvoll renovierte *Opéra Garnier* besichtigt. Eine weitere Ausflugsfahrt führte nach *Amiens*, seine zauberhaften Gartenlandschaften und in seine wunderschöne, gothische Kathedrale.

In *München* haben wir im Ratskeller – früherer Besuche eingedenk – um 11.00 Uhr Weißwürste mit knusprigen Brezeln gegessen und leckeres Weißbier getrunken und am Viktualienmarkt „Geselchtes"[3] probiert.

In *Brunssum* haben wir an einem Treffen ehemaliger Kommandeure der Signal Group teilgenommen. *Oberst Werner Bermbach*, der jetzige Kommandeur – mein zweiter Nachfolger –, den ich schon aus meiner Diezer Zeit kannte, hat uns dabei fachkundig und freundlich geführt; ich war beruhigt, dass die Nachfolgeorganisation „meines" Verbandes ganz offensichtlich in guten Händen lag.

In *Istanbul* haben wir, gemeinsam mit dem Bonner Militärhistorischen Arbeitskreis unter sachkundiger Führung von *Eckhard Lisec*, im Mai 2008 die Eroberung Konstantinopels durch *Sultan Mehmet* (den Eroberer) im Jahre 1453, nachempfunden und dabei diese faszinierende Stadt erneut – Bärbel erstmals – durchstreift.

---

[1] Fünf malerische Dörfer, direkt an der (steilen) ligurischen Küste, nur zu Fuß erreichbar
[2] Autorin des Romans „Jenseits von Afrika" (Titel der 1937 erschienenen engl. Originalausgabe: „Out of Africa"), in dem sie die Situation der weißen Farmer und der einheimischen Bevölkerung in Kenia vor Ausbruch des 1. Weltkriegs beschreibt
[3] Bayerische und österreichische Bezeichnung für gepökeltes / geräuchertes Schweinefleisch

In *Potsdam* haben *Bärbel* und *Claudia* im Oktober 2008 mit ehemaligen Mietgliedern des „AFCENT Ladies' Club" interessante, kurzweilige Tage erlebt; ähnliche Veranstaltungen waren 2006 und 2007 in *Lechbruck* und *Miltenberg* vorhergegangen.

Auch an einigen Bällen, veranstaltet von den Führungsstäben des Heeres, der Luftwaffe und der Marine in *Bonn* haben wir teilgenommen und dabei stets Gunter und Isi Ortmanns sowie viele andere „Ehemalige" wieder getroffen.

Das bei Weitem intensivste „Ehemaligentreffen" war allerdings das Treffen ehemaliger Mitschüler aus Saint-Germain-en-Laye in *Miltenberg* im Sommer 2007: dabei haben wir Auszüge unserer Theateraufführung von 1963 („Antigone" in einer Fassung von Anouilh) rezitiert und mit Freude der alten Zeiten gedacht, als wir noch jung waren und nichts wussten von all dem, was uns erwarten würde. Wir hatten damals alle mit viel Tatendrang in die Zukunft geblickt.

Im Juni 2008 haben wir bei einem Gartenfest *unseren dreißigjährigen Hochzeitstag* gefeiert; dabei haben Barbara und Sylvia, anders als vor dreißig Jahren, kräftig mitgefeiert.

Im Oktober 2009 haben wir anlässlich einer Rundreise durch Italien am 50. Jahrestag der Gründung der „NATO-Fernmeldeschule" in *Latina* teilgenommen und bei dieser Gelegenheit viele alte Bekannte wieder getroffen, aber auch die neue Infrastruktur dieser Einrichtung bewundert. Sylvia konnten wir bei dieser Gelegenheit *Rom* und *Florenz* zeigen und gemeinsam mit ihr die *Toskana* erkunden.

Im Übrigen haben uns viele Verwandte, Freunde und Bekannte hier in den letzten Jahren besucht und mit uns gefeiert; selbst unser Admiral hat schon (auf dem Fahrrad!) mit seiner Frau zu einer Stippvisite bei uns herein geschaut. Als er kam, habe ich „Seite gepfiffen".

Die gemeinsamen Veranstaltungen mit unseren Töchtern sind durch die Umstände bedingt allerdings seltener geworden: zu den Weihnachtsfeiern sind sie jedoch bisher immer noch jedes Jahr gekommen.

Dabei hat Bärbel freilich eine neue Tradition gegründet: am Heiligen Abend gibt es seit einiger Zeit Toves „Krabben-Mousse": eine Köstlichkeit, die auf der Zunge zergeht. Selbst anlässlich des Neujahrsmenüs bei Marie-Pierres Eltern in Straßburg hat Bärbel damit Begeisterungsstürme hervorgerufen; das Rezept[1] ist mittlerweile ein „Renner".

---

[1] Toves Krabben-Mousse, für 6 – 8 Personen: Benötigt werden 250 g Krabben, 100 ml Fischbouillon, 6 Blätter weiße Gelatine, 5 Teelöffel Ketchup oder Tomatenpüree, 1 bis 2 Teelöffel Zitronensaft, Salz, Pfeffer, 1 Teelöffel Senf, viel frischer Dill (ersatzweise 1 Päckchen tiefgefrorener Dill), 300 ml Schlagsahne.
Die Gelatine 5 Minuten lang in kaltes Wasser tauchen, gut ausdrücken und in der Bouillon auflösen, auskühlen lassen. Die Krabben in grobe Stücke zerschneiden, Ketchup, Zitronensaft, Salz, Pfeffer, Senf, Dill und Gelatine hinzufügen, gut vermischen. Schlagsahne schlagen und vorsichtig unterheben.
Die Form (rechteckig, Typ Tupperware) mit einer Plastikfolie auskleiden um zu verhindern dass die Mousse in der Form festklebt. Die Mousse hineingeben, mit Folie bedecken und 1 Tag im Kühlschrank ruhen lassen. Mit grünem Salat, Dill, Zitronenscheiben, einigen Krabben, gekochten Eiern (in Scheiben) und Tomaten dekorieren.

Aus diesen „deutlich reduzierten Familienveranstaltungen" stechen einige gemeinsame Besuche der Frankfurter Oper, hervor: so haben wir „*Porgy and Bess*" gemeinsam genossen und auch „*Die Zauberflöte*" hat uns in einer sehr gelungenen Aufführung erfreut. Beim Besuch des Frankfurter „*Staedel*", anlässlich einer Ausstellung des „*Meisters von Flémalle*", hat uns Sylvia, Dank ihres Kunstgeschichts-Studiums, interessante Erklärungen geben können.

Im Spätsommer 2009 haben wir gemeinsam *Dresden* besucht und in der wunderschönen Semper-Oper den „*Barbier von Sevilla*" gesehen; bei dieser Gelegenheit hat uns auch ein Gottesdienst in der kunstvoll wieder errichteten Frauenkirche fasziniert, wie auch das übrige Dresden, das weitgehend und in neuem Glanz wieder aufgebaut worden ist. Natürlich sind wir dabei auch ein wenig auf den Spuren meines Vaters und der Großeltern gewandelt. Für mich war das der Anlass, ein weiteres Buch – über meinen Großvater – in Angriff zu nehmen.

Insgesamt aber sehen wir die „Kinder" relativ selten; umso mehr freuen wir uns, wenn sie uns denn einmal für einige Tage besuchen. Barbara hat uns mit ihrem amerikanischen Mann Ian zu Weihnachten 2010 besucht; 2011 war sie sowohl im September als auch zu Weihnachten bei uns. Ihr Mann ist derweil in Afghanistan eingesetzt. Sylvia besucht uns häufiger, soweit das ihre häufigen Besuche deutscher und ausländischer Kunstmessen zulassen.

So ergibt sich unser „weiteres Vorgehen" hier in Miltenberg, dem „Herzen von Deutschland"[1], wie von selbst: wir werden – so der liebe Gott und die weitere politische und wirtschaftliche Entwicklung das zulassen – hier den Rest unserer Tage verbringen und dabei versuchen, uns unseren Anlagen gemäß weiterhin geistig und körperlich zu betätigen, um die weitere Entwicklung unserer Töchter – und die unserer Gemeinde und der übrigen Welt – noch möglichst lange aufmerksam und wohlwollend verfolgen zu können.

Auch um mich ehrenamtlich zu engagieren, habe ich seit 2005 die Reden unseres Bürgermeisters, die er bei den alljährlichen Treffen mit unserer französischen Patenstadt Arnouville (bei Paris) hält, ins Französische übersetzt und für ihn gedolmetscht.

Seit 2011 gebe ich auch einen Französisch-Kurs an der Miltenberger VHS – ein Unterfangen, das mich einem gewissen Rhythmus unterwirft und mich „zwingt", mich geistig „fit" zu halten.

Erfreulich hierbei ist, dass seit einiger Zeit auch *Detlef* und *Gabriele* ganz in der Nachbarschaft wohnen: beide haben sich vor einigen Jahren hier angesiedelt und fühlen sich im Land des Buntsandsteins, der Häckerwirtschaften und des erdigen, trockenen Frankenweins ebenso wie wir, pudelwohl. Detlef hat sich mittlerweile auf seine Weise ehrenamtlich engagiert: er führt die Arbeitsgruppe zur Bestandssicherung des germanisch-raetischen Limes.

---

[1] Siehe Elly Heuss-Knapp in „Ausblick vom Münsterturm" Rainer Wunderlich Verlag Hermann Leins Tübingen, 1952, S. 28

Bärbel indes quiltet: dabei werden ihre Produkte immer kunstvoller und schöner.

Gemeinsam aber wollen wir nun auch, *peu à peu*, unsere Heimat erkunden – und uns dabei all den Orten und Dingen in unserem schönen Deutschland und in Europa zuwenden, die wir immer schon sehen wollten, wozu die Zeit aber nie reichte: das Seebad Ahlbeck, den Spreewald, Görlitz und die Märkische Schweiz, vielleicht auch eines Tages die Schneekoppe und das nördliche Ostpreußen ... Mit Reisen nach Masuren, Prag und Verona sowie immer wieder nach Berlin, Potsdam und Dresden haben wir diesen Reigen begonnen.

Dabei ist uns klar, dass die Kreise die wir ziehen, mit der Zeit wohl immer enger werden; doch der Vaterlands-Begriff ist weiter geworden, im Lauf der Zeit. Er umfasst mittlerweile das ganze Europa.

Bärbels „Hundertwasser"-Quilt (2008): „Villa magica".

„…lange müeze ich lebe dar inne!"[1]

---

[1] Walter von der Vogelweide in Deutsche Lyrik des Mittelalters, Manesse Verlag, Conzett & Huber, Zürich, Copyright 1955 und 1962, S. 232

Abbildungsnachweis:

- Die Fotografien meiner Eltern, meiner Familie und von mir selbst sind in meinem Privatbesitz; sie sind entweder durch verstorbene Personen, durch Personen, deren Identität nicht mehr feststellbar ist, durch Familienangehörige, durch mich selbst oder durch Fotografen hergestellt worden. Soweit sie im Besitz meiner Familie sind, ist diese mit ihrer Veröffentlichung einverstanden.
- Folgende weitere Fotografien stammen von Personen, deren Herkunft nicht mehr feststellbar ist: S. 41 Classe de Philosophie 1962/1963, S. 54 Die Fahnenjunker … 1964.
- Folgende Fotografien sind von mir selbst aufgenommen worden: S. 240 Denkmal auf dem Schlachtfeld von Gettysburg …1996, S. 245 Friedrich und Wilhelmine Schlieder … 1861 …; es handelt sich um ein „Bild vom Bild", das durch Mr. David Schlieder, Selinsgrove, Pennsylvania / USA, zur Verfügung gestellt wurde; dessen Einverständnis liegt vor, S. 252 Das Hauptquartier IFOR / SFOR … 1996, S. 259 System behelfsmäßiger „Shelter"… 1997, S. 268 Die Brücke über die Drina … 1998, S. 342 Bärbels „Hundertwasser"-Quilt 2008 ….
- Die Fotografie auf S. 137 Unser „offizielles" Hochzeitsfoto am 1.7.1978 wurde durch das Foto-Studio Kiessling, Freudenberg / Main aufgenommen.
- Die Fotografien auf dem Umschlag (ich selbst bei meiner letzten Ansprache im September 2004), auf S. 71 Bei der Ankunft in Nijmegen …, S. 296 Übergabe des „DCM Battalion" 2001 wurden durch Pressefotografen des ehem. NATO-HQ AFCENT, Brunssum / Niederlande aufgenommen. Die Genehmigung zur Verwendung der Fotografien liegt vor.
- Die Fotografie auf S. 99 Die „Wire Section" bei SHAPE 1973 / 1974 wurde durch Pressefotografen des NAT0-HQ SHAPE, Casteau / Belgien, aufgenommen. Die Genehmigung zur Verwendung der Fotografie liegt vor.
- Die Fotografie auf S. 231 (Generalleutnant Helmut Willmann … 1995) stammt von der Pressestelle des EUROKORPS, Strasbourg / Frankreich. Die abgebildete Person ist mit der Veröffentlichung einverstanden.

Weitere Bücher von Harald Volkmar Schlieder:

- Mein Sommerwind…, Gedichte und Bilder, Miltenberg 2009 (im Selbstverlag)
- Geschichten vom Drachen. Ein Märchenbuch für Erwachsene, Monsenstein & Vannerdat, Münster 2010, Edition Octopus, ISBN 978-3-86991-069-7
- Ich muss euch sagen, es weihnachtet sehr… Advents- und Weihnachtsgeschichten aus der Kindheit, Monsenstein & Vannerdat, Münster 2011, Edition Octopus, ISBN 978-3-86991-247-9

Carola Hartmann Miles-Verlag

Politik, Gesellschaft, Militär

- **Peter Heinze,** *Bundeswehr „erobert" Deutschlands Osten,* Berlin 2010.
- **Dieter E. Kilian,** *Politik und Militär in Deutschland. Die Bundespräsidenten und Bundeskanzler und ihre Beziehung zu Soldatentum und Bundeswehr,* Berlin 2011.
- **Hans-Christian Beck, Christian Singer (Hrsg.),** *Entscheiden – Führen – Verantworten. Soldatsein im 21. Jahrhundert,* Berlin 2011.
- **Dieter E. Kilian,** *Adenauers vergessener Retter – Major Fritz Schliebusch,* Berlin 2011.

Einsatzerfahrungen

- **Kay Kuhlen,** *Um des lieben Friedens willen. Als Peacekeeper im Kosovo,* Eschede 2009.
- **Sascha Brinkmann, Joachim Hoppe (Hrsg.),** *Generation Einsatz, Fallschirmjäger berichten ihre Erfahrungen aus Afghanistan,* Berlin 2010.
- **Schwitalla, Artur,** *Afghanistan, jetzt weiß ich erst… Gedanken aus meiner Zeit als Kommandeur des Provincial Reconstruction Team FEYZABAD,* Berlin 2010.

Romane

- **Christoph Karich,** *Bewährung im Grünen Meer,* Berlin 2009.
- **Robert B. Thiele,** *Die Treuhänderin,* Berlin 2012.

Erinnerungen

- **Blue Braun,** *Erinnerungen an die Marine 1956-1996,* Berlin 2012.
- **Harald Volkmar Schlieder,** *Kommando zurück!,* Berlin 2012.

www.miles-verlag.jimdo.com